비판적 사고의 힘

비판적 사고의 힘 AI 시대를 앞서 나가는 생각의 기술

● 제1판 인쇄 2025년 8월 12일 ● 제1판 발행 2025년 8월 22일
● 지은이 스텔라 코트렐 ● 옮긴이 윤영삼 ● 북디자인 김정환
● 펴낸이 김성순 ● 펴낸곳 크레센도 ● 주소 서울 강서구 마곡서1로 132, 301-516 ● 전화 070-8688-6616
● 팩스 0303-3441-6616 ● 이메일 editor@xcendo.net ● 홈페이지 xcendo.net ● 트위터 twitter.com/xcendo
● 페이스북 facebook.com/bookbeez

Critical Thinking Skills:Effective Analysis, Argument and Reflection, Fourth Edition by Stella Cottrell

ⓒ Stella Cottrell 2023

This translation of *Critical Thinking Skills: Effective Analysis, Argument and Reflection*,
Fourth Edition is published by arrangement with Bloomsbury Publishing Plc.
All rights reserved.This Korean edition was published by Crescendo in 2025 by arrangement
with Bloomsbury Publishing Plc through KCC(Korea Copyright Center Inc.), Seoul.
이 책은 (주)한국저작권센터(KCC)를 통한 저작권자와의 독점계약으로 크레센도에서 출간되었습니다.
저작권법에 의해 한국 내에서 보호를 받는 저작물이므로 무단전재와 복제를 금합니다.

ISBN 979-11-88392-58-2 (03170)

비판적 사고의 힘
AI 시대를 앞서 나가는 생각의 기술

Fourth edition

스텔라 코트렐 지음
윤영삼 옮김

크레센도

Contents

이 책은 누구를 위한 책인가?	8
비판적 사고는 왜 중요할까?	10
생각하는 근육 단련하기	12
이 책을 사용하는 법	15
전체 내용 미리보기	18
이 책에서 사용하는 아이콘	22

01
비판적 사고란 무엇인가?
비판적 사고의 정의, 역사, 가치

생각을 갈고닦는 기술	26
비판적 사고의 핵심: 추리와 논증	28
비판적 사고의 기원과 발전	31
비판적 사고를 하면 무엇이 좋을까?	37
대학은 학생들에게 무엇을 요구하는가	41
그런 말은 들어본 적 없는데요	46
성공을 위한 기본적인 자질과 태도	50
비판적 사고를 가로막는 장벽	52
비판적 사고 수련 전 진단테스트	57

02
기초적인 사고기술 진단
비판적 사고훈련에 들어가기 위한 몸풀기

비판적 사고의 토대가 되는 사고기술	66
나의 사고력은 어느 정도 될까?	67
나의 주의력은 어느 정도 될까?	78

03
나의 주장을 펼쳐보자
논증의 핵심요소

논증은 어떻게 생겼을까?	100
글 속에 묻혀있는 논증 발굴하기	106
결론 찾아내기	117
논증을 구성하는 핵심요소	120

04
논증은 무엇이 다를까?
논증 vs 논증이 아닌 것들

건설적인 비판과 반대를 위한 반대	126
논증이 아닌 세 가지 유형의 글	130
요약결론과 논리적 결론	139
논증으로 착각할 수 있는 것들	143
논증글 속 논증이 아닌 요소들	146

05
논증의 탑 쌓기
강력한 주장을 힘있게 밀고 나가는 법

무엇을 주장하는가?	154
진술의 일관성	157
논리적 일관성	162
결합이유와 개별이유	167
추론선을 정리해주는 중간결론	172
논리적 순서에 맞게 이유 배열하기	177

06
행간을 읽어내는 법
숨어있는 가정과 함축적 논증

보이지 않는 주장	186
논증요소 생략하기	191
추리와 3단논법	198
전제에 의존하여 펼치는 논증	200
암묵적 논증	204
이데올로기와 고정관념	207
표면적 의미와 함축적 의미	209

07
논증 속 오류 찾기
추론을 왜곡하는 비논리적 설득전략

인과관계와 상관관계	220
필요조건과 충분조건	226
비유를 활용하여 시나리오 조작하기	232
이성적 사고를 가로막는 오류전략	236

09
비판적 독서와 메모
정확하게 읽고 보고 듣기

비판적으로 책을 읽는 방법	308
논증을 범주화하라: 이론의 효용성	313
책을 읽으면서 메모하는 기술	320
강의나 영상을 보면서 메모하는 기술	329

08
믿을 수 있는 진실인가?
근거를 찾아 확인하고 평가하기

근거는 어디서 찾을 수 있을까?	254
믿을 만한 출처는 어떤 것일까?	266
믿을 만한 근거인지 평가하는 법	273
사실인가? 의견인가?	286
소셜미디어 비판적으로 접근하기	294
진짜뉴스냐 가짜뉴스냐?	297

10
비판적 분석적 글쓰기
효과적인 글쓰기 전략

비판적 분석적 글쓰기의 특징	344
머릿속 아이디어를 글로 풀어내기	349
논증구조 설계하기	362
서론-본론-결론 작성하기	372
지나치게 단정하는 진술 한정하기	379
논증의 흐름을 안내하는 이정표	384
인용출처 표시하기	396

11
논증 매핑하기
논증구조를 시각화하는 기술

논증맵 그리기	406
확장논증 매핑하기	412
논증을 평가하기 위한 체크리스트	422
내가 쓴 글 비판적으로 평가하기	425

12
비판적 성찰
비판적 사고로 일상을 혁신하라

비판적 성찰이란 무엇인가?	434
비판적 성찰을 하면 무엇이 좋을까?	438
비판적 성찰을 가로막는 장애물	440
비판적 성찰은 어떻게 수행하는가?	442
단계별 비판적 성찰모형	452
비판적 성찰을 활용한 직무개선	468
비판적 성찰과 글쓰기 습관	472

13
취업과 경력개발 성공전략
비판적 사고는 미래인재의 핵심 경쟁력

비판적 성찰을 활용한 삶과 직업설계	480
취업준비 필승전략	490
구직자들이 흔히 저지르는 실수	496
AI 시대에 더욱 빛나는 비판적 사고	503

+
붙임자료
다양한 읽기자료와 연습문제 해설

'학생들의 삶의 질'에 관한 읽기자료	517
샘플에세이 분석실습	528
학술논문 제목에 자주 나오는 단어들	590
온라인 문헌연구를 위한 검색엔진	592
용어설명과 찾아보기	594
연습문제 풀이와 해설	598
인용출처와 참고문헌	647
감사의 글	659
옮긴이의 글	661
베타테스터의 글	663

이 책은
누구를 위한 책인가?

비판적 사고는 생각하는 다양한 기술을 종합하여 빚어낸 고차원적인 사고기술의 결정판이라 할 수 있다. 면밀하게 초점을 맞춰 집중하는 기술, 분석하고 해부하고 평가하는 기술, 선별하고 판단하는 기술, 이런 것들을 종합하여 타당한 결론을 이끌어내는 기술이 바로 비판적 사고다. 물론 이러한 사고기술은 쉽게 쌓을 수 있는 것이 아니다. 호기심, 열린 마음가짐, 체계적인 사고, 쉽게 포기하지 않는 끈기, 공정하고 유연하고 정직한 태도와 같은 기본적인 자질을 갖춘 사람만이 이러한 고차원의 사고기술을 습득할 수 있는 길에 들어설 수 있다.

무엇보다도 비판적 사고는 고등교육을 이수하기 위해 갖춰야 하는 필수적인 능력이다. 다시 말해 대학 이상의 높은 수준의 학업을 이어나가고자 하는 사람이라면 반드시 비판적 사고를 할 줄 알아야 한다. 물론, 비판적 사고는 대학에서만 큰 힘을 발휘하는 것이 아니다. 예컨대 다음과 같은 바람을 떠올려본 사람이라면 비판적 사고를 갈고닦아야 한다.

- 좀더 명확하게 사고하고 판단하고 계획하고 싶다.
- 남들 앞에서 내 생각을 좀더 설득력있게 제시하고 싶다.
- 일상에서 보고 듣는 것을 좀더 깊이 관찰하고 이해하고 싶다.
- 다소 어렵게 느껴지는 책을 쉽게 읽고 이해하고 싶다.
- 결정적인 순간에 올바른 판단을 하고 싶다.
- 나와 의견이 다른 사람들과도 어색하지 않게 토론하고 싶다.

이 책은 대학에서 공부하는 학생과 현장에서 일하는 직장인이나 전문가들이 비판적 사고를 적용하고 활용하는 방법을 설명하는 데 초점을 맞춘다. '생각하는 법에 대해 생각하는 법'을 알려줄 것이다. 포괄적인 수준에서 누구나 이해할 수 있는 일상적인 언어로 풀어간다. 전문분야에 특화된 추론, 인공언어, 수학논리를 전개하는 데 필요한 비판적 사고를 쌓고 싶다면, 이 책을 읽고 난 뒤 좀더 전문적인 책을 찾아보기 바란다.

비판적 사고는 학업에 어떻게 도움이 될까?

- 글의 논증구조를 훨씬 빠르게 찾아낼 수 있다.
- 분야를 막론하고 학술적, 전문적 글의 논증구조를 파악할 수 있다.
- 어떤 이슈에 대해서든 좀더 비판적이고 분석적인 에세이를 작성할 수 있다.
- 낯선 학문이나 전문기술에 새롭게 입문했을 때, 빠르게 전체적인 체계를 조망하고 효과적인 접근방식을 찾아낼 수 있다.

이 책의 목표

이 책의 기본적인 목표는 비판적 사고를 빠르게 습득하여 일상에서 활용할 수 있도록 도와주는 것이다. 이 책이 선사하고자 하는 혜택을 좀더 자세히 나열하면 다음과 같다.

- 사람들이 비판적 사고와 관련한 기술적인 용어들을 사용할 때 그것이 무슨 뜻인지, 또 그것을 어떻게 적용해야 하는지 이해할 수 있다.
- 어느 맥락에서든 자신있게 비판적 사고기술을 적용할 수 있다.
- 다른 사람들이 제시하는 의견, 관점, 주장을 면밀하게 검토할 수 있다.
- 수집한 정보를 바탕으로 다른 사람의 견해에 동의할지, 의문을 제기할지 판단할 수 있다.
- 자신의 성과를 좀더 객관적인 관점에서 평가할 수 있다.
- 어떤 정보나 근거에 대해, 신뢰할 수 있는지 없는지 판단할 수 있다.
- 보고서, 입사지원서 등 다양한 글을 쓰는 과정에 비판적 사고를 적용할 수 있다.

비판적 사고는 왜 중요할까?

비판적 사고는 나이, 성별, 학력을 불문하고 언제 어디서나 가장 빛을 발하는 능력이다. 어떤 상황이든 비판적 사고를 활용할 줄 아는 사람은 그렇지 않은 사람에 비해 상당한 혜택을 누릴 수 있다.

구매결정을 비롯하여 온갖 비즈니스 거래상황에서 올바른 결정을 내릴 수 있습니다.

상황을 날카롭게 인식하고 주목할 수 있습니다. 그래서 중요한 일에만 효율적으로 집중할 수 있죠.

다양한 이슈와 문제에 대해 우선순위를 매길 수 있고, 이에 대한 잠재적 해법도 떠올릴 수 있어요.

서류나 계약서에 사인하기 전에, 작은 글씨로 인쇄된 글이 무슨 요구를 하는지 정확하게 해석할 수 있습니다.

나의 행동은 물론 다른 사람의 행동이 어떤 결과를 가져올지 더 명확하게 예측할 수 있습니다.

주변세상이 어떻게 돌아가는지 더 잘 이해할 수 있어요.

비판적 사고를 갈고닦는 일은 그밖에도 예상치 못한 무수한 혜택을 안겨 준다. 몇 가지 예를 들자면

- 책을 읽거나 영상을 볼 때 더 집중할 수 있다.
- 사람들이 일관성 없는 말을 하거나 성급하게 결론을 내리는 순간을 더 예리하게 알아챌 수 있다.
- 속임수나 사기를 더 빠르게 눈치챌 수 있다.
- 다양한 이슈, 사건, 흐름에 대하여 색다른 해석을 제시할 수 있다.
- 어떤 문제나 이슈에 대해 어떤 입장을 취할지 더 빠르고 명확하게 판단하고 결정을 내릴 수 있다.

비판적 사고는 대학에서뿐만 아니라 졸업 후 나아갈 직장에서도 매우 중요한 경쟁력이 된다. 비판적 사고역량이 탁월하지 않으면 학업에서도 좋은 성과를 낼 수 없으며, 직업세계에서도 성공할 수 없다. 더 나아가 건강한 시민사회를 만드는 데에도 비판적 사고는 핵심적인 역할을 한다. 제정신인 사람들이라면 개개인이 기본적으로 다음과 같이 생각하고 행동할 것이라 기대한다.

- 보고 듣고 읽은 것을 무작정 믿기 보다는 비판적으로 받아들일 것이다.
- 낯선 상황이나 사건을 경험했을 때 감정적으로 반응하기보다는 비판적으로 접근하고 해석할 것이다.
- 남들 앞에서 어떤 말이나 행동을 한다면, 또는 글로 써서 발표하거나 공표한다면, 그것은 당연히 비판적 사고의 결과물일 것이다.
- 학생이라면 가르치는 사람의 말을 곧이곧대로, 직장인이라면 지시사항을 곧이곧대로 따르는 것이 아니라, 비판적으로 검토하고 판단할 것이다.
- 자신이 속한 집단이나 조직에 대해 맹목적으로 신뢰하고 충성하기보다는 비판적으로 거리를 둘 줄 알 것이다.

생각하는
근육 단련하기

우리는 이미 비판적 사고에 대해서 많은 것을 알고 있다. 다양한 일상에서 우리는 비판적 사고를 이미 적극적으로 활용하고 있다.

- 누가 진실을 말하는지, 누가 거짓을 말하는지, 누가 진실과 거짓을 뒤섞어 말하는지 가려내기 위해 숙고한다.
- 물건을 '싸게' 판다는 상인의 주장이 정말 맞는지 판단하기 위해 비교한다.
- 사람들이 올린 상점이나 상품에 대한 리뷰를 문자 그대로 믿지 않는다.
- 문자메시지나 이메일로 들어오는 정보가 사기가 아닌지 의심한다.
- 진짜 같아 보이는 소식이라도 '가짜뉴스'가 아닌지 체크한다.
- 어떤 이야기를 들었을 때 그것이 사실인지 의견인지 확인한다.
- 갖고 싶은 것, 하고 싶은 것을 얻어내기 위해 상대방을 설득한다.
- 어떻게 말해야 상대방의 호의를 끌어낼 수 있을지 전략적으로 계획한다.
- 내 말을 믿지 않는 사람에게 근거를 제시하여 내 말이 진실임을 입증한다.

하지만 이렇게 가끔 비판적으로 생각하는 것과 평소에도 늘 비판적으로 생각하는 것은 다르다. 또 비판적으로 사고한다고 말하더라도, 그것이 정말 제대로 된 비판적 사고인지 보장하기도 어렵다. 물론 일상적인 상황에 수준 높은 비판적 사고를 빠짐없이 적용할 필요는 없다. 하지만 필요한 상황에서는 비판적 사고를 제대로 적용할 줄 알아야 한다.

모든 것을 의심해야 할까?

사람들을 어느 정도 신뢰하지 않으면 우리는 일상을 살아갈 수 없다. 모든 것을 일일이 의심하고 확인해야 한다면 신경쇠약에 걸리고 말 것이다. 따라서 새로운 상황에 처했을 때 어느 정도 정보를 수집해야 하는지, 어느 정도 의심을 하는 것이 좋을지 적절한 선을 판단할 줄 알아야 한다.

일단 해결해야 할 문제가 무엇인가에 따라 의심의 수준과 유형은 달라진다. 예컨대 가까운 친지에게 적은 돈을 빌려줄 경우, 어떤 회사에 투자를 할 경우, 얼굴도 모르는 사람이 온라인에서 돈을 보내달라고 요청할 경우, 적절한 판단을 하기 위해 확인해야 할 정보는 각각 달라질 것이다. 마찬가지로 전등을 켜기 위해 복잡한 이론까지 알아야 할 필요는 없지만, 전자제품을 설계하거나 건물에 배선하는 경우에는 더욱 정교하고 신뢰할 수 있는 정보가 필요할 것이다. 비판적 사고를 어느 정도 적용하는 것이 좋을지 판단하려면, 다음 세 가지 변수를 고려해야 한다.

- 맥락: 더 많은 정보가 필요한 이유는 무엇인가?
- 정보의 유형: 어떤 정보, 어느 정도 전문적인 정보가 필요한가?
- 적용수준: 비판적 분석을 어느 정도 까다롭게 적용할 것인가?

비판적 사고는 어떻게 계발할 수 있을까?

다른 능력과 마찬가지로 비판적 사고도 연습하고 훈련할수록 발전한다. 비판적 사고기술을 배우고 연마하기 위한 단계별 로드맵은 다음과 같다. 물론 비판적 사고를 배우고 싶다는 열망이 있어야 출발할 수 있다.

- 비판적 사고가 무엇인지 이해한다 ➔Ch 1
- 비판적 사고가 왜 중요한지 이해하고 학습동기로 무장한다 ➔Ch 1
- 비판적 사고를 습득하기 위한 기본적인 태도를 갖는다 ➔Ch 1
- 비판적 사고 습득을 방해하는 개인적인 장애를 찾아내 해결한다 ➔Ch 1
- 비판적 사고의 토대가 되는 기초적인 기술을 이해하고, 이러한 기술 중에 나에게 약한 것이 무엇인지 파악한다 ➔Ch 2
- 비판적 사고가 나아질 때까지 세부적인 기술들을 갈고닦는다.

비판적 사고를 계발하는 또 다른 방법은, 비판적 사고를 실무에 직접 적용해보면서 배우는 것이다. 보고서나 입사지원서를 작성해보거나 진로를 결정할 때 적용할 수 있다. 이 방법은 이 책 후반부에서 자세히 설명한다.

이렇게 습득한 비판적 사고는 무엇보다도, 낯선 상황에 처하거나 새로운 정보를 처리할 때마다 빛을 발할 것이다.

현재 대학이나 그 밖의 교육기관에서 수업을 듣고 있다면, 학습목표와 평가기준을 다시 확인해보라. 학업평가기준에 비판적 사고가 얼마나 중요한 역할을 하는지 확인할 수 있을 것이다. 비판적 사고의 역할이 명확하게 드러나지 않는다면, 교수나 강사에게 수업에서 비판적 사고가 얼마나 요구되는지 직접 물어보라.

이 책을
사용하는 법

비판적 사고는 실천이다. 책을 읽고 머리로 이해하는 것만으로는 충분치 않다. 직접 적용해보는 연습을 해야 한다. 이 책은 비판적 사고를 단순히 소개하고 설명하는 것이 아니라, 단계별로 직접 적용하고 연습할 수 있는 기회를 제공한다.

비판적 사고에 대한 새로운 개념을 소개하고 난 뒤, 이를 적용하고 연습할 수 있는 문제를 한두 개 제시한다. 이 문제를 풀어가는 과정에서 비판적 사고가 훨씬 몸에 익을 것이다. 이렇게 한 단계씩 나아가면 된다.

물론 비판적 사고를 처음 접할 때 어색하고 낯설 수 있다. 하지만 이것은 거의 예외없이 누구나 똑같이 느끼는 감정이니 불안해할 필요는 없다. 조금만 지나면 비판적 사고에 익숙해질 것이다.

연습문제를 위한 예문 텍스트

비판적 사고를 수련하기 위해 이 책은 학습포인트마다 다양한 학문분야에서 가져온 예문을 3개 이상 제공한다. 새롭게 학습하는 내용을 익히기 위해 최소 3번 이상은 연습을 해야 한다고 생각하기 때문이다.

이 책에 실린 예문들은—짧은 글이든 긴 글이든—비판적 사고를 단계별로 수련하는 데 적합하게끔 각색된 것이다. 실제로 존재하는 텍스트를 그대로 옮겨온 것이 아니다. 저자 이름도 허구다. 실제 존재하는 텍스트를 활용하지 않은 것은, 그런 글들을 활용하여 학습포인트에 초점을 맞춰 설명하는 것이 어렵기 때문이다. 챕터마다 설명하는 포인트를 바로 적용하고 연습할 수 있도록 최대한 짧은 예문들로 구성했다.

예문들은 다양한 학문에서 가져오기 위해서 노력했지만, 개별 학문에 대한 전문적인 지식이나 경험이 없어도 충분히 이해할 수 있도록 설계하였다. 전공분야가 무엇이든 이 책에서 제시하는 예문을 읽고 비판적 사고를 적용하면 누구나 쉽게 문제를 풀 수 있을 것이다.

긴 글 분석을 위한 예문 텍스트

물론 현실의 글은 그렇게 짧지 않기 때문에 긴 글을 비판적으로 읽어내는 훈련도 해야 한다. 긴 글을 읽을 때는 비판적 사고의 여러 측면을 동시에 고려해야 할 뿐만 아니라, 다양한 인용출처의 비중도 고려하여 종합적으로 판단할 줄 알아야 한다. 이러한 훈련을 하기 위하여 부록에 5000자가 넘는 긴 예문들을 수록하였다.

예문은 이 책의 목적에 맞게 각색된 것이지만, 예문에서 인용하거나 참고한 글은 실제로 존재한다. 인용출처는 예문마다 표기되어있다. 긴 예문은 웹사이트에서 다운로드받아 출력하여 볼 수도 있다.

답안과 해설

문제에 대한 답은 부록에 수록되어있다. 단순히 정답만 제공하는 것이 아니라 그러한 답이 나오는 추론과정도 설명한다. 문제를 통해 습득하고자 하는 비판적 사고가 어떤 것인지 좀더 깊이 이해할 수 있도록 도와줄 것이다. 답만 맞추지 말고 해설까지 꼼꼼히 읽어보기 바란다.

저자와 독자

이 책에서 설명하는 비판적 사고기술은 텍스트, 오디오, 동영상 등 매체의 형식과 무관하게 어떤 콘텐츠에나 적용할 수 있다. 실제로 동영상 강의를 비롯하여 시청각자료에 비판적으로 접근하는 방법에 대해서도 설명한다. 하지만 좀더 간단한 서술을 위하여 콘텐츠 제작자는 모두 '저자', 소비자는 '독자'라고 지칭한다.

- 이 책에서 저자는 메시지를 송신한 사람을 의미한다. 글을 쓴 사람만이 아니라, 말을 한 화자, 동영상을 만든 제작자도 모두 포괄한다.
- 이 책에서 독자는 메시지를 수신하는 사람을 의미한다. 글을 읽는 독자만이 아니라 대화, 동영상, 팟캐스트를 듣고 보는 시청자, 청취자, 구독자, 방청자를 모두 포괄한다.

비판적 사고에 대한 비판적 사고

대학에서 공부를 하든, 직장에서 업무를 하든 이 책에서 설명하는 학습포인트들을 습득하고 적용해보면 상당히 많은 도움을 받을 수 있을 것이다. 하지만 이것은 단순히 지침을 그대로 따르는 것만으로 습득할 수 있는 기술이 아니다. 이 책에서 설명하는 내용이 나의 학업이나 업무와 관련하여 무엇을 의미하는지, 또 나의 이해나 접근방식이 올바른지 비판적으로 돌아볼 줄 알아야 한다. '비판적 사고를 배우는 과정에 대한 비판적 사고', 즉 '비판적 성찰'을 할 줄 알아야 한다.

이러한 비판적 성찰을 자극하기 위해 이 책은 곳곳에서 '생각하기' 프롬프트를 제공한다. 이 책을 읽어 나가는 와중에 가끔씩 멈춰 서서 비판적 사고기술을 자신의 공부, 글쓰기, 업무에 어떻게 적용할 수 있을지 생각해보라. 또 이러한 사고기술을 적용했을 때 어떤 결과가 나타날지 상상해보라. 더 많은 도움을 받을 수 있을 것이다. 또한 책에서 설명하는 내용에 대한 나의 반응을 관찰하고 주목하는 것도 매우 유용하다. 예컨대 어떤 측면에 대해 불편함이나 거부감을 느낀다면, 왜 그런 감정을 느끼는지 생각해보라. 값진 통찰을 얻을 수 있을지도 모른다.

비판적 성찰을 직관에 의존하는 것을 넘어, 좀더 구체적이고 체계적으로 활용하는 방법에 대해서는 12장에서 설명한다.

전체 내용
미리보기

O│책은 비판적 사고에 대한 기초적인 이해부터 실무적인 활용까지 체계적으로 습득하고 적용할 수 있도록 구성되어 있다.

챕터1은 비판적 사고를 소개한다. 비판적 사고의 토대가 되는 기본적인 기술과 태도를 살펴보고 비판적 사고를 계발하는 것이 왜 좋은지 이야기한다. 비판적 사고를 처음 접하는 사람들은 다소 어렵다고 느끼는 경우가 많다. 비판적 사고를 계발하는 데 방해가 되는 몇 가지 장벽을 알아보고 이를 극복하는 법을 설명한다. 현재 나의 능력을 평가하고 어떤 측면을 집중적으로 수련해야 하는지 알려준다. 객관적으로 추론하고 정확한 판단을 내리기 위해서는 자기인식이 중요하다는 것을 강조한다.

챕터2는 비판적 사고의 토대가 되는 기본적인 기술—주의-집중하기, 유사점과 차이점 파악하기, 순서 정하기, 분류하기, 자세히 읽기—에 대해 설명한다. 이러한 기술은 단순히 비판적 사고만이 아니라 전반적인 인지력을 증진하는 데 매우 중요한 역할을 한다. 학업과 업무성과뿐만 아니라 개인적인 삶의 수준도 높여줄 것이다. 나의 사고력 수준이 어느 정도인지 객관적으로 평가하여 점수를 매기고, 이를 바탕으로 비판적 사고를 습득해 나갈 수 있는 토대를 마련한다.

챕터3은 비판적 사고의 핵심이라 할 수 있는 논증을 소개한다. 비판적 사고의 프레임이 되는 논증의 주요한 특징과 기본적인 구성요소를 설명하고, 이러한 요소들을 식별하는 연습을 한다. 어떤 텍스트에서든 가장 핵심이 되는 구절을 찾아내는 기술, 전체적인 메시지를 찾아내는 기술을 습득한다.

챕터4는 **챕터3**에서 설명한 내용을 바탕으로 논증과 논증이 아닌 것을 구분하는 법을 알려준다. 겉으로는 논증처럼 보이지만 논증이 아닌 글도 있다. 또한 복잡한 문제를 다루는 글을 읽다 보면 논증의 흐름을 잃고 헤매는 경우가 많다. 글 속에서 논증의 뼈대를 좀더 쉽게 식별해낼 줄 안다면, 글을 더 빠르게 읽고 정확하게 읽을 수 있을 것이다. 또한 글을 쓸 때도 논증구조를 더욱 탄탄하게 짤 수 있다.

챕터5는 추론의 질에 초점을 맞춘다. 논증의 구조, 논리적 전개, 내적 일관성, 개별요소들의 정합성, 잠정결론의 활용법 등을 눈여겨보고 평가한다. 또한 논증구조를 제대로 이해하면 글을 더 빠르고 정확하게 읽을 수 있을 뿐만 아니라, 글을 쓸 때 더 체계적이고 정교하게 논증을 펼쳐 나갈 수 있다.

챕터6과 **챕터7**은 논증의 세부사항을 분석하는 기술을 설명한다. 이러한 분석기술을 습득하면 피상적인 수준이 아닌 심층적인 수준에서 텍스트를 읽고 해석하는 안목이 생긴다. 학문적인 글은 물론 업무상 보고서나 계약서에 담긴 함의를 파악하고, 정치인들의 다양한 언동이 내포하는 미묘한 뉘앙스를 읽어낼 수 있다. 전문가들이나 유식한 사람들과 토론을 하면서 그들의 발언 속에 존재하는 모순, 또는 언뜻 명확하게 드러나지 않는 오류도 잡아낼 수 있다.

챕터6은 '행간읽기'에 초점을 맞춘다. 저자가 직접 말로 하지 않는 주장이나 이해관계를 파악해내는 것이다. 이처럼 텍스트 아래 숨어있는 묵시적인 주장을 '전제'라고 한다. 논증의 바닥에 깔려있는 '전제'가 무엇인지 설명하고, '거짓전제'를 식별하는 방법을 배운다. 마지막으로 겉으로 드러내는 '표의'와 숨기는 '함의'에 대해 설명하고 논증에서 함의를 찾아내는 것이 왜 중요한지 이야기한다.

챕터7은 논증을 평가하는 또 다른 방법으로, 논리적 오류에 초점을 맞춘다. 이러한 오류들은 대개 인과관계를 어지럽히거나 필요조건과 충분조건을 뒤섞음으로써 발생한다. 또한 잘못된 비유, 감정에 호소하기, 부당한 도약, 같은 말 반복하기, 인신공격 등 다양한 오류를 살펴본다.

챕터8은 주장을 뒷받침하는 근거의 질을 평가하고 판단하는 방법에 대해 설명한다. 1차자료와 2차자료를 왜 구분해야 하는지 설명하고, 문헌연구를 수행하는 방법을 알려준다. 근거는 유형에 따라 선별하고 평가하는 기준이 달라진다. 근거의 진위성, 타당성, 유효성, 신뢰성과 같은 개념을 이해한다. 근거의 질을 평가하기 위한 표본 크기의 적절성, 확률의 수준, 삼각검증법 등에 대해서도 설명한다.

챕터9는 근거로 사용할 자료를 수집하는 방법과 이를 메모하는 법에 대해 설명한다. 어떤 자료를 읽고 검토할 것인지 방향을 설정하고, 읽은 내용을 정확하게 해석하고, 자료를 분류하고 선별할 줄 알아야 글을 쓰기 위한 자료를 효과적으로 수집할 수 있다. 이론이라는 카테고리를 활용하여 다양한 논증을 비교하고 분류하는 방법을 설명하고, 비판적으로 메모하고 노트하는 데 도움이 되는 템플릿을 소개한다.

챕터10은 지금까지 배운 비판적 사고기술을 글쓰기 과정에 적용하는 방법을 설명한다. 특히 타겟독자에 초점을 맞춰 맥락을 설정하는 방법, 글의 구조를 짜는 방법, 논증이 어느 단계에서 진행되고 있는지 어디로 나아갈지 독자에게 알려주는 이정표를 세우는 방법을 설명한다. 또한 단정적으로 진술하지 않도록 주의해야 한다.

챕터11은 우리가 현실에서 마주할 확률이 높은 긴 글, 좀더 복잡한 논증글을 분석하는 방법을 설명한다. 실무적인 분석-평가기법으로 논증맵, 논증표, 체크리스트를 소개한다. 이러한 기법을 적용하여 부록에 수록되어있는 샘플에세이들을 직접 평가해본다. 이러한 훈련을 통해 좋은 논증글과 나쁜 논증글을 가늠할 수 있는 안목이 생길 것이다.

챕터12는 오늘날 개인적인 수준을 넘어, 기업들의 업무훈련에도 적극적으로 활용되고 있는 비판적 성찰을 소개한다. 자기 앞에 닥친 문제에 어떻게 비판적으로 접근할지, 비판적 성찰을 어떻게 체계적으로 접근할지, 개인적인 경험을 어떻게 이론과 실무에 응용할지 설명한다.

챕터13은 비판적 사고를 취업을 하는 과정에 적용하는 법을 설명한다. 취업과 직업선택은 일생에 상당한 영향을 미치는 결정이라 할 수 있다. 여러 선택지를 놓고 고민하는 과정에서도 비판적 사고는 큰 역할을 하지만, 입사지원서를 제대로 작성했는지 비판적으로 평가할 수 있다면 합격가능성이 크게 높아질 것이다. 오늘날 많은 고용주들이 비판적 사고를 할 줄 아는 사람을 직원으로 뽑고 싶어한다. 하지만 그러한 능력을 고용주 앞에 드러내보여주는 방식이 서툴면 낭패를 볼 수 있다. 취업시장에서 경쟁력있는 인재로 우뚝 서기 위한 열쇠, 또 자신의 직업에서 성공하기 위한 열쇠는 바로 비판적 사고다.

이 책에서 사용하는 아이콘

 부록에 해답과 설명이 수록되어있다. 문제를 직접 풀어보고 해설을 꼼꼼히 읽어보기 바란다. 해설에서도 많은 것을 배울 수 있다.

 이 책에서 설명하는 것을 현실에서 직접 찾아보고 확인함으로써 지식에 숨을 불어넣는다.

 좀더 많은 것을 자세히 알고 싶은 학생들에게 학습자료를 찾을 수 있는 출처를 소개한다.

 실무에 바로 적용할 수 있는 유용한 팁을 제공한다.

 한국어로 번역하는 과정에서 발생한 용어선정 문제나 서술방식을 설명한다.

 웹사이트에서 다운로드받아 편집하거나 출력할 수 있는 항목들을 표시한다.

 책 읽기를 멈추고 잠시 깊이 생각할 시간을 갖는다. 펜을 들고 떠오르는 생각을 끄적거리다보면 더 깊이있는 통찰을 얻을 수 있을 것이다.

01

비판적 사고란 무엇인가?

비판적 사고의 정의, 역사, 가치

비판적 사고란 무엇일까?

비판적 사고는 언제 시작되어 어떻게 발전해왔을까?

비판적 사고를 계발하면 뭐가 좋을까?

비판적 사고를 잘하기 위한 기본적인 자질은 무엇일까?

많은 사람들이 비판적 사고를 하지 못하는 이유는 무엇일까?

나도 비판적 사고를 할 수 있을까? 무엇부터 해야 할까?

이 챕터는 본격적인 학습에 들어가기 전 오리엔테이션이라 할 수 있다. '비판적 사고'의 의미와 비판적 사고의 토대가 되는 사고기술에 대해 알아보고, 비판적으로 사고하기 어렵게 만드는 장애물을 살펴본다. 이러한 장애물로 인해 많은 사람들이 논리적으로, 합리적으로, 일관성있게 생각하는 것을 어려워한다.

이 책은 비판적 사고가 무엇인지 정확하게 이해하고, 연습하고 갈고닦으면 누구나 비판적 추론기술을 개발할 수 있다는 전제에서 출발한다. 비판적 사고는 이성을 활용하는 인지적 활동이다. 비판적으로 분석하고 평가하는 법을 배우는 것은 곧 주의-집중, 비교-분류, 선택-판단과 같은 이성적 프로세스를 가동하는 법을 배우는 것이다. 물론 이러한 이성적 사고는 누구나 할 수 있는 것이다. 하지만 많은 사람들이 그러한 잠재력을 제대로 발휘하지 못하는 것은, 단순한 능력부족 때문이 아니라 다양한 요인에 기인한 것일 수 있다. 특히 개인적이고 '정서적인' 이유가 장애물이 되는 경우도 있다.

혹시라도 이러한 장애물들이 나의 사고력에 영향을 미치는 것은 아닌지 돌아보고, 또 그러한 장애물을 어떻게 넘어설 수 있을지 생각해보자.

생각을 갈고닦는 기술

비판적 사고는 다양한 생각하는 기술과 태도가 함께 어우러져 작동하는 복합적인 사고프로세스다. 구체적으로 다음과 같은 기술과 태도가 중요한 역할을 한다.

1. 나의 입장과 주장이 다른 사람과 어떤 지점에서 어떻게 다른지 파악할 줄 안다.
2. 근거를 다양한 관점에서 해석할 줄 안다.
3. 상대의 논증과 근거를 공정하게 고찰할 줄 안다.
4. 자신의 주장을 뒷받침하는 근거, 사례, 자료를 신중하게 선별할 줄 안다.
5. 글자 아래에 숨어있는 의미, 행간을 읽어낼 줄 안다. 따라서 숨어있는 전제가 올바른지 그른지 식별할 줄 안다.
6. 자신의 입장을 더 그럴듯하게 포장하기 위해 사용하는 잘못된 논리나 설득의 기교를 걸러낼 줄 안다.
7. 어떤 문제든 논리와 통찰력을 활용하여 체계적으로 살필 줄 안다.
8. 상대방이 논리적으로 수긍할 수 있는 이유와 근거를 활용하여 유효한 추론을 세우고 결론을 도출해낼 줄 안다.
9. 근거에 대한 해석을 종합하여 나의 입장을 세울 줄 안다.
10. 자신의 관점을 체계적이고 명확하고 탄탄하게 제시함으로써 다른 사람의 동의를 이끌어낼 줄 안다.

비판적 사고는

- 지식이 아니다. 복잡하고 어려운 정보나 신기한 사실을 늘어놓는 것, 많이 아는 것은 비판적 사고와 무관하다.
- 진심이 아니다. 진실한 속마음을 털어놓는 것과 비판적 사고는 무관하다.
- 믿음이 아니다. 내가 원하는 결과를 정당화하기 위한 수단이 아니다.
- 의견이나 느낌이 아니다. 어떤 이슈에 대한 단순한 의견이나 느낌을 서로 주고받는다고 해서, 비판적 사고를 하는 것은 아니다.

비판적 사고는 결과가 아닌 과정이다. 최선의 판단, 최선의 선택, 최선의 결과를 이끌어내기 위한 치밀한 사고과정이다.

의심하면서 신뢰하기

비판적 사고는 여러 기질과 능력과 밀접하게 연관되어 있다(Ennis, 1987). 그중 가장 중요한 두 가지 능력은 다음과 같다.

- 의심하고 성찰하는 능력: 비판적 사고에서 '의심'이란 보고 듣는 모든 것을 막무가내로 의심하는 것이 아니라, 무엇이든 확정하지 않고 잠정적인 진리로 대하는 세련된 태도를 의미한다. 내가 아는 진실이 한시적인 것일 수도 있으며, 내가 아는 진실이 전체가 아니라 일부에 불과할 수 있다는 가능성을 열어두라는 말이다.
- 이성적으로 사고하는 능력: 비판적 사고는 회의적 의심을 건설적으로 사용하여 눈앞에 있는 것을 분석하는 안목을 제공한다. 주어진 정보를 활용하여 어떤 것이 사실에 가까울지, 효과적이고 생산적일지, 더 나은 판단을 할 수 있도록 도와준다. 어쨌든 속세에서 살아가기 위해서는, 보이는 것을 어느 수준까지는 믿어야 한다. 어느 수준까지 믿을 것인지 명확하게 기준을 세울 수 있다면, 언제 신뢰하고 언제 의심할지 좀더 제대로 판단할 수 있을 것이다.

비판적 사고의 핵심: 추론과 논증

비판적 사고는 이성의 기능을 최대한 활용하는 것이다. 추론은 영어로 reasoning이라고 하는데, 이 말은 곧 'reason(이성)'을 활용하는 사고'를 의미한다. 문제에 대한 올바른 해법을 찾기 위해 하나하나 꼼꼼히 따지고 의심하고 계산하는 것이 바로 이성적 사고, 즉 추론이다. 추론을 한다는 말은 구체적으로 다음과 같은 일을 한다는 뜻이다.

- 우리가 어떤 것을 믿고 행동하는 데에는 이유가 있다. 그 이유가 무엇인지 명시적으로 밝힌다.
- 그러한 이유를 단순히 나의 믿음이나 희망 때문에 유지하는 것이 아니라, 논리적으로 받아들일 수 있는 것인지 검토한다.
- 자신의 믿음과 행동에 타당한 이유가 있는지 비판적으로 평가한다.
- 자신의 믿음과 행동과 추론을 다른 사람들이 납득할 수 있도록 설명한다.

언뜻 쉬운 일처럼 보일 수 있다. 우리는 자신이 무엇을 믿는지, 그것을 왜 믿는지 잘 알고 있다고 생각한다. 하지만 어떤 것을 참이라고 믿는 이유에 대해 질문하면 막상 대답하지 못하는 사람들이 많다. 자신이 보고 들었던 것이 전체가 아니라 단편적인 일부에 불과하다는 사실을 그제서야 깨닫는 경우도 많고, 올바른 해석이나 올바른 행동이라고 철석같이 믿고 있었던 것이 당연한 결론이 아닐 수 있다는 것을 깨닫는 경우도 많다.

이유와 근거는 무엇인가?

추론은 근거를 바탕으로 결론을 이끌어내는 작업이다. 결론을 뒷받침하려면 근거를 제시해야 한다. 예컨대 '오늘 참 춥다'라고 말했더니 옆사람이 '이게 뭐가 춥냐'고 이의를 제기한다면, 어떻게 대답해야 할까? 온도계의 수치나 기상상태를 근거로 제시할 수 있을 것이다. 기온이 영하 3도이고 창문에 서리가 내렸다는 사실을 근거로 제시함으로써 나의 주장을 뒷받침할 수 있다.

우리는 이처럼 일상에서도 추론을 늘 사용한다. 대학이나 직장에서는 말할 것도 없다. 이런 곳에서는 몇 마디 말이 아니라, 보고서나 논문처럼 구조화된 형식에 맞춰 자신의 추론을 체계적으로 제시하라고 요구한다. 추론을 형식을 갖춰 제시하려면 '골치 아픈' 기술을 몇 가지 더 습득해야 하는데, 그중 몇 가지만 꼽아보면 다음과 같다.

- 사람들이 쉽게 납득할 만한 이유를 선별한다.
- 이유를 일관성 있게, 체계적으로 제시한다.
- 논리적인 순서에 맞게 추론을 전개한다.
- 추론선을 독자들이 쉽게 따라갈 수 있도록 언어를 정교하게 사용한다.

나는 올바른 가정 위에서 추론하는가?

우리 뇌는 자신의 생각이 무조건 옳다고 믿고 싶어하는 경향이 있다. 연구에 따르면 우리 뇌는 추론의 속도를 늦추고 면밀하게 검토하기보다는, 가장 쉬운 경로를 선택해 가장 그럴듯한 결론으로 도약하게끔 설정되어있다고 한다(Kahneman, 2011). 반드시 고려해야 할 정보를 빠뜨리거나, 깊이 생각하지 않고 성급하게 결론으로 도약하기 쉽다는 뜻이다.

자신이 간직한 믿음이나 신념이나 추론이 어디서 비롯된 것인지 살펴보는 일은 매우 중요하다. 비판적 분석을 시작하는 중요한 출발점이 될 수 있다. 추론에 집중하고, 추론의 토대를 체계적으로 검토하는 것은 우리가 전제하는 가정을 밝혀내는 데 도움이 된다. 내가 간직한 가정이 무엇인지 더 잘 알수록 체계적으로 검증해볼 수 있다.

추론과 논증

내적인 추론을 다른 사람에게 전달하고 설득하기 위해 체계적으로 구조화한 것이 바로 '논증argument'이다. 결국 비판적 사고는 논증으로 발현되는 것이다. 논증은 쉽게 말해 추론을 담은 메시지다. 논증은 말이든 글이든 행동이든 다양한 매체를 통해 표현될 수 있다. 논증을 이해하고 분석하고 평가하기 위해서는 비판적 사고를 할 줄 알아야 한다. 물론, 비판적 사고를 단련하면 논증을 구성하는 방법도 쉽게 터득할 수 있다.

남의 논증 뜯어보기

비판적 사고를 가장 쉽게 발현할 수 있는 기회는 다른 사람의 논증을 비판적으로 분석할 때다. 전체적인 메시지를 파악하는 것은 물론, 세부적인 요소들을 분석하고 평가할 줄 알아야 한다. 논증을 분석할 때 많은 요소를 눈여겨봐야 하겠지만, 그중 몇 가지만 이야기하면 다음과 같다.

- 결론, 이유, 근거를 구분해낸다.
- 추론선, 다시 말해 어떤 이유를 어떻게 나열하여 전개하는지 알아낸다.
- 이유들이 결론을 제대로 뒷받침하는지 평가한다.
- 이유를 뒷받침하는 근거들이 믿을 만한지 확인한다.
- 논리적 오류가 숨어있지 않은지 살펴본다.

비판적 사고의
기원과 발전

고대 그리스

대화법 Dialectics

'비판적 사고critical thinking'는 20세기에 들어와 보편적으로 사용되기 시작한 말이지만, 말이 없었다고 해서 존재하지 않았던 것은 아니다. 그 원형이 된 사고법에 대한 기록은, 논란의 여지가 있을 수 있겠지만 수천 년을 거슬러 올라간다.

그 기원이 어디에 있든, 비판적 사고는 철학, 논리학, 수사학과 같은 학문에서 발전해 나온 것이 분명하다. 고대그리스인들은 격식을 갖춘 토론을 통해 철학적 '진리'에 도달하고자 노력했는데, 이때 활용할 수 있는 변론기술을 갈고닦는 법에 관심이 많았다.

플라톤(427-347BC)의 작품 속에는 소크라테스가 여러 사람들과 논쟁하는 장면이 많이 나온다. 소크라테스는 상대방이 주장을 내세우면 이에 대해 지속적으로 의문을 제기하거나 논평함으로써 상대방 스스로 주장을 다듬어나가도록 유도하는 방법을 즐겨 사용했다. 플라톤은 이러한 기술을 대화법dialectics이라고 불렀다. 지금은 문답법question-and-answer format 또는 '소크라테스식' 교육방법이라고 부르기도 한다.

대화법? 변증법?

dialectics는 '변증법'이라고 번역되기도 한다. 이들의 원래 의미는 다음과 같다.

- dialectic: 둘 사이에(dia-: between) + 이야기하다(lect: speak)
- 대화: 서로 마주 보고(對) + 이야기하다(話)
- 변증: 질문과 대답을 주고받음(辨)으로써 + 진실을 밝히다(證)

'대화법'이 훨씬 적절한 번역어처럼 보이지만, 오랜 관습에 따라 '변증법'이라고 번역한 곳도 있다(예: 헤겔의 변증법). 어쨌든 모두 dialectics의 번역어라는 것을 기억해주기 바란다.

논증전략 Argument strategy

추론기술을 연마하고, 치열한 논쟁에서 우위를 점하는 법을 집대성한 이가 있었으니, 바로 아리스토텔레스(384-322BC)다. 아리스토텔레스는 논증을 체계적으로 계획하고 전략적으로 접근하는 방법을 제시했을 뿐만 아니라 논쟁에서 '승리'하기 위한 설득전략으로 22가지 트릭을 제시했다. 물론 이러한 트릭은, 뒤집을 수 없는 명백한 추론규칙을 따르는 것이 아니기 때문에 논리적 오류 또는 거짓논증이라고도 한다. 이러한 논증전략은 지금도 논증을 분석하는 데 상당부분 활용되고 있다. ➔Ch 7

오늘날의 발전

오랜 세월 잠들어있던 그리스의 형식논리와 수사학과 추론기술은 현대에 와서 새롭게 조명받으며 그 가치와 중요성이 다양한 측면에서 부각되었다.

하지만 머지않아 형식논리가 현실에 적용하기 어렵다는 사실이 명확해지면서 비형식논리—논증, 분석과 종합—가 그 자리를 대체했다. 지금은 비판적 사고를 당연하게 갖춰야 하는 고차원적 능력으로 여기지만, 이러한 인식이 자리잡기까지는 몇 가지 역사적 분기점이 존재한다.

세상이 발전하는 원리

헤겔(1770-1831)은 철학적 논증을 발전시키기 위해 플라톤의 대화법을 응용한 논증구조를 만들어낸다. 플라톤은 사람 사이에 주고받는 실제 대화를 가정한 반면, 헤겔은 서로 반대되는 논리적 주장, 즉 추론과 추론이 맞서 서로 주고받는 추상적 대화를 가정한다. 원래의 주장과 이에 맞서는 주장을 종합하면 진리에 더 가까이 다가갈 수 있다고 생각한 것이다.

    헤겔의 정-반-합 모델을 단순하게 설명하자면, 먼저 주장(正)을 제시하고, 이와 반대되는 주장(反)을 제시한 뒤 이 둘을 종합하는 주장(合)을 찾는 것이다. (물론 헤겔은 '정thesis'이나 '반antithesis' 같은 말을 쓰지 않았다.) 이렇게 산출한 '합'주장 synthesis은 이에 반하는 주장(반)이 등장하면서 다시 첫 번째 주장(정)이 되고 새로운 논증의 기초가 된다. 헤겔의 변증법 Hegelian dialectics은 오늘날 학교에서 가르치는 기본적인 논증구조로 자리잡았다. →415

사회를 이끌어가는 주체

20세기 초 교육학자 존 듀이 John Dewey(1859-1952)는 교육과 사회, 모든 맥락에서 대중들이 '이미 만들어져있는' 의견을 무비판적으로 받아들이는 경향을 우려했다. 스스로 타당성을 따져보고 주체적으로 판단하는 책임을 방기하고 많은 사람들이 다른 사람의 의견을 무조건 좇기만 한다.

    개인이 직접 판단하고 책임지는 민주주의를 증진하기 위해서 듀이는 학생들에게 명확하게 사고하는 방법을 가르쳐야 한다고 주장한다. 교육의 목적은 배운 것을 무조건 암기하도록 훈련시키는 것이 아니라, 무수한 의견과 논증 속에서 무엇이 타당한지 스스로 판단할 수 있는 생각하는 힘을 길러주는 것이다.

이후 명확하게 사고하고 추론하는 능력, 즉 비판적 사고는 더더욱 확고한 대중교육의 핵심목표로 자리잡았다. 이러한 흐름 속에서 비판적 사고의 뿌리를 찾는 작업이 진행되었고, 그 결과 앞에서 설명한 소크라테스로부터 시작되는 논증과 수사학의 역사가 복원되었다.

태도, 지식, 기술의 융합

어떤 맥락에도 적용할 수 있는 형식분석 Formal Analysis 이라는 방법론을 개발해낸 에드워드 글레이저 Edward Glaser (1929-2020)는 좋은 사고의 핵심은 논리와 비판적 사고라고 주장한다. 그는 비판적 사고를 태도와 지식과 기술이 하나로 융합되어 나오는 결과물이라고 설명한다.

1. 자신이 경험한 문제나 연구하는 분야에 대해 면밀하게 성찰하는 태도
2. 논리적으로 탐구하고 추론하는 방법에 대한 지식
3. 이러한 태도와 지식을 종합하여 적용하는 기술

비판적 사고를 가르칠 때 태도에 대해서는 생략하고 넘어가는 경우가 많지만 사실, 태도는 비판적 사고의 가장 중요한 출발점이다. 특히 이 챕터에서는 다양한 측면에서 태도의 중요성에 초점을 맞춰 이야기한다. →50

비판적 사고의 하위기술

로버트 에니스 Robert Ennis (1921-2021)는 비판적 사고 자체를 연구한 학자로, 비판적 사고가 무엇인지, 어떻게 형성되고 어떻게 적용할 수 있는지 밝혀내는 작업을 한다. 그는 비판적 사고를 '믿음이나 행동을 결정하기 위해 합리적이고 반성적으로 사고하는 것'이라고 정의하면서 다음 세 가지 하위기

술이 어우러지면서 구현된다고 말한다.

- 논리적 계산^{logical skill}: 명제들 사이의 관계를 파악하는 능력
- 비교평가^{criterial skill}: 주장을 평가하는 능력
- 현실적용^{pragmatic skill}: 논증의 맥락과 목적과 상황에 맞게, 자신의 생각을 어떻게 옹호할 것인지 어느 정도 치밀하게 옹호할 것인지 판단하는 능력.

이 책은 이 세 가지 능력을 중심으로 비판적 사고에 대해 설명한다.

일상적인 문제 속으로

논리학이나 철학을 공부하지 않은 사람들에게 형식논리학은 다소 딱딱하고 어렵게 느껴질 수 있다. 그래서 많은 교육자들과 사상가들은 형식논리학의 틀을 깨고, 비판적 사고에 다양한 방식으로 접근할 수 있는 방법을 개발하기 위해 노력했다.

1970년대 교육자들은 공해, 빈곤, 군비경쟁과 같은 현실적인 문제를 활용하여 비판적 사고를 가르치기 위해 노력했다. 예컨대, 카한^{Kahene}은 다시 오류를 분석하는 데 집중해야 한다고 주장하면서 →Ch7 미디어와 광고의 설득전략을 분석하는 방법으로 비판적 사고를 가르쳤다.

또한 복잡한 논증구조를 일상적인 언어를 사용하여 매핑하는 법을 가르치는 교수법도 나왔고(Thomas, 1973). →Ch11 수용가능성, 연관성, 충분성이라는 세 가지 기준을 충족하는지 검증함으로써 논증의 타당성을 판단하는 법을 가르치는 교수법도 나왔다(Johnson and Blair, 1994). 다시 말해 이유가 받아들일 만하고, 이유와 결론 사이에 연관성이 높고, 이유가 사실일 확률이 높으면 타당한 논증이라고 판단할 수 있다는 것이다.

이처럼 다소 딱딱하고 까다롭게 느껴지는 비판적 사고를 좀더 쉽게 학습할 수 있도록 도와주기 위한 다양한 비형식논리학의 발전과 확산은,

분야를 막론하고 무수한 학생들과 현업종사자들에게 비판적 사고를 익히고 논증을 분석하는 안목을 키워주는 공헌을 했다.

더욱 평등하고 정의로운 세상으로 나아가는 힘

벨 훅스bell hooks(1952~2021)는 비판적 사고가 중요한 또 다른 이유를 제시한다. 훅스는 비판적 사고가 권력과 부라는 측면에서 특권을 누리지 못하는 사람들이 자신의 상황을 객관적으로 평가하고, 당연시되는 불평등에 의문을 제기하는 힘이 될 수 있다고 주장한다. 우리 사회에서 누가 소외되는지, 누구의 목소리는 들리고 누구의 목소리는 들리지 않는지, 예컨대 할리우드영화에서 계급, 성별, 인종 측면에서 내러티브가 어떤 방식으로 이루어지는지 개개인들이 비판적으로 분석할 줄 알아야 한다고 훅스는 말한다.

킴벌리 크렌쇼Kimberle Crenshaw는 인종간 불평등이 법과 제도와 정책에 의해 뒷받침되고 있다는 비판적 인종이론(CRTCritical Race Theory)을 주창한다. CRT는 오늘날 우리가 살아가는 '현상태'의 근거가 되는 기본전제들을 다시 의심하고 검토해볼 것을 요구한다(Delgado and Stefancic, 2001). 이처럼 비판적 사고는 오늘날 더욱 정의롭고 더욱 평등한 세상으로 나아가기 위해 시민 개개인이 갖춰야 할 강력한 무기로 인식되고 있다. ➡245

- 플라톤의 대화법과 헤겔의 변증법에 대한 좀더 자세한 해설
  https://plato.stanford.edu/entries/hegel-dialectics/
- 헤겔의 변증법을 소개하는 짧은 동영상
  https://www.youtube.com/watch?v=BaRUZ81K8bk
- 비판적 인종이론에 대한 간단한 소개
  https://www.weforum.org/stories/2022/02/what-is-critical-race-theory/

비판적 사고를 하면 무엇이 좋을까?

더 날카롭게 사고할 수 있다

우리는 나 자신이 모든 것을 이해하고 있으며 정답이나 최선의 해법을 알고 있다고 가정하지만 그렇지 않은 경우가 많다. 어디서 들은 것, 읽은 것을 아무 생각없이 그대로 따라 하거나 반복할 확률이 높다. 자기 눈에만 자명해 보이는 사실을 늘어놓으면서, 그것을 비판적으로 검토하여 얻은 결론이라고 믿는 경우도 많다.

　이러한 착각은 실수, 오해, 무의식적인 편견, 공정하지 않은 판정, 잘못된 판단으로 이어진다. 물론 사소한 문제로 끝날 수도 있지만 심각한 결과를 초래할 수도 있다. 비판적 사고는 우리의 이성을 더욱 예리하게 연마하며, 이로써 자신의 사고와 행동을 더욱 면밀하게 검토하고 체계적으로 평가할 수 있도록 도와준다.

나 자신을 더 현실적으로 평가할 수 있다

비판적 사고를 제대로 활용할 줄 안다면, 자신의 능력, 관심사, 사고프로세스를 훨씬 현실적이고 정확하게 평가할 수 있다. 어떤 과제상황에 놓였을 때, 예컨대 어디에 에너지를 쏟는 것이 가장 효과적일까? 어떤 기술을 습득하는 것이 유리할까? 어느 직장을 선택하는 것이 좋을까? 이러한 문제를 놓고 결정해야 할 때, 상당한 도움이 된다.

학업성적과 업무성과를 개선할 수 있다

지식을 쌓고 업무실적을 개선하는 일은, 지금까지 성과를 돌아보며 부족한 부분을 인식하는 것에서 출발한다. 현재의 이해수준과 실천방식을 먼저 세분화할 줄 알아야 한다. 예컨대 사실, 믿을 만한 근거, 타당한 방법이라 믿고 있는 것들, 또 그러한 정보의 조각들을 연결해주는 원리 등을 하나씩 분리하여 개별적으로 검토할 줄 알아야 한다.

연구조사를 수행해야 하는 과제나 업무는 무조건 빠르게 처리하는 것이 능사가 아니다. 우선 접근방법을 제대로 선택해야 하고, 연구가 끝난 뒤에는 동료피드백을 통해 오류가 없는지 꼼꼼하게 검토해야 한다. 비판적 사고는 정확성, 효율성, 공정성을 높여준다. 얼핏 보면 시간이 더 걸리는 것 같지만, 돌아보면 이것이 훨씬 시간을 절약하는 길이라는 사실을 깨닫게 될 것이다.

주체적으로 판단할 수 있다

앞에서 말했듯이 우리 생각에 영향을 미치는 것들을 제대로 인식하지 못하면 정확한 판단을 내릴 수 없다. 몇 가지 예를 들자면 선입견, 편견, 혐오, 신념과 같이 우리가 기본적으로 전제하는 가정, 당연한 것으로 여기는 규칙과 규범, 전혀 의심하지 않는 나와 세상을 바라보는 자아관과 세계관이 무엇인지 냉정하게 돌아볼 줄 알아야 한다.

이러한 관점과 의견들은 그동안 살아온 경험과 주변사람들에게서 영향을 받은 것이다. 어릴 적 경험, 부모나 보호자의 태도, 선생님이나 고용주나 상관의 관점, 존경하는 사람이나 또래집단의 생각, 대중매체를 통해 반복적으로 주입된 이미지, 신문이나 책에서 읽은 글 등 주변의 온갖 것들에 영향을 받은 것이다. 물론 사람마다 영향을 받는 정도는 다를 것이다. 도움이 되는 것도 있고 해로운 것도 있을 것이다. 그중 어떤 것은 내 삶 전반에 영향을 미칠 수 있고, 어떤 것은 특정한 상황이나 이슈에만 영향을 미칠 수 있다. 그 영향에 따라 무엇에 주목할지, 상황을 어떻게 해석할지, 어떻게 반응할지 달라질 것이다.

비판적 사고를 잘하는 사람들은 대개 자기인식이 뛰어나다. 자신의 개인적인 동기, 관심사, 편견, 전문성, 지식의 격차를 민감하게 감지하고 평가한다. 자신의 관점에 대해서 의문을 제기하고 이것이 타당한 관점인지 아닌지 꼼꼼히 따져본다.

더 넓은 세계로 나아갈 수 있다

자신에 대한 인식수준을 높이려면 용기가 있어야 한다. 우리는 대개 자기 자신에 대해 잘 알고 있다고 생각하기에, 자신에 대해 몰랐던 사실을 발견하는 경험을 그다지 유쾌하게 받아들이지 않는다. 이러한 발견은 더 나아가 자신이 믿고 있던 신념체계의 토대를 흔들 수 있다. 신념체계는 흔히 정체성의 일부로 여겨지기 때문에, 자신의 정체성 자체를 의심해야 하는 매우 불편한 상황까지 몰릴 수 있다.

더 나아가 비판적 사고는 친구, 가족, 동료들로부터 자신을 소외시키는 결과를 초래할 수도 있다. 근거를 해석하는 방식이 극단적으로 달라질 수도 있다. 남들과 다른 관점을 주장하는 것은 쉬운 일이 아니다. 더욱이 자신이 틀릴 수도 있는 상황에서는 상당한 용기가 필요하다.

이렇게까지 사서 고생을 할 이유는 무엇일까? 더 나은 판단을 할 수 있기 때문이다. 더 나은 과제물을 작성하고 더 좋은 성적을 받을 수 있다. 토론에서 자신의 의견을 펼치고 상대방을 설득할 수 있다. 생각이 다른 사람들 속에서도 주눅들지 않고 내 생각을 여유있게 말할 수 있다. 남들 생각에 의존하며 남들이 하는 대로 따라 사는 것이 아니라, 주체적으로 살 수 있다. 나에게 맞는 직업, 내가 원하는 집단, 내가 꿈꾸는 미래를 주체적으로 선택할 수 있다. 어느 조직에서나 리더가 될 수 있다.

비판적 능력을 갖춘 뒤 나는

- 공정하고 타당한 결정을 내릴 수 있다.
- 자신은 물론 다른 사람이 전제하는 숨은 가정을 발견해낼 수 있다.
- 좀더 검토할 필요가 있는 비일관성이나 잠재적 오류를 찾아낼 수 있다.
- 주어진 과제를 해결하는 데, 무엇이 중요하고 무엇이 중요하지 않은지 한눈에 알아봄으로써 시간과 노력을 아낄 수 있다.
- 과제를 해결하기 위해 여러 사람, 여러 조직이 협업해야 하는 경우, 각각 어디에 초점을 맞춰야 하는지 정확하게 임무를 부여할 수 있다.
- 문제해결능력이 향상된다. 어느 부분을 개선할 수 있는지, 잠재적인 해법이 어느 정도 성과가 있을지 예측하고 판단할 수 있다.
- 체계적으로 접근함으로써 꼭 필요한 것을 놓치지 않는다.
- 복잡한 정보를 분석하는 속도와 정확성이 향상된다.
- 더 복잡한 문제가 닥치더라도 헤쳐나갈 수 있다는 자신감이 생긴다.
- 훨씬 명확하게 사고하고 소통할 수 있다.
- 남의 말에 속거나 사기당할 확률이 줄어든다.
- 더 예리하게 사물과 사건을 인식함으로써, 남들과 다른 차원에서 세상을 바라보는 눈이 열릴 수 있다.

내 생각과 태도는 어디서 왔을까?

- 내 생각에 영향을 미치는 다양한 요인들 중에서, 잘못된 생각이나 선입견을 주입할 수 있다고 우려되는 것은 무엇인가?
- 이러한 요인이 내 생각에 나쁜 영향을 미치지 않도록 하려면, 어떻게 할 것인가?
- 다른 사람의 의견에 이의를 제기하는 것이 불편하게 느껴진다면, 그 이유는 무엇일까?
- 좀더 자연스럽게 다른 사람의 의견에 이의를 제기하는 법을 익히기 위해서는 어떻게 해야 할까?

대학은 학생들에게
무엇을 요구하는가?

단순히 외우는 것을 넘어 이해해야 한다

대학은 학생들에게 겉으로 드러나는 학문의 표면적인 지식을 가르치는 것이 아니라, 그 근간을 이루는 접근방법과 논리를 깊이 이해하고 이에 대해 논의할 수 있는 역량을 길러주는 것을 목표로 한다. 이러한 역량은 비판적 사고에서 나온다. 학술세미나에 참석하여 토론을 하거나, 발표를 하거나, 보고서나 논문을 쓸 때 비판적 사고력의 수준은 그대로 드러난다.

어떤 것을 완벽하게 이해하는 가장 좋은 방법은, 그것을 직접 만들어보는 것이다. 그것을 만들어내는 과정을 처음부터 따라해보거나, 기초부터 하나씩 검증하고 결론을 내는 것이다. 하지만 아무리 시간이 많은 학생이라고 해도 모든 것을 그렇게 배울 수는 없다. 직접 경험하고 실습하고 실험하여야 할 것을, 다른 사람들이 이룩해놓은 연구나 업적을 비판적으로 검토하고 분석하는 것으로 대체해야 한다.

따라서 학생에게 가장 필요한 능력은 다른 사람의 연구를 비판적으로 검토하고 평가하는 안목이다. 하지만 현실은 그렇지 않다. 학생들은 대부분 다른 사람의 연구결과를, 제대로 된 근거와 추론을 통해 산출된 것인지 분석하고 검토하는 과정을 생략하고 무작정 받아들이기만 한다. 예컨대, 퍼듀대학 화학과 교수 조지 보드너는 이렇게 말한다.

조금이라도 낯선 영역에 들어서면, 많은 학생들이 그동안 배운 지식을 어떻게 적용해야 할지 몰라 허둥거린다. 배운 것을 제대로 이해하지 못했다는 뜻이다.(Bodner, 1988)

그는 이러한 상황을 해결하기 위해, 책에 나오는 표준적인 화학계산식만 가르치는 것을 넘어서, '이것을 어떻게 알았을까?' '왜 이렇게 생각해야 할까?' 같은 질문에 대답하는 법을 가르쳐야 한다고 주장한다.

단편적인 지식이 아닌 깊이 있는 이해

퍼듀대학 화학과 학생들 이야기에서 자신의 모습을 발견할 수 있는가? 보드너가 제안한 해법은 효과가 있을까? 그러한 해법을 적용하면 결과가 어떻게 달라질까?

세상은 흑백으로 나눌 수 없다

살다 보면 자신도 모르게 모든 것을 옳고 그름, 흑과 백으로 구분하는 오류에 빠질 수 있다. 하지만 어떤 문제든 깊이 파고들수록 간단하게 답하기 어려워지는 법이다. 특히 학술세계에서 다루는 문제는 정확하게 결론 내리기 어려운 것들이 많다. 이처럼 복잡하고 미묘한 질문, 간단하게 답할 수 없는 질문을 해결하려면 고차원적 사고를 할 줄 알아야 한다.

건설적으로 의심할 줄 알아야 한다

오늘날 매체가 다양해지면서 거짓정보가 넘쳐나고 있다. 더욱이 과학적, 통계적 발표라고 하면 많은 사람들이 의심하지 않고 무작정 믿는 경향이 있다. 하지만 표본의 수가 적절한지, 추론에 오류가 없는지, 데이터가 너무 오래된 것은 아닌지 늘 의심해야 한다. 인위적으로 고립된 조건에서 적은 수의 표본으로 만들어낸 통계수치를 반박할 수 없는 근거처럼 제시하고, 이를 토대로 보편적인 주장을 만들어내고, 이것을 절대적인 진리처럼 둔갑시키는 경우도 많다. 이러한 거짓정보에 속지 않기 위해서는 근거를 비판적으로 검토하고 평가하는 법을 알아야 한다. ➔Ch8

대학은 학생들에게 보고 듣고 읽고 배운 내용을 그대로 암기하는 것이 아니라, 근거에 기반하여 비판적인 접근을 할 것을 요구한다. 아무리 권위있는 학자의 연구라고 해도 무조건 받아들이는 태도는 좋은 점수를 받을 수 없다. 어떤 학문에서든 어떤 전문분야에서든, 그 어떤 이론도 관점도 데이터도 비판적 분석의 대상이 될 수 있다. 특별한 종교적 가치를 추구하는 몇몇 대학에서는 비판적 접근을 허용하지 않는 영역을 설정하기도 하지만, 이는 매우 예외적인 경우일 뿐이다.

좋고 싫은 것만으로는 해결되지 않는다

학술세계에서 '비판'이라는 말은 부정적인 면뿐만 아니라 긍정적인 면까지 분석하는 것을 의미한다. 무언가 평가하기 위해서는 단점뿐만 아니라 장점도 찾아낼 줄 알아야 한다. 좋은 비판적 분석은 어떤 점이 왜 좋고 나쁜지, 왜 작동하고 작동하지 않는지 구체적으로 설명한다. 단순히 무엇이 좋고 싫다는 말을 늘어놓는 것으로는 충분하지 않다.

좀더 균형 잡힌 판단

앞으로 일주일 동안 다른 사람의 말이나 행동에 대해 평가할 때, 또는 직접 참석한 모임이나 행사에 대해 이야기할 때, 자신이 긍정적인 면에 초점을 맞추는지 부정적인 면에 초점을 맞추는지 관찰해보라. 계속 관찰을 이어가며 더 공평한 접근방식을 개발하라. 훨씬 공정하고 균형 잡힌 판단을 내릴 수 있을 것이다.

기분 좋게 비판할 줄 알아야 한다

아이디어, 연구결과, 텍스트, 이론, 작품, 행동, 그리고 이런 것을 만들어낸 사람을 구분할 줄 알아야 한다. 동료의 작업결과물에 대해 평가를 해야 할 때도 마찬가지다.

그럼에도 자신이 만들어낸 결과물을 자신과 동일시하며, 결과물에 대한 비판을 자신에 대한 비판으로 받아들이는 사람이 많다는 점을 명심하라. 따라서 누군가의 작품에 대해 비판적인 평가를 할 때는 반드시 건설적인 태도를 견지해야 하며, 약간의 재치와 유머를 곁들일 줄 알아야 한다. 껄끄러운 메시지를 상대방이 쉽게 받아들일 수 있도록 전달하는 기술은 건전한 비판적 사고를 계속 이어나가기 위한, 결코 무시할 수 없는 소중한 기술이자 재능이다.

해답이 없는 문제에 매달릴 줄 알아야 한다

요즘에는 손가락만 몇 번 까딱하면 무슨 질문이든 답을 찾을 수 있다. 하지만 학문의 세계에서는 몇 년, 심지어 평생을 숙고해도 답을 얻기 어려운 질문을 다룬다. 더욱이 그런 질문들이 끊임없이 새롭게 쏟아져나온다. 정답이 있어야만 속 풀리는 사람들에게는 정말 불편한 세상이다.

하지만 그렇다고 해서 모호하게 답하고 넘어가서는 안 된다. 아무 학술지나 펼쳐보라. 매우 세부적인 측면까지 하나하나 따지며 꼬치꼬치 파고들어 정교하게 논증을 펼쳐나가는 것을 확인할 수 있다. 미세한 추론선을 뒷받침하기 위해 다른 사람이 이룩해놓은 방대한 연구를 끌어오기도 한다. 근거를 인용하는 법도 매우 복잡하기 때문에 하나하나 세심하게 배워야 한다.

거창한 학술논문뿐만 아니라, 기업에서 작성하는 보고서도 마찬가지다. 현실의 문제를 다룰 때는 늘 다음과 같은 측면을 염두에 두어야 한다.

- 명확한 해답을 찾을 수 없는 문제도 많다.
- 해답을 얻는 데 수년, 또는 수십 년이 걸리는 문제도 있다.
- 큰 그림에서 아주 작은 부분에만 기여하는 한정적인 해답을 얻는 것으로 만족해야 하는 문제도 있다.

비판적 사고는 타고난 것이 아니다

천성적으로 무엇이든 의심하는 사람이 있는 반면, 무엇이든 쉽게 믿는 사람이 있는 것처럼 보일 때도 있다. 과거의 경험이나 성격 때문에 그런 차이가 날 수 있다. 하지만 비판적 사고는 타고난 심성이나 성격과 무관하다. 근거를 특정한 방식으로 탐구하는 일련의 '생각하는 기술'일 뿐이다. 구조화된 비판적 사고기술을 습득함으로써, 너무 쉽게 믿는 사람들은 건설적으로 의심하는 법을 배울 수 있고, 회의적인 사람들은 어떤 결과의 발생가능성에 대하여 신뢰하는 법을 배울 수 있다.

비판적 사고를 할 줄 아는 학생은 이런 순간 빛이 난다

- 논의하는 문제와 관련한 가장 좋은 근거를 어디서 찾을 수 있는지 알 수 있다.
- 이 근거가 논증을 얼마나 뒷받침할지 평가할 수 있다.
- 확보한 근거가 어떤 중간결론으로 이어질지 예측할 수 있다.
- 수집한 근거를 토대로 타당한 결론을 이끌어내는 추론선을 짤 수 있다.
- 가장 적절한 사례를 선별하는 안목이 있다.
- 복잡한 논증의 핵심을 짚어내 쉽게 설명할 수 있다.

그런 말은
들어본 적 없는데요

가끔은 '비판적 사고'라는 말을 들어본 적 없다고 말하는 학생도 있다. 하지만 '비판적 사고'라는 말을 굳이 쓰지 않더라도, 많은 수업에서 비판적 사고의 중요성을 말하고, 또 비판적으로 사고할 것을 학생들에게 요구한다. 실제 수업에서 학생들에게 비판적 사고를 수행하도록 요청하는 세 가지 사례를 살펴보자.

Professor Alice

먼저 글 전체를 빠르게 읽고, 전체적인 그림을 그리고, 이에 대한 느낌을 주목해보세요. 내가 '참'이라고 생각하는 것과 일치하는지 어긋나는지 생각해봅니다.

　읽어가면서 요약도 하고... 전체적인 논증을 머릿속에 그려보면서 다음에 무슨 내용이 나올지 예상해봅니다.

　읽은 내용을 이 화제에 대해 내가 기존에 알고 있던 지식, 내 경험과 같은가요? 다른가요? 비교해보기 바랍니다.

섹션이 끝날 때마다 그동안 읽은 내용을 제대로 이해했는지 확인하기 위해, 나 자신에게 몇 가지 질문을 던집니다. 여기서 저자의 입장은 무엇인가? 무슨 주장을 하는가? 이 질문에 답을 할 수 없다면 다시 읽어봅니다. 두 번째 읽으면 더 명확해지는 경우도 있습니다. 다시 읽어도 이해가 되지 않는다면, 일단 접어두고 넘어갑니다. 뒷부분을 읽고 난 뒤 다시 돌아와서 읽으면 이해되는 경우도 많거든요.

이제 좀더 세부적으로 접근해볼까요? 저자가 어떤 방식으로 자신의 주장을 펼쳐나가는지 눈여겨보세요. 그러한 전개방식이 설득력 있어 보이나요? 설득력이 있다고 생각한다면, 무엇 때문에 그럴까 생각해봅니다. 전문가의 말을 인용했기 때문일까? 납득할 수밖에 없는 근거를 제시했기 때문일까?

설득력이 없다고 생각한다면 왜 그런 느낌이 들까 생각해봅니다. 납득할 만한 근거를 제시하지 못했기 때문일까? 때로는 그저 '느낌적으로' 동의하기 어려운 경우도 있습니다. '느낌적인 느낌'일 뿐이라면, 좀더 추론을 세심하게 살펴보며 반박할 수 있는 명확한 자료나 근거를 찾아야 할 것입니다.

...

자 이제 이 글과 관련하여 내 생각을 주장으로 만들어봅니다. 내 생각은 과연 설득력이 있는지 검토해봅니다. 어떠한 이견에도 내 주장을 논리적으로 밀고 나갈 수 있을까요?

앞에서는 텍스트를 읽고 분석하는 비판적 읽기전략을 소개한다. 마지막에는 수집한 자료를 종합하여 자신의 주장을 직접 만들고 검토해보라고 요구한다. 이것은 비판적 사고와 비판적 성찰을 요구하는 비판적 읽기와 쓰기 전략이다.

Professor Brian

이제 핵심을 파악해볼까? 이 글에서 저자가 진짜 말하고자 하는 것은 무엇일까? 왜 그걸 지금 이 시점에 말하고자 하는 것일까? 해답은 텍스트 안에 있지 않을 수도 있어. 사회적 역사적 맥락 속에서 논란이 되는 어떤 이슈와 관련된 것일 수도 있겠지만, 지극히 개인적인 동기에서 비롯된 것일 수도 있지. 권력에 아부하기 위해, 또는 대중의 관심을 끌기 위해, 또는 자신도 유행이나 시류에 맞는 이야기를 할 줄 안다는 것을 보여주기 위해, 또는 단순히 연구프로젝트 예산을 따내기 위해 작성한 글일 수도 있겠지.

이 수업에서는 자료나 텍스트를 그 속에 담겨있는 내용뿐만 아니라 더 넓은 맥락을 고려할 줄 알아야 한다고 말한다. 행간의 의미, 숨어있는 가정을 밝혀내는 것 역시 비판적 사고에서 매우 중요하게 다루는 주제다.

지금 우리보고 하는 말씀 맞나요?

Professor Clark

제군들. 나무만 보지 말고 숲을 볼 줄 알아야 한다. 무수한 정보 중에 덜 중요한 것들은 걸러내고 더 중요한 것들을 골라낼 줄 알아야 한다. 이해하는 것으로 끝나지 않는다. 문제의 핵심이 무엇인지, 문제와 관련하여 가장 집중적으로 고려해야 하는 측면은 무엇인지, 가장 적절한 예시는 무엇인지, 설득력을 획기적으로 높이려면 어떻게 해야 하는지 끊임없이 평가해야 한다. 어떻게 이야기해야 자신의 생각을 효과적으로 공정하게 전달할 수 있을지 고민해야 한다.

이 수업에서는 세부사항에 집중하면서도 다양한 각도에서 바라볼 줄 알아야 한다는 것을 강조한다. 방대한 정보 속에서 가장 중요한 것을 직관적으로 선별해내는 안목은 비판적 사고의 핵심기술이다.

> 이 세 가지 수업에서 학생들에게 가르치는 사고역량은 실제로 비판적 사고의 핵심적인 사고프로세스라 할 수 있다.
>
> - Prof. A 자료를 분석적으로 접근하고 해독하는 능력
> - Prof. B 자료를 더 넓은 맥락에서 조망하는 능력
> - Prof. C 여러 선택지 중에서 연관성이 가장 높은 것을 선별하는 능력
>
> 정확하게 해독하고 맥락 속에서 해석하고 공정하게 평가하는 능력은 모두 비판적 사고역량에서 나오는 것이다.

성공을 위한
기본 자질과 태도

비판적 사고는 진공상태에서 나오는 것이 아니다. 높은 수준의 비판적 사고를 하려면 다음과 같은 자질과 태도가 밑받침되어야 한다.

기본적인 사고력

비판적 사고는 다양한 기초적인 사고능력의 융합이라 할 수 있다. 선별하고 구별하기, 비교하고 대조하기, 범주화 등 기초적인 사고기술이 어느 정도 학습되어있어야 한다. →Ch2

기본적인 지식과 학습능력

비판적 사고를 잘하는 사람은 자신이 잘 알지 못하는 분야의 글이라도 논증의 완성도를 대략적으로 판단할 줄 안다. 어떤 분야의 사람들을 만나든 의미있는 대화를 할 수 있으며, 생소한 분야의 지식이나 논리구조도 빠르게 포착한다. 물론 전문지식까지 갖춘 분야에서는 훨씬 정교한 비판적 사고를 할 수 있다. 논증에서 다루는 화제와 관련된 다양한 사실과 대안을 글 속에서 충분히 반영하고 있는지 꼼꼼히 따질 수 있다.

감정관리능력

비판적 사고라고 하면 감정을 배제한 차가운 계산프로세스라는 인상을 주지만 정서적인, 때로는 열정적인 반응이 개입하는 경우도 많다. 추론을 하다보면 상반된 관점 사이에서 한쪽을 선택해야 하는 경우가 많은데, 우리는 대개 자신의 생각이나 신념과 모순되는 근거는 배척한다. 특히 근거가 예상치 못한 방향 또는 내키지 않는 방향을 가리킨다면 분노, 좌절, 불안 같은 감정이 튀어나올 수 있다.

학자들은 전통적으로 학문은 어떠한 감정에도 영향받지 않고 오로지 논리에 의해서만 산출되어야 한다고 생각한다. 그럼에도 감정을 억제하기 어려울 때가 있다. 이럴 때 감정을 관리할 줄 안다면 도움이 될 것이다. 침착함을 유지하며 논리적으로 추론을 이어나갈 때, 자신의 주장을 더욱 설득력있게 펼쳐 나갈 수 있다.

감정관리

- 내 의견에 상대방이 반대할 때—특히 내 주장을 입증하기 어려울 때 또는 논쟁에서 질 것 같을 때—어떤 감정이 드는지 생각해보자.
- 그러한 감정을 어떻게 처리하는가? 자신의 감정적 반응을 개선해야 한다고 생각하는가? 어떻게 개선할 수 있을까?

비판적 사고를
가로막는 장벽

비판적 사고를 누구나 쉽게 습득하지 못하는 이유는, 비판적 사고를 가로막는 다양한 장애물이 존재하기 때문이다. 이러한 장애물 중에 혹시라도 나에게 영향을 미치는 것이 있는지 생각해보자.

'비판'이라는 말이 싫어요
'비판'이라고 하면, 무조건 부정적인 견해를 표명하는 것이라고 생각하는 사람이 많다. 그래서 비판적 분석을 하라고 하면, 부정적인 측면만 언급하는 사람도 있다. 이는 '비판'이라는 말을 잘못 이해한 것이다. 앞에서도 말했듯이 비판적 평가는 긍정적인 면과 부정적인 면, 잘된 점과 그렇지 않은 점을 모두 파악하는 것이다.

비판이나 비평은 어쨌든 부정적인 면을 들춰야 하기 때문에, 무조건 피하고 보는 사람이 많다. 불쾌한 사람으로 비춰질 수도 있다는 걱정에, 부정적인 느낌이 드는 말보다는 긍정적인 느낌이 드는 말만 한다. 개선할 수 있는 부분에 대해 조언하는 것조차 망설인다. 하지만 이러한 접근방식은 나에게도 상대방에게도 그다지 도움이 되지 않는다. 건설적인 비판은 상황을 명확하게 규정해줄 뿐만 아니라, 상대방은 물론 자신에게도 더욱 발전할 수 있는 기회를 제공한다.

내 생각이 잘못되었을 리 없어

우리는 대부분 자신이 이성적인 존재라고 생각하고 싶어한다. 우리는 자신의 신념체계가 가장 타당하며(그렇지 않다면 그런 신념을 가지지 않았겠지!) 우리 생각과 행동에는 그럴 만한 이유가 있다고 믿는다. 하지만 안타깝게도 그렇지 않은 경우가 훨씬 많다. 우리의 생각과 행동은 대개 아무 생각없이 흘러간다. 그래야만 일상을 더 효율적으로 지탱할 수 있기 때문이다. 예컨대 양치질을 할 때마다 치약의 안전성을 의심해야 한다면 얼마나 고달프겠는가?

하지만 잘못된 사고방식으로 탈선하는 일은 생각보다 쉽게 발생한다. 자신도 모르게 잘못된 추론에 따라 살아갈 수 있다. 주변사람들이 지적해주지 않으면 스스로 깨닫지 못하는 경우가 많다. 논쟁에서 줄곧 이긴다고 하더라도, 그것은 나의 주장이 옳다는 것을 입증하는 것도 아니고 나의 뛰어난 추론능력을 입증해주는 것도 아니다. 상대방이 논증의 허점을 미처 파악하지 못했을 수도 있고, 어떤 개인적인 이유로—예컨대 굳이 갈등하고 싶지 않아서 또는 따지기 귀찮아서—못 본 체하고 그냥 져줄 수도 있다. 정확하지 않고 정밀하지 않고 논리적이지 않은 사고는, 더 높은 수준의 학업과 업무가 요구하는 정신력을 개발하는 것을 방해할 수 있다.

비판적 사고는 어떻게 하는 건지 몰라서

비판적 사고를 향상시키고 싶은 마음은 있지만, 무엇을 어떻게 해야 하는지 알지 못하는 경우도 있다. 또 나름대로 비판적 사고를 향상시키기 위해 노력은 하지만, 높은 수준의 학업과 업무가 요구하는 수준에는 못 미칠 수도 있다. 모두 비판적 사고를 훈련하는 법을 알지 못해 생긴 일이다. 비판적 사고를 제대로 습득하기 위해서는 효과적인 전략과 체계적인 로드맵에 따라 지속적으로 갈고닦아야 한다.

전문가가 그렇다는 데 뭐…

존경하는 사람의 글이나 작품을 비판적으로 분석하는 일을 불편하게 느끼는 사람도 있다. 지식과 경험이 미천한 학생들에게 유명한 교수가 쓴 작품에 대해 비평하라고 과제를 내는 것은 도대체 말이 되는 것일까? 아무리 생각해도 무례하고 건방진 요구라고 여겨진다.

하지만 이런 생각은 하루빨리 떨쳐버리기 바란다. 이것이 바로 대학에서 학생을 가르치는 방법이다. 무엇을 전공하든, 대학이 학생들에게 가르치고자 하는 최종적인 소양은 바로 비판적 사고다. 전공은 비판적 사고를 훈련하기 위한 재료일 뿐이다. 대학은 이미 성립된 무수한 이론과 학설에 대해 학생들이 의문을 품고 질문하기를 기대한다. 이러한 사고방식이 처음에는 낯설게 느껴지더라도 적응해나가야 한다.

물론 예외적인 경우도 있다. 전문가나 선생님의 가르침에 존경심을 표하는 것—예컨대 텍스트를 암송하거나, 전문가의 말을 그대로 외우거나, 이미지나 동작을 복사하다시피 따라 하는 것—을 교육목표로 삼는 교육기관도 있다. 태극권 같은 무술을 수련하는 곳이나 종교적인 교육기관에서는 비판적 사고가 그다지 필요하지 않을 수 있다.

내 눈에 흙이 들어가기 전에는 절대 안 돼

비판적 사고는 기본적으로, 문제를 바라보는 방법이 여러 가지 존재할 수 있다는 것을 인정하기 때문에 가능한 것이다. 학문세계에서 '진리'라는 말 대신 '이론'이라는 말을 쓰는 이유는, 아무리 오랜 시간 뿌리내린 믿음이나 가정이라도 언제든 뒤집어질 수 있다고 전제하기 때문이다. 하지만 머리 좋고 공부 잘하는 학생도 이러한 전제를 받아들이지 못하는 경우가 많다.

특히 '상식'이나 '정상'으로 여겨지는 것에 대해 전문가나 지식인이라고 하는 사람들이 이의를 제기하는 것에 대해 많은 사람들이 정서적으로 반발한다. 오랜 시간 깊이 뿌리내린 종교적, 정치적, 문화적 신념에 어떤 식으로든 문제를 제기하는 것을 참지 못하는 사람도 많다. 특히 가족관계, 자녀양육, 범죄에 대한 처벌, 유전자조작, 젠더, 국가, 이념 등에 대해 민감하게 반응한다.

정서적인 반응은 학습을 촉진하기도 하지만, 정서적 반응에 지나치게 의존하는 것은 사고하는 능력을 떨어뜨리고 더 나아가 마비시킬 수 있다. 논증을 강화하기 위해 정서적인 측면을 어느 정도 고려하고 활용하는 것은 크게 문제가 되지 않지만, 추론과 논증이 쓸모없을 만큼 감정에만 지나치게 호소하는 것은 결코 바람직하지 않다.

비판적 사고를 하기 위해 자신이 소중하게 간직해온 신념을 모조리 버리라고 말하는 것은 아니다. 자신의 신념을 비판적으로 검토하고 탐구함으로써, 오히려 자신의 관점의 정당성을 더욱 탄탄하게 확보할 수도 있다. 이 모든 과정을 헤쳐나가는 데에는 앞에서 중요한 자질로 언급한 감정관리능력이 큰 힘을 발휘할 것이다.

빠르게 정답만 가르쳐 줘

학습은 이해와 통찰력을 얻기 위한 과정이다. 학문마다 전문지식을 습득할 수 있는 최적의 교수법과 학습체계가 존재한다. 하지만 많은 학생들이 이러한 교수법의 목적을 잘못 이해하여, 올바른 판단을 내릴 수 있는 원리를 이해하려고 노력하기보다는 단편적인 사실을 암기하고 정답을 맞히는 데에만 초점을 맞춘다. 실제로 고등학교까지는 정답을 맞히는 것을 목표로 학생들을 가르친다. 하지만 대학에서 요구하는 학습목표는 완전히 다르다. 다음 대화는 이 문제의 단면을 보여준다(Cowell et al., 1995).

- **교수**: 여러분 스스로 답을 찾아보기 바랍니다. 학자들이 이에 대해 어떻게 말하는지 찾아보고 비판적으로 의심하고 적극적으로 질문하기 바랍니다.
- **학생**: 그러니까 이 질문에 답이 뭔가요? 교수님이 알려주시면 안 되요?
- **교수**: 정답은 여러분이 직접 찾아보세요.

비판적 사고가 힘들고 귀찮게 느껴질 수도 있다. 물론 그렇다. 교수들도 마찬가지다. 하지만 누구나 쉽게 할 수 있는 일이라면, 무슨 가치가 있겠는가? 비판적 사고를 계발하는 것은 '생각의 근육'을 단련하는 일과 같다. 건강하게 오래 살고 싶다면, 쉬지 않고 갈고닦아야 한다.

하나하나 따지기 귀찮아

비판적 사고를 하려면 세부적인 내용을 꼼꼼하게 관찰할 줄 알아야 한다. 예컨대 어떤 문제에 대하여 너무 일반적인 개요만 훑어볼 경우, 또는 반대로 너무 세세한 내용에만 매달릴 경우, 엉뚱한 판단을 내릴 수 있다. 비판적으로 평가한다는 것은, 내 의견과 무관하게 논증 자체가 충분히 탄탄하게 구성되어있는지 판단한다는 뜻이다.

장애물 제거하기

나의 비판적 사고를 가로막는 요인은 무엇이라고 생각하는가? 모두 체크해보자.

- ☐ '비판'이라는 말의 의미를 오해하고 있었다.
- ☐ 나의 추론능력을 과대평가하고 있었다.
- ☐ 비판적 사고를 습득하는 전략과 방법을 몰랐다.
- ☐ 비판적 사고를 연습할 기회가 없었다.
- ☐ 권위에 도전하고 비판하는 것이 부담스럽다.
- ☐ 차분한 논증보다 감정이 앞선다.
- ☐ 정보를 많이 아는 것을 이해하는 것으로 착각했다.
- ☐ 핵심에서 벗어나 쓸데없는 것에 집착한다.

이 밖에도 다른 장애요소가 있다면 나열해보라. 또 이러한 장애물을 제거하거나 관리하기 위해서 앞으로 몇 달 동안 나는 어떤 노력을 할 것인가?

비판적 사고 수련 전 진단테스트

아래 기준에 따라 나의 기본적인 수행능력을 평가해보자.

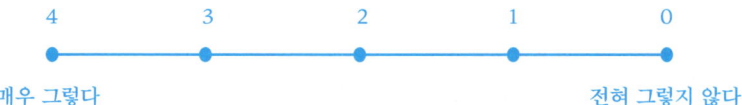

매우 그렇다   전혀 그렇지 않다

번호	나의 수행능력	점수
1	전문가의 작품이나 성과물에서 빈틈이나 허점이라고 여겨지는 것을 지적하는 일에 자신이 있다.	
2	이 책에서 구체적으로 요구하는 내용에 정확하게 집중할 수 있다.	
3	비판적 사고를 활용하는 '논증'이라는 단어의 의미를 알고 있다.	
4	논증의 구조를 분석할 줄 안다.	
5	비판적 평가를 해도 내가 나쁜 사람이라고 느껴지지 않는다.	
6	추론선이 무엇을 의미하는지 알고 있다.	
7	어떤 사안에 대해 공정하게 판단하는 것을 나의 믿음이나 가치관이 방해할 수 있다는 사실을 알고 있다.	
8	논증에서 추론선을 끄집어내기 위해 끈질기게 매달린 적이 있다.	
9	논증이 어느 단계에서 진행되고 있는지 알려주는 이정표를 찾아낼 수 있다.	
10	논증의 핵심요점을 주변적인 내용과 혼동하지 않고 구별할 수 있다.	

11	정확한 판단에 도달하기 위해 사실들을 하나하나 꼼꼼하게 검토한다.	
12	독자를 설득하기 위해 사용하는 공정하지 않은 설득기법을 식별해낼 줄 안다.	
13	행간을 읽어낼 줄 안다. 숨어있는 가정이나 전제를 읽어낼 줄 안다.	
14	근거가 주장을 제대로 뒷받침하고 있는지 평가할 수 있다.	
15	평소에도 세부적인 사항을 꼼꼼하게 살펴본다.	
16	다양한 관점을 어느 쪽에도 치우치지 않고 공정하게 평가할 수 있다.	
17	명확하게 이해되지 않는 것이 있으면, 자세히 이해하기 위해 자료조사를 한다.	
18	상대방을 설득하기 위한 논증을 명확하게 제시할 수 있다.	
19	논증을 어떻게 짜는지 알고 있다.	
20	단순한 사실을 진술하는 글쓰기와 설득을 목적으로 하는 분석적 글쓰기가 어떻게 다른지 설명할 수 있다.	
21	논증 속에서 일관성이 없는 요소들을 찾아낼 수 있다.	
22	패턴을 빠르게 파악해낸다.	
23	나의 성장배경이 나의 사고와 판단에 영향을 미칠 수 있다는 사실을 안다.	
24	자료출처의 신뢰성을 평가하는 법을 알고 있다.	
25	학자들이 글에서 모호한 표현을 자주 쓰는 이유를 알고 있다.	
	총합	

100점 만점

점수 해석하기

이 테스트는 여러분이 비판적 사고에 대해 얼마나 알고 있는지 좀더 명확하게 알려준다. 점수가 낮을수록 비판적 사고를 계발하기 위해 더 많은 노력을 기울여야 한다. 75점이 넘는 사람은 비판적 사고에 자신감을 가져도 좋다. 물론 혼자 체크하고 점수를 매기는 것보다는, 자신의 답안을 선생님이나 동료에게 보여주고 좀더 객관적으로 검토해달라고 부탁하면 훨씬 신뢰할 만한 점수를 얻을 수 있을 것이다. 어쨌든 100점을 받지 못했다면 개선할 여지가 있다는 뜻이다! 이 책을 다 읽고 난 후에도 45점 미만이라면, 교수님이나 전문가와 상담을 하고 문제를 찾는 것이 좋다.

어디에 초점을 맞추어 비판적 사고를 계발할 것인가?

- **A열**에는 각각의 지문에 얼마나 공감하는지 표시한다.
- **B열**에는 이 지문이 나에게 얼마나 급박한지 표시한다.
- **C열**에는 **A열**과 **B열**의 점수를 합산하여 적는다.
- **D열**은 이 지문에 대한 해설을 어느 챕터에서 찾을 수 있는지 알려준다.
- 마지막으로, 최종점수를 바탕으로 학습 우선순위를 설정한다.

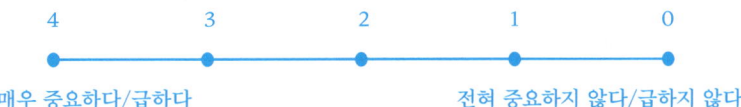

나는 무엇을 계발하고 싶은가?	A	B	C	D
비판적 사고를 하면 뭐가 좋은지 이해하고 싶다				→Ch1
중요한 내용에 초점을 맞춰 집중하고 싶다				→Ch2
세부적인 사항을 좀더 꼼꼼하게 살펴보고 싶다				→Ch2
'추론선'이 무슨 말인지 알고 싶다				→Ch3
논증이 어떤 요소로 이루어지는지 알고 싶다				→Ch3
논증이 어느 단계에서 진행되고 있는지 알려주는 이정표를 읽어내고 싶다				→Ch3/10
정당한 논증과 반대를 위한 반대를 구별하고 싶다				→Ch4
논증과 진술과 설명과 요약이 어떻게 다른지 알고 싶다				→Ch4
배경정보에서 이 글에서 다루는 이슈의 맥락을 짚는 법을 알고 싶다				→Ch4
논증의 구조를 분석하고 싶다				→Ch5/10/11
논증의 내적 일관성을 평가하는 법을 알고 싶다				→Ch5

중간결론이 무엇인지 알고 싶다		→Ch5
논증구조를 직접 짜고 싶다		→Ch5/10/11
행간의 의미를 좀더 잘 읽어내고 싶다		→Ch6
겉으로 드러나지 않는 숨겨진 가정을 읽어내고 싶다		→Ch6
논증의 바탕에 깔려있는 전제의 타당성을 평가하고 싶다		→Ch6
논증이 겉으로 드러나지 않는 숨은 목적을 읽어내고 싶다		→Ch6
표면적 의미와 함축적 의미가 무엇인지 알고 싶다		→Ch6
인과관계, 상관관계, 우연을 혼동하지 않고 구별하고 싶다		→Ch7
필요조건과 충분조건을 정확하게 이해하고 싶다		→Ch7
공정하지 않은 설득기법을 식별해내고 싶다.		→Ch6/7
같은 말을 반복하는 논증을 빠르게 알아채고 싶다		→Ch7
잘못된 추론을 걸러내고 싶다		→Ch6/7
출처의 신뢰성을 평가하는 법을 알고 싶다		→Ch1/8
근거의 진위성, 유효성, 신뢰성이 무슨 의미인지 알고 싶다		→Ch8
표본의 대표성을 이해하고 평가하고 싶다		→Ch8
삼각검증법에 대해서 알고 싶다		→Ch8
개연성의 수준을 평가하고 싶다		→Ch8
자료를 효율적으로 읽고 메모하는 법을 알고 싶다		→Ch9/10
언어를 더욱 효율적/효과적으로 사용하는 법을 알고 싶다		→Ch3/10/11
논증을 글로 좀더 효과적으로 작성하는 법을 알고 싶다		→Ch10/11
공부나 과제나 업무를 할 때 비판적 성찰을 활용하고 싶다		→Ch12
직장생활과 사회생활에 비판적 성찰을 적용하고 싶다		→Ch12/13
삶의 진로/계획에 비판적 사고를 적용하고 싶다		→Ch12/13

점수 해석하기

앞의 표에서 **C열**의 점수가 가장 높은 세 가지 항목을 체크하라. 점수가 같은 항목이 세 개 이상일 경우에는 그중에서 **B열** 점수가 높은 것을 고른다. 그렇게 고른 세 가지 항목을 아래 칸에 행동목표로 만들어 써넣어라. 예컨대 '삼각검증법에 대해서 알고 싶다'를 골랐다면 '나는 삼각검증법을 완벽히 이해할 것이다'라고 쓰면 된다.

비판적 사고를 학습하기 위한 나의 각오

나는 _____

나는 _____

나는 _____

중요한 것은 꺾이지 않는 마음

비판적 사고를 제대로 수행하기 위해서는 다음과 같은 자질이 필요하다.

- 꼼꼼함: 서두르지 말고 작은 힌트에도 주의를 기울이며 정보를 수집한다.
- 패턴분석능력: 수집한 정보와 데이터를 매핑하고 반복성이나 유사성을 찾아낸다.
- 인내심: 빠뜨린 것이 없는지 몇 번이고 살핀다.
- 다른 관점에서 바라보기: 같은 정보를 다양한 각도에서 검토한다.
- 객관성: 정확한 결과와 깊이있는 이해를 얻기 위해 자신의 취향, 신념, 관심을 한쪽에 치워둘 줄 알아야 한다.
- 불확정성에 대한 판단유보: 지금은 그럴듯해 보이는 아이디어라 해도 장기적으로는 바람직하지 않을 수 있다는 것을 염두에 두고 의심한다.

비판적 사고의 정의, 역사, 가치

1. **비판적 사고는 복잡한 프로세스다**: 비판적 사고는 다양한 기술이 종합적으로 어우러지면서 구현되는 것이다. 비판적 사고가 작동하기 위해서는 열린 마음, 체계적인 사고, 인내, 꼼꼼함, 치밀함 등 기본적인 자질과 태도가 밑바탕되어야 한다.

2. **비판적 사고는 '추론'에 관한 것이다**: 비판적 사고는 기본적으로 이유와 근거에 기반하여 논증을 분석하거나 구성하는 능력이다. 이러한 능력 위에서 올바른 판단력과 의사결정능력이 나온다.

3. **비판적 사고는 발화되지 않은 말도 읽어낸다**: 우리가 하는 말 속에는 다양한 전제와 가정이 숨겨져있다. 겉으로 드러나지 않은 다른 사람의 가정과 편견은 물론, 나 자신이 숨기고자 하는 가정과 편견을 드러내 논증의 대상으로 삼을 수 있다.

4. **비판적 사고는 값비싼 자산이다**: 비판적 사고를 할 줄 알면 문제를 발견하고 이를 해결하는 능력이 생긴다. 남의 말에 속거나 잘못 휘둘릴 확률이 낮아진다. 복잡한 정보라도 자신있게 빠르게 정확하게 분석할 수 있다. 이러한 능력을 갖지 못했을 때 감수해야 할 돈과 시간을 계산해보라.

5. **비판적 사고는 감정관리능력을 키워준다**: 비판적 사고는 다른 사람은 물론 나의 믿음이나 사고방식을 의심할 것을 요구한다. 객관적으로 자신을 인식하는 데에는 상당한 용기가 필요하다. 나의 사고와 의사결정에 영향을 미치는 다양한 요인들에 대해서 늘 경계할 줄 알아야 한다.

6. **비판적 사고를 무엇이 가로막는가**: '비판'이라는 말을 잘못 이해해서, 비판적 사고를 어떻게 배워야 할지 몰라서, 핵심이 아닌 말꼬리만 잡고 늘어지다가, 또 그밖의 다양한 요인으로 인해 비판적 사고를 제대로 습득하지 못하는 사람이 많다.

7. **대학에서 좋은 점수를 받고자 한다면 비판적 사고를 갈고닦아라**: 비판적 사고의 다양한 측면 중에서 내가 잘하는 것은 무엇인지, 나에게 부족한 것은 무엇인지 파악하고, 더욱 완벽한 비판적 사고기술을 세련―갈고닦음―하기 위해 이 책을 탐독하라.

02

기초적인 사고기술 진단

비판적 사고훈련에 들어가기 위한 몸풀기

?

비판적 사고의 토대가 되는
기초적인 사고기술에는 무엇이 있을까?

이러한 기초적인 사고기술을
나는 얼마나 제대로 수행하고 있을까?

이러한 기초기술은 어떻게 훈련할 수 있을까?

이러한 기초기술을 활용하는
사고역량을 어떻게 강화할 수 있을까?

일상적인 상황에서는 자신도 모르게 비판적 사고를 의식하지 않고 사용할 수 있다. 하지만 낯선 정보가 눈앞에 닥쳤을 때, 복잡한 문제와 상황이 펼쳐졌을 때, 이러한 기술을 쉽게 적용하지 못하는 경우가 많다. 어디에 초점을 맞춰야 할지 몰라 허둥대다 집중하지 못한다. 잠시 차분하게 정신을 가다듬고, 좀더 체계적으로 접근하고 분석해야 한다는 사실을 잊어버리는 경우도 많다. 세부사항들을 놓친다. 아무리 똑똑한 사람이라도 그런 상황에서 실수를 하고, 사기를 당한다.

비판적인 경계심을 갖기 위해서는 주의를 기울이고 체계적으로 생각할 줄 알아야 한다. 이는 사실, 꽤 귀찮고 성가신 일이다. 하지만 생각하는 기술은 단련할 수 있다. 연습과 훈련을 통해 육체적인 근육을 키우듯이, 생각의 근육을 단련하여 민첩성을 높일 수 있다. 고된 임무에 집중하는 정신력을 강화할 수 있다. 더 순간적으로 반응하고, 오랜 시간 더 명료하게 집중할 수 있다. 마라톤 선수가 과학적인 방법으로 훈련을 하듯이, 정신세계의 마라톤에 도전할 때도 더 효과적이고 체계적인 훈련 방법으로 접근해야 한다.

하지만 명심하라. 고된 훈련을 포기하지 않고 헤쳐나갈 수 있는 힘은 무엇보다도 내가 왜, 무엇을 위해 이 고된 훈련을 하고 있는지 스스로 명확하게 자각할때 나온다.

비판적 사고의
토대가 되는 사고기술

비판적 사고는 다양한 '사고기술'들이 종합적으로 어우러져 발휘되는 것이다. 하위기술에는 구체적으로 다음과 같은 것들이 있다.

- 꼼꼼하게 집중하여 세부적인 항목의 의미를 파악한다.
- 세부적인 항목들 사이의 패턴을 찾아낸다.
- 패턴을 활용하여 다음에 발생할 수 있는 결과를 예측한다.
- 다양한 항목의 특징을 분류하고 묶어 카테고리를 형성한다.
- 카테고리를 활용하여 새로운 현상의 특징을 파악하고 판단한다.

이러한 '사고기술'들이 하나로 어우러져 종합적으로 발현되는 비판적 사고는, 공부를 하거나 업무를 처리하는 능력을 좌우하는 핵심적 사고역량이라 할 수 있다. 당연히 많은 기업에서 신입사원을 뽑을 때 가장 눈여겨보는 자질이다.

많은 이들이 비판적 글쓰기를 어려워하는 이유 중 하나는, 전체적인 메시지를 풀어나가는 와중에 주목해야 하는 세부항목이 너무 많아, 그 과정에서 집중력을 잃기 때문이다. 세부항목을 빠르게 훑어보고 무엇이 중요한지 선별한 다음, 그것만 집중적으로 주목함으로써 효율을 높일 수 있다면 과제수행능력이 개선되고 학업성적도 올라갈 것이다. '취업경쟁력'도 올라갈 것이며, 삶의 전반적인 성취도도 올라갈 것이다.

나의 사고력은
어느 정도 될까?

기초적인 사고기술을 얼마나 잘 사용하고 있는지 평가할 수 있는 간단한 평가문제를 준비하였다. 총 6개 문제로 구성되어있다. 해답을 보지 말고 혼자 힘으로 풀어보기 바란다. 문제를 다 푼 다음에 정답을 맞춰보고, 사고력 채점시트에 점수를 기록하라. 점수를 토대로 자신의 기본적인 사고력의 수준을 확인할 수 있으며, 어떤 역량이 부족한지, 부족한 역량을 계발하기 위해서 어떤 노력을 해야 하는지 알 수 있다.

단순히 답만 맞춰보지 말고 함께 수록된 해설을 꼼꼼히 읽어보기 바란다. 이 평가가 다소 어렵게 여겨진다면, 좀더 시간을 들여 꼼꼼하게 세부적인 요소에 집중하는 훈련을 하는 기회로 삼기 바란다.

사고력평가 1 — 틀린그림찾기

다른 것과 틀린 문양을 찾아라.

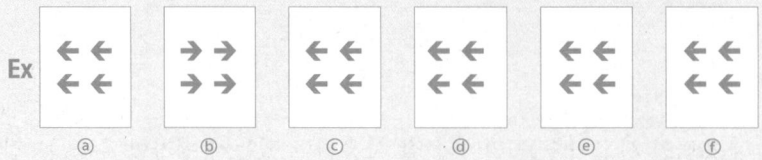

ⓑ가 답이다. 여기서 ⓑ 상자만 화살표가 다른 방향을 가리키고 있다.

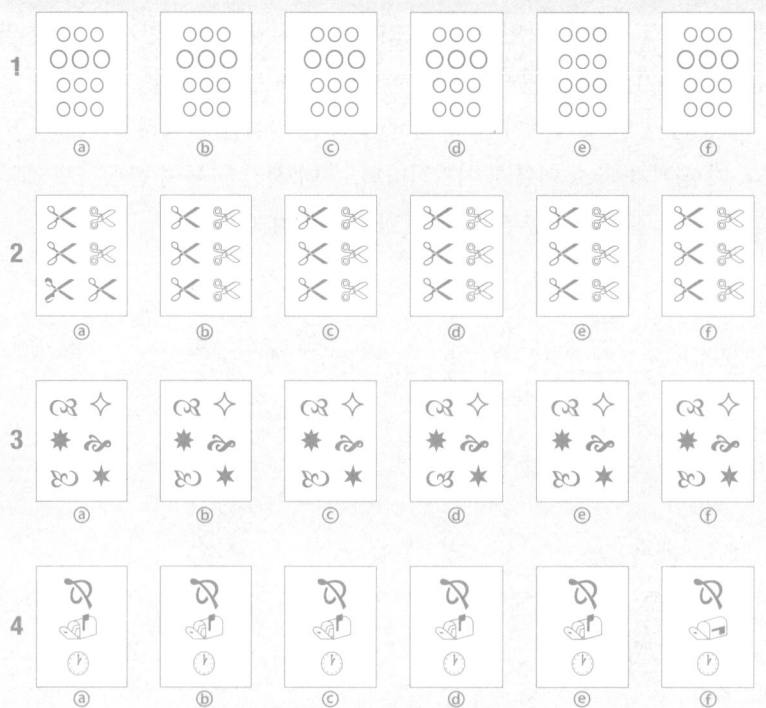

사고력평가 2　　　　　　　　　　　　　규칙찾기

윗줄의 문양이 어떤 순서로 나열되어있는지 규칙을 찾아 ? 칸에 어떤 문양이 나올지, 아랫줄에서 찾아보라.

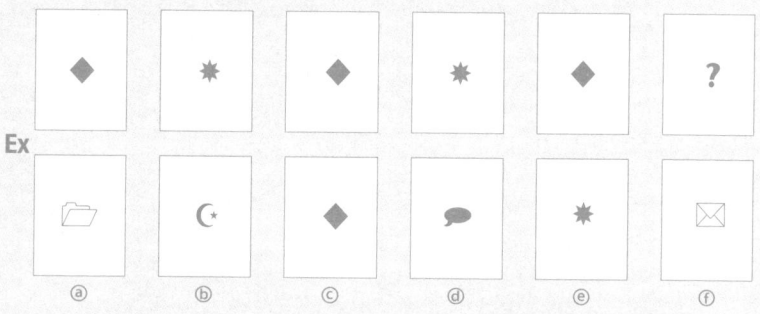

Ex

? 칸에 들어갈 무늬는 ⓒ다. 다이아몬드와 별이 번갈아 등장한다.

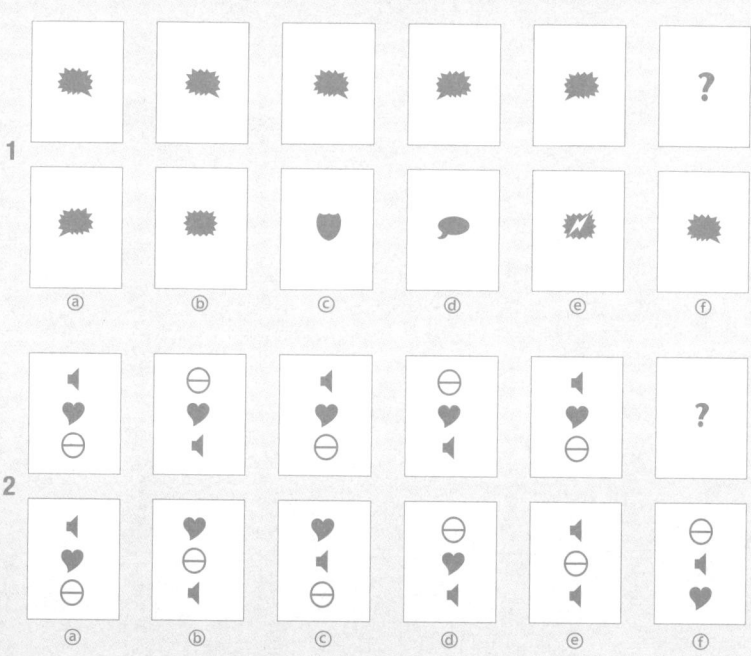

규칙찾기

70 비판적 사고의 힘

사고력평가 3 범주화하기

주어진 단어들을 두 개의 범주로 묶어보자. 각각의 범주를 어떤 기준으로 묶었는지 설명하라. 범주로 묶은 단어의 수가 똑같을 필요는 없다.

1	2	3	4
마우스	웅장한	토파즈	Shoal
타이핑	피라미드	마노	Divan
드라이브	크나큰	실버	chops
프린터	오아시스	루비	Pound
스피킹	거대한	골드	micro
모니터	야자수	오팔	hertz
스크린	나일강	플래티넘	burst
태핑	사막		Gate
서칭	광활한		Empty
	엄청난		Kenya

사고력평가 4 　　　　　　　　　　　　지시사항 따르기

다음 질문에 답하라.

1. 소의 다리는 몇 개인가?
ⓐ 소는 다리는 세 개다.
ⓑ 소는 다리는 두 개이고 꼬리도 두 개다.
ⓒ 소는 다리는 네 개이고 꼬리가 한 개다.
ⓓ 소는 다리는 네 개다.

2. 물은 어떤 원자로 구성되어 있는가?
ⓐ 물은 고체, 액체, 기체로 존재할 수 있다.
ⓑ 물은 산소와 수소로 이루어져있다.
ⓒ 물은 산소와 수소로 이루어져 있으며, 지구가 아닌 다른 행성에서도 가끔 발견된다.
ⓓ 물은 얼면 얼음이 되고, 그러면 고체로 간주된다.

3. 수민이는 어디 사니?
ⓐ 수민이는 우리 반에서 키가 제일 커.
ⓑ 수민이는 할머니 할아버지랑 같이 산대.
ⓒ 몰라.
ⓓ 수민이는 우리 옆 반이야.

비판적 사고의 힘

사고력평가 5 — 꼼꼼하게 읽기

예문을 읽고 문제를 풀어보라. 문제의 선택지는 다음과 같다.

- Ⓣ **True**: 예문에서 제시한 정보에서 논리적으로 추론할 수 있다.
- Ⓕ **False**: 예문에서 제시한 정보와 어긋나거나, 논리적으로 추론할 수 없다.
- Ⓤ **Unknown**: 예문에서 제시한 정보만으로 판단할 수 없다. 이 경우에는 어떤 정보가 추가적으로 필요한지 생각해보라.

● 예문 2.1 ─────────────────────────────── 북극

북반구의 제일 꼭대기에 위치한 북극은 그린란드와 시베리아의 최북단을 포함하는 거대한 지역으로, 자연환경이 혹독하다. 식물이 거의 자라지 않고 기온은 1년 내내 매우 낮다. 3개월 동안 지속되는 여름에는 하루 종일 낮이 계속된다. 하지만 겨울에는 해가 뜨지 않는다. 1년 중 3개월 동안 계속 밤이 이어지며, 유일한 자연광은 달과 별, 극광뿐이다.

1. 이 글의 주요논증은 북극의 여름이 매우 짧다는 것이다.   Ⓣ Ⓕ Ⓤ
2. 북극의 식물은 먹기에 적당하지 않다.   Ⓣ Ⓕ Ⓤ
3. 북극에는 해가 전혀 뜨지 않는다.   Ⓣ Ⓕ Ⓤ
4. 1년 중 9개월 동안은 하루에 몇 시간 또는 온종일
   햇빛을 볼 수 있다.   Ⓣ Ⓕ Ⓤ
5. 북극에는 전기가 들어오지 않는다.   Ⓣ Ⓕ Ⓤ

● 예문 2.2 ─────────────────────────── 조지 워싱턴 카버

조지 워싱턴 카버 주니어는 유명한 농업과학자다. 카버의 연구는 땅콩 하나로 300가지가 넘는 상품을 개발하는 데 큰 기여를 하였다. 또한 콩과 같은 농산물을 활용하여 고무 대용품, 도료, 직물염료 등 100여 가지 산업제품을 만들어냈다. 프랭클린 루즈벨트 대통령은 1943년, 그의 업적을 기념하여 국가적인 기념비를 세웠다. 카버는 다양한 집단에서 상징적 인물이 되었다. 카버는 자신이 다니던 대학의 최초의 흑인학생이었다. 과거 노예였더라도 교육을 통해 성공할 수 있음을 보여주는 살아있는 증거로 여겨졌다. 신의 영감을 받았다는 카버의 발언으로 인해, 종교단체들은 카버의 발명이 물질주의에 대한 신의 축복을 보여주는 증거라고 주장했다. 남부의 사업가들은 카버를 새로운 남부의 철학과 유물론의 화신이라고 간주했다. 그를 통해 남부는 목화재배만 하던 생산지에서 산업기반을 갖춘 다양한 작물을 생산하는 경제구조로 탈바꿈했다. 위대한 사람들이 대개 그렇듯이 카버의 일생에도 신화적인 부분이 덧붙여졌다. 이로 인해 지금은 각색된 부분과 진실을 구별하기 쉽지 않다.

6. 프랭클린 루즈벨트는 조지 워싱턴 카버의 뒤를 이어 미국의 대통령이 되었다.   Ⓣ Ⓕ Ⓤ
7. 1943년, 카버가 죽고 난 뒤 그를 기념하는 건축물이 세워졌다.   Ⓣ Ⓕ Ⓤ
8. 카버의 일생은 신화에 기초한 것이기 때문에 위대한 인물이라고 말 할 수 없다.   Ⓣ Ⓕ Ⓤ
9. 종교단체들은 신이 물질주의를 좋아한다고 생각한다.   Ⓣ Ⓕ Ⓤ
10. 카버 이전에는 미국의 대학에 흑인이 입학한 적이 없다.   Ⓣ Ⓕ Ⓤ
11. 카버 이전에 미국남부는 산업기반을 갖추고 다양한 작물을 생산하고 있었다.   Ⓣ Ⓕ Ⓤ
12. 카버는 콩을 이용해 100여 가지 산업제품을 만들어냈다.   Ⓣ Ⓕ Ⓤ

13. 다음 세 예문 중에 앞에서 본 예문2.1과 의미가 가까운 것을 고르시오.
ⓐ 북쪽으로 올라갈수록 1년 중 상당한 기간 동안 식물이 거의 자라지 않고 햇빛을 볼 수 없는 추운 기후가 나타난다.
ⓑ 북극은 환경이 너무 혹독해 살기 힘든 곳이다. 하지만 북극의 달과 별과 같은 자연광은 매혹적이다.
ⓒ 지구온난화로 인해 북극의 얼음이 점점 녹고 있다.

14. 다음 세 예문 중에 앞에서 본 예문 2.2와 의미가 가까운 것을 고르시오.
ⓐ 카버는 자신이 신의 영감 덕분에 성공할 수 있었다고 말했다. 다시 말해, 발명가나 물질주의자로 성공하고 싶다면 신을 믿어야 한다는 뜻이다.
ⓑ 카버는 남부 흑인단체의 주요한 상징이었다. 그는 노예로 태어났지만 자신이 다닌 대학에서 최초의 흑인 학생이 되었다. 남부의 종교단체들은 노예로 태어난 사람은 교육받아봤자 그다지 효과가 없을 것이라고 간주했다. 미국 대통령은 남부경제의 목화의존도를 낮춘 공로로 카버를 칭송했다.
ⓒ 남부경제는 농업과학분야에서 카버의 발명성과를 바탕으로 변화했다. 그 결과 카버는 남부의 여러 단체에서 상징적이며 신화적인 인물이 되었다.

이제 모두 풀었으면 채점할 시간이다. 해답은 부록에 나와있다. 채점한 다음, 다음 페이지에 나오는 점수표에 점수를 기입하고 합계를 내보자.

사고력평가 채점하기

문제		나의 점수	총점
틀린그림찾기			4
	1		1
	2		1
	3		1
	4		1
규칙찾기			8
	1		2
	2		2
	3		2
	4		2
범주화하기			8
	1		2
	2		2
	3		2
	4		2
지시사항 따르기			3
	1		1
	2		1
	3		1
꼼꼼히 읽기			23
	1		2
	2		1
	3		1
	4		1
	5		1
	6		2
	7		2
	8		3
	9		3
	10		2
	11		2
	12		3
유사성 파악하기			4
	1		2
	2		2
점수합계			50
퍼센트			100

사고력평가 테스트는 비판적 사고의 토대가 되는 몇 가지 기본적인 사고력의 수준을 확인하기 위한 것이다. 문제가 어렵게 느껴졌다면 비판적 사고를 습득하기 위해 더 많은 노력을 기울여야 할 것이다. 물론 점수가 결정적인 의미를 갖지는 않는다. 무언가 잘하고 못하는 것에는 여러 이유가 있을 것이다. 점수가 낮게 나왔다고 해서 낙담할 필요는 없다. 대략적으로 참고하기 위한 테스트에 불과하다.

86-100 Excellent!
비판적 사고에 활용할 수 있는 기본적인 하위기술을 전반적으로 매우 잘 갖추고 있다.

60-85 Good!
비판적 사고에 활용할 수 있는 기본적인 하위기술을 어느 정도 갖추고 있다. 하지만 평가항목에 점수가 고르게 분포되어있지 않고 어느 영역의 점수가 특히 낮다면, 그 영역을 더 계발하고 연습해야 한다. 취약한 영역을 그대로 두고 학습을 진행해 나간다면, 비판적 사고가 계속 어렵게 느껴질 수 있다. 뒤에 나올 문제들을 풀어보면서 더 많은 연습을 하기 바란다.

30-60 Well done!
비판적 사고에 활용할 수 있는 기본적인 하위기술을 갖추고 있는 것은 분명하다. 구체적인 상황에서 비판적 사고를 발휘하는 것은 그리 어렵게 느껴지지 않겠지만, 머릿속으로 풀어야 하는 추상적인 문제를 만났을 때는 다소 어려움을 겪을 수 있다. 뒤에 나올 문제들을 풀면서 더 많은 연습을 하고 좀더 시간을 할애하여 집중적으로 노력하기 바란다.

0-30 Not your day!
테스트를 끝까지 푼 것만으로도 대단하다. 오늘은 일진이 나빴을지도 모른다. 뒤에 나올 문제들을 풀어보면서 이러한 기술들을 개선할 수 있는 방법과 전략에 대해 생각해보라. 어떠한 생각도 떠오르지 않는다면 담당교수나 대학마다 존재하는 학습지원센터에 가서 상담해보는 것이 좋다. 이러한 하위기술을 개발하지 못하면 비판적 사고를 습득하기 어렵다.

나의 주의력은
어느 정도 될까?

주의를 살피는 능력은 집중하는 능력과 다르다. 집중력concentration이란 산만하고 시끄러운 곳에서도 자기가 할 일에 몰입할 수 있는 능력을 말한다. 반면 주의력focusing attention은 이러한 집중력뿐만 아니라 다음과 같은 능력까지 포괄하는 개념이다.

- 어디를 봐야 하는지, 어디에 초점을 맞춰야 하는지 안다.
- 초점을 유지하기 어려울 때, 휴식을 취해야 할 때를 인식함으로써 집중력을 예리하게 유지할 줄 안다.
- 읽기, 쓰기, 테스트, 시험 등 목적에 맞게 초점을 효과적으로 맞출 줄 안다.
- 농담, 대담, 토론, TV프로그램, 동영상, 팟캐스트 등 매체에 맞는 문법을 이해하고, 그러한 이해를 바탕으로 효과적으로 초점을 맞출 줄 안다.
- 어디서 속임수, 잘못된 인상, 착각 등이 발생할 수 있는지 안다.
- 이전 경험을 활용하여 어디를 눈여겨봐야 하는지 안다.

일상적인 상황에서 우리 마음은 대부분 '자동항법장치'에 의존하여 작동한다. 정신적인 에너지를 최대한 덜 쓰면서 가장 큰 효과를 낼 수 있기 때문이다. 최대한 지름길을 선택하고 이미 알고 있는 사실을 활용하여 새로운 것을 이해한다. 하지만 이러한 과정은 정보를 대충 처리하기 때문에 정확하지 않을 수 있다.

우리 뇌는, 이미 알고 있다고 생각하는 정보는 검문하지 않고 그냥 통과시킨다. 착시현상이나 마술트릭이 노리는 허점이다. 눈에 보이는 것을 이미 알고 있는 것이라고 생각하기 때문에, 속고 있는 와중에도 자신이 속고 있다는 것을 깨닫지 못한다.

반대로 낯선 정보가 들어올 때 우리 뇌는 그것을 범주화하는 작업에 돌입한다. 범주화를 하기 위해서는 이전 경험을 바탕으로 만들어놓은 '사고의 틀'을 활용해야 하는데, 이것을 흔히 '참조프레임frames of reference'이라고 한다.

참조프레임은 사람마다 다르다. 투박할 수도 있고 정교할 수도 있다. 안전과 불안, 말하자면 생존에 도움이 되는지 안 되는지를 기준으로 정보를 분류하는 것은 가장 낮은 수준의 참조프레임이라 할 수 있다. 예컨대 시끄러운 소음 속에서 딴생각을 하고 있다가도 자신의 이름은 바로 알아들을 수 있는데, 이는 생존에 도움이 되기 때문이다.

이처럼 투박한 참조프레임을 정교하게 갈고닦으면 정보의 관련성을 더욱 섬세하게 인지하고 구분할 수 있다. 참조프레임의 정교함은 어휘, 지식, 경험의 수준과 밀접하게 연관되어있다. 개별적인 경험들이 어떻게 연결되어있는지 의식적으로 고민하고 그런 경험에 이름을 붙이는 작업을 반복하고 축적할수록, 참조프레임은 더욱 세련된다. 어떻게 생각을 정리해야 하는지 어디를 집중해야 하는지 더욱 정교하게 알려준다.

앞에서 수행한 사고력평가 테스트도 어쨌든 주의력이 뒷받침되어야만 풀 수 있는 것이었다. 세부적인 정보에 집중하면서 동시에 '큰 그림' 속에서 패턴을 읽어낼 줄 알아야 한다. 패턴을 인식하려면, 먼저 여러 항목을 비교하여 유사점과 차이점을 찾아내고, 그것을 바탕으로 규칙을 찾아내야 한다. 패턴을 바탕으로 추세를 파악하고, 추세를 바탕으로 다음 단계를 예측할 수 있다. 패턴인식능력을 연마하여 참조프레임이 계속 정교해지면, 뛰어난 통찰력이 샘솟는 경지까지 올라갈 수 있다.

주의력을 계발하기 위한 기초적인 연습문제를 좀더 풀어보자.

주의력테스트 1 — t를 찾아서

1. 다음 글을 읽고, t가 몇 번 나오는지 세어보라.

   Terrifying torrents and long dark tunnels are used to create the excitement of the thrilling train ride at the park.

2. 다음 글을 읽고, 모음이 몇 번 나오는지 세어보라.

   Supercalifragilisticexpialidocious!
   Many people find this long word quite atrocious.

3. 다음 글을 읽고, ㄴ이 몇 번 나오는지 세어보라.

   끊임없는 도전과 노력은 새로운 길을 열어준다.
   포기하지 않는 자세가 성공의 열쇠다.

4. 다음 숫자열에서 1 다음에 나오는 0이 몇 개인지 세어보라.

   10110012010103101001

주의력테스트 2　　　　　　　　　　틀린그림찾기

나머지 문양과 다른 하나를 찾아내라.

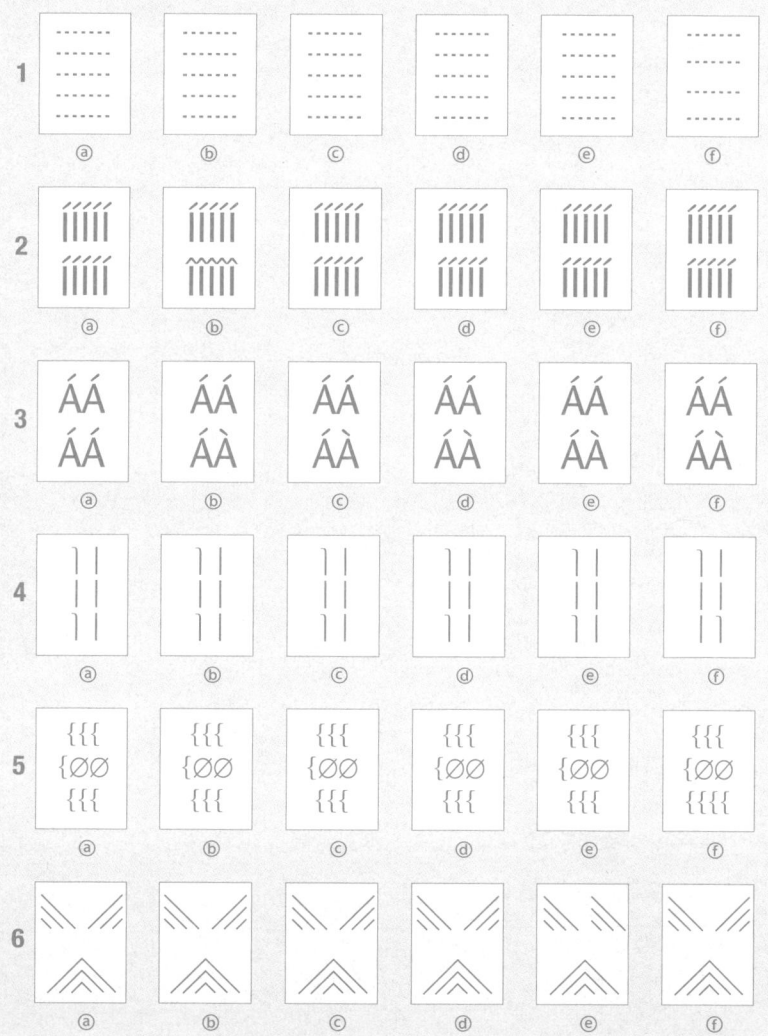

틀린그림찾기

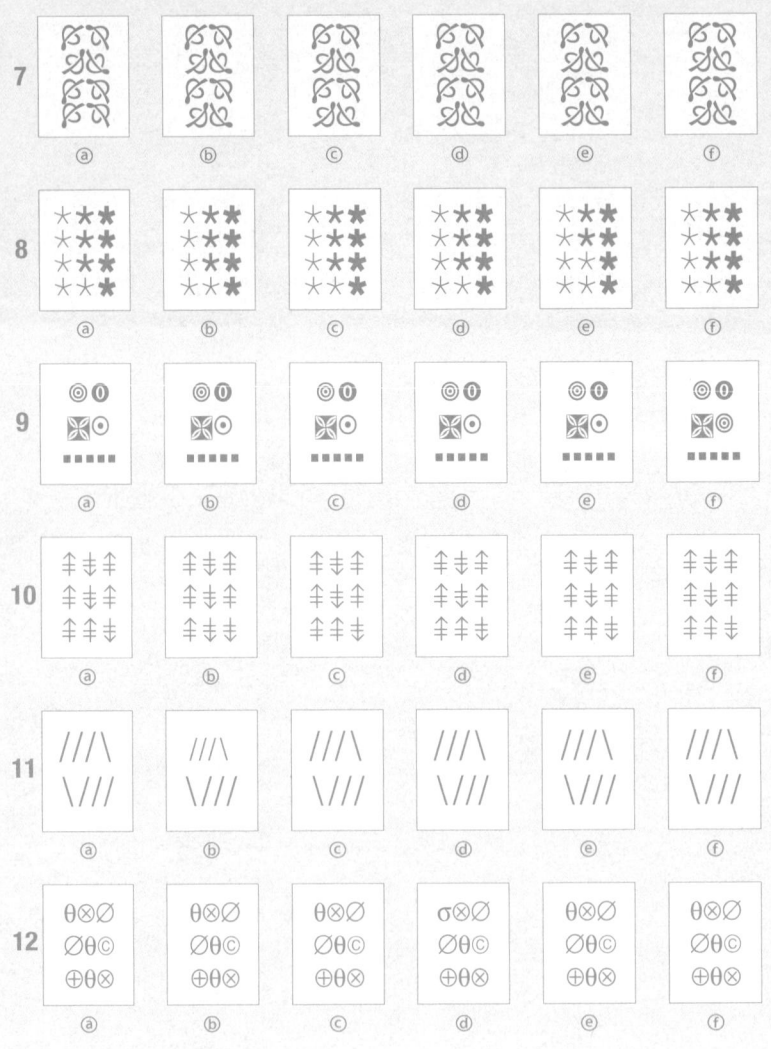

주의력테스트 3 규칙찾기

? 칸에 들어갈 문양을 아랫줄에서 찾아보라.

1

| # | # # | # # # | ## # # | ## ## # | ? |

| # # # ⓐ | ## ## ## ⓑ | # ⓒ | # # ⓓ | ## ## # ⓔ | ## # ⓕ |

2

| $\omega\xi$ | $\omega\xi$ | | $\omega\xi$ | $\omega\xi$ | ? |

| $\omega\xi$ ⓐ | $\omega\xi$ ω ⓑ | $\omega\xi$ $\omega\xi$ ⓒ | ω ⓓ | $\omega\xi$ ⓔ | ω ξ ⓕ |

3

| XχX χXχ XχX | χXχ XχX χXχ | XχX χXχ XχX | χXχ XχX χXχ | XχX χXχ XχX | ? |

| XχX χXχ ⓐ | χXχ XχX χXχ ⓑ | χXχ XχX χXχ ⓒ | χXχ XχX χXχ ⓓ | XχX χXχ XχX ⓔ | XχX χXχ XχX ⓕ |

규칙찾기

규칙찾기

규칙찾기

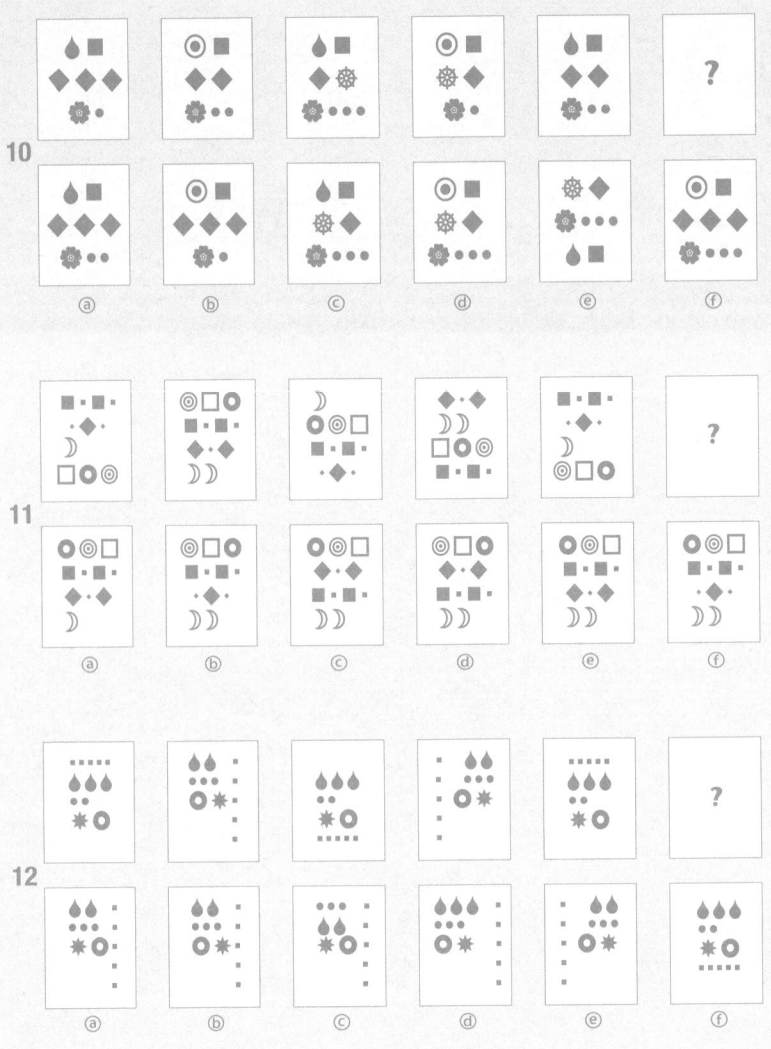

주의력테스트 4　　　　　　　　　　　　　　　　　　　　　비교하기

1. 다음 항목들의 공통점은 무엇일까?

   얼룩말　　　　고양이　　　　강아지　　　　금붕어
   고래　　　　　새끼고양이　　물개　　　　　코끼리

2. 이 항목 중 다음 네 가지는 나머지 항목들과 구분되는 공통점이 있다. 그 공통점은 무엇일까?

   고양이　　　　금붕어　　　　새끼고양이　　강아지

3. 이 항목 중 다음 두 가지는 나머지 항목들과 구분되는 공통점이 있다. 그 공통점은 무엇일까?

   새끼고양이　　　　　　　　　강아지

이 문제는 동물에 대해 우리가 알고 있는 기존의 지식을 활용하여 풀 수 있다. 개별항목들이 공유하는 특성을 찾아내 이를 바탕으로 지은 무리를 범주 또는 카테고리라고 한다. 범주화는 서로 다른 정보들 사이의 관련성을 파악하고 그러한 관련성을 바탕으로 분류하고 무리짓는 능력이다. 물론 범주화의 기준은 맥락이나 기준에 따라 언제든 달라질 수 있다. 비판적 분석에서 범주화는 무엇과 무엇을 비교해야 하는지 알려주는 매우 중요한 기술로, 정교한 논증을 짜야 할 때—보고서나 논문을 작성할 때, 토론을 준비할 때—매우 중요한 역할을 한다. →Ch4

주의력테스트 5

범주화하기

다음 항목들을 포괄하는 범주의 이름을 달아보자.

1.	연못	호수	바다	수영장	
2.	인도	아일랜드	이란	볼리비아	
3.	우리	굴	보금자리	둥지	
4.	생물학	화학	물리학	지질학	
5.	삐져나오다	인플루언서	소스리바람	맛깔스러운	
6.	decide	deliver	denounce	devour	
7.	never	seven	clevest	severe	
8.	기억	언어	문제-해결	연상	
9.	간염	뇌염	폐렴	피부염	
10.	아시아	별똥별	기러기	장발장	
11.	기반암	모질물	풍화	부식	
12.	21	35	56	84	91
13.	과두정	군주정	금권정	민주정	
14.	개	판	벌	알	갑

생각보다 쉽지 않다는 것을 깨달았을 것이다. 문제를 풀기 위해서는 일단 개별 항목들의 공통특성을 찾아내야 하는데, 그러기 위해서는 기본적인 지식이 있어야 한다. 또 이러한 공통특성에 이름을 붙이기 위해서는 어휘력이 있어야 한다. 결국 배경지식과 어휘력이 풍부할수록 더 쉽고 빠르게 정보를 분류할 수 있고, 범주화할 수 있고, 더 나아가 비판적 사고도 훨씬 잘 할 수 있다.

주의력테스트 6 — 유사성 파악하기

앞 문제에서는 무리지어 놓은 항목 사이에서 공유하는 특성만 찾아내면 범주화할 수 있었다. 하지만 여러 정보들이 뒤섞여있는 경우에는, 여러 항목 사이에 유사점과 차이점을 비교하며 패턴을 파악하는 작업까지 거쳐야 비로소 범주화작업을 시작할 수 있다. 다음 세 가지 텍스트를 읽고 메시지가 유사한 텍스트 두 개를 골라보자.

1. 물질
ⓐ 시대에 따라 물질을 구분하는 방법은 달라졌다. 아리스토텔레스는 모든 물질이 공기, 흙, 불, 물로 이루어져 있다고 보았다. 그 후로 오랫동안 사람들은 이 관점을 지지했다. 오늘날에는 화학적 특성에 따라 물질을 액체, 고체, 기체로 구분한다.
ⓑ 물질을 구분하는 체계는 시대를 거치면서 변화해왔다. 지금은 물질을 화학적 특성에 기초하여 분석하지만, 오랫동안 물질을 흙, 불, 공기, 물로 나누는 아리스토텔레스의 구분이 지지받았다.
ⓒ 시대마다 물질을 구분하는 방법은 달라졌다. 아리스토텔레스는 모든 물질이 공기, 흙, 불, 물로 이루어져 있다고 보았으나, 이러한 견해는 오늘날 명백한 오류로 밝혀져, 좀더 정확한 이론으로 대체되었다. 우리는 화학적 특성을 기준으로 액체, 고체, 기체로 물질을 구분한다.

2. 우반구
ⓐ 우반구는 외부세계에 실재하는 대상을 식별하는 능력, 예컨대 엄마와 찬장을 구별하는 것과 같은 능력을 통제한다. 그래서 우반구가 손상될 경우, 자신에게 주어진 문제를 인식하거나 머릿속에 그리기 힘들어한다. 좌반구가 손상되었을 때는 이런 증상이 나타나지 않는다.

ⓑ 우리 뇌는 무엇이 실재하는지 식별하는 기능을 제어한다. 어느 한쪽 반구가 손상될 경우, 엄마와 찬장을 구별하는 것 같은 작업도 수행하기 어려워진다. 우반구가 손상되면 일반적으로 그림을 그리는 능력을 잃는다. 자신에게 주어진 문제를 인식하지 못할 수도 있다. 좌반구가 손상되었을 때에는 이런 증상이 나타나지 않는다.

ⓒ 무엇이 실재하는지 식별하는 능력은 우반구에서 나온다. 따라서 우반구가 손상되면 어떤 문제가 발생했는지 머릿속에 그려내지 못할 수 있다. 좌반구가 손상되었을 경우에는, 어떤 문제가 발생했는지 파악하는 것이 어렵지 않다.

3. 기름부음

ⓐ 엘리자베스 2세는 대관식에서 여러 에센스를 혼합하여 만든 기름을 머리에 발랐다. 계피, 장미, 자스민, 사향, 네롤리 등을 넣어 만드는 이 혼합물 제조법은, 구약성경에 기록된 방식으로 대관식을 최초로 진행한 785년 머시아왕국의 에크프리드왕 대관식에서 처음 만들어졌다. 이 혼합기름은 그 이후 계속 사용되어왔으며, 대관식 직전 왕실의 의사들이 조제한다.

ⓑ 엘리자베스 2세 대관식은 아름다운 향기로 가득 찼다. 왕실의 의사들이 준비하는 대관식에 쓰는 기름은 계피, 장미, 자스민, 사향, 네롤리 등 여러 에센스를 혼합하여 만든다. 이 에센스혼합방법은 구약성경에 기록된 방식으로 기름부음을 한 머시아왕국의 에크프리드왕의 785년 대관식까지 거슬러올라갈 것으로 추정된다.

ⓒ 에센스는 대관식에서 중요한 역할을 한다. 엘리자베스 2세가 여왕으로 즉위할 때도 왕실의 의사들이 계피, 장미, 자스민, 사향, 네롤리 등을 혼합하여 조제한 기름을 구약성경에 기록된 방식으로 기름부음 의식을 거행했다. 이러한 조제법은 785년 머시아왕국의 에크프리드왕 대관식에서 시작된 것으로 여겨진다.

주의력테스트 7 　　　　　　　　　　　　　　　　　　꼼꼼하게 읽기

비판적 사고를 하기 위해서는 텍스트를 정밀하게 읽어낼 줄 알아야 한다. 정확하게 해석하기 위해서는 세세한 부분까지 주의를 기울여 읽어야 한다(이것을 close reading이라고 한다). 물론 이렇게 글을 읽으면 독서속도는 느려진다. 하지만 반복된 연습을 통해 비판적 읽기에 숙달되고 나면 다시 읽기 속도가 빨라지는 경험을 할 수 있다.

이제 직접 예문을 읽고 문제를 풀어보자. 예문에 달린 문제를 다 풀면, 다음 예문으로 바로 넘어가지 말고 먼저 정답부터 맞춰보기 바란다. 정답을 맞추지 못했다면 어디에서 실수를 했는지 왜 틀렸는지 다시 살펴보라. 그런 다음, 다음 예문으로 넘어가라. 선택지는 다음과 같다.

- ⓣ **True**: 예문에서 제시한 정보에서 논리적으로 추론할 수 있다.
- ⓕ **False**: 예문에서 제시한 정보와 어긋나거나, 논리적으로 추론할 수 없다.
- ⓤ **Unknown**: 예문에서 제시한 정보만으로 판단할 수 없다. 이 경우에는 어떤 정보가 추가적으로 필요한지 생각해보라.

● 예문 2.6

아메리카 대륙의 전설은 매우 다양한 지역, 다양한 부족을 통해 내려온다. 자연재해, 이주, 동물과 조우, 여행 등 다양한 사건에 대한 다양한 집단의 경험이 증류되어 신화 속에 스며들었기에, 많은 사람들이 신화를 자신의 이야기처럼 받아들일 수 있다. 이러한 전설 속에는 동서남북 방향과 같은 우주적 주제가 담겨있다. 전설을 기묘한 이야기라고 치부해서는 안 된다. 전설은 사람들을 문화적으로나 윤리적으로 이어주는 믿음과 종교의 전통을 지킬 수 있게 도와준다.

1. 전설은 사회적, 문화적 목적을 지닌다. Ⓣ Ⓕ Ⓤ
2. 전설에 담긴 주제는 민족과 문화의 경계를 넘어 공감할 수 있다. Ⓣ Ⓕ Ⓤ
3. 모든 전설은 동서남북 방향과 같은 우주적 주제를 다룬다. Ⓣ Ⓕ Ⓤ
4. 이 글은 아메리카 대륙의 전설을 이해하면
   방향감각이 좋아진다고 은연중에 암시한다. Ⓣ Ⓕ Ⓤ
5. 전설을 만든 사람은 달라도, 전설은 결국 모두 똑같다. Ⓣ Ⓕ Ⓤ
6. 이 글은 사람들이 비슷한 경험을 공유하기 때문에, 다른 사람이
   만든 전설에서 자신의 이야기를 볼 수 있다고 이야기한다. Ⓣ Ⓕ Ⓤ

● 예문 2.7

질병과 발달장애는 우리에게 생각지도 못한 이점을 가져다준다. 물론 불행과 고통이 수반되겠지만 우리가 인생에서 진정 원하는 것을 찾을 수 있는 기회를 선사하기도 한다. 그래서 많은 사람들이 질병을 변화의 기회로 받아들인다. 질병으로 사라지는 기회가 있는가 하면 새로운 기회가 열리기도 한다. 가령 뇌의 특정 신경통로가 막히면 다른 통로가 활성화된다. 어떤 일을 하는 새로운 방법을 찾아내거나 심지어는 새로운 존재 방식을 만들어내기도 한다.

7. 여행을 많이 하는 사람들이 병에 더 잘 걸린다. Ⓣ Ⓕ Ⓤ
8. 질병과 발달장애는 신경발달의 핵심적인 과정이다. Ⓣ Ⓕ Ⓤ
9. 사람들은 대부분 질병을 변화할 수 있는 기회라고 인식한다. Ⓣ Ⓕ Ⓤ
10. 많은 사람들이 병에 걸려 어떤 능력을 상실했을 때
    그 능력을 대체하는 방법을 찾아낸다. Ⓣ Ⓕ Ⓤ

● **예문 2.8**

새롭게 개발한 신약은 반드시 임상시험을 거쳐야 한다. 의약품 임상시험의 로우데이터는 거의 공개하지 않는데, 공개한다 하더라도 소비자들에게 심각한 오해를 불러일으킬 수 있다. 제약회사들은 어떤 신약이 약효가 있는 것으로 보이는 임상시험 결과는 발표하는 반면, 약효가 없는 것으로 보이는 임상시험 결과는 거의 발표하지 않는다. 대중은 이러한 사정에 대해 알 길이 없다. 이러한 데이터에 기반하여 작성한 학술논문도 매우 부정확할 수 있다. 더 나아가, 이로 인해 질병에 대한 우리의 이해조차 왜곡될 수 있다. 예컨대, 우울증은 세로토닌 결핍으로 인해 발생하는 증세라고 오랫동안 알려져있었다. 임상시험에서 세로토닌 수치를 높여주는 약물을 복용하면 자살위험이 크게 줄어드는 것으로 나타났기 때문이다. 하지만 《새로운 뇌과학(Rose, 2004)》은 이에 대한 의문을 제기한다. 이러한 약물이 자살을 억제하기는커녕 오히려 부추길 위험이 있다고 한다. 또한 우울증과 세로토닌 수치 사이에 연관성이 있다는 증거는 거의 찾을 수 없다고 주장한다.

11. 우울증의 원인을 설명하기 위해 제시된 이유에 오류가 있다. Ⓣ Ⓕ Ⓤ
12. 약효가 있는 것으로 보여지는 실험결과가 공개될 확률은
    임상시험의 로우데이터가 공개될 확률보다 낮다. Ⓣ Ⓕ Ⓤ
13. 나이가 들어감에 따라 약물의 효과가 달라지는지
    확인하기 위해서는 더 많은 임상시험을 자주 해야 한다. Ⓣ Ⓕ Ⓤ
14. 이 글은 학술논문이 일반적으로
    제약회사가 생산하는 임상시험 결과보다 정확하다고 말한다. Ⓣ Ⓕ Ⓤ
15. 세로토닌 수치가 떨어지면 자살위험이 높아진다. Ⓣ Ⓕ Ⓤ

● 예문 2.9

지팡이를 짚고 가다가 쓰러진다면 주변사람들이 재빨리 도움을 줄 것이다. 이것은 사람들이 이타적이라는 것을 보여주지만, 누구나 그런 도움을 받을 수 있는 것은 아니다. 다리를 저는 사람은 피를 흘리거나 얼굴이 손상된 사람보다 도움을 받을 확률이 3분의 1 정도 높다. 심각한 부상을 당한 것으로 보이는 경우 사람들은 대개, 전문가나 구조대에 도움을 요청함으로써 간접적인 방식으로 도움을 준다. 도움을 주는 데 들어가는 비용이 낮거나 자신의 개입이 효과가 있을 것 같아 보일 때 도움을 줄 확률이 높다. 술에 취해있는 것처럼 보이는 경우에는 도움을 주지 않고 거의 대부분 도망친다. 하지만 미국에서는, 술 취한 흑인은 흑인이, 술 취한 백인은 백인이 도와줄 가능성이 높은 것으로 나타났다(Piliavin et al., 1981). 그 밖의 다른 상황에서는 남을 돕고자 하는 의지에 피부색이 별다른 영향을 주지 않았다.

16. 술에 취한 사람이 피를 흘리고 있다면
    그렇지 않은 때보다 도움받을 확률이 낮다. Ⓣ Ⓕ Ⓤ
17. 술에 취해 있는 경우를 제외하면
    백인은 일반적으로 흑인보다는 백인을 도울 확률이 높다. Ⓣ Ⓕ Ⓤ
18. 얼굴에 장애가 있거나 기형인 사람은
    다리를 저는 사람보다 도움을 받을 확률이 낮다. Ⓣ Ⓕ Ⓤ
19. 자신이 도움이 될 수 있다고 느낄 때
    사람들은 도움을 줄 확률이 높다. Ⓣ Ⓕ Ⓤ
20. 지팡이를 짚고 힘겹게 걸어가는 사람을 보았을 때
    사람들은 그 사람을 돕는 것이 얼마나 힘들지,
    자신의 도움이 효과가 있을지 고민할 확률이 높다. Ⓣ Ⓕ Ⓤ

주의력테스트 평가하기

지금까지 틀린 문제가 있다면, 다음 챕터로 넘어가기에 앞서, 나의 생각하는 방법에 어떤 문제가 있는지 살펴보자. 틀린 답을 고른 이유가 분명하지 않다면, 문제를 이해가 될 때까지 반복해서 읽어보면서 다음 질문에 답해보라.

- 단어의 의미를 하나하나 새기며 읽었는가? 잘못 읽은 단어는 없는가? 내가 이해하지 못하는 단어는 없는가?
- 내가 내린 결론의 근거를 예문 속에서 찾을 수 있는가? 어디에 근거가 있는가?
- 문제나 예문에 실제로 쓰여있는 것보다, 주어진 정보에서 논리적으로 끌어낼 수 있는 것보다, 훨씬 많은 정보를 읽어낸 것은 아닌가? 쓰여있지도 않은 정보를 넘겨짚은 것은 아닌가?
- 예문에서 말하지 않은 다른 정보를 끌어오지 않았는가? 이 문제는 일반적인 지식수준을 테스트하는 것이 아니다. 예문 속에 들어있는 정보만 가지고 질문에 대답해야 한다.

걱정할 필요 없다. 꼼꼼히 읽기를 연습할 수 있는 예문들이 뒤에도 많이 준비되어있다.

비판적 사고훈련에 들어가기 위한 몸풀기

1. 비판적 사고를 계발하라: 비판적 사고는 여러 가지 사고기술이 결합하여 발휘되는 것이다. 그러한 하위기술을 어떻게 개선하고 연습해야 하는지 알면 누구나 비판적 사고를 습득할 수 있다.

2. 비판적 사고는 분명한 혜택을 제공한다: 비판적 사고가 우리 삶에 어떻게 도움이 되는지 명확하게 인지하면, 귀찮고 난해하고 낯선 정보, 문제, 상황을 회피하기보다는 더 적극적으로 직면하여 비판적 사고를 적용하기 위해 노력할 것이다.

3. 집중력을 갈고닦아라: 집중력이 높으면 아무리 어려운 과제라고 해도 더 오래, 더 효과적으로 공부할 수 있다. 산만하고 시끄러운 곳에서도 자기가 할 일에 몰입할 수 있는 능력은 더 높은 성과로 돌아온다.

4. 주의력을 갈고닦아라: 주의력이 높으면 필요한 곳에만 초점을 맞출 수 있다. 학문을 연구할 때는 물론 업무를 처리할 때도 생산성을 높여줄 것이다. 에너지를 가장 효율적으로 배분할 수 있다.

5. 범주화하는 연습을 하라: 범주화는 기본적으로 세부적인 항목들을 비교하고 비슷한 것끼리 묶어서 정보를 분류하고 정리하는 능력이다. 패턴을 읽어내는 능력은 곧 미래를 예측하는 힘이 되고, 이로써 올바른 판단을 내릴 확률이 높아진다.

6. 꼼꼼히 읽고 듣는 연습을 하라: 꼼꼼하게 읽고 듣는 기술은 비판적 분석을 하기 위해 갖춰야 하는 가장 기초적인 소양이다. 꼼꼼하게 읽지 않고 넘겨짚다보면, 실체없는 허상에 끌려다니며 인생을 허비할 수 있다.

7. 생각하는 기술을 연마하라: 이 챕터에서 생각하는 기술을 객관적으로 테스트하고 평가할 수 있다는 사실을 깨달았을 것이다. 이해하는 것만으로 생각하는 기술은 세련할 수 없다. 다양한 텍스트를 읽으며 연습하고 훈련하여 높은 경지를 향해 나아가라.

03

나의 주장을 펼쳐보자

논증의 핵심요소

?

- 논증은 무엇이고, 왜 중요할까?

- 논증은 어떻게 생겼을까?

- 글 속에서 논증을 어떻게 쉽게 찾아낼 수 있을까?

- 어떻게 하면 결론을 빠르고 정확하게 찾아낼 수 있을까?

비판적 사고의 핵심에는 '논증'이 있다. 이 챕터에서는 '논증'이 무엇인지, 또 논증은 어떻게 생겼는지, 글 속에서 어떻게 발굴해낼 수 있는지 설명한다. 논증의 주요뼈대를 발굴하고 나면, 이제 어디를 눈여겨봐야 하는지 어디에 초점을 맞춰 집중해야 하는지 알 수 있다. 앞에서 연습한 주의력을 적극적으로 활용하여, 내가 해결하고자 하는 문제와 가장 연관성이 높은 부분이 어디인지 찾아낼 수 있다. 텍스트를 읽는 시간도 절약할 수 있고, 자료도 더 효율적으로 활용할 수 있다.

이 챕터에서는 비판적 사고를 훈련할 수 있는 짧은 예문과 문제를 많이 제시한다. 한 가지 미리 이야기하자면, 이 문제들은 논증 자체를 제대로 이해하고 있는지 묻는 것이지, 글 속에 담긴 주장에 동의하는지 묻는 것이 아니다. 예문에서 제시하는 이유나 결론에 동의하든 동의하지 않든 상관없다. 추론의 질에 대한 평가—예컨대 이유와 근거가 결론을 제대로 뒷받침하고 있다고 생각하느냐—를 묻는 것이다. 내가 동의하지 않는 주장을 하더라도 좋은 논증이 있을 수 있고, 내가 동의하는 주장을 하더라도 나쁜 논증이 있을 수 있다.

좋은 논증을 알아보는 눈이 없으면, 사람을 죽일 수도 있다

논증은
어떻게 생겼을까?

글을 읽든 TV를 보든 사람들과 이야기를 하든, 우리는 무수한 논증에 노출된다. 이렇게 우리 삶이 논증에 둘러싸여있는 이유는, 나—독자 또는 청자—에게 자신의 관점이나 입장을 관철시키고자 하는 사람이 많기 때문이다.

논증은 간단히 말해서 자신의 주장이나 입장이나 관점을 뒷받침하기 위해 이유와 근거를 제시하는 것이다. 상대방이 이유와 근거를 받아들인다면, 주장에 수긍할 확률도 높아진다.

논증은 상대방을 설득하는 것을 목적으로 한다. 물론 자신이 말하는 내용에 대한 확신이 있기 때문이겠지만, 가끔은 이러저러한 이해관계 때문에 독자를 설득하려고 하는 경우도 있다. 예컨대 경쟁관계에 있는 학파나 정파를 견제하기 위해서, 자기 회사의 제품을 팔기 위해서, 자신이 추구하는 가치나 정책에 대한 지지를 확보하기 위해서 설득하려고 노력할 수도 있다. 소셜미디어의 '인플루언서'들 역시, 기업에게 후원을 받는 조건으로 특정 제품이나 서비스를 홍보한다. 이러한 보상을 받지 않는다 하더라도 친척이나 친구나 동료에게 도움을 주기 위해 홍보하는 경우도 있다.

사람은 누구나 자신의 정치적, 종교적, 이념적 관점을 통해 정보를 해석한다. 물론 그러한 필터링이 의도적인 선택이 아닐 수도 있으며 또, 필터링이 작동한다고 해서 논증 자체가 무의미해지는 것도 아니다. 하지만 비판적 사고를 할 줄 아는 사람이라면, 상대방의 관점이 무엇인지 파악하기 위해 노력한다. 물론 자신이 논증을 펼칠 때도 자신의 관점이 영향을 미칠 수 있다는 사실을 인식할 줄 알아야 한다. 따라서 논증을 접할 때는 늘 다음과 같은 질문을 염두에 두고 접근하는 것이 좋다.

- 이 텍스트, 동영상, 블로그, 강연, 프로그램은 왜 만들었을까?
- 이 미디어를 통해 나에게 전달하고자 하는 메시지는 무엇일까?
- 저자는 독자가 무엇을 믿기를, 수긍하기를, 행동하기를 바라는가?
- 저자는 자신의 주장을 뒷받침하기 위해 어떤 이유를 제시하는가?

논증이 반드시 갖춰야 하는 요소들

- 주장이나 입장이나 관점
- 자신의 주장을 상대방에게 설득시키고자 하는 의도
- 자신의 주장을 뒷받침하기 위해 제시하는 이유
- 이유들을 나열한 추론선

이 책에서 '논증'이라는 말은 다음 세 가지 의미로 사용된다.

- 기여논증 contributing/supporting argument: 주장을 뒷받침하는 개별적인 이유.
- 전체논증 overall argument: 기여논증을 포함하여 주장까지 포괄하는 논증 전체.
- 추론선 line of reasoning: 기여논증들이 구조화되어 있는 방식.

기여논증은 쉽게 이야기하자면, 주장을 뒷받침하는 이유다. 하지만 복잡한 논증에서는 이유 자체도 논증의 대상이 되는 주장인 경우가 많기 때문에, 기여논증이라고 부른다. 기여논증과 전체논증을 구분해보자.

전체논증: 형량을 연장하는 조치를 해야 한다.

기여논증:
- 처벌이 강력해지면 범죄율이 억제될 것이다.
- 현재의 처벌은 너무 관대하여 범죄자들이 그다지 신경쓰지 않는다.
- 형량을 줄이자 범죄가 늘어났다.
- 피해자들에게 범죄자들이 처벌받는 것을 보여줘야 한다.

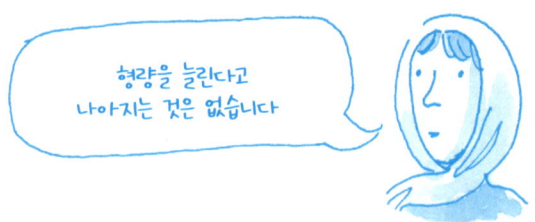

전체논증: 형량을 늘린다고 범죄를 막을 수 없다.

기여논증:
- 처벌을 강화해도 범죄율은 크게 달라지지 않을 것이다.
- 교도소에서 사람들은 더 교묘한 기술을 배운다.
- 출소 후 더 큰 범죄에 가담하는 경향이 있다.
- 범죄는 대부분 교육받지 못하거나 기술이 없는 사람들이 저지른다. 처벌보다 교육이 필요하다.

전체논증: 우주 여행에 투자해야 한다.

기여논증:
- 우주여행을 통해 무수한 과학적 발견이 이루어졌다.
- 앞으로 우주에 대해 더 많은 것을 밝혀내야 한다.
- 자원고갈로 인해 앞으로 우주여행을 하지 못할 수 있으므로 지금 우주여행을 해야 한다.

전체논증: 우주 여행에 대한 투자를 중단해야 한다.

기여논증:
- 우주여행은 비용이 너무 많이 든다. 거기서 얻을 수 있는 이익은 매우 초라하다.
- 우주여행보다 훨씬 시급하게 처리해야 하는 프로젝트가 많다.
- 미래에는 우주여행을 쉽게 할 수 있는 더 나은 기술이 개발될 것이기 때문에 지금 우주여행을 할 필요는 없다.

연습문제 　　　　　　　　　　　　　　　　　　　　　　　주장 찾기

글을 빠르게 읽으면서 정확하게 이해하는 방법은 무엇일까? 2단계 읽기방법을 통해 저자의 주장을 파악하는 훈련을 해보자.

- 먼저 예문을 빠르게 훑어보면서 저자의 주장 즉, 텍스트의 주요메시지라고 여겨지는 것에 밑줄을 긋는다.
- 다시, 꼼꼼하게 예문을 읽어가면서 앞에서 예측한 내용이 맞는지 확인한다.

- 예문 3.1

  사하라사막은 철저하게 조사할 필요가 있다. 사막 아래에 고대건축물들이 묻혀있기 때문이다. 동부 사하라 어딘가에는 오래전 사라진 오아시스 '제르주라Zerzura'가 잠들어있을 것으로 여겨진다. 서부 어딘가에는 전설의 황금도시 팀북투Timbuktu가 묻혀있을 것이다. 이제는 황량한 모래밭으로 변해버린 광활한 지역에서 많은 사람들이 한때 영화를 누렸던 문명의 흔적을 찾기 위해 노력하고 있다(Sattin, 2004).

- 예문 3.2

  병의 특성과 기원이 제대로 밝혀진 것은 비교적 최근 일이다. 19세기 말 프러시아의 과학자 코흐는 '코흐공리Koch's postulates'라고 하는 질병의 원리를 규명하는 기준을 발표했다. 코흐는 죽은 소의 혈액에서 채취한 세균을 배양한 뒤, 이것을 살아있는 건강한 소에 주입하는 실험을 했다. 그 결과, 건강한 소도 죽은 소와 같은 병에 걸렸다. 그 당시만해도 이 실험결과는 매우 놀라운 발견이었다. 병균에 의해 병이 전염된다는 이론을 뒷받침하는 명백한 증거였기 때문이다. 그는 의학 역사상 가장 중요한 방법론적 진보를 이룩해낸 과학자였다.

● 예문 3.3

영국에서는 변호사를 배리스터^{barrister}와 솔리시터^{soliciter} 두 가지로 구분한다. 배리스터는 법정에서 직접 소송을 진행하는 변호사로, 의뢰인과 직접 접촉하는 일이 많지 않다. 이에 반해 솔리시터는 법정 밖에서 의뢰인들에게 직접 법률서비스를 하는 변호사들이다. 배리스터가 되어 법정에서 변호를 펼치는 멋진 모습을 꿈꾼다면, 먼저 어떤 분야를 변호할지 생각해야 한다. 같은 배리스터라고 해도 분야마다 업무양상이 매우 다르기 때문이다. 예컨대 형법 변호사들은 거의 모든 시간을 법정에서 보내야 하는 반면, 세법 변호사들은 한 달에 하루 정도만 법정에 출두하면 된다. 변호업무는 대부분 법정보다는 사무실에서 업무를 보는 시간으로 이루어진다.

● 예문 3.4

과거에는 다른 사람의 관점을 이해하거나 수를 세는 것과 같은 작업을 하기 위해서는 적어도 7살은 되어야 한다고 생각했다. 하지만 이는 아이의 능력이나 나이와 무관한 일이다. 훨씬 어린 아이라고 해도 무엇을 왜 해야 하는지 이해할 수 있다면 어렵지 않게 해낼 수 있다. 뚜렷한 목표가 없거나 어른들이 쓰는 단어를 잘 모르기 때문에 못할 뿐이다. 실제로 아이들은 할 수 없다고 여겨지던 일도, 어려운 말이나 전문용어 대신 쉬운 말로 설명하면 해 낸다(Donaldson, 1978). 그래서 인형이나 젤리와 연관된 문제에는 아이들이 눈에 불을 켜고 달려들지만, 숫자나 비커로 이루어진 문제에는 아무 관심도 갖지 않는 것이다.

이제 논증에 대한 본격적인 설명이 시작됩니다. 먼저 부록에 수록된 용어해설을 훑어보고 나서 다음 페이지를 읽어나가기 바랍니다. →594

글 속에 묻혀있는
논증 발굴하기

일상적인 맥락에서는 발화의 의미가 대부분 명백하게 드러난다.

- 비 온다: 정말 밖에 비가 오고 있다는 의미
- 그 생선을 먹은 사람은 모두 식중독에 걸렸어요: 자신이 관찰한 사실
- 1킬로미터를 3분 만에 주파하다니: 시간을 측정한 결과

하지만 우리가 듣고 보고 읽는 발화 중에는 이처럼 단순하지 않은 것이 많다. 말하고자 하는 요점이 명확하지 않을 때도 있고, 말 속에 거짓이 뒤섞여있는 것처럼 들릴 때도 있다. 물론 상대방과 같은 공간에 있을 때는 '그래서 요점이 뭐야?' 또는 '무슨 말을 하려는 거야?' 같은 말로 물어볼 수 있다. 또 상대방이 어떻게 그런 결론에 도달했는지 이해가 가지 않는다면, 바로 물어보고 궁금증을 해소할 수 있다.

    하지만 책을 읽거나 TV를 볼 때는 저자에게 질문할 수 없다. 또 저자가 눈앞에 있어도 마찬가지다. 논증이 너무나 복잡하여 상당한 시간을 들여 꼼꼼하게 읽고 고민하고 분석해야만 추론선을 겨우 찾아낼 수 있는 경우도 있고, 엉터리 근거를 제시하거나 논리적이지 않은 추론을 전개하거나 현란한 말솜씨로 결론으로 도약함으로써 독자를 혼란스럽게 만드는 경우도 있다. 이러한 상황에서 우리는 어떻게 올바른 판단을 할 수 있을까? 그 열쇠는 바로 비판적 사고다.

이 섹션에서는 논증을 손쉽게 알아보는 눈을 뜰 수 있도록, 글 속에 묻혀 있는 논증의 뼈대를 발굴해내는 법을 설명한다. 먼저 연습 삼아 아래 예문에서 논증을 찾아보자.

● **예문 3.5**

이 지역은 별로 좋지 않은 이유로 유명세를 타고 있다. 그린로드와 밀스트릿이 만나는 교차로에서 지난 5년 동안 12건이 넘는 대형 교통사고가 발생했다. 이곳에서 운전자들이 너무 빠른 속도로 코너를 돌기 때문이다. 이 지역의 한 예술가가 그동안 여기서 발생한 주요 사고들을 카메라에 담아 암울한 기록을 남겼다. 이곳을 찾은 관광객들도 희생되었다. 이제 교차로 모퉁이에 새로운 과속 단속카메라가 설치되었으니, 사고건수는 줄어들 것이다.

우선 전체논증에 기여하지 않는 문장을 추려보자. 음영으로 표시했다.

이 지역은 별로 좋지 않은 이유로 유명세를 타고 있다. 그린로드와 밀스트릿이 만나는 교차로에서 지난 5년 동안 12건이 넘는 대형 교통사고가 발생했다. 이곳에서 운전자들이 너무 빠른 속도로 코너를 돌기 때문이다. **이 지역의 한 예술가가 그동안 여기서 발생한 주요 사고들을 카메라에 담아 암울한 기록을 남겼다. 이곳을 찾은 관광객들도 희생되었다.** 이제 교차로 모퉁이에 새로운 과속 단속카메라가 설치되었으니, 사고건수는 줄어들 것이다.

음영으로 표시한 문장들은 사고현장에 대한 이해를 더해주기는 하지만, 논증과는 아무 상관없는 정보다. 음영표시한 문장들을 빼면 논증의 주요 명제들이 훨씬 명확하게 드러난다.

그린로드와 밀스트릿이 만나는 교차로에서 지난 5년 동안 12건이 넘는 대형 교통사고가 발생했다. 이곳에서 운전자들이 너무 빠른 속도로 코너를 돌기 때문이다. 이제 교차로 모퉁이에 새로운 과속 단속카메라가 설치되었으니, 사고건수는 줄어들 것이다.

이제 이 예문의 핵심명제들을 하나씩 풀어 써보자.

- **명제 1:** 그린로드와 밀스트릿 교차로에서 교통사고가 자주 발생한다.
- **명제 2:** 운전자들이 너무 빠르게 코너를 돈다.
- **명제 3:** 교차로에 과속카메라가 설치되었다.
- **결론:** 이제 사고는 줄어들 것이다.

이 글의 전체논증은 '과속카메라로 교차로에서 발생하는 교통사고를 줄일 수 있다'는 것이다. 이 명제들을 좀더 체계적으로 정리하면 다음과 같은 구조가 드러난다.

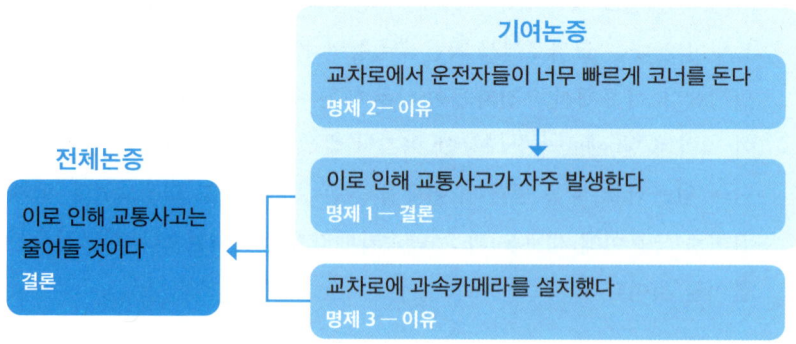

이 주장에 동의하는가? 저자는 명제 3을 제시한 뒤 결론으로 바로 도약했는데, 그럴 수 있었던 이유는 무엇일까? 그 이유를 직접 찾아보라.

- **말하지 않은 명제:** 운전자들은 과속카메라를 인식하면 속도를 줄인다.

이것이 바로 이 논증 속에 숨어있는 또 다른 이유다. 이것을 '전제^{premise}'라고 한다. 물론 이 전제에 동의하지 않는 사람도 있을 것이다. 그들은 이 논증의 타당성을 의심할 것이다.

- **예문 3.6**

  피츠엔드^{Pit's End}는 고고학적으로 중요한 유적으로 인정되어야 한다. 이전까지 마을 근처에서 발견된 대형 화강암 3개는 빙하기 말, 빙하가 녹은 다음 퇴적된 것으로 여겨졌다. 그런데 최근 화강암 11개가 추가로 발견되었다. 이 지역은 모두 농지인데, 항공사진을 보면 14개의 암석이 독특한 타원형을 이루고 있다는 것을 알 수 있다. 돌들이 약 2미터 간격으로 위치해있는 점으로 미루어 볼 때 종교적 목적을 위한 건물의 기초로 쓰였을 가능성이 있다. 지질학자들에 따르면 이 돌들이 빙하 같은 자연작용으로 이렇게 놓일 가능성은 없다고 한다. 최근 이곳에서 발굴된 도구들은 영국에서 발견된 도구 중에서도 가장 오래된 것으로 밝혀져, 상당한 관심을 받고 있다. 이번 발굴조사는 영국 복권관리위원회에서 자금을 지원하였다.

앞에서와 마찬가지로 전체논증에 기여하지 않는 문장들을 걸러내보자.

  피츠엔드^{Pit's End}는 고고학적으로 중요한 유적으로 인정되어야 한다. 이전까지 마을 근처에서 발견된 대형 화강암 3개는 빙하기 말, 빙하가 녹은 다음 퇴적된 것으로 여겨졌다. 그런데 최근 화강암 11개가 추가로 발견되었다. 이 지역은 모두 농지인데, 항공사진을 보면 14개의 암석이 독특한 타원형을 이루고 있다는 것을 알 수 있다. 돌들이 약 2미터 간격으로 위치해 있는 점으로 미루어 볼 때 종교적 목적을 위한 건물의 기초로 쓰였을 가능성이 있다. 지질학자들에 따르면 이 돌들이 빙하 같은 자연작용으로 이렇게 놓일 가능성은 없다고 한다. 최근 이곳에서 발굴된 도구들은 영국에서 발견된 도구 중에서도 가장 오래된 것으로 밝혀져, 상당한 관심을 받고 있다. 이번 발굴조사는 영국 복권관리위원회에서 자금을 지원하였다.

음영으로 표시한 부분을 빼 보자.

피츠엔드Pit's End는 고고학적으로 중요한 유적으로 인정되어야 한다. 최근 화강암 11개가 추가로 발견되었다. 14개의 암석이 독특한 타원형을 이루고 있다. 돌들이 약 2미터 간격으로 위치해있는 점으로 미루어 볼 때 종교적 목적을 위한 건물의 기초로 쓰였을 가능성이 있다. 지질학자들에 따르면 이 돌들이 빙하 같은 자연작용으로 이렇게 놓일 가능성은 없다고 한다. 최근 이곳에서 발굴된 도구들은 영국에서 발견된 도구 중에서도 가장 오래된 것으로 밝혀져, 상당한 관심을 받고 있다.

이렇게 명확하게 드러난 논증의 주요문장들을 풀어 써보자.

- 결론: 피츠엔드는 고고학적으로 중요한 유적으로 인정되어야 한다
- 명제 1: 최근 화강암 11개가 추가로 발견되었다.
- 명제 2: 총 14개의 암석이 타원형을 이루고 있는 것이 독특하다.
- 명제 3: 돌들의 간격이 고른 것은 인위적으로 세워졌다는 것을 암시한다.
- 명제 4: 돌들이 자연작용으로 이렇게 놓일 수 없다.
- 명제 5: 최근 이곳에서 발굴된 도구들은 영국에서 발견된 도구 중 가장 오래된 것이다.

이 글은 결론이 맨 앞에 나오고, 이를 뒷받침하는 이유가 뒤따라 나오는 논증이다. 결론을 직접 뒷받침하는 이유는 다음과 같다.

- **명제 3:** 돌들의 배치가 인위적이다.
- **명제 5:** 이곳에서 발굴된 도구들이 영국에서 가장 오래된 것이다.

이제 전체논증을 한 문장으로 정리할 수 있다.

> **피츠엔드에서 발견된 타원형으로 배치된 돌과 매우 오래전 사용된 도구들을 미루어 볼 때, 이곳은 중요한 고고학 유적으로 지정되어야 한다.**

이 논증에도 두 이유에서 결론으로 도약하기 위해 또 다른 이유가 필요할까? 어떤 가정이 숨어있을까? 잠시 고민해보자.

- **말하지 않은 명제:** 돌을 인위적으로 배치한 것은 발굴된 도구를 사용하던 시대에 일어난 일이거나, 또는 그 이전에 일어난 일이다.

이것이 바로 전제다. 하지만 발굴된 도구를 사용한 시기보다 한참 뒤에 돌이 놓였다면, 이 전제는 틀린 것이고, 그 순간 논증은 무너질 것이다.

물론 이렇게 텍스트를 분석하는 것이 쉽지 않은 경우도 많다. 명제가 무엇인지, 결론이 무엇인지, 이것이 논증에서 중요한 정보인지 무관한 정보인지 명확하게 구분하기 어려울 때도 많기 때문이다. 따라서 한 가지 요령을 제시한다면, 결론부터 찾아라. 결론을 먼저 찾고 난 다음, 이를 뒷받침하는 정보를 찾으면 훨씬 쉽다.

연습문제   단순논증 찾아내기

논증인지 아닌지 구분해보자. 구분하기 어렵다면 결론과 이를 뒷받침하는 이유를 찾아 나열해보면 좀더 쉽게 판단할 수 있다.

- 예문3.7

  비스킷은 치아건강에 해로울 수 있다. 우리는 가끔 아침과 점심 사이에 간식을 먹는다. 여느 식품업체와 마찬가지로 비스킷공장들도 건강과 안전을 이유로 머리카락이 빠져나오지 않도록 모자를 쓰라고 지시한다.

- 예문 3.8

  어른이 되어서야 글을 배우는 사람이 많다. 영숙씨와 재길씨는 어렸을 때 글을 읽지 못했지만 어른이 되어서야 읽고 쓰기를 제대로 배웠다. 두 사람은 지역의 한글강좌를 들었다. 최근 성인을 대상으로 개설된 한글강좌를 수강하는 사람은 100만 명을 헤아린다.

- 예문 3.9

  기차가 연착했다. 아마도 신호체계에 문제가 생겼기 때문일 것이다.

- 예문 3.10

  그가 마술피리를 불자 산의 한쪽 면이 열렸다. 그는 아이들에게 그 문으로 들어가라고 유혹했고, 아이들이 다 들어가자 문은 닫혀버렸다. 아이들은 영영 돌아오지 않았다. 부모들은 이제 아이들을 볼 수 없었다. 이것이 바로 그의 목적이었다. 피리 부는 사나이는 마을에서 쥐를 몰아내주는 대가로 약속한 돈을 받지 못해 마을주민들에게 화가 나 있었다. 그의 행동은 우발적인 것이 아니라 계획된 복수였다.

- 예문 3.11

양자물리학은 높이, 폭, 깊이와 시간처럼 일반인들에게 익숙한 차원 외에 더 많은 차원을 다룬다. 이러한 연구는 시간이 많이 걸릴 수도 있다. 시공연속체의 또 다른 차원에 대한 발견이 이루어졌다.

- 예문 3.12

나는 저 그림이 좋다. 강렬한 색감으로 노을의 효과를 잘 표현하여, 볼 때마다 기분이 좋아진다. 인물들을 매우 흥미롭게 잘 그렸다.

- 예문 3.13

어제 오전 9시 스코틀랜드 상공에서 일식을 관찰할 수 있을 것이라는 예보가 있었다. 많은 사람들이 이 광경을 보기 위해 나왔다. 사람들이 도착했을 무렵만 해도 하늘은 환했지만 곧 흐려지기 시작했다. 일식을 볼 때는 눈을 보호해야 한다. 태양을 바로 쳐다보면 안 된다.

- 예문3.14

창문이 덜거덕거리고 문이 쾅하고 닫혔다. 공기 중에 전기가 흐르는 것 같았다. 우리는 겁에 질렸다. 갑자기 이상한 소리가 들렸다. 유령이 나타난 것이 분명하다.

- 예문 3.15

식물이 성장하려면 질소가 필요하다. 그런데 공기 중에는 질소가 없기 때문에 공기에서 질소를 흡수할 수 없다. 대신 식물은 토양에 있는 박테리아로 문제를 해결한다. '질소고정'이라고 하는 과정을 통해서 질소를 흡수하는 것이다. 박테리아가 질소를 질산염으로 바꾸면 식물은 뿌리로 질소를 흡수하기 쉽다.

연습문제   이유와 결론 찾아내기

예문 속에서 주요주장, 이유, 결론을 찾아보자. 형광펜으로 표시하면서 읽으면 쉬울 수도 있다.

- 예문 3.16

지난달 말 개를 산책시키던 노부부가 강가에서 사람의 두개골을 발견했다. 사람들은 그 지역에서 말썽을 많이 일으키던 어떤 가족이 개입된 살인사건이라고 생각했다. 경찰이 그 가족을 심문했지만 그들은 사건과 무관하다고 주장했다. 그런데 유골은 몇백 년 전의 것으로 밝혀졌다. 역사학자들은 강이 옛 공동묘지 부근을 흐른다는 사실을 알려주었다. 또 강물에 휩쓸려 유골이 떠내려왔다는 과거의 기록도 확인되었다. 하지만 최근 150년 동안에는 이런 일이 한 번도 일어나지 않았다. 얼마 전 폭풍으로 강의 수위가 50센티미터가량 높아졌다. 그 두개골은 살해된 주검이 아니라 불어난 강물에 의해 무덤에서 휩쓸려 나온 것으로 추정된다.

- 예문 3.17

지금까지 60종 정도가 존재하는 것으로 알려진 해초는 모두 외떡잎식물이다. 해초가 해안생태계에 상당한 기여를 한다는 사실은 20세기가 되어서야 알려졌다. 해초는 남극을 제외한 모든 대륙에서 강어귀나 해안처럼 수심이 얕은 곳에 번성하며 많은 어류의 먹이 역할을 한다. 이 중에는 사람의 식탁에 오르는 어류들도 있다. 해초가 사라지면 해안의 생물다양성은 크게 위협받을 것이다. 해초의 중요성을 사람들에게 알려줄 목적으로 UN은 '세계해초지도'를 작성하는 프로젝트를 진행하기도 했다(Green & Short, 2004).

● 예문 3.18

칙센트미하이 교수에 따르면 현대인이 불행한 근본적인 이유는, 세상을 올바로 살아가기 위한 기본적인 원칙을 잊고 살기 때문이다(1992). 물질적인 만족만 추구하며 사는 것은 불행하다. 친절과 도움을 베풀며 사려 깊게 행동하며 살아야 한다. 이러한 사실을 사람들이 모르는 것은 아니다. 알면서도 잊어버리는 것이다. 아무것도 갖지 못한 사람들이 주위에 있음에도 오로지 자신의 욕구만 채우려 한다. 어려운 사람들은 자신과 무관하거나 덜 중요하다고 생각한다. 모르는 사람에게 돈을 주느니 차라리 TV나 CD를 사는 선택을 한다. 또 자연환경과 균형을 이루기 위해 노력해야 한다는 사실도 잊고 산다. 화석연료가 언젠가 고갈될 것이라는 사실을 알면서도 마치 무한한 자원인 양 석탄, 가스, 석유를 소비한다. 이러한 삶의 방식을 유지하는 한 불행에서 헤어날 수 없다. 이제는 즉각적인 보상과 단기적인 결과만 쫓기보다, 인간의 궁극적인 행복을 위한 장기적인 결과를 추구해야 한다. 인류에게 주어진 과제는 다른 사람들과 함께 어울려 살아가면서 온 우주와 조화를 이루는 삶의 방식을 찾는 것이다.

현대인이 불행한 이유는... 온갖 유령들이 쉴새없이 출몰하기 때문이지.

● **예문 3.19**

임산부와 면역력이 저하된 사람은 고양이가 유발하는 잠재적인 위험에 경각심을 가져야 한다. 고양이를 집에서 키우는 사람들은 대부분 어떤 위험이 도사리고 있는지 잘 모른다. 고양이는 톡소포자충의 숙주로, 톡소포자충은 사람과 같은 포유류에게 톡소플라즈마라는 병을 일으키는 원생동물이다. 자연에서 쉽게 발견할 수 있는 초승달 모양의 톡소포자충은 고양이를 통해 인간에게 전염될 수 있다. 일반성인은 감염이 되어도 특별한 증상이 나타나지 않지만, 임산부의 경우 태아가 기생충에 감염되어 심각한 기형이 될 수 있다. 태어나자마자 시력을 잃거나 운동결핍증세를 보일 수도 있다. 면역력이 약하거나 AIDS에 걸린 사람에게는 중풍이나 사망을 유발할 수도 있다. 고양이는 이 병균에 감염되어도 증세가 거의 나타나지 않기 때문에 고양이를 보고는 미리 알 도리가 없다.

결론부터 찾아라. 그러면 핵심메시지를 더 빨리 찾아낼 수 있다.

자신이 전공하는 분야나 관심있는 분야의 책 또는 논문 3편을 가져다가, 서론과 결론을 읽어보고 다음 두 질문에 답해보라.

- 서론에 저자의 주장이 제시되어있는가: 저자가 무엇을 설득하고자 하는지 명확하게 드러나는가?
- 결론에 저자의 주장이 명확하게 제시되어있는가?

결론
찾아내기

앞에서 본 예문 `3.5` `3.6` `3.16` `3.17` `3.18` `3.19` 를 다시 읽어보고 결론이 어디 나오는지 살펴보자.

`3.5` `3.16` `3.18` 예문은 이유를 먼저 제시한 다음, 이유들을 요약하고 종합하며, 연역적으로 추론의 의미를 정리하여 맨 끝에서 결론을 제시한다.

반면, `3.6` `3.17` `3.19` 예문은 결론부터 제시하고 글을 시작한다. 입장을 먼저 내세운 다음, 이를 뒷받침하는 이유를 하나씩 제시하면서 어떻게 연역적으로 결론에 도달했는지 보여준다.

이처럼 결론은 글의 맨 처음 또는 맨 끝에 등장한다.

결론은 어떻게 생겼을까?

결론은 다음 두 가지 형식으로 표현된다.

요약+해석

> `3.16` 그 두개골은 살해된 주검이 아니라 불어난 강물에 의해 무덤에서 휩쓸려 나온 것으로 추정된다.

여기서 결론은 본문에서 설명한 사건의 핵심요소들을 모두 한 문장 안에 넣어 요약하고, 이를 바탕으로 가장 그럴 듯한 해석을 내린다. 본문에서 제시한 정보들을 종합한 다음, 최종적으로 연역추론을 통해 주장을 이끌어낸다. 요약만으로는 논증의 결론이 될 수 없다. 요약을 포함하는 결론문장을 쓸 때는 다음 두 가지를 명심하라.

- 본문에서 언급한 핵심항목들이 요약 속에 모두 들어있어야 한다.
- 요약에서 자연스럽게 도출되는 해석을 제시한다.

여기서 요약은 자신의 해석을 독자가 자연스럽게 받아들일 수 있도록 설득하기 위한 장치로서 역할을 한다.

권고 또는 문제제기

> **3.18** 인류에게 주어진 과제는 다른 사람들과 함께 어울려 살아가면서 온 우주와 조화를 이루는 삶의 방식을 찾는 것이다.
>
> **3.19** 임산부와 면역력이 저하된 사람은 고양이가 유발하는 잠재적인 위험에 경각심을 가져야 한다.

3.18 예문의 결론은 문제를 제기하는 반면, **3.19** 예문의 결론은 권고한다. 이유를 종합하여 연역해낸 결론으로써, 바람직한 결과를 얻기 위해 어떤 행동을 해야 하는지 말한다. 이렇게 연역적 결론을 제시할 때 사용하는 표현방식을 눈여겨보라. 결론을 제시하는 문장에서 자주 볼 수 있는 전형적인 표현방식이기 때문에, 결론을 빨리 찾는 데 도움이 될 것이다.

결론을 표시하는 그 밖의 이정표단어들

앞에서 말했듯이 결론을 제시할 때 저자는 '여기 결론이 있다'는 것을 독자에게 분명히 알려주는 이정표를 세워놓는다. 다음 글에서도 무엇이 이정표 역할을 하는지 찾아보자.

> `3.5` 사고건수는 줄어들 것이다.
> `3.6` 피츠엔드는 고고학적으로 중요한 유적으로 인정되어야 한다.

결론은 연역추론의 결과다. 추론을 할 때 자주 사용하는 단어들을 눈여겨보라. '이는 곧', '결국', '—할 것이다', '—해야 한다', '—에 틀림없다', '—라는 의미다' 같은 말이 많이 사용된다. 물론 부정적인 결론을 제시하는 경우도 있다. 그럴 때는 '—해서는 안 된다', '—하지 않도록 조심해야 한다' 같은 말이 나올 것이다.

> `3.17` 해초가 해안생태계에 상당한 기여를 한다는 사실은…

`3.17` 예문에서는 특별한 이정표를 찾을 수 없다. 이처럼 결론이 '사실'이라는 명사에 안긴 절로 들어가있는 경우, 더욱 찾기 어렵다. 하지만 이처럼 특별한 경우를 제외하고 결론은 대부분 '그럼에도', '그러므로', '그래서', '결과적으로', '마침내', '따라서' 같은 접속사나 부사들을 앞세운다. 물론 이런 이정표 다음에 반드시 결론이 등장하는 것은 아니지만, 그럼에도 이 이정표가 눈에 띄면 의심해볼 필요가 있다.

　이정표단어는 뒤에서 좀더 자세하게 설명한다. `→384`

논증을 구성하는
핵심요소

메시지가 있다고 해서 모두 논증은 아니다. 어떤 메시지에 대해 비판적으로 접근하고 싶다면, 그것을 읽거나 들을 때 논증의 핵심요소에 주목하면 좀더 시간을 절약할 수 있다. 이 챕터에서는 논증구조가 비교적 명시적으로 드러나는 텍스트들을 살펴보았다. (논증의 구조가 잘 드러나지 않는 텍스트는 뒤에서 살펴본다.) 지금까지 논증을 식별하기 위해서는 다음 6가지 항목을 눈여겨봐야 한다고 설명했다.

1. **주장이나 입장**: 독자에게 납득시키고자 하는 저자의 관점.
2. **이유**: 결론을 뒷받침하기 위해 제시하는 명제. '기여논증'이라고도 한다.
3. **추론선**: 일련의 이유들을 논리적인 순서로 제시하는 방식. 이유를 하나씩 제시하여 독자들을 결론으로 이끌어가기 위해 짜놓은 코스다. 이유를 제시하는 순서는 논리적이여야 할 뿐만 아니라, 그러한 순서의 기준을 독자가 명확하게 감지하고 예측할 수 있어야 한다. 추론선을 제대로 짜지 못하면, 개별이유들이 결론에 어떻게 기여하는지 독자들이 이해하지 못할 수 있다.
4. **결론**: 논증이 나아가는 최종지점. 결론에서는 일반적으로 저자의 입장을 진술한다. 하지만 자신의 입장을 뒷받침하지 않는 결론도 존재할 수 있다.
5. **설득하고자 하는 의지**: 자신의 관점에 독자들이 동의하도록 이끌어가고자 하는 노력. 논증의 존재이유다.

6. **이정표단어**: 논증이 어떤 방향으로 나아가고 있는지, 어느 단계에서 진행되고 있는지 독자들에게 알려주는 단어나 표현.

텍스트 속에서 주요결론을 빠르게 찾을 수 있도록 도와주는 몇 가지 힌트가 있다. 물론 이러한 힌트가 적용되지 않는 글도 있겠지만, 그럼에도 아래 힌트들을 눈여겨보면 글의 골자를 더 빠르게 파악할 수 있다.

1. 글의 시작부분과 끝부분을 눈여겨보라: 글을 시작하는 첫 한두 문장, 좀더 긴 글일 경우 첫 한두 문단에서 결론을 제시하는 경우가 많다. 첫 머리에 결론을 제시하지 않는다면, 끝에서 제시한다. 그럴 때는 글을 마무리하는 마지막 한두 문장, 좀더 긴 글일 경우 마지막 한두 문단을 눈여겨보라.
2. 요약+해석: 추론선에서 제시한 이유들을 모두 추리거나 근거들을 나열하며 요약하는 문장을 눈여겨보라. 이렇게 요약한 다음 해석을 덧붙이는 문장이 바로 결론이다.
3. 문제제기 또는 권고: 저자가 자신의 주장이나 관점을 독자에게 권고한다면 그것이 결론인 경우가 많다.
4. 추론과정을 표시하는 이정표단어: 결론을 진술할 때 또는 가능한 결과나 해석을 제시할 때 자주 등장하는 단어나 표현을 눈여겨보라.

정확하게 2미터 간격으로 세우라고!

논증의 핵심요소

1. **비판적 사고는 '논증'으로 발현된다**: 비판적 사고는 내적 추론을 형성하고, 이러한 추론을 다른 사람에게 전달하고 설득하기 위해 체계적으로 구조화하여 제시하는 것이 논증이다.

2. **논증의 목적은 설득이다**: 자신의 주장을 상대방이 받아들이도록 설득하고자 하는 욕망이 논증의 존재이유이자 논증의 최종목적이다. 설득하고자 하는 의도가 없는 발화는 논증이 될 수 없다.

3. **텍스트 속에 묻혀있는 추론선을 발굴하라**: 논증의 핵심요소들이 어떻게 전개되는지 또 어떻게 구조화되어 있는지 파악하면, 글의 핵심메시지와 주변메시지를 효과적으로 걸러낼 수 있다.

4. **논증의 핵심파트**: 논증이 성립하기 위해서는 주장을 뒷받침하는 이유가 있어야 하며, 독자가 이유를 믿지 못할 때 이를 뒷받침하기 위해 근거를 제시한다. 주장-이유-근거 이 세 가지 요소는 논증을 구성하는 핵심파트를 구성한다.

5. **논증의 문답파트**: 이 챕터에서 별도로 소개하지는 않았지만, 좋은 논증은 자신의 주장과 관점이 다른 반론이나 이견을 언급하고 이에 대해 반박한다. 논증의 핵심파트는 자신의 주장을 펼치는 쇼케이스라면, 문답파트는 독자 Q&A라 할 수 있다.

6. **논증의 논리파트**: 다양한 이유와 근거를 제시하며 주장을 펼치는 와중에 저자가 생략하는 명제들이 존재한다. 전제는 독자가 당연히 동의할 것이라 생각하여 생략하는 주장이다. 하지만 독자가 동의하기 힘든 전제는 논증의 대상이 될 수 있다.

7. **결론부터 찾아내라**: 결론을 찾아내면 저자의 주장이 무엇인지 파악할 수 있고, 따라서 논증을 좀더 쉽게 따라갈 수 있다. 결론이 주로 어디에 나오는지, 어떻게 생겼는지 알아두면 결론을 훨씬 빠르게 찾을 수 있다.

04

논증은 무엇이 다를까?

논증 vs 논증이 아닌 것들

?

단순한 반대와 논증은 어떻게 다를까?

논증과 논증이 아닌 글은 어떻게 구분할 수 있을까?

겉으로 보기에는 똑같이 생긴 결론이
요약인지 주장인지 어떻게 구분할 수 있을까?

주장은 모두 참-거짓을 따질 수 있을까?
따질 수 없거나 따질 필요가 없는 주장도 존재할까?

하나의 글 속에 논증요소와 논증이 아닌 요소들이 뒤섞여있다면
이것을 어떻게 구분할 수 있을까?

챕터3에서 논증을 구성하는 요소들에 대해 설명했다. 하지만 이러한 요소들은 논증에만 나오는 것이 아니다. 그러한 연유로, 논증이 아닌 다른 글들—단순반박, 설명, 요약, 진술 등—과 논증을 혼동할 수도 있다. 이 챕터에서는 논증과 다른 글들을 구별하는 법에 대해서 설명한다.

비판적 사고를 제대로 하려면 무엇보다도, 무수한 형태의 정보 속에서 가장 중요한 것이 무엇인지 추려낼 줄 알아야 한다. 온갖 정보와 자료의 홍수 속에서 길을 잃고 헤매지 않으려면 논증과 논증이 아닌 것을 가장 먼저 구별할 줄 알아야 한다. 논증과 논증이 아닌 것을 구별할 줄 알면, 다양한 유형의 텍스트를 범주화할 수 있다. 이러한 안목은 텍스트를 더 효과적으로 다루는 방법을 일깨워준다. 논증을 구별함으로써 얻을 수 있는 혜택을 정리하면 다음과 같다.

- 무엇에 어디에 주목해야 하는지 더 정확하게 앎으로써 가장 효과적인 비판을 할 수 있다.
- 핵심에서 벗어나있는 요소에 초점을 맞춰 엉뚱한 비판을 늘어놓는 실수를 저지르지 않을 수 있다. 시간과 노력을 아낄 수 있다.
- 자신이 읽는 글이 어느 유형에 속하는지 쉽게 구분할 수 있다.
- 논증글이나 보고서를 작성할 때 무엇을 인용하면 더욱 강한 설득력을 발휘할지 추려낼 수 있다.

학생이라면, 자신이 과제로 작성한 글이 논증인지 아닌지 구분할 줄 알아야 한다. 일반적으로 대학에서는 논증글이 그렇지 않은 글보다 훨씬 높은 점수를 받는다. 실제로 많은 학생들이 책에서 읽은 내용을 요약하거나 자신이 겪은 상황을 진술하는 글을 써놓고, 자신이 훌륭한 논증글을 썼다고 착각한다. 기대에 못 미치는 낮은 점수를 받고 낙담할 것이다. 논증을 이해하지 못하고, 논증글을 어떻게 써야하는지 알지 못하면, 대학생활은 줄곧 고통을 선사할 것이다.

건설적인 비판과 반대를 위한 반대

어떤 의견에 동의하거나 반대한다고 해서 무조건 논증이 되는 것은 아니다. 왜 동의하는지, 또는 동의하지 않는지 이유를 제시하고 뒷받침해야 한다. 이유도 없는 부동의disagreement를 우리는 흔히 '반대를 위한 반대'라고 말한다.

- 유전공학은 정말 공포스러워. 계속 그런 연구할 수 있도록 허용해서는 안 돼.
- 유전공학에 대해서는 잘 모르지만 어쨌든 나도 같은 생각이야.
- 유전공학을 공부해봐서 나도 잘 아는데, 나도 네 생각에 동의해.
- 무슨 소리야. 유전공학이 얼마나 재미있는 학문인데!

이 대화에서는 누구도 자신의 입장을 뒷받침하는 이유를 제시하지 않는다. (첫 번째 입장도 마찬가지다. 공포스럽다는 개인적 인상은 논리적인 이유가 아니다.) 이처럼 이유를 붙이지 않고 입장만 내세우는 것은 논증이 아니라 단순한 동의 또는 부동의라고 한다.

- 유전공학은 최대한 축소되어야 해. 새로운 변종을 만들어냈을 때 이를 견제할 천적이 없으면 어떻게 해? 그런 상황에 아무런 준비도 하지 않고 말이야.
- 하지만 유전공학이 주는 혜택도 고려해야지. 지금은 치료법이 없어서 고통받는 사람들에게 한 가닥 희망을 줄 수 있어. 또 아프지 않은 사람에게도 더 건강하게 오래 살 수 있는 길을 열어주잖아. 그러니 유전공학을 축소하기보다는 오히려 더 많이 투자하고 장려해야 하지 않을까?

이 대화에서는 자신의 입장을 뒷받침하는 이유를 제시함으로써 상대방을 설득하기 위해 노력한다. 이것이 바로 논증이다. 물론 이 논증은 매우 단순한 형태에 불과하다. 추론선도 매우 짧고 이유를 뒷받침할 근거도 제시하지 않는다. 어쨌든 이처럼 빈약한 논증으로도 상대방을 설득할 수 있다. 이렇게 논증이 빈약한 경우에는 대개 논증 바깥에 존재하는 다른 요소들이 큰 힘을 발휘한다. 목소리의 크기, 몸짓, 권력과 서열, 상대방에 대한 내밀한 정보, 관련된 이권 등이 설득력을 좌우한다.

연습문제 — 논증과 부동의

예문을 읽고 이것이 논증인지 단순한 부동의인지 구별해보자. 논증이라면 왜 논증이라고 판단했는지 설명해보라.

- **예문 4.1**

  이중언어 사용자와 다중언어 사용자는 편리한 점이 많다. 여러 외국어를 구사할 수 있는 사람들은 다양한 언어체계를 비교해 볼 수 있기 때문에 언어의 구조를 더 잘 이해한다. 한 가지 언어만 할 줄 아는 사람들은 이런 경험을 할 수 없다. 그리하여 제2언어가 있는 사람이 오히려 자신의 모국어를 더 잘 이해하고 평가하는 안목이 있는 경우가 많다.

- **예문 4.2**

  대체요법은 또 다른 형태의 치료법으로 점점 대중적인 인기를 얻고 있다. 대체요법을 이용하는 사람들은 반사요법, 동종요법, 시야추요법(일본의 전통 마사지) 같은 치료법이 전문의료진의 치료를 보완할 수 있다고 주장한다. 더 나아가 기존의 의학보다 대체요법이 더 효과적이라고 주장하는 사람도 있다. 기적처럼 병을 치료했다는 사례도 많고, 이런 요법들이 의학적 치료에 비견할 만하다고 믿는 사람도 많다. 정말 기가 찰 노릇이다.

- **예문 4.3**

  해수면과 기온은 시대에 따라 올라가기도 하고 내려가기도 한다. 최근 연구에 따르면, 지금 지구온난화가 정말 일어나고 있다고 하더라도 이것은 지구 온도의 자연적인 변화와 태양풍 때문일 뿐 산업화와 화석연료의 사용이 전지구적 기후변화에 미치는 영향은 아직 미미하다고 한다. 하지만 나는 이처럼 지구온난화를 부정하는 주장은 위험하다고 생각한다.

● 예문 4.4

매년 건설현장에서 일하는 수많은 젊은이들이 목숨을 잃는다. 작업장에서 건강과 안전을 보장하라는 법규는 이미 존재하지만, 고용주들은 필요한 설비를 갖추는 데 비용이 너무 많이 들고 일일이 감독하기 힘들다고 말한다. 젊은이들 스스로 현장에서 책임감있게 행동하지 않는 것을, 자신들이 무슨 힘으로 막을 수 있느냐고 강변한다. 정말 어처구니 없는 행태가 아닐 수 없다.

● 예문 4.5

현대인들은 과거 어느 때보다도 덜 정치적이다. 지난 수백 년 동안 사람들은 개인의 위험을 무릅쓰고 자신보다는 타인의 이익을 위해 투쟁했다. 요즘에는 이런 모습을 쉽게 찾아볼 수 없다. 1990년대 말까지만 해도 곳곳에서 사람들이 연대해서 시위를 벌이는 모습을 자주 볼 수 있었다. 하지만 지금은 복지를 위한 정치적 이슈보다는 급여인상이나 장학금인상과 같은 개인적인 이익을 위해 시위를 벌이는 모습이 흔하다. 투표처럼 전혀 위험하지 않은 일에도 사람들의 참여율이 저조하다.

● 예문 4.6

나는 아동체벌이 아무 문제도 되지 않는다는 사람들에게 동의할 수 없다. 육체적으로나 감정적으로나 당연히 문제가 된다. 타인을 때리는 행위는 폭력이며, 성인이 이런 행동을 한다면 그냥 넘어갈 수 없는 명백한 범죄로 간주된다. 자신이 맞고 자랐기 때문에 구타가 얼마나 잔인한 행동인지 모르는 성인들도 더러 있다. 안타깝게도 이들은 구타를 당연한 것으로 여긴다. 그래서 상처받기 쉬운 사람들에게 다시 폭력을 행사하는 악순환이 일어나는 것이다.

논증이 아닌
세 가지 유형의 글

진술 description

진술은 어떤 것이 어떻게 생겼는지, 어떤 일이 어떻게 일어났는지 서술하는 것이다. 진술은 사실을 정확하게 전달할 뿐, 가치평가를 배제한다. 왜 그런 상황이 벌어졌는지 이유를 대며 설명하거나 그 결과가 바람직한지 아닌지 평가하는 것은 진술이 아니다.

보고서나 학술적인 글 속에도 진술이 들어있다. 어떤 문제에 대해 면밀하게 파고든다는 측면에서 진술과 논증은 비슷해보일 수도 있다. 하지만 진술은 자신의 관점을 설득하고자 하는 의도가 없다는 점에서 논증과 다르다. 진술의 목적은 어떤 대상이나 방법이나 문제에 대해 독자가 온전히 이해할 수 있도록 도와주는 것이다.

> **용액을 시험관에 넣고 섭씨 35도까지 가열했다. 소량의 노란 증기가 발생했다. 이 증기는 아무런 냄새도 나지 않았다. 이 용액에 40밀리미터의 물을 넣은 뒤 끓을 때까지 가열해보았다. 이번에는 회색 증기가 발생했다. 물방울이 시험관 옆면에 맺혔다.**

이 글은 실험과정을 진술한다. 실험결과를 보고하기 위해서는 우선 실험을 어떻게 진행했는지 구체적으로 자세하게 진술해야 한다. 물론 왜 그런 식으로 실험을 했는지, 또 실험결과를 어떻게 해석해야 하는지 이야기할 때는 이유를 제시하고 설득해야 한다. 특히 학술적인 글에서는 사건에 대한 중립적인 진술과 주장과 의견을 제시하는 비판적 분석을 명확하게 구분하여 제시해야 한다. 이 둘을 뒤섞으면 안 된다.

이 그림 속, 오두막 주변 들판에서 서성이는 인물들은 농부의 옷차림을 하고 있다. 집이나 나무의 그늘에 가려진 인물도 많기에, 이들의 얼굴이나 옷차림에서 개개인의 특성을 도출해내기는 어렵다. 반면 이 그림을 의뢰한 귀족들은 모두 그림의 전경에 위치해있을 뿐만 아니라, 개인의 특성이 잘 드러나는 세련된 옷차림을 하고 있다. 햇빛을 한 몸에 받아 얼굴표정도 모두 세밀하게 묘사되어있다.

이 글은 그림 속에서 드러나는 몇 가지 두드러진 특징을 묘사한다. 물론 어떤 부분에 초점을 맞춰 묘사하는지 보면, 저자가 어떤 관점에서 접근하는지 알 수 있다. 하지만 아직까지는 그것이 명시적으로 드러나지 않는다. 예컨대 이 그림에서 부자와 빈자를 묘사하는 방식이 다르다는 주장을 펼치기 위해 이 이야기를 한다면, 이 글은 주장을 뒷받침하는 이유로 사용될 것이다. 어쨌든 이 글 다음에 무슨 내용이 나올지 아직 모르는 상황이기에, 이 글은 진술이라고 분류할 수 있다.

사람들은 대개 코끼리, 나무, 사발, 컴퓨터처럼 친숙한 사물을 보는 순간, 그것이 무엇인지 금방 파악한다. 사람은 대상이 만들어내는 전반적인 패턴을 인식하기 때문에, 그 대상이 전체적으로 가지고 있는 특질―예컨대 소리, 냄새, 색깔 같은 감각정보―을 일일이 확인하지 않아도 그

것이 무엇인지 쉽게 알아본다. 하지만 가끔 이러한 패턴을 인지하지 못하는 경우도 있는데, 이것을 시각적 인식장애 visual agnosia 라고 한다. 이들은 앞을 볼 수 있으며 또 대상을 보고 있다는 사실도 인지하지만, 그것을 만져보거나 냄새를 맡지 않고서는 대상을 인식하지 못한다. 눈앞에 있는 코끼리도 손으로 직접 더듬어봐야만 그것이 코끼리라는 사실을 깨닫는 것이다.

이 글은 시각적 인식장애가 무엇인지 진술한다. 자신이 아는 사실을 독자에게 보고하는 것일 뿐, 자신의 관점을 설득하지 않는다. 다시 이 글을 꼼꼼히 읽으면서 주장과 이를 뒷받침하는 이유를 찾아보라. 찾을 수 없을 것이다. 논증이 아니라는 뜻이다.

물론 이 글에서도 논증글에서 자주 사용하는 이정표단어를 볼 수 있다. 하지만 그것만으로 논증이라고 착각해서는 안 된다. 예컨대 논리적 전개방향을 바꿀 때 자주 사용하는 '하지만'이라는 접속사는 여기서, 패턴인식의 작동방식에 대한 진술의 방향을 바꾸는 기능으로 사용되었다.

설명 explanation

설명은 언뜻 논증처럼 보이기도 한다. 이유를 제시한 다음 마지막에 결론으로 마무리하는 것처럼 보이는 경우도 많고, 또 논증에서 사용하는 이정표단어도 자주 등장한다. 하지만 독자를 설득하는 것이 목적이 아니라는 점에서 논증과 다르다. 설명의 목적은 다음 두 가지로 정리할 수 있다.

- 어떤 일이 발생한 이유나 방법에 대해서 알려준다.
- 이론, 주장 등 다양한 메시지의 의미가 무엇인지 해설한다.

> 조사결과에 따르면, 장거리운전의 경우 졸음운전이 교통사고의 가장 주요한 원인이라고 한다. 그래서 고속도로에 운전자가 쉬어갈 수 있는 졸음쉼터가 많이 설치되어있는 것이다.

이 글은 고속도로에 졸음쉼터가 많이 설치되어있는 이유를 설명한다.

> 아이들이 산에서 버섯을 따 먹은 것은 슈퍼마켓에서 보던 것과 비슷했기 때문이다. 또 먹어도 되는 버섯과 먹으면 안 되는 버섯을 구별하는 법도 배운 적도 없다. 게다가 산에서 발견하는 버섯을 함부로 먹어선 안 된다는 주의도 들어본 적 없다.

이 글은 아이들이 위험한 버섯을 왜 먹었는지 설명한다. 물론 이 글 뒤에, 다음과 같은 한 문장을 더 붙이는 순간 논증으로 돌변한다.

> 따라서 이제부터 아이들에게 야생버섯의 위험성을 학교에서 가르쳐야 한다.

이 문장은 이 글의 주장이 되고, 앞서 본 설명은 모두 주장을 뒷받침하는 이유가 된다.

요약 summary

요약은 긴 글이나 긴 메시지를 짧게 줄여놓은 것이다. 일반적으로 요약은 앞에서 말한 내용 중에서 가장 중요한 항목들을 뽑아 반복해줌으로써 이야기의 핵심을 독자가 쉽게 기억하고 정리할 수 있도록 도와주는 역할을 한다. 따라서 요약에는 새로운 정보가 거의 등장하지 않는다. 또한 그런 이유로 요약은 결론을 내리기 바로 전에 자주 등장한다.

> 먼저 베이킹파우더가 들어간 밀가루, 마가린, 설탕을 같은 양으로 준비하세요. 밀가루 50그램당 달걀을 하나씩 추가하고요. 모든 재료를 큰 그릇에 넣고 3분간 세게 휘저어 재료를 골고루 섞은 다음, 틀에 기름을 바르고 재료를 부은 뒤 오븐에서 20분간 190도 온도로 구우면 됩니다. 물론 오븐에 따라 가열시간은 다를 수 있어요. 반죽이 부풀어오르고 표면이 고운 갈색으로 변한 빵을 틀에서 꺼낸 다음, 잼과 크림 등으로 장식합니다. 간단하게 말해서, 재료를 잘 섞어 190도에서 구운 다음 먹기 좋게 장식하면 케이크 완성! 참 쉽쥬?

케이크를 만드는 방법을 설명하는 글이다. 논증이 아니다. 여기서 '간단하게 말해서'로 시작하는 마지막 문장은 앞에서 설명한 내용을 간단히 정리하는 요약이다.

다음 글은 **3.18** 예문을 요약한 글이다. 비교해서 읽어보기 바란다.
→115

> 칙센트미하이의 주장에 따르면 우리가 불행한 것은, 올바르게 세상을 살아가는 데 관심을 두지 않기 때문이다(1992). 사람들은 이기적으로 행동하며 눈앞의 이익만 추구할 뿐, 타인과 환경을 배려하는 장기적인 가치를 무시한다. 그는 이 문제를 풀기 위해 다른 사람들과 어우러져 조화롭게 살아가라는 해법을 제시한다.

연습문제

논증, 진술, 설명, 요약

예문을 읽고 이 글이 논증인지, 요약인지, 설명인지, 진술인지 구분해보자. 또, 그렇게 판단한 이유는 무엇인가?

● 예문 4.7.

태양계는 사람뿐만 아니라 기계에도 좋은 환경이 아니다. 그럼에도 1957년부터 2004년 사이에 30여 개국에서 8,000개가 넘는 인공위성과 우주선을 쏘아 올렸다. 그동안 350여 명이 우주로 나갔으며, 이 중에 지구로 귀환하지 못한 사람들도 꽤 있다. 발사장은 대부분 적도 부근에 있는데, 적도 부근에서 발사해야 로켓이 자전의 이점을 가장 잘 활용할 수 있기 때문이다.

● 예문 4.8

신생아는 태어나서 3개월이 될 때까지 호흡과 체온을 스스로 조절하지 못한다. 이 시기 아기들은 엄마 곁에서 잠을 자면서 부모의 리듬을 쫓아가며 호흡과 잠을 조절하는 법을 배운다. 이런 이유로 아기들은 엄마와 함께 잘 때, 혼자 잘 때보다 잠에서 덜 깬다. 그뿐만 아니라, 아기랑 같이 자면 아기를 바로 곁에서 관찰할 수 있다. 결론적으로 신생아는 부모와 함께 자는 것이 안전하다.

● 예문 4.9

마을은 원래 도시의 경계 밖에 위치해 있었다. 도시는 도로를 하나씩 내면서 마을쪽으로 잠식해 들어오기 시작했다. 마을의 서쪽에는 거대한 산이 있어, 마을은 도시와 산 사이에 끼인 꼴이 되고 말았다. 도시와 산 사이를 오가기 위해서는 이 마을을 통과해야 한다. 머지않아 이 마을은 동해안에 위치한 거대한 광역도시의 일부로 흡수되어 사라지고 말 것이다.

● 예문 4.10

파라 교수는 이 논문에서 일반적인 하품과 전염된 하품의 차이점을 개괄한다. 이 논문은 플라텍 교수의 연구를 주로 인용하는데, 플라텍 교수는 하품이 전염되는 현상은 사람과 유인원에게서만 나타난다고 주장한다. 이 논문은 더 나아가 하품에 잘 전염되는 사람일수록 다른 사람의 감정을 더 잘 헤아린다고 주장한다. 결론적으로, 파라 교수는 하품이 전염되는 것은 사람들 사이에 동조화가 더 잘 일어나도록 도와주는, 사교적인 습성이라고 결론 내린다.

● 예문 4.11

셰익스피어의 희곡 〈로미오와 줄리엣〉은 이탈리아 베로나를 무대로 펼쳐지는 이야기다. 연극 초반에 로미오는 어떤 아가씨를 연모하였지만 금세 줄리엣에게 반하고 만다. 이들의 집안은 앙숙이었다. 그래서 로미오와 줄리엣은 결혼을 하기 위해 친구들과 탁발수도사의 도움을 받는다. 불행히도 사건은 비극적으로 흘러 두 사람은 상대방이 죽은 줄 알고 둘 다 자살해버린다.

● 예문 4.12

2003년 잉글랜드 노팅엄셔에 위치한 크레스웰 그랙스에서 말, 붉은 사슴, 들소가 그려진 빙하기의 암각화가 최초로 발견되었다. 암각화가 이렇게 늦게 발견된 데에는, 이제까지 영국에서 이러한 유물이 한 번도 발견되지 않았던 것도 한몫했다. 실제로 동굴을 처음 탐사했을 때, 전문가들은 자신들을 에워싸고 있는 예술작품을 전혀 알아보지 못했다.

● 예문 4.13

영국의 크레스웰 그랙스에서 발견된 말, 들소, 붉은 사슴 암각화는 독일에서 발견된 것과 놀라울 정도로 유사하다. 두 문화권 사이에 연결고리가 없다면 이처럼 비슷한 암각화를 만들어내지는 못했을 것이다. 이 암각화는 빙하기 시절, 유럽대륙과 영국 사이에 지금까지 알려져있던 것보다 훨씬 큰 문화적 연결고리가 존재했을지 모른다는 사실을 일깨워준다.

● 예문 4.14

최근, 빙하기 때 유럽전역에 걸쳐 살았던 사람들 사이에 문화적 연관성이 존재했다는 것을 입증하는 증거가 나오자 연구자들은 흥분에 휩싸였다. 영국의 크레스웰 그랙스에서, 독일에서 발견된 것과 비슷한 말, 붉은 사슴, 들소 암각화가 발견되었다. 물론 몇몇 그림들은 아직 논란으로 남아있다. 예컨대 어떤 그림은 춤추는 여자들을 묘사한 것이라 주장하는 연구자도 있지만, 이에 동의하지 않는 연구자도 많다.

● 예문 4.15

크기와 모양이 똑같은 장난감 쥐 두 개를 풀어놓았더니 개가 구분하기 어려워했다. 사실 장난감 쥐는 색깔이 달랐다. 하나는 빨간색이고 하나는 파란색이었다. 그럼에도 개는 시각만으로 장난감 쥐를 구분하지 못하고 후각에 의존하여 장난감 쥐를 구분해냈다. 개는 색깔을 구분하지 못하기 때문이다.

● 예문 4.16

한 학생이 세미나에 한 시간이나 지각했다. 그는 지각한 이유에 대해 구구절절 핑계를 늘어놨다. 먼저 프라이팬이 과열되어 불이 나는 바람에 부엌이 난장판이 되었고, 이것을 정리하는 데 20분이 걸렸다. 정리를 끝내고 나오려는데 열쇠가 보이지 않아, 10분을 더 허비하고 말았다. 이제 문을 닫고 나오려는데 마침 우체부가 와서 서명을 해야 하는 우편물이 있다고 했다. 우체부의 볼펜이 나오지 않아 시간이 좀 걸렸다. 편지를 식탁 위에 올려놓고 오려고 다시 현관문을 열려고 했더니, 열쇠가 보이지 않았다. 좀 전에 열쇠를 가방에 아무렇게 쑤셔 넣은 바람에 찾기가 쉽지 않았다.

요약결론과
논리적 결론

요약결론

앞에서 제시한 정보를 종합하여 간략하게 요약하고 정리하는 결론으로, 판단을 내리지 않고 논의를 마무리한다. 예컨대 두 가지 관점을 소개한 뒤 이를 짧게 정리해주고 마무리한다면, 이는 요약결론이다.

> **위궤양의 원인은 무엇일까?**
> 지금까지 사람들은 위궤양의 원인이 스트레스라고 생각했다. 너무 열심히 일하거나 걱정을 심하게 하면 위산이 과다하게 분비되어 궤양이 발생한다고 여겼다. 아직도 이런 가설을 믿는 사람들이 많다. 하지만 최근 연구에서 위궤양 환자의 70퍼센트가 헬리코박터 파일로리균에 감염되어있다는 사실을 밝혀졌다. 이 세균이 위벽에 영향을 줘, 위산에 취약하게 만드는 것이다. 이 세균에 감염된 경우에는 항생제치료를 해야 한다. 결론적으로, 위궤양의 원인은 스트레스일 수도 있지만 세균감염일 수도 있다.

이 글의 결론은 마지막 문장으로, 앞서 이야기한 두 가지 상반된 관점을 간략하게 진술한다. 이에 관해 어떠한 논리적 결론도 끌어내지 않는다. (예컨대 위궤양에 대한 좀더 그럴듯한 설명이 무엇인지 비교하고 판단하는 것이 목적이었다면,

논리적 결론으로 마무리 되었을 것이다.) 결론처럼 보이는 문장은 논리적 결론이 아니라 요약결론이며, 따라서 이 글은 요약글이다.

논리적 결론

이유를 토대로 추론해낸 논리적 결론은, 논증을 단순히 요약하는 것을 넘어, 앞에서 제시한 이유를 분석하고 이를 토대로 끌어낸 판단을 제시한다.

화산이 언제 폭발할지 예측할 수 있을까?
화산폭발을 예측하는 것은 아직 과학의 영역이 아니다. 화산 분화구의 변화를 관찰한다고 해도, 측면에서 폭발하는 화산활동은 예측할 수 없다. 초창기 과학자들은 시칠리아의 에트나화산을 모니터링한 결과, 정상 분화구의 활동이 시작된 다음 몇 달 뒤 측면활동이 시작되는 것을 발견했다. 하지만 1995년 정상 분화구에서 화산이 분출하기 시작했을 때는 이후 6년 동안 측면분출이 단 한 번도 일어나지 않았다. 결국 분화구의 활동과 측면활동의 연관성은 처음 생각했던 것보다 훨씬 복잡하다는 결론을 내릴 수밖에 없었다. 이러한 현상은 다른 화산에서도 똑같이 나타났다. 결국, 정상 분화구의 화산활동은 측면 화산활동을 예측하는 지표가 되지 못 한다.

이 글은 이유를 제시하고 그로부터 결론을 끌어내는 논증이다. 분화구의 활동과 측면분화가 밀접하게 연관되어있다는 기존의 학설을 뒤집은 최근 연구결과를 제시하며 '결국'으로 시작하는 마지막 문장을 논리적 결론으로 내세운다.

연습문제   요약결론과 논리적 결론

결론 역할을 하는 문장을 찾고, 그것이 요약결론인지 논리적 결론인지 구분해보자.

- 예문 4.17

  최근 몇 년 사이에 TV에서 '리얼리티쇼'가 크게 늘어났다. 이런 프로그램은 제작비가 적게 든다. TV프로듀서들은 시청자들이 '진짜 사람들'이 나오는 것을 보고 싶어한다고 주장하지만, 비평가들은 독창적인 드라마나 시사 프로그램의 비중을 줄이고 리얼리티쇼만 양산하는 바람에 TV프로그램의 질이 전반적으로 떨어지고 있다고 지적한다. 결국, 리얼리티쇼가 적은 제작비로 높은 시청률을 올릴 수 있는 바람직한 프로그램이라는 주장과 TV프로그램의 질을 떨어뜨리는 주범이라는 주장이 팽팽히 맞서고 있는 것이다.

- 예문 4.18

  유기농식품을 지지하는 사람들은 유기농식품이 건강에 좋을 뿐만 아니라 맛도 좋다고 주장한다. 실제로 숙련된 패널들을 대상으로 유기농과 비유기농 주스와 우유를 눈을 가리고 시음하는 블라인드테스트를 실시했다(Fillion and Arazi, 2002). 패널들은 주스의 경우 유기농이 더 맛있지만 우유는 맛의 차이가 없다고 결론 내렸다. 하지만 유기농식품 지지자들은 건강에 더 이로운 기준으로 만든 유기농식품이 더 맛있다는 것이 '상식'이라고 주장한다. 유기농식품이 더 맛있다는 과학적인 근거는 미비하지만 유기농식품을 선택하는 소비자들은 더 맛있다고 확신한다.

● 예문 4.19

제3세계의 부채를 탕감해달라는 주빌리기구의 요구에, 그런 조치를 하면 상업은행들이나 서방 정부들이 심각한 손실을 입는다는 우려가 제기되었다. 하지만 로우보탐은 부채탕감에 드는 비용은 실제로 그리 크지 않다고 주장한다. 그는 현대 경제에서 우세한 돈의 형태는 은행신용인데, 이것은 물리적인 형태로 존재하는 것이 아니라고 지적한다. 금고 안에 있거나 대출을 기다리는 돈은 실제 돈이 아니라 숫자상으로만 존재하는 '가상자산'일 뿐이다. 따라서 자산과 부채의 균형을 맞춰야 한다는 은행의 회계규정만 폐기한다면, 은행이 진짜 돈을 금고에서 꺼내 주지 않고도 제3세계의 부채를 탕감해줄 수 있다고 주장한다. '가상'의 돈을 빼내는 것이기 때문에 은행은 실질적인 재정적 손실을 전혀 입지 않는다.

● 예문 4.20

1960년대 제이콥스는, 범죄행동은 유전적 요인에 강하게 영향을 받는다고 주장했다. 반면 심리학자 볼비는, 범죄행동은 유전보다 양육환경에 영향을 받는다고 주장했다. 그는 상당수의 범죄자가 학대를 받거나 정서적 온기가 부족한 가정에서 자랐다는 점에 주목했다. 최근 윌슨과 헤른스타인은, 유전적 요인이 기본적으로 영향을 미치지만 어린 시절 학대나 약물남용 같은 스트레스 경험이 더해졌을 때 범죄행동으로 나타날 가능성이 커진다고 주장한다. 결국, 유전자가 어느 정도 영향을 미친다고 하더라도 이것을 범죄의 원인으로 꼽는 것은 무리다. 많은 범죄자들이 어린 시절 학대와 방임을 겪었다는 측면에서, 범죄는 유전자보다 환경적 요인에 의해 발생한다고 보는 것이 훨씬 타당하다. 범죄자는 '태어나는' 것이 아니라 '만들어지는' 것이다.

논증으로
착각할 수 있는 것들

술, 설명, 요약 말고도 논증처럼 보이지만 논증이 아닌 글이 있다. 논증의 대상으로 삼을 수 없거나 논증할 필요가 없는 주장은 논증이 아니다.

조언, 지침, 경고

이런 글들은 결론만 있고 이를 뒷받침하는 이유를 제시하지 않기 때문에 논증이 아니다. 다시 말해, 참-거짓을 따질 수 있는 대상이 아니다.

> 학업을 계속 이어 나갈 계획이라면 최대한 일찍 지도교수와 상담하는 것이 좋을 거야. 네가 쓰려고 하는 논문이 다음 단계로 올라가는 데 도움이 될지, 어떤 과목을 먼저 공부해야 할지, 궁금한 게 많을 텐데, 상당히 많은 고민에 대한 해답을 찾을 수 있을 거야.

> 개조심

조건

> 바나나를 먹으면 머리카락이 빠진다. 나도 바나나를 먹었으니 머리카락이 빠질 것이다.

이 글은 참-거짓을 따질 수 있는 논증이다. 하지만 앞에 있는 문장을 조건으로 바꾸면, 이 글은 더 이상 논증이 되지 못한다. 주장을 하는 것이 아니기 때문이다.

> 바나나를 먹으면 머리카락이 빠진다면, 나도 바나나를 먹었으니 머리카락이 빠질 것이다.

믿음
근거가 아닌 믿음에 기반한 주장은 참-거짓을 따질 수 없다.

> 우리는 게임업계를 선도하는 최고의 기술력을 가지고 있습니다.

> 모든 생명은 존엄하며, 동물도 인간과 동등하게 존중받아야 한다.

보고
발생한 상황을 그대로 보고하는 것은 논증이 아니라 진술이다.

> 밤사이 탱크가 도시로 밀려들어왔고, 폭발음이 여기저기에서 들려왔다. 2만 명이 넘는 사람들이 남쪽으로 빠져나갔다.

> 1,000명을 조사한 결과, 650명이 개보다 고양이를 좋아한다고 답했습니다.

아... 이놈의 인기는...

너무나 뻔한 주장

참·거짓을 따질 필요가 없을 만큼 너무나 뻔한 내용은, 공들여 논증할 대상이 되지 못한다.

인간은 먹어야 산다.

지구는 평평하다.

순환논증 →237

순환논증이란 주장과 이유가 계속 돌고 돈다는 뜻이다. 이유가 주장을 뒷받침하고 주장이 다시 이유를 뒷받침한다. (주장과 이유는 결국 같은 말이다.)

수지의 작품이 뛰어난 것은, 수지가 뛰어난 화가이기 때문이다.
➡ 수지가 뛰어난 화가인 것은, 수지의 작품이 뛰어나기 때문이다.

내 말이 명백한 사실인 이유는, 내가 정직한 사람이기 때문이다.
➡ 내가 정직한 사람인 이유는, 내 말이 명백한 사실이기 때문이다.

백신이 효과있다는 실험은 조작이기 때문에, 백신은 효과가 없다.
➡ 백신은 효과가 없기 때문에, 백신이 효과있다는 실험은 조작이다.

논증이 아닌 글들을 찾아보자

지금부터 한 주 동안 논증이 아닌 글들을 찾아보자. 그것은 왜 논증이 아닐까? 결론이나 이유처럼 보이는 요소가 있는가? 그럼에도 논증이 아닌 까닭은 무엇일까?

논증글 속
논증이 아닌 요소들

논증글을 쓰다보면, 논증이 아닌 요소들도 글 속에 상당히 많이 포함될 수 있다는 것을 이제 어느 정도 이해했을 것이다. 앞에서 설명한 진술, 설명, 요약뿐만 아니라 그 밖의 다양한 요소들이 논증글 속에 들어 있다. 실제 글 속에서 그런 요소들을 분류해보자.

최근 위성사진을 활용하여, 1539년 스웨덴의 지도제작자 올리우스 마그누스가 제작한 해류지도에 표시되어있는 소용돌이 무늬의 위치를 확인하였다.ⓐ 큰 뱀과 바다괴물 사이에 그려져있는 둥근 소용돌이 무늬들은 지금까지 단순히 미적인 이유로 그려 넣어졌을 것이라고 여겨졌다.ⓑ 하지만 지도에 표시된 소용돌이의 크기와 모양과 위치는, 신기하게도 수온이 변하는 지역과 거의 일치하는 것으로 나타났다.ⓒ 이 해도는 아이슬란드 남부와 동부에서 발견되는 소용돌이 해류를 정확하게 표시한 것으로 보인다.ⓓ 올리우스는 한자 동맹에 속한 독일인 선원들에게서 이러한 정보를 수집했을 것으로 여겨진다.ⓔ

이 글의 전체논증은 다음과 같다.

> 500년 전 제작된 해도가 북유럽 바다의 해류를 정확하게 표시하고 있는 것으로 여겨진다.

이 글 속에 들어있는 개별요소들을 비판적으로 분석해보자.

- ⓐ **진술**: 첫 문장은 지도를 어떻게 검증했는지 그 방법을 서술한다.
- ⓑ **배경정보**: 이 문제에 대한 기존의 견해를 소개한다. 첫 문장에서 음영으로 표시한 '해류지도'를 수식하는 구절 역시 배경정보를 제공한다.
- ⓒ **결론을 뒷받침하는 이유**: 이유가 나오는 위치를 눈여겨보라. 소용돌이에 대한 진술ⓐ을 하고 나서 배경정보ⓑ를 제시한 다음, 곧바로 이 문장으로 배경정보를 뒤집고 다음 문장에서 결론ⓓ을 진술한다.
- ⓓ **결론**: 이유에서 논리적으로 끌어낼 수 있는 결론이 뒤따라 나온다.
- ⓔ **부가적인 정보**: 마그누스가 이러한 해도를 제작하기 위해 어떻게 정보를 얻었을지 추측하는 이야기로 글을 마무리한다.

이처럼 텍스트의 다양한 유형을 구별할 줄 안다면, 글 속에 들어있는 다양한 요소들을 쉽게 구별해낼 수 있다. 이제 글을 읽어내려가면서, 결론과 이유에 밑줄을 긋거나 형광펜으로 표시할 수 있을 것이다. 이렇게 뽑아낸 논증요소들을 모아서 내가 이해한 방식으로 문장으로 만들면, 그것이 바로 전체논증이다. 연습을 거듭하다보면, 어느 순간 텍스트를 대충 훑어보는 것만으로도 그 속에 들어있는 논증의 뼈대가 쏙쏙 눈에 들어올 것이다.

연습문제   논증글 속 다양한 요소들

다음 예문을 읽고, 글 속에서 아래 요소들을 찾아내보자.

   논증
1. 결론
2. 결론을 뒷받침하는 이유
3. 반론이나 이견에 대한 저자의 해명이나 반박

   논증이 아닌 다른 요소들
4. 머릿말
5. 진술
6. 설명
7. 요약
8. 배경정보를 비롯한 그 밖의 정보

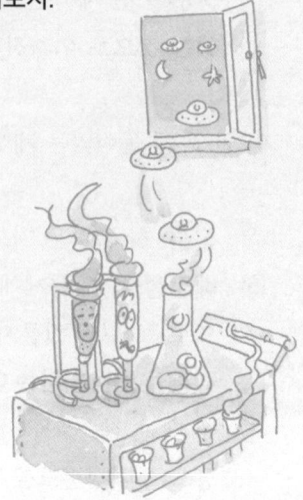

● 예문 4.21

어떤 나라에서는 다른 행성에 생명체가 있다고 하면 비웃음을 살 수도 있다. 반면 어떤 나라에서는 우주 어딘가에 생명체가 있다고 믿을 뿐만 아니라 그들과 소통하기 위해 노력한다. 외계생명체의 존재에 대해 의심하는 사람도 있고 믿는 사람도 있다. 외계생명체가 존재한다고 믿는 사람들이 오래전부터 내세우던 이론 중 하나가 바로 광활이론(planitude theory)이다. 쉽게 이야기해서 이토록 광활한 우주에서 지구에만 지적 생명체가 존재하겠느냐 하는 것이다. 실제로 우리가 우주에 존재하는 유일한 지적 생명체라고 생각하는 것은 오만한 착각일 수도 있다. 하지만 우발이론(contingency theory)을 지지하는 사람들은 그렇게 생각하지 않는다. 이들의 주장도 그럴듯한데, 생명은 지극히 운이 좋아 우발적으로 일어난 현상이라는 것이다. 생명의 진화로 이어진 과정은 너무 복잡해서 단 한 번 일어났다는 것도 매우 특별한 사건이며, 이러한 일련의 과정이 어딘가에서 또 다시 일어날 가능성은 극히 희박하다고 이들은 주장한다. 이처럼 외계에 생명이 존재하느냐 하는 문제에 대해서는 의견이 매우 분분하다. 하지만 외계생명체가 존재할 확률은 매우 낮다. 지난 100년 동안 인류는 우주를 향해 전파를 발사하여 생명체의 흔적을 찾기 위해 노력해왔으나 지금껏 아무것도 발견하지 못했다. 우주에 지적 생명체가 존재한다면 지금쯤이면 그 흔적을 발견했어야 한다. 오늘날 외계생명체의 존재에 관한 가장 설득력있는 주장은 수렴이론 convergence theory이다. 수렴이론이란 서로 다른 두 종이 어떤 문제를 해결하기 위해 제각각 노력을 한 끝에 같은 해법에 도달하는 상황을 이야기한다. 예컨대 박쥐와 새는 모두 날기 위해 진화한 결과, 날개를 갖게 되었다. 문어와 오징어의 눈은 카메라와 매우 비슷하다. 각자 문제를 해결하기 위해 진화한 결과, 비슷한 신체구조를 갖게 된 것이다. 이는 우주에 아무리 무한한 가능성이 존재한다고 하더라도, 자연은 스스로 반복할 수 있다는 것을 보여준다. 진화생물학자 모리스는 자연이 무언가 한번 만들어냈다면 그것을 다시 만들어낼 수 있다고 주장한다(2004). 하지만 그 역시, 생명이 출현할 수 있는 기본적인 조건은 우주에서 매우 드문 현상이라 것을 인정한다. 자연이 의지가 있다고 해도, 조건이 맞지 않으면 반복할 수 없는 것이다. 생명이 탄생할 수 있는 까다로운 조건이 지구가 아닌 다른 행성에서도 나타날 수 있을까? 태양과 적절한 거리를 두고 있으며, 중력도 적절하며, 물과 대기가 있고, 화학적 물리적 조건이 적절한 행성이 존재할 수 있을까? 그 확률은 매우 낮다. 수렴이론은 자연이 같은 결과를 재생산하는 경향이 있다고 말하고, 광활이론은 무한한 우주 속에서 외계생명체가 존재할 가능성이 높다고 말하지만, 이들 주장은 설득력이 없다. 생명이 탄생할 수 있는 조건은 그 자체로 너무 미묘하고 복잡하기 때문에 생명체가 한 번이라도 출현했다는 것은 놀라운 일이며, 다른 곳에서 반복될 확률은 매우 낮다.

논증 vs 논증이 아닌 것들

1. **무조건 반대하는 것을 논증이라고 착각하면 안 된다**: 동의하지 않는다면 동의하지 않는 타당한 이유를 제시할 줄 알아야 한다. 타당한 이유를 제시하지 못하는 반대는 건설적인 비판이 될 수 없다.

2. **논증처럼 보이지만 논증이 아닌 글도 있다**: 진술, 요약, 설명을 논증과 구별할 줄 알아야 한다. 대학에서 학생에게 요구하는 글은 대개 진술, 요약, 설명이 아니라 논증글이다. 논증글을 써야 좋은 점수를 받을 수 있다.

3. **진술은 논증이 아니다**: 진술은 어떤 것이 어떻게 생겼는지, 어떤 일이 어떻게 일어났는지 사실을 그대로 보고하는 것이다. 실험과정을 설명하거나 배경이 되는 맥락을 제공할 때 진술이 사용된다. 진술은 그 자체로 논증이 되지 못한다.

4. **설명은 논증이 아니다**: 언뜻 보기에는 이유와 결론이 있는 것처럼 보이기도 하고, 논증에서 사용하는 이정표단어도 자주 등장하지만, 상대방을 설득하고자 하는 의도가 없다. 설명은 독자를 설득하는 것이 아니라 이해를 돕는 것이 목적이다.

5. **요약은 논증이 아니다**: 요약은 앞서 제시한 긴 내용을 짧게 진술하는 글이다.

6. **결론처럼 보이는 문장이 요약결론인지 논리적 결론인지 구분하라**: 요약결론은 앞에서 말한 내용을 간략하게 정리하는 것에 불과한 반면, 논리적 결론은 추론으로 끄집어낸 판단이 들어있다.

7. **참-거짓을 따질 수 없는 것은 논증이 아니다**: 논증의 대상으로 삼을 수 없거나 논증할 필요가 없는 주장은 논증이 아니다.

8. **텍스트를 분석하라**: 논증을 비롯하여 다양한 텍스트유형을 구분해낼 수 있으면 이제 본격적으로 텍스트를 분석할 수 있다. 추론의 뼈대를 더 빨리 발굴할 수 있고, 추론의 설득력을 훨씬 정확하게 판단할 수 있다.

05 논증의 탑 쌓기

강력한 주장을 힘있게 밀고 나가는 법

?

강력한 논증을 펼치기 위해서는 어떤 주장이 필요할까?

논증의 일관성을 높이는 방법은 무엇일까?

글을 정교하게 써야 하는 이유는 무엇일까?

이유를 체계적으로 배치하는 방법은 무엇일까?

논증 속에 또 다른 논증이 들어갈 때 어떻게 정리해야 하는가?

설득력을 높이는 논증전개방식은 무엇일까?

챕터3에서 논증을 구성하는 여섯 가지 기본요소에 대해 이야기했다.

1. 주장 또는 저자의 입장
2. 이유를 구성하는 명제
3. 추론선
4. 결론
5. 설득하고자 하는 의도
6. 이정표단어

하지만 이러한 요소들은 이 글이 논증인지 아닌지 식별하는 데 도움을 줄 뿐, 논증의 질에 대해서는 알려주지 않는다. 이것들이 있다고 해서 논증구조가 잘 짜여있거나, 일관성이 있다는 뜻은 아니기 때문이다. 이 챕터에서는 논증을 일관성있게 펼쳐나가는 방법에 대해 설명한다. 결합이유와 개별이유, 중간결론 등에 대해서 알아보고, 논리적 흐름을 따지면서 논증구조를 짜는 방법에 대해 좀더 깊이 이야기한다. 논증구조를 이해하면 무엇이 좋을까?

- 글을 읽어가면서 어디에 더 주목해야 하는지 파악할 수 있다.
- 지금 읽고 있는 부분이 다른 부분과 어떻게 연결되는지 전체적인 측면에서 조망할 수 있다. 이로써 논증을 더 빠르게 더 깊이 이해할 수 있다.
- 논증의 설득력이 논증의 질이나 주장의 타당성에서 나오는 것인지, 그 외에 다른 측면에서 나오는 것인지 식별할 수 있다.
- 에세이, 보고서, 프레젠테이션, 논문 등을 작성할 때 무엇을 어떻게 구성하고 전개할 것인지 좀더 체계적으로 설계할 수 있다.
- 사람들을 더 효과적으로 설득할 수 있다.

무엇을
주장하는가?

논증은 논증은 명확해야 한다. 흥미로운 정보는 많지만 정작 무엇을 주장하고자 하는지 아리송한 글, 입장이나 관점을 찾기 힘든 글도 있다. 주장이 명확하게 드러나야, 독자는 저자가 무엇을 말하고자 하는지 쉽게 이해할 수 있고, 논증을 끝까지 따라갈 것인지 말 것인지 판단할 수 있다. 논증을 끝까지 효율적으로 읽어나갈 수 있다. 좋은 논증은 다음과 같은 곳에서 주장을 분명하게 드러낸다.

- 도입부 문장
- 마지막 문장
- 결론
- 전체적인 추론선
- 전체 논증을 요약한 문장
- 주장을 뒷받침하기 위해 선별한 사실들

논증을 구상할 때 가장 먼저 해야 할 일은, 명확한 주장을 찾는 것이다. 주장이 명확하면 이를 반영하는 결론을 작성하는 것도 쉽고, 이를 뒷받침하는 이유와 근거를 찾는 일도 쉽다. 반면에 주장이 명확하지 않으면, 논증구조를 짜는 것도 어렵고 적절한 이유와 근거를 찾는 것도 어려울 것이다. 독자를 설득하고자 하는 의욕도 약할 수밖에 없다.

연습문제   저자의 입장을 찾아라

예문들을 읽고 다음 질문에 답해보자.

- 저자의 입장이 분명하게 드러나는가?
- 저자의 입장이 명확하거나 불명확한 이유는 무엇일까?

- 예문 5.1

  개인은 자유의지를 가지고 있어서 자신의 운명을 통제할 수 있다. 그리고 개인이 모인 집단은 정체성을 지닌다. 예컨대 남자아이들과 여자아이들이 섞여있는 집단이 여자아이들만 있는 집단보다 싸움을 하거나 싸움과 관련되는 일을 더 많이 한다(Campbell, 1984). 이는 공격적인 행동이 개인의 성격보다는 사회적 환경에 훨씬 영향을 받는다는 것을 보여준다. 일상생활에서 우리는 독자적으로 결정을 내릴 때 자아가 작동한다고 느낀다. 자신에게 선택권이 있으며 스스로 결정을 내린다고 생각한다. 하지만 집단 역시 구성원들에게 어떤 결정을 내리도록 압박할 수 있는데, 개개인들은 그 사실을 인지하지 못할 때가 많다.

- 예문 5.2

  이 보고서는 X지역에 새로운 스포츠센터를 건설하는 것이 타당한지 조사한 결과를 보고한다. 조사결과, 이 지역은 스포츠센터에 대한 수요가 높지 않다. 건강을 증진하기 위해 운동시설을 이용하는 사람도 매우 적다. 정부는 자신의 건강과 몸매를 가꾸기 위해 스스로 노력해야 한다는 대중의 인식을 높이고자 노력하고 있다. 스포츠센터는 이러한 인식을 높이는 데 도움이 될 것이다. 하지만 이 지역 주민들은 건강문제에도 관심이 없고 운동에도 관심이 없다. 보조적인 정책이 필요할지도 모른다.

● 예문 5.3

코끼리의 뇌는 사람의 뇌보다 다섯 배나 더 크다. 하지만 뇌가 다섯 배 크다고 해서, 다섯 배 더 영리한 것일까? 그렇지는 않은 것 같다. 덩치가 큰 동물과 작은 동물의 뇌를 단순하게 비교하는 것은 공평하지 않을 수도 있다. 그렇다면 상대적인 크기를 비교하는 것은 어떨까? 인간의 경우 뇌의 무게는 체중의 2.5퍼센트를 차지하지만, 코끼리의 경우 0.5퍼센트도 되지 않는다. 비율로 따지면 인간의 뇌는 코끼리의 뇌보다 열 배 더 뛰어난 성능을 발휘한다. 그렇다면 뇌와 신체의 비율이 정말 중요한 기준일까? 하지만 비율로 따진다면 땃쥐의 뇌는 사람보다 훨씬 뛰어난 성능을 발휘해야 한다. 그러면 땃쥐가 인간보다 훨씬 똑똑할까? 사실 땃쥐는 평생 먹는 것 말고는 아무것도 하지 않는다.

진술의
일관성

주장을 명확하게 제시하려면 논증에 일관성이 있어야 한다. 추론선 위에 있는 모든 요소가 결론을 뒷받침하는 데 복무해야 한다는 뜻이다. 주요메시지와 모순되거나 논증을 약화시키는 요소가 끼어들어서는 안 된다. 일관성이 없으면 논증을 따라가기 어려울 뿐만 아니라, 저자가 무엇을 설득하려고 하는지 이해하기도 어려워진다.

> 사과는 치아건강에 좋다. 산은 이를 썩게 한다. 그런데 사과는 주로 산으로 이루어져서 치아건강에 좋을 리 없다.

이 글은 내적 일관성이 결여되어있다. 사과가 치아에 좋다는 말인가, 나쁘다는 말인가? 무슨 말을 하고자 하는지 알 수 없다. 내적 일관성을 확보하려면 어떻게 해야 할까?

반론과 이견 제시하는 법

추론선이 튼튼하면 자신의 주장에 대한 반론이나 이견, 또는 내 주장과 다른 대안까지 고려할 수 있는 여유가 생긴다. 이것이 바로 좋은 논증의 특징이다. 나와 다른 의견을 논증 속에서 언급할 때는 이것이 나의 주장과 혼동되지 않도록 특히 조심해야 한다.

- 추론선을 끌어나가는 내내 자신의 입장을 명확하게 제시해야 한다.
- 반론과 이견을 소개할 때는, 자신의 의견과 다른 관점이라는 것을 분명하게 표시하여 헷갈리지 않게 한다. →Ch4
- 반론을 제시한 다음에는 그것이 왜 설득력이 없는지 바로 반박한다.
- 자신의 주장이 왜 '참'인지 보여줌으로써 모순되는 것처럼 보이는 부분을 자연스럽게 해소한다.

사과는 치아건강에 그다지 해롭지 않다. 사과는 산을 함유하고 있어 치아의 법랑질을 파괴한다고 주장하는 사람도 있지만, 어떤 음식이든 치아에 찌꺼기가 남으면 충치를 유발하는 것은 마찬가지다. 사과보다 오히려 요즘 사람들이 많이 먹는 정제당을 걱정하는 편이 나을 것이다. 설탕이 들어간 과자에 비하면 사과는 오히려 치아에 이롭다고 말할 수 있다. 치과의사들은 오래 전부터 사과섭취를 권장해왔다.

이 글은 '사과가 정제당을 사용한 과자보다 치아에 좋다'는 주장을 내재적으로 일관성있게 펼치고 있다. 논증에서 제시하는 이유들이 모두 이 주장을 뒷받침한다. 저자의 주장과 반대되는 '[산이] 치아의 법랑질을 파괴한다'는 반론은 안긴절 속에 넣어(2번째 줄), 의미비중을 최소화하는 것을 확인할 수 있다.

또한 여기서 주장을 진술하는 방식을 눈여겨보라. '사과는... 해롭지 않다'라고 말할 뿐 앞에서 본 예문처럼 '사과는... 좋다'라고 말하지 않는다. 단정적으로 말하는 것은 어떤 상황에서나 100퍼센트 진실이라고 말하는 것이다. 단정적이고 절대적인 주장은 다양한 이견을 방어하기 어렵다. 범위를 한정하여 진술하는 주장이 오히려 훨씬 설득력이 높은 이유다.

정교하게 진술하라

앞에서 본 예문은 논증할 때 문장을 정교해야 써야 하는 이유를 일깨워준다. 논증의 일관성을 확보하기 위해서는 이처럼 정교하게 의미를 표현할 줄 알아야 한다. 다음 예문을 읽고 어떤 느낌이 드는지 살펴보라.

> **사과는 치아건강에 좋다. 그래서 치과의사들은 오래전부터 사과섭취를 권장했다. 하지만 산이 치아의 법랑질을 파괴한다는 사실을 떠올려보면, 또 사과에 산이 함유되어있다는 사실을 떠올려보면 이 주장이 모순되는 것처럼 들릴지도 모른다. 하지만 산은 치아에 그다지 크게 해를 입히지 않는다. 사탕이나 케이크처럼 정제당을 이용해 만든 과자에 비하면 사과는 이로운 편이다.**

이 글은 첫 번째 예문보다 훨씬 체계적이고 일관성이 있는 것처럼 보인다. 하지만 두 번째 예문과 비교하면 어떤가? 두 번째 예문만큼 일관성이 높다는 느낌은 들지 않는다. 왜 그럴까? 이 글은 '사과는 치아건강에 좋다'는 단정적인 주장으로 시작하기 때문이다. 물론 결론에서는 '산은 치아에 그다지 크게 해를 입히지 않는다.' 또 '사과는 이로운 편이다'처럼 한정적인 주장으로 마무리한다. 단정적이고 절대적인 주장과 한정적인 주장은 이처럼 그 느낌이 크게 다르다. 이 미묘한 차이로 인해 논증의 내적 일관성은 깨지고 말았다.

아... 이빨 아파...

연습문제 | 내적 일관성

다음 예문을 읽고 내적 일관성을 평가하고, 그 이유를 설명하고, 일관성이 없는 글은 어떻게 수정해야 일관성을 높일 수 있을지 생각해보자.

- 예문 5.4

시골은 이제 끝났다. 도시를 둘러싸고 있는 푸른 들과 숲은 '그린벨트'라고 불리며 시골의 아름다움을 유지하는 본질적인 역할을 한다. 그린벨트는 도시의 허파 역할을 한다. 하지만 현재 그린벨트의 8퍼센트 이상이 개발되고 있다. 안타깝게도 시골은 빠르게 사라질 것이다. 도시가 새로운 주거단지를 건설한다는 명목으로 외곽으로 계속 뻗어나가기 때문이다. 머지않아 숲도 보기 힘들어질 것이다. 한번 사라진 자연의 복잡한 생태계를 복원하는 것은 어렵다. 어쩌면 불가능할지도 모른다.

- 예문 5.5

콜럼버스는 인도를 발견하기 위해 용감하게 서쪽바다로 나아갔다. 콜럼버스가 인도를 찾아 바다로 나가기 전 사람들은 세상이 평평하다고 생각했다. 락타니우스와 인디코플루스 같은 4세기 기독교 저술가들은 세상을 사각형으로 묘사했지만, 그들의 의견은 널리 알려지지 못했다. 아우구스티누스, 아퀴나스, 알베르투스 같은 중세의 학자들도 세상이 둥글다는 것을 알고 있었지만, 훨씬 고상한 종교적 문제에 매달리느라 바빴다. 콜럼버스가 살았던 시대에는 살라망카의 학자들이 세상이 둥글다는 사실을 알고 있었으며, 인도까지 거리도 훨씬 정확하게 계산했다. 그들은 콜럼버스가 예측한 거리보다 인도가 훨씬 멀리 있다는 사실을 알고 있었기에 콜럼버스의 항해를 반대했다. 하지만 콜럼버스는 말을 듣지 않았다. 그의 용기가 아니었다면 아메리카대륙은 발견하지 못했을 것이다.

● 예문 5.6

경기력을 향상시키는 약물은 복용자가 부당한 이득을 얻을 수 있기 때문에 마땅히 금지해야 한다. 금지약물을 복용했다가 적발된 선수는 국내 경기든 국제경기든 무조건 출전을 금지해야 한다. 금지약물복용은 공정한 경쟁이라는 스포츠정신을 어기는 행동이다. 하지만 의학적 이유로 약물을 복용해야만 하는 경우는, 부정한 의도가 없으므로 허용해야 한다.

● 예문 5.7

운동선수들이 경기력 향상을 위해 복용하는 약물에 대해 트레이너들은 경각심을 가져야 한다. 이러한 약물 중에는 체형의 기형적 변화, 피부트러블, 공격성 증가 등 심각한 부작용을 유발하는 것도 있다. 또 장기간 복용했을 때 건강에 어떤 영향을 미칠지 검증되지 않은 약물도 많다. 물론 천식 같은 질환을 앓는 사람들이 복용하는 약에도 금지약물 성분이 포함되어 있기 때문에, 이런 것까지 막을 수는 없다. 따라서 경기력을 향상시켜준다는 이유만으로 약물을 무조건 금지하는 것은 올바른 조치라고 보기 힘들다.

● 예문 5.8

리얼리티쇼는 대중이 원하는 것이 아니다. 너무나 많은 방송국들이 단기간에 유명인이 되고 싶어하는 일반인들의 평범한 일상에 카메라를 들이대고 있다. 그 결과 프로그램의 질을 높이기 위한 투자는 계속 줄어들고 있다. TV의 다양성도 줄어들고 있다. 디지털TV로 인해 선택의 폭이 넓어질 것이라는 약속은 온데간데 없다. 다양한 선택이 무색할 정도로, 지난밤 온 나라의 시선이 리얼리티쇼의 마지막 회에 쏠렸다. 유익한 TV드라마와 코미디프로그램과 훌륭한 다큐멘터리 방송은 도대체 어디로 사라진 것일까?

논리적
일관성

명확하고 일관된 논증은 결론을 뒷받침하는 이유를 제시한다. 거꾸로 말하자면, 이유에서 결론을 끌어내는 것이다. 논증의 질을 평가할 때는 그러한 이유들이 실제로 결론을 뒷받침하는지, 또 이유에서 결론을 이끌어낼 수 있는지 확인해야 한다. 이것을 우리는 '논리적 일관성'을 확인한다고 말한다.

가끔, 이유는 그럴듯하게 제시하고도 거기에서 적절한 결론을 도출하지 못하는 논증도 있다. 반대로 주장은 그럴듯한 데 이를 뒷받침하는 이유를 제대로 제시하지 못하는 논증도 있다. 이럴 경우 저자는 대개 빈약한 논리를 독자가 눈치채지 못하도록 하기 위해 안간힘을 쓴다. 실제 예문 속에서 논리적 일관성을 따져보자.

> **지난밤 역 주변지역에서 살인사건이 발생했다. 역 주변은 젊은이들이 늘 어슬렁거리는 곳이다. 그들 중 누군가가 범행을 저질렀을 것이다. 지방의회는 젊은이들이 역 주변에서 노는 것을 금지해야 한다.**

이 글의 결론은 젊은이들이 역 주변지역에 모이는 것을 금지해야 한다는 것이다. 결론을 뒷받침하기 위해 제시한 이유는 살인이 발생한 역 주변지역에 젊은이들이 자주 어슬렁거린다는 것이다. 하지만 이 이유는 결론을 뒷받침하지 못한다. 이 이유만으로는 다음 의문을 해소하지 못하기 때문이다.

- 역 주변에서 노는 젊은이들이 정말 살인을 저질렀을까?
- 역 주변에서 노는 젊은이들 중 누군가가 살인을 했다고 하더라도, 또 다른 젊은이가 앞으로 똑같이 그런 일을 저지를까?
- 역 주변에 젊은이들을 모이지 못하게 하면, 앞으로 살인사건이 일어나지 않을까?

일단 첫 번째 의문은 근거를 찾아서 어느 정도 해소할 수 있다. 하지만 나머지 의문들은 근거를 제시한다고 해도 해소되지 않는다. 추론 자체가 잘못되었다는 뜻이다. 예컨대 결론을 다음과 같이 바꾼다면 논리적 일관성은 훨씬 높아질 것이다.

> 지난밤 역 주변지역에서 살인사건이 발생했다. 역 주변은 젊은이들이 늘 어슬렁거리는 곳이다. 그들을 탐문하면 사건해결에 도움이 될 만한 실마리를 찾을 수 있을 것이다.

또 다른 예문을 읽어보자.

> 도시학교보다 시골학교에 다니는 학생들이 훨씬 올바르게 행동한다. 시골에서 자라는 아이들은 가족의 생계에 더 큰 책임감을 느끼며 약한 동물을 더 잘 보살핀다. 이런 태도는 삶에 대해 더욱 성숙한 태도와 존중심을 키워준다. 도시학교에 다니는 아이들은 물질적으로 풍요롭기 때문에 물질을 경시한다. 이런 아이들은 부모와 선생님을 존경하지 않는다. 도시아이들을 시골학교로 보내야 한다. 그러면 더 많은 아이들이 어른을 존경하고 올바르게 행동할 것이다.

이 글의 결론은 마지막 두 문장에 나온다.

도시아이들을 시골학교로 보내면 아이들의 태도와 행동이 개선될 것이다.

주요이유는 첫 번째 문장, 시골학교에 다니는 아이들의 행동과 태도가 훨씬 올바르다는 것이다. 하지만 두 번째 문장에서 시골아이들의 행실이 올바른 이유는, 가족에 책임감을 느끼고 동물을 보살피기 때문이라고 말한다. 그런데 이것은 학교와 직접 관련이 있는 것이 아니다. 도시아이들을 시골학교로 보낸다고 해서 아이들의 행실이 달라진다는 주장은 논리적으로 빈틈이 너무 많다. 예컨대 결론을 다음과 같이 바꾼다면 논리적 일관성이 훨씬 높아질 것이다.

도시학교보다 시골학교에 다니는 학생들의 행실이 훨씬 올바르다. 시골에서 자라는 아이들은 가족의 생계에 더 큰 책임감을 느끼며 약한 동물을 더 잘 보살핀다. 이런 태도는 삶에 대해 더욱 성숙한 태도와 존중심을 키워준다. 도시학교에 다니는 아이들은 물질적으로 풍요롭기 때문에 물질의 소중함을 모른다. 이런 아이들은 부모님과 선생님도 존경하지 않는다. 도시아이들에게 더 많은 책임감을 심어준다면 행동이 개선될지 모른다.

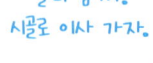

연습문제 — 논리적 일관성

다음 예문을 읽고, 논리적 일관성이 있는지 없는지 판단하고 그 이유를 설명해보자.

- **예문 5.9**

  바다에서 수심 1000미터 이상 내려가면 너무 깊어서 햇빛이 도달하지 않는다. 이런 곳을 심해수층bathypelagic zone이라고 하는데, 빛이 전혀 없는 이 완벽한 암흑 속에서도 동물이 번성하고 있다. 인간도 동물의 일부다. 심해수층에 동물이 살고 있다는 사실은, 우리 인간도 빛이 없어도 생존할 수 있다는 것을 증명한다.

- **예문 5.10**

  건설현장에서는 누구든 자기 자신의 건강과 안전에 각별히 관심을 기울이지 않으면 사고가 발생할 수 있다. 하지만 인부들 중에는 건강과 안전 규정을 제대로 지키지 않는 사람이 많다. 따라서 앞으로 건설현장에서 안전사고는 계속 증가할 것이다.

- **예문 5.11**

  컴퓨터는 이제 체스처럼 복잡한 게임에서 인간과 경쟁하여 승리를 거두고 있다. 20세기 말까지만 해도 이런 일은 불가능한 것으로 여겨졌다. 하지만 그 이후 컴퓨터의 메모리 용량은 더 커지고 속도는 더 빨라졌다. 더욱이 엄청난 용량의 메모리를 아주 작은 공간 속에 저장할 수 있다. 컴퓨터는 감정이 없어서 사람과 교감하지 못한다. 그럼에도 컴퓨터가 모든 면에서 인간을 능가하는 날은 머지않아 도래할 것이다.

● 예문 5.12

스포츠, 미디어, 대중문화 같은 학문을 전공하기 위해서는 과학적 이론적 원칙을 먼저 이해하고 이를 응용해야 한다. 역사나 고전문학 같은 전통적인 학문은 이보다 지적 요구조건이 낮다. 그럼에도 이러한 응용학문들은 전통적인 학문보다 대학에서 훨씬 낮은 평가를 받는다. 응용 학문들이 낮은 평가를 받는 데에는 노동계급 출신 학생들이 많이 전공한다는 이유도 한몫한다. 노동계급 출신 학생들은 전통적인 학문을 전공하는 학생들보다 소득수준이 낮다. 결국 이러한 상황은 계급 간의 소득격차를 고착화하는 결과로 이어진다. 따라서 노동계급 출신 학생들에게 전통적인 학문을 전공하도록 장려해야 한다.

● 예문 5.13

계곡과 바다의 바닥에 쌓이는 침전물은 지속적으로 암석이 된다. 바닥이 접히거나 끊어지는 등 지층이 뒤집히는 일만 발생하지 않는다면, 가장 오래된 침전물이 가장 아래쪽 암석층이 된다. 그러다 가끔 땅속에 잠자고 있던 용암이 폭발하면서 퇴적층을 뚫고 올라오기도 하는데, 이것을 '화산암의 관입 igneous intrusions'이라고 한다. 퇴적암 사이로 뚫고 올라온 용암이 식으면서 만들어진 화산암이 퇴적층을 단절시켜버리는 것이다. 따라서 퇴적층을 관입한 화산암은 주위의 퇴적암보다 최근에 형성된 암석이라 할 수 있다.

● 예문 5.14

완벽한 정적을 느낄 수 있는 곳은 어디에도 없다. 요즘에는 어디를 가든 휴대전화가 울리고 사람들이 소리 지르고 자동차가 빵빵거리고 음악이 흘러나온다. 정적을 깨뜨리는 온갖 소리에서 벗어나는 것은 불가능하다. 소음공해는 앞으로도 계속 증가할 것이다.

결합이유와
개별이유

결론을 뒷받침하기 위해 여러 이유를 제시할 때 이유들이 개별적으로 결론을 뒷받침할 수도 있지만, 여러 이유들이 결합하여 하나의 이유처럼 결론을 뒷받침할 수도 있다.

결합이유 joint reasons

이유들이 어떤 식으로든 연결되어있어 서로 보완해준다면, 이것을 결합이유라고 부른다. 하지만 결합되어있는 이유 중 하나라도 결함이 있으면 결합이유 전체가 타당성을 잃을 수 있다. 이에 반해 개별이유는 이유들이 따로따로 결론을 뒷받침하기 때문에 몇몇 이유가 결함이 있더라도 다른 이유들이 여전히 타당하다면 논증은 성공할 수 있다.

> 고용주들은 고령자들이 정년퇴직을 하지 않고 계속 직장에 다닐 수 있도록 적극적으로 권장해야 한다. 무엇보다도 고령화시대에 접어들면서 국가경제에 필요한 규모의 젊은 노동력을 확보하기가 어려워졌다. 외국에서 노동자를 들여오더라도 단시일 내에 기술을 가르치거나 숙련하기 어렵다. 또한, 그들을 훈련시킨다고 하더라도 우리나라에 계속 남아 있을 확률이 높지 않다.

이 글의 결론은 첫 문장에 담겨있다. 두 번째 문장부터 결론을 뒷받침하는 이유를 제시하는데, 이것들은 모두 경제적 기술적 측면에서 접근하는 것으로, 서로 긴밀하게 연결되어있다.

- 젊은 노동력을 확보하기 어렵다
- 외국인 노동자는 기술숙련이 어렵다.
- 외국인 노동자에 의존해서는 기술보존이 어렵다.

결합이유는 여러 이유들이 직렬로 구성되어 결론을 뒷받침한다.

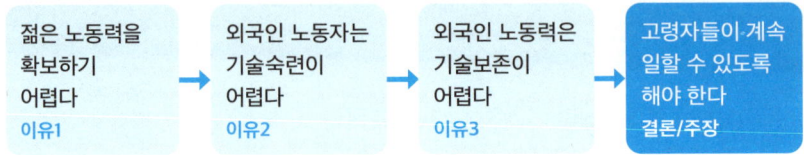

개별이유 independent reasons

결론을 뒷받침하는 이유들끼리 서로 관련이 없는 경우, 이들을 개별이유라고 한다.

> 고용주들은 노년층이 계속 일할 수 있도록 적극적으로 권장해야 한다. 노년층은 희귀한 기술과 능숙함을 가지고 있는 경우가 많은데, 직장을 떠나는 순간 이런 기술들은 아무 쓸모없는 것이 된다. 게다가 풀타임이든 파트타임이든 일을 계속 하는 것은 건강을 유지하는 데 도움이 된다. 또한 젊은 시절 모아둔 예금이나 연금만으로 퇴직하고 나서 30년 이상 살아가는 것은 불가능하다.

이 글의 결론은 첫 문장에 담겨있다. 두 번째 문장부터 결론을 뒷받침하는 이유를 제시하는데, 이것들은 서로 관련이 없다.

- 첫 번째 이유는 경제적 기술적 측면
- 두 번째 이유는 노년층의 건강관리 측면
- 세 번째 이유는 노년층의 재정상태 측면

개별이유는 여러 이유들이 병렬로 구성되어 각자 결론을 뒷받침한다.

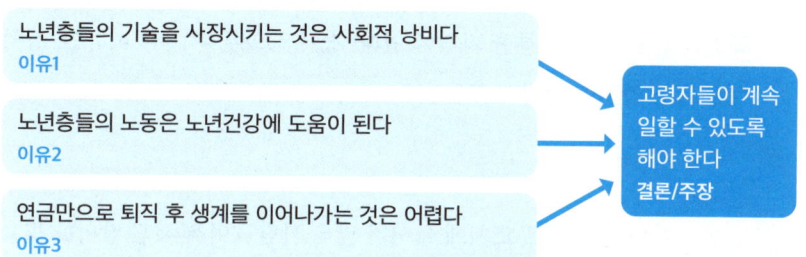

결합이유는 이유들 사이의 관계가 복잡해질 경우 독자가 잠시라도 논리적 흐름을 놓치면 논증을 따라가지 못할 위험이 있다. 반면 개별이유는 각자 결론을 뒷받침하기 때문에 몇 가지 이유는 빼도 논증이 유지될 수 있다. 그럼에도 설득력있는 이유를 선별하는 것은 중요하다. 예컨대 다음과 같은 이유를 제시한다면, 고용주들은 거들떠보지도 않을 확률이 높다.

> 고용주들은 노년층이 계속 일할 수 있도록 적극적으로 권장해야 한다. 첫 번째, 노년층은 더 나은 생활을 할 권리가 있다. 두 번째, 활동할 기회를 얻지 못한 노인 중 많은 이들이 다른 나라로 이민을 가버릴 수 있다. 세 번째, 노년층은 젊은 사람을 만나기 좋아하는데, 직장은 그럴 기회를 제공할 수 있는 최적의 장소다.

연습문제 결합이유와 개별이유

예문을 읽고 주장을 뒷받침하는 이유가 결합이유인지 개별이유인지 구분해보라. 주장은 굵은 글씨로 표시해놓았다.

● 예문 5.15

16살 이상 청소년들에게 투표권을 줘야 한다. 이들도 세금을 내기 때문에 자신들이 내는 돈이 어떻게 쓰여야 할지 의견을 표출할 수 있어야 한다. 또한 나라를 위해 싸울 수도 있고 목숨을 내놓을 수도 있기 때문에 목소리를 낼 만한 충분한 자격이 있다. 정치적 의무를 져야 한다면, 정치적 권리도 가져야 한다.

● 예문 5.16

탐험을 한다는 구실로 오지에 들어가 많은 사람들이 부서진 장비나 필요 없는 물건 등 온갖 쓰레기를 버리고 온다. 갈수록 탐험대는 늘어나고 있지만 이들이 찾아내는 유용한 발견은 거의 없다. 또 이러한 탐험으로 인해 몇몇 지역의 경제 역시 심각하게 왜곡되고 있다. 탐험과정에서 죽는 사람도 많다. **따라서 북극탐험의 횟수를 대폭 제한해야 한다.**

● 예문 5.17

이 책의 저자는 너바나를 밀착 취재했다. 그들의 집도 방문하고, 가족들의 파티나 장례식에도 함께 참석했다. 투어를 갈 때는 같은 호텔에서 묵었다. 그녀 역시 몇 년 동안 밴드생활을 해본 경험이 있어, 밴드의 삶에 대해 잘 안다. 밴드에 속하지 않은 외부인으로서, 경쟁자가 아닌 객관적인 관찰자로서 너바나의 부침과 뮤지션으로서의 삶을 아주 세세하게 묘사한다. **이 책은 록밴드의 삶이 어떠한지 있는 그대로 보여준다.**

● 예문 5.18

가끔은 정당한 거짓말도 있다. 진실은 거짓말보다 더한 상처를 줄 수 있다. 사람들이 늘 진실만 듣고 싶어하는 것은 아니다. 허황되어 보이는 환상은 힘든 상황을 헤쳐나가는 길을 열어주기도 한다. 언제나 진실만 말하는 것도 쉽지 않은 일이다. 무엇이 진실인지 명확하지 않은 경우도 많다. 예컨대 과장되게 부풀리는 것도 거짓말의 한 형태라 할 수 있지만, 일말의 진리가 담겨있다. 거짓말은 인간관계를 유지하는 중요한 역할을 수행한다. 친구관계를 유지하고 사회적 상황을 매끄럽게 유지하기 위해 거짓말을 해야 할 때도 있다.

● 예문 5.19

비즈니스에서 지식관리의 중요성은 점점 커지고 있다. 지식관리를 하지 않으면 기업은 자원을 낭비할 수 있다. 예컨대 직원들의 능력과 경험을 소홀히 하고 제대로 교육하지 않으면, 지적 자원을 다른 사람에게 제대로 전수하지 못할 수도 있다. 기업의 이미지도 망칠 수 있다. 최신정보를 따라가지 못하는 것처럼 보일 수 있으며, 소비자에게 매력이 없는 기업으로 인식될 수 있다. 네트워크를 활용한 정보량이 늘어나는 것을 감안할 때, 정보과잉상황에서 직원들이 불안을 느끼지 않도록 관리할 필요도 있다.

● 예문 5.20

마그리트의 예술을 사람들이 이해하기까지는 상당히 오랜 시간이 걸렸다. 마그리트는 자신의 예술을 이해할 수 있는 단서를 거의 공개하지 않았으며, 자신의 사생활에 대한 정보도 꽁꽁 숨겼다. 그의 예술이 상당부분 무의식에 영향받은 것은 분명했지만, 그는 자신의 어린 시절 이야기도 밝히기를 거부했다. **자신의 예술을, 개인적인 문제와 경험에 근거하여 해석하는 것을 원치 않았기 때문이다.**

추론선을 정리해주는
중간결론

추론선이 길고 복잡한 때는 결론을 뒷받침하는 이유도 대개 길고 복잡하다. 잘 짜인 논증에서는 비슷한 이유들을 하나로 묶어서 작은 결론을 내고, 이것으로 다시 전체논증을 뒷받침한다. 여기서 작은 결론을 중간결론 intermediate/interim conclusion 이라고 한다.

> 흡연자들의 흡연할 권리와 선택의 자유는 마땅히 보장받아야 한다. 담배가 건강에 해롭다는 것은 누구나 아는 사실이지만 흡연자들은 이러한 위험을 기꺼이 감수하기로 한 사람들이다. 담배갑에 쓰여진 경고문구 때문이 아니더라도, 위험이 극단에 다다르기 전에 흡연자들은 대부분 스스로 담배를 끊는다. 어쨌든 위험을 인지하고 담배를 피울지 끊을지 결정할 권리는 흡연자 자신에게 있는 것이다. 또한 흡연자들은 남들 못지않게 세금과 건강보험료를 낸다. 아니, 담배에 붙는 세금으로 인해 남들보다 더 많이 낸다. 그럼에도 흡연자라는 이유로 병원진료에서 불이익을 받기도 한다. 흡연자들은 다른 납세자들과 동등한 의료권을 누릴 수 있어야 한다. 또한 흡연자들은 공공장소에도 자유롭게 출입할 수 있어야 한다. 최근에는 담배를 피울 수 있는 장소를 찾기 힘든 경우도 많다. 날씨가 어떻든 담배를 피우려면 밖으로 나가야 한다. 지금은 사회적 기피행위로 전락하고 말았지만, 흡연은 한때 가장 사교적인 활동으로 인식되기도 했다.

이 글의 결론은 첫 문장에 등장한다. 그리고 이 결론을 뒷받침하는 이유는 크게 세 묶음으로 되어있다. 논증구조를 분석해보자.

> 흡연자들의 흡연할 권리와 선택의 자유는 마땅히 보장받아야 한다.^{결론} 담배가 건강에 해롭다는 것은 누구나 아는 사실이지만 흡연자들은 이러한 위험을 기꺼이 감수하기로 한 사람들이다. 담배갑에 쓰여진 경고문구 때문이 아니더라도, 위험이 극단에 다다르기 전에 흡연자들은 대부분 스스로 담배를 끊는다. 어쨌든 위험을 인지하고 담배를 피울지 끊을지 결정할 권리는 흡연자 자신에게 있는 것이다.^{소논증1} 또한 흡연자들은 남들 못지않게 세금과 건강보험료를 낸다. 아니, 담배에 붙는 세금으로 인해 남들보다 더 많이 낸다. 그럼에도 흡연자라는 이유로 병원진료에서 불이익을 받기도 한다. 흡연자들은 다른 납세자들과 동등한 의료권을 누릴 수 있어야 한다.^{소논증2} 또한 흡연자들은 공공장소에도 자유롭게 출입할 수 있어야 한다. 최근에는 담배를 피울 수 있는 장소를 찾기 힘든 경우도 많다. 날씨가 어떻든 담배를 피우려면 밖으로 나가야 한다. 지금은 사회적 기피행위로 전락하고 말았지만, 흡연은 한때 가장 사교적인 활동으로 인식되기도 했다.^{소논증3}

음영으로 표시한 문장들은 각각의 소논증의 결론이다. 이 결론들은 다시 전체결론을 뒷받침하는 이유로 작동한다. 이것이 바로 중간결론이다. 또 다른 글을 읽어보자.

> 대학은 학생들의 학업수준을 객관적으로 평가하고 싶어하지만, 객관성을 보장하려면 시간이 많이 걸린다. 학생들의 답안지를 채점하기 위해선 상당한 시간이 필요하다. 하지만 객관식시험은 정답이 분명하기 때문에 채점자의 주관적 판단이 개입될 여지가 없다. 이로써 공정

성을 확보할 수 있다. 컴퓨터로 채점할 수 있어 시간도 절약할 수 있다. 객관식은 빠르고 공정한 평가방식을 제공한다. 학생 수가 늘어나면서 교수들도 더욱 시간을 아껴써야 한다. 따라서 대학은 객관식시험의 비중을 더 높여야 한다.

이 글의 전체결론은 마지막 문장이다. 논증구조를 분석해보자.

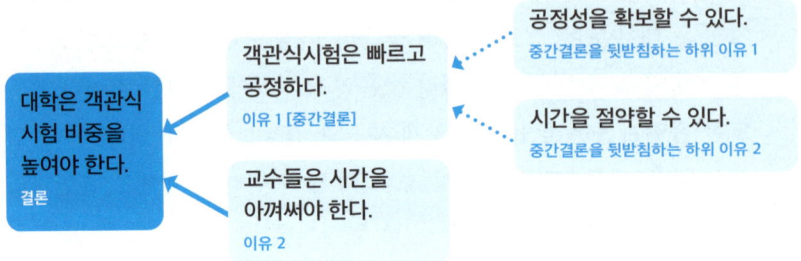

그런데 여기서 이유1은 소논증의 결론이 아니라 작은 이유들을 단순히 묶어서 요약해주는 역할을 할 뿐이다. 이처럼 세부항목을 요약하여 제시하는 것도 중간결론으로 분류할 수 있다. 물론 이러한 요약 역시 논증구조와 추론선에 맞게 작성되어야 한다.

결론적으로 중간결론은 다음 두 가지 기능을 수행한다.

- 계층적으로 이루어진 복잡한 논증에서 하위논증의 결론.
- 작은 이유들을 하나로 묶어서 정리해주는 요약.

중간결론은 전체결론을 뒷받침하는 이유로서 추론선을 정리하고 강화하는 역할을 한다.

연습문제   중간결론

다음 예문에는 이유로 사용되는 중간결론이 두 개씩 있다. 찾아보자. 전체결론은 굵은 글씨로 표시해두었다.

- 예문 5.21

다른 사람을 폭행하는 것은 범법행위다. 다른 사람을 치거나 때리는 것은 신체적 손상을 입히지 않더라도 심리적 손상을 입힐 수 있다. 이러한 행위는 법적으로 폭행으로 간주된다. 하지만 이러한 법이 어른에게만 적용되고 아이에게는 적용되지 않는 경우가 많다. 예컨대 아이를 손바닥으로 때리는 것은 유용하고 필요한 훈육이라고 여겨진다. 아이는 독립적인 존재가 아니라고 주장하는 사람도 있지만, 이는 타당한 주장이 아니다. 어른에 의지하여 살아간다고 하더라도 아이도 사람임에 틀림없다. 따라서 **아이를 때리는 것도 법적인 폭행으로 간주되어야 한다.**

- 예문 5.22

사람들은 대개 대화할 때 말을 되도록 빨리하기 위해 노력한다. 침묵이 길어지는 것을 불편하게 여기기 때문이다. 질문을 받으면 사람들은 무작정 대답부터 하기 시작한다. 대화가 끊어져 침묵이 찾아오면 많은 사람들이 어찌할 바를 모른다. 하지만 대화 중 이어지는 침묵은 마냥 불편하고 당황스럽기만 한 것이 아니라, 오히려 생산적일 수도 있다. 입을 다물고 있는 동안 더 깊이 생각하여 더 정확한 답을 제시할 수 있다. 또한 상대방에게 먼저 말할 수 있는 기회를 줄 수도 있다. **생산적인 대화를 하고 싶다면 가장 먼저, 침묵하는 시간을 효과적으로 활용할 줄 알아야 한다.**

연습문제 — 전체결론과 중간결론

다음 예문을 읽고 전체결론과 중간결론을 찾아보자.

● 예문 5.23

끊지 못해 피울 뿐이라고 말하면서도 사람들은 왜 담배를 계속 피우는 것일까? 흡연은 '내 돈에 불을 붙이는 일'이라는 말이 있다. 담배로 지출하는 금액이 많게는 전체지출금액에서 절반까지 차지하는 사람도 있다. 빌리는 돈이 늘어날수록 지불해야 하는 이자도 늘어나듯이, 담배에 드는 총비용도 계속 늘어난다. 하지만 대부분 그 비용을 인지하지 못한다. 흡연은 경제적으로 상당한 손실을 유발한다. 장기적으로 건강에 미치는 영향도 치명적이다. 흡연자들의 은행 빚이 계속 늘어가듯, 건강이라는 은행에도 보이지 않는 적자가 쌓인다. 흡연이 건강에 미치는 영향을 많은 사람들이 가볍게 생각한다. 병에 걸리거나 죽을 수 있다는 경고도 멀게만 느껴진다. 안타깝게도 위, 장, 폐, 인후에 암이 생기고 나면 이미 조치를 하기에는 늦은 경우가 많다. 더욱이 한창 젊을 때 병이 찾아오기도 한다. 흡연자들은 또한 불쾌한 냄새를 강하게 풍겨 주변사람들에게 피해를 준다. 흡연은 후각을 마비시키기 때문에 흡연자들은 자신이 얼마나 나쁜 냄새를 풍기는지 잘 깨닫지 못한다. 밖에서 담배를 피우면 냄새가 다 날아갈 것이라고 생각하지만, 절대 그렇지 않다. 실제로 항상 밖에서 담배를 피우는 사람들의 집을 조사해보면, 담배에 함유된 화학물질이 비흡연자의 집보다 7배나 더 많은 것으로 나타난다. 치명적일 수도 있는 유해화학물질이 가족의 건강을 해치며 날아다니는 것이다. 담배를 밖에서 피우든 안에서 피우든, 흡연은 흡연자의 목숨만 앗아가는 것이 아니라, 주변사람의 목숨까지 위협한다. 정부는 흡연의 위험성에 대한 경각심을 높이기 위해 더욱 강력한 조치를 해야 한다. 공공장소에서 흡연을 하지 못하도록 금지해야 한다.

논리적 순서에 맞게
이유 배열하기

추론선, 즉 전체논증은 명확한 방향으로 나아가야 한다. 한 지점에서 다른 지점으로 무작위로 도약하거나 같은 자리를 빙빙 돌아서는 안 된다. 다음 예문의 추론선을 눈여겨보라.

> 반려동물은 삶의 질을 높여준다. 반려동물을 키움으로써 얻는 혜택은 손실보다 훨씬 크다. 하지만 반려동물은 집안의 가구를 망쳐놓을 수 있다. 반려동물을 토닥여주면 스트레스가 감소한다고 여겨진다. 반려동물이 카펫이나 커튼에 남기는 악취는 가구의 가치에 영향을 줄 수 있다. 많은 사람들이 반려동물에게 이야기를 하다보면 고민거리가 해결되기도 한다고 말한다. 반려동물로 인해 발생하는 문제는 결코 해결할 수 없는 문제가 아니다.

이 글은 방향성이나 논리적 순서 없이 마구잡이로 전개된다. 좀더 논리적으로 추론선을 짜려면 어떻게 해야 할까?

- 비슷한 의견끼리 모은다.
- 자신의 주장을 분명히 뒷받침할 수 있는 이유를 먼저 제시한다.
- 반론을 언급하고 이를 반박할 수 있는 이유를 제시하고 주장을 강화한다.

이러한 지침에 따라 수정한 예문을 보자. 위 예문과 어떻게 다른지 눈여겨보라.

> 반려동물은 삶의 질을 높여준다. 이는 여러 측면에서 살펴볼 수 있다. 예컨대 반려동물을 토닥여주면 스트레스가 감소한다. 또 반려동물에게 이야기를 하다보면 고민거리가 해결되기도 한다고 말한다. 물론 반려동물을 키우면 불편한 점도 있다. 이를테면 가구가 상하거나 악취가 날 수 있다. 하지만 이런 문제는 쉽게 극복할 수 있다. 반려동물을 키움으로써 얻는 혜택은 손실보다 훨씬 크다.

운이 그다지 좋지 않다면, 첫 예문과 같이 논리적 순서가 뒤죽박죽 섞여있는 논증을 마주칠 수 있다. 그럴 때는 직접 논증을 정리하면서 읽어나가야 한다. 정리하는 방법은 다음과 같다.

- 찬성하는 이유와 반대하는 이유를 분류한다.
- 결론을 뒷받침하는 논증과 뒷받침하지 않는 논증으로 분류한다.

오늘은 운이 좋지 않다. 다음 예문을 읽고 직접 정리해보자.

> 핵발전소는 미래의 유망한 에너지원이 아니다. 원자로는 화석연료를 사용하는 발전소에 비해 건설비용이 많이 든다. 석탄, 천연가스, 석유 같은 화석연료는 고갈되고 있기에, 핵연료는 유용한 대안이 될 수 있다. 원자로는 해체비용이 매우 높기 때문에 장기적인 관점에서는 전혀 효율적이지 않다. 화석연료가 고갈되면서 석탄 가격이 상승하고, 이로써 핵발전은 더욱 매력적으로 보일 수 있다. 핵연료를 안전하게 보관하는 방법은 아직 발견되지 않았다. 대체연료를 개발하려는 연

구는 계속 진행되고 있으며, 어느 정도 성과를 거두었다. 태양에너지와 쓰레기소각장에서 나오는 메탄가스를 활용하는 기술은 그중 일부에 불과하다.

이 글의 결론은 첫 문장으로 보인다. 하지만 이를 뒷받침하는 이유와 주장에 대한 반론이 뒤섞여있다. 우선 핵발전소에 찬성하는 주장을 모아보자.

- 석탄, 천연가스, 석유 같은 화석연료는 고갈되고 있기에, 핵연료는 유용한 대안이 될 수 있다.
- 화석연료가 고갈되면서 석탄 가격이 상승하고, 이로써 핵발전은 더욱 매력적으로 보일 수 있다.

핵발전소에 반대하는 주장을 모아보자.

- 원자로는 화석연료를 사용하는 발전소에 비해 건설비용이 많이 든다.
- 원자로는 해체비용이 매우 높기 때문에 장기적인 관점에서는 전혀 효율적이지 않다.
- 핵연료를 안전하게 보관하는 방법은 아직 발견되지 않았다.
- 대체연료를 개발하려는 연구는 계속 진행되고 있으며, 어느 정도 성과를 거두었다. 태양에너지와 쓰레기소각장에서 나오는 메탄가스를 활용하는 기술은 그중 일부에 불과하다.

실제로 논증글을 쓸 때 드래프트 단계에서 논증이 이렇게 뒤죽박죽되어있을 확률이 높다. 수준 높은 논증글을 쓰기 위해서는 추론선에 맞춰 이유를 정리하고 반론을 처리하는 법을 배워야 한다.

연습문제 — 논리적 순서에 맞게 정리하기

다음 예문은 논리적으로 정리되어있지 않아서 추론선을 따라가기 어렵다. 먼저 뒤섞여있는 이유들을 분류한 다음, 좀더 논리적인 순서로 나열하여 일관성 있는 논증을 작성해보자. 문장은 최대한 그대로 유지하되, 논리적 연결고리를 강화하기 위해 접속사를 삽입하거나 연결망을 살짝 변형해도 괜찮다. 글에서 다루는 내용에 대한 전문적인 지식이 없다고 해도 겁먹을 필요는 없다. 논증을 재배치하는 것은 전문지식 없이도 어렵지 않게 할 수 있다. 완성한 글을 해답과 꼼꼼하게 비교해보기 바란다. 쉽게 비교할 수 있도록 문장마다 번호를 매겨놓았다.

- **예문 5.24** ——————————————— 24시간 생체리듬

ⓐ 똑같은 세기의 빛이 계속 유지되는 지하공간에 몇 주 동안 사람들을 넣고 관찰한 실험이 있다. 가장 먼저 생체리듬과 수면패턴에 문제가 발생했다. 하지만 몇 주가 지난 뒤, 그들은 외부세계와 어느 정도 일치하는 24시간주기의 자연스러운 생체리듬을 되찾았다.

ⓑ 우리 몸의 생체리듬은 햇빛에 노출되는 양에 영향을 받으며, 빛과 어둠의 패턴에 반응한다.

ⓒ 우리 몸은 시계가 알려주는 시각이나 외부세계의 영향보다는 생체리듬에 더 민감하게 반응한다.

ⓓ 게놈프로젝트의 일환으로 인간의 유전자 지도가 작성된 이후, 생체리듬이 무엇인지 또 생체리듬이 유전적 조건에 어떤 영향을 미치는지 많은 것이 밝혀졌다.

ⓔ 24시간주기에 덜 영향을 받는 유전적 조건을 타고난 사람도 있다. 이들의 유전정보는 유전적으로 타고난 수면장애패턴을 설명하는 데 도움을 줄 수 있다.

ⓕ 업무패턴, 여가패턴, 건축, 조명, 음식, 약물, 의료처방은 생체리듬에 상당한 영향을 미친다.

ⓖ 생체리듬을 24시간 생체리듬이라고 하는데, 특히 새들에게 강하게 작용하는 것으로 알려져있다. 인간의 생체리듬은 뇌의 기저부에 있는 시상하부 앞쪽에 위치한 시교차상핵(SCN)에서 통제한다. 이 부분이 손상되면 자연적인 24시간 생체리듬을 잃고, 밤에 잠을 자야 하는 수면패턴이 깨진다.

ⓗ 24시간 생체리듬이 훨씬 강하게 작동하는 사람도 있다.

ⓘ 오랫동안 햇빛의 리듬이 불규칙해진 우주비행사들은 적응하기가 쉽지 않다. 잠에 들기 위해 약물을 복용하는 사람도 많다.

ⓙ 20년 동안 교대근무를 하며 밤에 일한 사람들도 야간근무에 맞게 24시간 생체리듬을 조절하지 못한다. 소화기 궤양과 심장병 같은 질환이 발병할 확률, 그리고 자동차사고가 날 확률은 야간근무자에게 훨씬 흔하게 나타난다.

ⓚ 24시간 생체리듬이 장기적으로 교란되었을 때 어떤 결과가 나타나는지 아직 밝혀지지 않았기에, 24시간 생체리듬에 덜 민감한 유전적 조건을 타고난 사람들과 야간근무자들은 건강에 더 주의를 기울여야 한다.

ⓛ 정신분열증과 양극성장애 같은 정신건강질환도 24시간 생체리듬의 오작동과 연관되어 있을지 모른다.

강력한 주장을 힘있게 밀고 나가는 법

1. **주장은 명확해야 한다**: 주장은 독자를 설득하고자 하는 목적으로, 논증의 핵심이다. 명확하게 드러나야 할 뿐만 아니라, 독자들이 볼 때 생각해볼만한 가치가 있는 것이어야 한다. 사람들이 시간을 들여 귀 기울일 만한 것이어야 한다.

2. **저자의 주장이나 입장을 알면 핵심을 쉽게 파악할 수 있다**: 주장은 추론선을 펼쳐나가는 길잡이 역할을 한다. 어떤 이유로 주장을 뒷받침하는지, 어떻게 논리적 결론을 이끌어내는지 빠르게 평가할 수 있다.

3. **논증은 내적으로 일관성이 있어야 한다**: 논증 속 요소들은 모두 메시지를 강화하는 데 복무해야 한다. 정교하게 명제를 진술하지 않으면 메시지의 흐름을 방해하거나 추론선을 약화시키며 독자에게 쓸데없는 오해를 유발할 수 있다.

4. **논리적으로 일관성이 있어야 한다**: 결론은 앞서 제시한 이유에서 타당하게 끌어낼 수 있는 것이어야 한다. 이유나 근거에서 자연스럽게 추론할 수 없는 결론을 제시한다면 논증의 설득력은 떨어질 것이다.

5. **개별이유냐 결합이유냐**: 여러 이유를 제시할 때는 그것들이 주장과 어떤 관계인지를 고려하여 배치한다. 이유가 이유를 뒷받침할 때는 결합이유, 이유들이 각자 주장을 뒷받침할 때는 개별이유가 된다. 가장 강력한 이유를 선별하는 것이 중요하다.

6. **길고 복잡한 논증에는 중간결론이 존재할 수 있다**: 논증이 계층적으로 이루어질 때는 소논증의 결론이 중간결론으로서 전체논증을 뒷받침한다. 단순히 작은 이유들을 묶어서 요약하고 정리해주는 중간결론도 있다.

7. **강력한 논증은 반론과 이견도 언급한다**: 자신의 주장을 뒷받침하는 이유뿐만 아니라 반대의견이나 대안도 언급하고 공정하게 평가해야 한다. 물론 이에 대해 타당한 이유와 근거로 반박함으로써 자신의 주장을 더욱 탄탄하게 뒷받침해야 한다.

8. **전략적으로 논증을 전개하라**: 추론선은 결론을 향해, 명확한 방향으로 나아가야 한다. 실제로 논증글을 작성하는 과정에서 추론선을 정리해야 하는 경우가 많다. 이유를 정리하고 반론을 적절한 곳에 배치하여 처리하는 법을 배워야 한다.

06

행간을 읽어내는 법

숨어있는 가정과 함축적 논증

논증 아래 깔려있는 숨어있는 가정은 어떻게 찾아낼까?

논증의 토대가 되는 전제는 어떻게 검증할 수 있을까?

논증처럼 보이지 않는 논증은 어떻게 찾아낼 수 있을까?

겉으로 드러나지 않는 함축적 의미를 어떻게 읽어낼 수 있을까?

이데올로기와 고정관념은 논증에 어떤 영향을 미칠까?

지금까지는 논증에서 분명하게 드러나는 특징을 살펴보았다. 하지만 논증의 모든 측면이 명시적으로 표현되는 것은 아니다. 암묵적인 방식으로 독자를 설득하려고 노력하는 논증도 많다. 이 챕터에서는 이런 전략을 사용하는 까닭을 살펴보고 겉으로 드러나지 않는 함축적인 논증을 찾아내는 방법에 대해 알아본다.

또한 모든 논증에는 전제가 깔려있다. 논증의 토대 역할을 하는 전제 역시 명시적으로 표현되지 않는다. 논증 자체는 논리적으로 잘 짜여있더라도 그 밑바닥에 깔린 전제가 잘못되어있는 경우도 많다. 전제가 타당하지 않으면 논증을 아무리 잘 짜더라도 논증은 제대로 서있을 수 없다. 논증의 타당성을 판단할 때 눈에 보이는 추론선에 오류가 없는지 따지는 것 못지않게 눈에 보이지 않는 전제의 타당성도 따질 줄 알아야 한다.

또한 논증을 강화하기 위해, 설득력을 높이기 위해, 또는 논증의 약점을 숨기기 위해 특정한 메시지를 숨기는 경우도 있다. 이처럼 숨겨진 메시지, 내포적 의도와 의미를 파악할 줄 안다면 논증 전체를 좀더 포괄적인 관점에서 바라볼 수 있는 눈이 생길 것이다.

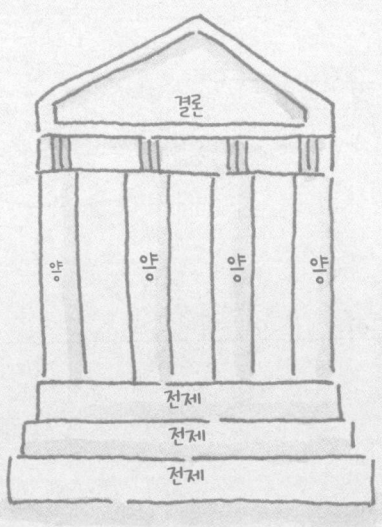

좋은 논증이란 단단한 전제 위에 튼튼한 이유를 세우고 그 위에 타당한 결론을 올려놓은 것이다.

보이지 않는
주장

비판적 사고에서 '전제'란 논증에서 명시적으로 언급하지는 않는 명제를 의미한다. 당연히 '참'이라고 가정하는 사실, 믿음, 관념, 이데올로기 모두 전제가 될 수 있다. 전제를 깔지 않으면 어떠한 논증도 성립할 수 없다.

전제의 적절성

독자가 순순히 납득하고 받아들이는 전제에 의존하여 논증을 펼쳐나간다면 논증은 한결 간단해질 것이고, 시간도 크게 절약될 것이다.

> 휴가는 긴장을 풀고 즐기는 시간이다. 올해는 서해안 원유 유출사고로 인해 수천 명에 달하는 사람들이 휴가를 망칠 것이다.

이 글의 결론은 '수천 명에 달하는 사람들이 휴가를 망칠 것'이라는 마지막 절이다. 그 이유는 '휴가는 긴장을 풀고 즐기는 시간'이라는 명제와 '올해 서해안 원유 유출사고'가 발생했다는 명제다. 명시적인 이 두 가지 이유에서 결론을 끌어낼 수 있는가? 이것이 가능하기 위해서는 또 다른 이유들을 가정해야 하지 않을까? 곰곰이 생각해보자.

- 전제 1: 많은 사람들이 휴가 때 서해안에 가고 싶어한다.
- 전제 2: 사람들은 바다에 기름이 떠다니는 것을 좋아하지 않는다.
- 전제 3: 해안에 기름이 떠다니면 사람들은 휴가를 망쳤다고 생각할 것이다.
- 전제 4: 독자는 이 글을 읽고 무슨 의미인지 이해할 것이다.

이러한 전제들이 모두 타당하다고 생각하는가? 납득할 만한 당연한 주장이라고 생각한다면 굳이 명시적으로 말할 필요가 없다. 저자가 시간을 들여 이러한 전제들을 하나하나 논증하기 위해 파고든다면, 독자들은 오히려 짜증을 낼지도 모른다.

상황에 따라 달라지는 전제

논증을 비판적으로 평가하려면 전제가 타당한지 타당하지 않은지 따질 줄 알아야 한다. 하지만 전제의 타당성은 상황에 따라 달라질 수 있다는 것을 명심하라. 예컨대 설득하고자 하는 대상이 누구냐에 전제의 타당성은 달라질 수 있다. 먼저 앞의 예문에서 제시한 이유와 전제들을 하나하나 따져보자.

- **이유1**: 휴가는 긴장을 풀고 즐기는 시간이다. 글에서 명시적으로 제시한 이유다. 물론 이 명제 역시 전제로 처리해도 크게 무리는 없을 것이다. 하지만 좀더 비판적으로 접근한다면, 이 명제도 당연한 것이라고 간주할 수만은 없다. 휴가를 꼭 이러한 목적으로 사용하지 않는 사람도 많기 때문이다. 밀린 집안일을 하거나, 그동안 만나지 못한 사람들을 만나거나, 부업을 할 수도 있다.
- **전제 1**: 많은 사람들이 휴가 때 서해안에 가고 싶어한다. 서해안으로 휴가를 가고 싶어하는 사람들이 정말 그렇게 많을까?
- **전제 2**: 사람들은 바다에 기름이 떠다니는 것을 좋아하지 않는다. 바다에 기름이 떠다녀도 개의치 않는 사람도 있지 않을까?
- **전제 3**: 해안에 기름이 떠다니면 사람들은 휴가를 망쳤다고 생각할 것이다. 사람들이 휴가를 망쳤다고 생각하는지 어떻게 확인할 수 있을까?
- **전제 4**: 독자는 이 글을 읽고 무슨 의미인지 이해할 것이다. 한국어에 익숙하지 않은 사람을 대상으로 쓴 글이라면 '원유', '유출' 같은 단어에 대해서 설명해야 할 것이다. 또 한반도에 살지 않는 사람이라면 '서해안'이 어디를 말하는지 이해하지 못할 수도 있다.

보고서나 다른 글을 쓸 때도 맥락, 특히 이 글을 읽을 사람이 누구인지 고려하여 무엇을 전제로 삼을지, 또 그것을 타당한 전제라고 받아들일지 검토해야 한다. 내가 미리 가정한 전제를 독자도 공유할까? 내가 쓰는 단어의 의미를 내가 의도한 방식으로 해석할까? 여러 의미로 해석될 수 있는 혼란스러운 용어가 있다면, 그 의미를 명시적으로 정의해야 한다.

그래서 배경지식이 많지 않은 일반인들을 대상으로 글을 쓰는 경우에는, 설명해야 할 전제가 늘어난다. 반대로 독자가 보기에 명백한 것들을 글에서 일일이 설명한다면, 타겟독자를 잘못 설정했거나 저자의 이해수준이 독자에 비해 낮다고 판단할 수 있는 근거가 될 것이다.

연습문제

전제를 발굴하라

논증 아래 깔려있는 전제가 무엇인지 파악해보자. 그 전제가 타당한지 타당하지 않은지 판단하라.

- 예문 6.1

  2000년대 많은 나라에서 주택가격이 급격하게 상승했다. 그러다가 2010년 집값상승이 주춤하면서 많은 주택구매자들이 손해를 보았다. 현재 집값은 또다시 빠르게 오르고 있으니, 주택구매자들이 머지않아 큰 손해를 볼 것이라 예상할 수 있다.

- 예문 6.2

  아이에게 지출하는 돈이 점점 늘어나고 있다. 학교에 보내는 것만으로도 충분했던 과거와 달리, 요즘에는 아이들의 온갖 방과후활동에 신경써야 한다. 이제는 또래 사이에서 외톨이가 되지 않도록 아이들에게 옷, 신발, 장난감, 도시락까지 명품이나 좋은 것을 사줘야 한다는 압박까지 생겨났다. 이러한 압박을 줄이기 위해, 아이들을 겨냥한 광고는 금지해야 한다.

- 예문 6.3

  많은 대기업들이 노동력이 비교적 저렴한 해외로 생산기지를 이전하고 있다. 한 나라의 임금수준이 상승하면 기업들은 임금이 더 싼 해외를 찾아 나선다. 해외에서 직원들을 고용하고, 원래 직원들은 해고한다. 전화상담과 같은 서비스는 수천 킬로미터 떨어진 곳에서도 제공해도 상관없다. 머지않아 임금수준이 높은 지역에는 일자리가 남아나지 않을 것이다.

● 예문 6.4

오버추어에 따르면 인터넷에서 다른 어떤 과학자보다 현대 과학자 에미 괄리를 검색하는 사람들이 많다고 한다. 페이지 다운로드 횟수가 베스트셀러 책과 비슷한 수준이다. 이제 에미괄리의 업적에 대해 모르는 사람은 없을 것이다.

● 예문 6.5

20세기 후반 대학생들은 정기적으로 핵무기 반대시위를 벌였다. 하지만 이제 학생들은 더이상 핵무기 반대시위를 하지 않는다. 지금 학생들은 예전보다 정치에 관심이 없다.

● 예문 6.6

소비자들은 건강한 먹거리에 민감하다. 식료품 포장에 자세히 적혀있는 성분정보는 소비자들이 선택할 때 현명한 판단을 내릴 수 있도록 도움을 준다. 하지만 적혀있는 성분정보가 많을수록, 소비자들이 기피하는 경향이 있다. 이는 성분정보가 꼭 도움이 되는 것은 아니라는 것을 보여준다. 사람들에게 식품첨가물에 대해 교육해야 한다.

논증요소 생략하기

가끔은 논증을 구성하는 요소를 생략하는 경우도 있다. 논증할 필요 없는 당연한 주장이라고 간주하고 생략해버리는 것이다. 특히 일상적인 상황에서 펼치는 논증에서 자주 볼 수 있다.

말하지 않아도 알지?
말하지 않는 전제 또는 함축적 가정 implicit assumption 에 의지하여 결론으로 도약하는 경우, 전제가 정교하지 않으면 논증 자체가 무너질 수 있다.

> 휴가는 긴장을 풀고 즐기는 시간이다. 직장과 가정에서 겪는 스트레스를 해소할 수 있는 기회다. 올해는 서해안 원유 유출사고로 인해 수천 명에 달하는 사람들이 휴가를 망칠 것이다. 따라서 휴가를 예약해둔 사람들은 이번 휴가에서 받은 스트레스에 대한 보상을 받아야 한다.

이 글의 결론은 마지막 문장에 있다. 이를 뒷받침하는 이유는 첫 두 문장에 나온다.

- 휴가는 긴장을 풀고 즐기는 시간이다: 스트레스를 해소하는 기회다.

하지만 이러한 이유만 가지고 결론을 끌어내는 것은 무리다. 결론으로 도약하기 위해서는 또 다른 이유들이 필요하다. 이 논증에서 말하지 않은 이유들을 찾아보자.

- 휴가를 갔을 때는 스트레스를 받지 않을 권리가 있다.
- 휴가를 예약했는데 휴가를 제대로 즐기지 못한다면 누구든 이에 대해 보상해야 한다.

이러한 주장에 동의하는가? 매우 특수한 상황을 가정하지 않는 한, 이 주장에 동의하는 사람은 거의 없을 것이다. 이 예문은 납득할 수 없는 전제를 깔고 있기 때문에 논증 자체가 타당하다고 보기 어렵다.

> 교도소에 수감된 사람들이 매년 증가하고 있다. 작년 재소자 수는 지난 100년을 통틀어 가장 높은 수치였다. 현재 감옥마다 죄수들로 넘쳐나고 있다. 이제 범죄자 재활정책에 대해 진지하게 생각해야 한다.

이 글의 결론은 '범죄자 재활정책이 바람직하다'는 것이다. 이 주장을 뒷받침하기 위해 이 글은 다음과 같은 이유를 제시한다.

- 교도소 수감자가 계속 증가하여 넘쳐나고 있다.

이 이유는 분명한 사실일 수 있지만, 이러한 이유만 가지고 결론으로 도약하기에는 무리가 있다. 논리적으로 연결되지도 않는다. 수감과 재활을 비교하여 어떤 장단점이 있는지도 설명하지 않는다. 결론으로 도약하기 위해서는 어떤 이유가 필요할까?

교도소에 수감된 사람들이 매년 증가하고 있다. 작년 재소자 수는 지난 100년을 통틀어 가장 높은 수치였다. 현재 감옥마다 죄수들로 넘쳐나고 있다. 연구결과에 따르면, 교도소는 범죄자를 갱생시키기는 커녕 더 다양한 범죄수법을 습득하는 곳으로 전락했다. 반면 더 많은 교육을 제공하고, 사회적 책임을 높여주고, 피해자와 대면하게 하는 것이 범죄자를 새로운 삶으로 인도하는 데 훨씬 효과가 있는 것으로 밝혀졌다. 더 이상 감옥이 유일한 선택이 되어서는 안 된다. 이제 범죄자 재활정책에 대해 진지하게 생각해야 한다.

이제서야 앞서 제시한 이유와 결론이 논리적으로 그럴듯하게 연결된다. 결론의 옳고 그름을 떠나서, 감옥이 왜 효과가 없는지, 재활이 왜 효과가 있는지, 그 이유를 명시적으로 언급한다. 이처럼 독자가 쉽게 동의하지 않을 것으로 여겨지는 논증요소는 절대 생략해서는 안 된다.

결론으로 갑자기 도약하는 것처럼 느껴지는 글을 만났을 때는 무언가 생략되어있을 확률이 높다. 다음 질문을 하며 면밀하게 살펴보라.

- 결론으로 넘어가기 위해 꼭 필요한 이유들이 다 제시되어있는가?
- 이유들 사이에 빠진 논리적 연결고리가 있는가?
- 논증에 빈틈이 있는가?

학생들의 학습상태를 평가하기 위한 방법으로 대개 시험을 본다. 시험이 주는 스트레스는 누구에게나 익숙하다. 시험 종료를 알리는 감독관의 말을 듣고 마음 졸여보지 않은 사람은 없을 것이다. 시험시간을 늘려주어 서두르지 않고 마지막 문제까지 모두 풀 수 있게 한다면, 당연히 점수도 오를 것이다. 따라서 장애가 있는 학생들에게 추가시간을 제공하는 것은 부당한 혜택을 주는 것이다.

이 글의 결론과 이를 뒷받침하는 이유를 분석해보자.

- **결론:** 장애가 있는 학생들에게 추가시간을 제공하는 것은 부당한 혜택이다.
- **이유 1:** 시험시간을 늘려주어 서두르지 않고 마지막 문제까지 모두 풀 수 있게 하면, 점수가 올라간다. (이것은 하위 이유 두 개를 결합한 중간결론이다)
- **이유 1-1:** 시험시간을 늘려주면 마지막 문제까지 모두 풀 수 있다.
- **이유 1-2:** 마지막 문제까지 모두 풀면 점수가 올라간다.
- **이유 2:** 장애가 있는 학생들에게 추가시간을 제공한다.

이러한 이유에서 곧바로 결론을 도출할 수 있을까? 결론을 끌어내기 위해 더 필요한 이유는 없을까? 이 글에서 말하지 않는 이유는 무엇일까?

- 장애가 있는 학생들은 추가시간을 활용하여 서두르지 않고 마지막 문제까지 모두 푼다.

저자가 숨겨놓은 이유는 바로 이것이다. 동의할 수 있는가? 조금만 생각해봐도 이 주장은 말이 되지 않는다는 것을 알 수 있다.

    예컨대 장애에는 다양한 형태가 존재한다. 시험을 보기 위해 장시간 앉아있는 것 자체가 고통스러운 사람도 있고, 직접 필기를 하지 못해 구술한 답을 누군가 대신 표기해줘야 하는 사람도 있고, 수화나 점자를 오가며 시험을 봐야 하는 사람도 있다. 이러한 과정에서 시간이 더 필요할 수 있다. 단순히 추가시간을 준다는 것만으로 부당한 혜택을 누린다고 단정적으로 말하기 어렵다. 추가시간으로 장애가 있는 학생들이 부당한 혜택을 얻는다는 주장을 하려면 더 많은 근거를 제시해야 한다.

    특히 말로 주장을 펼칠 때는 이유를 거의 생략해버리고 결론으로 바로 넘어가는 경우도 많다.

노인들은 도둑 무섭다고 침대 밑에 돈을 두는데, 이는 정말 바보 같은 짓이다.

이 글에서 말하지 않은 이유는 무엇일까? 곰곰이 생각해보자.

1. 특정한 개인만 그런 것이 아니라 노인들은 모두 도둑맞을까 무서워한다.
2. 노인들은 모두 침대 밑에 돈을 보관한다.
3. 노인들은 모두 돈을 자주 도둑맞는다.
4. 도둑에 대한 걱정과 침대 밑에 돈을 보관하는 행동 사이에 연관성이 있다.

얼핏 봐도 당연한 것으로 받아들일 만한 주장이 아니라는 것을 알 수 있다. 그 자체로 논증이 필요한 주장들이다. 비판적으로 따져보자.

1. 도둑맞을까 무서워하는 노인은 얼마나 많은가? 근거를 제시하라.
2. 은행 같은 곳을 통해 돈을 관리하는 노인은 없는가?
3. 노인들은 정말 자주 도둑맞는가? 빈도를 따져봐야 한다. 실제 발생하는 도난사건은 낮은데, 단순한 노파심 때문에 또는 노인을 대상으로 하는 폭력에 대한 과장된 언론보도 때문에 생겨난 공포일 수도 있다.
4. 침대 밑에 돈을 보관하는 이유는 도둑과 무관한 것일지도 모른다.

논세퀴뚜르 non-sequitur

'제대로 이어지지 않는다'라는 의미의 라틴어로, 앞서 제시한 이유와 상관없는 엉뚱한 결론으로 갑자기 도약하는 논리적 오류를 일컫는다. 중요한 논증요소를 생략했을 때 나타나는 오류다. 논세퀴뚜르가 의심될 때는 전제를 찾아내야 한다.

| 연습문제 | 숨겨놓은 이유를 찾아라 |

다음 예문을 읽고, 결론을 먼저 찾은 다음 이를 뒷받침하는 이유를 찾아보라. 특히 숨겨놓은 이유가 있는지 눈여겨보라.

- 예문 6.7

    사람들은 오래전부터 로봇이 곧 등장하여 건설일 같은 힘든 노동부터 자질구레한 집안일까지 대신해줄 것이라고 기대했다. 1495년 레오나르도 다빈치가 최초의 휴머노이드 로봇을 설계한 이래, 몇백 년이 지났음에도 건설현장이나 가정에서 일손을 돕는 로봇은 나오지 않았다. 기술적 발전도 거의 없다. 일손을 돕는 로봇은 환상에 불과하다. 지금까지 그러한 로봇이 나오지 않았다는 것은, 앞으로도 영원히 나올 수 없다는 뜻이다.

- 예문 6.8

    선거관리위원회는 이번 국회의원선거에서 사전투표자들의 표를 조작하기 위한 시도가 있었다는 사실을 밝혀냈다. 사전투표를 없애야 한다. 그래야만 투표제도가 공정해질 것이다.

● 예문 6.9

사람들은 현대의학이 출연하기 몇 세기 전부터 약초로 질병을 치료해왔다. 민간요법에서 활용하는 약초는 제약회사들의 신약 재료로 활용되기도 한다. 신약은 개발하기도 어렵고 값도 매우 비싸다. 이제 대량생산하는 약보다는 약초의 뿌리와 잎을 사용하는 전통의학으로 회귀하는 것이 바람직할 수 있다.

● 예문 6.10

앞으로 수명을 계속 연장하려면 위생과 음식에 더 신경을 써야 한다. 과거에는 지금보다 사람들의 수명이 짧았다. 산업사회 이전에는 기대수명이 평균 30살 정도에 불과했다. 오늘날 선진국 국민들의 기대수명은 80살을 넘는다. 특히 남자들의 기대수명이 크게 늘었다.

● 예문 6.11

요식업은 대부분 1년 안에 망한다. 식당을 창업하는 사람들은 흔히 고객기반을 확보하는 데 걸리는 시간을 과소평가하는 경향이 있다. 시장에서 자리잡기도 전에 운영자금이 바닥나는 경우가 많다. 많은 신규식당들이 고객을 유인하기 위해 지나치게 많은 양의 음식을 내놓는다. 따라서 새로 문을 연 식당들은 고객을 완전히 확보할 때까지 주방설비에 투자하는 일을 미뤄야 한다.

● 예문 6.12

세상에는 영양분을 제대로 섭취하지 못하거나 충분히 먹지 못하는 사람들이 너무나 많다. 식량공급을 원활하게 하려면 세계인구를 줄여야 한다.

추리와
3단논법

추리^{inference}란 근거를 바탕으로 결론을 이끌어내는 추론프로세스다. 이미 명백하게 확인된 사실이나 관찰된 근거로부터 논리적 결론을 끌어내는 것이다. 우리가 잘 알고 있는 3단논법^{syllogism}이 바로 논리적 추리의 한 형태다.

- 소크라테스는 사람이다
- 사람은 모두 죽는다
- 따라서 소크라테스는 죽는다.

앞의 두 근거를 바탕으로 결론을 논리적으로 추리해낼 수 있다. 여기서 다른 결론은 도출할 수 없다. 두 근거가 너무나 명확하고 완벽하기 때문에 다른 가능성이나 가정이 개입할 여지가 없다.

문제는, 3단논법이 매우 예외적인 논증형태라는 것이다. 현실세계에서 이처럼 순수하고 완벽한 근거는 존재하지 않는다. 3단논법 프레임에 다른 근거를 집어넣어보면 무엇이 문제인지 금방 알 수 있다.

- 오늘부터 할인판매가 시작된다.
- 오늘 아침 매장 문을 열기 전부터 사람들이 줄을 섰다.
- 할인제품을 사기 위해 사람들이 일찌감치 몰려든 것이다.

사람들이 줄을 선 이유를, 3단논법으로 끄집어냈다. 하지만 이것은 두 번째 진술한 근거가 정확하다고 '가정'할 때만 성립한다. 예컨대 매장 밖에 서있던 사람들이 고객이 아니라 직원들이었었다면, 매니저가 늦게 오는 바람에 직원들이 매장에 들어가지 못하고 밖에서 기다리고 있었다면, 이 논리적 추리는 틀린 것이 된다.

근거가 정확하다고 해도 잘못된 결론에 도달할 수 있다. 어떤 사람에게는 '당연해' 보이는 것이 다른 사람에게는 당연하지 않을 수 있다.

- 이 부처에 부패가 있었다.
- 이 부처의 책임자는 존 에임스다.
- 존 에임스는 부패에 대해 알고 있었을 것이다.

이 결론에 동의하는가? 개인의 믿음에 따라 판단은 달라질 수 있다. 책임자가 부하직원들의 부패를 알고 있었을 것이라고, 알아야 한다고 '가정'하는 사람들은 논리적으로 타당한 추리라고 생각하겠지만, 책임자가 부하직원들의 일거수일투족을 알 수 없다고 '가정'하는 사람들은 타당한 추리라고 생각하지 않을 것이다. 책임자라는 직책을 가진 사람의 행동에 대한 가정이나 편견에 따라 결론이 달라진다.

또한 상황에 따라서 판단이 달라질 수도 있다. 예컨대, 존 에임스 자신이 부패를 저질렀다는 증거가 나온다면, 또는 그가 책임자로 임명되기 전에 부패가 발생한 것으로 밝혀진다면, 논리적 추리의 결론은 달라질 것이다.

결국 3단논법을 현실에 적용하기 어려운 것은, 여러 측면에서 가정이나 편견이 끼어들 수 있는 여지가 크기 때문이다. 어쨌든 여기서 배울 수 있는 교훈은, 논리구조를 짤 때 개인적 가정이 개입할 수 있는 여지를 최대한 좁힐수록 논증의 타당성이 높아진다는 것이다.

전제에 의존하여
펼치는 논증

논증은 결론을 뒷받침하기 위해 타당한 이유와 근거를 제시하는 것이다. 그런데 이러한 이유나 근거 대신에 전제―믿음, 이론, 가정―에 의지하여 결론을 뒷받침하는 경우도 있다.

> 일반적으로 7만 명이 이 지역 여름축제에 참가한다. 하지만 올해 보고서에 따르면 50만 명이 몰릴 것으로 예측된다. 올해는 희귀한 일식 현상을 관측하기 위해 더 많은 사람들이 이 지역을 찾을 것이기 때문이다. 따라서 관광객을 맞이할 시설을 대폭 확충해야 한다.

이 글의 주장과 이유를 살펴보자.

- **결론:** 관광객 50만 명을 수용할 수 있는 시설을 확충해야 한다.
- **이유:** 희귀한 일식을 보기 위해 더 많은 사람들이 찾아올 것이다.

여기서 이유로 제시한 명제가 성립하기 위해서는 '많은 사람들이 일식에 관심이 있다'는 주장을 전제해야 한다. 또 다른 예문을 보자.

> 공항을 이용하는 축구팬들의 숫자가 계속 늘어나고 있기 때문에 공항의 치안을 더욱 강화해야 한다.

이 글의 주장과 이유를 분석해보자.

- **결론:** 공항의 치안을 강화해야 한다.
- **이유:** 공항을 이용하는 축구팬들의 숫자가 계속 늘어나고 있다.

여기서 이유로 제시한 명제가 성립하기 위해서는 '축구팬들은 난폭하기 때문에 사고를 일으킬 확률이 높다'는 주장을 전제해야 한다.

하지만 이러한 전제들은 과연 옳을까? 전제의 옳고 그름을 따지기 위해서는 실제 데이터나 사건이나 상황을 조사하고 확인해야 한다. 전제를 의심하고 검증하지 않으면 심각한 판단착오로 이어질 수 있다.

> 올해 시설을 대폭 확충해야 한다는 시장의 강력한 주장에 따라 2년 치 예산을 쏟아부었다. 그런데 축제에는 예년처럼 고작 7만 명만 참가했을 뿐이다. 사람들은 집에서 TV로 일식을 지켜보았다.

> 이 공항은 원래 유전노동자들이 많이 사용했는데, 이곳 유전이 폐쇄되면서 공항이용객이 크게 줄었다. 공항당국은 이용자 수를 유지하기 위해 자녀를 동반한 축구관람객에게 특별할인 패키지상품을 제공하였고, 이 기획이 크게 성공을 거둔 것이었다.

사람들이 한 자리에 모여서 일식을 보고 싶어할 것이라는 전제는 잘못된 것이었다. 또, 그냥 '축구팬'이라고만 말했을 때는 폭력적인 훌리건을 떠올리게 만들었으나, 실제로 알고 보니 그들은 축구경기를 보러 오는 가족여행객들이었다. 이들 때문에 치안에 문제가 생길 확률은 높지 않을 것이다. 이처럼 전제에만 의존하여 펼치는 논증은 잘못된 결론으로 이어질 수 있다. 전제가 잘못되지 않았는지 면밀히 살펴야 한다.

연습문제 — 전제의 타당성을 따져보자

다음 예문을 읽고 논증의 토대가 되는 전제를 파악하고, 그 전제가 타당한지 타당하지 않은지 평가하고 그 이유를 제시하라.

- 예문 6.13

  중동의 분쟁은 향후 몇 달간 원유생산량에 영향을 미칠 가능성이 높다. 원유가 부족해지면 대개 휘발유값이 올라간다. 따라서 올해 휘발유값은 오를 전망이다.

- 예문 6.14

  디지털TV는 채널이 많아서 시청자들에게 선택의 폭을 넓혀줄 것이다. 엄청나게 다양한 프로그램들이 쏟아질 것이다. 결국 디지털TV의 출현은 TV프로그램의 질적 향상으로 이어질 것이다.

- 예문 6.15

  지난해 인구의 5퍼센트가 결혼했고 재작년에도 5퍼센트가 결혼했다. 2년마다 10퍼센트가 결혼을 한다는 뜻이다. 따라서 20년만 지나면 모든 사람들이 다 결혼할 것이다.

- 예문 6.16

  도시는 자동차가 배출하는 배기가스와 화학물질로 인해 심하게 오염되었다. 도시를 떠나 시골에 살면 더 건강해질 것이다.

- 예문 6.17

무수한 레스토랑들이 살아남기 위해 몸부림친다. 개업 첫해 손익분기점을 넘기려면 주당 1,000만 원씩 벌어야 한다. 이렇게 벌려면 저녁마다 손님이 가득 차야 한다. 대개 레스토랑들은 주중에 손님이 반밖에 차지 않는다. 하지만 우리 레스토랑에는 비장의 메뉴가 있기 때문에 손님이 가득 찰 확률이 높다. 우리는 1년 안에 손익분기점을 넘길 것이다.

- 예문 6.18

오늘 갑자기 비가 쏟아지는 바람에 건설인부들이 몇 시간 동안 비를 맞으며 일했다. 따라서 그들은 감기에 걸릴 것이다.

- 예문 6.19

인도는 매년 900편에 달하는 영화를 쏟아내는데, 이는 그 어느 나라보다도 훨씬 많은 영화를 제작하는 것이다. 이렇게 만들어진 영화는 이제 다른 국가에도 배급되고 있다. 인도영화는 지금까지 주로 자국 관객들만 봤지만, 이제는 인도 바깥에서도 상당한 관객을 끌어모으고 있으며, 국제적인 찬사를 받는 수준높은 예술영화도 나오고 있다. 따라서 인도의 영화산업은 세계적으로 더 많은 인기를 끌 것이다.

- 예문 6.20

국가별 정체성은 개개인에게도 강하게 나타난다. 관광객들이 많이 오는 해변에 가면 사람들의 행동만 봐도 어느 나라사람인지 알 수 있다. 예컨대 프랑스사람들은 모래사장에서 구슬치기를 하는 반면, 영국사람들은 웃옷을 입지 않고 돌아다닌다. 이처럼 나라마다 행동양식이 구별되는 것은, 그들이 공유하는 유전자에 어떤 특징이 있기 때문이다.

암묵적 논증

논증구조를 쉽게 알아볼 수 있는 논증은 명시적 논증 explicit argument이라고 한다. 지금까지 이 책에서 소개한 논증은 대부분 명시적 논증이다. 이에 반해 논증구조를 뚜렷하게 드러내지 않는 논증은 암묵적 논증 implicit argument이라고 한다.

- 암묵적 논증은 명백한 추론선이 없다.
- 암묵적 논증은 명확한 결론이 없다.
- 암묵적 논증은 설득하고자 하는 의도를 드러내지 않는다.

주장을 담고 있음에도 논증처럼 보이지 않는 글, 또는 독자를 설득하려고 하지 않는 것처럼 보이는 글이 가끔 있다. 명시적으로 논증을 펼치면 독자들이 하나하나 추론선을 따지고 근거를 꼼꼼하게 찾아보고 세부적으로 분석하고 평가하려고 하기 때문에, 이러한 독자들의 접근방식을 누그러뜨리고 회피하기 위해 전략적으로 논증을 펼치는 것이다.

예컨대 모든 문장들이 하나의 결론을 향해 나아가도록 쓰고 나서, 정작 결론을 제시해야 할 대목에서 결론을 말하지 않는 경우도 있다. 독자들 스스로 결론을 이끌어내도록 유도하는 것이다. 사람들이 자기 스스로 끌어낸 결론을 더 확신하는 경향이 있다는 점을 노리고, 설득력을 높이는 전략이다. 암묵적 논증을 펼치는 목적과 의도는 다음과 같다.

- 무의식적인 수준에서 상대방에게 어떤 영향을 미치고 싶을 때
- 스스로 설득당한지도 모르게 설득하고 싶을 때
- 상대방이 하고 싶어하지 않는 일을 하도록 유도하고 싶을 때
- 상대방이 자기도 모르는 사이에 어떤 생각을 하게끔 만들고 싶을 때
- 상대방을 협박할 때 — 위협을 느끼게 하고 싶을 때
- 상대방의 잘못을 직접 언급하지 않으면서 죄책감을 느끼게 하고 싶을 때
- 결론을 직접 말하고 싶지 않을 때
- 상대방에게 잘못된 오해를 유발하고자 할 때

어느 날 다음과 같은 문자메시지가 날아왔다.

> 10억 원이 넘는 어마어마한 상금! 340만 개의 전화번호 중 상금을 받을 영예의 우승자로 선택되셨습니다. 자세한 내용이 궁금하다면 지금 아래 전화번호로 문의해주세요.

정말 10억 원에 당첨된 것일까? 좀더 비판적으로 읽어보자.

- 상금 10억원은 나 혼자 받는 것일까? 여러 사람이 받는 상금의 총액이 10억 원이라는 말일까? 명확하지 않다.
- 우승자로 선택되었다는 말은 내가 선택되었다는 말일까? 내 전화번호가 선택되었다는 말일까? 어쩌면 단순히 경품추첨에 참가할 자격을 얻었다는 말일지도 모른다.
- 이 문자메시지를 보고 전화를 걸었다가 상금은커녕 엄청난 전화요금을 내야 할 수도 있다.

연습문제 　　　　　　　　　　　　　　　　　암묵적 주장

다음 예문에는 주장이 없다. 생략되어있는 주장을 찾아보라.

- 예문 6.21

  운동이나 취미를 함께 즐기는 모임과 달리 노동조합은 그 형태가 어떻든 호의적으로 받아들여지지 않는다는 것을 명심하십시오. 다시 말하지만, 자신의 급여를 다른 직원들과 논의하시면 안 됩니다.

- 예문 6.22

  우리 후보는 절대 거짓말을 하지 않습니다. 오직 국가를 위해 한평생 헌신해온 사람입니다. 국가의 돈을 사적으로 유용한 적도 없습니다. 우리 후보는 한번 약속하면 반드시 지킵니다. 법인세를 인하하겠다는 공약 역시 반드시 지킬 것입니다.

- 예문 6.23

  우리나라 사람들은 예로부터 정직과 예의범절을 중요한 가치로 여겼다. 국가로부터 뭔가를 훔치거나 사람을 속이는 것은 나쁘다고 생각한다. 그런데 지금 정부는 이민자 2,000명을 받아들일 예정이라고 한다.

- 예문 6.24

  우리나라의 많은 사람들이 사형제도에 찬성합니다. 우리나라는 민주정 국가입니다. 민주정에서는 대다수 구성원이 원하는 것을 중요하게 여깁니다. 하지만 우리나라에는 사형제도가 없습니다.

➡ 214쪽 예문 6.29로 연습문제가 이어집니다.

이데올로기와 고정관념

사회나 문화 속에서 당연한 것으로 여겨지는 믿음을 전제로 깔고 논증을 펼치는 경우도 있다. 예컨대 몇년 전까지만 해도 남자는 감정을 표현해서는 안 된다, 집안일은 남자보다 여자가 훨씬 잘한다고 대부분 생각했다. 이런 주장을 모든 사람들이 '진실'이라고 생각하고 동의했기 때문에 논증에서 명시적으로 이야기할 필요가 없었다. 이처럼 개인이나 집단이 가지고 있는 현실에 대한 인식과 가치관, 그리고 이것을 바탕으로 한 사고방식을 '이데올로기^{ideology}'라고 한다. 한 사회에서 통용되는 암묵적 논증을 살펴보면 그 사회가 보지 못하는 '사각지대^{blind spot}'가 무엇인지 관찰할 수 있다.

이데올로기적 가정

오늘날 많은 사회학자나 문화연구자들이 미디어분석, 텍스트분석을 통해 현시대에 우리 사회에서 '당연하게' 여겨지는 가치, 즉 이데올로기를 드러내고 비판하는 작업을 하고 있다. 직관적으로 판단할 때, 지금은 당연한 것으로 여겨지지만 미래세대에게는 의심스러운 것으로 여겨질 수 있는 이데올로기적 가정으로 무엇이 있을까? 이러한 이데올로기가 깨지지 않고 우리 사회에서 계속 당연한 것으로 여겨진다면 어떤 상황이 초래될까? 다른 사람들과 의견을 나눠보자.

연습문제   숨어있는 이데올로기를 폭로하라

다음 글 속에서 이데올로기적 전제, 즉 암묵적인 사회적 관념을 찾아보자.

- 예문 6.25

참 당돌하네. 이 자리에 어른들도 많은데 어린애가 앞에 나가서 무슨 연설을 한다는 거야? 이제 겨우 19살밖에 안 된 애가 뭘 안다고… 도대체 누가 그 애를 연단에 세운 거야?

- 예문 6.26

안나는 이제 여덟 살이 되어, 일하러 나갈 때가 되었다. 마침 넥스비농장에서 일손이 부족하다는 소문을 듣고 갔더니 안나를 고용하고 숙식을 제공해주기로 했다. 그곳 사람들은 모두 마음씨가 착하다. 아침 6시부터 저녁 6시까지 건초를 거두고 돼지와 닭에게 모이를 주는 일을 하면 된다. 이제 게으름 때문에 죄짓는 일은 없을 것이다. 물론 명절에는 집에 올 수 있다.

- 예문 6.27

포츠씨가 사망했으므로 그의 재산을 어떻게 처리할 것인지 결정해야 합니다. 포츠씨에게는 딸만 셋이고 아들이 없습니다. 따라서 그의 모든 재산은 죽은 형의 아들인 앤드류 포츠씨에게 돌아갑니다.

- 예문 6.28

여성에게 뉴스앵커를 맡긴다니, 무슨 소리야? 뉴스에는 심각한 내용도 많아! 빵집 이야기나 나무에 올라간 고양이 이야기만 나오는 게 아니야. 뉴스앵커는 전쟁, 죽음, 정치적 혼란과 같은 심각한 소식도 진지하고 차분하게 전달할 줄 알아야 한다고.

표면적 의미와
함축적 의미

가끔 의도를 숨기는 논증이 있다. 독자들이 인식하지도 못한 상태에서 저자가 원하는 관점으로 끌어가고자 하는 것이다. 이렇게 숨겨놓은 의미는 독자의 무의식 수준에서 작용하면서 그들의 판단에 강력한 영향을 미칠 수 있다. 따라서 어떤 논증이 설득력있게 들린다면, 그것이 명시적인 추론선 때문인지 함축적인 의미 때문인지 다시 확인해야 한다. 표면적 의미와 함축적 의미를 구분하면 다음과 같다.

- 표면적 의미 denoted meaning 는 겉으로 명백하게 드러나는 의미를 말한다. 명시적 의미 explicit meaning 또는 축자적 의미 literal mening 라고도 한다.
- 함축적 의미 connoted meaning 는 표면적으로 드러나지 않는 숨겨진 의미, 내포적 의미 implicit meaning 를 말한다. 함축적 의미 중에는 누구나 쉽게 파악할 수 있는 의미도 있고, 분석을 통해 겨우 파악할 수 있는 의미도 있다.

저자는 함축적 의미를 활용하여 설득력을 높일 수 있다. 독자는 논증 아래 깔려있는 함축적 의미를 인식함으로서 이에 대해 동의할지 말지 주체적으로 판단을 할 수 있다. 여기서 놓쳐서는 안 되는 사실은, 어떤 메시지든 표면적 의미와 함축적 의미를 모두 갖는다는 것이다.

드디어 오늘! 가장 멋진 컴퓨터를 10만 원 할인된 가격에 드립니다.

- 표면적 의미: 이곳에서 컴퓨터를 구매하면 10만 원 깎아준다.
- 함축적 의미: 우리 컴퓨터가 가장 뛰어나다. / 오늘 컴퓨터를 사지 않으면 10만 원 할인받을 수 없다. 빨리 사라.

당신도 이제 아늑한 삶을 즐길 수 있습니다.

- 표면적 의미: 당신도 아늑하게 살 수 있다.
- 함축적 의미: 아늑한 삶이 바람직한 상태지만, 누구나 누릴 수 있는 것은 아니다 / 우리 제안을 받아들이면 당신도 그 기회를 잡을 수 있다.

함축적 의미를 만들어내는 한 가지 손쉬운 방법은, 논의대상을 다른 것에 비유하는 것이다. 명시적으로 주장하지 않고 단순히 비유대상만 언급함으로써, 연상association을 통해 함축적 논증을 펼칠 수 있다.

생일선물로 자동차를 받았다고요? 나는 생일에 운동화를 받았어요. 내가 받은 가장 소중한 보물 같은 선물이죠.

이 글의 표면적 의미는 생일선물로 운동화를 받았다는 것이다. 하지만 이 메시지의 함축적 의미는 한결 복잡하다. 운동화를 보물에 비유함으로써, 운동화가 희귀하고 훨씬 가치있다고 암시한다. 또는 그러한 선물을 받은 자신의 가치를 높인다. 이것은 정말 희귀하고 값비싼 운동화를 받았다는 의미일 수도 있지만, 훨씬 비싼 것이 분명한 자동차 못지않게 운동화에 만족한다는 인상을 주려는 것일 수도 있다.

금과 아무 관련이 없는 제품 이름에 '금'이라는 말을 사용하는 경우를 자주 볼 수 있다. 많은 광고들이 금을 연상시키는 이미지를 활용하여 눈길을 사로잡는다. 금을 보는 순간 우리는 부유함, 희소성, 탁월함을 떠올린다. 살기 좋았던 시절을 우리는 흔히 '황금시대'라고 표현한다. 결혼할 때도 영원히 지속되는 로맨스를 상징하기 위해 금반지나 다이아몬드반지를 주고받는다. 제품광고에 반지 이미지를 넣음으로써, 제품이나 서비스를 구매하는 것은 곧 판매자와 구매자 사이에 지속적이고 신뢰할 수 있는 관계를 맺는 것이라는 인상을 심어주기 위해 노력한다.

연상은 사회적, 문화적, 이념적 맥락에 따라 다르게 작동한다. 반지 이미지처럼 독자 스스로 연결고리를 만들어내도록 유도함으로써 원하는 메시지를 더욱 강력하게 전달하려는 전략이다. 키워드나 개념을 적절하게 사용하여 다양한 연상을 불러일으킬 수 있다면, 숨어있는 메시지를 효과적으로 증폭시킬 수 있다.

- 국가적 자부심을 자극하는 장엄한 음악을 배경음악으로 사용하여, 우리가 가장 애국적인 정당이라는 인상을 심어준다.
- 창공을 날아가는 새의 이미지를 보여줌으로써, 나의 주장을 따르기만 하면 경제적인 자유를 한껏 누릴 수 있다는 인상을 심어준다.
- 집에서 빵을 굽고 차를 마시는 모습을 보여줌으로써, 이 집을 사면 누구나 이렇게 아늑한 삶을 즐길 수 있다는 인상을 심어준다.

함축은 이처럼 메시지를 암묵적으로 전달하는 방법이다. 실제로 많은 사람들이 자신의 가치를 높이고 싶을 때 주변사람들의 성공을 이야기한다. '나는 중요한 사람'이라고 직접적으로, 명시적으로 말하는 사람은 거의 없지만, 자기 친구나 가족이나 아는 사람이 얼마나 중요한 일을 하는지 이야기하는 사람은 많다. 내가 중요한 사람이라는 메시지를 암묵적으로 전달하는 고전적인 방법이다.

이러한 연상을 적극적으로 활용하는 곳이 바로 정치캠페인이다. 자기 후보와 정책은 긍정적인 의미를 지닌 말과 표현과 대상으로 연결하고, 상대후보와 상대편 정책은 부정적인 의미를 지닌 말과 표현과 대상으로 연결하기 위해 노력한다.

이러한 연상조작을 효과적으로 활용하기 위해서는 사람들이 어떤 아이디어나 대상에 반복적으로 연결하는 인상, 감정, 형용사, 행동양식이 무엇인지, 즉 '고정관념stereotype'이 무엇인지 알아야 한다.

아빠와 함께 자전거를 타고 가던 아들이 사고가 났다. 아들은 응급차에 실려 병원에 갔다. 마침 응급실 당직을 서고 있던 의사는 환자를 보고 깜짝 놀랐다. 자신의 아들이었기 때문이다.

이 이야기가 이상하게 들리는가? 그렇다면 의사는 남자, 간호사는 여자라는 고정관념에 사로잡혀있기 때문이다. 고정관념은 집단이 공유하는 문화적 전제다. 물론 지금은 많은 고정관념들이 깨지고 있다. →239

광고에서 활용하는 연상

다양한 유형의 광고에서 자주 등장하는 단어나 개념을 눈여겨보라. 이러한 단어나 개념들을 활용하여 소비자에게 어떤 인상을 심어주고자 하는지 생각해보자.

광고에서 사용하는 단어나 개념	연상되는 의미

| 연습문제 | 단어의 이미지 |

단어마다 연상되는 개념이나 이미지를 연결해보자.

단어　　　　　　　　　　**연상되는 개념**

1. 산　　　•　　　　ⓐ 순수, 배려, 사랑, 상냥함, 부드러움

2. 어린아이　•　　　　ⓑ 위험, 용기, 경계, 시험

3. 과일쥬스　•　　　　ⓒ 로맨스, 결혼, 행복, 선택받았다는 느낌

4. 불의 벽　•　　　　ⓓ 홀로 생활하는 남자, 여자가 가서는 안 되는 곳

5. 원숭이　•　　　　ⓔ 건강, 비타민, 삶의 질, 윤기있는 머리카락

6. 반지　　•　　　　ⓕ 자연의 신선함, 상쾌하고 시원함, 야외, 굳건함

7. 던전　　•　　　　ⓖ 유머, 장난기, 속임수

어린아이는 장난기가 많기 때문에 던전에 입장하실 수 없습니다

연습문제   고정관념

다음 문장에는 어떤 고정관념이 작동하고 있는지 살펴보자.

1. 딸만 둘이니 아이들 방을 분홍색으로 꾸미는 것이 좋겠네요.
2. 이쪽은 조종사 유니폼이고... 숙녀분들, 승무원 유니폼은 저쪽에 있습니다.
3. 메뉴에 로스트비프를 넣어야 할 것 같아요. 영국 관광객들도 먹을 게 있어야죠.
4. 성질머리 한번 고약하군. 빨간머리를 보고 알아봤어야 하는 건데.
5. 미국 방문객들이 많을 때는 컨트리음악을, 스페인 방문객들이 많을 때는 플라멩코를 틉니다.
6. 축구팬들이 모이면 당연히 사고가 날 걸 예상했어야지.
7. 기숙사에 세탁기를 장만해주는 것보다는 학생들에게 큰 가방을 나눠주고 빨래를 집으로 가져가게 하는 것이 훨씬 효과적일걸.
8. 패션이나 컴퓨터에는 관심이 없을걸. 둘 다 은퇴한 사람들인데 뭘.

다음 예문에는 주장이 없다. 생략되어있는 주장을 찾아보라.

● 예문 6.29

지난주 토요일 오후 감독관과 다른 직원들이 공장을 떠날 때만 해도 주차장에 세워져 있던 트럭에는 동파이프 300개가 적재되어 있었다. 그런데 일요일 아침에 보니 파이프가 모두 사라지고 없었다. 줄리앙과 이안이 토요일에 늦게까지 작업을 했다. 두 사람은 트럭을 운전할 줄 안다. 그리고 둘 다 토요일 밤 알리바이가 없다.

연습문제   표면적 의미와 함축적 의미

다음 예문을 읽고 표면적 의미와 함축적 의미를 찾아보라. 또 숨어있는 메시지를 전달하기 위해 어떤 연상을 활용하는지 생각해보라.

- 예문 6.30

  제 의뢰인은 과거에 철없는 행동을 하기도 했으나 이제 변했습니다. 지난 몇 달 동안 그녀의 자녀들은 힘든 시기를 겪었습니다. 아들은 심하게 앓았고 딸은 할아버지의 죽음에 매우 상심했습니다. 이런 시련을 겪는 동안 제 의뢰인은 아이들과 계속 접촉하면서 아이들에게 반석과 같은 존재가 되었습니다. 아이들은 이제 엄마를 의지하고 있습니다.

- 예문 6.31

  거센 바람이 휘몰아치자 다른 당들은 모두 정책을 바꾸느라 정신이 없었습니다. 하지만 우리 당만은 변함없이 명확한 노선을 지켰습니다. 우리가 이렇게 굳건하게 당을 지켜낼 수 있었던 것은 바로 우리에게 믿을 수 있는 당대표가 있었기 때문입니다. 그녀만이 몰아치는 폭풍우를 뚫고 전진할 수 있는 유일한 선장입니다.

- 예문 6.32

  우리에게 호의적으로 여론을 끌어오는 작업은 그리 어렵지 않아. 인플루언서들에게 뿌리칠 수 없는 제안을 하고 이를 받아들이도록 설득하기만 하면, 사람들은 뭣도 모르고 순한 양처럼 따라올거야.

숨어있는 가정과 함축적 논증

1. 전제는 논증을 단순하게 만들어준다: 누구나 이미 동의할 것으로 예상되는 주장은 일일이 설명하지 않는 것이 훨씬 효율적이다. 대충 읽거나 보거나 들을 때는 바닥에 깔려있는 전제를 놓칠 수 있다.

2. 전제는 상황에 따라 다르게 선택해야 한다: 타겟독자, 맥락 등에 따라 전제의 적절성을 판단하는 기준은 달라진다. 배경지식이 많지 않은 독자를 대상으로 할 경우에는 그렇지 않은 독자를 대상으로 할 때 전제로 삼을 수 있는 많은 명제들을 명시적으로 설명해야 한다.

3. 전제가 타당하지 않으면 논증 자체가 무너질 수 있다: 전제는 논증의 토대 역할을 한다. 잘못된 신념이나 가정 위에서 펼치는 논증은 아무리 논증구조를 잘 꾸미더라도 성립할 수 없다.

4. 3단논법은 현실에서 작동하지 않는다: 전통적인 형식논리학의 하나인 3단논법은 현실세계의 복잡한 문제해결상황이나 의사결정과정에 적용하는 데 한계가 있다. 현대에 들어 이러한 한계를 극복하기 위한 노력으로 비형식논리학이 발전했다.

5. 전제에 의존하여 펼치는 논증을 조심하라: 구체적인 근거나 데이터를 배제하고 전제에만 의존하여 결론을 내리는 논증은, 독자들이 쉽게 동의하지 않을 주장을 숨기고 잘못된 판단을 유도하려는 계략의 산물인 경우가 많다.

6. 암묵적 논증을 조심하라: 논증처럼 보이지 않는 논증은 대개 독자를 속여 무의식 수준에서 설득하고자 하는 것이다. 물론 이러한 기법을 적절하게 사용하여 설득력을 높일 수도 있다.

7. 모든 메시지에는 함축적 의미가 있다: 어떤 메시지든 비유, 연상, 이데올로기, 고정관념 등을 활용하여 표면적 의미와 다른 의미를 전달할 수 있다. 비판적으로 글을 읽고 쓰는 사람이라면 이러한 함축적 기교를 민감하게 감지하고 또 적절하게 활용할 줄 알아야 한다.

07

논증 속 오류 찾기

추론을 왜곡하는 비논리적 설득전략

?

인과관계와 상관관계는 어떻게 다를까?

필요조건과 충분조건은 무엇이고, 어떻게 구별할 수 있을까?

비유를 활용한 논증 속에는 어떤 함정이 숨어있을까?

비판적 사고를 왜곡하는 오류에는 어떤 것들이 있을까?

논리적 오류를 활용하는 수사학적 전략에
휘말리지 않기 위해서는 어떻게 해야 할까?

챕터3에서는 논증을 구성하는 다양한 요소들—주장, 주장을 뒷받침하는 이유, 추론선, 설득하고자 하는 의도—에 대해 알아보았다. 챕터4에서는 논증글과 논증이 아닌 다양한 글 사이에 어떤 차이가 있는지 알아보았다. 챕터5에서는 논증을 어떻게 구성해야 하는지 알아보았으며, 챕터6에서는 논증에서 표면적으로 드러나지 않는 요소들에 대해 알아보았다. 논증구조가 허술하거나, 논리적으로 일관성이 없거나, 숨어있는 전제가 잘못된 경우 논증은 실패할 수 있다.

이 챕터에서는 논증의 타당성을 평가하는 또 다른 요인에 대해 알아본다. 원인과 결과, 필요조건과 충분조건에 대해 설명한다. 또 정당한 논증과 비판적 사고를 방해하는 다양한 오류전략에 대해서도 설명한다. 논의와 무관하게 인신공격을 하거나, 자신과 다른 의견을 폄하하거나, 감정적 언어를 사용함으로써 자신의 빈약한 논리를 감추거나 독자가 논리적으로 판단하기 어렵게 막는다. 이러한 논증오류를 발견했을 때 가장 먼저 해야 할 일은, 그 의도를 파악하는 것이다.

- 저자가 자신의 논증에 결함이 있다는 사실을 인식하지 못한 경우: 논증 속 결함을 일깨워주고 추론을 개선할 수 있도록 도와줄 수 있다.
- 독자를 오도할 목적으로 의도적으로 오류를 활용한 경우: 오류를 활용하여 무엇을 감추고 속이려고 하는지 파악할 수 있다. 상대방의 전략에 휘둘리지 않고 올바른 판단을 할 수 있다.

인과관계와 상관관계

두 흐름 사이에 연관성이 있을 때 상관관계가 있다고 말한다.

1. 기온이 올라가면 물을 많이 마신다.
2. 기온이 떨어지면 실내수영장 이용객이 늘어난다.

첫 번째 글은 기온과 물섭취량 사이에, 두 번째 글은 기온과 실내수영장 이용객 수 사이에 상관관계가 있다고 진술한다. 첫 번째 경우는 두 흐름이 같은 방향으로 움직이기에 순상관관계positive correlation라고 하고, 두 번째 경우는 서로 반대방향으로 움직이기에 역상관관계negative correlation라고 한다.

여기서 앞의 요인은 원인, 뒤의 요인은 결과처럼 보이기도 한다. 예컨대 기온상승은 원인이고 물을 많이 마시는 것은 결과, 기온하락은 원인이고 실내수영장 이용객이 늘어나는 것은 결과라고 볼 수 있다는 뜻이다. 두 변수가 원인과 결과라면, 이 둘 사이에 인과관계가 있다고 말한다. 하지만 두 변수 사이에 정말 인과관계가 있는 것일까? 좀더 면밀한 검증을 거쳐야 한다.

- 지난밤 온 가족이 배탈이 났다.
- 어제 식구들은 식당에서 생선요리를 먹었다.
- 그 생선이 상한 것이 분명하다.

이 글은 생선요리와 배탈 사이에 상관관계가 있다고 가정하는 것을 넘어서, 생선요리가 원인이고 배탈이 결과라고 단정한다. 두 변수 사이에 인과관계가 성립한다고 가정하는 것이다. 이 논증에 깔려있는 전제는 '생선 말고는 온 가족에게 배탈을 유발할 요인이 없다'는 것이다. 이러한 전제를 가정하지 않으면 끌어낼 수 없는 결론이다. 물론 이 인과관계를 입증하려면 더 많은 증거를 찾아내야 할 것이다.

- 같은 생선요리를 먹은 사람들 중에 아픈 사람이 또 있는가?
- 배탈 증상이 같은가? 어떻게 아픈가?
- 생선요리 말고 배탈의 원인이 될 만한 다른 이유는 없는가?
- 생선이 정말 상한 것인가? 요리가 남아 있다면 정밀한 검사를 해야 한다.

눈에 띄는 두 사건이 동시에 발생했다는 이유만으로 인과관계가 있다고 단정해선 안 된다. 자칫 엉뚱한 결론으로 이어질 수 있다.

바위에 공룡발자국이 찍혀 있는 곳에는 어김없이 지질학자들이 어슬렁거린다. 공룡발자국은 지질학자들이 만들어낸 것이 틀림없다.

지질학자가 있는 것은 원인, 그곳에서 공룡발자국이 발견되는 것은 결과라고 가정한다. 이러한 논증을 가능케 하는 전제는 '공룡발자국은 사람이 만들어낸 것'이라는 믿음이다. 이러한 가정을 하지 않으면, 끌어낼 수 없는 결론이다. 지질학자들이 모여들기 전부터 공룡발자국이 존재했다는 사실을 확인하면 이 전제는 바로 기각될 것이다.

좀더 논리적으로 추리한다면, 공룡발자국은 암석의 연대를 측정하기 위한 중요한 지표 역할을 하기 때문에 공룡발자국 주변에 지질학자들이 모인다는 것이다.

아이스크림 판매량이 높아지면 샌들 판매량도 높아진다.

매년 5월부터 8월 사이에 아이스크림과 샌들의 판매량은 같은 방향으로 움직이니, 이 둘 사이에 순상관관계가 있다고 말할 수 있다. 그래서 샌들이 많이 팔리면 아이스크림도 많이 팔릴 것이라고 예측할 수 있다.

하지만 아이스크림 판매량 증가는 샌들 판매량 증가의 원인이 아니다. 거꾸로도 마찬가지다. 예컨대 아이스크림회사에서 겨울에 신상품을 출시하여 대대적으로 광고를 한다면, 샌들 판매와는 무관하게 아이스크림 판매만 늘어날 수 있다. 이 경우 각각의 판매량에 영향을 미치는 것은 '여름'이라는 계절적 요인이다. 이를 제3의 원인third cause이라 한다.

자동차도난범죄의 발생건수가 증가하고 있다. 예전에는 소비자가 선택할 수 있는 자동차 색이 몇 가지 되지 않았지만 지금은 자동차 색이 다양해졌다. 자동차의 색이 다양해질수록 자동차도난범죄도 증가한다.

자동차 색과 자동차도난범죄 사이에 연관성이 있다고 말하지만 그럴 가능성은 높지 않다. 상관관계란 기본적으로 둘 사이에 서로 영향을 주고받는다고 가정하는 것이다. 하지만 이 경우에는 상관성보다는 우연성이 훨씬 크다. 따라서 어떤 흐름이나 패턴 사이에 상관관계가 있는 것처럼 보일 때는, 다음과 같은 질문을 하여 검증해야 한다.

- 두 가지 변수가 비슷하게 움직이는 것은 단순한 우연의 일치 아닐까?
- 둘 사이에 인과관계가 있는 것은 아닐까?
- 제3의 원인이 존재하지 않을까?

연습문제 — 인과관계 발굴하기

다음 예문들은 어떤 인과관계를 가정하고 있는지 생각해보자.

- 예문 7.1

  서양인의 기대수명은 과거에 비해 매우 늘었다. 비만인구도 훨씬 많아졌다. 비만은 기대수명을 연장하는 것이 틀림없다.

- 예문 7.2

  교도소 지붕 위에 올라가 자신의 결백을 주장한 죄수가 풀려났다. 이런 식으로 석방된 사례가 벌써 두 번째이다. 지붕 위에서 시위를 벌이는 것은 이제 감옥에서 풀려날 수 있는 가장 확실한 방법이 되었다.

- 예문 7.3

  부엌에서 시체가 발견되었다. 시체 곁에는 피범벅이 된 칼이 떨어져 있었고, 부엌문 자물쇠가 부서져 있었다. 누군가 이 문으로 침입해 살인을 저지른 것이 분명하다.

연습문제 | 이유와 결론의 관계

이유와 결론이 다음 중 어떤 관계를 맺고 있는지, 셋 중에서 골라보자.

ⓐ 이유와 결론 사이에 인과관계가 존재한다.
ⓑ 여기 진술된 이유 말고 또 다른 이유를 가정해야 결론을 도출할 수 있다.
(어떤 전제가 필요한지 생각해보라.)
ⓒ 이유와 결론 사이에 아무런 관계도 없다.

- 예문 7.4
  이유1: 설탕은 충치의 원인이다.
  이유2: 아이들은 설탕을 많이 섭취한다.
  이유3: 아이들의 치아는 빨리 썩는다.
  결론: 아이들의 치아는 설탕 때문에 빨리 썩는다.

- 예문 7.5
  이유1: 과거에 비해 인터넷을 활용하여 자료를 찾고 과제를 제출하는 학생들이 늘었다.
  이유2: 전체 학생 수는 증가했지만 교직원 수는 증가하지 않았다.
  이유3: 다른 사람의 글을 표절하는 학생의 비율은 그대로 유지되고 있다.
  결론: 엄청난 양의 학생들의 표절이 머지않아 드러날 것이다.

- 예문 7.6
  마리 퀴리, 알베르트 아인슈타인, 찰스 다윈 모두 머리가 길다. 그들은 모두 위대한 과학자였다. 따라서 위대한 과학자가 되고자 한다면 머리를 길러야 한다.

● 예문 7.7
이유1: 축구경기 입장권이 비싸졌다.
이유2: 축구선수들은 이전보다 훨씬 높은 연봉을 받는다.
결론: 입장료를 올린 것은 선수들에게 더 많은 돈을 주기 위한 것이다.

● 예문 7.8
이유1: 두바이의 인구는 1940년부터 2000년까지 매년 두 배씩 증가했으며, 앞으로도 계속 증가할 전망이다.
이유 2: 1979년 제벨알리에 건설한 자유무역지대는 크게 번창하고 있다. 전세계 사람들이 이곳으로 모여들고 있다.
이유3: 운동경기장, 테마파크 같은 대규모 시설과 세계적 수준의 테크노파크와 국제적인 파이낸스센터 등 경제인프라를 구축하기 위한 수많은 프로젝트가 진행되었다. 그로 인해 더 많은 사람들이 두바이로 모여들고 있다.
이유4: 대규모 부동산개발계획이 진행 중이며, 이제 외국인들도 두바이에서 부동산을 구입할 수 있다.
결론: 외국인을 위한 다양한 혜택 덕분에 두바이 인구는 계속 증가할 것이다.

● 예문 7.9
이유1: 최근 고슴도치들이 허술한 냉장창고에 들어가 아이스크림을 먹었다는 신문보도가 있었다.
이유2: 최근 패스트푸드 식당에서 많은 양의 아이스크림을 폐기한다고 한다.
결론: 패스트푸드매장에 고슴도치를 풀어놓으면 아이스크림을 손쉽게 폐기처분할 수 있다.

엄마는 외계인이 역시 최고야

필요조건과 충분조건

독자를 설득하려면 이유와 근거로 주장을 뒷받침해야 한다. 이 문장은 '독자를 설득하다'라는 절과 '이유와 근거로 주장을 뒷받침하다'라는 절이 연결되어있다. 이 명제의 논리적 관계를 따져보자.

독자를 설득하려면 ■　➡　이유와 근거로 주장을 뒷받침해야 한다. ●

이 경우 논리학에서는 ■를 **충분조건**, ●를 **필요조건**이라고 부른다.

■ **충분조건** sufficient condition
　다른 조건(필요조건)이 모두 충족되어야만 발생하는 조건
● **필요조건** necessary condition
　어떤 조건(충분조건)이 발생하기 위해 반드시 충족되어야 하는 조건

앞에서 본 명제의 순서를 바꿔보면 충분조건과 필요조건을 왜 구분해야 하는지 알 수 있다.

이유와 근거로 주장을 뒷받침하면 ●　➡　독자를 설득할 수 있다. ?

이 명제는 참이 아니다. 이유와 근거로 주장을 뒷받침한다고 해서 무조건 '독자를 설득할 수' 있는 것은 아니다. 이 명제가 참이 되려면 또 다른 조건이 '필요'하다. 예컨대

    이유와 근거로 주장을
    뒷받침하면 ●
       +   ➡ 독자를 설득할 수 있다. ■
    그 이유와 근거가 타당한 것으로
    받아들여지면 ●

이처럼 충분조건을 충족시키려면 필요조건이 여러 개 있어야 한다. 또 다른 예를 보자.

    새는 날개가 있다. 이것은 날개가 있다. 이것은 새다.

여기서 날개가 있다는 것은 새가 되기 위한 필요조건일까, 충분조건일까?

    날개가 있으면 ● ➡ 새다.?   새라면 ■ ➡ 날개가 있다. ●

첫 문장은 거짓이다. 날개가 있는 것 중에는 곤충도 있고 비행기도 있다. '새'가 충분조건이 되기 위해서는 깃털과 부리도 있다는 증거, 새만 가지고 있는 독특한 DNA구조 같은 또 다른 필요조건이 덧붙여져야 한다. 반면 뒷문장은 참이다. 결국 날개가 있다는 것은 새가 되기 위한 필요조건이다.

    역까지 타고 갈 택시를 미리 집 앞에   기차시간에 맞춰
    대기시켜놓지 않으면 ●   ➡   도착할 수 없다. ■

기차시간에 맞춰 도착하기 위한 필요조건은, 택시를 미리 집 앞에 대기시켜놓아야 한다는 것이다. 물론 택시를 대기시켜 놓았다고 해도 차가 막힌다거나 다른 조건들로 인해 충분조건을 충족시키지 못할 수도 있다. 하지만 일상적인 맥락에서는 이러한 예외적인 조건들은 생략해도 큰 문제가 발생하지 않기 때문에 충분히 타당한 명제라고 볼 수 있다.

글 속에서 필요조건과 충분조건을 구분하는 것은 이처럼 혼란스럽게 여겨질 때가 많다. 좀더 쉬운 구분요령을 조언하자면, 두 조건 중에서 필요조건을 먼저 찾아내는 것이다. 정의를 다시 보자.

● **필요조건**: 충분조건이 발생하기 위해 반드시 충족되어야 하는 조건

필요조건에는 이름 그대로 필요성을 의미하는 표현이 반드시 붙는다. 다음은 필요조건과 충분조건을 진술하는 전형적인 문장들이다.

1. ■이면, (반드시) ●다.
2. (반드시) ●여야만 ■다.
3. ■일 때 (반드시) ●다.
4. (반드시) ●일 때만 ■가 가능하다.
5. ■하려면 ●해야 한다.
6. (반드시) ●하지 않으면 ■가 될 수 없다.
7. ■이려면 ●가 필요하다.
8. ●는 ■하기 위한 필수불가결한 조건이다.
9. ■가 성립하려면 ●가 참이어야 한다.
10. ●는 ■가 성립하기 위해 참이어야 한다.
11. ■는 (반드시) ●를 전제한다.
12. ●는 ■의 필수조건/전제조건/선결조건이다.

13. ■는 ●이 사실이여만 성립한다.
14. ●가 사실이 아니라면 ■는 성립하지 않는다.

문장의 의미가 모호하거나 헷갈릴 때는 '반드시' '—해야 한다'처럼 필요성을 표시하는 표현요소가 드러나도록 문장을 바꿔보면 필요조건이 명확하게 드러날 것이다. 앞에서 본 명제들을 고쳐보자.

| 날개가 있으면 ➡ 새다.   새라면 ➡ | 날개가 있다.
| 날개가 있어야만 ● | 반드시 날개가 있어야 한다. ●

| 택시를 미리 | 대기시켜 놓지 않으면 ➡ 시간에 맞춰 | 도착할 수 없다
| | 대기시켜 놓아야만 ● | 도착할 수 있다.

이처럼 필요성을 표시할 수 있는 항목은 필요조건이고, 이 필요조건이 충족되었을 때 참이 되는 항목은 충분조건이다.

큰돈을 벌고 싶으면 ■ ➡ 복권을 사라. 사야 한다. ●

하지만 필요조건을 앞에 두면 이 명제는 거짓이 된다.

복권을 사면 사야만 ● ➡ 큰돈을 번다. ?

큰돈을 버는 것은 복권을 사는 것만으로는 충족되지 않는다.

지난주 존은 로또를 샀다. 존은 이번 회차의 유일한 당첨자였다. 따라서 존은 큰돈을 벌었다.

이 글 속에서 필요조건과 충분조건을 구분해보자.

로또를 사야 한다 ● + 당첨되어야 한다 ● ➡ 큰돈을 번다. ■

이처럼 필요조건을 두 가지 이상 제시하니, 존이 큰돈을 번 것은 충분조건이 될 수 있다고 여겨진다(타당한 논증으로 여겨진다). 물론 필요조건은 더 필요할 수도 있다. 예컨대 복권을 잃어버리지 않아야 하고, 당첨금을 잘 찾아와야 하고, 복권회사가 파산하지 않아야 한다.

> 세균은 일반적으로 수명이 매우 짧다. 하지만 수명이 매우 긴 세균도 있다. 1989년 오하이오에서 발견된 11,000년 전 마스토돈의 흉곽뼈 안에서, 그것이 마지막으로 먹은 것으로 추정되는 장내 세균이 나왔다. 이 세균은 주변 토양에서는 전혀 발견되지 않았다. 따라서 이 세균은 11,000년 이상 산 것이 틀림없다.

이 글은 세균이 우리가 알고 있는 것보다 훨씬 오래 살 수 있다는 주장을 한다. 이 주장을 충족시키기 위한 필요조건은 무엇일까?

흉곽뼈 안에서 발견된 세균이
주변 토양에서는 발견되지 않아야만 ● ➡ 주장이 성립한다. ■

앞에서도 말했듯이 필요조건이 참이라고 해서 충분조건이 무조건 성립하는 것은 아니다. 또 다른 필요조건도 고려해야 한다. 예컨대 11,000년 이후 어느 시점에 주변 토양과 아무 접촉도 하지 않고 바람을 타고 흉곽뼈 안으로 세균이 들어갔을 가능성도 없어야 한다.

연습문제 — 필요조건과 충분조건 구분하기

주어진 이유가 결론을 뒷받침하는 필요조건인지, 또 결론이 이유가 충족시켜 주는 충분조건인지 판단하라. 또 그 이유를 적어보자.

	논증	필요조건	충분조건
예	새는 날개가 있다. 이것은 날개가 있다. 이것은 새다.	날개가 '있어야만' 새다. 날개가 있다는 것은 새가 되기 위한 필요조건이다.	날개가 있다는 것만으로 새가 되기에 충분하지 않다. 곤충이나 비행기도 날개가 있다. 따라서 '이것은 새'라는 결론은 충분조건이 되지 못한다.
1	이 보고서에는 '가지치기'라는 말이 나온다. 나무에 대한 내용이 틀림없다.		
2	이 권투선수는 고기나 생선을 먹지 않고 유제품과 채소를 먹는다. 그는 채식주의자다.		
3	아미르는 20살이 되지 않았다. 10대는 20살이 되지 않은 이들을 말한다. 아미르는 10대임에 틀림없다.		
4	클레어는 연주할 줄 아는 악기가 하나도 없다. 따라서 그녀는 음악가가 아니다.		
5	주교는 바퀴가 앞뒤로 두 개 달린 교통수단을 타고 왔다. 자전거를 타고 왔을 것이다.		
6	TV는 대개 라디오보다 비싸다. 이 TV는 라디오보다 싸다니 할인판매를 하는 것이 분명하다.		
7	리영은 정말 행복한 유년시절을 보냈다. 어른이 된 뒤에도 정말 행복할 것이다.		

비유를 활용하여
시나리오 조작하기

서로 다른 항목 사이에서 비슷한 점을 끌어내 빗댐으로써 독자가 좀 더 쉽게 이해할 수 있도록 도와주는 것을 비유analogy라고 한다. 비유는 똑같지 않은 두 항목을 나란히 제시함으로써 둘 사이의 비슷한 측면에 주목하게 만든다. 시나 소설 같은 문학적 글쓰기에서는 비유를 활용하여 놀라움, 유머, 기발한 통찰을 제공하기도 한다. 예컨대 '수필은 청초하고 몸맵시 날렵한 여인' 또는 '달은 구름 꽃마차를 타고 달리는 여신' 같은 비유표현을 활용하여 독자에게 특별한 감정과 효과를 전달한다.

논증에서도 독자를 효과적으로 설득하기 위해 비유를 활용한다. 하지만 논증에서 사용하는 비유는 상황을 이해하는 데 도움이 되어야 한다. 예컨대 달을 여신에, 구름을 꽃마차에 비유하는 것은 비판적 과학적 이해에 전혀 도움을 주지 못하기 때문에 논증에서는 유효하지 않은 비유로 여겨진다.

심장의 원리는 펌프와 같다. 이완과 수축을 통해 혈액을 온몸으로 내보내는 일을 한다.

이 경우, 심장을 펌프에 비유하는 것은 심장의 작동방식을 이해하는 데 도움을 준다. 따라서 이 비유는 유효하다고 볼 수 있다. 논증을 정확하게 이해하는 데 도움을 준다면 유효한 비유일 가능성이 높다.

> 인간의 세포를 복제하는 것은 절대 허용해서는 안 된다. 또 다른 프랑켄슈타인을 만들 수 있기 때문이다. 우리는 그런 괴물을 원하지 않는다.

복제에 대한 저자의 입장은 분명하다. 복제는 잘못된 것이며 중단해야 한다는 것이다. 그러한 주장을 강화하기 위하여 저자는 '복제의 결과물'을 프랑켄슈타인과 괴물에 비유한다. 이것은 과연 정당한 비유일까?

이 비유는 유효하지 않다. 비슷한 것끼리 비교하지 않기 때문이다. 복제는 원래의 것을 정확하게 복사한다는 뜻이다. 프랑켄슈타인이나 괴물은 정확한 복사본일까? 여러 복사본들을 조합하여 만들어낸 것에 가깝다. 더 나아가 '또 다른 프랑켄슈타인'이라는 말은, 과거의 실패에서 교훈을 얻어야 한다고 말하는 것처럼 들린다. 하지만 프랑켄슈타인은 실제 존재했던 결과물이 아니라 소설 속에 등장하는 가상의 존재일 뿐이다. 저자는 세포 복제가 괴물을 낳을 수 있다고 말하며 공포를 심어주고자 하지만, 원본이 괴물이 아니라면 복제품도 괴물이 될 수 없다.

잘못된 비유를 활용하여 이처럼 말도 되지 않는 논증을 그럴듯하게 펼쳐나가는 경우가 많다. 특히 사실 같아 보이는 진술(프랑켄슈타인은 괴물이다)과 아리송해 보이는 진술(프랑켄슈타인은 복제의 산물이다)을 섞어서 사용하면 비유가 더더욱 그럴듯해 보이는 착시현상이 나타난다. 비유의 절반이 사실이니 나머지 절반도 사실일 것이라고 많은 이들이 넘겨짚기 때문이다. 다음과 같은 경우, 비유는 대개 유효하지 않다. 의심하라.

- 비유하는 두 항목이 충분히 유사하지 않은 경우
- 비유가 잘못된 인상이나 오해를 유발하는 경우
- 비유대상을 정확하게 묘사하지 않는 경우

연습문제 — 비유가 유효한가?

예문 속에 어떤 비유가 있는지 찾아내고, 그러한 비유가 유효한지 따져보라.

- **예문 7.10**
  전제는 논증의 건물의 기반이 되는 토대와 같다. 전제가 튼튼하지 않으면 논증이 무너질 수 있다.

- **예문 7.11**
  우리 신당이 다음 선거에서 큰 성공을 거두기는 힘들겠지만, 그래도 우리는 여전히 낙관합니다. 정식당원도 얼마 되지 않고 선거운동자금도 충분하지 않은 것이 사실이지만, 당원들의 역량과 당에 대한 헌신은 그 어느 당보다 강합니다. 우리는 골리앗에 맞서는 다윗처럼, 덩치는 작아도 거대 양당에 맞서 당당히 싸울 것입니다.

- **예문 7.12**
  지구의 대기는 지구 주변을 덮고 있는 가스로 만든 담요와 같다. 대기는 얇은 공기층에 불과하지만 지구에서 우리가 살 수 있을 정도로 기온을 따듯하게 유지하는 역할을 한다. 또한 강한 태양열로부터 지구를 보호해주기도 한다.

담요를 덮으니 잠이 솔솔 오네

● 예문 7.13

대통령은 아무것도 할 수 없는 상황이었습니다.
과도한 스트레스와 압박에
줄곧 화가 머리끝까지 끓어올랐습니다.
야당은 대통령이 곧 폭발할 것을
알면서도 계속 다그치고 압박했습니다.
대통령은 압력이 최대치에 도달한
압력밥솥 같은 상태였습니다.
결국 대통령은 임계점에 도달했고,
폭발은 막을 수 없는 일이었습니다.

● 예문 7.14

최근 몇 달간 주택가격이 요동치는 바람에 투자자들은 부동산시장에서 큰돈을 잃었다. 투자자들은 부동산가격 폭락으로 심각한 부상을 입었다. 일반적으로 투자로 인한 손실에 대해서는 보상해줄 필요가 없지만, 작금의 심각한 부동산가격 폭락사태는 재난과도 같다. 재난으로 인한 부상에 대해서는 국가가 보상해야 한다.

우리보고 괴물이래... 어이가 없네...

이성적 사고를
가로막는 오류전략

정당하게 문제를 제기하고 논의하는 것을 막기 위해, 논증 자체를 비틀거나 엉뚱한 곳으로 초점을 돌리기도 한다. 우선 논증의 구조를 왜곡함으로써 부당한 결론으로 도약하려는 오류들을 보자.

논리적 오류전략

카드로 집짓기

어떤 이유나 근거를 토대로 또 다른 이유를 제시하고, 그 위에 또 다른 이유를 제시하며 빠르게 논증을 쌓아서 결론을 끌어내는 경우가 많다. 문제는 그 속에 의심스러운 이유나 근거를 끼어넣는다는 것이다.

1. 새로운 시장은 과거에 부동산개발정책에 반대한 적이 있어.
2. 그것은 경제발전에 중요하게 생각하지 않는다는 증거야.
3. 경제에 무관심하면 기업을 유치하는 데 성공할 수 있겠어?
4. 기업유치에 실패하면 실업이 늘고 시민들 불만도 높아지겠지.
5. 결국 경제도 망하고 사회불안이 높아지고 범죄도 급증할 거야.

공든 탑은 무너진다

단편적인 근거에서 출발하여 성급한 일반화, 논리적 비약, 인과관계 왜곡 등을 거쳐 결론을 끌어낸다. 이처럼 허약한 이유들을 쌓아 세운 논증은 한 장만 빼내면 전체가 무너지는 카드로 지은 성 castle of cards 과 같다.

같은 말 반복하기

같은 말을 계속 반복함으로써, 논증을 앞으로 밀고 나가지 않고 계속 제자리에서 맴돌기만 하는 경우도 있다. 같은 말을 반복하기 때문에 논리적으로 틀릴 수도 없다. 간단한 예를 들어보자.

법은 반드시 지켜야 한다. 법을 지키는 것은 의무이기 때문이다.

주장과 이유가 같은 말이다. 이러한 논증오류를 순환논증 tautology 이라고 한다. 순환논증이 의심될 때는 이유와 결론의 자리를 바꿔보라. 자리를 바꿔도 문장의 의미가 달라지지 않는다면 순환논증이다. →145

수사학적 기교를 활용한 오류전략

언어를 활용하여 논증을 강력하게 만들 수도 있지만 반대로, 언어를 활용하여 논증이 제대로 작동하지 못하도록 훼방놓을 수도 있다. 단어나 표현을 교묘하게 배치함으로써 유효한 논증에 대해 엉뚱한 불안을 심어주기도 하고 추론선에서 벗어나 논점을 흩뜨리기도 한다. 논증을 펼쳐나가는 와중에 독자가 눈치채지 못하도록 단어나 표현을 슬쩍 바꿔치기 함으로써 자신이 원하는 결론으로 독자를 끌어가는 것을 '교묘한 손놀림 sleight of hand'이라고 한다. 구체적으로 어떤 방법이 있는지 알아야 이러한 수사학적 오류전략에 휘말리지 않을 수 있다.

거짓암시 false implications

직접적으로 말은 하지 않으면서 독자들에게 특정한 판단을 하도록 의도적으로 몰아가는 전략이다.

> A: 나는 마리타를 좋아해. 가장 뛰어난 정치인이거든.
> B: 권력을 이용해 사익을 챙긴 것에 대해서는 관대하구나?

B는 자기 입으로 직접 말하지 않지만, 마리타가 권력을 이용해 사익을 챙겼다고 암시한다. 마리타를 타락한 권력자라고 생각하지 않는다면, 이런 질문으로 곧바로 넘어갈 논리적 이유가 없다.

다 알면서 뭘 그래

독자들이 비판적으로 논증할 필요가 없다고 느끼도록 유도하기 위해 의도적으로 사용하는 표현들이 있다.

- 명백하게
- 분명하게
- 따질 필요도 없이
- 당연히

또한 독자들이 이미 알고 있다고 간주함으로써 자신의 주장에 동의하지 않으면 안 되게끔 유도하는 경우도 있다.

- 다 아시다시피…
- …라는 데 모두들 동의할 것입니다.
- …이런 생각에 누가 반대하겠습니까?

- …라는 사실을 모르는 사람이 어디 있습니까?
- …라는 것은 명명백백한 사실입니다.

이러한 수사학적 표현들은, 이 주장에 대해 누구나 알고 있을 뿐만 아니라 동의한다고 말한다. 이에 대해 동의하지 않는다면 '이상한 사람'이라고 압박하는 것이며, 더 나아가 나와 같은 '정상적인 사람'이 아니라고 협박하는 것이다. 이러한 표현이 나올 때는 한 번 더 의심하라.

프레임을 비트는 오류전략

정당하게 문제를 제기하고 논의하는 것을 막기 위해, 논증 자체를 편파적으로 진술하거나 왜곡하여 논점을 비틀거나 모호하게 만듦으로써 논의가 더이상 진전되지 못하도록 방해하거나 엉뚱한 방향으로 나아가도록 유도하는 경우도 있다.

연막치기 smokescreens
연기를 뿜어 시야를 가리듯, 새로운 이슈를 남발하여 논점을 모호하고 복잡하게 만드는 전략이다.

> **기자**: 선거 중에 약속한 동해안 철책방어선을 개선하기 위한 사업은 언제 시작합니까?
> **도지사**: 우리 당은 지금까지 해안방어사업에 2000억 원을 투입했습니다. 이것은 역사상 가장 많은 금액이고요. 또 홍수피해자들을 위해서도 가장 많은 지원을 했습니다.

질문에 대해 직접 대답하지 않고 다른 이야기를 함으로써 연막을 친다. 기자가 이에 대해 또다시 질문을 하면 또 다른 주제를 끌고 들어와 엉뚱한 이야기를 늘어놓는다. 원치 않는 쟁점으로 논의가 뻗어나가지 못하도록 계속해서 문제를 복잡하게 만든다.

잘못된 인상 씌우기 misrepresentation
주요한 논점은 의도적으로 무시하고 사소한 부분에 초점을 맞춰 나쁜 인상을 뒤집어씌우고 엉뚱한 결론으로 몰아가는 오류전략이다.

> 대학도 나오지 못한 사람이 무슨 비판적 사고를 할 수 있겠습니까?

마음에 들지 않는 주장, 내 주장에 반대하는 의견에 대해서 논리적으로 반박하지 않고, 논증과는 상관없는 사소한 이유나 특성을 물고 늘어짐으로써 반론을 허약한 것처럼 깎아내리고, 이로써 자기 논증의 빈약함은 숨기는 전략이다. 참고로 비판적 사고와 학력은 아무 상관이 없다. 아무리 좋은 대학을 나와도 비판적 사고를 하지 못하는 사람들이 수두룩하다.

밀짚으로 만든 개 straw dogs
주장이나 논증의 핵심을 맥락에서 빼내거나 과장하거나 한쪽 측면에만 초점을 맞춤으로써 전체를 왜곡하는 전략이다.

> A: 환경과 자원보호를 위해 삼림보호구역을 늘려야 합니다.
> B: 당신 같은 사람들 때문에 산업발전이 제대로 안 되는 거야!

B는 원래 주장을 왜곡하고 과장하여 전혀 상관없는 주장으로 반박함으로써 주의를 분산시키고 논의의 방향을 틀어버린다. 환경보호와 자원보호에 관한 문제를 산업발전 문제로, 또 '당신 같은 (어떠한) 사람들'에 대한 문제로 초점을 바꿈으로써 논의를 수렁 속으로 밀어넣는다.

선택지 제한하기 presenting restricted options

가능한 결론이나 선택할 수 있는 옵션이 두 개만 있는 것처럼 말한다. 자신이 주장하고 싶은 결론과 형편없는 결론을 내세우고 이 중에서 선택하도록 유도한다. 이렇게 선택의 폭을 제한함으로써 자신이 내세우는 결론을 훨씬 그럴듯하게 보이게 만드는 전략이다.

> 이렇게 공부 안 하고 놀기만 하면, 넌 영원한 실패자가 될 거야.

인생에서 성공은 공부뿐만 아니라 다양한 요인에 의해 결정될 수 있다. 또한 인생은 성공과 실패 두 가지로 나눌 수 있는 것이 아니다.

너도 했으니까 나도 한다 tu quoque

너도 그런 행동을 했으니 나도 그렇게 행동할 수 있다고 주장하는 것으로, 대개 불공정하거나 비논리적인 결론을 정당화하기 위한 전략이다.

> 전임자도 이 자리에 있을 때 법인카드 마음대로 썼는데, 왜 나는 안 됩니까? 내가 뭘 잘못했습니까?

남들도 다 그런 잘못을 저지른다는 사실만으로, 내가 저지른 잘못이 정당해지는 것은 아니다.

붉은 청어 red herring

자신을 쫓아오는 사냥개를 따돌리기 위해 냄새나는 붉은 생선을 미끼로 던지던 예전 관습에서 이름을 따온 논증전략이다. 자신의 허약한 논증을 방어하기 위해 논점을 흩트린다는 점에서 연막치기와 비슷하지만, 붉은 청어는 특정한 곳으로 논점 자체를 돌리고자 시도한다.

> 이 회사에 투자해. 이 회사의 대표는 1류대학 법학과를 나온 사람이야. 1류대학 법학과는 아무나 들어가는 줄 알아?

> 애니카에게 최우수 에세이상을 수여해야 합니다. 그녀는 1학년생 중에서 가장 모범적일 뿐만 아니라, 또 청각장애가 있거든요.

공동체의 가치나 감정을 자극하는 오류전략

사람들은 자신의 감정적인 반응을 대개 신뢰한다. 또한 집단적 가치에 호소할 때 논리적 오류에 무감각해지는 경우가 많다.

지금이 어느 시대인데

논점을 흐리는 효과적인 방법 중 하나는 날짜나 시점을 언급하는 것이다. 이러한 정보를 추가하면 논증이 더 그럴듯해 보인다.

- 지금은 21세기입니다. 아직도 이런 일이 계속되어야 하겠습니까?
- 지금이 쌍팔년도인줄 알아?
- 조선시대로 돌아간 것 같구만!

날짜나 시점은 명확한 사실이기 때문에, 독자는 이 정보에 대해서 동의하지 않을 수 없다. 이렇게 일부라도 동의하게 만들고 나서 주장을 펼치면, 상대방을 주장에 동의하도록 이끌어가기 쉽다. 이 주장에 동의하지 않는 사람은, 시대의 흐름을 따르지 못하는 낡은 사람이라고 몰아붙이면 된다.

갈라치기 exclusion

내집단^{in-group}과 외집단^{out-group}으로 갈라치는 방식은 자주 사용되는 오류 전략이다(Tajfel, 1981). '품위있는 문화시민,' '우리 지성인들' 같은 말을 사용하여 독자들이 내 주장에 동의하도록 유도하는 것이다. 일반적으로 통용되는 편견이나 고정관념을 활용하여 설득력을 더 높일 수 있다.

> 제정신이 아니고서야 미국과 맞서는 나라가 세상에 어디 있습니까?

내 주장에 반대하는 사람을 외집단으로 규정하고, 외집단은 열등하고 바람직하지 않은 집단으로 묘사함으로써 독자들이 그들과 어울리지 못하도록 협박하고 자신의 주장에 동조하도록 몰아간다. 품위, 도덕, 가치, 정체성에 호소하는 것은 대개 갈라치기 전략이라고 볼 수 있다.

- 제대로 교육받은 사람이라면 X처럼 부도덕한 사람이랑 어울리겠습니까?
- 자랑스런 한국인(기독교인/부산시민/대학생/장애인 등)으로서 우리는 모두…

감정에 호소하기 ad misericordiam

특정한 어휘나 표현을 사용하여 상대방의 감정적 반응을 불러일으키는 전략이다. 특히 자녀나 부모, 애국심, 종교, 범죄, 안보 같은 몇몇 이슈를 활용하면 듣는 사람의 감정을 쉽게 자극할 수 있다. 상대방의 감정에 영향을 미침으로써 논증에 대한 비판적 검증의 칼날을 무디게 만든다.

> 교수님, 제가 이번 학기에 아르바이트를 3개나 하면서 학업을 병행하느라 너무 힘들었습니다. 과제 제출 전날에는 밤을 새우기도 했고요. D학점은 정말 안 됩니다. 제발 B학점을 받을 수 있게 해주세요. 이번에 장학금을 못 받으면 다음 학기 등록이 어렵습니다.

사람들은 자신의 감정적인 반응을 대개 신뢰한다. 특히 급박한 감정은 이성적으로 차분하게 생각할 수 있는 여유를 박탈하고 신속하게 과감하게 행동하라는 신호를 보낸다. 이러한 감정적인 반응을 자극하는 데 성공하면 독자는 논증을 비판적으로 따지지 않을 확률이 높아진다. 특히 감정을 자극하기 쉬운 이슈에 대해 논의할 때는 더더욱 감정에 휘말리지 않기 위해, 이성적인 분별심을 잃지 않기 위해 노력해야 한다.

인신공격 ad hominem

제대로 된 논증은 이견이나 반론을 고려한다. 이는 다른 사람의 논증을 비판적으로 분석한다는 뜻이지, 그런 결론을 제시한 사람을 공격한다는 뜻이 아니다. 하지만 반론을 공정하게 소개하기보다는 반론을 제기하는 사람들을 별로 상관도 없는 것을 물고 늘어지는 귀찮은 존재들처럼 폄훼하는 경우가 많다. 허약한 논증에 의지하여 반대만 하는 모자란 사람이라고 비난하거나 조롱함으로써 비판자들에 대한 잘못된 인상을 심어주고, 이로써 자신의 논증은 완벽한 것처럼 포장한다.

> 자기 아들딸들은 미국대학에 유학보내면서 무슨 교육개혁을 하겠다고 그래? 이 위선자들 같으니라고!

상대방이 제시하는 교육개혁정책에 대해 논박하는 대신, 그들의 개인적 행동을 비난하며 주장을 깎아내린다. 그들의 행동이 위선적인지 아닌지는 교육개혁과 상관없는 문제다. 반대의견의 신뢰성을 떨어뜨리기 위해 메신저를 공격하는 것은 결코 바람직한 비판적 추론이라고 볼 수 없다.

물론 메시지가 아닌 메신저를 공격하는 것이 타당한 경우도 있다. 예컨대 자신의 주장을 관철시키기 위해 거짓말을 하거나 데이터를 조작한 전력이 있는 사람의 주장은 신뢰할 수 없다. 또한 이해관계가 있음에도 그러한 사실을 숨기고 객관적인 척 토론에 참여하는 사람의 주장은 신뢰할 수 없다.

논증오류를 수집해보자

지금까지 이 책에서 소개한 유형 말고도, 비논리적인 방법으로 설득력을 강화하기 위해 사람들이 사용하는 오류전략은 많다. 비판적 분석능력을 갈고닦아야 하는 주요한 목표 중 하나는, 논증에 영향을 미치고자 하는 이러한 다양한 비논리적 요소들을 감별해내는 안목을 갖추는 것이다. 지금부터 다양한 매체에서 논증을 왜곡하는 오류전략들을 직접 수집해보자. 또는 논증오류를 직접 만들어보는 것도 좋다.

허위진술

킴벌리 크렌쇼^{Kimberle Crenshaw}가 2021년 MSNBC 뉴스 인터뷰에서 자신이 만들어낸 CRT(비판적 인종이론)에 대한 악의적인 왜곡에 대해서 어떻게 방어하는지 눈여겨보라. 이런 상황에서 비판적 사고는 어떻게 도움이 될까? 우리나라에도 이와 비슷한 사례가 있는가? https://www.youtube.com/watch?v=n4TAQF6ocLU

연습문제   이성적 사고를 가로막는 전략

다음 예문에서 논점을 흩트리거나 추론선에서 이탈하도록 유도하는 논증의 오류들을 찾아보자.

- 예문 7.15

  커뮤니티센터를 폐쇄하면 불쌍한 우리 아이들은 학교가 끝난 뒤 놀 곳이 없어집니다. 우리 부모들은 분노합니다. 학교에서 보트여행을 갔다가 생때같은 다섯 아이들의 목숨을 잃은 지 얼마 되었다고 이런 일을 또 저지릅니까? 우리는 더이상 참지 않을 것입니다. 우리 아이들을 더이상 고통으로 밀어넣어서는 안 됩니다.

- 예문 7.16

  인터넷자료를 표절하는 사람들을 소프트웨어를 활용하여 적발할 수는 있겠지만, 너도나도 표절하는 상황에서 표절하는 사람을 모두 처벌하는 것이 가능하겠습니까? 강제할 수 없는 법이 무슨 의미가 있습니까? 그런 법은 국회에서 통과시킬 필요가 없습니다. 괜한 법을 만들어 멀쩡한 사람들을 범죄자로 만들어서는 안 됩니다.

- 예문 7.17

  일반대중은 건강에 대한 지식이 부족하다. 관련 지식을 교육하기 위해선 많은 비용이 필요하다. 사람들이 건강에 대한 지식을 쌓을 수 있도록 더 많은 예산을 쏟아야 한다. 자신의 건강을 지키기 위해 무엇을 해야 하는지 알지 못하는 사람이 없도록, 건강교육에 지속적인 투자가 이루어져야 한다.

● 예문 7.18

주민등록증은 인권을 침해하지 않는다. 주민등록증은 오히려 범죄자를 추적하고 체포하는 데 도움을 주기 때문에 우리 사회의 안전을 지켜준다. 주민등록증 발급에 반대하는 사람들은 범죄와 무질서가 판치는 세상이 얼마나 무서운지 모르는 순진한 무정부주의자들이거나, 우리 사회를 혼란 속으로 밀어넣고자 하는 반체제세력일 것이다.

● 예문 7.19

도심의 교통혼잡은 자동차가 너무 많기 때문입니다. 도심에 진입하는 자가용에 도로통행료를 징수하면 사람들은 대중교통을 이용할 것입니다. 여론조사에 따르면 많은 사람들이 도심의 교통체증에 상당한 불만을 가지고 있습니다. 통행료를 도입해도 많은 사람들이 대부분 지지할 것으로 예상됩니다. 따라서 시의원 여러분, 도로통행료를 도입하는 법안에 찬성해주십시오.

● 예문 7.20

야당은 여당이 공공자산을 헐값에 매각하려고 한다고 비난하며 선동한다. 야당이 집권당이었을 때 그들도 국유지와 국가시설을 싯가 이하로 팔아 지지자들에게 특혜를 주었다. 자기들도 그렇게 해놓고 이제 와서 무슨 염치로 여당을 비판하는가? 우리도 마땅히 팔아치울 수 있다.

● 예문 7.21

대도시의 청소년범죄가 급증하고 있다. 청소년들은 일일이 통제하기 힘들다. 이 상황에서 선택할 수 있는 길은 두 가지다. 하나는 앞으로도 청소년들의 야만적인 폭력과 범죄를 참고 지내는 것이고, 다른 하나는 10시 이후 청소년들을 대상으로 통행금지를 시행하는 것이다.

● 예문 7.22

지능이 후천적으로 길러진다는 주장은 진정으로 영민한 사람들의 가치를 폄훼할 뿐만 아니라 뛰어난 인재를 발굴하고자 하는 노력을 헛수고로 만든다. 어릴 때 피아노를 열심히 배운다고 해서 모두 모차르트나 베토벤 같은 음악가가 되는 것은 아니지 않는가? 탁월한 재능은 어디서나 눈에 띄기 마련이다. 지능이 환경의 산물이라고 주장하는 사람들은, 더 많은 천재가 나오지 않는 것을 부실한 교육제도 탓으로 돌린다. 이들은 누구나 천재가 될 수 있다고 설파하지만, 이러한 믿음은 부모와 선생들에게 모두 부당한 부담과 좌절을 안겨줄 뿐이다.

● 예문 7.23

좋은 대학을 가거나 좋은 직장에 들어가기 위해서는 한자공부가 중요하다는 사실을 많은 사람들이 알아야 한다. 한자를 배우면 이로운 점이 정말 많다. 젊은 사람들에게 한자를 공부하면 어떤 점이 좋은지 알려주어야 한다.

- 예문 7.24

아인슈타인은 학창시절 수학을 잘하지 못했다. 그가 어려움을 겪었던 수학문제들을 지금은 많은 학생들이 풀어낸다. 기본적인 산수문제도 어려워했던 사람을 '위대한 과학자'라고 칭송하는 것은 과연 정당할까?

- 예문 7.25

이번 시즌 에일리언스의 야구성적은 전반적으로 좋지 않다. 시즌 초반에는 형편없었지만 그래도 지금은 나아진 편이다. 그렇다고 해도 포스트시즌 진출은 요원해 보인다. 감독은 새로운 선수 두 명만 더 영입하면 금세 좋아질 것이라고 말한다. 하지만 구단은 감독의 요구를 수용하면 안 된다. 감독은 부인하고 있지만, TV앵커와 추잡한 불륜관계를 맺고 있다는 보도가 나온 뒤 팬들의 신뢰를 잃어버린 상태다.

- 예문 7.26

린다가 일하는 미용실은 다른 곳보다 낮은 급여를 주면서 일은 더 많이 시켰다. 그래서 미용실에서 쓰는 장비나 미용용품을 몰래 팔아 급여를 보충했다. 지금껏 착취당하며 일했던 상황을 고려한다면 린다의 절도는 정당하다.

논증을 왜곡하는 방법에 대해 더 많이 알고 싶다면 위키피디아를 확인하라.
https://en.wikipedia.org/wiki/List_of_fallacies

추론을 왜곡하는 비논리적 설득전략

1. 논리적 오류나 결함은 논증의 타당성을 떨어뜨린다: 다양한 오류를 쉽게 찾아낼 수 있다면 논증의 약점을 찾아낼 수 있고, 또 자신의 논증을 더 탄탄하게 만들 수 있다. 논리적 오류는 실수로 발생할 수도 있지만 의도적으로 활용하는 경우도 많다.

2. 상관관계를 눈여겨보라: 아무 관계도 없는 두 사건을 상관관계로 간주하는 경우가 많다. 흐름이 비슷하다고 해도 실제로 연관성이 있는지, 제 3의 원인이 작동하는 것은 아닌지 확인하라.

3. 인과관계를 의심하라: 어떤 사건이 다른 사건의 원인이나 결과라고 진술할 때 주의깊게 살펴보라. 실제로 인과관계가 아닌 것을 인과관계로 묶는 오류는 자주 발생한다. 어떤 것을 인과관계로 묶고자 하는 저자의 의도가 숨어있다.

4. 필요조건과 충분조건을 구분하라: A가 참이 되려면 B도 반드시 참이어야 할 경우, B를 필요조건이라고 한다. 필요조건은 최소필수요건이고, 충분조건은 필요조건을 뺀 나머지 조건이다. 필요-충분조건은 논증의 논리성을 검증하는 방법을 제공한다.

5. 비유를 조심하라: 적절한 비유는 충분히 비슷할 뿐만 아니라 강조하고자 하는 요소를 분명하게 부각한다. 하지만 잘못된 비유는 엉뚱한 결론으로 이어질 수 있다. 특히 비유 중 일부가 그럴듯해 보인다고 그냥 넘겨짚어선 안 된다.

6. 오류에 휘둘리지 말라: 자신의 논증이 빈약할 때 많은 사람들이 논증이 결론을 향해 나아가지 못하도록 방해하거나 비논리적 요소를 적극적으로 끌어들여 논증을 수렁에 빠뜨리는 전략을 사용한다. 적들의 전략을 간파하라.

7. 논리적으로 명백한 오류전략: 논증구조를 잘 이해하면 파악할 수 있는 오류로, 카드로 집짓기, 같은말 반복하기 등이 있다.

8. 수사학적 기교를 활용한 오류전략: 독자가 눈치채지 못하도록 단어나 표현을 슬쩍 바꿔치기하여 자신이 원하는 결론으로 독자를 끌고 간다.

9. 프레임을 비트는 오류전략: 사소하거나 엉뚱한 것에 초점을 맞춰 논의의 틀을 바꿔버리거나 논증이 제대로 진행되지 못하도록 아수라장을 만든다.

10. 공동체의 가치나 감정을 자극하는 오류전략: 내 주장에 동의하지 않으면 나쁜 사람이라는 인상을 뒤집어쓸 수 있다고 상대방을 협박한다.

08

믿을 수 있는 진실인가?

근거를 찾아 확인하고 평가하기

?

1차자료와 2차자료는 왜 구분하는 것일까?

논문에서 흔히 볼 수 있는 '문헌연구'는 무슨 의미가 있을까?

근거의 질을 평가하는 기준은 무엇일까?

연구나 실험에서 사용한 표본이 적절한지 어떻게 알 수 있을까?

법정에서 자백이나 증언을 왜 핵심증거로 인정하지 않는 것일까?

범람하는 가짜뉴스 속에서 올바른 정보를 어떻게 가려낼 수 있을까?

논증의 타당성은, 논증이 다루는 분야에 대한 전문적인 지식이 있어야만 평가할 수 있는 것이 아니다. 비판적 사고를 할 줄 알고 논증에 대한 지식이 있는 사람이라면 누구라도, 이유가 결론을 제대로 뒷받침하는지 추론선이 논리적으로 이어지는지 평가할 수 있다.

하지만 추론을 뒷받침하는 근거의 신뢰성을 판단하는 과정에는 어느 정도 전문적인 지식이 요구된다. 근거가 논증과 연관성이 있는지, 대표성이 있는지, 믿을 만한 자료인지, 조작된 것은 아닌지 확인하려면 근거의 출처를 찾아서 직접 확인해야 하는데, 이 때 전문적인 지식이 없으면 판단하는 것이 어려울 수 있다.

일상적인 상황에서는 설득력있는 것으로 여겨지는 근거가, 법정에서는 또는 학문적 전문적 세계에서는 설득력없는 것으로 취급되는 경우도 있다. 전문적인 맥락에서는, 사실처럼 보이는 근거라고 해도 특정한 기준을 충족하지 못하면 근거로 인정하지 않는 자신들만의 규범과 전통이 있다. 이러한 맥락을 이해하기 위해서는 전문적 지식을 쌓고, 그 분야에서 경험을 쌓아야 한다.

근거가 뭐가 중요해. 믿음이 중요하지.

근거는 어디서
찾을 수 있을까?

비판적 사고를 한다면, 자신의 논증을 뒷받침하는 가장 연관된 근거를 찾을 줄 알아야 할 뿐만 아니라 다른 사람들이 제시하는 근거도 평가할 줄 알아야 한다.

다른 사람의 근거 확인하기

책을 읽거나 동영상을 보거나 강의를 듣다가, 호기심을 자극하는 사례나 근거를 접할 때가 있다. 또는 저자가 인용하는 근거가 의심스럽다고 여겨질 때도 있다. 일반적인 독자들은 그냥 넘어가는 경우가 많지만, 학술적으로나 전문적으로나 수준이 높은 글을 읽는 독자들은 근거를 직접 찾아보고 확인할 확률이 높다. 논증을 제대로 이해하고 비판적으로 평가하고 싶다면, 의심스러운 근거는 직접 찾아서 확인하는 습관을 가져야 한다. 근거를 확인하는 방법에 대해서 알아보자.

인용출처 reference
논문이나 책을 읽다보면 (Gilligan, 1977) 같은 출처표시를 볼 수 있다. 또 책 끝에 인용출처목록이 수록되어있는 경우도 있다. 이러한 출처표기는 독자에게 어떤 정보를 알려주는 것일까?

- 인용출처가 실제로 존재하는지, 인용출처를 어떻게 찾을 수 있는지 알려준다.
- 저자가 출처를 어떻게 인용했는지, 출처내용을 제대로 인용했는지, 출처에는 실제로 어떻게 표기되어있는지 알려준다.
- 인용한 내용뿐만 아니라 출처에 어떤 정보가 들어있는지 알려준다. 관심이 있는 독자들은 직접 찾아서 읽어볼 수 있다.

논증을 비판적으로 평가하기 위해서는 인용출처를 직접 찾아 제대로 인용했는지 확인할 줄 알아야 한다. 물론 모든 인용을 검증하기는 어렵겠지만, 몇몇 중요한 인용만이라도 선별적으로 검증하는 것이 좋다.

나의 논증을 뒷받침할 근거 찾기

논증을 뒷받침할 근거를 찾아야 할 때 먼저 다음과 같은 질문을 한다.

- 이 문제에 대해 이미 작성된 자료가 있을까?
- 그 정보는 어디서 찾을 수 있을까?
- 이 문제와 가장 연관성이 높으면서 권위있는 출처는 무엇일까?

일상적인 논증을 위한 근거 찾기

격이 없는 대화나 토론에 참여하기 위해 자신의 주장을 뒷받침할 정보를 찾는 경우에는 다음 중 한두 가지만 실천해도 된다.

내가 고양이가 아니라는 근거를 대봐.

- 책의 서문 훑어보기
- 구글에서 검색해보기
- 신문기사, 블로그, 온라인문서 읽어보기
- 그 분야의 전문가에게 물어보기
- 관련된 단체, 기관, 기업, 정부부처의 웹사이트에 방문해서 정보 수집하기

학술적 전문적 논증을 위한 근거 찾기

대학에서 과제나 논문을 작성할 때, 직장에서 보고서를 작성할 때는 좀 더 체계적으로 근거를 수집하여 검토해야 한다. 이러한 작업의 결과는 대개 '문헌연구'라는 제목으로 연구보고서에 수록하는데, 구체적인 방법은 뒤에서 설명한다. →259

근거를 평가하기 위한 질문

비판적 사고는 끊임없이 질문하는 과정이다. 근거를 평가할 때는 다음과 같은 질문을 하라.

- 이 근거가 사실인지 어떻게 확인할 수 있을까?
- 근거의 출처는 얼마나 신뢰할 수 있을까?
- 이 사례들은 이 분야 전반을 대표하는가? 예외적인 사례는 아닐까?
- 이 사례는 내가 알고 있던 사실과 일치하는가?
- 근거들 사이에 모순되는 부분은 없는가?
- 출처의 화자가 말한 동기와 인용한 사람의 동기는 같은가 다른가?
- 그 밑에 깔린 보이지 않는 전제는 무엇일까?
- 굳이 이 근거를 제시한 이유는 무엇일까? 다른 접근방법은 없을까?
- 근거가 이유와 결론을 제대로 뒷받침하는가?
- 근거가 추론선을 제대로 뒷받침하는가?

1차자료와 2차자료

우선 근거는 다음 두 가지 유형으로 구분할 수 있다.

- **1차자료**primary source: 가공하지 않은 데이터나 문서. 원자료raw material
- **2차자료**secondary source: 1차자료를 인용한 글이나 책.

1차자료는 연구하고자 하는 사건이 발생한 바로 그 시간과 장소에서 나온 자료를 말한다. **1차자료**로는 다음과 같은 것들이 있다.

- 인물에 대해 조사할 때: 그 사람이 작성한 편지, 문서, 인쇄물, 그림, 사진, 음성, 동영상, 자서전, 소셜미디어 게시물 등
- 어떤 사건에 대해 조사할 때: 그 당시 발행된 신문, 뉴스, 서적, 자료, 영상 등
- 역사적 상황에 대해 조사할 때: 그 때 사용한 도구, 도자기, 가구, 유물 등
- 사건을 재구성할 때: 시체, 유해, DNA, 지문, 발자국, 목격자의 증언, CCTV 녹화면, 당시 작성한 메모 등
- 실험결과나 통계결과를 평가할 때: 실제 수집한 미가공 데이터raw data
- 어떤 인물이나 단체의 성향이나 입장을 평가할 때: 직접적인 발언기록, 라디오, 팟캐스트, 강연, 인터뷰, 온라인에서 수집한 자료 등
- 설문조사를 했을 때: 개별응답자들의 응답지
- 법적 판단에 대해 조사할 때: 법정진술서, 판결문, 증인심문기록, 녹취록 등
- 예술작품에 대해 조사할 때: 작가의 스케치, 작업노트, 전시 관련 기록물 등

2차자료는 일반적으로 연구하고자 하는 사건이 발생하고 어느 정도 시간이 지난 뒤에 작성되거나 제작된 자료를 말한다. 2차자료로는 다음과 같은 것들이 있다.

- 1차자료를 바탕으로 작성한 책, 기사, 웹페이지, 다큐멘터리, 전기 등
- 목격자에게서 들은 내용을 전달하는 인터뷰나 기사
- 설문조사 결과보고서, 실험보고서, 연구논문
- 1차자료를 바탕으로 작성한 위키문서, 블로그, 동영상, 소셜미디어 게시물 등

어떤 자료가 1차자료인지 2차자료인지 판단하기 위해서는 사건이 발생한 시점으로부터 얼마나 뒤에 작성되었는지 고려해야 한다. 물론 1차자료와 2차자료를 구분하는 기준은 상황에 따라 달라질 수 있다.

  예컨대, 전기는 일반적으로 2차자료로 여겨지지만, 그 속에 편지의 사본을 그대로 수록해 놓았다면 그 부분은 1차자료로 인정할 수 있다. 대통령의 전기는 대통령을 연구할 때는 2차자료가 되겠지만, 전기작가를 연구할 때는 1차자료가 될 것이다. 서울올림픽에 대해 연구할 때 1988년 발행된 잡지기사들은 2차자료가 되겠지만, 1980년대 생활상을 연구할 때는 1차자료가 될 것이다. 당시에는 인물, 사건, 사물 등에 대해 기자가 쓴 글에 불과하지만, 오늘날 역사연구자들에게는 그 자체로 당시 사람들의 삶과 사고방식에 대해 알려주는 귀중한 유물이기 때문이다.

지금 내가 연구하는 분야, 관심이 있는 주제에서 1차자료는 무엇일까?

문헌연구 literature review/search

문헌연구란 자신이 연구하고자 하는 분야에서 지금까지 수행된 연구에 대해 개괄적으로 살펴보는 작업을 일컫는다. 프로젝트의 규모가 클수록 살펴봐야 할 선행연구는 늘어날 것이다. 소규모 프로젝트일 때는, 또 단어 수가 제한되어있는 보고서나 에세이를 작성할 때는, 의미있는 선행연구만 몇 가지 추려서 살펴보기도 한다.

온라인자료 검색

지금은 믿을 만한 자료들을 대부분 온라인에서 구할 수 있다. 학술지, 정부보고서, 그 밖의 권위 있는 출처의 이름을 검색창에 넣어 찾을 수 있다. 출처의 이름을 모른다고 해도 연구분야와 연구주제와 관련된 몇 가지 키워드를 검색하여 쉽게 찾아낼 수 있다. 분야별로 전문화된 검색엔진도 있으니 이러한 채널을 사용하면 더 정확한 검색결과를 얻을 수 있다. 전공교수나 선배들에게 물어보면 가장 믿을 만하고 유용한 검색엔진이나 웹사이트를 추천해 줄 것이다. 부록에 몇 가지 유용한 학술검색엔진을 수록해 두었다. →592

논문초록 검색

학술지의 논문초록을 훑어보는 것은, 그 분야의 최신 연구흐름을 파악하는 유용한 방법이다. 논문초록 abstract 은 주요논증, 연구방법, 연구결과, 결론을 요약해놓은 글로, 논문을 읽기 전에 그것이 읽을 만한 가치가 있는 논문인지 판단할 수 있는 정보를 제공한다. 특히 문헌연구를 요약해놓은 부분을 눈여겨보라. 내가 수행하는 프로젝트를 앞으로 어떻게 진행해나가야 할지 알려주는 중요한 단서를 찾을 수도 있다.

2차자료를 사용할 것인가

2차자료는 될 수 있으면 인용하지 않는 것이 좋다. 어쩔 수 없이 2차자료를 인용해야만 한다면, 그것이 적절한 출처가 될 수 있는지 먼저 판단해야 한다. 다음과 같은 질문에 답해보라.

- 꼼꼼한 연구조사를 바탕으로 작성된 자료인가?
- 공정하게 논증을 펼치는 신뢰할 수 있는 자료인가?
- 최신 자료인가? 너무 오래된 근거에 기반하여 작성된 것은 아닌가?
- 내 프로젝트와 적절한 연관성이 있는가?

이러한 기준에 부합하는지 먼저 따져보고 나서 자료를 구입하거나 도서관에 빌리러 가는 것이 좋다. 비용과 시간을 쓸데없이 낭비하지 않도록 도와줄 것이다.

문헌연구를 하는 방법

1. 내가 연구하는 분야에서 참고할 만한 2차자료들을 찾는다.
2. 2차자료들이 어떤 자료들을 인용하고 참고했는지 살펴본다. 인용출처목록에서 내 연구와 관련이 있을 것으로 여겨지는 자료들을 정리한다.
3. 이 자료들 중에서 가장 연관성이 높을 것으로 여겨지는 것들을 추려낸다. 내 연구에 가장 도움이 될 만한 자료들을 선별한다.
4. 선별한 자료들을 면밀하게 검토한다. 내가 연구하고자 하는 분야에 대한 이해를 높일 수 있을 것이다.
5. 선별한 자료들을 논증을 밀고 나가는 과정에서 어떻게 활용할 것인지 판단한다.

어떤 출처를 선택할 것인가?

보고서든 논문이든 대부분 단어 수를 제한하기 마련이다. 단어 수 안에서 논증을 펼쳐나가기 위해서는 아무 출처나 인용해서는 안 된다. 결국 단어 수를 제한하는 것은, 가장 권위있는 출처, 가장 연관성있는 출처를 신중하게 선별해낼 줄 아는지 테스트하는 것이기도 하다.

권위있는 주요 출처

다루고자 하는 분야에서 가장 권위있는 출처는 반드시 선택해야 한다. 프로젝트의 근간이 되는 논증구조, 이론, 주요논점 등을 제시할 때 권위있는 출처에서 가장 먼저 인용한다. 그 밖의 다른 출처는 상대적으로 간략하게 언급한다.

논증에 기여하는 출처

자신의 논증을 더 탄탄하게 만들어주는 출처들을 포함한다.

- 추론선을 구상하면서 참고한 출처, 또는 이 작업에 기여한 출처.
- 이 분야의 '독보적인 작품' 한두 개. 이 출처에 대해서는 본문에서 어느 정도 자세히 언급하는 것이 좋다.
- 보고서나 논문의 시작부분에서 배경지식을 간략하게 요약한다면, 그 출처를 밝힌다. 또 2차자료에 기초한 추론으로 시작하는 경우에도 출처를 밝힌다.

중요한 출처와 주변적으로 다뤄야 하는 출처를 구분할 줄 아는 것은, 학자로서 훈련이 되어있다는 뜻이다. 중요한 출처는 본문에서 다소 길게 다루고 그렇지 않은 출처는 지나가듯 언급한다.

인용할 만한 출처를 선별하기 위한 질문

- 이 분야에 중요한 이론적 관점을 제공하는가?
- 이 분야의 사고방식을 바꾸거나, 논의의 초점을 바꿀 만큼 기여하는가?
- 논증을 펼치는 과정에서 얼마나 기여하는가? 직접적으로 기여하는가? 간접적으로 기여하는가? 핵심적인 기여를 한 경우, 별도로 출처에 대해 언급하고, 그렇지 않은 경우 간단히 인용출처만 표기하고 넘어간다. (아래 참조)
- 기존의 연구결과에 대해 이의를 제기하거나 대안적인 사고를 제기하는가?
- 기존의 접근방식과 다른 새로운 연구방법을 사용하는가? 나의 논증에 적용할 수 있는 연구방법을 사용하는가?

본문 속 인용출처표기 passing reference

다른 연구를 참고하는 것은 추론에 무게를 더해준다. 논증을 펼치는 과정에서 언급하는 사소한 주장을 뒷받침하는 근거의 출처나, 추론선에서 하나의 단계를 뒷받침하는 근거의 출처는 텍스트 안에 간단하게 표기하고 넘어간다.

- 연구결과를 요약한 뒤 괄호 속에 인용출처를 표기한다.

    수화 역시 고유한 전통을 지닌 언어다(Lane, 1984; Miles, 1988).

- 출처의 저자를 본문에 썼을 때는 괄호 속에 발행연도만 표기한다.

    마일스Miles는 수어가 그 자체로 하나의 언어라고 주장한다(1988).

일반적으로 과제나 논문을 쓸 때는 분량이 제한되어 있기 때문에 대개, 논증과 근거출처에 대한 비판적 평가만 언급하고 넘어가는 경우가 많다. 그럼에도 글 속에서 소개해야 하는 중요한 출처가 있다면, 또 그럴 수 있는 여유가 있다면, 출처에 대해 간단하게 '진술'하는 것이 좋다. (논증과 진술description은 다르다는 점을 명심하라. →130)

연관성이 있는 근거인가?

자신이 주장하고자 하는 해법을 제대로 뒷받침하는 근거를 제시하여야 한다. 논의내용과 연관성이 있는 근거인지 아닌지 판단하려면 그 근거를 삭제하거나 다른 것으로 교체했을 때 결론이 달라지는지 살펴보면 된다. 결론이 달라진다면 연관성이 있다는 뜻이다.

> 언어가 어떻게 작동하는지 자세히 알수록 언어를 더 효과적으로 구사할 수 있다. 연구결과에 따르면, 외국어를 공부하는 사람이 언어의 구조를 더 민감하게 파악하고 깊이 이해한다(Bloggs, 2020; Bloggs, 2021). 외국어를 공부하는 과정에서 모국어와 외국어의 언어구조를 비교해볼 수 있기 때문이다. 따라서 한 가지 언어만 사용하는 사람들에게 제2외국어 학습을 적극 권장해야 한다.

이 글에서 외국어공부의 장점을 보여주는 연구결과는 한 가지 언어만 사용하는 사람들에게 제2외국어를 공부하도록 장려해야 한다는 결론과 긴밀하게 연관되어있다.

> 언어가 어떻게 작동하는지 자세히 알수록 언어를 더 효과적으로 구사할 수 있다. 연구결과에 따르면, 많은 사람들이 자신이 사용하는 언어의 구조에 대해서 제대로 설명하지 못하는 것으로 나타났다(Bloggs, 2020; Bloggs, 2021). 놀라울 정도로 많은 이들이 모국어에 작동하는 규칙을 기억해내지 못했다. 따라서 한 가지 언어만 사용하는 사람들에게 제2외국어 학습을 적극 권장해야 한다.

이 글에서 사람들이 모국어에 어려움을 겪는다는 연구결과는 논의내용과 어느 정도 관련성은 있지만, 제2외국어를 공부하도록 장려해야 한다는 결론을 뒷받침하지 않는다. 더 나아가 이 근거는 거꾸로 결론을 반박하는 근거가 될 수도 있다. 모국어도 잘 모르는 사람에게, 제2언어까지 배우라고 권장하는 것은 문제가 될 수 있기 때문이다. 이 근거를 굳이 사용하고자 한다면, 결론으로 자연스럽게 이어지도록 더 많은 정보를 추가해야 한다.

언어가 어떻게 작동하는지 자세히 알수록 언어를 더 효과적으로 구사할 수 있다. 연구결과에 따르면, 사람들은 자신이 사용하는 언어에 존재하지 않는 개념이라고 하더라도 외국어 단어에 담겨있는 개념을 이해할 수 있다고 한다(Bloggs, 2020; Bloggs, 2021). 따라서 한 가지 언어만 사용하는 사람들에게 제2외국어 학습을 적극 권장해야 한다.

이 글에서 외국어로 표현된 개념을 이해할 수 있다는 사실은 논의내용과 그다지 연관성이 없을 뿐만 아니라, 초점도 완전히 다르다. 언어의 작동방식을 이해함으로써 언어를 효과적으로 구사하는 방법(첫문장)과도, 제2외국어를 배워야 한다는 주장(마지막 문장)과도 아무 연관성이 없다.

연관성이 있는 근거인지 아닌지 판단하기 위한 질문.

- 근거가 논의의 화제와 관련이 있는가?
- 추론을 입증하는 데 빼놓을 수 없는 역할을 하는가?
- 근거로 인해 결론(또는 중간결론)이 달라지는가?
- 마지막으로, 근거가 결론을 뒷받침하는가? 결론을 거스르는가?

연습문제   연관성이 있는 근거인가?

다음 예문을 읽고 근거와 이유가 결론과 연관성이 있는지 평가해보라.

● 예문 8.1

겨울이 점점 추워지고 있다. 여론조사 결과를 보면, 많은 사람들이 새로운 빙하기가 닥칠 것이라고 생각하는 것으로 나타났다. 따라서 우리는 앞으로 다가올 겨울에 혹한으로 고생하는 사람들이 없도록 연료자원을 관리할 수 있는 대책을 마련해야 한다.

● 예문 8.2

미키는 새로운 유전발굴 소식을 언론에 흘리는 순간 MB오일의 주가가 급상승할 것이라는 정보를 비밀리에 입수했다. 그는 이 회사 주식을 5만 주 사들인 뒤 곧바로 유전발굴 소식을 언론에 흘렸고, 이로써 200억 원이나 되는 돈을 순식간에 벌었다. 회사의 신용을 악용하여 금융사기를 친 것이라 결론 내릴 수 있다.

● 예문 8.3

점진적인 진화보다 대규모 재난이 지금과 같은 변화를 유발한 주요한 원인일 수 있다. 과거에는 이런 의견이 그다지 설득력을 얻지 못했지만, 지금은 다양한 증거들이 뒷받침되면서 급속한 변화가 있었다는 데 많은 이들이 동의한다. 지질학적 증거는 몇억 년 전 거대한 운석이 지구와 충돌하면서 거의 모든 생물이 멸종했다는 사실을 보여준다. 현재 지질학에는 그 어느 때보다도 더 많은 연구자금이 모이고 있다. 고고학적 증거 역시 환경의 급격한 변화로 말미암아 고대문명이 순식간에 붕괴했을지 모른다는 사실을 보여준다.

믿을 만한 출처는 어떤 것일까?

어떤 근거가 믿을 만한지 판단하기 위해서는 그 근거가 어디서 나왔는지 살펴봐야 한다. 출처를 평가하는 기준에 대해 좀더 자세하게 살펴보자.

권위와 명성 reputation

학문이든 전문영역이든 분야마다 믿을 만한 출처나 권위자가 존재한다. 여기서 '믿을 만하다'는 것은 기본적으로 다음과 같은 의미를 지닌다.

- 신뢰성이 높다. 여기서 제공하는 정보는 사실이라고 간주해도 무방하다.
- 정확한 정보를 제공할 가능성이 높다.
- 조사연구, 직접적인 취재, 전문성에 기초하여 정보를 선별한다.
- 현장조사방법론이나 연구방법론 등을 권위있는 기관에서 인정받았다.

학술논문

학술지 academic journal에 실린 논문은 일반적으로 공신력있는 출처로 간주된다. 학술지에는 학계를 이끄는 주요 학자들의 교차검토를 거친 논문만 게재할 수 있는데, 이것을 '동료검증 peer review'이라고 한다. 특히 학문분야를 대표하는 권위있는 학술지는 동료심사가 매우 엄격할 뿐만 아니라 학술지에 수록되기 위한 경쟁이 매우 치열하기 때문에 이러한 학술지에 실린 논문은 대부분 신뢰성이 높은 출처로 간주된다.

학문마다 근거를 평가하는 기준이 다를 수 있다

어떤 분야에서는 믿을 만하다고 간주되는 출처가 다른 분야에서는 그다지 좋은 출처로 여겨지지 않기도 한다. 학문마다 전통과 규범이 다르기 때문이다. 과학, 법학, 의학, 회계학에서는 일반적으로 사실과 숫자 같은 '하드데이터'를 가장 확실한 근거로 간주한다. 반면 미술, 음악, 심리치료 같은 분야에서는 숫자데이터보다 '대상에 대한 느낌'과 같은 질적인 근거를 더 확실한 근거로 간주한다. 물론 같은 분야 안에서도 연구대상의 특성에 따라, 획득할 수 있는 근거에 따라, 기준은 달라질 수 있다.

권위있는 출처 활용하기

분야마다 전통적으로 높은 권위를 인정받는 오래된 출처들이 있다. 대개 그 분야의 발전에 오랜 시간 상당한 기여를 한 출처들이다. 그럼에도 이들을 인용할 때 다음과 같은 질문을 해야 한다.

- 이 출처는 이 분야의 지식에 정확하게 어떤 측면에서 기여했는가? 단순히 오래되었다는 사실만으로 무조건 믿을 수 있는 출처라고 생각하면 안 된다.
- 이 출처에서 사용하는 논증과 근거 중에서 지금 그대로 적용하기 어려운 부분은 없을까?
- 다른 연구들은 이 출처에서 제시하는 아이디어나 데이터를 그대로 활용하는가? 아니면 수정하고 대체하여 활용하는가?
- 이후 권위를 획득한 다른 출처들은 이 출처의 영향력을 어느 정도 인정하는가?

신뢰성 reliability

근거는 믿을 수 있는 출처에서 나와야 한다. 구체적으로 다음과 같다.

- 신뢰할 수 있는 사람
- 공인된 전문가
- 결과에 이해관계가 없는 사람
- 권위와 명성이 있는 출처

신뢰성이란 또한 어느 정도 시간이 지나도 변하지 않는다는 것을 의미한다. 다시 말해 신뢰할 수 있는 근거란, 예측할 수 있는 근거가 되어야 한다. 지금 근거로 활용할 수 있다면, 다음에도 근거로 활용할 수 있어야 한다. 다음 글은 근거의 신뢰성을 기후와 날씨에 비유하여 설명한다.

> 기후조건은 장기적으로 어떤 지역의 기온이나 강우량의 전반적인 추세를 예측할 수 있는 비교적 안정적인 근거로서 신뢰도가 높다. 기후의 변화를 근거 삼아 예측하자면, 사하라사막 지역은 앞으로도 오랫동안 덥고 건조한 상태를 유지할 가능성이 높다. 반면 날씨는 빠르게 변하기 때문에 예측근거로 삼기에는 신뢰도가 떨어진다. 사하라사막에 비가 온다고 하더라도 언제, 얼마나 비가 올지 예측하는 것은 어렵다.

복제가능성 replication

과학논문의 출처목록을 보면 '복제됨/복제되지 않음 replicated/not replicated' 표시가 되어있는 것을 볼 수 있다. 이는 실험을 똑같이 재현했을 때 그 결과가 똑같이 나왔는지 알려준다. 재실험을 했을 때 같은 결과가 나오지 않았다면 또는 재실험 자체를 하지 않았다면, 첫 실험에서 얻은 결과는 우연의 산물에 불과할지도 모른다. 따라서 실험이 복제되었다는 것은 조사결과의 신뢰성이 매우 높다는 뜻이다.

근거출처의 신뢰성을 판단하기 위한 질문

근거출처로 사용할 만한 가치가 있는 텍스트인지 판단할 때는 다음 질문을 하라.

- 지도교수, 권위있는 학술지, 수준 높은 리뷰 등 신뢰할 수 있는 출처에서 추천한 텍스트인가?
- 학술자료 전용 검색엔진을 통해 찾아낸 텍스트인가?
- 추론선이 명확하고 근거를 풍부하게 제시하는가?
- 인용한 부분마다 누구나 찾아볼 수 있도록 출처를 제공하는가? 출처표기가 제대로 되어있지 않은 텍스트는 학술적인 출처로 사용하기에 적합하지 않다.
- 인용출처목록과 색인이 꼼꼼하게 정리되어 있는가? 이는 연구조사를 치밀하게 했다는 것을 입증한다.
- 권위있는 학술지, 학술서적에 수록되어 있거나, 권위있는 학술단체, 출판사에서 출간한 출판물인가? 개인의 의견, 에피소드, 이야기, 대중적인 뉴스사이트, 소셜미디어는 학술적인 인용출처로 사용하기에 적합하지 않다.
- 소셜미디어에서 팔로워가 많다고 해서, 권위와 명성이 있는 출처라고 간주해서는 안 된다.

진위성 authenticity

진위성은 근거의 출처가 논란의 여지가 없이 '진짜'인지 따지는 것이다. 예컨대 인용하고자 하는 말이나 글이, 저자가 진짜로 작성한 것이 맞는지 입증되어야 한다는 뜻이다. 물론, 진위를 완벽하게 확인하기 어려운 경우도 많다. 그럼에도 어떤 근거든 진짜 출처에서 나온 것이 아닐 수 있다는 의심을 놓아서는 안 된다.

현재성 currency

'지금도' 여전히 의미가 있는 출처에서 나온 근거를 사용해야 한다. 현재성이 있는 출처는 다음과 같다.

- 최근 출판된 자료
- 최근 업데이트된 자료
- 최신 연구를 반영한 개정판
- 오래된 자료라고 해도 여전히 변치 않는 안정적인 자료. 예컨대 해부학, 인물의 전기, 옛 기계의 설계도 등은 시간의 영향을 받지 않는다.

어떤 분야든 새로운 연구가 나올 수 있으므로 자신이 인용하고자 하는 출처가 최신 결과물인지 확인해야 한다.

'현재성'은 2차출처에만 적용되는 기준이다. 1차출처는 사건발생 순간 만들어지는 것이기 때문에 현재성을 따지는 것은 대개 무의미하다.

독보적인 작품 seminal works

독보적인 작품은 그 분야에서 오랫동안 상당한 영향력을 발휘하는 기념비적 결과물을 말한다. 학문, 영화, 음악, 미술, 건축, 상업디자인 등 어느 분야에서든 사고방식과 연구방법에 강렬한 영향을 오래도록 미치는 작품이 존재한다. 독보적인 작품은 그 분야의 연구기반을 제공하고 이론적 관점을 형성하는 출발점 역할을 한다. 앞으로 연구의 흐름과 방향이 어떻게 나아갈지 예측하고, 개별적인 연구가 전체적인 맥락에서 어떤 의미를 갖는지 평가하는 기준이 되기도 한다. 독보적 작품을 먼저 이해하면 그 분야 전체를 조망하는 데 큰 도움이 된다.

권위있는 출처 찾기

자신이 연구하거나 활동하는 분야에서 믿을 수 있는 권위있는 출처로 무엇이 있는지, 또 믿어서는 안 되는 출처로 무엇이 있는지 알아보자. 지도교수나 선배들에게 어떤 출처를 주목해야 하는지 물어보라.

독보적인 작품

일반과학에서는 흔히 찰스 다윈의 《종의 기원》, 아이작 뉴튼의 《프린키피아》 같은 저작들, 미술에서는 피카소나 앤디 워홀의 작품을 독보적인 작품으로 꼽는다. 내가 공부하는 학문이나 다루고자 하는 전문분야에서 독보적인 작품으로 여겨지는 것은 무엇일까?

연습문제

진품명품 콘테스트
다음 출처자료들의 진위성을 판단해보자.

1. 오래된 성당의 서고에서 발견된 중세시대 작성된 채색 필사본.
2. 동네 헌책방에서 발견된 중세시대 작성된 채색 필사본.
3. 온라인에서 누군가 팔고 있는 엘비스 프레슬리의 사인 1000장 모음.
4. 대학 2학년생이 소장하고 있는 셰익스피어의 미공개 일기.
5. 파리도서관이 보관하고 있는 프랑스혁명 기록물 컬렉션 속에서 발견된, 1809년 작성되었다고 표기되어있는 나폴레옹 보나파르트가 쓴 편지.
6. 단독주택 차고에서 발견된 지금까지 알려지지 않은 반고흐의 그림 5점.
7. 최근 물이 빠진 습지에서 발견된 바이킹 선박 잔해.
8. 19세기 교도소장의 배려로 죄수들이 쓰고 그린 편지와 그림들.

출처 평가하기

오늘 에세이지문1에 걸맞는 글을 써오라는 과제를 받았다. →529 수업시간에 나눠준 읽기자료를 인용해도 될지 고민 중이다. →517 읽기자료 12편을 읽어보고 인용출처로서 적절한지 생각하며 다음 질문에 답해보라.

1. 읽기자료 중 권위와 명성이 높은 글은 무엇일까? 세 단계로 구분해보자.
   ⓐ 매우 평판이 좋다
   ⓑ 꽤 믿을 만하다
   ⓒ 권위가 없다
2. 이해관계가 개입되어있을 확률이 높은 글은 무엇인가?
3. 학생들의 영양과 관련하여 가장 신뢰할 수 있는 글은 무엇인가?

믿을 만한 근거인지
평가하는 법

어떤 근거가 믿을 만한지 판단하기 위해서는 그 근거 자체가 타당하게 성립된 것인지 판단할 줄 알아야 한다. 근거의 타당성을 판단하는 기준을 하나씩 살펴보자.

대표성 representativeness

어떤 연구를 하든 모든 경우의 수를 테스트하기는 어렵다. 사람이든 상황이든, 많은 수를 테스트하는 것은 너무 비싸고, 시간도 많이 걸리고, 조직하기도 복잡하고, 불필요하다. 따라서 연구하고 조사할 때는 표본을 선별하여 진행한다. 표본은 연구대상이 되는 개체나 상황의 잠재적인 변수를 고려하여 선별해야 한다.

> 해외에서 들여오는 반려동물을 입국하기 전에 격리시켜야 한다는 정책에 대해 사람들이 어떻게 생각하는지, 동물보호단체 네 곳에서 조사했다. 네 단체는 응답자를 다른 기준으로 선발했다.

우리는 전국에서 반려견을 키우는 사람 1,000명을 선정했습니다. 조사결과의 균형을 맞추기 위해서, 지역별 응답자 수를 거의 일정하게 배분했죠.

Aanimals

우리는 전국에서 반려견을 키우는 사람 1,000명을 선정했습니다. 조사결과의 균형을 맞추기 위해서, 인구수에 비례하여 응답자를 선정했습니다. 인구가 많은 지역에서는 많은 이들이 참여했고, 인구가 적은 지역에서는 적게 참여했죠.

Banimals

우리는 전국에서 반려동물을 키우는 사람 1,000명을 선정했습니다. 조사결과의 균형을 맞추기 위해, 뱀, 잉꼬, 열대거미 등 각양각색의 반려동물 소유자들을 모두 포함하였습니다.

Canimals

우리는 전국에서 1,000명을 선정했습니다. 조사결과의 균형을 맞추기 위해, 반려동물을 키우는 사람은 물론 반려동물을 키우지 않는 사람들도 모두 포함하였고, 인구수에 비례하여 응답자를 선정했습니다.

Danimals

네 단체가 응답자를 선발한 원칙이 다르다. A는 지역별 대표성을 확보하는 데 중점을 둔 반면, B는 인구별 대표성을 확보하는 데 중점을 두었다. C는 개뿐만 아니라 다양한 종류의 반려동물을 키우는 사람들의 대표성을 확보하는 데 중점을 둔 반면, D는 반려동물을 키우는 사람과 그렇지 않은 사람을 모두 포괄하여 대표성을 확보하는 데 중점을 두었다.

어떤 기준으로 표본을 선정하는 것이 적절한지는, 연구목적에 따라 달라진다. 예컨대, 격리하는 반려동물의 99퍼센트가 개라면, 또 인구가 적은 농촌지역 사람들이 이러한 정책에 가장 크게 영향을 받는다면 A의 표본선발방식이 가장 적절할 것이다. 이러한 경우가 아니라면, 인구수에 비례하여 응답자를 선발하는 것이 바람직할 것이다.

개를 포함하여 다양한 종류의 반려동물을 격리하는 경우라면 C와 D의 접근방식이 좀더 대표성이 높을 것이다. A, B, C는 반려동물을 키우지 않는 사람의 의견은 들을 필요가 없다고 가정한 반면, D는 전체인구의 의견을 들어야 한다고 가정한다. 일반적인 연구조사프로젝트에서는 전체인구를 표본으로 삼는 경우가 많다. 다양한 관점을 대표하는 표본을 대상으로 삼는 것이 바람직하기 때문이다.

표본의 크기 | sample size

표본의 크기가 클수록 제대로 된 결과를 얻을 수 있다. 표본의 크기가 작을수록 결과는 우연에 좌우될 확률이 높다.

> 1,000명의 지원자를 대상으로 한 임상시험 결과, 신약은 95퍼센트에 달하는 성공률을 보였다. 대부분 환자들이 완치되었으며 지금까지 부작용도 거의 나타나지 않았다. 이러한 결과는 환자들의 통증을 완화할 수 있다는 긍정적인 희망을 제공한다.

1,000명이라는 숫자는 상당히 큰 것처럼 보일 수 있다. 하지만 이 표본이 향후 이 약을 복용할 가능성이 있는 모든 사람을 대표한다고 보기 어려우며, 또한 신약의 안전성을 보장하지도 않는다. 실제로 약물을 복용해야 하는 사람입장에서, 자신과 비슷한 조건을 가진 사람들을 대상으로 테스트했는지 확인하고 싶을 것이다. 혈액형, 나이, 민족, 알레르기, 의학적 질환

등 다양한 조건을 고려하여 표본을 선발해야 한다.

그렇다면 적절한 표본의 크기는 얼마일까? 적절한 표본의 크기는 다음 질문에 따라 달라진다.

- 우연성이 작동할 여지를 줄이는 것이 얼마나 중요한가?
- 건강과 안전에 관한 문제인가? 적은 표본으로도 즉각적인 대응을 촉구하기에 충분한가?
- 다양한 나이, 배경, 상황을 대표하려면 어느 정도 표본이 필요한가?
- 사용할 수 있는 자금은 얼마나 되는가?
- 적은 표본으로도 신뢰할 수 있는 결과를 얻을 수 있는가?

예컨대 2004년 실시된 심장마비에 관한 연구는 10년 동안 52개국에서 29,000명을 대상으로 실시되었다(The Times, 2004년 8월 31일 보도). 물론 이보다 적은 규모로 실시되는 경우도 있지만, 어쨌든 의학적 실험은 대부분 1만 명 이상의 표본을 대상으로 실시한다. 이에 반해 여론조사는 대개 1,000명으로도 충분한 결과를 얻을 수 있다.

연구방법 research methods

논문이나 보고서에는 연구결과를 제시하기 전에 '연구방법'을 먼저 소개한다. 이 부분에서 연구를 하기 위해 표본을 어떻게 선정하였는지 설명하는데, 그 기준이 적절한지 눈여겨봐야 한다. 표본이 연구대상집단을 제대로 대표하지 않는다면, 연구결과는 헛된 것일지 모른다.

확실성 certainty

어떤 논증이든 100퍼센트 분명하게 입증하는 것은 불가능하다. **챕터7**에서 결론을 입증하기 위해 필요조건과 충분조건을 얼마나 충족시켜야 하는지 설명했다. 여기서 충분조건을 완전히 충족시키는 것은 쉽지 않다는 것을 이해했을 것이다. 예외가 너무나 많기 때문이다.

무언가 확실하지 않은 상황은 그다지 만족스럽지 않기 마련이다. 의사결정을 해야 하는 상황이라면 더더욱 그러할 것이다. 학문연구자들은 이러한 불확실성을 낮추기 위해 다음과 같은 방법을 사용한다.

- 권위와 명성이 있는 출처를 선택하여 신뢰도를 높인다.
- 근거를 비판적으로 분석하여 **챕터7**에서 훑어본 다양한 오류를 찾아낸다.
- 확률이 어느 정도 되는지 계산한다.
- 가능한 한 확률을 끌어올린다.

논증을 평가할 때, 독자는 주장의 전반적인 강도 probability 가 어느 정도 되는지 판단한다. 쉽게 말해, 근거가 진짜인지, 어느 정도 신뢰할 수 있는지 판단한 다음, 이 근거에서 결론을 얼마나 적절하게 끌어낼 수 있는지, 다시 말해 추론선이 자연스럽게 흘러가는지 판단한다. 주장의 강도는 다음과 같은 스펙트럼 위에 표시할 수 있다.

주장의 강도 계산하기

주어진 조건으로 인해 어떤 것이 발생할 수 있는 경우와 그 결과가 우연히 발생할 수 있는 경우 사이에 얼마나 차이가 있는지 수치로 표현할 수 있다. 예컨대 100원짜리 동전을 100번 던졌을 때 이순신장군이 나올 확률은 대략 50번, 숫자가 나올 확률은 대략 50번이다. 이러한 결과는 확실한 것이 아니지만, 이런 결과가 나온다고 해서 놀랄 일도 아니다.

이에 비해 복권에 당첨될 확률은 훨씬 낮다. 복권번호가 1,400만 개 발행되었다면, 그리고 복권을 한 장만 샀다면, 당첨확률은 1,400만 분의 1이다. 통계공식이나 전문소프트웨어를 사용하면 특정한 결과가 우연히 발생할 수 있는 확률을 계산해낼 수 있다. 그 결과는 대개 다음과 같은 공식이나 문장으로 표현할 수 있다.

1. $p = <0.1$ 이 결과가 발생할 확률은 10분의 1 미만입니다.
2. $p = <0.01$ 이 결과가 발생할 확률은 100분의 1 미만입니다.
3. $p = <0.001$ 이 결과가 발생할 확률은 1000분의 1 미만입니다.
4. $p = <0.0001$ 이 결과가 발생할 확률은 1만분의 1 미만입니다.

- $p =$: 여기서 p는 probability를 의미한다.
- <는 미만이라는 뜻이다.
- 숫자 1은 100퍼센트를 의미하고 0은 0퍼센트를 의미한다. 따라서 확률은 1보다 작고 0보다 큰 소수로 표현된다. 소수점 뒤에 0이 많이 나올수록 그 결과가 우연히 발생할 가능성은 적다는 뜻이다.

챕터10에서 설명하겠지만 학술적인 글쓰기에서는 아무리 확실해 보이는 발견을 했어도 그것을 단정적으로 표현하지 않는다. 그럼에도 확실성을 높이기 위한 노력을 해야 한다.

통계적 의미 statistical significance

표본이 매우 적은 경우, 예컨대 각 범주마다 표본이 16명이 되지 않는 경우, 그 결과는 의미가 있다고 보기 힘들다. 우연성에 의한 결과일 확률이 높기 때문이다. 표본이 적거나 집단 사이의 차이가 작을 때 '통계적으로 유의미하지 않다'고 말한다. 과학논문에서 가끔 다음과 같은 표현을 볼 수 있다.

결과는 $p = <0.0001$에서 유의미하다.

이는 통계적으로 유의미한 수준이 1만분의 1 이라는 뜻이다. 소수점 뒤에 0이 많아질수록 결과의 신뢰도가 높고 우연에 의해 좌우될 가능성은 떨어진다. 반대로 '결과가 통계적으로 유의미하지 않다' 같은 표현은 결과 또는 두 항목 간의 차이가 우연의 산물일 가능성이 높다는 뜻이다.

그럼에도 적은 표본으로도 충분한 경우가 있다.

- 어떤 측면에서 일반적이지 않은 경우를 조사할 때: 예외적으로 상당한 규모의 성공을 거둔 사람, 희귀한 의학적 증상을 보이는 사람 등
- 표본을 구하는 것이 어려운 경우: 심해 깊은 곳이나 우주에서 표본을 구해야 하는 경우, 화학물질에 노출되어야 하는 경우, 극심한 수면부족을 견뎌야 하는 경우 등
- 다섯쌍둥이 출산과 같은 흔치 않은 상황

과도한 일반화 over-generalisation

일반화는 빠르게 패턴을 파악하고 빠르게 판단을 내리는 데 도움이 된다. 하지만 일반화는 어느 정도 충분한 표본을 바탕으로 이루어져야 한다. 그렇지 않은 경우 '과도한 일반화'라고 한다.

> 우리집 첫째 아이는 무엇이든 잘 먹지만, 둘째 아이는 입맛이 까다롭다. 첫째는 둘째나 셋째보다 잘 먹기 마련이다.

이 글은 자신의 두 자녀를 관찰한 결과를 바탕으로 일반화한다. 너무나 적은 표본이다. 첫째 아이와 둘째 아이 수천 명을 관찰한 결과 동일한 식사 패턴을 발견했다면 이러한 일반화는 유효할 수 있다. 하지만 이렇게 표본이 적으면 우연의 결과일 확률이 크다. 옆집에서는 첫째 둘째 모두 잘 먹을 수도 있다. 이처럼 한두 사례를 바탕으로 일반화하는 것은 일반적으로 허용되지 않는다.

> 외모를 보고 별명을 붙이는 걸 무례하다고 말하시는데, 제 친구 중에 진짜 몸무게가 많이 나가는 애가 있거든요. 그 친구는 사람들이 뚱뚱보라고 놀려도 전혀 신경쓰지 않아요. 왜냐? 자신이 마음만 먹으면 언제든 상대방을 놀려줄 방법을 알고 있기 때문이죠. 이건 외모를 보고 놀리는 게 아무런 해도 입히지 않는다는 증거예요.

어느 한 사람이 모욕적인 언어에 전혀 신경쓰지 않는 것처럼 보인다고 해서 다른 사람들도 모두 마찬가지일 것이라고 일반화해서는 안 된다.

반대로 단 하나의 예외로 일반적인 법칙을 반증하는 것은 가능하다. 예컨대, 물체를 공중에서 놓으면 바닥으로 떨어지는 것이 일반적인 법칙이다. 이런 경우, 이를 거스르는 단 하나의 사례만 보여주면 이러한 일반화가 늘 옳지 않다는 것을 입증할 수 있다. 예컨대 헬륨풍선은 하늘로 떠오른다. 이러한 예외를 해명하려면, 법칙을 다시 살펴보고 개선해야 한다. 과학과 자연법칙은 대부분 이러한 예외적인 상황을 해명하는 과정을 계속 반복해오면서 정교하게 발전해왔다.

임상시험 결과 약물은 매우 성공적인 것으로 나타났다. 하지만 이 환자는 약물에 심각한 알레르기 반응을 보였다. 몇몇 사람들이 약물에 부정적인 반응을 보일 수 있다는 사실을 의료진은 인지해야 한다.

이 글은, 단 하나의 사례만으로도 약물의 효과를 일반화하기 어렵다는 것을 보여준다. 시간을 두고 더 많은 예외적 현상을 관찰하여야만, 더 정확하고 정교하게 일반화할 수 있는 주장을 만들어낼 수 있다.

이 약물은 천식환자와 BXR2 약물을 복용하는 사람들에게 심각한 알레르기 반응을 일으킬 수 있습니다.

이 글은 작은 표본, 심지어 단 하나의 표본으로 훨씬 큰 표본에 기반한 이론이나 규칙을 반증할 수 있다는 것을 보여준다. 하나의 예시로 이론이나 규칙을 깰 수 있다. 이런 경우, 예외까지 포괄할 수 있도록 규칙이나 이론을 재검토하고 수정해야 한다. 어쨌든 일반화는 '모두 그러하다'라는 의미가 아니라 '대부분 그러하다'라는 의미라는 것을 명심하라. 물론 예외가 존재하는 것을 감안하더라도, 일반화는 전반적인 상황을 이해하는 매우 유용한 방법이다.

유효성 validity

누구나 동의하는 요건을 충족하지 못하는 근거, 또는 관례에서 벗어난 방식으로 수집된 근거는 '유효하지' 않은 근거로 간주된다. 예컨대 잘못된 방식으로 수집된 근거, 불완전한 근거, 편파적인 근거, 부정확한 근거는 유효하지 않을 수 있다. 물론 어떤 근거가 근거로서 자격이 있는지, 다시 말해 유효한지 따지는 기준은 상황에 따라 달라진다.

1. 담배를 피우는 사람이 술도 마실 가능성이 높다는 보고서가 발표되었다. 하지만 흡연자는 술집에서 조사하고 비흡연자는 길거리에서 조사한 결과이기 때문에, 이것은 유효한 연구결과라고 보기 어렵다. 흡연자가 술을 마실 가능성이 높다고 가정하고, 이 가정에 부합하는 결과가 나오게끔 조사대상자를 선정하는 과정을 설계한 것으로 의심된다. 증거수집과정에서 공정하지 않은 가중치를 부여하면 안 된다는 연구관례에서 어긴 것이다.
2. 피고가 범죄를 자백하였더라도, 강압에 의해 자백한 것이 명백하다면 법정에서 유효한 증거로 인정하지 않는다.
3. 장학생으로 선발되기 위해서는 한 학기에 에세이를 8편 이상 작성하여 제출해야 한다. 이 학생은 에세이를 8편 제출했으나, 그중 3편이 인터넷에서 떠돌아다니는 에세이와 너무나 유사한 것으로 드러났다. 이 3편의 에세이는 이 학생의 자질을 평가할 수 있는 유효한 증거라고 인정할 수 없으며, 따라서 선발요건을 충족하지 못하는 것으로 판단한다.
4. 세계에서 가장 빠른 100미터 달리기 기록을 달성한 선수가 있다. 물론 그 기록은 신뢰할 수 있는 공식기록이다. 하지만 경기 당시 비정상적일 정도로 뒤에서 바람이 강하게 불었기 때문에 이 기록을 유효한 증거라고 인정하지 않는 사람도 많다.

변수통제

'변수 variable'는 의도와 무관하게 결과에 영향을 미칠 수 있는 온갖 상황을 말한다. 근거를 평가할 때, 연구결과에 영향을 미칠 수 있는 잠재적 변수들을 파악하고, 이러한 변수들이 의도치 않게 영향을 미치지 않도록 조치를 했는지 눈여겨봐야 한다.

> 남아프리카에서 시험재배했을 때, 새로운 포도나무의 포도 수확량은 일반적인 적포도 수확량보다 두 배 많았다. 그 결과 와인 생산량도 두 배 많았다. 하지만 이 포도나무를 잘라 토양과 강우량이 비슷한 캘리포니아 지역으로 옮겨 심었을 때는, 그만큼 수확량을 얻지 못했다.

이 글에서는 토양과 강우량과 같은 일부 변수를 통제했다고 말하지만, 이것만으로는 충분하지 않다. 똑같은 포도나무를 어느 지역에 심었을 때 더 많은 열매를 산출한다면, 어떤 조건이 결과에 영향을 미치는지 다양한 변수를 통제하여 실험해야 한다. 이러한 변수에는 다음과 같은 항목이 포함될 수 있다.

- 총 일조시간
- 미처 고려하지 못한 토양 속에 함유된 미네랄이나 미량의 원소들
- 비가 오는 시기
- 땅의 경사도
- 근처에 자라는 다른 식물들 또는 곤충이나 해충이 미치는 영향

연구보고서나 논문을 읽을 때, 이러한 변수를 통제하기 위해 어떤 조치를 했는지 눈여겨보라. 논문에서는 연구방법을 소개하는 부분에서 확인할 수 있다. 변수를 제대로 통제하지 않을 경우, 엉뚱한 것을 원인이라고 규정하고 결론 내릴 수 있다.

실험군과 대조군

실험결과가 결론을 뒷받침하는지 확인하기 위한 한 가지 방법은, 대조군을 사용하는 것이다. 대조군control group은, 실험군experimental group과 비교대상으로 삼기 위해 별도로 준비하는 집단이다. 예컨대 수면부족으로 나타나는 증상을 알아보기 위한 실험을 한다면, 실험군에게는 60시간 동안 잠을 자지 못하게 하는 반면 대조군에게는 평균적인 수면시간에 맞춰 잠을 자게 한다.

> 한 식품회사에서 자신들이 출시한 요구르트를 마시면 독감에 걸리지 않는다고 주장한다. 실험군 100명에게는 1년 동안 매일 요구르트 한 병씩 마시게 하고, 대조군 100명에게는 요구르트병에 요구르트 맛이 나는 물을 한 병씩 마시게 하였다.

여기서 요구르트 맛이 나는 물을 '플라세보placebo' 또는 '위약'이라고 한다. 대조군에게 플라세보를 제공하는 이유는, 피실험자들이 자신이 실험군에 속하는지 대조군에 속하는지 알면 안 되기 때문이다. 이 사실을 알면 피실험자들이 원하는 결과를 스스로 촉진할 수도 있고, 열심히 참여하지 않을 수도 있다. 이러한 행동과 마음가짐은 결과에 영향을 미치는 중요한 변수가 된다.

연습문제 — 표본의 대표성

다음 예문을 읽고 표본에 대표성이 있는지, 대표성이 없는지 판단해보라. 대표성이 없다면, 어떤 면에서 그런지 생각해보자.

- 예문 8.4

    실험의 목적은 미취학 아동을 제외한 45세 미만의 사람들을 대상으로 당근을 먹으면 시력이 좋아지는지 입증하는 것이다. 표본은 1,000명으로, 이 중 789명은 여성이고 나머지는 남성이다. 남성과 여성은 6-15세, 16-25세, 26-35세, 36-45세, 네 집단으로 구분하여 골고루 선발하였다. 참가자는 10주 동안 매일 당근추출물로 만든 캡슐을 3개씩 복용했다.

- 예문 8.5

    이번 설문조사는 아몬드 에센스와 알로에베라 중 어느 향이 나는 비누를 소비자들이 더 선호하는지 알아보기 위한 것이다. 이번 실험에는 1,000명이 참가했으며, 이 중 503명은 여성이고 497명은 남성이다. 참가자 중 절반은 25-40세였으며 나머지는 41-55세였다.

- 예문 8.6

    이번 프로젝트는 배우자를 여읜 뒤 6회 심리치료를 받은 사람이 그렇지 않은 사람보다 배우자 사후 12개월 동안 직장을 휴직할 가능성이 낮다는 가설을 검증하기 위한 것이다. 실험에는 226명이 참가했으며, 나이와 성별과 민족에 따라 두 그룹으로 나누었다. 57명이 속한 A그룹은 6회 심리치료를 받았고, 나머지 169명이 속한 B그룹은 심리치료를 받지 않았다.

사실인가?
의견인가?

의견은 사실이 아니라 믿음이다. 실질적인 근거나 증거에 기반하지 않는다. 여러 사람들이 공유한다고 해도 의견은 사실이 되지 않는다. 이에 반해 사실이란 기본적으로 경험, 관찰, 실험, 대조, 검증 등을 통해 검토하고 입증할 수 있는 정보다.

하지만 의심할 여지가 없는 사실이라고 여겨졌던 것도 어느 순간 거짓으로 밝혀질 수 있다. 권위있는 근거를 바탕으로 확인된 사실은 개인적인 의견보다 훨씬 무겁게 여겨지긴 하지만, 그것이 절대 변치 않는 사실이라고 확신해서는 안 된다는 뜻이다.

> 검시관은 사망시각이 새벽 2시에서 4시 사이라고 밝혔다. 시신은 아침 6시 30분 요리사가 발견했다. 하인은 밤새 집안에 6 명이 있었다고 진술했다. 집사는 집열쇠를 가지고 있는 사람은 4명이라고 말했다. 이들 중 누군가가 아침 6시 30분 이전에 집에 들어왔다가 나갔을 수 있다는 뜻이다.

이 글에 명시적으로 확인할 수 있는 사실은 무엇일까?

- 사망시각. 검시관이 밝힌 것으로 신뢰할 수 있다.

- 요리사가 시신을 발견한 시각. 물론 이보다 먼저 시신을 발견하고도 그 시간에 발견했다고 거짓말을 했을지도 모른다.
- 하인이 진술했다는 사실. 진술내용은 사실이라고 단정하기 어렵다.
- 집사가 진술했다는 사실. 진술내용은 단순한 의견일 수도 있고 거짓말일 수도 있다.

무엇이 사실이고 무엇이 의견일까? 사람에 따라 다르게 생각할 수 있다.

집사가 밤새 집 안에 있었어요. 그리고 그 밤에 집주인이 살해당했고요. 집사는 자신이 충직한 하인이었다고 말하지만, 정말 그런지 어떻게 알아요? 저는 그가 거짓말을 하고 있다고 생각해요. 주인에게 모종의 복수를 한 거 아닐까요? 밝혀진 사실들이 그가 살인자라고 말하잖아요.

이 진술에서 사실로 여겨지는 것들을 찾아보자.

- 집사는 밤새 집에 있었다.
- 집주인은 밤새 살해당했다.
- 집사는 자신이 충직한 하인이었다고 말했다. 단 여기서 '자신이 충직한 하인'이라고 말한 내용은 사실이라고 단정할 수 없다.

이것이 전부다. 집사가 정말 충직한 하인인지 살인자인지 단정할 수 없다. 둘 중 하나만 사실이거나, 또는 둘 다 사실일 수 있다. 다만 여기서 명확히 알 수 있는 사실은, 이렇게 진술한 사람은 집사가 살인자라고 생각하고 있다는 것, 또 그러한 개인적인 생각(의견)을 마치 사실인 것처럼 진술하고 있다는 것이다.

목격자의 증언은 얼마나 믿을 수 있을까?

목격자의 증언은 다양한 상황에서 유용할 수 있다.

- 사고, 범죄, 재난을 직접 경험하거나 목격한 사람의 증언
- 오래전 일이라고 해도 역사적 사건을 직접 겪은 사람의 회상
- 서비스를 직접 체험한 고객의 소감
- 몸에서 나타나는 증상과 효과에 대한 환자의 설명

개인의 증언은 소중한 증거가 될 수 있지만, 반드시 정확한 것은 아니다. 진실을 왜곡하거나 허위진술을 유도하거나, 진술 자체를 가로막는 요인은 여러 가지 있겠지만, 그중 대표적인 것들을 살펴보자.

진술자의 의도

인터뷰나 면담을 통해 증거를 수집할 때는, 진술자의 동기가 복잡할 수 있다는 것을 고려하여야 한다.

- 질문자에게 협조하고자 하는 마음에, 질문자가 듣고 싶어하는 말을 할 수 있다.
- 질문자에 대한 반감으로, 답변을 거부할 수 있다.
- 누군가를 보호하기 위해, 사실을 감출 수 있다.
- 사람들의 관심 끌기 위해, 자신이 기억하지 못하거나 알지도 못하는 것을 아는 척 말할 수 있다.
- 이해관계가 얽혀있는 경우, 자신에게 유리한 쪽으로 진술할 수 있다.
- 협박이나 위해를 받는 상황에서는, 진실을 말하기 어렵다.
- 비밀을 지키기로 누군가와 약속했을 수 있다.

전문지식이나 내부지식의 부족

직접 현장을 목격했다고 해도 전문지식이 부족하거나 내부상황에 대해 잘 모르는 경우, 자신이 본 것을 정확하게 이해하지 못할 수 있다. 예컨대 대낮에 길거리에서 두 사람이 싸우고 있는 것을 카메라로 촬영하는 모습을 목격했을 때, 이것이 실제 싸움을 우연히 카메라로 찍고 있는 상황인지 아니면 영화를 찍기 위해 서로 짜고 연출한 상황인지 지나가는 사람은 구분하기 어렵다. 또 질문의 의도를 제대로 이해하지 못하여 목격자가 엉뚱한 대답을 할 수도 있다.

기억의 한계

1979년 출간된 엘리자베스 롭터스의 《목격자의 증언 Eyewitness Testimony》은 기억에 의존한 법정진술이 얼마나 신빙성이 떨어지는지 잘 보여준다. 한 실험에서 피실험자들에게 자동차 충돌사고 장면이 담긴 영상을 보여준 다음, 두 집단으로 나눠 다음과 같이 물었다.

- A집단: 자동차가 헛간을 지나칠 때 얼마나 빠르게 달렸습니까?
- B집단: 자동차가 얼마나 빠르게 달렸습니까?

일주일 뒤, 이들에게 영상에서 헛간을 봤는지 물었다. A집단 중 17퍼센트는 봤다고 대답한 반면 B집단은 3퍼센트만 봤다고 대답했다. 실제로 영상에는 헛간이 나오지 않았다. 이처럼 우리의 기억은 쉽게 왜곡된다. 이처럼 기억이 쉽게 왜곡되는 이유는 다음과 같다.

- 인지오류: 보고 들은 것을 잘못 인지한다.
- 해석오류: 보고 들은 것을 잘못 해석한다.
- 저장오류: 보고 들은 것을 기억하지 못한다.

- 출력오류: 기억한 것을 부정확하게 출력한다. 마음속으로 사건을 되새기거나 다른 사람과 의견을 나누는 과정에서 기억이 왜곡될 수 있다. 다른 사람의 설명에 영향을 받을 수도 있고, 비슷한 사건과 뒤섞일 수도 있다.
- 복합기억: 여러 사건의 다양한 측면을 하나로 뒤섞어 기억한다.

목격자의 증언에만 의존해선 안 된다

일반적으로 목격자의 증언은 이를 뒷받침하는 여러 정보를 찾아 보강해야 한다. 증언에 신빙성을 높여주는 정보는 다음과 같은 것들이 있다.

- 당시 작성된 공식적인 기록.
- 사건현장을 찍은 사진이나 영상.
- 신문기사, 경찰조서, 공공데이터, 법원기록.
- 다른 목격자의 비슷한 증언.
- 다른 곳이나 다른 시간에 발생한 유사한 사건에 대한 보고.

전문가의 의견?

일반적으로 오랜 기간에 걸쳐 습득한 전문적인 지식, 또는 연구나 직접경험을 통해 획득한 지식은 훨씬 무겁게 인정해준다. 법정에서 판사나 배심원들도 상황을 좀더 정확하게 이해하기 위해 전문가들의 도움을 받는다. 더 나아가 전문가들에게 단순히 사실만 묻는 것이 아니라 개인적인 의견을 묻는 경우도 많다. 물론 이러한 의견이 '증거'로 채택되지는 않는다. 전문가라고 해도 틀릴 수 있기 때문이다.

삼각검증법 triangulation

삼각검증법이란 삼각형의 세 변이 서로 지지하여 안정적인 구조를 만드는 것처럼, 다양한 측면에서 증거를 수집하고 비교하고 대조하여 서로 뒷받침하는지 모순되는지 검증하는 접근방법이다(꼭 세 가지를 비교해야 한다는 뜻은 아니다). 삼각검증법은 학문적 연구뿐만 아니라 일상적인 맥락에서도 쉽게 사용할 수 있다.

> 윤지는 언니가 자신을 때렸다고 엄마에게 일렀다. 윤지는 울면서 언니를 혼내 달라고 했다.

윤지가 말한 내용이 진실일 수도 있고 아닐 수도 있다. 엄마는 조치를 하기 전, 다양한 측면에서 검증할 수 있다.

- 언니의 입장을 들어본다.
- 윤지가 맞았다는 증거를 찾는다.
- 윤지와 언니가 평상시 사건을 진술하는 방식을 고려한다.
- 상황을 다르게 설명할 수 있는 방법은 없을까? 예컨대 장난을 치다가 실수로 벽에 부딪힌 것은 아닐까?

이처럼 다양한 방향에서 접근하는 것을 삼각검증법이라고 한다.

> 교장선생님은 우리학교의 전체 성적이 그 어느 때보다 높아졌다고 하면서, 이는 자신이 추진한 교수법 개선정책의 결과라고 말했다.

교장의 주장은 타당한 것일까? 삼각검증을 해보자.

- 공식적인 기록을 찾아서 학교성적이 향상된 것이 정말 맞는지 확인한다.
- 우리학교의 성적상승률과 전체학교의 평균 성적상승률을 비교한다.
- 조건이 비슷한 학교의 성적상승률을 비교한다. 예컨대 저소득층 밀집지역에 위치한 학교라면, 이와 비슷한 지역에 위치한 학교와 비교한다.
- 성적에 영향을 미친 다른 요인은 없는지 검토한다. 예컨대 올해 신입생 선발기준이 바뀌어서 처음부터 공부 잘하는 학생들이 입학한 것은 아닐까? 그렇다면 학교성적이 높아진 이유는 교수법 개선정책 때문이 아니라 학생의 질이 높아졌기 때문일 수 있다.

삼각검증을 할 때는 여러 출처에서 근거를 찾아야 하는데, 이때 사용되는 단어나 표현이 같다고 해도 출처마다 의미나 용법이 다를 수 있다는 것을 명심해야 한다. 표현이 같더라도 의미나 용법이 다르다면, 실제로는 같은 것끼리 비교하는 것이 아니다. 예컨대, 이 경우에 '성적'이라는 말이 학업성적이 아니라 운동부의 성적을 의미하는 것일 수도 있다. 그렇다면 시험성적에 관한 자료가 아니라 경기기록에 관한 자료들을 출처로 삼아야 할 것이다. 자료를 수집할 때 시험성적과 운동성적 자료가 뒤섞이지 않도록 조심해야 한다.

연습문제

삼각검증
다음과 같은 주장이 진실인지 삼각검증을 하려면 어떤 근거를 찾아야 할까?

1. 버스정류장에서 만난 어떤 남자에게 들었는데, BTS의 콘서트 티켓을 가장 싸게 사는 방법은 콘서트 당일 밤 현장매표소에 가서 직접 사는 것이라고 한다.
2. 자동차 제조사의 보고서에 따르면, 최근 출시한 모델에 장착된 제동장치가 기존의 그 어떤 자동차의 제동장치보다 안전하다고 한다.
3. 어제 읽은 책에 나온 내용인데, 과거에는 구걸하는 행위에 대한 법적 처벌이 매우 엄격했다고 한다.

실험 설계하기
예문 8.4, 8.5, 8.6을 다시 읽고, 각 예문마다 어떤 변수를 통제해야 하는지, 어떤 대조군을 설정해야 하는지 생각해보자. →285

소셜미디어
비판적으로 접근하기

소셜미디어 플랫폼에는 방대한 양의 데이터가 담겨있다. 특히 마케팅, 소비자분석, 비즈니스설계, 의견청취 같은 문제를 해결할 때는 유용한 출발점이 될 수 있다. 하지만 정보의 질을 보장하지는 못한다는 측면에서 소셜미디어 정보를 활용할 때는 주의를 기울여야 한다.

1. **부정확한 정보** misinformation 사실이라고 믿고 공유한 정보라도, 부정확하거나 오류가 존재할 수 있다. (이를 공학에서는 무작위오차 accident error 라고 한다).
2. **허위정보** disinformation 사람들을 속이기 위해 의도적으로 정보를 조작하여 퍼트릴 수 있다.
3. **검증 부족** 정보의 진실성을 검증하거나 관리하는 통제소가 없기 때문에 가짜 정보를 판별하기 어렵다.
4. **대표성 부족** 소셜미디어에서 시끄럽다고 해서 세상사람들이 다 그렇게 생각한다고 일반화해서는 안 된다.
5. **신뢰성 부족** 사용자들이 생산해낸 정보를 그대로 믿어서는 안 된다. 다른 출처와 교차검증하고 확인하라.
6. **여론납치** hijacking public opinion 크게 목소리를 내는 소수가 이슈를 독점하여, 이에 대한 이견을 파묻어버리거나 더 나아가 침묵하게 만들 수 있다.
7. **인플루언서 착시** 팔로워 수를 전문성이나 대표성을 나타내는 지표로 착각해서는 안 된다.

소셜미디어에 대한 일반적인 인식?

2019년 퓨리서치(Pew Research)는 11개 신흥국—멕시코, 베네수엘라, 콜롬비아, 브라질, 필리핀, 인도, 베트남, 튀니지, 남아프리카공화국, 레바논, 요르단—국민을 대상으로 스마트폰과 소셜미디어의 확산이 정보의 접근방식에 어떤 영향을 미치는지 설문조사를 실시했다. 대다수 응답자는 자신이 사용하는 소셜미디어가 유익하다고 대답했으나, 92퍼센트가 소셜미디어에서 명백하게 거짓인 정보를 접한 경험이 있으며, 또한 다른 사람에게 부정적인 감정을 갖게 하는 글을 본 적 있다고 답했다.

소셜미디어에서 정보 검증하기

소셜미디어 게시물의 진위성과 신뢰성을 검증하는 몇 가지 방법을 소개한다.

1. **누가 작성했는가?** 게시자가 누가인가? 실명을 밝히고 있는가? 그 사람에 대해 분명하게 알 수 있는 내용이 있는가?
2. **누구와 네트워킹되어 있는가?** 누구를 팔로우하고 누가 팔로우하는가? 팔로워 수와 팔로우하는 사람들의 유형을 보면 그가 어떤 사람인지 좀더 정확하게 판단할 수 있다. 게시물과 관련한 지식이 있는 사람인가?
3. **의도가 무엇인가?** 이 글을 게시한 목적은 무엇인가? 어떻게 생각하도록, 무엇을 믿도록, 어떤 행동을 하도록 사람들을 설득하고자 하는가?
4. **책임을 지는?** 공인된 전문가가 게시한 정보인가? 정보가 사실이 아닐 경우, 게시자가 잃을 것이 있는가? 진실성을 담보하기 위해 어떤 희생을 각오하는가?
5. **이해관계가 있는가?** 이 글을 게시함으로써 게시자는 어떤 이득을 얻을 수 있는가? 사업적 금전적 이득뿐만 아니라 개인의 평판, 사람들의 관심, 팔로워 확보를 노릴 수도 있다. 단순히 개인적인 이념이나 사상을 설파하고자 할 수도 있다.

6. 일관성이 있는가? 게시물에 담겨있는 시간, 장소, 복장, 그 밖의 다양한 요소들 사이에 내재적으로 일관성이 있는가? 연관된 다른 게시물들 사이에 일관성이 있는가? 예상하기 힘든 급반전 게시물이나 오락가락하는 글은 없는가?

7. 교차검증할 수 있는가? 그 장소에 있었던 사람, 이벤트에 함께 참석한 사람, 그 장면을 목격한 사람이 있는가? →286

8. 보완검증할 수 있는가? 다른 출처를 통해서도 게시물 내용을 확인할 수 있는가? →291

9. 게시한 지 시간이 얼마나 지났는가? 다른 사람들이 내용을 확인하고 검증할 수 있을 만큼 시간이 지났는가? 반대로 너무 오래된 게시물은 아닌가?

10. 게시자의 과거의 행적을 아는가? 오랫동안 관찰했던 사람인가? 지난 시간 신뢰할 수 있는 출처로 여겨졌는가?

가장 믿을 수 있는 소셜미디어는?

eMarketer는 매년 사기성 콘텐츠, 개인정보, 보안과 같은 몇몇 이슈에 초점을 맞춰 다양한 소셜미디어 플랫폼의 상대적 신뢰도를 조사하여 발표한다. 미국인 사용자들을 인터뷰하여 9개 소셜미디어 플랫폼—페이스북, 인스타그램, 링크드인, 핀터레스트, 레딧, 스냅챗, 틱톡, 트위터, 유튜브—의 신뢰도를 평가한다. 물론 이 조사결과는 플랫폼에 올라온 개별 게시물이나 세부정보를 평가한 것이 아니라 개개인들의 경험을 조사한 것이며, 조사대상 또한 국가별 지역별로 한정되어있다는 점을 고려해야 한다.

https://www.emarketer.com/content/digital-trust-benchmark-2022
(Sample: 1730. USA)

진짜뉴스냐
가짜뉴스냐?

가짜뉴스 fake news 는 말 그대로 임의적으로 지어낸 거짓뉴스나 사실을 잘못 해석하여 전달하는 뉴스를 말한다. 페이크뉴스는 2016년 미국 대통령선거과정에서 널리 쓰이면서 퍼져나간 말이지만, 새로운 현상은 아니다. 엉터리주장, 허위정보, 선전선동 같은 이름으로 오래전부터 존재해온 현상이다. 가짜뉴스가 생성되는 과정은 다양할 수 있다.

- 사람들을 속이고자 하는 의도로 뉴스를 조작하여 유포할 수 있다. 이미 알려진 진실을 '가짜뉴스'라고 선동하는 것 역시 의도적으로 여론을 호도하려는 시도이기에 그 자체로 가짜뉴스다.
- 의도한 것은 아니지만 뉴스를 전달하는 과정에서 발생한 실수, 오해, 혼동으로 인해 잘못된 정보가 소문처럼 퍼져 나갈 수 있다. 개인의 예외적인 경험이나 의견이 소셜미디어 등을 통해 퍼져나가면서 '사실'로 굳어져 가짜뉴스가 되기도 한다. 상당수 가짜뉴스는 이렇게 시작된다.
- 몇몇 잡지나 TV 코미디쇼들은 정치풍자나 재미를 위해 진짜가 아닌 정보를 뉴스처럼 만들어내기도 한다. 사람들이 '진짜'라고 받아들이지 않을 것이라고 전제하고 만든 가짜뉴스가 진짜뉴스로 둔갑하는 것이다.
- 대부분 이러한 일들이 뒤섞여서 가짜뉴스는 퍼져나간다. 실수로 만들어진 오보, 풍자하기 위해 만든 이야기, 그것을 사실이라고 믿게 만들고 싶은 사람들, 또 그것을 '사실'이라고 믿고 싶은 사람들에 의해 퍼져나간다.

시간이 지나면서, 어떤 입장을 뒷받침하는 것처럼 보이는 예외적인 경험, 왜곡된 증언, 엉뚱한 데이터가 이해관계, 사람들의 불안, 음모론 등과 결합하면서 가짜뉴스는 더욱 부풀어오르고 계속 퍼져나간다. 가짜뉴스의 최종목표는 진짜와 가짜를 뒤섞어버림으로써 어떤 해석이 신뢰할 수 있는지 신뢰할 수 없는지 구분할 수 없도록 마비시키는 것이다.

물론 '가짜뉴스'라는 말을 누구나 같은 의미로 사용하는 것은 아니다. 사람들을 오도하고 선동하기 위해 의도적으로 '가짜뉴스'라는 말을 사용하는 사람도 많다. 따라서 누군가 어떤 것을 '가짜뉴스'라고 지목한다면, 그 의도가 무엇일지 판단할 줄 알아야 한다. 다음 질문을 하라.

- 자신이 동의하지 않는 뉴스, 듣기 싫은 뉴스를 '가짜뉴스'라고 지목하는 것은 아닐까?
- 기존에 확립되어 내려온 신념체계, 종교, 신화, 전설을 '가짜뉴스'라고 지목하는 것은 아닐까? 이런 것들은 기본적으로 '뉴스(새로운 소식)'도 아니다.
- '허구', '픽션'이라고 명시한 정보를 '가짜뉴스'라고 지목하는 것은 아닐까? 이런 것들은 애초에 '진짜'라고 주장하지도 않았다.

새롭게 쏟아지는 무수한 이야기들이 진짜인지 가짜인지 확인하기 위해서는 비판적 질문을 할 줄 알아야 한다. 그럴듯해 보이는 이야기라도 그것인 진짜인지 검증할 줄 알아야 하고, 그런 이야기를 전달하는 사람의 의도가 무엇인지 파악할 줄 알아야 한다. 물론 무언가 속이고 오도하려는 나쁜 의도가 전혀 없다고 하더라도, 가짜뉴스는 가짜뉴스일 뿐이다.

반대로, 권위를 인정받는 미디어에서 전달하는 '진짜뉴스'라고 여겨지는 소식 역시 의심할 줄 알아야 한다. 어쨌든 뉴스는 전체 이야기에서 일부만 떼어낸 것에 불과하다. '뉴스'라는 포맷에 맞게 소식을 전달하기 위해 '완전한 진실'을 간결하게 편집할 수밖에 없다. 편집과정에 관점과 해석이 개입되기 마련이고, 해석이 달라지면 편집방식도 달라질 수 있다. 따라서 뉴스에서 어떤 측면이 생략되었는지, 전달하지 않은 목소리가 있는지 비판적으로 의심할 줄 알아야 한다.

가짜뉴스는 왜 가려내야 할까?

- '뉴스'는 정치, 경제, 소비, 의료 등 다양한 분야에서 유익한 것과 해로운 것, 필요한 것과 위험한 것 등 삶의 중요한 선택과 결정에 큰 영향을 미친다.
- 진실과 거짓을 구별하는 눈을 가진 시민만이 건강한 사회를 유지할 수 있다. 진실을 부정하고 가짜뉴스를 퍼뜨리는 행동은, 공동체의 뿌리가 되는 신뢰와 믿음을 훼손하고 더 나아가 공동체의 결속력을 약화시킨다.
- 온라인세상이 열리는 덕분에 다양한 관점, 다양한 목소리를 공유할 수 있게 되었지만, 이로 인해 너무나 많은 정보가 넘쳐나게 되었다. 개개인이 진짜와 가짜를 선별하고 검증할 줄 알아야 한다.
- 인공지능시대에 정보를 조작하는 것은 매우 쉬운 일이 되었다. 더 교묘하고 정교하게 정보를 복제하고 왜곡하여 속일 수 있다.
- 가짜뉴스에 기반하여 작성한 보고서는 낮은 성적을 받을 확률이 높다.

가짜뉴스는 도대체 왜 만드는 것일까?

가짜뉴스를 효과적으로 의심하고 검증하기 위해서는, 어떤 이야기가 가짜뉴스일 가능성이 높은지 알아야 한다. 가짜뉴스를 만들어내는 이유를 이해하면 좀더 쉽게 판단할 수 있다.

- 이해관계: 금전적으로나 정치적으로 자신의 이해관계를 극대화하기 위해 많은 개인이나 집단이 특정한 관점을 대중에게 퍼뜨리고자 노력한다.
- 공공위해: 사람들이 곤란을 겪든 고통을 겪든 상관하지 않고 무작정 속이고 파괴하는 것에 쾌감을 느끼는 사람들도 있다.
- 스토리강박: 사실을 과장하거나 생략하고, 해석을 잡아늘이고, 이말저말을 짜깁기하고, 제스처 몸짓 표정을 오려붙여서 이야기를 더 극적으로 만들고 싶어 하는 사람들도 있다.
- 관심병: 선정적인 내용을 강조하고 대중의 불안과 편집증을 자극함으로써 더 많은 이들의 관심을 끌고 여론을 부추긴다.
- 원한: 기분 나쁜 경험을 했을 때 (자신이 그런 경험을 했다고 믿을 때) 사람들은 이야기를 쏟아내는 경향이 있다. 자신의 관점에 더 많은 사람들이 동조하게끔 이야기를 극적으로 풀어내고—더 나아가 과장하고 왜곡하고—퍼뜨린다. 더 많은 사람들의 동조를 이끌어냄으로써 자신의 관점에 대한 정당성을 확보하고자 한다.

나는 어떤 가짜뉴스에 잘 속을까?

- 감정, 신념, 정체성 등에 호소하는 가짜뉴스에 사람들은 더 쉽게 속는 경향이 있다. 나의 아킬레스건은 무엇인가? 자신의 약점이 무엇일까 비판적으로 성찰해보자. 나는 어떤 유형의 정보를 의심하지 않고 그대로 받아들이는 경향이 있는가? 그런 영역의 뉴스를 만났을 때 특히 경계하라.
- 갈수록 사기수법이 교묘해지는 상황에서 성급하게 행동해서는 안 된다. 나뿐만 아니라 다른 사람에게도 피해를 줄 수 있는 뉴스라면 더욱 꼼꼼히 확인하라. 비판적으로 읽고, 보고, 듣는 기술을 적용한 다음 결정하라.
- 뉴스의 출처를 확인하라. 신뢰할 수 있는 곳에서 나온 정보인지 확인하라. 목격자 증언이 얼마나 정확한지 교차검증하라. →288

가짜뉴스의 늪에서 건져줄 유일한 해법: 비판적 사고

근거의 신뢰성을 판단하는 비판적 사고기술을 활용하여 가짜뉴스를 가려내보자.

- 다른 출처와 비교 확인한다. 일치하지 않는 부분을 찾아본다. 세부내용을 삼각검증한다.
- 열린 마음으로 접근하라. '편 가르기' 오류에 빠지지 마라. 특히 논란의 여지가 있는 이슈에 대해서는 어느 한쪽이 무조건 조작할 것이라고, 또는 진실할 것이라고 기대하고 접근하는 것은 위험하다. 뉴스에서 말하지 않는 반대편의 관점도 확인해야 한다. 예컨대, 기업이나 정당에서 발표하는 내용을 의심하고 확인하는 태도는 바람직하지만, 그렇다고 해서 모두 거짓일 것이라고—또는 모두 진실일 것이라고—단정해서는 안 된다. 일단은 당사자가 진실을 말할 것이라고 가정하고, 하나씩 의심하고 검증해나간다.

> **소셜미디어에서 정보를 공유할 때 책임이 따른다는 것을 잊지 말라**
>
> 사실로 확인되지 않은 이야기나 소문은 절대 공유하지 말라. 소문을 단순히 전달하는 것만으로도 문제를 키우는 공범이 될 수 있다. 온라인에서는 무슨 말을 해도 된다고 착각하지 마라. 늘 책임있게 행동하라.

온라인 팩트체크

BBC 같은 권위있는 미디어들은 뉴스의 기초가 되는 사실에 대한 정보를 정기적으로 업데이트한다. 세계적으로 권위있는 팩트체크 사이트를 소개한다.

- BBC Verify https://www.bbc.com/news/reality_check
- AFP Fact Check https://factcheck.afp.com/
- Snopes https://www.snopes.com/
- PolitiFact https://www.politifact.com/
- Fact Check https://www.factcheck.org/
- Full fact https://fullfact.org/

팩트체크활동에 참여하고자 하는 조직은 국제적인 표준원칙과 규율을 준수해야 하는데, 이 원칙과 규율은 International Fact-Checking Network(IFCN)에서 관리한다. 이 단체의 웹사이트에 가면 다양한 국가의 팩트체크조직을 확인할 수 있다.

https://www.ifcncodeofprinciples.poynter.org/signatories

가짜뉴스를 가려내기 위한 기술

가짜뉴스가 퍼지는 것을 막기 위해 독일, 러시아, 케냐는 허위정보와 증오표현과 불법콘텐츠를 관리하고 삭제할 책임을 소셜미디어 플랫폼에 부과하는 법안을 통과시켰다. 소셜미디어 기업들 역시 정치광고의 투명성을 높이고 신뢰할 수 없는 콘텐츠를 감지할 수 있는 웹표준기술을 개발하기 위해 노력하고 있다. 그럼에도 여전히 가장 중요한 것은 시민 개개인의 디지털리터러시 역량이다. 오늘날 많은 국가들이 디지털리터러시 교육을 적극적으로 도입하고 시행하고 있다.

https://www.britishcouncil.org/anyone-anywhere/explore/dark-side-web/fake-news

비주얼 리터리시 visual literacy

시각적 '언어'는 연상이나 함축 같은 기법을 활용하여 시청자를 설득한다. →209
영상정보를 비판적으로 습득하기 위한 비주얼리터리시 훈련은 오늘날 점점 중요해지고
있다. 이에 관한 몇 가지 유용한 자료를 소개한다.

- Michelle Harrell (2013) Visual literacy (TEDx 강연)
  https://www.youtube.com/watch?v=Ga6bU6HZHws
- Brian Kennedy (2010) Visual Literacy: Why We Need It (TEDx 강연)
  https://www.youtube.com/watch?v=E91fk6D0nwM
- The Framework for Visual Literacy in Higher Education (PDF)
  https://www.ala.org/sites/default/files/acrl/content/standards/Framework_Companion_Visual_Literacy.pdf

수준 높은 동영상 강의를 무료로 시청할 수 있는 플랫폼들

TED https://www.ted.com
Talks at Google https://www.youtube.com/@talksatgoogle
BBC Podcasts https://www.bbc.co.uk/sounds/podcasts
Do Lectures https://thedolectures.com/
Creative Mornings https://creativemornings.com/
United Nations Audio Hub https://news.un.org/en/audio-hub
Monocle Radio: The Globalist https://monocle.com/radio/shows/the-globalist

근거를 찾아 확인하고 평가하기

1. 근거는 논증이 현실에 내린 닻이다: 누구나 객관적으로 확인할 수 있는 근거에 기반하지 않은 논증은 궤변으로 전락할 수 있다. 무엇이 근거가 될 수 있는지, 1차자료와 2차자료, 사실과 의견을 구별할 줄 알아야 한다.

2. 논증 속 근거는 근거 자체가 아니라 근거에 대한 보고다: 따라서 근거를 보고하는 출처가 믿을만 한지 따지는 것이 중요하다. 그 분야에서 권위와 명성을 충분히 인정받고 있는지? 근거의 신뢰성, 복제가능성, 진위성, 현재성 등을 고려하라.

3. 논증과 연관성이 있는 근거를 인용하라: 논증을 하다보면 자신의 논증과 무관하거나 초점이 맞지 않은 근거를 제시하는 경우가 많다. 근거를 삭제하거나 교체해도 결론이 달라지지 않는다면 연관성이 없는 근거를 인용했다는 뜻이다.

4. 의심스러운 근거를 검토하라: 연구결과를 일반화할 수 있을 만큼 표본이 적절한 수준에서 전체를 대표하는지, 통계적으로 의미가 있는지, 결과에 영향을 미칠 수 있는 변수를 제대로 통제했는지 눈여겨보라.

5. '기억'을 믿지 마라: 목격자가 아무리 확신에 찬 증언을 하더라도, 이를 뒷받침하는 다른 근거를 확보하지 못한다면 결정적인 근거로 사용해서는 안 된다. 다양한 출처에서 근거를 수집하여 비교하고 대조하고 검증하여 진실성을 높여야 한다.

6. 소셜미디어를 비판적으로 활용하라: 소셜미디어에서 얻은 정보를 그대로 믿어서는 안 된다. 다양한 검증절차를 거쳐 진위여부를 확인해야 한다. 소셜미디어는 아이디어를 얻거나 연관된 콘텐츠를 찾기 위한 목적으로만 사용하라.

7. '가짜뉴스'에 휘둘리지 말라: 근거를 평가하는 비판적 분석능력을 적극적으로 발휘하여 거짓보도, 근거없는 소문, 허위정보를 식별해낼 줄 알아야 한다. 아무 정보나 공유하여 거짓뉴스를 퍼뜨리는 잘못을 저질러서는 안 된다.

09

비판적 독서와 메모

정확하게 읽고 보고 듣기

책이나 논문을 효과적으로 읽는 방법은 무엇일까?

동영상, 팟캐스트, 강연 등을 볼 때 비판적 사고를 적용할 수 있을까?

이론이란 무엇일까? 논증이나 정보를 범주화할 수 있을까?

정보를 효과적으로 습득하고 체계적으로 정리하기 위해
무엇을 어떻게 메모해야 할까?

자료를 수집할 때 효과적으로 정리하는 방법이 있을까?

이 챕터에서는 논증글을 읽을 때 비판적 사고기술을 적용하는 방법에 대해서 설명한다. 특히 논문이나 보고서를 작성하기 위해 근거를 수집할 때, 또는 다양한 이론을 검토하기 위해 특정한 목적을 가지고 글을 읽고 분석할 때 적용할 수 있는 방법을 설명한다. 여기서 초점을 맞출 문제는 다음과 같다.

- 이론적 관점 파악하기
- 선택적으로 사용할 수 있도록 정보를 범주화하기
- 인용할 내용을 효과적으로 메모하기

단순히 책을 읽는 것과 다르게, 목적을 가지고 자료를 조사할 때는 어디에 초점을 맞출 것인지 의식해야 한다. 목적이 분명할수록 초점은 더 선명해지고, 무엇을 선택하고 사용하고 메모할지 까다롭게 선택할 수 있다. 궁극적으로 자료를 조사하는 시간과 노력을 크게 절약할 수 있다. 시간을 들일수록, 주의를 집중할수록, 기억력을 활용할수록, 더욱 정교하게 비판적으로 접근할 수 있다.

비판적 독서를 하기 위해서는 면밀한 관찰, 분석, 성찰, 올바른 판단이 겸비되어야 한다. 단순히 흥밋거리로 책을 읽거나 전반적인 배경지식을 습득하기 위해 책을 읽을 때보다는 훨씬 속도가 느릴 수 있다. 하지만 비판적 독서가 익숙해지면 독서속도도 다시 빨라지고 비판적 사고도 훨씬 정교해질 것이다. 비판적 독서를 통해 얻을 수 있는 혜택은 구체적으로 다음과 같다.

- 주요논증(추론선)을 더 쉽게 파악할 수 있다.
- 전반적인 논증을 더 쉽게 기억할 수 있다.
- 어느 부분을 더 자세히 읽고 듣고 볼 것인지 전략적으로 선택할 수 있다.
- 이유와 근거가 주요논증에 어떻게 기여하는지 (그리고 전반적으로 각각의 부분이 전체에 어떻게 기여하는지) 인지할 수 있다.

비판적으로
책을 읽는 방법

책이나 논문 같은 텍스트자료를 효율적으로 읽는 방법은 다음과 같다.

1. 목표를 명확하게 머릿속에 새긴다
내가 원하는 근거출처로 사용할 수 있는 자료인지 판단하기 위해서는 먼저, 자신이 찾고자 하는 것이 무엇인지 분명하게 인지해야 한다. 탐구하고 싶은 주제, 해답을 찾고자 하는 질문 몇 가지를 문장으로 정리하여 머릿속에 명확하게 입력한다. 그래야 해당정보를 더 빠르게 찾아낼 수 있다.

2. 전체 내용을 훑어본다
자료 전체를 빠르게 훑어보면서 전반적인 느낌을 파악한다. 책, 논문, 원고 같은 긴 텍스트는 몇 차례 훑어본다. 이 과정을 통해 우리 뇌는 '이것이 무슨 내용인지' 감을 잡기 시작한다. 눈길이 가는 곳이 있으면 잠시 멈춰 위에서 아래로 훑어본다. 처음에 느꼈던 '감'이 점점 정교해지면서 내가 찾고자 하는 정보가 이 자료에 들어있는지 판단할 수 있을 것이다. 동영상이나 음성의 경우 빨리 감기를 활용하여 비슷한 효과를 얻을 수 있다.

3. 핵심요약부분을 찾아본다
전체논증을 요약해서 설명하는 곳, 또는 전체주장을 진술하는 곳을 찾는다. 이곳을 먼저 읽고 나면, 추론이 어떻게 흘러가는지 전체적인 그림을 그릴 수 있고 또 어디에 초점을 맞춰 읽어야 할지 판단할 수 있다. 일반적으로 이러한 정보는 책은 서문이나 첫 챕터에 나오고, 논문은 초록에 나오고, 강연이나 팟캐스트는 첫 마디에 나온다. 이런 곳에 나오지 않는다면, 결론, 끝맺는 말 등 마지막 부분을 찾아본다. 이로써 꼼꼼히 읽어볼 가치가 있는 자료인지 판단한다.

4. 책을 읽어나가며 세부적으로 정리한다

자료를 꼼꼼히 살펴보기로 했다면, 전체논증의 추론선을 의식하면서 읽어나간다. 추론선을 의식하지 않고 마냥 읽기만 하면, 이 책을 검토하는 목적을 잊기 쉽다. 챕터나 섹션이 끝날 때마다 읽은 내용을 정리하라. 챕터나 섹션의 시작과 끝, 하위논증의 시작과 끝에 핵심내용들이 요약되어 있으니 눈여겨보라.

내가 눈을 감고 있다고 해서 잔다고 생각하면 오산이야

논문의 구조

논문의 구조를 이해하면, 내가 찾고자 하는 정보가 어디 있을지 쉽게 찾아낼 수 있다. 먼저 초록을 읽고 이 논문에 내가 찾는 정보가 들어있을지 판단한다. 읽을 가치가 있다고 판단된다면, 이제 논문을 읽어야 할 시간이다. 하지만 논문은 대개 처음부터 끝까지 모두 읽을 필요가 없다. 논문은 거의 비슷한 구조로 되어있기 때문에 내가 찾는 정보가 어디 있을지 쉽게 예측할 수 있다. 그 부분만 선택적으로 읽으면 된다. 논문은 대부분 다섯 섹션으로 이루어져있다.

연구가설 the research hypothesis
저자가 검증하고자 하는 바를 요약해서 진술한다.

이론적 배경 the background / 문헌연구 literature review
이 논문에서 수행할 새로운 작업의 출발점이 되는 기존의 연구성과와 사상을 정리한다. 이 섹션을 통해 이 분야의 논의가 역사적으로 어떻게 발전해왔는지, 주요쟁점이 무엇인지 발견할 수 있다. 또한 이 분야를 더 깊이 알기 위해 어떤 자료를 읽어야 하는지도 알 수 있다.

연구방법 the methods
연구나 실험을 어떻게 진행했는지, 데이터를 어떻게 수집하고 분석했는지 절차를 자세히 설명한다. 여기서 연구의 잠재적인 약점과 빈틈을 파악할 수 있다. (연구방법의 한계를 마지막 섹션—논의/결론—에서 언급하는 경우도 있다.) 앞에서 살펴본 '믿을 만한 근거를 평가하는 법'을 참조하여 연구방법이 적절한지 평가하라. →273

연구결과 the results
연구나 실험을 통해 얻어낸 결과를 진술한다. 표나 그래프를 이용하여 데이터분석결과를 시각적으로 제시한다. 연구가설에서 예상했던 결과와 어떻게 다른지 비교하고 정리한다.

논의 the discussion / 결론 conclusions
연구결과의 의미를 해석하고 진술한다. 연구결과가 학문적, 실무적 맥락에서 어떤 의미를 갖는지 설명하고, 연구의 한계와 앞으로 풀어야 할 과제를 제시한다. 이 부분에서 내가 펼치고자 하는 논증을 뒷받침하거나 반박하는 주장을 찾을 수 있다.

정확하게 읽고 해석하기

정확한 해석은 비판적 사고에서 특히 중요하다. 사람들이 엉뚱한 대답이나 해법을 내놓는 이유는, 대개 질문이나 진술을 꼼꼼히 살피지 않기 때문이다(Donaldson, 1978). 올바른 이해를 방해하는 일반적인 독서습관을 살펴보자.

- 너무 빠른 독서: 논리적 전개를 따라가지 못할 수 있고, 함축적 의미도 놓치기 쉽다. 부정어를 빼고 읽어 문장의 의미를 거꾸로 이해하기도 한다.
- 집중력 부족: 큰 그림을 그리는 것도 중요하지만 지나치게 표면적으로만 접근하면 세부적인 측면을 제대로 이해하지 못할 수 있다. 구체적인 논증요소나 흐름 속에 숨어있는 의도나 오류 같은 것을 파악하지 못할 수 있다.
- 지나친 집중: 단어나 표현을 하나하나 따져가며 너무 느리게 읽는 것도 독서를 방해한다. 비판적으로 읽기 위해서는 꼼꼼히 읽을 줄도 알아야 하지만, 넓은 이론적 맥락에서 논증을 해석할 줄도 알아야 한다.

따라서 어떤 글이든 정확하게 읽어내고 싶다면, 줌인과 줌아웃을 번갈아가며 글을 읽어나갈 줄 알아야 한다.

Zoom In	Zoom Out
세부적인 요소와 동시에 —	전체적인 그림을 파악한다.
구체적인 표현과 동시에 —	글로 쓰여있지 않은 가정이나 함의를 파악한다

연습문제 정확하게 읽고 해석하기

다음은 부록에 수록되어있는 '학생들의 삶의 질'에 관한 읽기자료를 읽고 해석한 것이다. 이 해석이 정확한지 정확하지 않은지 판단해보자. 정확하지 않다고 여겨진다면 왜 그런 판단을 내렸는지 설명해보자. →517

텍스트 2	마음챙김은 학생의 정신건강을 증진하고 공감능력과 회복탄력성을 향상시키는 등 다양한 혜택을 제공한다.
텍스트 3	선진국에서 콜레스테롤, 과체중, 비만이 '질병부담'의 거의 절반에 육박하는 것은 대학생들이 '위험행동군'에 쉽게 빠지기 때문이다.
텍스트 5	학생의 영양개선보다 식사환경개선이 더 중요하다.
텍스트 6	학생 중 65%는 좋은 피드백이나 도움이 되는 가르침을 받지 못할 가능성이 크다.
텍스트 10	재무관리자들은 비용이 수입보다 클 수 있기 때문에 학생들의 수면에 개입하는 정책을 꺼린다.
텍스트 12	학부모들은 자녀의 외로움보다는 식단과 영양에 관심을 가져야 한다.

논증을 범주화하라:
이론의 효용성

보고서나 과제를 작성하거나 연구를 수행하기 위해서는 상당한 양의 자료를 수집하고 검토해야 한다. 자료를 읽다 보면 모든 것이 다 유용하고 흥미로워 보이기 마련이다. 하지만 실제로 활용할 수 있는 것은 극히 일부에 지나지 않는다. 정보를 특별한 기준에 따라 정리할 줄 알아야만 다음과 같은 질문에 쉽게 답할 수 있다.

- 시간을 내 읽어야 할 자료는 무엇일까?
- 자료마다 검토시간을 얼마나 할당하여야 할까?
- 자료를 읽으면서 무엇에 초점을 맞춰야 할까?
- 나중에 인용하거나 참조하기 위해 무엇을 메모해야 할까?
- 어떤 자료는 인용출처나 참고자료로 넣고, 어떤 자료는 뺄 것인가?

자료들을 정리하기 위해서는 다양한 정보를 어떻게 묶고, 어떻게 범주화할지 알아야 한다. 범주화는 다음과 같은 혜택을 제공한다.

- 반복되는 정보, 비슷한 논증을 가려낸다.
- 일관되지 않은 부분, '딱 들어맞지 않는' 부분을 찾아낸다.
- 정보를 더 쉽게 비교하고 대조한다.
- 여러 정보들을 하나로 묶어 간결하게 설명할 수 있다.

세상의 모든 정보를 범주화하는 기준: 이론

이론theory이란 어떤 일이 특정한 방식으로 일어나는 이유를 설명하거나 합리화해주는 원리(예컨대 진화론, 상대성이론, 게임이론 등), 또는 인간의 행동에 정당성을 제공하는 아이디어(예컨대 교육학, 간호학, 건축학 등)를 의미한다. 이론은 근거와 추론에 기반하지만, 결정적으로 입증된 것은 아니다. 그럼에도 이론은 미래의 결과를 예측하는 데 도움을 준다.

일상적인 상황에서는 그 이유나 결과가 아직 확실하게 입증되지 않은, 그저 내 생각일 뿐이라고 말할 때 '이론'이라는 말을 사용한다.

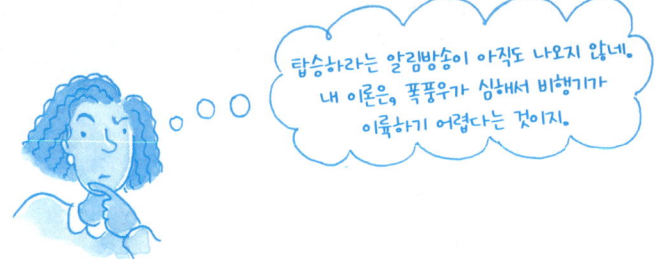

이처럼 일상적 상황에서 사용하는 '이론'이라는 말은 개인적인 의견이나 생각을 의미한다. 학문적 이론 역시 이러한 특성을 공유한다.

- 어떤 현상을 설명하거나, 가능한 결과를 예측하기 위한 것이다.
- 완전하게 입증되지는 않았다.
- 지금까지 알려진 사실에 기반하지만, 앞으로 알아내야 할 것이 더 많다.

챕터6에서 설명하였듯이, 우리의 생각과 말, 그리고 행동은 거의 예외없이 어떤 가정에 기반한다. 그러한 가정이 무엇인지 인지하지 못한다고 하더라도, 우리는 그것에 의지하여 생각하고 말하고 행동한다. 이처럼 숨어 있는 가정, 즉 전제가 바로 우리가 의지하는 이론이다. 마찬가지로 논증이 어떤 이론적 관점 위에서 펼쳐지고 있는지 알아낼 수 있다면, 추론의 빈틈과 말하지 않는 가정을 훨씬 쉽게 알아차릴 수 있다. 구체적으로 다음과 같은 혜택을 누릴 수 있다.

- 자료를 이해하기 위해 어떤 분야의 지식을 참조해야 하는지 알 수 있다.
- 이 연구가 기존의 어떤 연구에 기반하고 있는지 추적할 수 있다.
- 이 분야에서 이런 연구가 계속 진행되는 이유, 어떤 연구가 큰 그림 속에서 어떤 역할을 하는지 이해할 수 있다. 개별연구를 토대로 전체적인 그림을 그려내는 놀라운 안목이 생긴다.
- 명확하게 이해하고 쉽게 기억할 수 있도록 정보를 묶음으로 정리할 수 있다.
- 자료를 체계적으로 제시함으로써 강력한 논증을 펼칠 수 있다.

정보를 범주화할 때 활용할 수 있는 가장 기초적인 범주의 이름을 살펴보자. 자신이 수집한 정보가 다음 목록 중 어느 분야에 속하는지 검토하는 것은 이론을 범주화하기 위한 첫걸음이자 길잡이가 될 것이다.

- 미학: 예술, 아름다움, 취향과 관련된 감상이나 평론
- 문화: 문화의 역동성에 대한 이해
- 경제: 경제가 작동하는 방식
- 환경: 특정한 상황이나 주변환경
- 윤리: 옳고 그름의 문제
- 재정: 돈과 관련한 문제
- 건강: 건강과 관련한 행동습관
- 휴머니즘: 인간의 생명과 존엄성의 가치
- 법률: 법의 내용과 의미, 법과 관련한 문제
- 의학: 질병, 증상, 치료에 대한 설명

- 교육: 인간의 성장과 발달
- 자선: 공익을 위한 민간의 투자
- 철학: 지식에 대한 탐구
- 정치: 정부나 국가에 대한 이야기
- 심리: 생각, 감정, 행동에 대한 설명
- 과학: 복제가능한 체계적/실험적 접근법
- 사회: 인간이 모여서 만드는 조직의 생리와 발전

이론학파 school of thought

학술세계와 전문분야에서 이론이란, 기존의 지식과 연구결과에 대한 비판적 분석을 바탕으로 정교하게 다듬어낸 체계적 사고를 의미한다. 지금도 많은 사람들이 끊임없이 자신의 분야를 연구하는 것은, 기존의 이론을 테스트하거나 다듬어 더 완벽한 설명을 찾아내고 이후 적용할 수 있는 더 정교한 수행모델을 만들어내기 위한 것이다.

결국 다양한 이론들이 경쟁하는 과정에서 몇몇 이론이 많은 사람들의 동의와 지지를 받음으로써 '학파'나 '사조'를 형성한다. 어느 분야든 두세 가지 접근법이나 연구자를 중심으로 형성된 주요이론, 주요학파가 존재한다. 언어상대성이론, 카오스이론, 지구격변설, 기능주의, 정신역동학, 시스템이론, 구성주의, 마르크스주의, 페미니즘, 포스트모더니즘 같은 다양한 이론들이 예가 될 것이다.

자신이 전공분야나 관심분야에 어떤 학파들이 있는지 알아보자. 온라인 웹사이트에서 '학파비교템플릿'을 다운로드받아 학파들의 이론을 비교하고 정리해보자.

이론에 기반한 논증

훌륭한 연구와 텍스트에서는 독자의 이해를 돕기 위해 저자가 자신의 이론적 입장을 명시적으로 밝히기도 한다. 책에서는 대개 서문이나 챕터 시작부분에서 이를 진술한다. 보고서나 논문에서는 이론적 입장을 다음 두 부분에서 진술한다.

- 연구가설: 연구의 시작부분에 명시하며, 이 연구가 입증하고자 하는 핵심적인 이론적 입장을 제공한다.
- 문헌연구: 기존의 연구성과와 이론을 분석하여 이 연구에 영향을 미치는 이론을 이끌어낸다.

실제 논문의 한 대목을 읽어보자.

> 마르크스경제학이론은, 부는 소수에게 집중되는 경향이 있다고 주장한다. 이 논문은 마르크스이론의 해석에 기반하여, 영국의 공공서비스들이 탈국유화되면서 단기적으로는 많은 기업들이 생겨나는 듯 보이지만 수십 년에 걸친 인수합병을 통해 많은 소기업들이 문을 닫고 결국 소수의 '슈퍼기업'들이 독점하는 상황에 처할 것이라고 주장한다. 이 연구프로젝트의 목표는 30년 뒤, 과거 영국정부가 소유했던 부의 75퍼센트가 3개 이하의 슈퍼기업들의 손에 들어갈 것이라는 연구가설을 입증하는 것이다.

이 글의 주요논증은 공기업을 분할하여 판다고 해도 수십 년이 지나고 나면 결국 소수의 '슈퍼기업'들의 손에 들어간다는 것이다. 그리고 이 논증은 마르크스경제학이론의 해석에 기반하고 있다고 분명히 밝힌다. 이 이론을 바탕으로 연구가설을 만들어낸 것이다.

　　이러한 일반이론에 숫자와 비율을 인용하여 덧붙임으로써 구체적으로 측정할 수 있는 근거로 만들어낼 수 있다. 구체적인 숫자나 비율에 다소 오차가 있다고 해도 예측방향으로 흘러가는 추세가 명확하게 드러난다면 이 논증과 이론은 전반적으로 유효하다고 판단할 수 있다.

　　이론에 기반하여 논증을 펼치는 경우에는, 논증글에서 이론의 결론과 핵심적인 측면만 간략하게 언급한다. 물론, 이론 자체가 타당한지 의심하는 독자도 있을 것이다. 그럴 경우에는 인용출처를 활용하여 1차자료를 찾아 이론의 원래 추론선을 직접 살펴보며 타당성을 검증해야 한다.

이론은 논증이지만, 논증은 이론이 아닐 수 있다

이론을 세우기 위해서는 주장을 제시하고 이를 뒷받침하는 이유와 근거를 제시하여 독자를 설득해야 한다. 어떠한 이론이든 논증을 거쳐야 한다. 결국 모든 이론은 논증 그 자체라고 할 수 있다. 하지만 거꾸로 모든 논증이 이론이 되는 것은 아니다.

> 빨리 집에 돌아가고 싶은 마음은 알지만, 마트에 먼저 들리는 것이 좋을 것 같아. 세리나 생일선물을 사야 하니까. 오늘 저녁에 먹을 음식도 사야 하고.

이 글은 마트에 먼저 들려야 한다는 주장을 뒷받침하기 위해 두 가지 이유를 제시한다. 하지만 이러한 논증은 이론이 되지 못한다.

연습문제 | 논증과 이론

부록에 수록되어있는 '학생들의 삶의 질'에 관한 읽기자료를 읽고 다음 질문에 답해보자. →517

1. 텍스트마다 어떤 논증이 들어있는지 눈여겨보고 다음 중 어떤 이론유형에 속하는지 분류해보자. 한 가지 유형으로만 범주화할 수 없는 경우도 있고, 아래 목록에 나와있지 않은 유형으로 범주화할 수도 있다.

미학	문화	경제	환경	윤리
재정	건강	휴머니즘	법률	의학
교육	자선	철학	정치	심리
과학	사회			

2. 텍스트 중에 이론적 입장을 명시적으로 드러내는 글이 있는지 찾아보자. 그 이론적 입장을 한 문장으로 진술해보라.

가장 혁신적 변화를 몰고 온 과학이론 10가지

《사이언스뉴스》 기사를 읽어보자. 이 순위에 동의하는가? 내가 과학이론을 10개를 뽑는다면 어떤 이론을 꼽고 싶은가?

https://www.sciencenews.org/blog/context/top-10-revolutionary-scientific-theories

책을 읽으면서
메모하는 기술

메모는 좋은 습관이다. 단순히 눈으로만 글을 읽는 것보다 메모를 하는 것은 여러 측면에서 좋은 점이 있다.

- 집중력을 높일 수 있다: 비판적 독서는 격렬한 두뇌활동을 요구한다. 자료를 읽어나가며 주기적으로 메모하면 하나로 이어진 긴 독서작업을 짧게 나누어 수행할 수 있다. 또한 읽기와 쓰기를 교차하여 수행함으로써 뇌의 부하를 덜어줄 수 있고, 따라서 집중력을 더 오래 유지할 수 있다.
- 더 오래 기억할 수 있다: 손으로 직접 글을 쓰면, 사고과정에 운동기억까지 더해줌으로써 내용을 더 쉽게 더 오래 기억할 수 있게 도와준다.
- 내용을 좀더 체계적으로 정리할 수 있다: 메모할 내용을 선별하는 과정은 여러 가지 인지적 혜택을 제공한다. 무엇이 중요한지, 또 어느 부분을 깊이 고민해야 하는지 생각해야 하기 때문이다.
- 나중에 정보를 더 쉽게 찾을 수 있다: 책에 직접 메모를 해도 좋지만, 별도의 노트에 메모하면 관련된 정보를 한곳에 모아서 정리할 수 있다. 나중에 필요한 정보를 찾기 위해 이 책 저 책 뒤척일 필요가 없다.
- 지식을 내 것으로 만들 수 있다: 메모하면서 나의 생각을 곁들일 수 있다. 메모할 구절을 선택하는 기준과 메모하는 방식은 책에서 얻는 지식과 아이디어를 나만의 것으로 만들 수 있도록 도와줄 것이다.

메모에도 목적이 있어야 한다

단순히 흥미롭다는 이유만으로, 언젠가 유용할 것 같다는 이유만으로 메모하지 말라. 무엇 때문에 메모를 하는지 목적을 분명하게 인식하라. 물론 메모하는 목적은 하나가 아닐 수 있다. 예컨대 지금 당장 진행하는 프로젝트에 도움이 되는 내용과 앞으로 진행할 수 있는 또 다른 프로젝트에 도움이 되는 내용을 함께 메모할 경우, 프로젝트 별로 필요한 정보를 쉽게 찾을 수 있도록 명확하게 구분해서 메모해야 한다.

메모하면서 정리하기

읽은 내용을 중간중간 반추하며 정리하고자 하는 의식적인 노력은 비판적 독서에 상당히 도움이 된다. 독서하는 동안 끊임없이 다음과 같은 질문을 던져라.

- 지금 이 말은 현실에서 무엇을 의미하는가?
- 이 이유들은 결론을 뒷받침하는가?
- 이 이유를 뒷받침하는 근거가 있는가?
- 이 말은 이 분야에 대해 내가 알고 있는 내용과 일치하는가?
- 이 말은 사람들이 이 분야에 대해 이야기하는 것과 일치하는가?
- 이 글은 나의 문제의식, 내가 찾고자 하는 해법과 어떻게 연관되는가?
- 이 내용은 이 분야의 이전 연구들과 어떤 관계를 맺고 있는가?
- 이 논증에 논리적 결함이나 오류는 없는가?

책을 읽으면서 메모하기

책을 읽으면서 메모할 때는 비판적인 초점을 잃지 않기 위해 노력해야 한다. 마구잡이로 밑줄을 치다 보면 가장 중요한 요점이 무엇인지 놓칠 수 있다. 논증을 제대로 분석하기 위해서는 다음과 같은 항목에 초점을 맞춰 메모한다.

- 다시 쉽게 찾을 수 있는 출처의 세부정보.
- 저자의 입장/이론적 입장.
- 가설/전반적인 논증.
- 결론/주장.
- 결론을 뒷받침하기 위해 사용된 이유들. 번호를 매겨 이유를 나열한다. 표현을 달리하여 반복하는 이유는 한 번만 쓴다.
- 추론선과 근거에 대한 평가.
- 다른 출처에서 제시하는 논증과 어떤 차이가 있는지, 또는 어떻게 부합하는지 비교하여 기록한다.

논문을 읽으면서 메모하기

논문을 읽을 때는, 연구결과나 방법론이 해당 분야의 지식을 발전시키는 데 얼마나 기여했는지 면밀하게 살펴야 하는 경우가 많다. 논문은 대개 하나의 연구결과를 논증하기 위한 글이기 때문에, 연구방법, 연구결과, 논의/결론 같은 특정한 섹션에 초점을 맞춰 읽는 경우가 많다. 배경정보 같은 단편적인 내용보다는 전체적인 논증을 분석하는 데 초점을 맞춰 메모해야 한다.

단순 요약메모가 아닌 비판적 메모를 작성하는 것은 처음에 어렵게 느껴질 수 있다. 메모템플릿을 활용하면 큰 도움을 받을 수 있다.

책을 읽으면서 논증을 분석하기 위한 메모템플릿

항목	메모
논점	이 책이 다루는 화제/이슈를 적는다.
저자/출간일	저자와 출간일을 적는다.
서지정보	인용출처를 밝히는 데 필요한 세부적인 정보를 적는다.
논증의 의의	이 논증이 이 화제/이슈에 관한 논의에 어느 정도 기여하는지 적는다.
저자의 입장	이론적 입장을 적는다.
배경정보	논증을 이해하기 위해 꼭 알아야 하는 배경정보를 적는다.
가설/전반적인 논증	저자가 검증하고자 하는 가설을 적는다.
결론/주장	논증의 전체결론, 핵심주장을 적는다.
결론을 뒷받침하는 이유	1. 2. 3. 4. 5. 6. 7. 8.
추론의 잘된 점	추론선과 근거제시 등에서 잘된 점, 탁월한 점, 장점을 적는다.
추론에서 아쉬운 점	추론선과 근거제시 등에서 발견되는 논리적 허점, 오류, 결함, 비일관성 등을 적는다.
다른 출처와 비교	다른 글에서 제시하는 논증이나 근거에 부합하는지, 차이가 있는지, 차이가 있다면 어떤 차이가 있는지 적는다.

논문이나 보고서를 분석하기 위한 메모템플릿

항목	메모
서지정보	인용출처를 밝히는 데 필요한 세부적인 정보를 적는다.
출처약어	메모 작성시 사용할 알파벳기호나 짧은 단어를 적는다.
가설/전반적인 논증	저자가 검증하고자 하는 가설을 적는다.
논증의 의의	이 논증이 이 화제/이슈에 관한 논의에 어느 정도 기여하는지 적는다.
추론의 질	추론 과정에서 잘된 점과 아쉬운 점을 적는다.
근거/데이터의 질	추론을 뒷받침하는 근거가 믿을 만한지 적는다. 충분히 신뢰할 만한 표본을 제시하는가?
연구방법	연구방법이 타당한지 적는다. 연구결과를 훼손할 만한 요소가 있는가?
연구결과	연구결과를 적는다. 더불어 데이터나 근거로 인용할 만한 가치가 있는지 평가한다.
해석의 타당성	연구결과에 대한 해석이 타당한지 적는다. 다른 해석은 가능하지 않은가? 해석이 달라지면 결론의 의미도 달라지는가?
추론에서 아쉬운 점	추론선과 근거에서 발견되는 논리적 허점, 오류, 결함, 비일관성 등을 적는다.
다른 출처와 비교	다른 글에서 제시하는 논증이나 근거에 부합하는지, 차이가 있는지, 차이가 있다면 어떤 차이가 있는지 적는다.

인용할 부분을 신중하게 선택하라

인용문은 보고서나 논문의 글자 수에 포함되는 만큼, 최대한 짧게 인용해야 한다. 쓸데없는 인용문으로 채운 보고서는 감점을 받을 수 있다.

- 2차출처를 인용할 때는 핵심을 짧게 요약한다.
- 1차출처를 인용할 때는 자신의 논증을 직접 뒷받침하는 근거를 인용한다.
- 연관성이 있는 가장 좋은 인용문을 선택하라. 최대한 적게 인용하라.

인용할 문장을 메모할 때는 다른 메모와 섞이지 않도록 형광펜이나 색깔펜으로 표시를 해두는 것이 좋다. 이렇게 해야 나중에 메모를 참조할 때 자신의 생각과 인용한 부분을 헷갈리지 않고 정확하게 구분할 수 있다.

요약메모와 분석메모

사실과 근거사례를 일일이 요약하여 메모하고 싶다면 비판적 분석메모와 구분하여 기록하라. 요약메모칸만 채우고 분석메모칸이 비어있다면, 텍스트를 단순히 베껴 쓰고 있을 뿐 정보의 연관성을 평가하고 핵심요점을 선별하는 비판적 읽기를 소홀히 하고 있다는 뜻이다.

다양한 출처 메모하기

제대로 된 학문적/전문적 보고서를 작성하려면 상당히 많은 정보들을 수집하여 결론을 뒷받침하는 근거나 이유로 엮어내 핵심논증을 만들어야 한다. 자료를 수집하다보면 데이터나 맥락은 다르지만 결론이 같은 자료가 많다는 것을 확인할 수 있다. 그러한 논증들은 내 글 속에서 한 문장 정도 기여하고 지나가는 경우가 많다. 이럴 때는 다음과 같이 하나로 묶어서 인용할 수 있다.

걸프지역의 학생들도 마찬가지였다(Zia, 2021; Xi et al., 2023; Oddy et al., 2022).

아무리 길고 흥미로운 저작이라고 해도 이처럼 한두 문장을 뒷받침하는 용도로만 사용할 출처는 많은 것을 메모하지 않아도 된다. 저자이름과 출간연도만 정확하게 메모해두면 된다. 물론 이렇게 짧은 인용메모는 엄청난 양의 메모 속에서 잃어버리기 쉽기 때문에, 출처의 핵심요점과 이 출처를 사용할 용도도 간단하게 메모해 두면 좋다. 이런 메모는 자신만 알아볼 수 있으면 된다.

상당한 양의 출처를 수집할 때는 템플릿을 활용하면 훨씬 체계적으로 정리할 수 있다. 메모템플릿을 쓰면 무엇보다도, 무엇을 메모해야 하는지 어디에 초점을 맞춰야 하는지 콕 짚어주기 때문에, 필요한 내용을 빼먹을 일이 없다. 또 나중에 메모를 찾기도 쉽다.

글을 쓰기 위해 작성한 실제메모

부록에 수록된 '근거를 수집하면서 작성한 메모'를 읽어보자. 이것은 샘플에세이1을 작성하기 위해 수업자료를 읽고 작성한 메모다. 무엇을 어떻게 메모해야 하는지 설명하기 위해 메모에 세부적인 코멘트를 달아놓았다. 메모를 작성하는 구체적인 방법을 익히는 데 상당한 도움이 될 것이다. →552

연습문제 — 정확하게 메모하기

부록에 수록된 '학생들의 삶의 질'에 관한 읽기자료를 읽고 난 뒤, →552 다음과 같은 에세이지문을 받았다.

"호흡연습은 잊어버려라! 잘 먹이기만 하라! 대학은 명상이나 스트레스 해소 같은 정책에 재정을 지원하기보다는 학생들의 식단을 개선하는 데 집중해야 한다." 이 주장에 대한 자신의 생각을 논술하라.

에세이를 작성하기 위해 다음과 같이 메모하였다.

식단개선에 찬성하는 입장

* 텍스트5. Ressa (2022) 보건전문가.
  - 음식은 신체적 건강, 정신적 건강 등 여러 측면에 영향을 미친다.
  - 음식을 먹는 경험 특히 식사환경은 식습관에 영향을 미친다.
  - 심리적 안정과 문화간 역량을 높이는 데 도움이 된다.

* 텍스트12. Goncharova (2023) ACHA 보고서.
  - 미국 학생 중 84% 이상이 건강하다고 답했지만,
  - 70% 이상이 하루에 과일과 채소를 2개 이하로 먹는다고 답했다.
  - 학생 5명 중 3명만이 건강한 체중/BMI를 유지하고 있다.
  - 식단과 영양에 신경 써야 한다.

명상에 찬성하는 입장

* 텍스트2. Delaunay (2023)
  명상은 많은 혜택을 준다. 행복감과 회복탄력성이 크게 향상될 뿐만 아니라 학업목표를 달성하고자 하는 의욕도 강해지고 대처능력도 좋아진다.

* 텍스트11. Javek (2023)
  세 번 심호흡을 하는 것이 효과가 있다.

* 텍스트10. Lysatte (2022)
  재무관리자들도 명상이 중요한 해법이라고 말한다

* 텍스트3. Sprake (2018)
  학생들은 대부분 잘 먹는다. (오히려 너무 많이 먹어서 문제다.)

이 메모에서 잘못된 점을 찾아서 지적해보자. 특히 다음 세 가지 측면을 눈여겨보라.

1. 기준(입장)에 맞게 텍스트를 제대로 구분하였는가?
2. 텍스트의 메시지를 제대로 요약했는가?
3. 에세이를 작성하기 위해 가장 연관성이 높은 문장을 인용했는가?
4. 이 메모를 참고하여 에세이를 작성할 경우, 표절이 발생할 위험은 없는가?

강의나 영상을 보면서
메모하는 기술

듣기와 보기에도 지금까지 설명한 비판적 사고에 필요한 기술과 태도를 적용하여 접근할 수 있다. 텍스트를 분석할 때와 마찬가지로 시청각자료에서도 논증인지 아닌지 파악하고, 추론선의 질을 평가하고, 주장과 근거의 타당성을 판단해야 한다. 목적과 맥락을 이해하고 세부사항을 분석하고 타당성, 유효성, 신뢰성, 일관성, 연관성을 평가해야 한다. 비판적 의문을 제기하고, 사실을 직접 확인하고, 추론에 근거하여 자신만의 결론을 끌어내야 한다.

시청각자료는 텍스트와 무엇이 다를까?

질적 수준을 평가하는 기준이 다르다

학술적인 텍스트는 일정한 수준의 질과 신뢰성을 보장하기 위해 동료검증 peer review 과정을 거치는 반면, 시청각자료들은 대개 그러한 절차를 생략한다. 따라서 시청각자료를 인용출처로 사용할 때는 목적에 어울리는 권위를 충분히 확보하고 있는지 세심하게 확인해야 한다. →261

1. 제작/감독이 누구인지 살펴보라. 그 분야의 전문가들 사이에서 인정받는 사람인가? 또는 대학, 연구기관, 전문단체, 정부 등 권위있는 기관에서 공인받은 사람인가?
2. 제작/감독이 그 분야의 전문가가 아닌 경우, 충분히 조사연구를 했는지 눈여겨보라. 전문가가 아닌 사람이 만든 자료는 근거로 인용하기 전에 까다롭게 따져야 한다.
3. 제작/감독이 어떤 단체나 조직을 대표하고 있는가? 또는 그들의 견해를 대표한다는 인정을 받았는가? 아니면 그저 개인의 의견일 뿐인가?
4. 강연이나 토론의 경우, 누가 주최하는가? TED강연이나 지상파 TV채널은 일반적으로 권위를 인정하지만, 아무나 나와서 말할 수 있는 플랫폼, 편파적인 플랫폼은 최대한 배제해야 한다.
5. 강연이나 데이터의 경우, 콘텐츠 자체가 무게감이 있어야 하고, 또 연관성이 있어야 한다(예컨대 너무 오래된 데이터는 배제한다).

더 오랜 시간 주의집중해야 한다

사람마다 선호하는 정보습득 방식이 다르다. 읽기, 듣기, 보기, 또는 이들의 조합을 선호할 수 있다. 물론 시청각자료를 활용하는 것이 더 쉽고 즐겁고 집중이 잘 되는 사람도 있겠지만, 일반적으로 텍스트자료보다 시청각자료에서 정보를 습득하는 데 더 많은 시간이 들어간다.

팟캐스트나 강연처럼 소리로 정보를 전달하는 매체는 이해하고 요약하는 데 시간이 훨씬 많이 걸린다. 듣는 것은 선형적인 작업이기 때문에 (말이 끝날 때까지 기다려야 한다) 시간을 줄이는 데 한계가 있다. 시각적 텍스트를 처리할 때보다 오랫동안 주의집중해야 한다.

눈으로 정보를 처리하는 속도는 귀로 정보를 처리하는 속도보다 훨씬 빠르다. 따라서 대본이나 스크립트 같은 시각자료를 확보할 수 있다면, 훨씬 빠르게 이해하고 요약하고 흡수할 수 있을 것이다.

주목해야 하는 정보가 훨씬 많다

듣거나 볼 때는 텍스트를 통해서 파악할 수 있는 것보다 훨씬 많은 단서를 얻을 수 있다. 예컨대, 목소리의 변화나 억양을 통해 말하는 사람의 의도, 역설, 풍자, 유머 등 좀더 미묘한 정보를 알아챌 수 있다. 추론하는 감정이 어떤 것인지, 또 그 감정이 얼마나 센지도 알아낼 수 있다. 배경음악이나 음향효과, 자막 등도 설득하고자 하는 의도, 방식, 태도에 대한 많은 정보를 제공한다.

시청각자료를 효과적으로 메모하는 법

시청각자료는 일반적으로 내가 원하는 페이스대로 정보처리과정을 이끌어가는 것이 어렵기 때문에, 텍스트자료와는 다른 방식으로 접근해야 한다. 시청각자료를 보면서 메모해야 할 때 가장 효율적인 접근방법은 다음과 같다.

준비/예습

자료가 다루는 화제와 이슈에 대해 미리 학습하라. 이렇게 하면 더 잘 이해할 수 있고, 더 빨리 흡수하고, 더 정확하게 판단할 수 있다. 관련있는 부분과 관련없는 부분, 오류, 일관성이 없는 부분도 더 잘 찾아낼 수 있다. 귀 기울여 듣기 위해 쏟아야 하는 노력을 줄여주어, 더 오랫동안 뇌가 날카롭게 작동할 수 있도록 도와준다.

주의집중할 수 있는 환경

집중을 방해할 수 있는 소음이나 휴대전화나 주의를 산만하게 하는 요소를 미리 제거하라. 이미 알고 있다고 생각하는 내용이라도 집중해서 들어야 한다. 오래 앉아있을 수 있는 편안한 자세를 취하라. 집중이 흐트러지면, 자칫 논증에서 중요한 부분을 놓칠 수도 있고 오류나 결함을 알아채지 못할 수 있다.

적절한 휴식
집중력을 오래 유지하는 것은 매우 어려운 일이다. 시청각자료를 보거나 듣는 동안 잠시 딴생각을 하다가 메시지를 놓칠 수도 있고, 집중력이 떨어져 능동적이고 비판적인 듣기를 못할 수도 있다. 5-10분씩 잘라서 보거나 듣고, 그 부분의 핵심을 요약하여 메모하고 난 다음에 넘어가는 것도 좋은 방법이다.

선택과 집중
보고 듣는 모든 것을 다 흡수하기는 어렵다. 능동적인 방식으로 두뇌를 활용하여 가장 연관성이 높은 자료를 선택하라.

- 여기서 말하고자 하는 메시지는 무엇인가? 저자/작품이 우리에게 설득하고자 하는 것은 무엇인가? 주장을 짧게 요약하라.
- 주장을 뒷받침하기 위해 제시하는 핵심적인 이유나 근거는 무엇인가? 간략하게 정리하라.

확인/평가
가능하다면 메모를 모두 끝내고 난 뒤, 자료를 다시 살펴보며 메시지를 제대로 파악했는지 확인한다. 논증이 타당한지 평가할 시간을 갖는다. 논증을 더듬어보며 머릿속에서 정리할 수 있는 시간을 갖는다. 자신이 작성한 메모나 리뷰와 맞춰보면서 논증을 비판적으로 평가한다. 논증이 정말 설득력이 있는가? 논리적 오류가 있는가? 어떤 오류가 있는가?

다양한 상황에 비판적으로 접근하는 법

강연인가? 동료와 나누는 대화인가? 오디오인가? 비디오인가? 상황에 맞게 보거나 듣는 방식과 메모하는 전략을 수정하고 조율해야 한다.

강연이나 강의를 비판적으로 듣기

앞에서 설명한 프로세스를 따르면 된다. 하지만 실시간으로 강의를 듣는 경우에는 휴식시간을 마음대로 조절할 수 없으므로, 정신적 부담을 줄이기 위해 다음과 같은 방법을 활용하면 도움이 될 것이다.

1. 준비/예습한다. 강의에 들어가기 전에 화제에 대해 미리 읽어보거나, 여의치 않다면 좀더 포괄적인 지식을 간단하게 훑어본다. 강의 전에 읽고 들어가야 하는 자료나 준비활동이 있다면 미리 완수하라. 그래야만 강의내용을 제대로 이해할 수 있다.
2. 메모한다. 많은 것을 메모할 필요는 없다. 나중에 아이디어나 주제를 떠올릴 수 있을 정도로만 적으면 된다. 노트필기에 집착하다보면 강의내용에 집중하는 데 오히려 방해가 될 수도 있다. 강의가 느슨해지는 틈을 타, 나중에 논증을 분석하는 데 도움이 될 만한 것만 메모하라.
3. 귀 기울여 듣는다. 무엇보다도 잘 듣는 데 에너지를 쏟아야 한다. 필기하느라 집중이 흔들리면 안 된다. 귀 기울여 듣지 않으면 논증이 어떻게 서로 맞물려 있는지 놓칠 수 있다. 강연자의 목소리나 억양을 주의깊게 들어보면 무엇을 강조하는지, 어디서 인용했고 무엇을 참고했는지 힌트를 얻을 수 있다. 강의가 끝난 뒤에도 강의내용이 훨씬 기억에 남을 것이다.
4. 자기 것으로 만들고 질문한다. 전문가의 말이라고 해서 무조건 믿어서는 안 된다. 텍스트자료에 접근할 때와 마찬가지로 일관성, 근거의 질, 추론의 결함 등을 비판적으로 평가하라.

토론이나 대화에 비판적으로 참여하기

1. 내 생각이나 믿음과 맞지 않다고 무조건 배척하기보다는 열린 마음으로 새로운 관점을 받아들인다.
2. 상대방이 의견을 솔직하게 제시할 수 있도록 관심을 표한다.
3. 상대방의 의견을 듣고 싶어 한다는 마음을 온몸으로 표현하라. 얼굴표정뿐만 아니라, 고개를 끄덕이고, 몸을 앞으로 기울이는 자세를 적극적으로 취하라. 얼굴을 찡그리거나 손가락을 두드리거나 딴짓을 하는 행동은 피하라.
4. 상대방이 말하는 동안 끼어들지 말라. 처음부터 끝까지 들어라.
5. 내 생각에만 빠져들지 말고, 상대방이 하는 말에 집중하라.
6. 상대방의 말을 내가 제대로 이해했는지 확인한다. 이해한 내용을 요약해서 들려주고 그것이 정확한지 물어보라.
7. 말의 내용이나 의미가 분명하지 않거나 중요한 정보가 빠져있다면 질문하라. 넘겨짚지 말고 명확하게 물어보라.
8. 사소한 것을 물고 늘어지지 말라. 질문은 최대한 적게 하는 것이 좋다. 문제를 탐구하는 데 도움이 되는 질문만 선별해서 하라.
9. 상대방이 말을 끝내자마자 다른 화제로 바로 넘어가지 마라. 들은 내용을 우리 뇌가 비판적 수준에서 처리하기 위해서는 시간이 걸린다. 나는 질문할 것이 없더라도, 다른 사람들이 질문할 수 있는 시간을 주어라.

동영상강의나 팟캐스트 보기

지금은 온갖 분야의 세계적인 전문가들의 강연이나 대담을 팟캐스트나 동영상으로 쉽게 접할 수 있다. →303

1. 시청/청취목적을 정한다. 목적이 분명해야 어디를 집중하여 볼/들을 것인지 선택할 수 있다. 목적이 분명하면, 산만한 환경이나 시끄러운 소음 속에서도 중요한 단어나 표현이 귀에 꽂힐 것이다.

2. 먼저 요약정보를 확인한다. 나에게 필요한 것인지, 나의 목적에 맞는지 판단한다.
3. 길이를 확인한다. 얼마나 오래 집중해야 하는지 알아야 효과적인 시청/청취 전략을 세울 수 있다.
4. 적절한 주기로 (또는 필요할 때마다) 일시정지하여 중요한 내용을 메모한다.
5. 선택적으로 다시 듣는다. 시청각자료를 다시 보는 것은 고역일 수도 있고, 시간낭비일 수도 있다. 나중에 다시 보고 싶은 부분이 있으면 미리 메모해둔다.

영상물 비판적으로 보기

영화나 드라마 속에는 메시지를 전달하거나 해석하기 위해 활용할 수 있는 요소가 매우 많다. 표정과 몸짓 같은 보디랭귀지는 물론, 색깔, 명암, 시선을 끄는 이미지, 전경과 배경을 활용한 화면배치, 이야기의 흐름과 전개 방식, 맥락에 맞지 않는 장면노출 등 다양한 요소를 고려할 수 있다. 웃음, 날카로운 반응, 괴로워하는 표정 등을 교차편집하여 보여줄 때, 그것이 동시에 일어난 일처럼 보이지만 실제로는 전혀 다른 시간에 일어난 일, 더 나아가 전혀 다른 대상에 대한 반응을 짜깁기한 것일 수도 있다. 어쨌든 시청자입장에서는 그 모든 것을 알기 어렵기 때문에 늘 짜깁기되었을 가능성을 염두에 두고 보아야 한다.

특히 어떤 문제, 인물, 원인, 제품 등에 대한 의견과 믿음을 형성하는데 영향을 미치고자 하는 영상을 볼 때는 더욱 비판적으로 접근해야 한다. 평소에 능동적으로, 비판적으로 영상을 보고 이해하는 훈련을 꾸준히 해놓지 않으면, 꼭 필요한 순간 속아넘어갈 수 있다. 영상을 능동적으로, 비판적으로 보고 싶다면 구체적으로 다음과 같은 훈련을 해야 한다.

1. 시청을 하기 전에 시청목적을 다시 상기한다. 그러면 시청목적과 연관된 정보가 더 쉽게 눈에 들어올 것이다. 또 시청목적과 긴밀하게 연관된 부분에서는

속도를 늦춰볼 수도 있다.
2. 섹션의 시작부분과 종결부분, 제목과 자막은 메시지를 끌어낼 수 있는 중요한 단서를 제공한다.
3. 각각의 섹션이 전체 내용에 어떻게 기여하는지, 세부적인 요소들이 전체 메시지에 어떻게 기여하는지 능동적으로 검토한다.
4. 주기적으로 영상을 멈추고 지금까지 본 내용을 정리한다.
5. 주기적으로 영상을 멈추고 논증, 메시지, 이야기가 어떻게 흘러갈지 예측하고, 그러한 예측이 맞는지 확인한다. 예측이 빗나간다면 무엇 때문에 빗나갔는지 생각해보라. 이러한 훈련을 하면, 앞으로 또 그러한 메시지를 만났을 때 훨씬 수월하게 해석할 수 있다.
6. 작품이 메시지를 효과적으로 전달하는지, 윤리적 미학적 사실적 시의적으로 얼마나 적절한지, 뛰어난지 비판적으로 평가한다.
7. 질문을 먼저 설정하고 나서 영상을 시청하면, 집중력을 잃지 않으면서 비판적으로 생각을 다듬을 수 있다.

능동적으로 영상을 보고 싶다면 질문하라

시청목적에 따라 질문은 달라질 수 있지만, 여기서는 가장 보편적인 질문을 소개한다.

- 무엇을 말하고자 하는가? 이 영상을 통해 전하고자 하는 메시지는 무엇인가? 무엇을 설득하고자 하는가? 나는 이 영상을 통해 무엇을 얻고자 하는가?
- 영상의 메시지를 찾아냈다면, 나는 왜 그것이 이 영상의 메시지라고 생각하는가? 그것이 메시지라고 영상에서 직접 말하는가? 영상의 구성방식을 통해 시청자 스스로 결론을 끌어내도록 유도하는가? 콘텐츠를 이런 식으로 해석하도록 유도하기 위한 특별한 기법이 사용되었는가?
- 영상에서 끌어낼 수 있는 다른 메시지는 없는가? 남들도 나랑 똑같이 해석할까? 사람마다 다르게 해석할 가능성이 있다면, 그 이유는 무엇일까?

- 영상은 왜 만들었는가? 누가, 어떤 목적으로 만들었는가? 영상을 만들어 이러한 메시지를 퍼트림으로써 그들은 어떤 이득을 얻고자 하는 것일까?
- 말하지 않는 것이 있는가? 영상에서 묻지 않는 질문이 있는가? 어떤 관점이나 측면이 생략되어있는가? 관련성이 있을 것으로 보이는 관점이나 목소리 중에서 영상에서 보여주지 않는 것이 있는가?
- 사실처럼 보이는가? 어떤 식으로든 조작되었을 가능성이 있는가? 무언가 덧붙이거나 잘라내거나 변조하거나 강조하거나 순서를 뒤바꾼 부분은 없는가? 전혀 다른 맥락에서 만들어진 자료를 짜깁기하여 보여주는 것은 아닐까? 이미지를 배치하거나 편집하여 메시지를 뒤틀거나 왜곡한 것은 아닐까?

나는 무엇 때문에 설득당했는가?

어떤 주장에 찬성을 하든 반대를 하든 입장을 결정할 때, 비판적 이성적 요인만 작동하는 것은 아니다. 말의 내용과 무관한 요소들로 인해 설득당하는 경우도 많다. 강연을 듣거나 토론을 하거나 미디어를 소비할 때, 말하는 사람에 대한 나의 반응이 어떻게 달라지는지 눈여겨보자. 나는 무엇 때문에 이런 입장을 갖게 되었는지 면밀하게 돌아보자. 나의 이성적 판단을 무너뜨리는 취약점은 무엇인가?

- 발화자의 사회적 지위, 배경, 역할, 인지도, 외모.
- 유머와 위트, 기발한 표현, 재미있고 흥미진진한 전개 등 발화자의 언어구사능력.
- 목소리, 어조, 억양, 유창한 언변, 어눌한 발음, 발화장애 등 비언어적 청각요소.
- 발화자가 표현하는 감정, 또는 발화자가 촉발한 나의 특정한 감정.
- 화제와 별다른 관련이 없는 데이터, 사실, 에피소드 등을 늘어놓으며 뭔가 그럴듯해 보이게 만드는 전략.
- 반복되는 표현을 활용한 강제주입, 또는 화제를 계속 바꾸거나 문제의 핵심을 비켜나가며 정신없게 만드는 말빨. (자신의 빈약한 논리를 상대방이 눈치채지 못하도록 숨기기 위해 자주 사용하는 전략이다.)

연습문제   강연을 듣고 논증 분석하기

1. 생물다양성에 관한 TED 강연을 듣고 다음 질문에 답해보자.
   https://www.youtube.com/watch?v=yJX1Te0jey0

   ⓐ 강연을 시작할 때 강연자의 입장은 무엇인가?
   ⓑ 강연의 결론은 무엇인가?
   ⓒ 강연자는 자신이 어떤 실수를 저질렀다고 인정하는가?
   ⓓ 추론선을 정리해보자.

2. 〈TED강연을 절대 믿어서는 안 되는 이유〉를 듣고 논증이 어떻게 구조화되어있는지 분석해보자. 강연자는 청중을 설득하기 위해 어떤 전략을 활용하는가?

   https://www.youtube.com/watch?v=g_bVaZ-oQhw

시청각자료를 분석하기 위한 메모템플릿

항목	메모
인용출처 세부사항	자료를 나중에 다시 찾아보기 위한 기록: URL, 다운로드 정보, 액세스한 날짜 등을 적는다.
미디어유형	영화, 동영상, 팟캐스트, 블로그, 소셜미디어 등
간략한 제목	메모 작성할 때 사용할 알파벳이나 짧은 단어로 저자, 날짜, 보고서 제목 등을 조합하여 만든다.
핵심메시지	이 영상이 전달하고자 하는 메시지나 가설을 적는다. 시청하는 와중에 메모한다. 물론 메시지를 찾기 위해 영상을 중단해야 할 수도 있지만 영상이 끝난 뒤 요약하고 정리하는 것보다 훨씬 빠르고 정확할 수 있다. 또한 영상을 시청하는 동안 집중력을 유지하는 데 도움이 된다.
질적 권위	이 문제에 대하여 신뢰할 수 있는 '권위'를 지니고 있는지 적는다. 어떤 측면에서 권위가 있다고 여겨지는가? 권위가 없다고 판단되면 중간에 끊어라. 다 보는 것은 시간낭비일 뿐이다.
메시지 전달방식	어떤 설득기법을 사용하는지 적는다. 어떤 의도로 이야기를 펼쳐나가는가? 직접 표현하는가? 전체적인 구성방식이나 음향효과 같은 비언어적 수단을 통해 간접적으로 전달하는가?
해석의 가능성	이 자료에 대한 나의 해석을 적는다. 남들도 그렇게 해석할까? 나의 해석과정에 어떤 편견이 개입하지는 않았을까? 어떤 해석이 가능할까?
숨어있는 메시지	배제된 관점이나 입장이나 질문이나 목소리가 있는지 적는다. 특정 집단의 견해나 문화를 전제로 깔지는 않았는가?
조작/왜곡 가능성	의도적인 편집이나 왜곡이 의심되는 부분이 있는지 적는다. 그러한 편집으로 어떤 효과를 얻고자 하는가? 메시지에 어떤 영향을 미치고자 하는가?
다른 출처와 비교	다른 글에서 제시하는 논증이나 근거에 부합하는지, 차이가 있는지, 차이가 있다면 어떤 차이가 있는지 적는다. 나의 해석에 무엇이 더 부합하는가?

정확하게 읽고 보고 듣기

1. 효과적인 읽기전략을 구사한다: 너무 빨리 읽거나, 대충 읽거나, 너무 세부적인 항목에 집착하는 읽기습관은 버려라. 정확한 해석을 가로막는다. 줌인과 줌아웃을 번갈아가며 글을 읽어나가는 훈련을 하라.

2. 논문의 구조를 이해하라: 논문은 대개 비슷한 방식으로 이루어져있다. 논문의 일반적인 구조를 이해하면, 내가 원하는 정보가 어디 있는지 쉽게 찾을 수 있다.

3. 이론은 논증을 빠르게 이해할 수 있는 안목을 제공한다: 다양한 이론에 대한 기본적인 지식이 있으면 어떤 논증이든 전체적인 맥락에서 파악할 수 있으며, 추론식, 전제 같은 논증요소들을 더 빨리, 더 잘 이해하고 예측하고 해석할 수 있다.

4. 비판적으로 독서하고 싶다면 메모하라: 주의하고 집중하고 분석하는 데 도움이 될 뿐만 아니라, 중요한 내용을 선별하여 오래 기억할 수 있다. 무엇보다도 독서를 통해 얻는 지식을 내것으로 만들 수 있다.

5. 메모템플릿을 활용하라: 템플릿에 맞춰 메모를 하면 목적에 부합하는 요점만 골라 간결하게 정리할 수 있다. 책, 기사, 논문 등 출처에 따라, 또 목적에 따라 가장 적합한 템플릿을 만들어 체계적으로 정리하라.

6. 시청각자료도 비판적으로 접근하라: 시청각자료는 여러 측면에서 텍스트자료보다 비판적으로 접근하기가 어렵다. 하지만 시청각자료가 갈수록 넘쳐나는 시대에 휩쓸리지 않기 위해서는 시청각자료를 비판적으로 이해하는 법을 배워야 한다.

10 비판적 분석적 글쓰기

효과적인 글쓰기 전략

논증을 글로 펼쳐나가기 위해서는 무엇부터 해야 할까?

비판적 분석적 글은 다른 글과 어떻게 다를까?

비판적 글쓰기에서 독자를 고려한다는 말은 구체적으로 무슨 의미일까?

서론-본론-결론은 어떻게 구성되고 무엇을 써야 할까?

에세이시험이나 과제에서 좋은 점수를 받는 요령은 무엇일까?

학술적인 글에서 한정표현, 출처표기, 이정표단어들이
자주 나오는 것은 무엇 때문일까?

지금까지 독자의 관점에서 비판적 사고에 접근했던 것과 달리, 이번 챕터에서는 저자의 관점에서 접근한다. 독자에게 설득력있는 주장을 펼치기 위해서는 지금까지 배운 비판적 사고의 다양한 측면을 모조리 끌어모아야 한다. 최종원고는 어쨌든 비판적 글쓰기의 특성을 제대로 담고 있어야 한다. 추론선이 명확하고 체계적으로 짜여있어야 한다. 논증의 진행방향을 알려주는 이정표들이 독자들을 결론으로 헷갈리지 않게 인도해야 한다. 글을 읽기 전부터 결론을 독자들이 명확하게 알 수 있어야 한다.

글을 쓰기 위해서는, 내가 작성한 글을 읽을 최종독자를 고려할 줄 알아야 한다. 글이라는 매체의 특성을 알아야 하고, 논증을 글로 펼쳐나갈 때 효과적으로 사용할 수 있는 표현에 대해서도 알아야 한다. 말을 할 때는 목소리 톤, 속도, 완급을 조절하거나 몸짓을 활용하거나 같은 말을 반복하거나 목소리를 높여 상대방이 논증을 따라올 수 있도록 유도할 수 있다. 하지만 글에서는, 특히 격식을 갖춘 글에서는 이러한 요소들을 활용할 수 없다.

이 챕터에서 설명하는 논증글을 쓰는 방법은 글쓰기에 관한 가장 기초적인 접근방식에 불과하다. 글쓰기에 접근하는 방법은 세상에 다양하게 존재한다. 계속 글을 써나가며 갈고 다듬다 보면 자신만의 더 나은 방법을 찾아낼 수 있을 것이다.

또한 여기서 설명하는 글쓰기는 대학에서 흔히 '에세이'라고 일컫는, 설득을 목적으로 하는 글을 쓰는 기술에 초점을 맞춘 것이다. 문학적 글을 쓰기 위한 기술이 아니다. 대학에서 에세이과제를 작성해오라고 끊임없이 요구하는 것은, 학생들의 비판적 사고능력을 훈련시키기 위한 것이고 또 평가하기 위한 것이다. 이렇게 갈고닦은 비판적 사고능력은 이후 사회에 나가 전문가로서 성장해나갈 수 있는 소중한 밑거름이 될 것이다.

비판적 분석적
글쓰기의 특징

비판적·분석적 글쓰기란 자신의 주장을 펼치고, 독자를 설득하기 위해 글을 쓰는 것을 말한다. 주장을 뒷받침하는 이유를 제시하고, 이유를 뒷받침하는 근거를 제시하고, 자신의 주장과 다른 의견이나 반론들을 비교하고 평가하고, 이에 기반하여 최종결론을 내리는 작업이다. 배경정보설명이나 사건진술은 꼭 필요한 만큼만 최소한으로 제한한다. 주장을 펼치는 데 텍스트를 최대한 할애한다.

자신의 주장, 이유, 근거에 대해서도 비판적으로 접근해야 한다. 자신이 원하는 측면만 강조하는 것이 아니라 약점과 한계를 공정하게 보여주어 독자 스스로 비교하고 판단할 수 있도록 해야 한다.

누가 읽을 것인가?

논증의 목적은 설득하는 것이다. 따라서 비판적 글쓰기는 자신의 글을 누가 읽을 것인지 고려하는 것이 중요하다. 독자, 특히 내 주장에 동의하지 않는 사람들은 내 글을 어떻게 읽을까? 어느 부분을 가장 받아들이지 못할까? 이 부분을 납득시키기 위해서 어떤 근거를 제시해야 할까? 끊임없이 이러한 질문을 던지며 이에 대해 예측하고 계산하여 논증을 짜야 한다.

명료하고 간결하게

비판적인 글쓰기는 최대한 명확해야 한다. 독자를 설득하는 것이 목적이므로, 독자가 쉽게 요점을 파악할 수 있도록 글을 써야 한다. 모호하거나 헷갈려서는 안 된다. 문장이 길고 복잡하면 안 된다. 문법, 맞춤법, 구두점 같은 사소한 오류가 논증을 따라가기 어렵게 방해해서는 안 된다.

비판적 글은 소박해야 한다. 사실은 충실하게 전달하고, 감정적인 표현은 최대한 억제해야 한다. 온갖 형용사나 화려한 표현으로 독자를 산만하게 해서는 안 된다. 전문용어를 남발하여 쓸데없이 어렵게 해서는 안 된다. 어느 정도 상식을 갖춘 독자라면 누구든 이해할 수 있게끔 최대한 쉽고 간결하게 요점을 전달해야 한다. 전문용어는 어쩔 수 없이 꼭 써야만 하는 상황에서만 사용한다.

머릿속에서는 명확하던 논증도, 글로 썼을 때는 명확하지 않아 보이는 경우가 많다. 남들이 내 글을 읽을 때 어느 부분을 다르게 해석할지, 어느 부분에서 혼란을 느낄지, 글을 쓰는 사람 눈에는 잘 보이지 않는다. 자신의 글을 여러 번 읽어보며 그러한 부분을 찾아내기 위해 노력해야 한다. 시간이 허락한다면 소리 내어 읽어보라. 어색하게 들리는 부분이 있다면 문제가 있다는 뜻이다. 고쳐라.

선택과 집중

세부적인 내용을 너무 많이 진술하면 주요논증이 흐트러질 수 있다. 그런 글은 독자들이 추론선을 쫓아가다 길을 잃거나 흥미를 잃을 수 있다. 세세한 내용을 모조리 설명하다가는 원하는 목표를 달성하지 못할 수 있다. 반대로 세부적인 내용을 너무 생략해버리면 논증을 뒷받침하는 구체적인 근거가 빈약하다는 인상을 줄 수 있다.

좋은 논증글은 전반적인 추론과 상세한 분석이 적절하게 균형을 이룬다. 가장 논란이 되는 지점을 선별하여 그 부분을 면밀하게 파고든다. 그 밖의 문제들은 간략하게 짚고 넘어가거나, 여러 개를 묶어서 언급하고 넘어간다. 사소한 논란이라고 해도 그러한 논란에 대해 알고 있으며, 또 고려했다는 사실을 독자들에게 알려주어야 한다.

어떻게 설득해나갈 것인가?

논증이 복잡할수록 정보를 배치하는 순서는 더더욱 중요하다. 글의 전개를 세심하게 계획하여 가장 중요한 논점에 초점이 모이도록 구성해야 한다. 각각의 논점이 이전 논점과 어떻게 연결되는지, 또 그러한 논점들이 전체논증에서 어떤 역할을 하는지 쉽게 알 수 있어야 독자들이 추론선을 쉽게 따라갈 수 있다.

일반적으로 논증글은 독자 머릿속에 자신의 주장을 먼저 넣어주고 나서 이를 뒷받침하는 전략을 사용한다. 독자는 맨 앞에서 제시한 관점에서 뒤따라 나오는 추론을 바라보고 해석해나갈 가능성이 높다. 독자들을 먼저 내 입장에 세워놓고 논증을 따라오도록 유도하는 것은 효과적인 설득전략이다.

하지만 이미 정립되어있는 기존의 논증에 오류나 결함이 있다고 주장하는 것이 목적일 경우에는, 그 논증을 먼저 비판하고 반박한 다음, 이에 대한 대안으로 자신의 주장을 제시하는 것이 효과적이다.

어쨌든 독자를 효과적으로 설득하려면, 가장 쟁점이 되는 중요한 측면이 무엇인지 알아야 한다. 당연히 글에서도 이러한 측면에 대한 논증에 가장 많은 지면을 할애해야 한다. 이 부분에서 독자를 설득할 수 있다면,

나머지 부분은 쉽게 풀릴 것이다.

논증하고자 하는 문제에 대한 전반적인 상황을 독자가 가장 쉽게 이해할 수 있도록 하려면 어떤 정보를 먼저 제시해야 할까? 어떻게 추론선을 짜야 할까? 좋은 논증글을 쓰기 위해서는 반드시 이 질문에 답을 해야 한다. 더불어 다음과 같은 질문에 대해서도 고민해야 한다.

- 이 전개방식이 최선일까? 더 나은 순서는 없을까?
- 이 내용은 논증에서 어느 위치에 놓는 것이 가장 적절할까?
- 현재의 정보배치가 논증을 가장 명확하게 전달할까?
- 이 정보를 어디에 배치해야 독자들이 추론선을 쉽게 따라갈 수 있을까?

결론으로 가는 최적경로 찾기

비슷한 논점은 가까이 배치한다. 예컨대, 추론의 한 측면을 뒷받침하는 논점과 이에 반대하는 논점을 묶어서 순서대로 배치할 수 있다. 근거를 제시할 때도 마찬가지다. 먼저 제시한 근거에 대한 분석을 마무리한 다음, 그 다음 근거에 대한 분석으로 넘어갈 수도 있다. 또는 여러 근거들을 몰아서 제시하고, 이것들이 논증을 뒷받침하는 측면을 먼저 분석한 다음 논증을 뒷받침하지 않는 측면을 분석할 수도 있다.

여기서 말하고자 하는 핵심은, 독자들이 추론선을 쉽게 따라갈 수 있는 최적의 경로를 찾으라는 것이다. 정보를 제시하는 순서는 독자가 텍스트를 읽어나가면서 쉽게 인지할 수 있어야 한다. 이리저리 왔다갔다하는 느낌을 주어서는 안 된다.

독자를 안내하는 이정표를 촘촘히 세워라

좋은 논증글은 독자가 추론선을 쉽게 따라올 수 있도록 이끌어준다. 한참 글을 읽다가 자신이 어느 지점에 와 있는지 알아내기 위해 멈춰야 한다면, 문제가 있는 것이다. 어떤 주장에 대해 저자가 동의하기를 바라는 것인지 부동의하기를 바라는 것인지 헷갈린다면, 문제가 있는 것이다.

이렇게 독자가 길을 잃지 않고 따라올 수 있도록 이끌어주기 위해서는 논증글 곳곳에 '이정표'를 명확하게 세워주어야 한다. 현재 논증이 어느 정도 진행되었는지, 지금 말하는 논점이 앞에서 이야기한 논점과 뒤에서 이야기할 논점과 어떻게 연결되는지 분명히 알 수 있어야 한다.

학술적인 논증글에서는 중요한 논점을 강조하기 위해 그래픽요소를 사용하는 것을 허용하지 않는다. 글자를 굵게, 크게, 기울여서 표시하거나, 색깔이나 음영을 칠하거나, 별표나 화살표 같은 것을 그려넣어 논점을 돋보이게 하는 것은 바람직한 방법이 아니다. 오로지 적절한 정보배치와 언어적 '이정표'에만 의존하여 독자가 추론선을 따라갈 수 있도록 설계할 줄 알아야 한다.

내가 쓴 글

최근에 자신이 쓴 에세이를 꺼내 읽어보자. 지금까지 살펴본 논증글의 특성을 얼마나 구현하고 있는지 평가해보자.

- 잘 구현된 특성이 있는가? 어떤 특성이 잘 구현되었는가?
- 가장 부족한 특성은 무엇인가? 어떻게 개선할 수 있을까?

머릿속 아이디어를
글로 풀어내기

강력한 논제 만들기

논제^{thesis}란 진술의 형태로 제시되는 아이디어로, 이유와 근거를 활용하여 이를 뒷받침하거나 반박할 수 있다. 논술시험에서 어떤 '주장'을 지문으로 제시하고 이에 대해 진술하라고 할 때, 이 주장이 바로 논제다. 반면, 질문만 제시하고 이에 대한 해법을 직접 찾아서 글로 써오라고 과제를 내준다면, 논제는 스스로 만들어내야 한다.

글을 쓰려면 논제를 먼저 세워야 한다. 논제가 있어야 어느 쪽으로 사고하고 조사해나갈지 방향을 잡을 수 있다. 물론 처음부터 완벽한 논제를 찾지 못할 수도 있다. 이럴 때는 어느 정도 그럴듯한 논제를 세워야 하는데, 이렇게 글을 쓰기 위해 세우는 잠정적인 논제를 작업논제^{working thesis} 또는 작업가설^{working hypothesis}이라고 한다. 화제에 대한 지식이 쌓인 다음, 작업가설은 수정하거나 변경할 수 있다.

일반적으로 논제가 논쟁적일수록 논증글은 더 강렬해진다. 반론과 이견들을 비교검토하고, 타당한 이유를 제시하여 과감하게 기각해버릴 수도 있기 때문이다. 반론이나 이견의 그다지 없는 논제는, 그다지 격렬한 비판적 관점을 제시하기 어렵고 따라서 그다지 흥미도 끌지 못한다.

논제(또는 가설)는 논증글을 쓰기 위한 출발점이자 기준점이다. 논제는 구상, 자료조사, 연구, 논증전개 등 논증글을 쓰는 모든 작업과정에서 어디에 초점을 맞춰야 하는지 알려주는 길잡이 역할을 한다. 글쓰기 과정에서 논제를 잊으면 길을 잃고 헤맬 수 있다.

나의 입장을 결정한다
에세이지문에 대해서 동의하든 반대하든, 입장이 분명해야 한다. 글을 써 나가면서 주어진 논제, 또는 자신이 세운 논제에 대한 입장을 결정하라. 나의 입장이 비판적 검증과정을 통과할 수 있을지 꼼꼼히 테스트하라. 지금까지 이 책에서 설명한 논증의 원칙에 따라 나의 입장이 명확한지, 논리적인지, 일관성이 있는지, 예외나 모순은 없는지 검증하라. 다양한 출처에서 수집한 근거—학술적 연구결과, 전문가의 의견, 신뢰할 수 있는 데이터 등—로 자신의 입장을 뒷받침할 수 있어야 한다. ➔Ch8

나의 입장을 방어한다
글을 쓰든 영상을 만들든, 독자나 시청자가 자신의 입장을 명확하게 알 수 있어야 한다. 자신의 입장을 먼저 분명하게 밝힌 다음, 이를 뒷받침하는 강력한 추론과 근거를 간결하게 제시함으로써 자신의 입장을 '방어'하라. 전체 추론을 요약하고 마무리하면서 논리적으로 결론에 다다를 수밖에 없다는 것을 보여줘야 한다. 결론에서 다시 한번 논제에 동의하는지 동의하지 않는지 자신의 입장을 명확하게 진술한다.

입장을 다듬는다
자료조사를 통해 더 많은 것을 이해하게 되었을 때, 처음에 세운 작업가설이나 입장을 수정해야 할 수도 있다. 새롭게 터득한 근거와 관점에 비춰 보았을 때 내가 원래 지지하던 입장이 생각했던 것보다 훨씬 강력하다는 것을 깨달을 수도 있고, 반대로 부분적으로만 타당하거나 특정한 상황에서만 타당하다는 것을 깨달을 수도 있다. 후자의 경우, 입장을 수정하거나 유효조건을 제한해야 할 것이다. →353

입장을 바꾼다

자신의 입장이 상대적으로 약하다는 사실을 깨달았을 때는, 입장을 바꾸는 것이 좋다. 그래도 자신의 입장을 고수하고 싶다면—지금은 입증하기 어렵지만 그래도 언젠가는 옳다고 밝혀질 거야—자신의 주장이 약하다는 사실을 솔직하게 인정하라. 자신의 입장을 뒷받침하는 논증보다 거스르는 논증이 훨씬 강력함에도 여전히 주장을 꺾지 않는 이유를 설득력있게 제시하라.

내가 받아들이고 싶지 않은 입장을 뒷받침하는 근거나 논증이 강력하다면, 이러한 상황을 잘 이해하고 있다는 것을 보여주어야 한다. 상황이 불리하다는 것을 인정한다고 해서 신념까지 바꿔야 하는 것은 아니다. 어쨌든 자신의 입장을 뒷받침하기 위해 어떤 근거가 필요한지, 그러한 근거를 찾기 위해 장차 어떤 연구를 해야 하는지 이야기하라. 또는 지금은 자신의 입장을 반박하는 것처럼 보이는 연구나 근거가, 거꾸로 뒤집어질 수 있는 가능성이나 조건을 제시하라.

샘플에세이1a 읽기

이 챕터에서 제시하는 조언들이 실제 글쓰기에서 구체적으로 어떻게 적용되는지 설명하기 위해 부록에 **샘플에세이1a**를 수록해놓았다. 지금 **샘플에세이1a**를 먼저 읽고 나서, 이 챕터를 계속 읽어나가기 바란다. 참고로 **샘플에세이1a**의 저자는 에세이지문에서 제시한 논제에 동의하지 않는 입장을 견지한다. →530

용어 정의하기

논증을 짜기 시작할 때 주요쟁점이 되는 단어나 표현, 또는 자주 사용할 전문용어의 정의를 먼저 작성한다. 또한 제목이나 논증에 등장하는 용어 중에 다양한 의미로 해석될 수 있는 것이 있다면 정의를 작성한다. 이렇게 용어를 정의하고 나면 생각은 더욱 명확해지고, 이제 연구와 글쓰기에만 집중할 수 있다. 화제에 대해 더 많은 것을 이해하게 되면, 다시 정의를 확인하고 다듬는다. 논증 전반에 대한 독자의 이해를 극대화할 수 있도록 정의하라. →364

또한 주요이론가들이 내리는 정의를 찾아보고, 내가 정의하는 방식과 같은지 비교하라. 같지 않다면 어떤 접근방식이 주어진 과제, 시기, 참고자료, 읽기목록에 더 적합할지 판단하고 자신의 말로 요약하라.

사전에 의지하지 말고 자신의 해석을 제시한다

용어를 정의하는 목적은 글에서 사용하는 용어, 특히 제목에서 사용하는 용어를 독자가 정확하게 이해할 수 있도록 도와주기 위한 것이다. 자신이 말하고자 하는 바를 더 명확하게 알려줄 수 있고, 본론에 들어가기 전 논증에 무엇이 포함되고 포함되지 않는지 알려줄 수 있다.

용어를 정의할 때 사전에 나온 정의를 가져다 쓰는 것은 바람직하지 않다. 다른 책에서 긴 문장을 인용하여 용어를 설명하는 것도 마찬가지다. 대학에서 글쓰기과제를 내주는 것은 사전을 쓸 줄 아는지, 다른 사람의 말을 인용할 줄 아는지 보려는 것이 아니라 논증을 짤 줄 아는지 보려는 것이다.

미묘한 차이를 구별한다

용어를 정확하고 정교하게 정의하는 것이 처음에는 불필요한 현학적 태도처럼 보일 수도 있다. 하지만 본질에 충실하면서 자신의 말로 용어를 정의하다 보면, 용어 사이에 미묘한 차이가 존재한다는 것을 깨닫는다. 예컨대 **샘플에세이1a**에서는 '삶의 질'과 '정신건강'을 구분해서 써야 한다는 이야기를 한다. 이처럼 용어의 미세한 차이를 정의하다 보면, 화제에 대한 새로운 실마리가 풀리는 경험을 할 수 있다. 처음에 생각했던 것보다 고려해야 할 측면이 훨씬 많다는 것을 깨닫기도 한다. 화제를 탐구할 때 흔히 경험하는 일이다.

조건과 범위를 명확하게 한정한다

자신이 내린 정의나 결론이나 해법이 얼마나 정확한지, 맥락이나 대상이나 상황을 바꿨을 때도 보편적으로 적용할 수 있는지, 구체적인 예를 들어 비판적으로 질문해보라.

- 누구에게나—나이, 인종, 국적, 문화, 능력, 장애, 신념, 직업을 막론하고—타당한가?
- 어느 시간과 공간에서나—시대, 문화, 지역, 장소를 막론하고—타당한가?

타당하지 않은 경우가 있다면, 조건을 정확하게 명시하여 범위나 한계를 제한하라. 이것 역시 용어를 정의할 때 고려해야 하는 문제다.

에세이지문1에서

'학생의 삶의 질'에 대한 글을 작성한다면 어떤 용어들을 정의해야 할까? 생각해보자. →529

- 여기서 '학생'은 정확히 누구를 지칭할까? '대학생' 또는 '학령기' 같은 말도 정의해야 할 수 있다.
- '삶의 질'이란 무엇을 의미할까? 신체적 건강과 생활습관까지 포괄하는 개념인가? 정신건강에만 초점을 맞추는가? 아니면 정신건강은 배제하는가?

'삶의 질'과 '정신건강'이 반드시 같은 의미가 아닐 수 있다는 점을 설명해야 한다면 다음과 같이 용어를 정의할 수 있다.

'정신건강'을 평안함이나 긍정적인 감정과 비슷한 의미로 정의하는 경우가 많지만, 이러한 정의는 모든 삶의 국면을 포괄하지 못한다. 예컨대 다치거나 해고당했거나 가까운 사람이 죽었을 때처럼 슬픔, 분노, 수치심 같이 '긍정적'이라고 여겨지지 않는 감정이 훨씬 적절한 때도 있다. 갈데리시는 정신건강에 대한 이러한 잘못된 정의가 많은 사람들을 논의에서 배제할 수 있다고 지적한다(Galderisi et al., 2015). 세계보건기구에서도 이전에는 '삶의 질'을 '노동생산성'이나 '환경을 통제할 수 있는 능력' 같은 개념을 중심으로 정의했지만, 이는 모든 생애주기, 모든 집단에 적용할 수 있는 것이 아니라 문화적으로 특수한 경우에만 적용할 수 있는 것으로, 잘못된 정의였다고 밝히고 있다(WHO, 2004).

관련자료 찾아 읽기 reading around the topic

글쓰기과제를 수행하기 위해서는 관련 내용이 담겨있는 다양한 출처를 수집하여 읽고 조사하는 데 상당한 시간을 써야 한다. 수준 높은 출처는 대부분 텍스트자료일 가능성이 높다. 자료를 읽을 때는 앞에서 설명한 비판적 분석기술을 적용해야 한다.

- 내가 탐구하고자 하는 화제와 연관성있는 자료인지 또는 에세이지문과 연관성 있는 자료인지 비판적으로 판단한다.
- 결론을 뒷받침하기 위한 근거로 사용할 수 있는 자료인지 판단한다. →266
- 어느 정도까지 다양한 관점을 고려할 것인지, 어느 자료까지 읽을 것인지 판단한다.

참고해야 할 자료가 너무나 많을 경우, 압도당하는 느낌을 받을 수 있다. 그럴 때는 잠시 멈추고 전략을 짜야 한다. 자료들을 어떻게 탐색해 나갈 것인지, 무엇을 의사결정기준으로 삼을 것인지 판단해야 한다.

전반적인 개요를 그린다
화제를 본격적으로 조사하기에 앞서 참고자료를 폭넓게 살펴보고 주요 이슈에 대한 느낌을 그려본다. 이러한 작업은 무엇을 읽을 것인지 결정할 수 있도록, 읽은 것을 더 잘 이해할 수 있도록 도움을 줄 것이다. 손에 잡히는 순서대로 읽고 처음 찾은 정보에만 의존하려 해서는 안 된다. 어떤 자료든 더 나은 자료를 찾아내기 위한 발판으로 활용하라.

주요관점을 파악한다
분야마다 주류 관점이 몇 가지 존재한다. 주류 관점을 먼저 파악하라. 이러한 관점은 어떤 자료를 찾아야 할지 길잡이 역할을 할 뿐만 아니라, 여러 주요관점들을 공평하게 다룰 수 있는 기준이 되어준다. 주요관점을 파악하려면 그 분야의 다양한 저자나 학파들이 화제를 어떻게 정의하고 접근하는지, 그러한 관점의 종류가 몇 개나 존재하는지 확인한다.

열린 마음으로 접근한다

열린 자세로 접근해야 화제에 대한 새로운 관점을 받아들일 수 있다. 지식 기반을 넓히고 사고를 확장해야만 어떤 분야에서든 전문가가 될 수 있다. 반대입장에 대해 비판적으로 접근하는 것만큼 자신의 의견에 대해서도 비판적으로 접근할 줄 알아야 한다.

수준 높은 전문자료를 활용한다

구글학술검색이나 논문 찾기 가이드, 또는 분야별 전문지식 데이터베이스를 활용하여 검색속도를 높일 수 있다. 전문지식 검색엔진을 활용하면 더 빠르게 검색할 수 있다. ➡592

학술지 논문을 검색할 때는 학술지의 인용출처목록을 확인한다. 관련 논문의 초록, 웹사이트, 동영상으로 연결되는 링크가 걸려있는 경우도 많다. 링크가 걸려있지 않다면 자료제목을 복사하여 구글학술검색이나 전문지식 검색엔진에 붙여넣어 찾아본다. 대학도서관에서 접속하면, 오픈소스가 아닌 자료도 대부분 무료로 볼 수 있다.

생각을 계속 다듬는다

자료조사를 하면서 화제에 대해 계속 고민하고 토론하라. 새로운 정보를 습득할 때마다 자신의 논증을 구상하고 편집하고 수정하라.

이러한 과정에서 생각이 명확해질 수도 있지만, 오히려 처음보다 혼란스러워질 수도 있다. 새롭게 발견한 사실과 논증이 기존에 수집했던 다른 정보를 의심하게 만들 수도 있고 나의 입장을 흔들 수도 있다. 어떠한 결론도 내릴 수 없는 상황으로 몰아갈 수도 있다. 하지만 좌절할 필요는 없다. 배우는 과정에서 누구나 겪는 일이다.

혼란스럽게 느껴질 때는 잠시 자료조사를 멈추고 핵심주제를 목록, 지도, 차트로 만들어보라. 누가 무엇에 대해 무엇을 말하는지, 논증을 뒷

받침하는 이유가 어떻게 쌓여있는지 정리를 해보라. →552

피상적인 수준에서 접근하면 다뤄야 하는 정보가 너무나 많아진다. 그보다는 범위를 좁혀 자신이 다뤄야 하는 문제를 깊게 파고드는 데 초점을 맞춰라. 다음 질문에 답을 해보면 도움이 될 것이다.

1. 화제에서 어떤 측면을 다뤄야 주어진 시간 내에, 정해진 분량 내에, 깊이 있게 파고들 수 있을까?
2. 어떤 측면을 다뤄야 다양한 관점을 놓고 비판적으로 분석하고 강렬한 논증을 펼칠 수 있을까?
3. 어떤 측면을 다뤄야 가장 논쟁적일까? 논쟁적일수록 강한 주장을 펼칠 수 있다.
4. 어떤 측면을 다뤄야 지금까지 내가 습득한 지식, 사고, 글쓰기솜씨를 제대로 보여줄 수 있을까? 어떤 측면을 다룰 때 글의 구조가 명확하게 떠오르는가?
5. 어떤 측면을 다뤄야 수준 높은 근거, 힘있는 추론으로 설득력있는 해법을 제시할 수 있을까?
6. 내가 알고 있는 좋은 출처를 활용하려면 어떤 측면을 다뤄야 할까? 기존에 아무도 관심을 갖지 않던 측면, 아무도 연구하지 않았던 측면에 대해 글을 쓴다면, 인용할 것이 하나도 없을 것이다. 아무것도 인용하지 않는 에세이는 결코 좋은 점수를 받을 수 없다.
7. 주요문제에 대해 나는 어느 쪽에 서있는가? 어떤 주장에 동의하는가? 그러한 입장을 뒷받침하기 위해 더 자세히 알고 싶은 측면이 있는가?

이 질문들에 대한 자신의 생각을 적어보라. 화제의 어떤 측면을 다룰 것인지, 전체논증에서 또 세부주제에서 어떤 입장을 취할 것인지, 왜 그렇게 생각하는지 정리가 될 것이다.

집요하게 밀고 나간다

중심을 잡아라. 인터넷링크에 휘둘리지 마라. 살펴볼 가치가 있는 정보인지, 질문과 관련이 있는 정보인지 비판적인 결정을 내려라. 새로운 자료를 추가할 때마다 메모도 편집하라. 그동안 축적해온 메모를 유지하고 관리하라.

여러 출처를 비교하라

화제를 제대로 탐구하고 자신의 입장을 뒷받침하기 위해서는 다양한 출처를 참고해야 한다. 당연히 반대되는 결론을 제시하거나 새로운 의문을 제기하는 정보나 추론도 참고해야 한다. 주요 특징이나 데이터를 비교하고 대조하여, 비슷한 점과 차이점을 한눈에 명확하게 파악할 수 있는 차트를 만드는 것도 좋은 방법이다. →552 어쨌든 다양한 출처를 탐구할수록 논증은 더욱 탄탄해질 것이다.

또는 출처마다 제공하는 정보가 전체 내용 중 일부에 불과한 경우도 있다. 이럴 때는 각각의 출처마다 어느 정도의 비중을 부여할 것인지, 텍스트 속에서 얼마나 언급할 것인지 판단해야 한다. 잠깐 언급하고 넘어갈 때는 본문 속에 간단하게 인용출처를 표시하고 넘어간다. →262 출처를 수집하고 메모할 때부터, 정보의 비중을 미리 표시해 두는 것도 좋은 방법이다.

비판적 사고역량을 보여줄 수 있는 기회

읽기자료를 활용하는 방식을 통해, 자신의 비판적 사고능력을 글 속에서 자연스럽게 보여줄 수 있다. 교수들은 학생의 글에서 다음과 같은 측면을 눈여겨봄으로써 학생이 얼마나 비판적 사고를 할 줄 아는지 평가한다.

- 무엇을 언급하고 무엇을 생략하는가?
- 자신이 읽은 자료에서 제시하는 결과와 의견에 대해 적절한 태도로 평가하는가? 특히 서로 반대되는 결과와 판단이 존재할 때 이를 공정하게 비교하고 판단하는가?
- 다양한 관점의 상대적인 장점과 단점을 평가할 줄 아는가?

공정하면서 방향성있는 출처인용

논증글을 쓸 때는 자신의 입장을 명확하게 밝히면서도 독단적으로 보이지 않아야 한다. 아슬아슬한 외줄타기처럼 절묘하게 균형을 잡을 줄 알아야 한다. 특히 개인적인 의견이나 신념이 강할 경우, 균형 잡힌 접근 방식을 유지하는 것은 어려울 수 있다. 아래 가이드라인이 도움이 될 것이다.

- 수준 높은 자료를 인용하라: 자신이 믿는 입장을 제대로 뒷받침하고자 한다면 무엇보다도 근거의 질이 높아야 한다. 이러한 자료를 찾지 못한다면 학술적으로 탄탄한 주장을 펼치기 어려울 뿐만 아니라, 좋은 점수도 받기 힘들다. →266
- 공정하게 자료를 선별하라: 나의 입장을 뒷받침하는 자료뿐만 아니라 입장이 다른 자료들을 모두 찾아 읽어라. 가장 질이 높은 자료를 선별하고, 또 입장마다 대표적인 근거를 선별하라. 이러한 노력은, 객관적인 판단을 내리기 위해 최선을 다했다는 것을 보여준다.
- 공정하게 평가하라: 자신의 입장을 뒷받침하는 자료와 반대입장을 뒷받침하는 자료에 접근할 때 똑같이 비판적 태도를 취하라. 어느 한쪽에 편파적인 인상을 주어서는 안 된다.
- 반론을 언급하라: 동의하지 않는 이견이나 반론이라도 나름의 장점을 공정하게 언급하라. 내 입장을 반박하는 좋은 논증이 있다면 그러한 논증의 장점과 효용성을 인정하라. 내 입장을 뒷받침하는 논증과 비슷한 수준에서 인용하라.

핵심주제 발굴하기

주제란 논증에서 반복되는 주요개념이나 아이디어를 의미한다. 예컨대 'AI의 발전이 인간의 삶에 미치는 효과'에 대해서 논증을 한다면, 다음과 같은 주제를 중심으로 논의를 이끌어나갈 수 있다.

- 경제적 효과: AI는 경제성장과 산업구조에 어떤 영향을 미치는가?
- 사회적 효과: AI는 인간의 상호작용과 소통에 어떤 영향을 미치는가?
- 윤리적 문제: AI가 인간의 판단을 대체하는 것이 윤리적으로 옳은가?

여기서 AI는 논증의 화제^{topic}이고 경제·사회·윤리는 주제^{theme}다. 주제를 빨리 잡을수록 논증글을 효과적으로 빠르게 써내려갈 수 있다. 주제를 찾아내는 방법을 몇 가지 소개한다.

- 수업을 들으면서 핵심주제를 찾아 메모해두고 수업이 끝난 뒤 좀더 찾아본다.
- 에세이지문에 들어있는 핵심용어를 대신할 수 있는 단어를 찾아본다.
- 화제에 관한 논문초록을 찾아본다.
- 책에서 소제목을 훑어본다.
- 책의 뒷표지에 실린 글을 읽어본다.
- 수업시간에 진행한 토론이나 온라인 게시판에서 벌어지는 토론에서 제기되는 주제에 귀를 기울인다.
- 이러저러한 질문을 던져보며, 흥미로운 각도에서 호기심을 자극하는 주제가 있는지 살펴본다.

자료를 찾을 때 중간중간 멈춰서, 자료탐색이 어느 방향으로 가고 있는지, 어떤 패턴이 있는지 살펴보면 주제를 찾을 수 있다. 찾아낸 자료를 범주화하면 주제로 삼을 만한 아이디어가 떠오를 것이다. 주제가 서로 어떻게 연관되어있는지, 어떤 순서로 주제를 제시하는 것이 효과적일지 매핑해보면서 주제를 좁혀 나간다. 주제는 나중에 섹션을 구분하는 기준이 된다.

샘플에세이1a에서

이 글을 쓰기 위해 저자는 어떻게 주제를 발굴했을까? 저자가 실제로 글을 쓰기 전에 주제를 떠올리는 과정에서 작성한 메모를 보자. 자료조사를 하며 떠오른 주제들을 먼저 나열하고, 하나씩 정리하는 것을 볼 수 있다. 또 그 과정에서 새로운 주제를 만들어내기도 한다는 것을 확인할 수 있다. →550

화제 vs 주제

topic은 글에서 다루는 구체적인 이야기나 소재를 의미하고 theme은 글 전체를 관통하는 메시지나 아이디어를 의미한다. 예컨대 셰익스피어의 '로미오와 줄리엣'의 topic은 이 두 사람의 구체적인 사랑이야기이라고 할 수 있다. 이에 반해 이 작품의 theme은 다음과 같은 것들을 꼽을 수 있다.

- 젊음의 성급함: 뜨거운 감정, 성급한 판단과 행동은 비극을 낳는다.
- 운명의 굴레: 운명은 이미 정해져 있다.
- 사랑과 복수: 복수는 또 다른 복수를 낳는다.

일상에서는 theme과 topic을 모두 '주제'라고 뭉뚱그려 말하는 경우가 많지만 이 책에서는 theme을 주제, topic을 화제라고 번역하였다. 자연스러운 맥락을 위해서 topic은 문제, 이슈, 사건, 소재, 내용, 연구분야, 전문분야 등으로 번역한 곳도 있다. 하지만 '주제'라는 말은 오로지 theme의 번역어로만 사용하였다.

논증구조 설계하기

논증을 구상했으면 이제 가능한 한 빨리, 글을 몇 개의 섹션과 단락으로 구성할지 목록으로 정리하라. 섹션은 대개 3-5개를 넘지 않는 것이 좋다. 섹션을 구분하는 기준은 주제다. 주제마다 섹션을 독립적으로 구성한다. 또한 섹션마다 몇 단락으로 구성할지도 생각해보라. 논문이나 긴 보고서를 작성하는 경우가 아니라면, 단락이 그리 많이 필요하지는 않을 것이다. 너무 쓸 내용이 많다면 다음과 같은 질문에 답을 하며 정리하라.

- 내가 정말 쓸 수 있는 내용인가?
- 출처를 제시할 수 있는 내용인가?

이 질문에 답을 하지도 않고 무작정 글을 쓰다가는 시간만 낭비하고 말 것이다. 어디에 초점을 맞춰 집중해야 하는지 세심하게 판단하라.

하위논증을 설계한다

논증은 반드시 직선으로 나아갈 필요는 없다. 에세이과제는 대개 복잡한 논증구조를 요구한다. 주요주장을 뒷받침하는 몇 가지 하위주장을 세우고, 각각 논증으로 뒷받침해야 한다. 하외논증의 결론은, 앞에서 설명한 중간결론이다. →172

논증맵을 사용한다

머릿속 아이디어를 명확하게 정리하고, 자료를 체계화하고 논증을 설계할 때, 추론을 시각화하는 기법은 큰 도움이 될 수 있다. →406

비판적인 자세를 유지한다

내면의 비판적 분석적 목소리를 깨워라. 지금 내가 무엇을 찾고, 생각하고, 행동하고, 쓰고 있는지 끊임없이 질문하라.

- 프로세스를 의심하라: 이 단계에 내가 너무 오래 매달리고 있는 것은 아닐까? 이 측면에 관한 정보는 충분할까? 사람들이 이러한 주장을 하는 까닭을 나는 이해하고 있는가?
- 내 생각을 의심하라: 이러한 결론을 내리기 위해 나는 충분히 자료를 조사하고 고민했는가?

독자를 위한 배경 설정하기

논증은 단순히 이유와 결론만으로 풀어나갈 수 있는 것이 아니다. 논증을 작성해야 하는 상황과 목적이 무엇인가, 설득해야 할 대상이 누구인가에 따라서 논증의 내용과 형식은 달라질 수 있다. 논증의 효과를 극대화하고 싶다면, 다음 질문에 답해보라.

- 독자들을 설득하기 위해서 어떤 배경정보를 제공해야 할까? 독자들은 어떤 배경정보를 기대할까?
- 논증하고자 하는 화제와 관련하여 독자들은 무엇을 이미 알고 있을까?
- 어떤 이유와 근거를 제시해야 독자들을 설득할 수 있을까?

비판적 글쓰기에서, 논증의 일부로서 꼭 필요한 것이 아니라면 일반적인 배경정보는 최대한 배제한다. 예컨대, "이 물고기는 어떻게 민물과 바닷물이 만나는 지점에 모여살게 되었을까?" 같은 문제에 대해 논증해야 할 경우, 다음과 같은 역사적 맥락을 독자에게 제공해야 할 수 있다.

> **오랜 시간 많은 동물의 먹이 역할을 했던 이 물고기는, 생존확률을 높이기 위해 많은 알을 낳는 습성을 터득했다. 이들 중에 우연히 민물과 바닷물이 만나는 하구로 이동한 개체들이 있었는데, 이곳에는 자연의 포식자가 없었다. 개체수를 억제하는 포식자가 없는 상황에서 많은 알을 계속 낳은 결과, 하구는 이들의 독차지가 되었다.**

이러한 배경지식은 주장을 뒷받침하는 이유로 활용될 수도 있다. 반면 "지난 10년간 은행업무의 변화"에 대해서 이야기하는 글에서 다음과 같은 역사적 배경정보를 제공한다면 어떨까?

> **은행은 매우 오래전 다양한 형태로 탄생했다. 그중에는 15세기 한자동맹에서 서신을 주고받는 과정에서 발생한 형태도 있다.**

이러한 역사적 배경정보는 논증에 아무 도움도 되지 않는다. 삭제한다.

용어정의

추론선에서 사용하는 용어가 여러 의미로 해석될 수 있는 경우, 의미를 명확하게 정의해줘야 한다. 그래야만 저자가 그 용어를 어떤 의미로 사용하는지 독자에게 알려줄 수 있고 오해를 줄일 수 있다. 용어를 정의하는 방

법은 앞에서 설명하였다. →352

> 의식이 인간에게만 존재하느냐 하는 문제는 오랫동안 논쟁의 대상이었다. 최근에는 동물은 물론 무생물까지도 의식을 가지고 있다는 연구결과가 나오고 있다. 무엇이 의식을 가지고 있는지 따지기 전에 가장 먼저 고려해야 할 점은, '의식'을 어떻게 정의할 것인가 하는 문제다.

문헌연구와 연구방법

학문분야마다 추론선을 풀어나가는 관습적인 규칙이 다를 수 있다. 예컨대 학술논문은 신문기사, 블로그, 일상적인 대화와는 다른 관습적인 규칙을 따른다. 일반적으로 학술논문은 다음 두 가지 유형의 정보를 반드시 배경지식으로 제공해야 한다.

1. 문헌연구: 이 분야에서 이 화제와 관련하여 지금까지 축적된 연구결과들.
2. 연구방법: 이 논문에서 근거나 데이터를 수집하고 분석한 구체적인 방법.

지금까지 이야기했듯이 글을 쓰기 위해는 상당한 자료를 탐독해야 하지만, 이 중에서 인용할 수 있는 책은 몇 권 되지 않는다. 배경정보로 제시할 자료를 선별하는 과정부터 신중해야 한다. 문헌연구를 수행하는 방법과 권위있는 출처를 식별하는 방법은 **챕터8**에서 이미 설명했다. 여기서는 상황별 구체적인 문헌연구 작성법에 대해서 소개한다.

에세이과제를 위한 문헌연구

대학수업에서 요구하는 에세이과제는 학생들이 논증을 전개할 줄 아는지 평가하는 것이 목표이기 때문에, 일반적으로 문헌연구를 생략해도 별다른 문제가 되지 않는다. 물론 다른 주장이나 가설을 인용할 때는 반드시 출처를 밝혀야 한다. 특히 다음과 같은 경우에는 배경지식을 습득하기 위해 어떤 자료를 탐독했는지 밝혀야 한다.

- 자신의 주장을 뒷받침하는 이유에 무게를 더해주고자 할 때.
- 기존에 발표된 주장에 이의를 제기하고 반대논증을 제시할 때.
- 이 분야에서 잘 알려진 사람의 연구나 논증이 자신의 논증을 뒷받침한다는 것을 보여줌으로써 설득력을 높이고자 할 때.

보고서, 논문, 기획서의 문헌연구

보고서, 논문, 기획서에서는 글의 앞부분에서 문헌연구를 간략하게 정리하여 제시하여야 한다. 문헌연구는 전체 글에서 10퍼센트 정도 분량을 차지하는 것이 적절하다.

- 자신의 연구와 가장 긴밀하게 연관된 배경정보를 제공하는 논문, 이론, 관점, 책 등 2-5개를 골라 집중적으로 소개한다.
- 이러한 연구자료들 사이에 어떤 연관성이 있는지, 어떻게 연결되어있는지 밝힌다. 대개 시간의 흐름과 관련이 있다.

기존에 발표된 중요한 연구를 2-5개에 초점을 맞춰 핵심내용을 끌어낸다. 자신의 연구의 중요성을 일깨울 수 있을 만큼만, 또 기존의 연구가 자신의 연구에 미친 영향을 이해할 수 있을 만큼만 정보를 제공한다. 나머지 연구들은—대다수 연구들은—아주 간략하게 언급하거나 지나가면서 언급하면 된다. 이는 어디에 초점을 맞춰 논증을 펼쳐나갈 것인지 독자에게 알려주는 기능을 한다. 또한 참고자료와 출처를 밝혀, 관심있는 독자들은 직접 찾아볼 수 있도록 한다.

정확하게 인용하라

앞에서 메모하면서 독서를 하면, 그 사람이 한 말을 그대로 받아쓰는 것이 아니라 나만의 시선으로 해석할 수 있는 여지가 커진다고 말했다. →320 에세이과제는, 아무도 생각하지 못한 새로운 해석을 찾아내라고 요구하는 것이 아니다. 자신의 논증과 긴밀하게 연관되어있는 부분을 선택하여 자신의 말로 풀어쓸 줄 아는 것만으로도 충분하다. 어쨌든 그 부분을 선택한 것부터 개인적인 선택이고 해석이기 때문이다. '문헌연구'를 작성하는 방법도 이와 크게 다르지 않다.

자료조사를 하면서 메모할 때 원본의 글과 자신이 쓴 글이 뒤섞이지 않도록 조심해야 한다. 인용할 때 명심해야 할 점은 다음과 같다.

- 다른 사람의 이론이나 발견을 인용할 때는 출처를 명확하게 밝혀야 한다.
- 인터넷자료일 경우 접속한 날짜를 정확하게 밝혀야 한다.
- 저작권자의 이름을 정확하게 표시한다. 철자에 오류가 있어서는 안 된다.
- 인용하는 내용의 의미와 의의를 정확하게 해석해야 한다.

남의 글을 가져다 내 글처럼 쓰는 것은 도둑질이다

출판물은 물론 인터넷자료에서 일부를 복사하여 자기 글처럼 사용하는 것은 절대 허용되지 않는다는 점을 다시 한번 명심하라. 인용은 최대한 짧게 해야 하며, 출처는 정확하게 밝혀야 한다. 인용출처 표기방법을 반드시 숙지하라. →399

좋은 에세이를 작성하는 비결

비판적 글쓰기는 비판적 사고를 갈고 닦는 가장 좋은 방법이다. 대학에서 에세이과제를 내주거나 에세이시험을 보는 것은 1차적으로 학생이 이 분야의 문제에 대해서 얼마나 이해하고 있는지, 또 그 문제와 관련한 다양한 이론적 관점과 출처에 대해 진지하게 고민하고 비판적으로 분석하고 있는지 확인하기 위한 것이다.

따라서 교수들은 대개 다양한 관점이 공존하는 이슈를 골라서 에세이지문으로 제시한다. 에세이과제나 시험에서 좋은 점수를 받고자 한다면 다음과 같은 역량을 글 속에서 보여주어야 한다.

- 이 화제와 관련하여 어떤 관점이 존재하는지 알고 있다. 수업시간에 언급된 관점을 포함하여 주요 관련자료에서 찾아낸 관점들을 소개한다.
- 그러한 관점들이 어떻게 발생했으며, 어떤 점에서 차이가 있는지 알고 있다.
- 다양한 관점들 사이에 차이를 유발하는 이론적 토대를 이해한다. 이러한 이론적 토대가 어떻게 서로 다른지 비교하고 대조할 줄 안다.
- 다양한 관점과 이론을 뒷받침하는 근거들을 비판적으로 평가한다. 상황에 따라 근거가 다르게 해석될 수 있다는 것을 보여준다.
- 근거의 질을 비교판단하고 이에 기반하여 비판적 판단을 하고 이로써 자신의 입장을 드러내는 결론을 이끌어낸다.

에세이지문에 답이 있다

좋은 에세이를 작성하기 위해서는, 논제 역할을 하는 에세이지문을 눈여겨봐야 한다. 어떤 측면에 초점을 맞춰 에세이를 작성하라는 힌트를 주기 위해, 교수들은 에세이지문을 매우 신중하게 선택한다. 에세이지문 속에 들어있는 단어와 표현은 모두 세심하게 계산된 것이다. 이러한 사실을 모르고 무작정 글을 쓰다 보면 낭패를 볼 수 있다. 에세이지문 속에서 찾아 낼 수 있는 힌트는 다음과 같다.

- 어디에 초점을 맞춰 에세이를 작성해야 하는가? 무엇에 초점을 맞추라는 것인지 모르겠다면, 제대로 공부하지 않았다는 뜻이다. 자료를 찾아 관련지식을 쌓고 나면 지문의 의도가 무엇인지 쉽게 눈에 들어올 것이다.
- 어떤 학파나 이론적 관점을 중점적으로 소환해야 하는가? 특정한 관점과 '비판적 대화'를 하며 논증하라고 요구하는 경우도 있다. 마찬가지로 이 분야에 대한 지식을 제대로 쌓지 않았다면 지문의 의도를 파악하기 어려울 것이다.
- 에세이를 몇 개의 파트나 섹션으로 구성하라고, 각각 어느 정도 비중으로 할애하라고 힌트를 주는 경우도 있다. 단어 수 제한이 있는 경우, 먼저 논증을 설계하고 섹션마다 단어를 어느 정도 할애해야 하는지 계산하라. 이로써 섹션마다 글을 작성하는 데 얼마나 시간을 들여야 하는지, 얼마나 출처를 참고하고 인용해야 하는지 판단할 수 있다.

에세이제목을 자유롭게 설정할 수 있는 경우

화제만 제시하고 에세이지문을 주지 않는 경우에는 에세이제목을 자신이 정할 수 있다. 이 경우에도 원칙은 변하지 않는다. 자신이 교수가 되어 에세이지문을 작성한다는 생각으로 제목을 정하면 된다.

- 먼저 에세이에서 다루고자 하는 핵심이슈를 뽑는다.
- 이슈와 관련하여 탄탄한 논증으로 뒷받침하는 다양한 관점들을 확인한다.
- 논란의 여지가 있거나 복잡한 요인을 고려해야 하는 화제를 찾는다.
- 다양한 관점을 뒷받침하는 수준 높은 읽기자료들을 수집하여 검토한다.
- 어느 하나의 관점을 뒷받침하는 논증이나 근거만 언급하는 에세이제목은 될 수 있으면 피하라. 비판적 사고를 드러내는 데 한계가 있다.

| 연습문제 | 배경정보 설정하기 |

'생산주의productionism는 죽었는가?'라는 제목의 식품생산이론에 관한 에세이를 쓰고 있다. 에세이의 도입부에 넣을 문단으로, 논증의 배경을 제대로 설정하는 예문은 무엇일까?

- 예문 10.1

생산주의는 1930년대 대공황과 기근을 겪은 후 개발된 이론으로 오르, 스테플턴, 롼트리 같은 농업학자들이 식량생산을 증대하기 위해 농업에 기술을 적극적으로 접목하여야 한다고 주장하면서 처음 나왔다. 이 글은 생산주의가 어느 정도 성공적이었다는 데 동의한다. 실제로 기근에 시달리던 몇몇 지역이 완전히 기근에서 벗어났을 뿐만 아니라, 전 세계적으로도 기아에 시달리는 인구비율이 계속 감소해왔다. 하지만 이러한 기술적 측면의 성공에도 불구하고, 사회개혁모델로서는 상당히 부족하다는 점을 지적하지 않을 수 없다. 이 글에서는 생산주의 접근법의 부작용에 초점을 맞출 것이다. 생산주의는 생물다양성을 위협하고, 오염, 농업지역의 인구감소, 영세농민의 몰락과 소매업자들에게 권력집중화 현상을 초래했다. 그렇다고 생산주의를 폐기해야 한다고 주장하는 것은 아니다. 소비자, 식량생산자, 지구생태계에게 더 기여할 수 있는 개선된 식량생산 모델을 제시하고자 한다.

- 예문 10.2

생산주의는 죽었다. 오르, 스테플턴, 롼트리 같은 생산주의의 창시자들은 사회적 이타주의에서 영감을 받았다. 이들에게 중요한 것은 과거의 전통적인 농법이나 1930년대 전 세계를 휩쓴 대공황과 기근이 아니었다. 이들은 기술만이 세상을 구원해줄 것이라 믿었다. 오늘날 기술은 1930

년대에는 상상조차 할 수 없을 만큼 발전했다. 그럼에도 기술은 그들이 예상했던 것처럼 세상을 구원하지 못한다는 것이 분명해졌다. 이제 새로운 모델이 필요한 시점이다. 사회적 생태학적 측면에서, 한 시대를 풍미하던 생산주의 이론은 이제 역사의 뒤안길로 사라질 것이다.

● 예문 10.3

생산주의의 가장 큰 문제는 과학을 지나치게 낙관적으로 바라본다는 점이다. 식량생산 증대에 초점을 맞추는 생산주의의 폐해 중 하나는, 오늘날 선진국 시민들에게 식량이 무한하다는 착각을 심어준 것이다. 아동비만 역시 이러한 접근법의 산물이다. 어떤 사람들에게는 먹을 것이 넘치고, 어떤 사람들에게는 먹을 것이 부족하다. 또한 음식이 풍부하다고 좋은 것도 아니다. 우리가 먹는 음식은 대부분 '정크푸드'이며, 영양도 형편없다.

● 예문 10.4

식량생산은 늘 인간의 활동에서 중요한 측면을 차지했다. 태곳적부터 인류는 더 많은 식량을 확보하기 위해 무수한 노력을 했다. 식량 없이는 생존할 수 없기에, 식량생산은 어느 사회에서나 가장 중요한 고려사항이었다. 안타깝게도 역사를 돌아보면 기아와 기근의 유령이 늘 사람들의 머리 위를 맴돌았다. 특히 1930년대에는 기근이 극심하여 부유한 경제대국들도 힘든 시기를 겪었다. 그러한 위기 속에서 탄생한 것이 바로 생산주의다.

자신의 전공분야의 논문들을 살펴보고, 어떤 배경정보를 어떻게 소개하는지 확인하라. 배경정보를 소개할 때 어느 선까지, 얼마나 구체적으로 소개하는지 눈여겨보라. 어떤 유형의 배경정보를 언급하고, 어떤 유형의 배경정보를 배제하는가?

서론-본론-결론
작성하기

비판적·분석적 에세이에는 기본적으로 다음 다섯 가지 요소가 반드시 들어있어야 한다.

1. 문제에 대한 명확한 설명
2. 자신의 입장 진술
3. 자신의 입장을 뒷받침하는 설득력 있는 논증 분석
4. 반론에 대한 분석과 반박
5. 잠재적인 종합

물론 이러한 요소들을 서론, 본론, 결론이라는 형식으로 제시해야 한다. 이러한 항목들을 어디에 어떻게 배치하고 비중을 두느냐 하는 것은 화제의 성격이나 다루는 자료에 따라 달라질 수 있다. 그럼에도 몇 가지 가이드라인은 제시할 수 있다.

논문의 제목 속에 담긴 의미

학술논문은 제목에서 글에 대해 많은 것을 알려준다. 학술논문에서는 목적과 형식에 따라 제목에서 사용하는 단어가 어느 정도 정해져있기 때문이다. 에세이과제물의 제목을 달 때도 이런 단어들을 제대로 활용할 줄 알아야 한다. →590

서론 작성하기

에세이는 서서히 전개되다가 예상치 못한 일이 갑자기 터지는 추리소설이 아니다. 좋은 에세이는 격식을 갖춘 도입부를 통해 독자에게 앞으로 어떤 이야기를 펼쳐나갈지 미리 알려줘야 한다. 서론은 간결하고 정교하며 짧아야 한다. 한 문단이 될 수도 있다. 어쨌든 전체 에세이에서 10분의 1을 넘지 않아야 한다. 서론에서 잠재독자에게 명확하게 알려줘야 할 사항은 다음과 같다.

핵심문제
에세이에서 다룰 주요한 이슈를 소개한다. 간결하게 설명할 수 있다면, 이 문제가 왜 중요한지도 설명하라.

주요관점
에세이제목(지문)에서 제시한 화제에 대해 주요관점, 의견, 학파는 무엇이 있는지, 그들 사이에 어떤 차이가 있는지 간단하게 언급한다. 본문에서 더 자세하게 분석할 내용이니 너무 길게 늘어지지 않도록 주의한다.

용어정의
다르게 해석할 수 있거나 논쟁의 여지가 있거나 다른 결론으로 이어질 수 있는 단어나 문구가 있다면 그 의미를 정확하게 정의하라. 이미 의미가 명확한 용어는 정의할 필요가 없다. 앞에서도 말했듯이 사전적 정의를 제시하는 것은 바람직하지 않다. →352

나의 입장

가능하다면 내가 어떤 관점을 취하고자 하는지, 또는 어느 학파의 관점에 기울어있는지 명확하게 진술한다. 명시적으로 밝혀도 좋고, 간접적으로 밝혀도 좋다. 어쨌든 독자들이 서론만 읽고도 어떤 입장인지 쉽게 유추할 수 있어야 한다. 서론에서 나의 입장을 간접적으로 밝힐 경우, 결론에서 입장을 명확하게 밝혀야 한다. 서론과 결론이 일치하는지 확인하라.

논증의 방향

논증을 진행하는 방식에 특이한 점이 있다면 미리 알려주어야 한다. 이러한 변형된 논증방식이 전체 추론선을 어떻게 뒷받침하거나 보완하는지 간단하게 설명하라.

핵심으로 직진하라

- 불필요한 배경정보는 제공하지 말라. 관심있는 독자는 직접 찾아볼 것이다.
- '과학', '인류', '세계', '사람들'처럼 범위가 넓은 말 대신에 구체적인 대상을 지시하는 말을 사용하라.
- '중요하다'는 말처럼 포괄적인 술어 대신에 구체적인 말로 진술하라. 그것은 과연 왜 중요한가? 정교한 술어를 찾아라. 몇 가지 예를 보자.
    - 기존의 관습을 깬 새로운 형식이다.
    - 많은 사람들의 주목을 받고 있다.
    - 최근 정치적 사회적으로 상당한 혼란을 초래하였다.
    - 과학, 예술, 경제, 지역에 적지 않은 파급효과를 미칠 것으로 예상된다.
    - 그동안 해법을 찾지 못했던 이 분야에 해법을 제시한다.
    - 기존의 연구성과들을 뒤집는다.

본론 작성하기

에세이를 써오라는 과제를 낼 때 교수들은 기본적으로 다면적이고 복잡한 문제와 얽혀있는 지문을 제시한다. 그래야만 다양한 관점을 비교-분석할 수 있기 때문이다. 물론 이 문제와 관련한 관점이나 입장을 모두 다루기를 기대하는 것은 아니다.

어쨌든 에세이지문에는 어디에 초점을 맞춰 에세이를 작성하라는 단서가 들어있다. 이 단서를 근거로 에세이에서 다루어야 할 문제를 좁힐 수 있다. 독자가 방향을 잡을 수 있도록, 서론이나 글의 첫 문단에서 어떤 문제를 다루고자 하는지 명확하게 진술하라.

또한 내가 다루고자 하는 문제가 왜 중요한지, 왜 복잡한지, 왜 논란이 되는지 설명하라. 설명하기 어렵다면, 이 문제에 대해 제대로 이해하지 못하고 있다는 뜻이다. 최근 몇 년 동안 그 분야의 주요학술지에 실린 논문초록과 서평을 읽어보면, 전체적인 논의의 흐름을 따라가는 데 도움이 될 것이다.

정교한 추론선
서론에서 밝힌 입장이 에세이 전체에 걸쳐 명확하고 일관되게 드러나도록 추론선을 제시한다.

분석적인 논증
에세이에서 가장 많은 분량은, 문제에 대한 여러 관점을 비판적으로 검토하는 내용으로 채워진다. 이 과정에서 어떤 관점을 지지하고 어떤 관점을 배척하는 이유가 무엇인지 설득력있게 전달되어야 한다.

가끔은 그 분야의 지배적인 견해나 가장 흥미로운 최근 연구결과라고 해도 설득력이 떨어질 때가 있다. 언뜻 볼 때는 그럴듯해 보이는 논증이지만, 좀더 깊이 살펴보면 허점이 보일 수 있다. 이런 경우 몇 년 안에 새로운 논증이 등장할 확률이 높다. 이러한 측면을 고려하여 기존 논증을 검토하고 허점을 찾아내라.

때로는 새롭게 등장하여 신선하기는 하지만 아직 근거가 부족하여 많은 사람들의 지지를 받지 못하는 관점도 있다. 하지만 이후 몇 년간 근거가 쌓이면, 그 분야의 지배적인 관점으로 올라설 수 있다. 이러한 관점을 강력하게 뒷받침하기 위해서, 또 사람들을 납득시키기 위해서 어떤 근거를 찾아내야 하는지, 어떤 연구결과가 필요할지 따져보라.

여러 견해를 비판적으로 비교하고 평가하는 기본적인 요령은 다음과 같다.

- 관점마다 학파마다 강점과 약점을 구체적으로 비교하며 어느 쪽이 우월한지 비판적으로 판단한다.
- 논증을 뒷받침하는 근거에 공백^{gap}이 존재할 경우(연구가 부실하거나 편향되어있거나, 데이터가 한정적이거나 근거로 사용하기에 부적절한 경우), 최종판단을 내리기 어려울 수도 있다. 이럴 때는 판단을 보류한다.
- 근거가 무엇을 뒷받침하는지 명확하게 한다. 어떤 조건에서는 주장을 강하게 뒷받침하지만 다른 조건에서는 뒷받침하지 않는 근거도 있다. 어떤 경우에는 타당하고 어떤 경우에는 타당하지 않다면, 그 조건과 이유가 무엇인지 보여주고, 이를 보완하기 위해 어떤 연구가 더 필요한지 이야기한다.

학부에서 요구하는 에세이는 단어 수가 제한되어있기 때문에 모든 관점을 자세하게 분석하기 어렵다. 따라서 대립하는 가장 주요한 논증 두세 개를 선택하여 비교해야 한다. 하지만 주요논증을 골라낼 줄 안다는 것 자체가 비판적 사고를 할 줄 안다는 뜻이다. 교수는 학생들이 가장 설득력있는 주요논증과 자료를 선택할 줄 아는지 눈여겨볼 것이다.

본론 마무리하기

본론을 마무리하는 부분에서 또는 결론을 시작하는 부분에서, 지금까지 펼쳤던 논증을 요약하고 정리해야 한다.

- 하나의 논점을 하나의 문단으로 정리하라. 짧게 언급하고 넘어갈 수 있다면 관련된 여러 논점을 묶어서 하나의 문단을 구성해도 좋다.
- 전체 추론선을 요약하면서 독자가 논리적 전개과정을 쉽게 따라올 수 있도록 문단을 배치했는지, 또 독자가 논증의 흐름을 잘 따라올 수 있도록 이정표 어휘를 적절히 사용했는지 다시 검토하라. 특히 문단의 첫 문장과 마지막 문장은, 이 문단이 무슨 기능을 하는지 알려주는 역할을 해야 한다.
- 분석할 문제가 복잡할 경우, 논증의 방향을 명확하게 유지하기 어려울 수 있다. 그럴 때는 본론 끝에만 요약을 삽입하는 것이 아니라 중간중간 요약을 삽입하여 그동안 진행된 논증을 정리해주어야 한다.

결론 작성하기

여러 관점이나 이론을 비교·검토한 결과, 상황에 따라 논증의 설득력이 달라진다는 결론에 다다를 때가 있다. 예컨대 이런 상황에는 이 논증이 잘 작동하지만 저런 상황에서는 저 논증이 잘 작동할 수 있다. 여러 논증이 제각각 다른 측면에서 논의에 조금씩 기여할 뿐, 어느 한 논증이 모든 측면을 완벽하게 충족하지 못하는 것이다.

또는 관점이 다른 여러 논증을 조합하거나 종합해야 한다는 결론에 다다를 때도 있다. 이럴 경우, '모두 도움이 된다' 또는 '완벽한 논증은 없다' 같은 말로 무의미한 결론을 내리는 것은 바람직하지 않다. 관점마다 어떤 측면에서 설득력이 높은지 구체적으로 명시하고 그러한 측면들을 어떻게 조합해야 하는지 결론을 내린다.

　　에세이의 결론은 독자들이 예상할 수 있는 것이어야 한다. 본문부터 열심히 달려온 추론선이 도달할 수밖에 없는 불가피한 종착점처럼 보여야 한다. 결론의 목적은 본문에서 제시한 자세한 추론과 근거에서 드러난 핵심적인 메시지를 한 발 물러서, 명확하게 진술하는 것이다. 결론을 진술할 때는 단정적으로 결론을 내리는 것이 어려운 이유도 반드시 언급해야 한다. 결론에는 다음과 같은 정보가 담겨야한다.

- 최종 주장이나 해법. 또는 여러 관점의 종합
- 나의 입장을 뒷받침하는 가장 설득력 있는 이유
- 가장 강력한 반론과 이에 대한 반박 요약
- 필요하다면, 근거의 강점과 약점
- 필요하다면, 논증을 강화하거나 해법을 찾기 위해 필요한 추가적인 연구

결론에 여운을 남기고 싶다면

결론은 글 전체를 깔끔하게 정리하는 역할을 해야 한다. 결론에서 새로운 논증이나 근거를 소개하는 것은 적절하지 않다. 어쨌든 논증이나 근거를 새롭게 제시한다면 이에 대해 비판적 분석을 해야 하는데, 결론에서 논증이 다시 시작된다면 이것은 글을 맺는 것이라 할 수 없다.

결론은 본문에서 다룬 모든 이슈에 대한 요점을 하나하나 다시 언급할 필요는 없지만, 주요 요점들은 언급해야 한다. 서론에서 제기한 핵심키워드, 특히 에세이제목에서 제기한 핵심키워드를 다시 사용하여 글 전체가 하나로 연결되어있다는 것을 명확하게 보여주며 전체논증을 강화해야 한다. 에세이를 끝맺는 마지막 문장에서 제목에 들어있는 핵심키워드를 반복할 수 있다면 가장 좋다.

지나치게 단정하는 진술 한정하기

학술적인 글쓰기에서는 단정적인 진술을 바람직하지 않은 것으로 여긴다. 언제든 약간은 불확실성을 가미해야 하는데 이것을 한정^{qualification}이라고 하며, 그러한 기능을 하는 표현을 한정어^{qualifier}라고 한다.

단정적 표현	이를 대체할 한정적 표현
모두/모든	대부분, 많은, 몇몇
항상	대개, 일반적으로, 가끔, 대부분, 지금까지는, 아직은
절대	거의, 몇몇 경우에, 확률이 높다
입증하다	의미하다, 시사하다, 나타나다, 보이다.

이밖에도 확신의 범위를 제한하기 위해 사용하는 한정표현은 매우 많다.

- ―의 주장에 따르면
- ―한 측면에서
- ―하는 경향이 있다.
- 어느 정도
- ―으로 여겨진다.
- ―할 수 있다.

실제 글을 읽어보자.

> 16세기 영국에서 종교개혁이 발발했을 때 왕의 개신교 대신들은 성당에 있는 성찬용 포도주잔이나 루드스크린 같은 화려한 종교적 장식품들을 파괴하라고 명령했다. 이러한 장식품들은 순식간에 사라진다. 하지만 가톨릭을 믿는 메리 튜더가 즉위하자 종교적 장식품들이 다시 등장한다. 화려한 성배와 정교하게 조각된 루드스크린이 메리여왕 통치기간에 이처럼 빠르게 다시 나타났다는 사실은, 이 물건들을 교회들이 실제로 파괴하지 않았다고 추론할 수 있다. 그것들을 잠시 숨겨놓았던 것으로 보인다. 이는 더 나아가 종교개혁이 기존에 생각했던 것만큼 대중의 지지를 받지 못했다는 것을 암시한다. 많은 사람들이 옛 가톨릭시절로 회귀하기를 바랬던 것이다.

이 글은 먼저 종교적 장식품들이 그렇게 빠르게 다시 등장한 것은 사람들이 파괴하지 않고 숨겨놓았기 때문일 것이라고 추정한다. 그런 다음 이러한 사실은 기존에 사람들이 생각했던 것보다, 가톨릭 관습이 당시 사람들 사이에 훨씬 인기가 있었다는 증거라고 말한다.

이는 매우 타당한 결론처럼 보인다. 하지만 이러한 결론을 끌어내는 과정에서 저자는 한정적인 표현을 사용한다. 단정적으로 표현하면 안 될까? 안 된다. 실제로 다양한 해석의 가능성이 존재하기 때문이다.

예컨대 메리여왕이 즉위했을 때 다시 등장한 장식품들은 기존의 장식품들이 아닐 수 있다. 이전보다 기술이 발전하여 훨씬 빠르게 장식품들을 복제하여 만들어낼 수 있었을지도 모른다.

또 어쩌면, 당시 사람들은 실제로 새로운 종교를 지지했을지도 모른다. 다만 새로운 종교적 조치가 머지않아 뒤집어질 수 있다고 예상하고, 신성한 물건을 파괴했다가 거꾸로 나중에 처벌받지 않을까 걱정한 것이다.

억울한 피해를 보지 않기 위해 종교적 장식품들을 숨겨놓은 것이다.

학술적 글쓰기는 이처럼 전혀 예상치 못한 발견이나 해설이 등장할 수 있다는 것을 늘 염두에 두어야 한다. 아무리 분명해 보이는 주장이라도, 아무리 많은 사람들이 공유하는 관점이라도, 한순간에 뒤집어질 수 있다. 이 예문에서 사용된 한정표현을 살펴보자.

- ―라고 추론할 수 있다.
- ―으로 보인다.
- ―을 암시한다.

> 소량의 염산을 두 암석에 부었다. 첫 번째 암석에서는 썩은 달걀 냄새와 비슷한 황화수소 냄새가 났는데, 이는 방연석으로 판단된다. 두 번째 암석에서는 탄산가스가 발생했다. 이 가스는 이산화탄소로 추정되며, 따라서 석회암으로 여겨진다.

이 예문은 과학분야 글이다. 실험을 기반으로 결론을 끌어낸다. 실험결과는 이론의 여지가 없는 것처럼 보이지만, 그럼에도 한정적인 표현을 사용한다. 어쨌든 여기서는 광물함량이나 입자크기 등 다른 특성에 대해서는 테스트하지 않았기 때문에, 이러한 판단이 확정적이라고 말할 수 없다. 예컨대, 탄산가스를 내뿜는 암석으로는 백악이나 대리석도 있다. 이 예문에서 사용된 한정표현을 살펴보자.

- ―으로 판단된다.
- ―으로 추정된다.
- ―으로 여겨진다.

이렇게 한정적으로 발화하지 않으면 학자처럼 보이지 않는 경향이 발생할 수 있다고 사료됩니다.

연습문제 | 한정하기

다음 예문을 읽고 결론을 제시하는 부분에서 한정어를 적절하게 사용하고 있는지 판단해보자.

- 예문 10.5

특히 게놈프로젝트에 관한 소식 이후, DNA에 관한 보도는 자주 접할 수 있게 되었지만, RNA는 여전히 생소할 것이다. 리보핵산이라고도 하는 RNA는 유전자의 기능에 매우 중요한 역할을 한다. RNA 중 한 가지 유형은 DNA에 코딩되어있는 메시지를 읽어낸다. 다양한 유형의 RNA는 단백질을 만들어내고 이 단백질을 필요한 세포에 운반해주는 데 관여한다. 성장과 복제를 비롯하여 세포가 제 기능을 할 수 있도록 도와주는 것이다. DNA는 다음 세대의 특성을 결정짓는 유전자코드를 담고 있지만, RNA의 도움 없이는 제대로 발현되기 어렵다. 결국 RNA는 세포복제과정에서 가장 힘든 역할을 수행하는 것처럼 보인다.

내가 쓴 에세이의 본문을 다시 읽어보자

- 입장이 명확하게 잘 드러나는가? 이쪽도 저쪽도 아닌 것처럼 보이지 않는가?
- 문제에 대해서 다양한 관점에서 비판적으로 접근하는가? 각각의 논증을 공정하게 평가하는가?

● **예문 10.6**

탐험가들이 새로운 땅을 발견했을 때, 자신이 본 것을 자신이 찾으려고 했던 것을 입증하는 증거로 해석하는 경향이 있다는 것을 앞에서 보았다. 14-15세기 '아메리카대륙'을 여행한 사람들은 거인과 녹색인간을 발견했다는 보고서를 본국으로 보냈다. 일찍이 중국을 여행한 마르코 폴로는 유니콘을 찾기 위해 노력했는데, 자바에서 코뿔소를 보고는 자신이 유니콘을 발견했다고 믿었다. 사실 코뿔소는 동화 속 동물과 하나도 닮은 점이 없었다. 하지만 거인을 보았다고 주장한 사람들, 또 이후에 오랑우탄이 말하는 것을 들었다고 주장하는 사람들과는 달리 마르코 폴로는 코뿔소를 발견한 모습 그대로 묘사했던 것 같다. 이는 새로운 발견에 모든 사람이 동일한 방식으로 반응하지 않는다는 것을 보여준다. 더욱이 최근 수십 년 동안 무수한 발견이 이루어지면서 사람들은 이제 새로운 발견에 어느 정도 무디어진 것처럼 보인다.

내가 쓴 에세이의 결론을 다시 읽어보자

- 어떤 관점을 지지하는가? 또는 여러 논증을 종합해야 한다고 주장하는가? 또는 그 밖에 다른 주장을 하는가?
- 나의 최종입장을 명확하게 진술하는가?

논증의 흐름을
안내하는 이정표

결론을 제시할 때 쓰는 표현을 **챕터3**에서 잠깐 소개했다. →119 결론 뿐만 아니라 다른 부분에서도 논증이 어느 정도 진행되고 있는지 알려주는 표현이 있다. 이러한 표현들은 독자들이 추론선을 쉽게 따라갈 수 있도록 방향을 잡아주는 이정표 역할을 한다. 논증을 시작할 때, 주장을 강조할 때, 관점이 달라질 때, 결론을 제시할 때, 이를 독자들에게 알려준다. 여러 부분을 하나로 이어 전체적인 논증을 만들어주기 때문에 이들을 '연결어구 connective'라고 부르기도 한다.

도입부에서 자주 쓰는 표현들
논증을 시작하는 단계에서는 다음과 같은 표현들이 자주 등장한다.

- 우선
- 먼저
- 일단
- 무엇보다도
- ―해보고자 한다.
- ―부터 시작한다.

먼저 풍수는 단순한 인테리어나 장식에만 적용되는 개념이 아니라, 우리 삶에 적용되는 중요한 원리라는 점에 대해서 이야기하고자 한다.

무엇보다도 원숭이나 쥐 같은 다양한 동물의 뇌의 신피질 크기를 연구해보면 이들의 사회성에 대해 많은 것을 알 수 있다.

물자교역 측면에서 화학의 비중을 고려하고자 한다면, 일단 화학이 상업적으로 성장가능한 분야라는 점을 인식해야 한다.

다공질 암석이 건물을 지을 수 있는 든든한 기초재료가 될 수 있는지 살펴보는 것으로 논의를 시작한다.

한 가지 주의해야 할 점은, 도입부가 곧 첫 문장이 아닐 수 있다는 것이다. 다음과 같이 첫 단락의 뒷부분에 나올 수도 있다.

3,000년 이상 중국인들의 삶의 일부를 형성해온 풍수는 이제 서양에서도 인기를 끌기 시작했다. 집안을 꾸밀 때 단순함과 미니멀리즘을 강조하는 유행 때문이라고 흔히 생각할 수도 있지만, 이는 착각이다. 무엇보다도 이 글에서는 풍수가 단순한 인테리어나 장식에만 적용되는 개념이 아니라, 우리 삶에 적용되는 중요한 원리라는 점에 대해서 이야기하고자 한다.

새로운 정보를 덧붙일 때 자주 쓰는 표현들
추론선을 강화하기 위해 새로운 정보를 덧붙일 때 다음과 같은 표현들이 자주 등장한다.

- 더욱이/더군다나
- 또/또한
- 그뿐만 아니라
- 게다가
- 더 나아가

비슷한 이유를 덧붙일 때 자주 쓰는 표현들

이미 제시한 이유와 비슷한 이유를 덧붙일 때 다음과 같은 표현들이 자주 등장한다.

- 마찬가지로
- 같은 방식으로
- 이와 비슷하게
- 또/또한
- 더 나아가

> **마찬가지로** 중국무술은 단순히 싸우기 위한 것이 아니라 자신의 마음을 이해하는 수단이 되기도 한다.

> **비슷한 방식으로** 인간의 신피질을 탐구하면 우리의 사회적 습성이 어떻게 진화해왔는지 추론할 수 있다.

> **이와 비슷하게** 화학지식을 생물학적 문제에 적용한다면, 새로운 비즈니스모델과 많은 파생산업을 만들어낼 수 있다.

다른 이유를 덧붙일 때 자주 쓰는 표현들

전체주장을 강화하기 위해 새로운 이유를 덧붙일 때 다음과 같은 표현들이 자주 등장한다.

- ―뿐만 아니라
- ―와 더불어
- 또/또한
- 두 번째/세 번째...

> 풍수는 건강을 지키는 데 도움이 될 **뿐만 아니라**, 재물과 번영을 불러온다고 여겨진다.

침팬지 같은 동물이 서로 털을 손질해주는 데 쏟는 시간은, 무리를 짓는 습성과 더불어 무리의 크기와도 관련이 있다.

셋째로, 정보기술의 발전은 분자 수준에서 생화학연구의 새로운 가능성을 열어주었다.

논증을 강화할 때 자주 쓰는 표현들
어떤 이유가 특별히 설득력을 높여준다고 여겨질 때, 이를 강조하기 위해 다음과 같은 표현들을 사용한다.

- 더욱이/더군다나
- 실제로
- 게다가
- —와 더불어
- —를 비롯하여

더욱이 풍수는 고객과 직원의 행복을 높이기 위해 기업에서도 적용하는 경우가 많다.

더군다나 언어의 발달은 인간집단의 규모와 직접 관련되어있을 수 있다. 집단의 규모가 커지면 털을 손질해주는 행위가 핵심적인 커뮤니케이션 기능을 수행하지 못하기 때문이다.

실제로 물리학, 재료과학을 비롯한 여러 전공학과를 통합하여 학부체제로 재편한 결과, 개별학문의 경계를 넘나드는 연구들이 쏟아져나오고 새로운 산업이 생겨나기 시작했다.

반론이나 이견을 소개할 때 자주 쓰는 표현들

좋은 논증글은 자신과 다른 관점이나 주장을 소개하고 이에 대해 비판적으로 평가한다. 자신의 주장만 제시하고 마는 것이 아니라 다른 주장에 대해서도 고민했다는 것을 보여줌으로써 자신의 주장에 대한 신뢰를 높일 수 있기 때문이다. 자기 분야에서 오가는 다양한 주장을 모든 각도에서 빠짐없이 검토했다는 것은 그만큼 자신의 논증에 확신이 있다는 뜻이다. 반론이나 이견을 소개할 때 다음과 같은 표현들이 자주 등장한다.

- 하지만/반면
- ―라고 주장하는 사람도 있다
- 물론 ―라고 말할 수도 있다.
- ―할 수 없을지도 모른다.

풍수는 엄격한 과학적 연구를 통해 입증된 것이 아니라고 말하는 사람도 있다.

물론 동물의 습성을 인간의 습성에 무조건 적용하기에는 무리가 있을지 모른다.

반대로 생화학연구의 가장 중요한 역할은 지식의 발전이며, 이러한 목표가 시장의 요구로 인해 왜곡되어서는 안 된다고 주장할 수도 있다.

반론에 대해 반박할 때 자주 쓰는 표현들

반론을 소개하였으면 이에 대해서 반박을 해야 한다. 그래야만 자신의 추론선이 성립할 수 있기 때문이다. 반론이나 이견의 허점을 지적하거나 모순을 드러냄으로써 자신의 주장이 훨씬 설득력있다는 것을 보여주어야 한다. 반론에 대해 반박할 때 다음과 같은 표현들이 자주 등장한다.

- 하지만
- —이 타당하다고 할지라도
- 그렇다 할지라도

...아니라고 말하는 사람도 있다. 하지만 풍수를 믿는 사람 중에는 과학자도 많다.

...적용하기에는 무리가 있을지 모른다. 하지만 인간은 침팬지를 비롯한 영장류와 생물학적으로 크게 다르지 않다.

이러한 주장이 어느 정도 일리가 있다고 하더라도 학문과 기업이 긴밀한 연계함으로써 얻을 수 있는 혜택은 여전히 많다.

백악은 다공성 암석임에도 건축표면에 사용할 때와는 달리 특정한 조건에서는 건물의 든든한 기반암으로 사용할 수 있다.

비교하거나 대조할 때 자주 쓰는 표현들

반론이나 이견을 제시할 때 두 관점을 오가며 서로 비교하거나 대조할 수 있다. 한 가지 측면씩 이쪽저쪽을 차례대로 비교할 수도 있고, 이쪽을 먼저 보고 나서 저쪽을 보는 식으로 전체를 한꺼번에 비교할 수도 있다. 비교하거나 대조할 때 다음과 같은 표현들이 자주 등장한다.

- 비록 —일지라도
- 반면
- 한편/한편으로
- —와 달리

풍수는 음양이론 같은 동양의 신비한 원리에 기반하고 있기 때문에 서양 사람들은 이해하기 어렵다는 주장도 있는 반면, 풍수는 상식에 기반하고 있기 때문에 누구에게나 적용할 수 있다는 주장도 있다.

인간의 언어는 추상적인 아이디어와 추론을 전달하는 기능측면에서는 매우 정교하게 발전했으나, 한편으로 인간의 깊은 감정과 창의적인 생각을 전달하는 기능측면에는 매우 제한적인 수준에 머물고 있다.

몇몇 연구자들은 과학자들이 상업적 계약을 체결하고 싶지 않을 때조차 자신의 연구결과를 특허등록하게끔 강요받고 있다고 주장한다. 이와 반대로 몇몇 연구자들은 자신의 연구결과를 특허등록하는 것을 제대로 지원해주지 않는다고 불평한다.

암반 위에 지은 집과 달리, 해변에 지은 집은 시간이 갈수록 침하되는 경향이 있다.

이유와 근거를 해석하고 종합할 때 자주 쓰는 표현들

몇 가지 이유나 근거를 제시한 다음에는 이를 전체적으로 어떻게 해석해야 하는지 독자에게 알려줘야 한다. 일반적으로 이유를 모두 제시하고 난 뒤 맨 마지막에 붙이지만, 독자들이 추론을 잘 따라올 수 있도록 안내하고 메시지를 강화하기 위해 중간결론으로 정리하기도 한다. →172 이유와 근거를 제시한 다음 이를 해석하고 종합할 때 다음과 같은 표현들이 자주 등장한다.

- 결론적으로
- —한 결과
- 이로써
- 결국

- 요약하자면

    결론적으로 직장에서 풍수를 적용하는 규칙은 가정에서 적용하는 규칙과 비슷하다는 것을 알 수 있다.

    이렇게 말을 활용한 의사소통이 도입**됨으로써** 인간은 더 많은 동족과 더 빠르게 소통할 수 있게 되었다.

    이처럼 기업들의 후원을 적극적으로 유도한 **결과**, 많은 기관들의 과학연구 인프라가 개선되었다.

    시간이 흐르면서 모래가 쓸려나가는 움직임으로 인해 **결국**, 모래 위에 지어진 집은 가라앉을 확률이 높다.

결론을 제시할 때 자주 쓰는 표현들

이유와 증거는 어쨌든 결론에 도달하기 위해 제시하는 것이다. 반론을 제시할 때도 추론선을 해치는 방식으로 언급해서는 안 된다. 짧은 글에서는 결론을 앞에서 진술하는 경우도 있지만, 대개의 경우 결론은 글의 맨 마지막에 위치한다.

글이 긴 경우에는 결론이 여러 문단으로 이루어질 수 있다. 좋은 논증글은 독자에게 지금까지 읽은 내용을 종합적으로 정리할 수 있게끔 전체결론을 명확한 문장으로 제시한다. 결론을 제시할 때는 다음과 같은 표현들이 자주 등장한다.

- 따라서
- 이처럼
- 결론적으로
- 지금까지 살펴보았듯이

결론적으로 풍수는 단순한 인테리어 기술이 아니라, 주변환경을 제대로 배치함으로써 인간이 외부세계와 더 큰 균형과 조화를 이루며 살 수 있도록 도와주는 정교한 이론체계다.

지금까지 살펴보았듯이, 인간의 뇌는 더 효과적이고 효율적인 사회적 소통에 대한 필요성에 발맞춰 진화해왔다고 말할 수 있다.

이처럼 기초학문은 기업과 파트너십을 맺음으로써 훨씬 빠르게 발전할 수 있다.

따라서 우리는 건물의 토대가 되는 암반구조를 확인하는 테스트를 충분히 수행하여야 하며, 기반암이 아닌 다른 지표면에 건물을 지었을 때 어떤 결과가 발생하는지 신중하게 검토해야 한다.

자신의 전공분야의 논문을 서너 개 읽어보면서, 지금까지 살펴본 주요지점에서 어떤 이정표들을 사용하는지 눈여겨보라.

- 도입부에서 사용하는 이정표
- 논증을 펼쳐나가는 과정에서 사용하는 이정표
- 결론에서 사용하는 이정표

이 책에서 제시하지 않은 표현들이 있다면, 오른쪽 표에 추가하여 정리해보자.

논증의 흐름을 안내하는 이정표들

지금까지 설명한 이정표 표현들을 표로 정리하였다.

기능	이정표 단어들
도입부에서 자주 쓰는 표현들	우선, 먼저, 일단, 무엇보다도, ―해보고자 한다. ―부터 시작한다.
새로운 정보를 덧붙일 때	더욱이/더군다나, 또/또한, 그뿐만 아니라, 게다가, 더 나아가
비슷한 이유를 덧붙일 때	마찬가지로, 같은 방식으로, 이와 비슷하게, 또/또한, 더 나아가
다른 이유를 덧붙일 때	―뿐만 아니라, ―와 더불어, 또/또한, 두 번째/세 번째...
논증을 강화할 때	더욱이/더군다나, 실제로, 게다가, ―와 더불어, ―를 비롯하여
반론이나 이견을 소개할 때	하지만/반면, ―라고 주장하는 사람도 있다, 물론 ―라고 말할 수도 있다, ―할 수 없을지도 모른다.
반론에 대해 반박할 때	하지만, ―이 타당하다고 할지라도, 그렇다 할지라도
비교하거나 대조할 때	비록 ―일지라도, 반면, 한편/한편으로, ―와 달리
이유와 근거를 해석하고 종합할 때	결론적으로, ―한 결과, 이로써, 결국, 요약하자면
결론을 제시할 때	따라서, 이처럼, 결론적으로, 지금까지 살펴보았듯이

연습문제   이정표 세우기

다음 예문을 읽고, 논증의 흐름을 안내하는 이정표 역할을 하는 표현을 적절한 위치에 삽입해보라. 논증의 흐름을 매끄럽게 만들기 위해 문장의 연결부분을 적절하게 수정해야 할 수도 있다.

- 예문 10.7

청각장애인은 신호, 몸짓, 얼굴표정을 활용하는 언어를 사용한다. 비장애인은 이러한 언어를 거의 이해하지 못하기 때문에 장애인과 비장애인 사이의 소통은 그다지 효과적이지 않다. 청각장애인은 강력한 사회적 문화적 집단을 형성함에도 주류문화에서 배제되는 경우가 많다. 그들의 재능을 경제적 측면에서 효과적으로 활용하지 못한다. 비장애인은 청각장애인들과 대화하는 자리에서 소외감을 느끼며 어떻게 행동해야 할지 모르는 경우가 많다. 학교에서 모든 아이들에게 수화를 가르쳐, 청각장애인들과 비장애인들이 장차 효과적으로 소통할 수 있도록 한다면 전체 사회에 큰 이익이 될 것이다.

● 예문 10.8

세계화는 피할 수 없는 것으로 보이지만 이것이 긍정적인 발전인지에 대해서는 의견이 분분하다. 국가 간 접촉이 빈번해지면 상대방에 대한 이해가 높아지고, 이로써 전쟁이 발발할 가능성이 줄어든다고 주장하는 사람들이 있다. 이들은 인터넷을 통해 정보가 널리 퍼지면서 여러 나라가 자국의 상황을 다른 나라와 비교할 수 있게 되었고, 이로써 민주주의와 인권도 전반적으로 증진될 것이라고 전망한다. 세계화를 파괴적인 힘으로 바라보는 사람들도 있다. 이들은 강대국의 언어가 경제와 정치 영역에서 국제적으로 통용됨으로써 약소국들은 자신들의 고유한 언어를 잃고 말 것이라고 주장한다. 세계화를 통해 거대기업들이 가난한 나라의 자원과 토지를 사들여 지역경제를 왜곡하고 자원을 고갈시킬 것이라고 주장한다. 세계화는 좋은 결과를 이끌어낼 수도 있지만, 약소국들이 착취의 대상이 되지 않도록 보호하는 어느 정도 규제도 필요하다.

일단 이렇게 콩을 심으면... 그에 따라서 콩이 나야하거든요...

인용출처
표시하기

앞에서 좋은 논증글을 쓰기 위해서는 권위있는 자료에서 근거를 인용해야 한다고 말했다. 다른 사람 연구결과나 아이디어, 또는 일부 구절을 가져다 자신의 글에 사용하고자 할 때는 그것을 사용한 지점에서 출처를 분명히 언급하여야 한다. 학생, 작가, 예술가, 발명가를 막론하고 어느 누구든 좋은 논증글을 쓰려면 자신이 인용하거나 참고한 출처를 분명히 밝혀야 한다.

인용출처의 종류

학술적인 글에서는 글을 작성하기 위해 인용한 자료는 모두 세부정보를 제출해야 한다. 에세이과제는 대부분, 자료를 읽고 작성하는 것이기 때문에 학술서적과 논문이 인용출처가 될 것이다. 분야에 따라 연구논문, 정부보고서, 의회연설, 웹사이트, 신문/잡지 기사, TV/라디오 프로그램, 박물관/갤러리 카탈로그, 브로슈어 등 다양한 자료가 인용출처로 사용될 수 있다.

인용출처 References

본문에서 실제로 인용한 자료들. 일반적으로 인용한 항목 바로 다음에—이 문장 끝에서 볼 수 있듯이—괄호를 치고 저자의 성과 출판년도를 적는다(Bloggs,

2022). 몇몇 분야에서는 인용한 항목 바로 다음에 위첨자로 번호를 매긴 다음, 각주나 미주로 세부적인 출처정보를 밝히기도 한다. 보고서 맨 끝에 부록으로 인용출처를 자세히 정리하여 수록한다.

참고문헌 Bibliographies

참고문헌은 본문에서 인용하지 않았더라도 배경지식을 쌓기 위해 저자가 참고한 자료까지 모두 포괄하는 목록이다. 때로는 깊이 공부하고 싶은 독자들을 위해 추천 읽기자료를 소개하는 형식으로 참고문헌을 수록하기도 한다. 참고문헌은 반드시 넣어야 하는 것은 아니다.

인용출처는 왜 표시해야 하는가?

인용출처는 우선, 인용출처 저자를 위해 반드시 밝혀야 한다.

- 내 글을 인용하거나 참고하면서 출처를 명확히 밝히는 것은, 학문적으로 지켜야 할 최소한의 예의다.

인용출처를 밝히는 것은 독자에게도 많은 혜택을 제공한다.

- 글에서 제시하는 아이디어나 근거가 임의로 만들어낸 것이 아니라는 사실을 알려준다.
- 궁금한 내용이 있을 경우, 출처를 활용하여 쉽고 빠르게 찾아볼 수 있다.
- 저자의 인용이나 해석이 정확한지, 출처를 찾아 직접 확인할 수 있다.

인용출처를 밝히는 것은 저자 자신에게도 상당한 도움을 준다.

- 권위있는 출처를 제대로 인용하고 참고하면 그 권위를 빌려 나의 주장을 강화할 수 있다.
- 나중에 출처를 다시 참고하고자 할 때, 자신의 글에 대한 비판에 대처해야 할 때, 아이디어의 출처를 빠르게 찾아볼 수 있다.
- 자신이 빚을 지고 있는 자료를 일일이 밝힘으로써 글을 쓰면서 얼마나 공을 들였는지 독자에게 보여줄 수 있다.
- 에세이과제를 작성할 경우, 적절한 자료를 읽고 참고했다는 것을 보여줌으로써 더 나은 점수를 받을 수 있다.
- 인용하거나 참고하고서도 출처를 제대로 밝히지 않는다면 표절로 의심받을 수 있으며, 때로는 심각한 불이익처분을 받을 수 있다.

인용출처를 표기하지 않아도 되는 경우

- 누구나 아는 정보: 이름, 날짜, 작가의 출생일, 잘 알려진 사실.
- 친구나 학생들과 나눈 비공식적인 대화: 물론 합의된 연구방법의 일부로 공식적으로 수행된 대화는 인용출처를 표기해야 한다.
- 다른 학생이 작성한 에세이나 과제물은 인용하면 안 된다.

인용출처 표기방법

책, 책의 한 챕터, 학술지에 실린 논문, 신문기사, 정부문서, 원고, 웹사이트, 라디오, TV 프로그램, 오디오파일 등 종류에 따라 표기해야 하는 항목은 달라진다. 인용출처를 메모할 때 일반적으로 다음과 같은 항목들은 기록해두어야 한다.

- 저자의 이름: 성만 쓴다.
- 출간일
- 챕터, 논문, 책의 전체 제목
- 챕터와 논문의 경우, 그 글이 수록되어있는 책이나 학술지의 전체 제목
- 책은 초판이 아닌 경우, 판^{edition} 번호
- 책의 경우, 출판장소와 출판사이름
- 학술지의 경우 시리즈^{series}나 권^{volume} 번호
- 콘퍼런스의 경우, 개최된 장소와 시기(년, 월)
- 인터넷페이지의 경우, 디지털객체식별자(DOI)

출처표기방법에 따라 기재해야 하는 세부항목과 순서는 달라질 수 있다. 분야마다 출처표기방법이 다르기 때문에 담당교수에게 물어보는 것이 도움이 될 것이다. 가장 많이 사용되는 출처표기방법은 다음과 같다.

- **하버드 방식**: 가장 널리 사용한다.
- **밴쿠버 방식**: 과학과 보건 분야에서 많이 사용한다.
- **APA방식**: American Psychological Association(미국심리학회)에서 제시한 인용방식. 사회과학분야에서 주로 사용한다.
- **MLA방식**: Modern Language Association(현대언어학회)에서 제시한 인용방식. 인문학 분야에서 많이 사용한다.
- **MHRA방식**: Modern Humanities Research Association(현대인문학회)에서 제시한 인용방식. 인문학, 문학 분야에서 많이 사용한다.
- **OSCOLA방식**: Oxford Standard for Citation of Legal Authorities(법률문헌 인용을 위한 옥스퍼드 표준). 법률문서에서 많이 사용한다.

출처표기방법은 마음대로 선택해서 사용할 수 있는 것이 아니다. 자신의 학문분야에서 사용하는 출처표기방법을 정확하게 따라야 한다. 어떤 출처표기방법을 따라야 할지 모르겠다면, 이미 출간된 논문에서 사용하는 출처표기방법을 정확하게 따라하라.

- 자신의 학문분야에서 사용하는 출처표기방법을 사용한다. 출처표기방법에 따라, 본문 안에서 인용출처를 표기할 수도 있고 본문 끝에 출처를 표기할 수도 있다.
- 출처의 유형에 따라, 출처표기방법에 따라 필요한 세부정보를 빠짐없이 제공해야 한다. 정보를 제시하는 순서도 정확하게 지켜야 한다.
- 대문자/소문자 구분, 괄호, 쉼표도 출처표기규정에 정해진 대로 정확하게 표기해야 한다.

학문세계에는 인용방법과 출처표기에 대한 구체적인 전통이 있다. 중세 필사본부터 블로그, 트위터에 이르기까지 다양한 출처의 특징에 맞는 출처표기방식이 정해져있으니 자세한 출처표기방법은 찾아보기 바란다.

인용출처를 표시하지 않으면 어떻게 될까?

- 출처표기를 제대로 하지 않으면 낮은 점수를 받을 가능성이 높다. 무엇보다도 학문을 연구할 자질이 부족하다는 평가를 받을 것이다. 출처표기가 정확한지 최소한 두 번 이상 확인하라.
- 제대로 인용하지 않거나 인용출처를 제대로 표기하지 않는 것은 표절이다. 다른 사람의 작품이나 지적 재산(연구나 아이디어)을 훔쳐서 자기 것처럼 속이는 것은 사기이자 도둑질이다.

- 최근에는 정보기술의 발전에 힘입어 표절을 탐지해내는 것이 더 빠르고 정확해졌다.
- 표절은 학문세계에서 가장 무거운 범죄로 간주된다. 수정할 수 있는 기회가 주어진다면 그나마 다행으로 생각하라. 표절로 밝혀지면 0점 처리될 확률이 높다. 더 심각한 경우, 대학에서 영구제적될 수도 있다.

인용출처 관리도구

EndNote, Zotero, Mendeley 같은 소프트웨어를 사용하면 인용출처의 세부정보를 좀 더 빠르고 쉽고 정확하게 다운로드하고 저장하고 관리할 수 있다.

실제 글의 인용출처 검토하기

샘플에세이1a의 인용출처목록 섹션을 살펴보라. 모범적인 예시를 볼 수 있다. →536

효과적인 글쓰기 전략

1. 논증글은 독자를 설득하기 위한 글이다: 효과적인 논증글을 쓰려면 우선 누구를 설득할 것인지 알아야 한다. 명확하고 간결하게 써야 한다. 독자가 쉽게 따라올 수 있도록 추론선을 짜고 논증을 이끌어나가야 한다.

2. 강력한 논제를 제시하라: 논쟁적인 주장일수록 독자들이 흥미를 느낀다. 또한 추론선을 짜는 것도 쉬워진다. 입장이 불분명하면 논증은 약해질 수밖에 없으며, 독자 역시 무슨 메시지를 전달하고자 하는지 혼란스러워할 것이다.

3. 화제에 대한 지식을 충분히 쌓아라: 화제에 대한 배경지식이 있어야 제대로 이슈를 발견하고 입장을 세우고 논증을 설계할 수 있다. 피상적인 수준에서 접근하기보다는 초점을 맞춰 깊이 파고들어야 한다.

4. 적절한 배경정보를 제공하라: 독자들을 논증에 끌어들이기 위한 배경과 맥락을 간결하게 제공하라. 여러 의미로 사용될 수 있는 용어는 정의해야 한다. 기존에 어떤 연구들이 있었는지 소개하고, 연구를 진행한 방법도 소개한다.

5. 에세이지문을 꼼꼼히 분석하라: 지문 속에 들어있는 명사, 형용사, 술어를 눈여겨보라. 어디에 초점을 맞춰 어떻게 접근하고 어느 정도 분량으로 글을 작성해야 하는지 알려주는 힌트가 숨어있다.

6. 학술적 글쓰기는 서스펜스 스릴러가 아니다: 논증은 자신의 입장을 글의 시작부분에서 분명하게 밝히고 난 뒤 이를 논리적으로 뒷받침해 나가는 작업이다. 서론-본론-결론의 구체적인 작성법을 터득하라.

7. 단정적으로 진술하지 말라: 한정어를 적절하게 사용할 줄 알아야 한다.

8. 이정표를 세워라: 논증의 방향과 흐름을 독자가 분명하게 알 수 있어야 한다.

9. 인용출처를 정확하게 표기하라: 사소한 실수만으로도 표절로 의심받을 수 있다.

11

논증 매핑하기

논증구조를 시각화하는 기술

논증을 좀더 체계적으로 분석할 수 있는 쉬운 방법은 없을까?

논증구조를 시각화하는 '논증맵'이란 무엇일까?

논증글의 완성도를 체계적으로 평가하기 위한 도구가 있을까?

교수들은 학생의 과제물을 어떻게 평가하고 채점할까?

논증을 좀더 쉽게 설계할 수 있도록 도와주는 도구가 있을까?

글을 비판적으로 분석하고 평가할 줄 안다면, 앞으로 살아가는 데 상당한 도움을 받을 수 있다. 학문적인 텍스트를 읽고 이해하는 것은 물론, '작은 글씨'로 인쇄되어 있는 계약서, 무언가 구매했을 때 따라오는 '이용약관'을 파악하는 것이 훨씬 수월해질 것이다. 글을 쓸 때도, 자기 글을 더 냉정하게 읽고 체계적으로 평가할 수 있으며 따라서 더 나은 결과물을 만들어낼 수 있다.

논증맵과 논증표

언뜻 보기에 논리적인 것처럼 보이는 말이나 글도, 실제로는 논리적이지 않은 경우가 많다. 전문가라고 해도 그것이 논리적인지 아닌지 파악하기 어려울 때가 많다. 논증을 매핑하고 표로 만드는 작업은 논증 속에 들어있는 다양한 구성요소가 어떻게 연결되어있는지 체계적으로 분석하고, 그러한 추론에서 결론이 논리적으로 귀결되는지 확인할 수 있는 유용한 방법을 제공한다. 이 챕터에서는 논증을 시각화하는 방법으로 논증맵과 논증표를 소개한다.

논증글 체크리스트

교수들은 과연 학생들의 글을 어떻게 분석하고 평가하고 채점할까? 에세이과제나 보고서와 같은 비교적으로 긴 논증글의 경우, 논리적 구조만 잘 짠다고 좋은 점수를 주지 않는다. 논증글에서 논리적 요소는 가장 기본적인 요소에 불과하다. 예컨대 독자의 요구수준이나 과제의 의도 같은 요소도 중요한 평가기준이 될 수 있다. 이 챕터에서는 많은 대학에서 활용하는 포괄적인 채점기준표를 소개한다. 이 기준에 맞춰 자신이 작성한 글을 미리 분석하고 평가할 수 있다면, 훨씬 좋은 점수를 받을 수 있을 것이다. 또한 평가자의 시선으로 실제 학생이 작성한 논증글을 분석하고 평가해보는 훈련을 한다. 평가자가 무엇을 눈여겨보는지 알면 훨씬 좋은 결과물을 만들어낼 수 있을 것이다.

논증맵 그리기

논증맵 argument map 은 논증의 구조를 시각적으로 표현한 것으로, 특히 논리학이나 철학에서 논증이나 진술이 논리적으로 맞는지 검증할 때 많이 사용한다. 논증맵은 논증의 목적과 복잡성에 따라 다양한 형태로 나타낼 수 있다. 논증맵을 사용하면 다음과 같은 장점이 있다.

- 논증에 개별요소들이 어떻게 기여하는지 확인할 수 있다.
- 논증의 개별요소들이 어떻게 연관되어있는지 확인할 수 있다. 예컨대, 서로 뒷받침하는지, 일관성이 있는지, 반론인지, 반론에 대해 반박인지, 근거인지, 또는 전혀 관계가 없는지 확인할 수 있다.
- 언뜻 보았을 때 느낌만큼 논증이 실제로 강력한지 확인할 수 있다.
- 작성하고자 하는 보고서나 에세이에 가장 적합한 구조가 무엇인지 설계할 수 있다.

논증을 코딩하는 방법

논증구조를 시각화하는 일반적인 방법은 기본적인 논증요소들을 P1, P2…로 코딩하고 결론은 C로 코딩한다. (P는 결론 앞에 오는 명제나 이유 premise, C는 결론 conclusion 을 상징한다.)

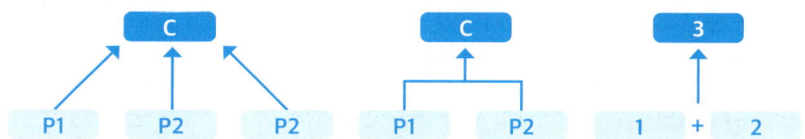

뒷받침하는 요소와
뒷받침받는 요소를
화살표로 표시한다.

여러 요소들이 서로
의존하여 다른 요소를
뒷받침할 때는 화살표를
묶어서 표시한다.

P와 C 대신
숫자와 수식으로
표시하기도 한다.

표준논증맵

논증의 구조를 보여주는 가장 기본적인 논증맵을 표준논증맵이라고 한다. 숫자로 표시되어 있지만 윗줄은 P, 아랫줄은 C라고 생각하면 된다.

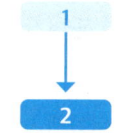

표준논증맵A
단순논증.
이유 하나가
결론을 뒷받침한다.

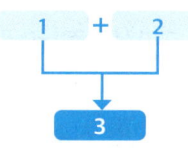

표준논증맵B
결합이유.
여러 이유가 결합하여
결론을 뒷받침한다.

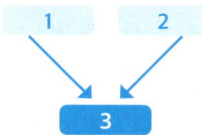

표준논증맵C
개별이유.
이유들이 제각각
결론을 뒷받침한다.

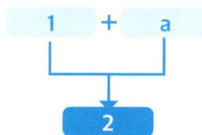

표준논증맵D
이유에
다른 요소가 결합하여
결론을 뒷받침한다.

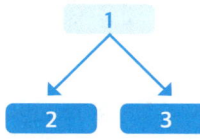

표준논증맵E
이유가
여러 결론을 뒷받침한다.

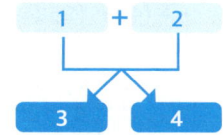

표준논증맵F
여러 이유가 결합하여
여러 결론을 뒷받침한다.

표준논증맵 B, D, F에 표시되어있는 가로줄은 위에 있는 요소 두 개 모두 참이어야 한다는 뜻이다. 다시 말해 둘 중 하나만으로는 결론을 뒷받침할 수 없다는 뜻이다. 가로줄이 없는 표준논증맵 C는 두 이유 중 하나만 참이어도 논증이 성립한다.

표준논증맵은 가장 간단한 논증구조를 상징한다. 실제 논증맵은 훨씬 복잡하다. 그럼에도 표준논증맵을 이해하면 다음과 같은 도움을 받을 수 있다.

- 논증의 핵심이슈를 더 손쉽게 추출해낼 수 있다.
- 주장의 핵심을 간파할 수 있다. 주장이나 의견을 에둘러 말하거나 개념을 모호하게 말하는 논증을 명확한 진술로 바꿀 수 있다.
- 논리적 오류를 찾아낼 수 있다. 매핑하는 과정에서 논리적인 빈틈, 부당한 가정, 의심스럽거나 혼란스러워 추가적인 조사가 필요한 '회색영역'을 발견할 수 있다. 이로써 타당하지 않은 논증을 가려낼 수 있다.
- 복잡한 논증에서 논쟁의 여지가 있는 진술, 의심스러운 논리, 부실해 보이는 부분논증을 발견했을 때 표준논증맵을 사용하여 빠르게 검토할 수 있다.
- 어떤 주제에 대해서든 더 깊이 생각하고 토론하고 숙고할 수 있도록 도와준다. 표준논증맵을 활용하여 낯선 분야에 대한 이해를 빠르게 높일 수 있다.

물론 표준논증맵의 한계도 있다는 것을 명심하라.

- 다양한 논증을 단순한 몇 가지 유형으로 축소한다.
- 반론, 반박, 순환논증 등 여러 항목 사이의 복잡한 관계를 표시하기에는 한계가 있다. 이러한 한계를 극복하기 위해서 '그 이유는', '예외조건은', '이로써' 같은 말을 항목 사이에 써넣어 관계를 표시하기도 한다.
- 논증 속 여러 이유들이 서로 연결되어있는 결합이유인지 개별적인 이유인지

구분하기 어려운 경우가 많다.
- 논증의 모든 요소를 하나의 논증맵으로 완전히 매핑하기는 어렵다. 하지만 제한적인 논증맵이라도 만들어보면, 실제로 논증의 질을 평가하고 개선하는 데 상당한 영감을 받을 수 있다.

중간결론 매핑하기

결론을 뒷받침하는 이유가 다른 이유들의 중간결론일 때도 있다. 최종결론C는 세 개의 개별이유로 뒷받침되고(표준논증맵C), 이 중 P1은 결합이유 P4와 P5로 뒷받침되는(표준논증맵B) 논증맵을 보자.

논증맵1

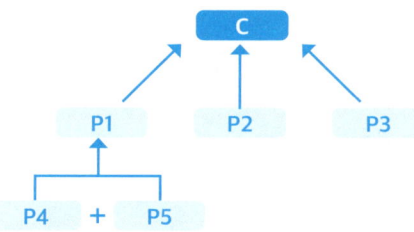

여기서 P1은 중간결론이다. 이 논증맵에 실제 논증을 넣어보자.

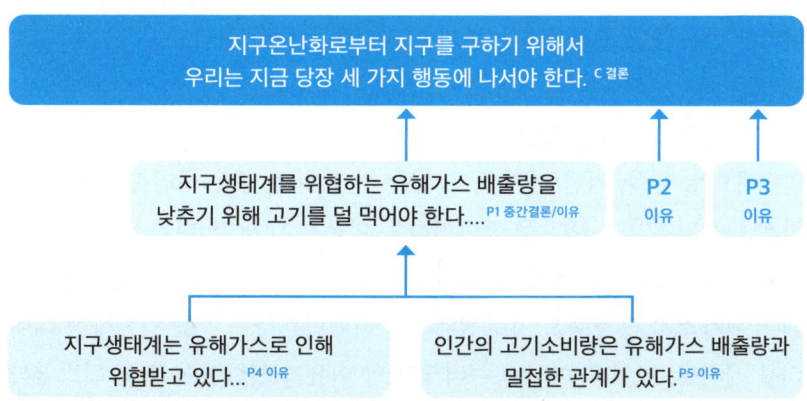

이처럼 결합이유와 중간결론이 있는 복잡한 논증을 논증맵으로 시각화하면 추론선의 흐름을 한눈에 볼 수 있어, 논증을 검증할 때 매우 유용하다.

물론 이렇게 매핑하는 데 성공했다고 해서 논증의 타당성이 그대로 입증되는 것은 아니다. 예컨대 소위 '유해가스'가 정말 지구생태계에 유해한지 의심하는 사람이 있을지 모른다. 데이터를 통해 입증하지 못하면 P4는 주장의 유효성 자체가 흔들릴 수도 있다.

또한 유해가스 배출량을 낮출 수 있는 다른 방법이 존재한다면, P1도 성립할 수 없다. 예컨대, 유해가스를 다른 목적으로 활용할 수 있거나 그 영향을 무효화할 수 있는 기술이 존재한다면 우리가 고기를 덜 먹어야 할 이유는 없다. 그럴 경우에는 다른 결론을 이끌어내야 할 것이다.

정부는 유해가스를 관리할 수 있는 시설에 적극 투자해야 한다.

또 이에 대해 또 다른 반론을 제기하는 사람이 있을지 모른다.

- 어떠한 고기도 먹어서는 안 된다는 뜻인가?
- 모든 육류가 유해가스를 배출하는 데 똑같이 기여하는가?

이러한 반론들을 고려하여 논증의 타당성을 높여야 한다.

복잡한 논증을 위한 논증맵

일반적으로 대학, 기업, 정부에서 접할 수 있는 논증은 여러 단계로 복잡하게 구성되어있다. 주장을 뒷받침하는 이유는 대개 또 다른 이유로 뒷받침되는 중간결론인 경우가 많다. 예컨대, 논증맵1에서, P4를 뒷받침하기 위해 유해가스가 많을수록 지구생태계가 위협받는다는 것을 입증하는 데이터를 제시할 수 있다. 이처럼 여러 근거와 이유가 결합하여 P1을 뒷받침하는 것이다. 이럴 경우 데이터에 오류가 있거나, 또는 데이터를 잘못 해석한 것으로 밝혀지면 전체 추론의 타당성은 추락할 것이다. 이제 결합이유와 개별이유가 골고루 사용된 논증맵을 보자.

논증맵2

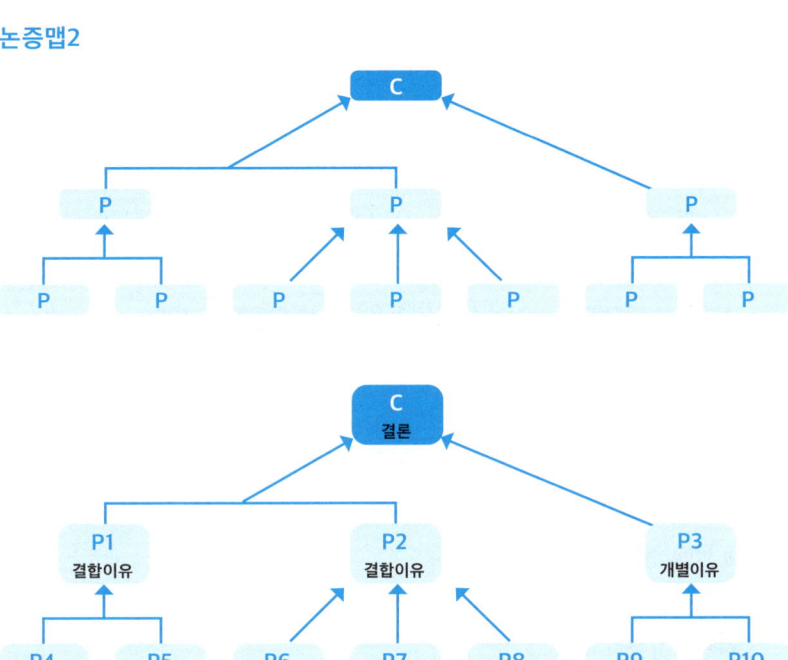

이 논증의 결론은 P1과 P2가 결합한 이유 하나와 P3 개별이유 하나로 뒷받침되고 있다. P1+P2와 P3 중 하나만 타당하면 논증은 유지될 수 있다. 또한 P1은 P4와 P5가 결합하여 뒷받침하기 때문에 P4와 P5가 모두 타당해야 성립된다. 이에 반해 P2는 개별이유들이 떠받치기 때문에 P6, P7, P8 중 하나만 타당하면 논증의 틀은 유효한 것으로 여겨질 것이다. P3는 P9와 P10이 결합하여 뒷받침하기 때문에 모두 타당해야 한다.

확장논증 매핑하기

확장논증 extended argument 이라고도 하는 긴 논증글을 매핑하는 작업은 다소 복잡하기는 해도 여러 측면에서 유용한 혜택을 제공한다.

- 다양한 논증구조의 강점과 약점을 전체적으로 이해할 수 있다.
- 자신의 논증이 어떻게 구성되어있는지 파악할 수 있고, 또 어떤 부분을 개선해야 할지 판단할 수 있다.
- 토론이나 법정판결에서도 논증의 구조를 파악하고 평가할 수 있다.
- 기업이나 자선단체에서 투자나 기부를 끌어들이기 위한 프레젠테이션을 할 때 훨씬 치밀하게 준비할 수 있다.
- 정치적 입장을 선전하기 위한 효과적인 논증을 설계할 수 있고, 또 상대방의 논증을 파악할 수 있다.
- 텍스트, 강연, 동영상, 다큐멘터리 등 매체와 무관하게 그 속에 들어있는 논증의 질을 분석하고 평가할 수 있다.

논문, 에세이, 강연, 동영상 등 길이가 긴 논증은 대개 여러 차원에서 접근하거나, 복잡하게 가지를 치거나 여러 층위로 되어있는 경우가 많다. 앞에서 본 논증맵처럼 논증을 일목요연하게 구조화하기 어려운 경우도 많다. 따라서 전체논증을 세세하게 매핑하기보다는, 논증의 전반적인 구조를 간략하게 파악하거나 논증구조가 의심스러운 특정한 부분을 검토하기 위한 목적으로 활용된다.

다양한 형태의 논증을 시각화하기 위해서 표나 차트를 활용하는 경우도 많다. 논증마다 가장 적합한 시각화방법을 찾아야 한다. 이러한 작업을 하면서 시행착오를 거치다보면 논증을 머릿속에서 더 명확하게 구상할 수 있을 것이다. 지금까지 살펴본 논증맵과 더불어 논증표를 활용하여, 다양한 형태의 논증을 시각화해보자.

반론과 반박을 포함하는 논증

확장논증에서는 대개 자신의 주장을 거스르는 반론과 이견까지 고려한다. 반론을 반박하기 위해서는 반론을 뒷받침하는 근거 자체를 반박하거나, 근거의 해석이 잘못되었다는 것을 지적하거나, 이 주장이 이 경우에는 적용되지 않는다는 것을 입증해야 한다. 반론과 이에 대한 반박을 논증맵으로 시각화하고자 할 때는 색깔이나 모양을 활용하여 주장을 뒷받침하는 요소와 구분한다.

논증맵3

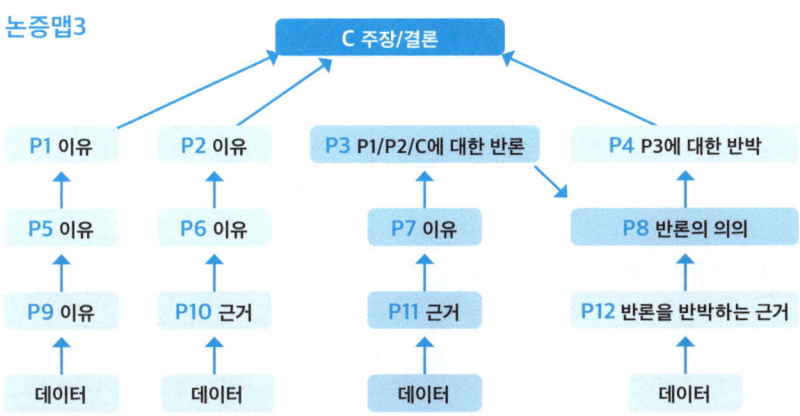

찬성의견과 반대의견을 검토하는 논증

어떤 주장이나 이론에 대한 찬성의견과 반대의견을 대조-비교하는 논증이 많다. 특히 대학에서 내주는 에세이과제 중에 이러한 형식이 많다. 이처럼 찬-반주장을 비교하는 글을 쓸 때는 논증맵보다는 논증표를 활용하는 것이 훨씬 좋다. 찬-반 논증템플릿은 찬성의견-반대의견뿐만 아니라 다음과 같은 경우에도 효과적으로 사용할 수 있다.

- 논증의 일부, 중간결론, 최종결론에서 대립되는 주장을 비교검토할 때
- 어떤 명제나 선택지의 장점과 대안의 장점을 비교검토할 때

색깔, 모양, 폰트 등을 활용하여 두 관점을 구분하여 표시할 수 있다.

찬-반 논증템플릿

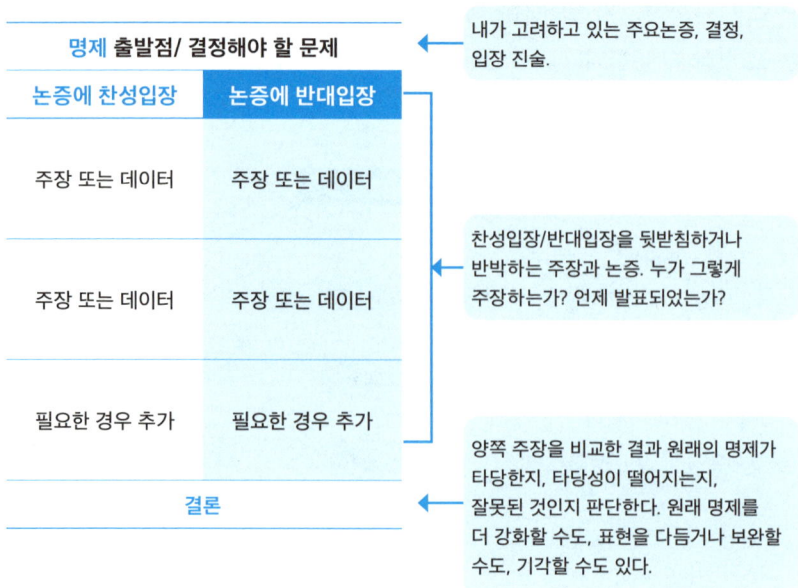

정-반-합 논증 ➜뒷페이지

가장 주요한 주장 두 개를 비교하고, 이들의 장점만 결합하여 새로운 주장을 끌어내는 논증은 '헤겔변증법'이라고 하는 정-반-합 논증구조를 활용하면 좋다. 여기서 정-반-합이란 다음 세 명제를 의미한다.

1. **정명제**^{thesis}: 문제를 검토하기 위한 출발점을 제공하는 명제. 이론이나 토론에서 입장, 주장, 행동에 대한 권유가 될 수 있다.
2. **반명제**^{antithesis}: 앞선 명제(정명제)에 이의나 반론을 제기하는 명제.
3. **합명제**^{synthesis}: 정명제와 반명제를 결합하여 만들어낸 새로운 명제. 양쪽의 장점을 결합하고 약점을 줄이거나 제거하여 만들어낸 더욱 일관성있고 설득력 있는 주장.

나의 입장을 방어하는 논증 ➜뒷페이지

강력한 반론에 맞서 자신의 입장을 방어하고자 할 때는 정-반-합 논증템플릿과는 다른 논증템플릿을 활용하는 것이 좋다. 여기서는 예상되는 반론과 이견에 맞서 자신의 주장을 방어하는 데 초점을 맞춘다.

여러 명제를 비교하는 논증 ➜뒷페이지

어느 입장에도 서지 않고 몇몇 논증을 비교검토해야 하는 경우도 있다. 이럴 때는 다중비교 논증템플릿을 활용하는 것이 좋다.

정-반-합 논증템플릿

1. 정명제: 출발점 요약
이 문제를 이해하는 가장 좋은 방법(논리적 해법/최선의 행동)은 XYZ다.

1a 정명제를 뒷받침하는 논증
XYZ를 가장 잘 뒷받침하는 논증은…
XYZ가 가장 효과적인/유용한/올바른/강력한 논증인 이유는…
이 입장을 뒷받침하는 또 다른 논증은…

2. 반명제: 반론 요약
앞에서 제시한 XYZ이 타당하지 않은/작동하지 않는/논리적이지 않은/근거가 부족한 이유는…이다. 이러한 한계를 고려할 때 더 강력한 주장은 PQR이다.

2a 정명제에 반론을 제기하는 논증
XYZ는 …때 작동하지 않는다.
XYZ는 …을 다루지 않는다.
Z는 …때문에 완벽하게 입증되지 않았다.

2b 반명제를 뒷받침하는 논증
PQR은 …때도 작동한다.
PQR은 …문제를 해결한다.
PQR은 완벽히 검증되었다.

3. 합명제: 최종입장 요약
1과 2에서 제시한 논증을 비교검토하고 이를 바탕으로 자신의 새로운 입장을 제시한다.

3a 합명제를 뒷받침하는 논증
XYZ는 …방식으로 작동한다/유용하다. 하지만 …방식으로는 작동하지 않는다…
PQR은 …방식으로 작동한다/유용하다. 하지만 …방식으로는 작동하지 않는다.
이 두 명제의 강점을 결합한 새로운 명제(합명제)는 XYPQ다. 이것이 작동하는 이유는…

방어 논증템플릿

1. 정명제: 출발점 요약

| 주요논증을 요약한다. | *** |

2. 논증작성

| 명제(주장, 이론, 입장, 제안, 권고 등)를 뒷받침하는 가장 강력한 논증을 요약한다. | 1.
2. |

3. 예상되는 반론

| 반론으로 사용될 수 있는 논증을 제시한다.
• 이미 제기된 반론 (문헌연구에서 언급할 자료 등)
• 내가 찾아낸 나의 논증의 약점 | 1.
2. |

4. 반론에 대한 반박

| 3에서 제기한 반론을 반박할 수 있는 논증을 제시한다. | 1.
2. |

5. 반론의 가치

| 3에서 제기한 반론의 가치나 혜택에 대해 언급한다. 이 단계를 따로 분리하여 언급하기 어려울 경우에는 3과 4단계에서 통합하여 언급해도 된다. | 1.
2. |

6. 반론가치 반영

| 반론의 가치를 어떻게 반영할지 이유를 들어 명확히 설명한다.
• 반론의 가치가 있음에도 최초주장을 수정할 필요가 없을 때
• 반론의 여러 측면을 고려하여 논증을 수정하고 개선할 때 | 1.
2. |

7. 종합/결론

2-6에서 제시한 논증을 바탕으로 정명제를 뒷받침하거나 수정해야 할 이유를 요약한다. 가장 비중있게 고려해야 할 논증이 무엇인지, 왜 그렇게 해야 하는지 명확하게 제시한다.

다중비교 논증템플릿

입장/명제1 논증과 방어

1a 논증 제시	1b 예상되는 반론	1c 반론에 대한 반박
첫 번째 명제(주장, 이론, 입장, 제안, 권고 등)를 뒷받침하는 논증을 요약한다. 이 입장의 가치를 명확하게 설명한다.	반론으로 사용될 수 있는 논증을 제시한다.	반론의 가치 언급. 그럼에도 입장1을 수정할 필요가 없다면 그 이유를 명확히 설명한다. 반론을 고려하여 입장1을 수정하고 개선해야 한다면 그 이유를 명확히 설명한다.

입장/명제2 논증과 방어

2a 논증 제시	2b 예상되는 반론	2c 반론에 대한 반박
1a와 같이, 두 번째로 고려할 명제를 뒷받침하는 논증을 요약한다.	1b와 같이, 반론으로 사용될 수 있는 논증을 제시한다.	1c와 같이, 반론을 수용하거나 반박한다.

입장/명제3 논증과 방어

3a 논증 제시	3b 예상되는 반론	3c 반론에 대한 반박
1a와 같이, 세 번째로...	1b와 같이...	1c와 같이...

7. 종합/결론

- 각 입장을 뒷받침하거나 반대하는 가장 중요한 논증들을 비교한다.
- 어떤 논증이 가장 강력한지 결정한다.
- 여러 입장을 종합했을 때 더 나은 대안이 나온다면 대안을 제시한다. 이 새로운 대안이 다른 주장의 약점을 보완하고 반박하기 어려운 더 설득력있는 주장을 제공하는 까닭을 명확하게 설명한다.

논증구조를 쉽게 발굴하는 방법

확장논증은 논증구조를 파악하기 어려울 수 있으며 다소 시간도 많이 걸릴 수 있다. 하지만 다음 단계를 따르면 좀더 쉬워질 것이다.

1. 전체 내용을 여러 차례 훑어보며 전체적인 논증구조를 먼저 파악한다.
2. 최종결론을 찾아내 논증맵이나 논증템플릿의 결론칸에 써넣는다. 결론을 먼저 써넣고 나면, 논증에서 발견한 다른 요소들이 어떤 기능을 하는지 좀더 쉽게 판단할 수 있다.
3. 결론을 뒷받침하는 것으로 보이는 주장이나 논점을 모두 찾아내, 목록으로 작성한다. 문장이 늘어질 경우 핵심이 정확하게 드러나도록 짧게 요약한다.
4. 주요한 반론을 찾아내 기록한다. 색을 칠하거나 폰트를 다르게 하여 눈에 잘 띄도록 표시해놓는다.
5. 글 전체를 훑어보며 반론을 뒷받침하는 주장을 모두 찾아낸다.
6. 결론이나 반론을 뒷받침하는 주장들을 모아서 주제별로 묶는다.
7. 묶음마다 중간결론과 그것을 뒷받침하는 이유/근거를 메모한다.
8. 묶음 안에 메모한 논점들이 어떤 관계인지 파악한다. 개별이유인가? 결합이유인가? 논증맵으로 시각화할 경우에는 개별이유인지 결합이유인지 구분되도록 화살표로 표시하라. (논증맵2 참고 →411)
9. 논점, 중간결론, 전체결론 사이의 관계가 명확하게 표시되었는지 확인한다.

논증구조를 매핑을 하기 전 고려할 사항

앞에서 이야기했듯이, 확장논증을 매핑하면 다음과 같은 측면에서 도움을 받을 수 있다.

- 논증을 시각화함으로써 좀더 깊이 이해할 수 있다.
- 매핑과정은 비판적 사고를 개발하고 습득하는 데 큰 도움이 된다.
- 논증의 전체개요를 파악하고, 세부정보들을 체계적으로 정리할 수 있다.
- 논증의 특정한 측면을 명확하게 분석하는 데 도움이 된다.

하지만 논증맵에는 한계가 있다. 예컨대, 시각적 미디어에서 또는 직접 만나서 이야기할 때 분명하게 느낄 수 있는 몸짓, 어조, 풍자, 유머, 비꼼 등은 담아내지 못한다. 이러한 측면이 중요한 역할을 할 경우에는 논증맵이나 논증표에 메모를 덧붙여 표시할 수도 있을 것이다.

단순화할 것인가, 극대화할 것인가?
주요이유와 중간결론만 매핑할 것인지, 그 아래 세부적인 논증까지 자세하게 매핑할 것인지 먼저 결정하라. 단순한 논증맵은 전체적인 논증의 흐름을 파악하고자 할 때 유용한 반면, 복잡한 논증맵은 논증에 사용된 정보들이 모두 적절하게 결합되어있는지 파악하고자 할 때 유용하다. 각각의 주장을 뒷받침하는 근거가 논리적으로 적절한지, 또 근거의 양이 충분한지 부족한지 확인할 수 있다.

소프트웨어를 사용하여 매핑할 것인가?
논증맵을 쉽게 작성할 수 있도록 도와주는 소프트웨어도 존재한다.

- 텍스트상자를 사용하여 연결된 주장을 묶어주고, 색깔로 주장과 반론을 구분해서 보여준다.
- 보고서나 에세이에 첨부하여 제출할 경우에는 보기 좋게 출력할 수 있다.
- 다른 사람들과 협업하여 매핑을 하고 공유할 때 유용하다. 논증맵에 대해 토론할 수 있으며, 학생들끼리 서로 피드백을 주고받을 수 있는 기능도 제공한다.

물론 소프트웨어의 한계도 분명하기 때문에 이를 고려해야 한다.

- 소프트웨어를 사용한다고 비판적 사고가 좋아지는 것은 아니다. 사용자의 능력만큼만 활용할 수 있다. 논증 자체가 엉성하면, 결과물도 엉성할 수밖에 없다.
- 논증맵의 근본적인 한계를 뛰어넘지 못한다. 너무 복잡한 확장논증을 모두 표시하기 어렵다. 순환논증이나 논리적 오류를 표시하기 어렵다.
- 종이, 연필, 지우개를 사용하는 것보다 훨씬 시간이 많이 걸릴 수 있다.
- 논증맵 소프트웨어끼리 호환되지 않는 경우가 많다.

실제 글을 매핑해보자

부록에 수록되어있는 샘플에세이1a를 매핑해보자. 주요논점을 논증맵으로 만들어보자. 그리고 논증표를 활용하여 좀더 세부적인 내용까지 시각화해보자. 앞에서 설명한 여러 템플릿을 활용하되 글에 맞춰 표의 구조를 유연하게 변형해도 좋다. 자신이 만든 논증맵과 논증표를 부록에 수록된 논증맵과 논증표과 비교해보라. 완벽하게 똑같을 필요는 없지만, 주요한 중간결론과 이유는 일치해야 한다. →548

논증맵을 온라인에서 만들 수 있는 소프트웨어

- Mindup. https://www.mindmup.com
- Rationale. https://www.rationaleonline.com

논증을 평가하기 위한 체크리스트

논증글 속에 담겨있는 논증구조를 분석할 때는 논증맵과 논증표를 활용할 수 있지만, 논증구조뿐만 아니라 좀더 다양한 기준을 적용하여 논증글을 검토하고 싶을 때는 체크리스트를 활용하는 것이 좋다. 예컨대, 논증에서 사용하는 표현, 근거의 질, 근거를 대하는 공정성 같은 것들을 검증할 수 있다.

체크리스트는 다양한 목적과 형식에 맞게 사용할 수 있다. 에세이, 보고서, 블로그, 위키, 리뷰, 논문, 책, 신문기사 등 텍스트자료뿐만 아니라 동영상, 온라인세미나, 강의, 강연, 팟캐스트 등 다양한 시청각자료는 물론, 토론이나 대화까지도 분석하고 평가할 수 있다. 예컨대 남의 말에 끼어드는 행동, 말과 행동의 불일치, 무례한 표현 등 좀더 유연한 평가기준을 체크리스트에 추가할 수 있다.

오른쪽에 있는 체크리스트는 논증글을 평가하고자 할 때 확인해야 하는 가장 기본적인 항목들을 정리한 것이다. 여기에 목적과 맥락과 매체 등의 특성을 고려하여 질문을 추가하여 자신만의 훌륭한 체크리스트를 만들어낼 수 있다.

이 챕터에 수록되어있는 다양한 템플릿들을 웹사이트에서 다운로드할 수 있습니다.

확장논증을 평가하기 위한 기본적인 체크리스트

- ☐ 화제/문제에 대해 명확한 입장을 취하는가?
- ☐ 질문(에세이지문)에 대해 정확하게 답변하는가?
- ☐ 자신의 입장을 뒷받침하는 타당한 이유를 제시하는가?
- ☐ 논증(추론선)이 처음부터 끝까지 명확하게 이어지는가?
- ☐ 논리적 흐름에 따라 논점을 가장 적절한 순서로 제시하는가?
- ☐ 주요이유/논점이 명확하게 드러나는가?
- ☐ 주요이유를 근거로 뒷받침하는가?
- ☐ 추론선은 결론으로 논리적으로 귀결되는가?
- ☐ 논증에 내적 일관성이 있는가(모순되는 부분이 없는가)? →157
- ☐ 화제/핵심질문과 관련된 이야기만 담겨있는가? (불필요한 내용이 들어있지는 않은가?)
- ☐ 반론이나 이견이나 대안을 공정하게 고려하는가?
- ☐ 감정을 드러내지 않고 객관적으로 진술하는가? →242
- ☐ 추론에 결함은 없는가? →Ch 6-7
- ☐ 신뢰할 수 있는 수준 높은 출처, 연관성이 있는 출처를 인용하고 참조하는가? →Ch 8-9
- ☐ 인용출처를 빠짐없이 표기했는가? 정확한 인용출처정보를 부록으로 제공하는가? →396

각각의 질문마다 확인하며 왼쪽 칸에 체크표시를 하면 된다.

때로는 한 사람이나 집단이 그동안 작성해온 여러 텍스트들을 평가해야 하는 경우도 있다. 이럴 때는 화제에 대한 이해가 깊어지면서 또 다양한 노선을 개발해나가면서, 논증이 어떻게 달라졌는지 또는 발전해나갔는지 살펴보는 것도 흥미로울 수 있다. 이럴 때는 다음과 같은 질문을 추가하여 체크리스트를 만들 수 있다.

여러 텍스트를 평가할 때 물어야 하는 질문들

- 새로운 글이 출간될 때마다, 또는 시간이 지남에 따라 논증이 어떻게 달라지는가?
- 이렇게 달라진 까닭을 무엇이라 설명하는가?
- 논증의 변화를 촉발한 새로운 발견이나 통찰은 무엇인가?
- 현재 달라진 입장이 이전에 제시한 논증과 근거에 기반한 것인가?
- 논증이 아직도 발전하고 있는가? 추가연구가 필요하다고 언급한 해결되지 못한 문제나 주제가 여전히 남아 있는가?
- 여기서 제시하는 논증들은 다른 사람들이 제시하는 논증과 어떻게 다른가?

교수들은 어떻게 학생들의 과제를 평가하고 채점할까?

부록에 수록된 샘플에세이들에 대한 코멘터리는 학생들의 과제물을 교수들이 어떻게 평가하는지, 작성된 원고를 편집자들이 어떻게 평가하는지 세밀하게 보여준다. 물론 현실에서는 이렇게 꼼꼼하게 코멘트를 달아주기는 어려울 것이다. 대개는 글에 대한 전반적인 평가와 더불어 부분적으로 두드러진 강점과 약점(개선해야 할 부분)을 간략하게 지적하는 것으로 끝난다. 어쨌든 이처럼 꼼꼼하게 코멘트를 달아주지 않는다고 하더라도, 글을 평가하는 접근방식과 과정은 기본적으로 이와 크게 다르지 않을 것이다.

내가 쓴 글
비판적으로 평가하기

자기가 쓴 글을 상세하게 분석하고 평가할 필요가 있을까? 물론 글을 쓰는 목적, 글을 씀으로써 달성하고자 하는 목표에 따라 달라질 것이다. 자기 글을 분석하고 평가하면 무엇이 좋을까?

1. 추론의 질은 글을 쓴 사람에 대한 강력한 메시지를 전달한다. 이 사람은 진지하게 고민하고 탐구하여 글을 쓸 줄 아는가? 논증을 세울 줄 아는가? 비판적 사고를 할 줄 아는 신뢰할 만한 사람인가?
2. 꼼꼼한 평가를 통해 자신이 작성하는 글의 질을 더 확실하게 관리할 수 있다.
3. 글을 쓸 때마다 계속 비판적으로 분석-평가하다보면, 신뢰할 수 있는 안목을 갈고닦을 수 있으며, 이로써 더욱 자신있게 글을 쓸 수 있다.
4. 자신의 강점과 약점을 더 잘 알 수 있으며, 이로써 자신의 강점을 최대한 살릴 수 있다. 또한 앞으로 논증글을 쓰거나 준비할 때 어느 부분을 더 주의 깊게 살펴야 하는지 파악할 수 있다.
5. 더 설득력있는 글을 쓸 수 있으며, 이로써 더 높은 성적이나 성과를 얻어낼 수 있다.

논증글을 평가하는 방법에 정답은 없다. 텍스트 여백에 비판적인 코멘트를 달아 메모할 수도 있고, 워드프로세서의 답글달기 기능을 활용할 수도 있다. 하지만 이 책에서 제공하는 체크리스트를 활용하면 더욱 체계적으로 빈틈없이 평가할 수 있다. 이 체크리스트를 가이드라인 삼아 자기가 쓴 글을 평가해보자. 글을 개선해주는 것을 넘어서, 비판적 사고와 추론능력을 전반적으로 향상시켜줄 것이다.

더 좋은 에세이 점수를 받고 싶다면, 다음과 같은 자료들을 참고하여 체크리스트항목을 추가하거나 수정하라.

- 에세이과제에 대한 설명이나 개요
- 에세이과제 채점기준
- 이 강의/프로그램 계획표에서 제시하는 학습목표
- 학년별, 연차별로 달성해야 하는 학습성과기준

과제에세이를 작성할 때마다, 맞춤체크리스트를 만들어 검토한 다음 제출하면 좋은 점수를 받을 수 있을 것이다.

자신의 글을 평가할 때, 잘못된 부분만 지적하거나 잘된 부분만 찾아내서는 안 된다. 균형있게 평가할 줄 알아야 한다. 개선할 점이 너무 많이 나온다고 해서 자신을 너무 가혹하게 대할 필요는 없다. 미흡한 부분을 찾아내는 능력, 그것을 개선할 수 있는 능력 모두 뛰어난 능력이다. 노력하면 누구나 더 나은 사고를 할 수 있다.

완벽한 에세이과제를 작성하기 위한 체크리스트

에세이과제를 작성하고 나서 아래 체크리스트를 확인한 다음 제출하라. 훨씬 좋은 점수를 받을 수 있을 것이다.

자기평가	예/아니요	조치
이 문제에 대한 나의 입장을 명확하게 진술하는가? 또 그러한 입장에서는 이유가 명확하게 드러나는가?		나의 입장을 한두 문장으로 적는다. 한두 문장으로 표현할 수 없다면 입장이 아직 명확하지 않다는 뜻이다. 가능하다면 이 분야에 대해 잘 모르는 주변사람들에게 나의 관점을 들려주고, 그것이 명확해보이는지 물어보라.
결론문장이 주요 이유와 근거가 잘 요약하면서 주장을 명확하게 진술하는가? 적절하게 한정어를 사용하는가?		결론을 먼저 작성하라. 큰 소리로 읽어보고 말이 되는지 확인하라. 누군가 결론에 이의를 제기한다고 상상해보라. 결론을 옹호하기 위해 어떤 이유를 제시할 것인가? 그 이유가 결론문장 속에 나와야 한다. 그 이유는 당연히 본문에 나오는 것이어야 한다. 한정어 참조. →379
글 속에서 인용하는 자료는 이 분야에서 가장 연관성이 높은 것인가?		나의 추론선이 과제요구사항을 충족하는지 더블체크한다. 프로젝트 개요에 부합하는지, 에세이지문이나 질문에 제대로 답하고 있는지 확인하라. 자신의 입장을 진술하는 문장과 일치하는가?
에세이나 보고서의 섹션이 모두 과제의 요구사항과 정확하게 연관되어있는가?		섹션이나 문단을 하나씩 읽어나가면서 각각의 섹션/문단이 추론선에 어떻게 기여하는지, 결론이나 주장으로 이어지는지 확인한다. 섹션이나 문단이 제각각 프로젝트 개요에 복무하는지 또는 에세이 질문에 답하는 데 필요한지 확인한다.

이유를 최적의 순서로 제시하는가? 분명하게 결론으로 이어지는가?	그렇지 않다면, 이유들을 나열하고 그것들이 어떻게 결론으로 이어지는지 생각해본다. 논증이 한 지점에서 다른 지점으로 뛰어넘는지 확인한다. 비슷한 이유를 함께 묶고 각각의 이유들이 주요논증이나 결론에 어떻게 기여하는지 표시해본다.
논증이 다른 정보 사이에서 명확하게 구분되는가? 최선의 사례를 선택했는가?	너무 많은 정보를 세세히 늘어놓아 주요논증이 묻히지 않았는지 확인한다. 많은 자료를 피상적으로 접근하기보다는 적은 사례를 치밀하게 분석하는 것이 낫다. 과제요구사항을 충족시킬 수 있는 선에서 신중하게 선택한다.
이유들끼리 긴밀하게 연결되어있고, 결론과도 연결되어있는가?	문단을 시작할 때 앞 문단과 어떤 관계인지 명확하게 알려주는 말, 또는 논증의 방향을 알려주는 '이정표'로 시작하는지 확인한다. →384
주요이유와 핵심요점이 독자 눈에 명확하게 들어오는가?	문단마다 주요 이유나 요점을 요약하여 진술하는 문장을 형광펜으로 칠해보라. 칠하기 어렵다면 독자도 요점을 파악하기 어려울 것이다. 칠한 부분이 너무 많다면, 요점을 제대로 요약하지 못했다는 뜻이다.
정확한 사실만 전달하는가?	의견이나 기억에 의존해서는 안 된다. 권위있는 출처, 최신 자료만 인용한다. 자신이 인용하거나 참고한 자료보다 더 최근에 발표된 자료가 있는지 확인하라. 사실을 왜곡하지 않고 정확하게 보도했는지 확인한다.
관련 이론을 찾아볼 수 있는 출처를 표기했는가?	이 분야와 연관된 학파나 이론을 찾아본다. 비판적인 평가를 통해, 어느 지점에서 나의 논증을 뒷받침하는지 또는 반박하는지 알아낸다.
다른 사람의 연구를 나의 논을 강화하는 근거로 활용하는가?	이 분야에서 다른 사람들이 발표한 내용을 확인한다. 내 관점을 가장 잘 뒷받침하는 관련 항목의 출처를 밝힌다.
내가 인용한 근거와 이론의 출처를 정확하게 밝히는가?	텍스트 안에서는 간략하게 출처를 밝히고, 부록에서는 출처를 빠짐없이 정확하게 밝힌다.

나의 논증을 뒷받침하지 않는 관점에 대해 공정하게 평가하는가?	내 관점과 모순되는 내용을 찾아내고, 누군가 제기할 수 있는 반론을 모두 고려한다. 이러한 반론들을 추론선 안에서 평가한다. 반론보다 자신의 논증이 더 설득력 있는 이유를 명확하게 밝힌다. 반론의 오류, 빈틈, 결함, 모순을 드러내라.
꼭 필요한 부분에서만 간략하게 설명하는가?	설명글이 불필요하게 들어있지 않은지 확인한다. 글을 이해하기 위해 꼭 필요한 부분에만 배경정보를 설명하라. 글의 유형에 따라 관습적으로 설명글이 들어가야 하는 부분에만 들어갔는지 확인하라. 설명은 최대한 짧아야 하며, 주요논증과 명확하게 연결되어있어야 한다. 서론 역시 너무 길어지지 않도록 주의하라.
논증에 일관성이 있는가?	글 속에서 제시하는 이유나 근거가 다른 내용과 모순되는 것으로 해석될 수 있는지 확인한다.
확률이나 불확실성의 수준을 명확하게 표시했는가?	결론을 어느 정도 확신하는지 드러나게끔 진술하였는가? 연구결과를 다른 사람이 다르게 해석할 가능성이 있다면, 그러한 불확실성이나 애매함의 수준을 말로 정확히 표시해야 한다. →379
나의 신념이 논증을 부당하게 왜곡하지 않는가?	나의 신념이나 이해관계가 있는 분야를 다루는 경우, 자신의 추론을 뒷받침하는 근거를 특히 주의 깊게 확인해야 한다. 독자를 설득할 수 있는 차분하고 합리적인 방식으로 논증을 펼치는 것이 중요하다. 감정적인 표현이나 근거가 부족한 의견이 들어가지 않도록 여러 번 확인하라.
에세이과제에서 요구하는 사항을 모두 다루었는가?	에세이지문이나 질문을 꼼꼼하게 확인한다. 확인된 사항은 체크표시를 하고 부족한 부분을 찾아내 수정하라.

논증 매핑하기

1. **논증맵을 활용하여 논증을 시각화하라**: 논증맵은 불필요한 세부사항들을 제거하고 단순화하여 논증의 뼈대를 비판적으로 분석할 수 있도록 도와준다. 논증의 주요요소들 사이의 관계를 표시하는 과정에서 생각이 명확해진다.

2. **논증표를 활용하여 논증구조를 시각화하라**: 길고 복잡한 논증은 논증맵으로 매핑하는 것이 어려울 수 있다. 그럴 때는 논증표를 만들어 정리하는 것이 훨씬 유용하다. 논증표는 논증맵보다 자유롭게 확장할 수 있다.

3. **다양한 형태의 논증템플릿을 활용하라**: 찬-반 논증, 정-반-합 논증, 방어 논증, 다중비교 논증 등 논증템플릿을 활용하여 논증을 구조화하거나 평가하라. 템플릿을 활용하면 논증구조를 훨씬 치밀하게 계획할 수 있다.

4. **체크리스트를 활용하여 논증을 평가하라**: 일반적인 항목뿐만 아니라, 자신만의 목적과 맥락에 맞는 항목을 추가하여 논증글을 평가할 수 있다. 여러 글을 특정한 측면에서 비교하고자 할 때에도 좋은 가이드라인이 될 수 있다.

5. **자기가 쓴 논증을 분석하고 평가하라**: 논증맵, 논증표, 체크리스트를 활용하여 체계적이면서도 공정하게 자신이 작성한 글을 분석하라. 자신의 강점과 약점이 무엇인지 파악하고, 더 완벽하게 개선하라. 이러한 과정을 거치는 동안 비판적 판단능력은 자기도 모르는 새 정교해질 것이다.

6. **직접 논증글을 평가해보라**: 부록에 수록되어있는 샘플에세이들을 읽으며 직접 코멘트를 달아보라. 그리고 자신이 작성한 코멘트를 모범답안과 비교해보라. 학생들의 과제물을 평가할 때 교수님들이 어떤 기준에서 평가하는지 깨닫게 될 것이다. 좋은 논증에 대한 감각이 생길 것이고, 이러한 감각을 활용해 더 탁월한 논증을 만들어낼 수 있다.

12 비판적 성찰

비판적 사고로 일상을 혁신하라

논리적 추론을 일상적인 성찰에 적용할 수 있을까?

현실과 이론을 좀더 밀접하게 연결할 수 있을까?

비판적 성찰은 어떻게 하는 것일까? 특별한 방법이 있을까?

비판적 성찰은 단순한 몽상과 어떻게 다를까?

비판적 성찰은 학문연구와 직무수행에 도움을 줄 수 있을까?

나도 일상에서 깊이있는 사색과 통찰을 하고,
그 과정과 결론을 멋진 글로 써낼 수 있을까?

일상에 얽매여 살다보면 우리가 생각하고, 느끼고, 믿고, 행동하는 이유를 잊기 쉽다. 우리의 경험과 감정적 반응에는 많은 것들이 얽히고설켜있어 그것이 무슨 의미인지 손에 잡히지 않는 경우가 많다. 이러한 상황은 우리의 관점을 왜곡하고 이해를 가로막으며, 장기적으로 우리 삶을 잘못된 길로 이끌 수 있다.

비판적 성찰이란 자신의 경험을 돌아보고 음미하는 것으로, 대학뿐만 아니라 직업세계에서도 점차 중요성이 부각되고 있다. 자신의 생각이 무엇인지 명확하게 밝히고, 깊이 이해하고 음미한 다음, 배움을 강화하고 체화하여, 마침내 삶을 바꾸고 새로운 인간으로 태어나는 과정까지 포괄하는 정신적 수련과정이다.

'성찰'이란 생각보다 쉽지 않다. 실제경험을 통해 얻어낸 '날 것들'을 배움의 재료가 될 수 있도록 다듬어야 한다. 날 것의 본질은 간직하면서 학문적 관습의 틀 속으로 끌어들이는 것이다. 이 모든 과정은 지금까지 설명한 비판적 접근법을 기초로 수행한다. 자신의 경험을 객관화하고, 다음과 같은 질문을 던진다.

- 사건에 대한 나의 행동, 감정, 반응은 무엇이었는가?
- 나의 행동, 감정, 반응을 어떻게 바꿀 수 있을까?
- 왜 그렇게 해야 하는가?

쉽게 말해 '자기 자신'을 논증의 대상으로 삼는 것이다. 모든 것이 논리적이어야 한다. 타당하고 납득할 만한 근거에 기반해야 한다. 삼각검증을 하고 결과를 종합하여 이론을 끌어내야 한다.

비판적 성찰이 학문적, 직업적 맥락에서 왜 중요한지, 어떻게 수행해야 하는지, 또 직무현장에서 어떻게 활용할 수 있는지 살펴보자.

비판적 성찰이란
무엇인가?

일상에서 '성찰'이라는 말은 단순히 잡념이나 백일몽에 사로잡혀있는 상태를 일컫는 말로 사용되는 경우가 많다. 하지만 비판적 성찰은 의식적이고, 초점이 있는 구조적인 사고를 의미한다. 궁극적으로 이해 수준을 높이거나 앞으로 행동할 방향을 잡는 것을 목표로 한다. 학업이나 직업적 맥락에서 수행하는 비판적 성찰은 그 성찰의 결과를 공표할 수도 있다.

비판적 성찰의 기본적인 특징

비판적 성찰은 기본적으로 다음과 같은 특성을 지녀야 한다.

1. 선택하고 선별한다: 경험, 학습, 직무수행의 한 측면을 대상으로 삼는다.
2. 관점을 바꾼다: 다양한 각도에서, 다양한 수준에서 경험을 분석한다.
3. 현실에서 출발한다: 구체적인 경험에 맞게 성찰과 접근방법을 결정한다.
4. 나를 분석한다: 다른 사람이 아닌 나의 동기와 행동에 초점을 맞춘다.
5. 기존의 지혜를 접목한다: 이론, 연구, 전문지식을 활용하여 해석한다.
6. 통찰을 얻는다: 적극적으로 의미를 찾고, 깨닫고, 배운다.
7. 행동한다: 새로운 이해를 바탕으로 더 나은 방향으로 나의 행동을 바꾼다.

여기서 '행동'이란 인간의 의식과 행위와 습관을 모두 포괄한다. 몸짓, 제스처, 말, 감정과 생각, 행동에 영향을 미치는 가치관, 더 나아가 행동하지 않는 것, 행동하거나 행동하지 않겠다는 각오까지 모두 포함한다. 비판적 성찰의 특성을 하나씩 자세히 살펴보자.

1. 선택하고 선별한다

비판적 성찰을 제대로 하려면 시간과 노력은 물론, 정신적 감정적 에너지까지 쏟아야 한다. 한마디로 비판적 성찰은, 정신적으로 매우 강렬한 활동이다. 따라서 아무 경험이나 대상에 이러한 에너지를 쏟을 수는 없다. 한정된 자원을 투자하여 가장 좋은 결과를 얻을 수 있는 한두 가지 영역을 선택해서 집중해야 한다.

2. 관점을 바꾼다

일상에서 우리는 이미 정해진 관점으로, 정해진 거리에서 나의 행동을 관찰하고 이것을 나의 의견이라고 간주한다. 물론 이렇게 하지 않으면 일상적인 삶을 이끌어가기 어려울 것이다. 이와 달리 비판적 성찰은 새로운 관점에서, 카메라렌즈를 밀고 당기면서 다양한 수준에서 초점을 맞춰보며 일상을 관찰하고 분석해야 한다.

줌인: 자세하게 들여다보기

돋보기로 들여다보듯이 자신의 경험의 세세한 구성요소들이 어떻게 작동하는지 파악한다. 예컨대, 사건의 정확한 순서를 명확하게 정리하다보면 처음에는 간과했던 잠재적인 원인과 결과가 드러나기도 한다. 또 처음에는 중요해 보이지 않던 나의 말이나 행동이 맥락, 동기, 감정 등을 고려할 때 새로운 의미로 다가올 수 있다. 이러한 관찰을 통해 그동안 보지 못했던 나의 패턴이나 스타일을 끄집어낼 수도 있다.

줌아웃: 전체적으로 조망하기

한발 물러나 넓은 시야에서 나의 경험을 바라보는 것이다. 이미 알고 있는 이론, 연구, 전문지식의 틀에 나의 경험을 맞춰본다. 또 정치적, 사회적, 이념적 맥락이 나에게 어떤 영향을 미쳤을지 생각해본다.

3. 현실에서 출발한다

경험의 시기와 빈도에 따라 비판적 성찰을 통해 얻을 수 있는 결과물은 달라진다. 예컨대 성찰의 대상이 되는 경험은 다음 중 하나일 수 있다.

- 중요하지만 한 번으로 끝나버린 사건: 사건이 벌어진 상황과 그 속에서 내가 수행한 역할과 반응을 면밀하게 분석함으로써 더 깊이 이해할 수 있다.
- 계속 반복되는 사건: 사건이 발생할 때마다 주기적으로 관찰하여 잠재적인 원인과 결과를 분석하고 자신의 역할을 이해할 수 있다.
- 특정한 이슈나 주제: 어떤 이슈나 주제와 관련하여 나타나는 나의 행동이나 감정적 반응의 패턴이 있다면 주기적으로 되돌아가 파악할 수 있다.
- 현재 진행되는 특정한 프로젝트나 과제: 다소 벅찬 프로젝트에 참여하고 있다면, 진행과정을 면밀히 기록하고 주기적으로 성찰함으로써 자신의 역할과 행동, 프로젝트 성취도, 나와 다른 사람들의 변화, 앞으로 개선해야 할 행동 등을 이끌어낼 수 있다.

4. 나를 분석한다

비판적 성찰은 다른 사람에, 또 그들의 행동에 초점을 맞추는 것이 아니라 나와 나의 행동에 초점을 맞추는 것이다. 맥락에 따라 달라질 수 있지만 다음과 같은 측면을 살펴본다는 것을 의미한다.

- 내가 한 일이나 하지 않은 일로 인해 어떤 결과, 효과가 발생했는가?

- 내가 그렇게 행동한 이유는 무엇일까? 피상적이고 즉흥적인 이유가 아니라, 그런 상황으로 끌어가거나 방해하는 데 일조한, 내가 마음속에 품었던 가정, 내면에 잠재된 동기, 공포, 박탈된 감정 등을 깊숙이 들여다본다.
- 시간을 두고 나의 행동이나 대응방식은 어떻게 바뀌었는가?

5. 기존의 지혜를 접목한다

경험을 개인적 일화로 끝내는 것이 아니라 이론에 맞춰 해설할 줄 안다면, 경험과 성찰을 학문적 맥락으로 끌어올릴 수 있다. →448

6. 통찰을 얻는다

비판적 성찰은 어떤 사건에 대해 단순히 상세하게 관찰하고 진술하는 것이 아니다. 경험이라는 원재료를 최대한 활용하여 상황과 사건을 종합적으로 관찰하고, 그 안에서 작동하는 미세한 역학관계, 그 속에서 나의 역할, 넓은 맥락에서 작동하는 거시적인 영향을 이해하는 것이다. 경험이라는 거친 원재료를 성찰이라는 체로 걸러 핵심적인 인사이트를 증류해내고, 이것이 학업이나 업무의 성과, 다른 사람들과 함께 일하는 방식, 더 나아가 전반적인 삶에 어떤 영향을 미치는지 이해하는 것이다.

7. 행동한다

비판적 성찰의 최종목표는 세상을 바라보는 가치관을 다듬어 생각과 행동을 바꾸는 것이다. 그러한 변화는 암묵적일 수도 있고 사소할 수도 있지만, 나는 물론 남에게도 큰 차이를 안겨줄 수 있다. 비판적 성찰은 내가 조금이라도 기여한 사건에 대한 나의 책임을 묻는 것이다. 물론 고통스러울 수도 있지만, 해방감을 안겨주기도 한다. 궁극적으로 비판적 성찰은 나 자신과 나의 삶을 바꾼다. 자아에 대한 인식, 다른 사람에 대한 인식, 나를 둘러싼 세상에 대한 인식에 심오한 영향을 미칠 것이다.

비판적 성찰을 하면
무엇이 좋을까?

비판적 성찰은 기본적으로 정신수련이다. 정신수련의 혜택은 매우 다양하지만, 예상치 못한 선물을 안겨주기도 한다. 앞서 언급했듯이 개인의 태도, 더 나아가 삶 자체를 바꾸기도 한다.

정신을 담금질한다
매일 근육단련을 하듯이 비판적 성찰을 일상루틴으로 만들어 꾸준히 진행하면 자기관리, 비판적 관찰, 정서적 성숙 측면에서 더 많은 것을 얻을 수 있다. 살아있는 모든 경험은 나 자신뿐만 아니라 다른 사람들의 삶을 개선하기 위한 밑거름이 될 것이다.

삶에 의미를 제공한다
비판적 성찰은 학문적 직업적 성취를 갈망하는 외적 동기를 자극한다. 이론이나 전문지식이 제공하는 세상을 이해하는 프레임웍이 있어야만 더욱 수준 높은 성찰에 도달할 수 있기 때문이다. 그러한 프레임웍을 획득하려면 더 깊이있는 공부를 해야 한다.

성장을 위한 나만의 시간을 갖는다
비판적 성찰을 제대로 하려면 적절한 조건이 필요하다. 나 자신에게 집중할 수밖에 없는 공간과 시간을 마련해야 한다. 온갖 소음과 전자기기를 멀리하고 고요하게 생각에만 집중할 수 있는—집중할 수밖에 없는—환경을 만들어야 한다. 다양한 유형의 사고를 할 수 있도록, 또 시간을 더 효과적으로 사용할 수 있도록 도와줄 것이다.

더 효과적인 학습방법을 터득한다

학교에서 지금 배우고 있는 내용을 비판적 성찰의 대상으로 삼을 수 있다. 그러면 훨씬 많은 것을 이해할 수 있게 될 것이다. 또한 공부에서 한 발짝 물러나 나의 공부하는 태도, 공부하는 전략 자체를 비판적으로 성찰할 수 있다. 과목별로 나의 태도와 전략이 효율적인지, 어떤 요소가 좋은 성적을 얻는 데 도움이 되고 방해가 되는지 성찰할 수 있다. 나의 공부하는 태도를 성찰하고자 한다면 다음과 같은 질문에 답을 찾아야 한다.

- 지금까지 나는 무엇을 공부해왔는가? 그러한 학업이력은 나의 성취, 나 자신의 모습에 어떤 영향을 미치고 있을까?
- 현재 나의 학습태도와 학습전략은 어떻게 진화해온 것일까? 이러한 태도와 전략은 지금 이 맥락에서 최선의 선택일까?
- 나 자신에 대한 인식은 현재 학습에 도움이 되는가, 방해가 되는가?
- 무의식적으로 나는 현재 학업과정을 거부하고 있지 않은가? 학업에 몰입하지 못하도록 나 스스로 막고 있지는 않은가?

생산성을 끌어올린다

비판적 성찰은 직무수행능력을 강화한다. 자신이 하는 일, 그 일을 하는 이유, 그러한 일의 결과를 더 깊게 이해할 수 있도록 도와줌으로써 전혀 예상치 못한 상황이 닥치더라도 올바른 결정을 내리고 무사히 헤쳐나갈 수 있도록 도와준다. →468

비판적 성찰을
가로막는 장애물

비판적 성찰이 아무리 도움이 된다고 해도, 골치 아픈 사고훈련을 지속하는 일은 쉽지 않다. 비판적 성찰을 어렵고 귀찮은 일로 만드는 요인에는 무엇이 있을까?

- 환경: 너무나 재미있는 것들이 많아지는 세상에 자신의 생각에 집중하는 일은 점점 어려워지고 있다.
- 착각: 초점없이 멍때리는 일상적인 '백일몽'을 목적을 가지고 체계적으로 사색하는 비판적 성찰로 착각하기도 한다.
- 감정: 돌아보고 싶지 않은 경험을 다시 꺼내면 불편한 감정이나 예상치 못한 반응이 튀어나올 수 있다. 또는 자신이 원치 않는 결론으로 이어지는 성찰을 못 견디는 경우도 있다. 많은 사람들이 불편한 진실에는 눈을 감고 싶어한다.
- 기술: 개인적인 경험을 체계적으로 평가하고 해석하기 위해서는 어느 정도 이론적인 틀의 도움을 받아야 한다. 학문적 훈련이 되어있어야 한다.

이러한 요인들을 살펴보면 비판적 성찰이 생각보다 어려운 이유를 알 수 있다. 비판적 성찰을 수행한다는 것은 이러한 장애요인을 관리할 줄 안다는 뜻인데, 사실 쉬운 일이 아니다. 이러한 장애물로 인해 비판적 성찰을 앞에 두고 많은 사람들이 다음과 같은 두려움을 드러낸다.

- 비판적 성찰 같은 건 아예 시작도 하고 싶지 않아.
- 일단 시작한다 하더라도 계속 해나갈 자신이 없는데.
- 일상의 경험을 체계적으로 평가하고 해석해서 어디에 써?
- 시간이 지난 뒤 돌아본다고 해서 내 경험이 무슨 의미인지 알 수 있겠어?
- 경험에서 뭔가를 배워서 생산적이고 창의적으로 다듬낸다고? 시간낭비야.

물론 이 책에서 설명하는 것과 다르게, 즉흥적으로 행동하고, 순간적으로 아이디어를 떠올리며, 자신만의 흐름에 따라 생각을 좇아가면서도 최고의 비판적 성찰에 도달하는 사람도 있다. 이런 재주를 타고난 사람이라면, 그렇게 성찰하면 된다. 단계별 비판적 성찰전략을 굳이 따를 필요는 없다.

하지만 대다수 사람들, 특히 비판적 성찰이 어색하고 낯선 사람들은 어디서 시작해야 하는지, 어느 방향으로 나아가야 하는지, 어디에 초점을 맞춰야 하는지 전혀 감을 잡지 못할 수도 있다. 이런 사람들에게 이 책에서 세세하게 알려주는 구조화된 접근방식은 비판적 성찰을 계속 이어나갈 수 있도록 용기를 불어넣어줄 것이다.

이제 나에게 맞는 비판적 성찰 방법을 정교하게 설계해보자.

비판적 성찰을 위해 가장 먼저 준비해야 할 것은?

- 나만의 시간과 공간: 더 많은 시간을 집중할수록 더 깊이 비판적 성찰을 할 수 있다.
- 자유롭고 창의적인 작업환경: 새로운 작업방식이나 환경을 실험할 수 있으면 좋다.
- 구조화된 접근방식: 효율적으로 비판적 성찰을 하는 방법을 알아야 한다.

비판적 성찰은
어떻게 수행하는가?

나의 상황과 목적에 맞는 비판적 성찰방법을 설계하기 위해서는 다음 7가지 질문에 답해야 한다.

1. 목적이 무엇인가?
2. 어떤 결과를 기대하는가?
3. 어디에 초점을 맞출 것인가?
4. 어떤 성찰모형을 사용할 것인가?
5. 어떤 방식으로 진행할 것인가?
6. 경험을 어떻게 이론에 접목할 것인가?
7. 결론을 어떻게 공개할 것인가?

하나씩 살펴보자.

1. 목적이 무엇인가?

무엇 때문에 비판적 성찰을 하려고 하는가? 지식? 이해? 성과? 예컨대 다음과 같은 측면을 이해하는 것을 목표로 삼을 수 있다.

- 내가 하는 일은 왜 희망하거나 기대했던 대로 풀리지 않는 것일까?
- 학교나 직장에 내가 기여한 만큼, 왜 나는 보상을 받지 못하는 것일까?
- 왜 그런 상황이 발생했을까? 그렇게 상황이 전개된 이유는 무엇일까?
- 그러한 상황에 처했을 때 왜 나는 꼭 그런 감정을 느끼는 것일까? 왜 나는 그렇게밖에 생각하지 못하는 것일까? 왜 나는 그렇게 반응하는 것일까?
- 이번에 일이 잘 풀린 이유는 무엇일까? 이번 경험에서 다른 상황에도 적용할 수 있는 교훈이나 노하우를 얻을 수 없을까?

목적이 분명할수록 적절한 접근방식을 찾을 수 있다. 어떤 결과를 기대하는지, 어느 정도 깊이 초점을 맞추고 싶은지, 어떤 방법이나 모형을 사용하고 싶은지 먼저 결정한다.

비판적 성찰의 목적

비판적 성찰의 목적을 명확하게 인지하면 성찰을 실행하는 데, 어떤 이점이 있을까?

2. 어떤 결과를 기대하는가?

비판적 성찰의 목적을 정했으면, 그에 대해 어떤 형식의 답을 얻고 싶은지 생각해본다. 예컨대 '팀웍을 개선하기 위해 내가 해야 할 일'을 찾는 것이 목적이라면, '해야 할 일에 더 집중하고, 잡담을 최대한 줄인다'라는 결론을 얻을 수 있다. 그렇다면 이 결론을 바탕으로 '팀웍을 개선하기 위한 새로운 실천목록'을 만들어낼 수 있다. 이 경우 실천목록이 바로 비판적 성찰의 최종목적지가 된다. 우리가 기대할 수 있는 결론의 형식으로는 다음과 같은 것들을 떠올릴 수 있다.

- 비판적 성찰을 통해 얻은 교훈의 목록
- 비판적 성찰에 기반한 비판적이고 분석적인 글
- 개인의 행동을 촉구하는 주장이나 권고
- 이후 실천 가이드라인
- 다음번 업무처리에 적용할 수 있는 매뉴얼
- 여러 형태를 조합한 글

학습프로그램이나 업무수행을 위한 교육프로그램에서 비판적 성찰을 수행할 때는 결과를 정리할 수 있는 템플릿을 미리 만들어서 나눠주거나 특정한 방식으로 정리하라고 알려줄 것이다.

비판적 성찰의 최종결과

자신의 학업이나 업무에서는 어떤 형식의 결과물을 기대하는가?

3. 어디에 초점을 맞출 것인가?

비판적 성찰의 목적을 달성하기 위해서는 어느 지점에 초점을 맞추는 것이 가장 효과적일까? 특정한 사건? 특정한 유형의 사건? 반복되어 나타나는 문제? 사람과의 관계? 초점의 대상을 명확하게 선택하라.

너무 뻔하거나 쉬운 것은 비판적 성찰의 대상으로 적절하지 않다. 어느 정도 자료도 수집해야 하고, 의식적으로 집중할 수 있어야 한다. 또한 초점의 대상이 너무 넓으면 안 된다. 피상적이지 않아야 하며, 구체적으로 다양한 관점에서 검토할 수 있어야 한다.

4. 어떤 성찰모형을 사용할 것인가?

비판적 성찰을 좀더 쉽게 진행해나갈 수 있도록 도와주는 다양한 성찰모형이 존재한다. 물론 성찰모형을 반드시 활용해야 할 필요는 없다. 학문적 틀에 맞춰 비판적 성찰을 해나가고자 한다면, 학문마다 선호하는 프레임웍에 맞춰서 성찰해야 한다. 일반적인 비판적 성찰모형은 뒤에서 설명한다.

맞춤형 비판적 성찰모형

- 교육프로그램이나 직장에서는 고유한 비판적 성찰모형을 제시하기도 한다. 어떤 모형이 있는지 수집해보자.
- 이처럼 비판적 성찰모형을 구체적으로 지정해주는 것은 비판적 성찰에 도움이 된다고 생각하는가? 아니면 창의성을 억압한다고 느껴지는가?

5. 어떤 방식으로 진행할 것인가?

비판적 성찰을 하는 방법은 정해져있지 않다. 자신이 속한 분야에서 특정한 성찰방법을 따르라고 요구한다면 어쩔 수 없겠지만, 선택할 수 있다면 나에게 가장 잘 맞는 효과적인 성찰방법을 찾아야 한다. 가장 효과적인 성찰방법을 찾으려면 다음 질문에 답해야 한다.

어떻게 기록할 것인가?
비판적 성찰을 하는 과정에서 떠오르는 상념들을 어디에 기록할 것인가? 종이, 수첩, 노트? 컴퓨터? 스마트폰? 컴퓨터나 스마트폰으로 기록한다면 어떤 툴을 사용할 것인가? 메모장? 문서? 블로그?

혼자 할 것인가? 함께할 것인가?
목적을 효과적으로 달성하기 위해서 비판적 성찰을 혼자 하는 것이 좋을까? 아니면 다른 사람과 함께 하는 것이 좋을까? 어떻게 해야 가장 깊은 통찰력을 얻을 수 있을까?

정직하게 적절한 답을 해줄 수 있는 사람을 찾아보라. 나에게 솔직하게 피드백해줄 수 있는 사람, 불편한 말을 듣고도 선의를 의심하지 않을 수 있고, 관계가 서먹해지지 않을 수 있는 사람, 믿을 수 있는 사람을 찾아라.

비판적 성찰세션을 어떤 주기로 진행할 것인가?
비판적 성찰의 목적과 기대하는 결과를 고려할 때 비판적 성찰을 얼마나 자주 하는 것이 좋을까? 매일? 매주? 매월? 주기적으로 시간을 정해놓고 성찰을 하는 것이 효과적일까? 아니면 시간을 정하지 않고 새로운 통찰이 떠오를 때마다 메모를 하는 것이 효과적일까?

비판적 성찰세션을 어떻게 시작할 것인가?

성찰세션을 좀더 자연스럽게 시작하기 위한 루틴을 정해놓으면 좋다. 몇 가지 예를 들면 다음과 같다.

- 질문지를 정해놓고, 세션을 시작할 때마다 이에 대해 답을 해나가며 정해진 틀에 따라 생각을 이어나간다.
- 생각이 떠오르는 대로 메모하고 나서, 다시 검토하며 깊이 생각한다.
- 동료와 함께 어떤 사건에 대해 토론을 하고 나서 자신의 생각을 적는다.
- 어떤 이론이나 비판적 성찰모형을 가이드 삼아 풀어나간다.

비판적 성찰세션을 어떻게 진행할 것인가?

일반적으로 비판적 성찰은 먼저 원자료를 제공한 다음, 이에 대해 성찰하는 과정에서 더 깊은 이해에 도달하는 2단계 과정으로 진행된다. 언제 어떻게 2단계로 넘어갈 것인가.

비판적 성찰세션을 어떻게 끝맺을 것인가?

세션의 마무리하며 어떻게 결론을 끌어내고 정리할 것인지 생각해보라. 예컨대, 세션마다 진전된 아이디어와 통찰을 에세이로 작성할 수도 있고, 블로그로 정리할 수도 있다.

비판적 성찰이 제대로 진행되지 않는다면

- 비판적 성찰세션을 진행하는 데 어떤 측면에 문제가 있다고 여겨지는가?
- 이 문제를 해결하기 위해 어떤 노력을 기울일 것인가?

6. 경험을 어떻게 이론에 접목할 것인가?

학술적인 목적으로 비판적 성찰을 할 때는 자신의 경험을 이론이나 학문적 지혜에 접목하여 풀어나가야 한다. 이런 경우가 아니라면 좀더 자유롭게 이론적 접근을 할 수 있다.

내가 성찰하는 경험에 대한 이론을 찾는다
이론을 접목하여 성찰의 결과물을 내고자 한다면, 비판적 성찰의 대상을 선별할 때 이와 관련한 연구가 존재하는지 먼저 살펴보는 것이 좋다. 다양한 이론적 관점이나 이를 뒷받침하는 연구결과가 있다면, 비판적 성찰과정에서 참고할 수 있으며 성찰의 결론을 논증글로 정리할 수 있다. 하지만 기존의 연구성과가 없다면 난처한 상황에 빠질 수 있다.

이슈에 관한 최신 연구의 흐름을 파악한다
비판적 성찰의 대상에 관한 학문적 직업적 연구를 읽어보라. 이 분야의 권위있는 학술지나 출간된 책을 읽고 최근 연구흐름을 파악하라. 가장 뜨거운 '핫이슈'는 무엇인가? 구체적으로 다음과 같은 정보를 확인하라.

- 많은 주목을 받는 새로운 이론
- 비판적 성찰의 대상으로 삼고자 하는 것과 관련된 이론
- 이론을 뒷받침하는 연구
- 이러한 연구에 대한 비판
- 학문이나 전문분야 안에서 이러한 이슈에 대한 논의의 흐름

이러한 독서는, 논증을 구성하기 위해 배경지식을 습득하기 위한 독서와 매우 비슷하다. 앞에서 설명한 자료조사방법을 참고하기 바란다. →Ch 9

자신의 경험을 이론과 비교-검토한다

참고하기로 선택한 주요이론에서 기대하는 현상과 나의 경험이 일치하는지 살펴보라. 일치하지 않는다면 그 이유를 생각해보라. 맥락이나 데이터에 차이가 있을지 모른다. 같은 경험이라고 해도 상황이 다를 수 있다.

통찰의 결과를 뒷받침하는 이론을 찾는다

비판적 성찰을 하다보면, 자신이 선택한 이론이나 연구에서 제시하지 않는 통찰을 얻을 수도 있고, 완전히 새로운 결론으로 나아갈 수도 있다. 그럴 경우에는 자신의 통찰을 뒷받침하거나 반박하는 또 다른 이론이나 연구결과를 다시 찾아야 한다. 나의 통찰을 뒷받침하는 더 넓은 연구기반을 찾아낼 수 있다면 나의 입장은 훨씬 설득력이 높아질 것이다. 사회적, 정치적, 문화적 이슈로 범위를 넓혀 자료조사를 해보는 것도 도움이 될 수 있다.

전문가에게서 배운다

평소에 곤란을 겪는 문제나 실무에 대한 조언을 얻기 위해 권위있는 연구자료를 참고할 수 있다. 이러한 자료에서 새로운 관점이나 새로운 실무처리방식에 대한 힌트를 얻을 수 있다. 예컨대, 우리 두뇌가 정보를 저장하는 방식에 대한 이론은 기억력 향상에 도움을 줄 수 있다. 이론을 분석하고 고려함으로써 다음과 같은 질문에 조언을 얻을 수 있다.

- 지금까지 내가 겪은 일들은 무슨 일이고, 왜 일어난 것일까?
- 나는 왜 이렇게 행동하는 것일까? 이런 행동은 앞으로 어떤 영향을 미칠까?
- 사회적 문제와 같은 보편적 이슈는 개인과 일상에 어떤 영향을 미칠까?
- 다른 결과를 끌어내기 위해서는 어떻게 행동을 바꿔야 할까?

7. 결론을 어떻게 공개할 것인가?

비판적 성찰을 혼자 수행하는 경우에는 성찰의 결론을 어떤 포맷으로 정리하든 상관없다. 하지만 성찰의 결론을 다른 사람과 공유해야 하는 경우에는 독자를 고려하여 적절하게 정리하여 글로 쓸 줄 알아야 한다. 비판적 성찰의 결론을 글로 쓰기 위해서는 다음 사항을 고려해야 한다.

- 비판적 성찰 단계에 맞게 글의 내용과 글쓰기 스타일을 바꾼다. →453
- 사람들에게 공개해도 되는 정보와 성찰만 공개한다.
- 논증구조를 제대로 정리하여 작성한다.
- 공개할 수 없는 구체적인 정보가 있다면 익명 처리한다—예컨대 직장명이나 인명 같은 민감한 정보가 글 속에 들어가야 한다면 먼저 적절한 허가절차를 밟아야 할 것이다.

밝힐 수 없는 정보

- 비판적 성찰의 결론을 교수나 동료나 다른 사람들과 공유할 때, 공개하는 것이 불편하다고 여겨지는 정보가 있는가?
- 교육프로그램이나 직장에서 비판적 성찰을 수행할 때, 기밀정보나 밝히기 곤란한 정보를 공개한다면 어떤 문제가 발생할 수 있을까?

비판적 성찰을 효과적으로 수행하기 위한 체크리스트 템플릿

질문	나의 선택 (템플릿에는 이 칸을 직접 채워넣어야 한다.)
1. 목적이 무엇인가?	무엇 때문에 비판적 성찰을 하려는 것인가?
2. 어떤 결과를 기대하는가?	어떤 형식의 결과를 얻고 싶은가? 교훈의 목록? 주장? 실천가이드라인? 업무처리 매뉴얼?
3. 어디에 초점을 맞출 것인가?	어느 지점에 초점을 맞추는 것이 가장 효과적일까? 특정한 사건? 반복되어 나타나는 문제? 사람과의 관계?
4. 어떤 성찰모형을 사용할 것인가?	어떤 비판적 성찰모형을 활용할 것인가? 또는 비판적 성찰모형을 직접 만들어낼 것인가?
5. 어떤 방식으로 진행할 것인가?	비판적 성찰을 꾸준히 체계적으로 진행하기 위하여 어떤 방식으로 세션을 진행해나갈 것인가? 어떻게 기록할 것인가? • 혼자 할 것인가? 함께할 것인가? • 비판적 성찰 세션을 어떤 주기로 진행할 것인가? • 비판적 성찰 세션을 어떻게 시작할 것인가? • 비판적 성찰 세션을 어떻게 진행할 것인가? • 비판적 성찰 세션을 어떻게 끝맺을 것인가?
6. 경험을 어떻게 이론에 접목할 것인가?	내가 성찰하는 경험에 대한 이론은 무엇인가? 이슈와 관련한 최신 연구의 흐름은 무엇인가? 자신의 경험이 이론의 틀에 잘 맞는가? 통찰의 결과를 뒷받침하는 이론이 있는가? 전문가의 조언을 얻을 수 있는가?
7. 결론을 어떻게 공개할 것인가?	비판적 성찰의 결론을 어떻게 정리할 것인가? 누구에게 공개할 것인가? 밝힐 수 없는 정보는 어떻게 처리할 것인가?

단계별
비판적 성찰모형

비판적 성찰을 좀더 쉽게 풀어나갈 수 있도록 도와주는 프레임웍이 있다. 무엇에 대해 어떻게 성찰을 해야 하는지 순차적으로 제시함으로써 경험의 다양한 측면을 체계적으로 고려할 수 있도록 도와준다. 경험을 바라보는 관점과 접근방식을 단계별로 다르게 적용하는 것이 핵심이다. 물론 현실에서는 이러한 단계를 자유롭게 오가면서 성찰할 수 있으며, 성찰모형에서 명시적으로 언급하지 않은 요소까지 성찰할 수 있다.

실용적 관점에서 볼 때 성찰모형은, 경험을 성찰하는 과정을 몇 단계로 나눌 것인지 또 단계별로 잠재기억을 깨우기 위한 프롬프트를 몇 개 사용할 것인지에 따라 달라진다. 여기서는 2단계, 3단계, 5단계 비판적 성찰모형을 자세히 소개한다.

2단계 비판적 성찰모형

비판적 성찰의 가장 기본적인 접근방법은, 사실-수집과 분석-의견으로 이루어진다. 아무리 간단한 비판적 성찰이라 하더라도 이 두 단계는 뒤섞어서 진행하면 안 된다. 반드시 구분하여 성찰한다.

1단계: 원자료 수집과 아이디어 생성

비판적 성찰 1단계에서는 머릿속에 떠오르는 것을 그대로 기록하며 의식의 흐름을 쫓아간다. 손으로 쓰든 컴퓨터로 기록하든 상관없다.

- 머릿속에 떠오르는 대로 즉각 기록한다.
- 떠오른 순서대로 기록한다. 시간순으로 이야기가 전개된다.
- 자신에게 일어난 일을 그대로 쏟아내는 과정에서 감정이 폭발할 수 있다. 그러한 감정을 솔직하게 기록한다. 자신의 감정을 탐색할 수 있는 기회가 열릴 것이다.
- 세세한 정보들이 쏟아져 나올 것이다. 별로 의미없어 보이는 것들도 모두 기록한다. 처음에는 중요하지 않아 보이던 것이 나중에 중요한 것으로 판명날 수도 있고, 중요해 보이던 것이 시간이 지나면서 중요하지 않은 것으로 판명날 수도 있다.
- 시기에 따라 중요하게 여겨지는 것이 달라질 수 있다.

2단계: 분석과 종합

이 단계에서 비판적 성찰은 진정으로 빛을 발한다. 이 단계에서 깊은 성찰과 깨달음을 얻기 때문이다. 2단계 성찰에서는 1단계 성찰에서 수집한 정보들을 바탕으로 다음과 같은 성찰을 한다.

- 성찰의 대상—경험, 사건, 프로젝트—을 전체적인 관점에서 조망한다. 세세한 항목에 얽매이지 않고 한 덩어리로 접근한다.
- 한발 물러서 바라본다. 당시 격렬했던 감정에 휘말리지 않고 좀더 거리를 둔 상태에서 그때 자신의 감정을 관찰한다.
- 자신의 성찰을 비판적으로 분석한다. 자신이 가지고 있던 생각과 가정에 대해 공정하게 평가하고 판단한다.
- 이곳저곳에 흩어져있는 이질적인 생각과 분석들을 종합하여 좀더 균형 잡힌 판단과 결론을 내린다.
- 그전에는 보이지 않던 의미, 통찰, 가치가 드러날 수 있다. 이를 바탕으로 앞으로의 판단과 행동을 개선한다.

2단계 성찰은 나의 경험을 전체적인 관점에서 돌아보고 평가하고, 중요한 흐름과 패턴을 찾아내고, 통찰을 이끌어내는 것이다. 조용히 앉아서 자신의 머릿속에 떠오르는 생각을 관조할 수도 있고, 자신이 깨우친 것의 의미가 무엇인지 적극적으로 질문을 던질 수도 있다.

특히 2단계에서는 성찰이 대상이 되는 경험에서 내가 한 행동과 나의 역할, 그런 선택의 여파, 그것이 나 자신과 다른 사람에게 미친 영향에 대해 깊이 고민해야 한다. 다음과 같은 질문에 대해서 대답해야 한다.

- 나는 그 상황에서 최선의 선택을 한 것일까? 상황인식이나 의사결정 과정에서 인지적 기술적 실수를 범하지 않았는가?
- 비판적 성찰을 거치면서 나의 관점과 이해는 어떻게 달라졌는가?
- 비판적 성찰을 통해 얻은 이해를 바탕으로, 앞으로 비슷한 문제가 발생했을 때 무엇을 어떻게 다르게 대처할 것인가?
- 통찰을 바탕으로 나에게 부족한 것을 찾았는가? 교육, 훈련, 연구, 성찰, 지원—더 나은 성과를 얻기 위해 나에게 필요한 것은 무엇인가?

2단계 비판적 성찰

리즈대학 의대에 다니는 소피는 동급생 샬롯과 함께 보너스 학점을 따기 위한 프로젝트로서, 암에 걸린 어린 자녀에게 보호자들이 암을 쉽게 설명해 줄 수 있는 보조자료를 만들기로 계획했다. 프로젝트를 진행하는 동안 각자 비판적 성찰을 기록하여 매주 공유하고 평가하기로 했다.

비판적 성찰 1단계: 원자료 수집과 아이디어 생성

- **새로운 임무를 처음 수행하며 느낀 점**
  그동안 컴퓨터 실력을 쌓아두지 못한 것이 아쉽다. 기존의 자료들을 전문가 수준의 그래픽으로 만들어낼 수 있을지 확신이 서지 않는다…

- **경험부족**
  아직까지는 아이가 죽는 상황을 직접 경험해본 적이 없기에, 좀더 이해를 넓히기 위한 조사와 연구를 해봐야겠다.

- **민감한 문제에 대해서 이야기하는 부모의 감정**
  분명히 필요한 일이고, 또 부모들에게 도움을 줄 수 있는 일이지만, 암이라는 중요한 문제를 어떻게 접근하고 풀어나갈지 막연할 뿐이다.

- **첫 번째 프로젝트 세션**
  우리는 각자 경험과 아이디어를 가지고 첫 번째 미팅을 했다. 이번 미팅에서는 아이디어를 종합하여 구체적인 프로젝트 개요를 작성할 예정이었다. 각자 자신의 아이디어만 가지고 만나서 의미있는 성과를 이끌어낼 수 있을지 회의적이었지만, 막상 이야기를 나누다보니…프로젝트에 대한 불안은 조금 줄어들었다.

● 기존의 연구자료를 찾다

병으로 아이를 잃는 부모들에게 초점을 맞춘 학술논문이 있을까 찾아보았다… 대부분 BMJ*에서 출간한 것이었다. 이러한 발견은 나에게 큰 용기를 주었다… 처음에는 이 주제와 관련된 연구논문을 찾지 못해, 우리 프로젝트가 정말 가치있는 것인지 확신할 수 없었다. 병으로 아이를 잃는 부모들의 경험에 대해서 나는 전혀 알지 못하기에 열심히 탐구를 해야 할 것 같다. * BMJ^{British Medical Journal}는 영국의 권위있는 의학학술지

● 연구자료를 읽고 난 뒤

많은 부모들이 아이에게 아이의 병명에 대해 이야기하는 것을 최대한 미룬다는 것은 나에게 놀라운 사실이었다. 그 결과 아이들은 어른들의 대화를 엿듣거나 주변의 서류를 엿보고 혼자서 알게 되는 경우가 많다.

● 프로젝트를 진행하는 동안 새로운 깨달음

시각적으로 눈길을 끄는 카드를 만드는 것이 프로젝트의 주된 목표가 아니라는 사실을 문득 깨달았다. 처음에 기대했던 것과 달라서 다소 당황스럽기도 하고 살짝 실망스럽기도 하다… 스토리보드 카드를 예쁘게 만드는 것보다 사고의 진행, 이론적 해석, 아이디어 개발이 더 중요하다는 것을 이제서야 깨달았다. 지금 생각난 건데, 미팅을 하기 전 아이디어를 구체적으로 결정하고 만나면 훨씬 생산성이 높을 것 같다.

● 매주 발전하는 아이디어

이번 주에는 우리가 만드는 보조자료가 아이들뿐만 아니라 우리 자신에게도 큰 도움을 주고 있다는 것을 깨달았다… 그동안 만들어낸 동화카

드게임을 살펴보다가, 우리가 '이야기'라는 중요한 측면을 놓치고 있었다는 사실을 깨달았다. 아이디어를 더 논리적으로 재구성하는 작업에 돌입했고… 우리는 새로운 아이디어를 발견했다…

- 팀 작업의 장점

  샬롯과 나는 서로 다른 측면에서 보완해주는 것이 분명하다. 샬롯은 나보다 어휘력이 훨씬 좋은 반면 나는…

- 사회적 문화적 이슈

  아이에게 나쁜 소식을 전하는 방법은 가족이 처한 상황, 가족 간의 관계와 결속, 문화나 종교의 차이 등에 따라 달라질 수 있다는 것을 깨달았다. 종교, 언어, 민족, 가족상황… 이 모든 것을 고려하여 보조자료를 만들어야 한다…

비판적 성찰 2단계: 분석과 종합

소피와 샬롯은 지금까지 매주 기록했던 원자료들을 선별하고 정리하여 자신들이 프로젝트를 진행하면서 성찰하고 깨달은 내용을 보고서로 작성하기로 했다. 비판적 성찰보고서에서는 다음과 같은 항목을 중점적으로 반영하기로 했다.

- 프로젝트의 목표
- 프로젝트를 진행하기 위해 참고한 기존의 연구
- 개인적 경험의 활용
- 프로젝트를 진행하는 과정에서 구체적으로 배운 점
- 프로젝트를 통해 달라진 개인적인 인식
- 의사라는 직업의 사회적 역할에 대한 새로운 인식

● 프로젝트의 원래 목표가 어떻게 왜 바뀌었는가

프로젝트를 시작할 때는 그저 전문적이고 유용해 보이는 자료를 만들고 싶다는 생각밖에 없었다… 처음에는 스토리보드 카드 이면에 숨어있는 개념에 대해서는 깊이 생각하지 못했다… 하지만 프로젝트를 진행하는 동안 서서히 깨달았다… 카드를 예쁘게 만드는 것보다—그 카드가 무엇을 상징하는지가 훨씬 중요하다는 것을.

● 비판적 성찰을 하며 참고한 연구

Barnes et al.(2000)에 따르면, 유방암검사를 하는 어머니들이 대부분… 자신이 암에 걸렸다는 사실을 자녀에게 어떻게 전달해야 할지 모르고, 또 조언을 받지도 못한다. 실제로 많은 어머니들이 조언을 받고 싶어한다… 이 연구는 Kroll et al.의 주장을 뒷받침한다. 아이의 나이대에 따라, 질병이 어느 정도 단계에 이르렀을 때, 어떤 방식으로, 의사와 부모가 아이에게 알려주는 것이 효과적일지 연구가 필요하다.

● 과거의 개인적 경험에서 배운 점

이 프로젝트를 하다 보니 엄마가 아팠을 때 기억이 떠올랐다… 그때 아이로서 느꼈던 몇몇 아쉬운 점들이 있다… 사람들에게 어떻게 도움을 주어야 할지, 자료를 기획하는 과정에서 상당한 도움이 되었다.

● 프로젝트를 수행하면서 깨달은 사실

이 프로젝트를 수행하면서 가장 크게 깨달은 점 하나는, 암은 환자 개인만이 아니라 가족과 가까운 사람들 전체에 엄청난 영향을 미친다는 것이다. 우리는 암에 대한 의학적 지식만을 가지고 이 프로젝트를 시작했지만… 암이 환자는 물론 주변사람들의 삶을 어떻게 얼마나 바꾸는지 생생하게 관찰할 수 있었다.

이 프로젝트를 시작하기 전에는 전혀 생각하지 못했지만… 가족의 구성에 따라 암에 대처하고 사람들에게 의존하는 방식이 달라질 수 있다는 사실을 깨달았다. 가족의 문화는 질병과 역경을 바라보고 대처하는 방식에 크게 영향을 미치는 것이 분명하다. 의사로서 이러한 점을 고려하여 환자나 보호자에게 적절한 조언을 해야겠다는 생각을 했다.

- 개인적인 인식과 변화

자료를 최종적으로 정리하고 스토리보드 카드를 만들 때, 특히 이미지를 선택할 때, 다양한 문화적 가치를 고려하기 위해 노력했다. 무심코 선택한 사진이 우리와 다른 문화권의 누군가에게는 전혀 다른 의미로 다가갈 수 있다는 사실을 이 프로젝트를 진행하는 과정에서 깨달았다. 이것은 이 프로젝트를 통해 배운 정말 소중한 교훈이라고 여겨진다. 앞으로는 이미지는 물론, 단어나 표현을 사용할 때마다 다시 한 번 생각할 것이다.

- 직업관의 변화와 그 이유

또 우리는 중요한 사실을 하나 확인했다… 임상의들은 환자의 가족들과 더 많이 소통하고 협의해야 한다는 것이다… 환자와 환자의 가족들은 정말 고마워할 것이다… 이러한 태도는 실제로 매우 큰 효과를 발휘할 것이다… 문제가 발생했을 때 그들은 더 편하게 진료실로 찾아올 것이고… 이로써 더 빠르게 대처하고 치료할 수 있다. 환자의 고통을 덜어줄 수 있을 뿐만 아니라, NHS*도 시간과 비용을 절감할 수 있다… 외래환자든 입원환자든 암에 대해 충분한 정보와 자료를 제공하는 것은 의사의 의무다. 이러한 의무를 게을리한다면, 사람들은 자녀에게 암에 대해 이야기하는 것을 더욱 미룰 가능성이 높다.

* NHS^{National Health Service}는 영국의 무상의료서비스시스템

3단계 비판적 성찰모형

2단계 비판적 성찰모형은 성찰하는 것으로 끝났지만, 성찰한 결과를 행동으로 옮기는 단계까지 추가하여 3단계 비판적 성찰모형을 만들 수 있다.

- 1단계: 자신의 경험을 되돌아본다
- 2단계: 더 깊은 수준에서 경험을 이해한다
- 3단계: 이해를 바탕으로 행동을 개선한다

모든 배움은 결국 변화하고 행동하기 위한 것이다. 가장 일반적인 3단계 비판적 성찰모형은 다음과 같이 세 개의 what으로 요약할 수 있다(i.e. Borton 1970, Driscoll 1994).

- What? 무슨 일인데?
- So what? 그래서 어쩌라고?
- Now what? 이제 어떻게 하라고?

위 아래 목록을 종합하면 다음과 같이 정리할 수 있다.

1. What? 무슨 일이 있었는가? 자신의 경험을 되돌아보며 깊이 성찰한다.
2. So what? 지나간 경험을 왜 성찰하는가? 그것이 왜 중요한가? 성찰을 통해서 더 깊이있는 이해와 통찰을 얻는다.
3. Now what? 새로운 이해와 통찰을 가지고 무엇을 할 것인가? 이제 어떻게 행동할 것인가? 앞으로 어떻게 달라질 것인가?

5단계 비판적 성찰모형

3단계 성찰모형을 좀더 유연하게 적용할 수 있도록 세분화한 5단계 성찰모형은 다음과 같다. 복잡한 일상적인 상황에도 적용할 수 있다.

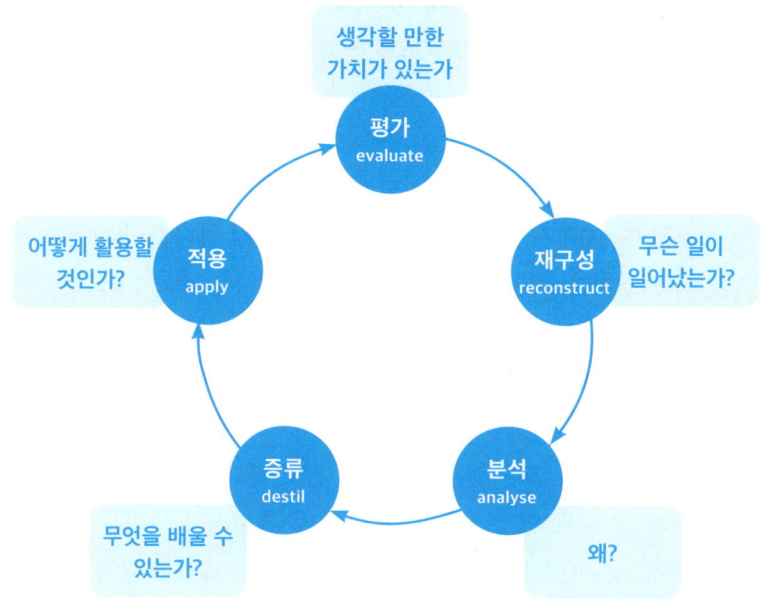

1. 평가

앞에서 살펴보았듯이, 비판적 성찰은 시간과 노력을 많이 요구할 뿐만 아니라 감정적으로도 매우 힘들 수 있다. 따라서 본격적으로 성찰에 들어가기에 앞서 그것이 성찰할 만한 가치가 있는 것인지 따져봐야 한다. 성찰의 목적을 고려하여 어디에 초점을 맞춰 어느 방향으로 나아가면 최상의 결과를 얻을 수 있을지 판단해야 한다. 성찰 대상을 결정하는 이 단계는 비판적 성찰의 성패를 좌우할 수 있는 중요한 단계다. 이 단계에서는 다음과 같은 질문에 답해야 한다.

- 너무 쉽거나 뻔한 문제는 아닌가? 탐구할 자료와 경험이 충분히 있는가? 공을 들여 성찰할 만큼 적당하게 복잡하고 어려운 주제여야 한다.
- 너무 어려운 문제는 아닌가? 내가 탐구하기에는 너무 벅찬 문제 아닌가? 무작정 할 수 있다고 자만했다가 결국 흐지부지 되어서는 안 된다.
- 성찰할 만한 가치가 있는 문제인가? 다시 겪을 가능성이 있는 문제인가? 지금 이 문제에 집중함으로써 무엇을 얻을 수 있는지 따져봐야 한다.

2. 재구성

이제 본격적으로 성찰을 시작하는 단계다. 성찰하고자 하는 사건, 그 당시 감정, 또 관련된 세부사항들을 모두 소환하여 다시 하나로 정리한다. 사건을 면밀히 되새기다 보면 예상치 못한 생각이 떠오를 수도 있고, 이전에는 미처 깨닫지 못했던 것들에 주목하게 될 수도 있다. 성찰하고자 하는 대상이나 사건을 최대한 완벽하게 '재구성'하는 것이다.

사건에 대한 다른 사람의 기억을 청취하거나, 관련된 분야에 대한 글을 읽는 것은 상당히 좋은 접근방식이다. 전혀 생각지도 못했던 측면에 초점을 맞추게 될 수도 있고 사건을 전혀 다른 관점에서 바라보게 될 수도 있다. 사건을 재구성하는 방식에 따라 사건에 대한 해석이 달라질 수 있기 때문에 재구성방식 자체가 달라질 수도 있다. 다양한 관점과 기록을 수집하여 최대한 정교하게 경험을 재구성한다. 이 단계에서는 다음과 같은 질문에 답해야 한다.

- 그 말이나 행동을 함으로써—또는 그 말이나 행동을 하지 않음으로써—나는 무엇을 달성하고자 하였는가?
- 그러한 판단은 내가 원하는 효과를 발휘했는가?
- X가 발생했을 때 나는 어떤 기분이었는가? 나는 어떻게 대응했는가?

3. 분석

재구성단계에서 수집한 기억, 생각, 메모 등을 면밀하게 다양한 각도에서 살펴본다. 서로 다른 해석 사이에서 무언가 중요한 패턴이나 통찰을 발견할 수도 있다. 나의 지식과 경험을 바탕으로 예측할 수 있는 결과와 실제 결과를 비교한다. 내가 찾아낸 나의 동기는 진짜일까? 그것은 나의 솔직한 마음인가? 진짜 동기를 숨기고 싶은 것은 아닐까? 산책하며 고민하라.

자신이 알아낸 것을 친구에게 이야기하라. 이야기하면서 새롭게 떠오르는 생각이 있다면 적는다. 고민하며 잠에 들라. 가만히 앉아서 사색하라. 모든 것을 다시 살펴보라. 한 마디로, 진심으로 성찰하라. 그러면 새로운 통찰이 떠오를 것이다. 이 단계에서는 다음과 같은 질문에 답해야 한다.

- 사건이 전개되는 과정에서 어떤 행동이—또는 행동하지 않음이—가장 결정적 역할을 했는가?
- 나의 감정으로 인해 발생한, 예상하지 못한 또는 난감한 결과는 무엇인가?
- 상황을 이해하는 데 도움이 되는 어떤 해석이나 이론이 있는가?
- 처음에 막연하게 생각했던 것보다 더 깊은 뿌리가 있는가?

4. 증류

분석단계에서 경험을 제대로 이해할 수 있게 되었다면, 여기서 교훈을 이끌어내는 것은 어렵지 않은 일이다. 분석단계에서 이미 많은 생각이 떠올랐을 것이다. 이 중에서 가장 중요하고 관련성이 높은 것을 뽑아내, 실행 가능한 행동수칙이나 결론으로 빚어낸다. 이 단계에서는 다음과 같은 질문에 답해야 한다.

- 앞으로 이런 일이 벌어졌을 때 바로 활용할 수 있는 효과적인 지침이나 가이드라인은 무엇일까?
- 무엇이 이 사건을 촉발했는가? 이 트리거를 앞으로 어떻게 관리할 것인가?
- 사건을 바라보는 나의 관점이나 접근방식이 원하는 결과를 이끌어내는 데 도움이 되었는가? 방해가 되었는가?

5. 적용

분석단계에서 새로운 이해에 도달하고 증류단계에서 교훈까지 이끌어냈다면, 이제 할 일은 그 교훈을 어떻게 사용할지 결정하는 것이다. 새로운 행동양식으로 더 나은 사람이 되고 더 나은 삶을 살 수 있다. 새로운 행동양식이 주변사람들에게도 영향을 미칠 수 있다면, 앞으로 다르게 행동하고자 하는 이유를 주변사람들에게 설명하고 설득해야 한다. 이 단계에서는 다음과 같은 질문에 답해야 한다.

- 이 통찰을 어떤 상황이나 맥락에 적용할 것인가?
- 이 변화를 위해 도움이나 지원이 필요한가? 그런 도움과 지원을 어떻게 확보할 것인가? 누구에게 요청할 것인가?
- 이 변화에 함께 동참해야 하는 사람이 있는가? 이러한 변화의 이점과 혜택을 어떻게 설득할 것인가?

그 밖의 비판적 성찰모형

자신이 성찰하고자 하는 대상에서 특별히 초점을 맞추고 싶은 요소가 있다면, 그에 맞는 단계별 비판적 성찰모형을 만들어낼 수 있다. 예컨대, 개인의 감정상태를 정확하게 파악하는 것을 목표로 하는 6단계 성찰모형도 있다(Gibbs, 1988).

모든 배움을 행동에 반영할 수 있는 것은 아니다. 감정을 별도의 단계가 아닌 성찰과정 전반에 걸쳐 고려하는 성찰모형도 있다(Boud et al. 1985).

프롬프트를 활용한 성찰모형

간호 실무현장에서는 다음과 같이 다섯 가지 앎의 방식을 토대로 만든 프롬프트 질문을 활용하여 업무를 개선한다(Johns and Freshwater, 1998).

- 개인적persona 그 순간, 나는 왜, 어떤 감정으로 그렇게 대처했는가?
- 윤리적ethical 어떻게 대처하는 것이 옳은가?
- 경험적empirica 과학적으로 검증된 연구에서는 어떻게 대처하라고 말하는가?
- 심미적aesthetic 어떻게 대처하는 것이 의미있고 창의적이며 자연스러울까?
- 반성적reflexive 경험을 통해 배운 것을 앞으로 어떻게 적용할 것인가?

나만의 비판적 성찰모형 만들기

지금까지 다양한 성찰모형을 살펴보았지만, 내가 성찰하고자 하는 대상과 목적에 맞지 않는 것도 있을 것이다. 그럴 때는 내가 초점을 맞추고자 하는 요소에 맞는 성찰모형을 만들면 된다. 예컨대 인간관계를 개선하고자 한다면, 자신의 경험과 관련있는 것들을 찾아내고, 관련되어있는 개인들의 감정을 상상하고 그들의 관점을 이해하고, 또 사회적, 정치적, 그 밖의 거시적 차원에서 관조한다. 이렇게 탐구한 결과를 이해하고 통찰한다. 이러한 통찰을 반영하여 타인에 대한 이해를 개선하고 인간관계를 조정할 수 있다.

나만의 성찰모형은 단순할 수도 있고 복잡할 수도 있다. 스스로 동기를 유발할 수 있는 수준, 성찰하고자 하는 깊이와 유용성에 맞춰 설계한다. 자신에게 잘 맞는 모형을 찾을 때까지 개선해나가라. 성찰모형을 직접 설계하는 과정에서 비판적인 성찰에 대한 이해는 더 깊어질 것이다.

성찰단계 설계하기

비판적 성찰모형의 작동원리는 다음과 같은 기본 가정에서 출발한다.

비판적 성찰모형의 기본 단계	비판적 성찰모형의 기본적인 방향
• 1단계: What? 　자신의 경험을 되돌아본다 • 2단계: So what? 　더 깊은 수준에서 경험을 이해한다 • 3단계: Now what? 　이해를 바탕으로 행동을 개선한다	• 선택하고 선별한다 • 관점을 바꾼다 • 현실에서 출발한다 • 나를 분석한다 • 기존의 지혜를 접목한다 • 통찰을 얻는다 • 행동한다

앞에서 설명한 성찰모형을 수정해서 사용해도 된다. 몇몇 단계만 선택하

여 집중할 수도 있고, 개인적인 관심분야나 자신이 전공하는 학문에서 중요하게 여기는 영역에 초점을 맞춰 몇 단계를 추가할 수도 있다.

프롬프트 체크리스트 만들기
단계마다 어떤 질문을 던지면 좋을지 생각해보라. 비판적 성찰을 통해 내가 진정으로 다루고 싶은 것을 질문으로 만들어 나열하라. 5단계 비판적 성찰모형에서 제시한 질문을 참고하여 만들면 훨씬 수월할 것이다.

비판적 성찰모형 이름 붙이기
비판적 성찰모형의 단계마다 이름을 붙여라. 단계마다 어디에 초점을 맞춰야 하는지 명확하게 알려주는 직관적인 이름이 좋다. 그래야 비판적 성찰을 할 때마다 어떤 순서로 진행해나갈지 쉽게 기억해낼 수 있다. 이렇게 단계별 이름을 붙이고 나면 모형의 특징이 더욱 선명해질 것이다. 이를 반영하여 나만의 비판적 성찰모형에 이름을 붙인다.

어떤 비판적 성찰모형을 사용할 것인가?

특정한 교육프로그램이나 직장 같은 곳에서 단체로 비판적 성찰을 진행할 경우에는 대개 사용할 성찰모형을 정해준다. 그런 경우에는, 성찰모형의 작동원리를 먼저 이해한 다음, 거기에 맞춰 비판적 성찰을 하면 된다. 성찰모형을 선택할 수 있는 경우에는, 기존의 성찰모형을 사용할 것인지, 나만의 성찰모형을 만들 것인지 결정해야 한다.

- 기존의 성찰모형을 사용한다: 이미 존재하는 성찰모형을 활용하는 것이 도움이 될 수도 있다. 그렇다면 이 책에서 설명한 성찰모형은 좋은 출발점이 될 것이다.
- 나만의 성찰모형을 설계한다: 자신의 목적과 상황에 잘 맞는 성찰모형을 직접 설계하는 것도 좋은 방법이다. 또는 기존의 성찰모형을 적극적으로 해석하고 비판적으로 수정하여 자신만의 성찰모형을 만들 수도 있다.

비판적 성찰을 활용한 직무개선

비판적 성찰은 건강, 보건, 돌봄, 교육 분야에서 오랫동안 직무훈련도구로 사용되어왔다. 지금은 일반기업에서도 가치를 인지하고 적극적으로 활용하고 있다. 이러한 흐름에는 다음과 같은 이유가 있다.

- 구체적인 경험을 이론과 연결시킴으로써 직무에 생동감을 불어넣어준다.
- 학문의 세계 밖에서 터득한 교훈에 대해 가치를 부여해준다.
- 실무경험과 학문적 연구를 이어주는 다리를 놓아준다.
- 복잡한 업무상황에 대한 이해를 높여줌으로써 실무능력을 향상시킨다.
- 자기성찰이 요구되는 업무를 공정하게 평가하는 데 도움이 된다.

병원을 비롯한 다양한 직장에는 일반적으로 따라야 하는 관례적인 업무지침이 있다. 이러한 업무지침은 개개인에게 무엇을 어떻게 해야 하는지 알려주고, 팀을 이뤄 함께 일할 수 있도록 최적의 업무절차를 알려준다. 일을 하면서 안전, 보건, 보안, 품질을 유지하고, 또 법적인 의무나 다양한 요건을 위반하지 않도록 인도한다.

하지만 업무지침만으로는 해결할 수 없는 일이 발생하기 마련이다. 예측하지 못한 문제가 발생했을 때는, 기업 안에서 통용되는 기존의 사고, 가정, 행동을 모두 고려하여 비판적으로 성찰해야 한다. 앞에서 설명한 비판적 성찰모형을 활용하여 검토하라. 문제가 어디서 시작되었는지, 어떻게 전개되었는지, 무엇을 어떻게 해결해야 하는지 생각해보라. 쉽게 풀리지 않는다면 관련직원들의 의견을 묻고 토론하라.

기업의 지식기반을 활용하라

직장에서 업무를 추진해 나가는 방식은 대개, 어느 정도는 전문지식 또는 학문적 이론이나 연구결과에 기반을 두고 있다. 비판적 성찰을 통해 업무에 대한 이해도를 높이고자 한다면, 기업마다 축적되어있는 지식기반 knowledge base 에서 출발하는 것이 가장 좋다.

- 자신의 업무상황과 연관된 이론이나 연구결과가 있을까? 학문적인 자료나 전문잡지를 찾아보라.
- 이론과 연구결과는 나의 업무맥락에서 어떻게 해석할 수 있을까? 요약하자면, 이론이나 연구결과는 무엇을 어떻게 하라고 제안하는가? 이론이나 연구결과를 적용했을 때 어떤 결과가 나타날 것으로 기대되는가? 무엇이 개선될 것으로 예측되는가?
- 이론이나 연구결과는 생각하는 것만큼 업무상황에 적용할 수 있을까? 이론을 접목해보는 과정에서 실무에 대한 이해도가 높아질 것이다.
- 이론이나 연구결과를 적용했을 때 기대만큼 도움이 되지 않는다면, 그 원인은 무엇일까? 이론과 현실 사이의 괴리는 왜 발생하는 것일까? 어떤 조건이 다른가? 고객집단이 다른가? 이론이 잘못된 것일까? 아니면 엉뚱한 이론을 적용한 것일까?
- 나의 비판적 성찰의 결론을 이론이나 연구결과로 뒷받침할 수 있는가? 예컨대 업무환경을 바꿔야 한다, 업무절차를 개선해야 한다, 생산성 기대치를 바꿔야 한다 등 나의 결론을 다른 사람에게 설득할 수 있는가?

매뉴얼에 없는 상황 대처하기

일을 하다보면 절차를 정확히 따르기 어려운 상황이나, 미처 예상하지 못했던 예외적인 상황이 발생할 수 있다. 더욱이 그런 상황이 긴급하게 닥쳤을 때는, 현장에서 직원이 즉각적으로 주도적으로 판단을 내려야 한다. 하지만 이론과 실무의 관계를 제대로 이해하지 못하고 일을 한다면, 엉뚱한 판단을 하거나 치명적인 실수를 저지를 수 있다. 예컨대

- 절차가 정해져있지 않은 상황에서 어떻게 대처해야 할지 알지 못한다.
- 언제 절차를 어겨도 되는지 정확하게 알지 못한다.
- 적절한 판단을 하기에 앞서, 상황을 어떻게 읽어야 하는지 알지 못한다.

이런 상황에서 사람들은 어떻게 행동해야 할지 몰라 허둥댈 수밖에 없다. 평소에 업무에 대해 비판적 성찰을 할 수 있도록 미리 훈련해놓지 않으면 긴급상황이 발생했을 때 제대로 대처하지 못할 확률이 높아진다. 다음 질문을 던져 비판적 성찰을 끊임없이 자극하라.

- 매뉴얼에서 요구하는 업무지침과 절차의 기본적인 작동원리는 무엇일까? (무엇 때문에 그런 절차를 지키라고 요구하는 것일까?)
- 이 상황이 '일반적인 상황'과 다른 이유는 무엇일까? 어떤 차이가 있을까?
- 매뉴얼이 적용되지 않는 상황에서 일반적인 행동양식은 무엇일까?
- 매뉴얼에서 가장 중시하는 측면은 무엇일까? 이 측면은 왜 중요할까?
- 매뉴얼에서 어떤 측면은 변형하거나 무시해도 괜찮은가? 왜 그럴까?
- 어떤 일을 처리하는 과정에서 당신은 매뉴얼을 준수했는가? 아니면 변형하여 적용했는가? 무시했는가? 그렇게 일을 처리한 이유는 무엇인가?
- 그러한 선택이 제대로 작동했는가? 즉각적인 효과는 어떠했는가?
- 그러한 상황이 또 발생한다면, 어떻게 대처하겠는가?

직원들이 언제든 올바른 판단을 내릴 수 있을까?

업무지침의 토대가 되는 일상적인 업무의 맥락과 제반지식을 제대로 파악하고 있는 직원은, 어떤 상황에서든 올바른 판단을 내릴 확률이 높다. 기계처럼 매뉴얼을 따르라고 요구하기보다는, 다음과 같은 질문에 스스로 생각하여 답할 수 있도록 북돋아주어야 한다.

- 업무매뉴얼은 왜 만들어졌을까?
- 업무매뉴얼의 토대가 되는 기본적인 가정은 무엇일까?
- 그러한 가정이 지금 이 상황에 적용되는가?
- 피치 못할 경우 매뉴얼을 변형해도 좋은가? 무시해도 좋은가?
- 그럼에도 반드시 준수해야 하는 매뉴얼의 어떤 측면이 있다면 무엇일까?
- 눈앞에 닥친 상황이라는 필요조건에 맞는 의사결정을 내릴 수 있는가?
- 주도적으로 대처하고 조치할 수 있다는 자신감이 있는가?

업무환경을 비판적 성찰자료로 활용할 때 주의할 점

우리가 일상적으로 부딪히는 업무상황은 비판적 성찰을 위한 풍부한 자료를 제공한다. 하지만 앞에서 설명한 비판적 성찰모형을 그대로 적용할 수는 없다. 업무상황에 초점을 맞춰 비판적 성찰을 진행하고자 할 때는 보안문제와 윤리적 의미를 먼저 고려해야 한다.

- 직장에서 처리하는 업무와 정보는 대개 외부에 유출해서는 안 된다. 업무상 기밀이 누출되지 않도록 조심해야 한다. 공식적으로 외부에 공개된 문서를 빼고 나머지 문서들은 공표해서는 안 된다.
- 업무상 관련된 개인들의 이름이나 세부정보를 식별할 수 없도록 변경하거나 익명으로 처리해야 한다. 더 나아가 구체적인 회사이름도 숨겨야 할 수 있다. 물론 공식적인 서면허가를 받았다면 사용할 수 있을 것이다.

비판적 성찰과
글쓰기 습관

개인적인 목적으로 비판적 성찰을 할 때는 개인적인 노트나 블로그에 자신의 성찰기록을 남길 수 있다. 남들이 볼 수 있도록 공개할 경우에는 독자를 고려하여 자신의 생각을 정리하는 작업을 해야 한다. 또한 앞에서도 말했듯이, 공개할 수 없는 정보는 가리는 작업이 필요하다.

대학에서 학생들에게 요구하는 에세이과제 역시, 사실상 특정한 주제에 대한 비판적 성찰의 결과를 글로 작성해오라고 요구하는 것이다. 제시하는 지문이나 화제에 대해 조사하고 성찰한 다음, 무언가 깨달은 것을 정당화하는 글을 작성하여 공개하는 2단계 비판적 성찰모형이다. 이 경우에는 다음 두 가지 점에 좀더 신경을 써야 한다.

- **학문적 관습**: 자신이 속한 학문이나 전문분야의 글쓰기관습을 준수한다.
- **선행연구 참조**: 비판적 성찰 1단계에서 참고한 연구자료들을 정리하여 소개하거나, 다양한 이론적 관점을 소개할 수 있다. 여기서 중요한 것은 이러한 선행연구를 단순히 나열하는 것이 아니라, 현실을 이론과 연결하여 설명하려는 노력과 현실을 비판적인 시선으로 바라보고자 하는 자세라는 것을 명심하라.

비판적 성찰을 글로 정리할 때 저지르는 흔한 오류
이론을 언급하는 과정에서 다음과 같은 실수를 하지 않도록 조심하라.

- 글의 첫머리에서 어떤 이론에 대해서 이야기할 것처럼 떠들어놓고 본문에서는 아무 언급도 하지 않는다면 이는 독자를 속이는 행위다.
- 자신의 비판적 성찰과 직접 연결되지 않는 이론을 언급하면 안 된다. 자신의 비판적 성찰을 거창한 것처럼 부풀리는 기만행위다.
- "프로이트는 X라고 말했다… 융은 Y라고 말했다… 니체는 Z라고 말했다." 이런 식으로 이론의 내용을 그대로 가져다가 늘어놓지 말라. 이론이 현실을 설명하는 데 어떻게 도움이 되는지 구체적으로 설명하라. 또 이론을 적용하는 데 한계가 있다면 그 부분도 정확하게 설명하라.

사례연구: 현실을 이론에 접목하는 비판적 성찰

대학에서 글쓰기
많은 학자들이 먹이기feeding와 가르치기teaching 사이에 연관성이 있다고 말한다(Coren, 1997; Williams, 1997). 쌀츠버거비텐버그는 학습과정과 소화과정의 유사성을 지적한다(Salzberger-Wittenberg, 1983)… 교육에서 '숟가락으로 떠먹이기spoonfeeding'는 대개 잘못된 가르치는 방식에 대한 은유로 사용된다. 이것은 '위산역류regurgitation'를 초래하는 얕은 교육을 의미한다. 가르치기에 대한 나의 비판적 성찰은, 그 과정이 우리가 일반적으로 생각하는 것보다 훨씬 복잡하다는 것이다. 그 과정은…

직장에서 글쓰기
경력직 채용면접을 하다 보니, 개인적인 이야기까지 듣게 되는 경우가 있었다. 이는 나에게 전혀 예상치 못했던 불편함을 자아냈다. 실제로 리더가 갖추어야 할 소양 중에 '민감한 문제로 인해 집단토론이 불편해지는 상황을 적당하게 관리할 줄 알아야 한다'는 항목이 있다(Smith, 1992). 나는 처음에 기업조직에서 이런 사소한 것까지 고려해야 할 필요가 있을까 가볍게 생각했지만, 이번 면접을 하면서 이것이 정말 필요한 조언이라는 사실을 깨달았다. 다만 한 가지 의견을 덧붙이자면, 어느 한 사람에게만 그 역할을 맡기면 토론하는 사람들이 감시받는 느낌을 받을 수 있다는 것이다. 면접관을 두 명 둔다면…

바람직한 비판적 성찰 vs 잘못된 비판적 성찰

지금까지 설명한 내용을 표로 정리한 것이다.

평가기준	바람직한 비판적 성찰	잘못된 비판적 성찰
경험	개인적 경험, 집단적 경험, 업무상 경험을 비판적인 시각으로 바라본다. 모든 경험과 이론을 테스트해보고 새로운 교훈을 배울 수 있는 기회로 삼는다.	'경험' 자체를 목적으로 삼는다. 자신의 경험을 별다른 근거도 없이 누구나 하는 전형적인 경험이라고 간주한다. 비판적인 검토도 하지 않고 경험을 '통찰'과 동일시한다.
책임	가장 좋은 비판적 성찰은 자신의 행동에 초점을 맞추고 이로 인한 결과에 책임지고자 하는 태도에서 나온다. 여기서 행동이란 적극적인 행동은 물론 어떤 행동을 하지 않은 소극적인 선택, 상황을 초래하는 데 일조한 자신의 인식이나 가정까지 모두 포함한다.	잘못된 상황에 대한 책임을 다른 사람에게 돌리거나 상황 그 자체에서 찾는다. 자신의 책임을 인정한다고 해도 자신의 행동과 결과 사이의 상관관계를 피상적으로만 다루고, 깊이있게 고려하지 않는다. 물론 자신의 책임이 아닌 것에 대해 책임감과 죄의식을 느끼는 것도 바람직하지 않다.
초점	특정한 시간-기간, 일련의 사건, 특정 종류의 사건이나 상호작용에 초점을 맞춘다.	너무 많은 측면에 초점을 맞춰 산만하고 두루뭉술하다.
규모	허용된 시간과 제한된 단어 수를 고려하여 범위를 정한다. 너무 쉽지도 않고 너무 어렵지도 않은 적당한 수준에서 탐색하고 의미있는 통찰을 얻을 수 있어야 한다.	범위가 너무 좁으면 의미있는 통찰을 얻을 수 없고, 너무 넓으면 깊이있게 분석할 수 없다.
방향	면밀하게 주의를 기울일 만한 주제를 찾아내고 초점을 맞추고 선택하여 방향을 잡아나간다.	방향을 찾지 못하고 산만하다.

깊이	처음 떠오른 생각과 통찰을 포착하여 널리 적용할 수 있는 깊이있는 통찰을 얻어낸다.	피상적인 수준에서 머문다. 더 많은 것을 이해하기 위해 깊이 파고드는 데 관심이 없다.
도전	개인적으로 어려운 문제, 쉽게 답이 나오지 않는 복잡하고 낯선 분야, 다소 난해한 영역을 성찰의 대상으로 삼는다.	안전한 영역에만 머물며 어려운 문제는 피하고, 복잡한 문제는 피상적으로 해결하고 넘어간다. 성찰을 해도 이해는 진전되지 않는다.
이론	경험을 더 깊이 이해하기 위해 관련된 이론, 연구, 업무관행을 참고한다. 가능하다면 넓은 범위의 사회적, 정치적 문제와 연관시켜 이해하고자 한다.	자신의 생각과 경험에만 의존한다. 이론과 연구는 피상적으로만 참고한다.
태도	비판적 시선으로 성찰할 경험, 떠오르는 통찰, 정보의 출처, 다양한 이론들을 끊임없이 탐색한다. 이러한 과정을 통해 자신의 생각과 행동을 새로운 각도에서 바라보고, 자신의 경험이 기존의 지식을 어떻게 뒷받침하는지 또는 반박하는지 알아낸다.	이미 벌어진 상황, 내용, 사건을 설명하는 데 대부분 몰두한다. 어느 정도 비판적 분석을 한다고 해도 중요한 통찰을 일깨워주는 수준까지 파고들지 못한다.
통찰	자신의 상황, 일, 공부에 대해 더 깊이 이해하고, 이러한 이해를 바탕으로 상황을 개선하고, 더 나아가 새로운 맥락에 응용한다.	비판적 성찰을 해도 문제나 상황이나 자기인식이 그다지 나아지지 않는다.
결론	비판적 성찰은 어느 방향으로 흘러갈지 알 수 없지만, 최종단계에서는 한 발 물러서서 그동안 깨달은 핵심메시지를 정리하고 요약하여 결론을 내린다.	지난 경험에 대한 막연한 회상이나 자유연상에 가깝기 때문에 무엇을 배웠는지 불명확하고, 따라서 결론도 지침도 끌어낼 수 없다.
공유	이해에 도달하는 과정을 독자에게 설득력있게 전달한다. 학문적 관습을 고려하고, 적절한 문제를 적용한다. 윤리적인 문제, 정보공개와 관련한 보안문제도 적절하게 처리한다.	누가 읽을 것인지 전혀 신경쓰지 않고 작성한다. 민감한 정보나 데이터가 담겨있는 내용도 대책없이 공개한다.

비판적 사고로 일상을 혁신하라

1. **비판적 성찰은 일상적인 몽상이 아니다**: 명확한 초점에 맞춰 체계적으로 진행하는 의식적 추론이다. 다른 추론과 다른 것은, 추론의 초점이 나 자신, 나의 경험, 나의 상황이라는 것이다.

2. **나의 경험과 나의 역할을 비판적으로 분석하라**: 다른 사람들의 행동이나 잘못에 초점을 맞추지 말라. 나에게 초점을 맞출 때 더 많은 것을 배울 수 있다. 개인의 발전과 학문과 직업의 발전에 도움이 된다.

3. **비판적 성찰은 목적이 분명해야 한다**: 어디에 초점을 맞출지, 어떤 방법으로 진행해나갈 것인지, 어떤 결과물을 얻고자 하는지 미리 계획하는 것이 좋다. 개인적 경험을 보편적 맥락에서 해석하면 더 깊이있는 이해와 통찰을 얻을 수 있다.

4. **비판적 성찰을 하려면 용기가 필요하다**: 돌아보고 싶지 않은 경험을 다시 꺼내 파고들어야 할 뿐만 아니라 원치 않는 결론으로 이어질 수도 있다. 비판적 성찰을 수행한다는 사실만으로도 감정관리, 지적 호기심, 성취감이 높다는 뜻이다.

5. **비판적 성찰모형을 활용하라**: 비판적 성찰은 기본적으로 자료수집과 분석종합, 2단계로 진행한다. 여기에 적용과 실천까지 더하면 3단계 모형이 된다. 이렇게 단계별로 성찰하면 체계적으로 사유할 수 있고 감정을 관리하기도 수월하다.

6. **자신의 목적과 상황에 맞는 비판적 성찰모형을 선택한다**: 기존의 성찰모형을 사용해도 좋고 이를 변형하여 직접 만들어도 좋다. 비판적 성찰모형의 기본적인 개념과 가정을 고려하여 단계별 질문프롬프트를 만들어 생각을 이끌어내도 좋다.

7. **비판적 성찰은 업무수행능력을 높인다**: 지금처럼 업무환경이 급변하는 시대에는 매뉴얼에만 의존하여 업무를 수행하는 데 한계가 있다. 비판적 성찰은 올바른 의사결정과 업무평가에 실질적인 도움을 줄 수 있다.

8. **비판적 성찰을 글을 쓰기 위한 준비과정이다**: 나의 경험과 통찰을 적절한 이론의 도움을 받아 검증하고 체계화할 수 있다. 물론 글을 쓰기 위해서는 맥락과 독자를 고려하여야 한다. 또한 공개해도 되는 내용인지 신중하게 판단하라.

13

취업과 경력개발 성공전략

비판적 사고는 미래인재의 핵심 경쟁력

취업경쟁력을 높이기 위해서 무엇을 어떻게 준비해야 할까?

나에게 맞는 직업과 직업경로는 어떻게 찾을 수 있을까?

구직과정에 비판적 사고를 적용하면 어떤 도움을 받을 수 있을까?

입사지원서나 자기소개서를 잘 쓰는 요령이 있을까?

비판적 사고능력을 고용주에게 어떻게 보여줄 수 있을까?

이전의 취업경험을 미래의 취업활동에 도움이 되도록 활용할 수 있을까?

개인의 비판적 사고능력은, 오늘날 기업에서 높은 가치를 인정받고 있다. 미국은 물론 전세계 취업시장에서 또 경력개발과정에서 가장 핵심적인 경쟁력으로 자리잡았다. 비판적 사고능력은 실제로 다음과 같은 상황에서 빛을 발한다.

- 직장생활을 하면서 겪는 다양한 상황에서
- 다양한 직무에서 요구하는 업무능력 평가시험을 준비할 때
- 취업면접 과정에서 까다로운 질문에 답할 때

직업세계에 대해, 또 그 안에서 자신이 차지하는 위치와 역할에 대해 시간을 내어 비판적으로 분석하고 성찰하는 것은 매우 가치있는 일이다. 특히 다음과 같은 질문에 비판적 성찰을 적용한다면 자신의 삶에 의미있는 변화를 초래할 수 있다.

- 나는 어떤 종류의 일자리에 지원하는 것이 좋을까?
- 나의 입사지원서는 이 정도로 충분할까?
- 이번에 탈락한 입사지원 경험을 통해 무엇을 배웠는가? 앞으로 도움이 될 만한 교훈을 찾을 수 있을까?
- 나의 경력과 직업적 목표를 달성하기 위해 어떤 문제를 고려해야 할까?
- 내가 앞으로 쌓아갈 경력은 어떤 모습일까?
- 장기적으로 나는 어떤 삶을 살고자 하는가?

비판적 성찰을 활용한
삶과 직업설계

시간이 흐르면서 노동시장은 변하기 때문에, 마음에 드는 직장에 취업하기 위한 기술도 달라질 수밖에 없다. 또 시간이 흐르면서 우리 자신도 변할 수 있기에, 가끔씩 한발 물러서서 자신의 삶과 직업적 결정을 비판적으로 바라볼 필요가 있다. 직업과 관련한 결정은 오랜 시간 내 삶에 구석구석 영향을 미친다. 직업을 결정하기 전 구체적으로 다음과 같은 질문에 답을 해야 한다.

- 하루하루를 어떻게, 어디서 보내고 싶은가?
- 어떤 사람들을 주로 만나고 싶은가?
- 어떤 대화를 주로 나누고 싶은가?
- 무엇을 보고 듣고 먹고 입고 느끼고 싶은가?
- 건강과 안정과 행복을 어느 정도 누리고 싶은가?
- 나를 위한 시간은 얼마 정도 낼 수 있다면 충분할까?
- 어떤 기회를 열고 싶은가? 반대로 어떤 기회는 닫아도 괜찮은가?

직업과 경력에 대한 결정을 내릴 때는 시간을 두고 판단하는 것이 바람직하다. 직업이 내 삶에 어떤 영향을 얼마나 미치길 바라는지 차분하게 성찰해야 한다. 중요한 질문을 하나씩 살펴보자.

무엇이 가장 소중한가?

인생을 살아가면서 가장 얻고 싶은 것은 무엇인가? 일자리가 급하고, 선택의 폭도 좁은 상황이라면 한가하고 추상적인 질문처럼 느껴질 수도 있다. 하지만 장기적인 관점에서 내가 무엇을 얻고자 하는지, 그것을 향해 어떤 로드맵을 따라 나아갈 것인지 비판적으로 성찰하고 준비했다면, 선택의 갈림길에 섰을 때 훨씬 올바른 결정을 할 수 있을 것이다.

궁극적으로 진로결정은 나 자신과 나의 상황에 크게 영향을 받는다. 구체적으로 나의 라이프스타일, 인간관계, 직업적 야망, 가족, 친구 등에 따라 달라질 것이다. 예컨대, 단체활동에 참여하는 것을 중요하게 생각한다면, 여럿이 함께 일할 수 있는 직업을 우선 고려해야 할 것이다. 가족을 돌보는 것을 가장 중요한 가치로 여긴다면, 장시간 근무하거나 근무시간이 불규칙하거나 해외출장이 잦은 직업은 맞지 않을 것이다. 정치활동에 참여하는 것을 중요하게 생각한다면, 이러한 활동에 참여하는 것이 방해되지 않는, 또는 이러한 야망을 실현하는 데 도움이 되는 직업을 찾아야 할 것이다.

무엇에 헌신하고 싶은가?

며칠 일해보고 자신에게 꼭 맞는 직업을 찾았다고 섣불리 판단해서는 안 된다. 직업이란 같은 일을 매일 반복한다는 뜻이다. 그러한 일이 나에게 무엇을 의미할지 곰곰이 시간을 가지고 생각해봐야 한다. 뭔가 멋있어 보인다고, 급여를 많이 준다고 흥분할 필요는 없다. 함께 일하는 사람들, 근무시간, 수행해야 하는 임무, 뒤따르는 책임, 나에게 요구되는 헌신이 나와 맞지 않다면, 아무 의미도 없다.

라이프스타일과 가치관?

- 어떻게 시간을 보낼 것인지 판단할 때, 가장 중요하게 여기는 요인은 무엇인가? 어떤 일을 하면 그것을 자연스럽게 충족시킬 수 있을까?
- 어떤 직종에서 일할 때 내가 좋아하는 사람, 또는 편하게 느껴지는 사람들을 만날 수 있는가?
- 진로를 결정할 때 고려해야 하는, 또 다른 중요한 가치가 있는가?

무엇을 선택할 수 있는가?

이것이 가장 현실적인 질문이다. 대학을 졸업한 뒤 1-2년은 대개 여러 직장을 옮겨 다니며 자신에게 어떤 직종과 라이프스타일이 맞는지 테스트한다. 또는 바로 취업하지 않고 인턴이나 자원봉사자로 일하며 경험을 쌓거나, 아예 취업을 하지 않고 여행을 다니거나 창의적인 일에 도전하는 사람도 있다. 내가 진정으로 무엇을 하고 싶은지 확신하지 못하는 경우에는 이러한 선택도 나쁘지 않다.

하지만 직업에 대한 계획이 확고하게 서있다 하더라도, 잠시 멈춰서 자신의 미래를 비판적으로 성찰하는 것은 여전히 유용한 선택이다. 이것이 여전히 나에게 가장 적합한 선택인가? 실현가능한 길인가? 영감을 불어넣어주는가? 비판적 성찰 결과, 자신이 세운 가설을 뒷받침할 수 있다면, 또 이를 뒷받침하는 근거를 찾을 수 있다면 그대로 밀고 나가면 된다. 하지만 불확실한 측면이 드러난다면, 더 많은 시간과 비용을 투자하기 전 좀더 여유를 가지고 깊이 탐색하는 것이 좋다.

졸업하면 뭐하지?

- 졸업 후 첫해를 어떻게 보낼 것인가? 선택할 수 있는 길을 먼저 나열해보자.
- 졸업 후 직업경로에 곧바로 뛰어들고 싶은가? 아니면 직업경로에 뛰어들기 전 잠시 쉬고 싶은가? 아니면 나만의 사업을 시작하고 싶은가? 아니면 더 공부를 하고 싶은가?

무엇을 목표로 삼을 것인가?

경력의 절정기에 다다랐을 때 성취할 수 있는 업적이나 역할이나 지위가 명확하다면, 방향을 잡는 것이 훨씬 수월할 것이다. 그러한 업적이나 지위에 오르기 위해 어떤 직업경로를 따라가야 할지 모르겠다면, 대학의 진로상담사를 찾아가 조언을 받아보길 바란다.

20년 뒤 나의 모습

- 나는 어떤 사람이 되고 싶은가? 전문가인가? 고위직인가? 어떤 모습인가?
- 그 자리에 오르려면 어떤 자격이 필요한가? 그 자격을 얻는 데 시간이 얼마나 걸리는가?
- 어떤 일을 하거나 어떤 역할을 수행해야 그 자리에 도달할 수 있는가? 각각의 경로마다 시간이 얼마나 걸릴 것으로 예상하는가?
- 그 자리에 오르기 위해 단계별로 달성해야 할 세부목표가 있을까? 단계별 목표를 세우고, 각각 얼마나 시간이 걸릴지 계산하고 계획표를 짜라.

어떤 분야에서 무슨 일을 할 것인가?

특정한 분야에 들어가기 위한 자격을 취득하기 위해 오랜 시간 공부해왔다면, 그 길을 계속 가는 것이 가장 좋을 것이다. 하지만 생각이 달라지거나 상황이 달라져서 다른 길을 찾아야 한다면, 지금껏 공부하고 준비한 것들을 헛되이 날리지 않을 수 있는 취업시장을 찾아라. 이때 비판적 성찰은 큰 힘이 될 것이다.

반대로, 자신의 전공분야와 자신이 일하고 싶은 분야가 크게 다를 수 있다. 그럴 때 역시, 자신의 전공이 빛을 발할 수 있는 일자리가 없는지 찾아야 한다. 금융, 엔터테인먼트, 의료, 엔지니어링, IT 기업에서도 경영, 크리에이티브, 마케팅, 광고, 미술 등 다양한 직무에 필요한 인력을 채용한다. 대학졸업생을 위한 일자리 중 절반 정도는 전공과 무관하게 열려 있다.

노동시장 조사

- 모든 직종을 포괄하는 구직사이트도 있지만, 직종마다 구직사이트가 전문화되어있는 경우도 있다. 내가 원하는 직종의 구직사이트를 찾아라.
- 원하는 직종에 일자리가 얼마나 있는지, 어디에 주로 위치하는지, 평균초봉은 얼마 정도 되는지 알아보라.
- 원하는 직종에서 요구하는 기술과 자질이 무엇인지 알아보라.
- 취업과 경력개발에 대해 궁금한 것이 있다면 자신이 다니는 대학의 진로상담센터를 찾아가 도움을 요청하라. 좀더 올바른 판단을 하는 데 도움이 될 것이다.

나는 어떤 직업을 선택할 것인가?

직업경로는 어디서부터 생각해야 할까? 이미 직업을 가지고 있든 없든, 어려운 문제다. 사람마다 출발점은 다를 수 있다. 또 어떤 분야든 일단 한번 일을 해보거나 경력을 밟아나가다보면 생각이 달라질 수도 있다. 그런 점에서 자기평가는 언제나 유용한 출발점이 된다. 취업과 직업경력에 대한 나의 생각, 취업과 관련한 나의 경험, 내가 갖춘 기술 등을 비판적으로 평가해보자. 비판적으로 자신을 돌아보고 점수를 매겨보자. 왜 그런 점수를 주는지 생각해보며, 앞으로 어떤 커리어를 쌓아나갈지 성찰해보자. 어떤 결정을 내릴지 판단하는 데 도움을 줄 수 있다.

- 점수는 다음 5점 척도에서 고른다.

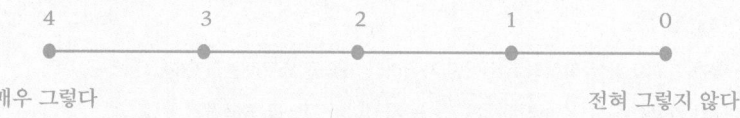

- 답변하는 과정에서 떠오르는 생각을 메모칸에 적는다. 새로운 실천목록, 더 확인해보고 싶은 정보, 진로상담을 받고 싶은 측면 등을 쓴다.

취업 체크리스트

커리어와 라이프스타일	점수	메모
어떤 직업이 나에게 잘 맞을지 오랜 시간 진지하게 고민했다.		
혼자 알아서 일하는 것이 좋은가? 회사에 고용되어 지시를 받으며 일하는 것이 좋은가? 나의 성향을 분명히 안다.		
내가 가고자 하는 직업경로가 구체적으로 어떤 길을 따라가는지 안다.		
내가 가고자 하는 직업경로를 따라가기 위해서 삶의 어떤 측면을 수용하거나 희생해야 하는지 안다.		
내가 가고자 하는 직업경로가 내가 추구하는 라이프스타일과 어울리는지 충분히 안다.		
내가 가고자 하는 직업경로에 맞는 구체적인 직업목록을 안다.		
나의 전공학위를 가진 졸업생에게만 열려있는 직업에 무엇이 있는지 안다.		
전공과 무관하게 지원할 수 있는 직업에 무엇이 있는지 안다.		

취업자격	점수	메모
내가 가고자 하는 직업경로가 어떤 자격이나 기술을 요구하는지 안다.		
내가 가고자 하는 직업경로가 요구하는 자격이나 기술을 습득하기 위해 나는 지금 공부하고 있다.		
직업적 목표를 달성하기 위해 앞으로 어떤 자격을 더 취득해야 하는지 안다.		
내가 가고자 직업경로와 관련된 직능단체나 협회가 어떤 자격을 요구하는지 안다.		

취업경험	점수	메모
취업경험이 있는 사람에게 취업의 문이 훨씬 넓다는 사실을 안다.		
현재 일을 하고 있다면, 취업할 수 있는 기회가 크다는 사실을 안다.		
지금까지 쌓아온 직업적 경험을 입증하는 기록을 가지고 있다.		
'실무현장'에서 무엇을 요구하는지 안다.		
내가 일하고 싶은 업계와 관련된 업무경험이 있다.		

기술	점수	메모
업무에 활용할 수 있는 기술이나 경험을 입증하는 훌륭한 포트폴리오를 가지고 있다.		
고용주가 관심을 가질 수밖에 없도록, 내가 가진 기술을 보여주거나 제시하는 방법을 안다.		
내가 일하고 싶은 업계의 고용주들이 어떤 기술을 가진 사람을 찾고 있는지 안다.		
텍스트 커뮤니케이션 능력이 뛰어나다. (글을 잘 쓴다.)		
맞춤법과 구두점을 틀리지 않고 정확하게 사용할 줄 안다.		
나 혼자 사업을 운영해 나갈 수 있는 기술이 있다.		

취업절차 경험	점수	메모
관심있는 일자리 정보를 어디서 찾을 수 있는지 안다.		
원하는 일자리에 지원하여 취업에 성공한 경험이 있다.		
입사지원서류를 작성하고 면접 보는 과정에 대한 노하우가 있다.		
구인공고를 보고 좋은 일자리를 골라낼 줄 안다.		
반드시 뽑히는 입사지원서류 작성방법을 안다.		
평가센터에서 좋은 성적을 내는 법을 안다.		
취업면접에서 좋은 점수를 받는 법을 안다.		

평가센터 Assessment Center

입사지원자들에게 하루 이틀 몇 가지 직무과제를 주고 이를 수행하는 과정을 관찰하고 평가하여 신규인력을 채용하는 방법. 많은 대기업들이 실시하는 채용방법이다.

취업을 위해 지금 당장 해야 할 일

다음은 취업을 준비할 때 해야 하는 일이다. 이미 완수한 일을 체크하라. 그리고 체크하지 못한 일들을 정리하여 우선순위를 정하라.

대학을 졸업하고 취업을 해야 할 경우

체크리스트	우선순위
☐ 대학의 진로상담센터를 찾아 도움을 받는다.	1.
☐ 경력개발에 관하여 전문가들이 작성한 글을 찾아 읽는다.	2.
☐ 내가 가고자 하는 직업경로에서 어떤 자격과 기술을 요구하는지 안다.	3.
☐ 필요한 자격과 기술을 나는 모두 갖추고 있다.	4.
☐ 구인웹사이트를 훑어보며 어떤 일자리가 있는지, 어떤 자격이나 기술을 요구하는지 알아본다.	5.
☐ 고용주들이 입사지원자들의 능력을 어떻게 평가하는지 알아본다. (뒤에서 자세히 설명한다)	
☐ 어떤 직종이든 직무경험을 쌓는다. (일을 해본 적 없는 경우)	
☐ 관련분야에서 직무경험을 쌓는다.	
☐ 대학 안에서 얻을 수 있는 일자리가 있는지 알아본다.	
☐ 창업을 하거나 프리랜서로 일하는 법에 대해 자세히 알아본다.	
☐ 지금 하고 있는 개인적인 사업이 있다면, 사업을 성장시키고 발전시키는 법을 알아본다.	
☐ 기업에서 운영하는 직업교육코스가 있는지 알아본다.	
☐ 나의 전공이나 기술을 더 크게 빛내줄 경진대회나 지원프로그램이 있는지 찾아본다.	

이미 회사를 다니고 있는 경우

체크리스트	우선순위
☐ 지금 근무하고 있는 직장에서 실시하는 업무평가나 성과제도를 최대한 활용하여 좋은 직무기록을 얻는다. ☐ 승진에 도전한다. ☐ 고용주가 제공하는 교육프로그램을 최대한 활용한다. ☐ 더 나은 발전기회를 만들어달라고 고용주에게 요구한다. ☐ 나의 경험을 넓혀줄 수 있는 임무, 늘 하던 업무에서 벗어난 새로운 임무에 관심을 표한다. ☐ 주도적으로 책임감을 가지고 일할 수 있는 방법을 찾는다.	1. 2. 3. 4. 5.

취업과 직업경로를 선택할 때 자신의 '주체적인' 선택의 힘을 인지하는 것은 매우 중요하다. 먹고 살기 위해 어쩔 수 없이 아무 곳에나 취업하면 그만이라고 생각하는 것과 자신의 능동성을 자각하고 발휘하는 것은, 취업과정은 물론 결과에도 큰 차이를 만들어낸다. 그러한 생각의 차이는 장기적으로 직업경로를 가르는 결정적 순간에 엄청난 힘을 발휘한다.

취업준비
필승전략

O상적인 일자리에 지원하여 단번에 합격할 수 있다면 좋겠지만, 대부분 그렇게 운이 좋지는 않다. 특히 야망이 클수록 취업하기는 더 어려워진다. 하지만 취업에 계속 실패하다보면 의욕도 꺾이고 자존감까지 떨어질 수 있다.

일반적으로 일자리를 찾아야 하는 시점에 사람들은 다양한 불안과 압박을 겪기 마련이다. 생계의 위협, 남들 앞에 자신을 입증해야 하는 부담, 소득을 끌어올려야 한다는 압박, 실패에 대한 두려움, 낯선 사람과 낯선 공간에 적응해야 하는 급격한 삶의 변화 등으로 인해 초조할 수 있다. 그럴수록 되지도 않을 곳까지 이곳저곳 이력서를 넣어 쓸데없는 시간과 에너지를 낭비하기 쉽다.

이럴 때 필요한 것이 바로 비판적 사고다. 구직과정을 여러 단계로 구분하여 시간과 노력을 효율적으로 집중적으로 관리할 수 있다. 모든 과정을 자신이 통제한다는 느낌을 받을 수 있을 뿐만 아니라, 성공확률도 높아진다. 비판적 사고를 취업과정에 적용하는 방법을 단계별로 자세히 살펴보자.

내가 진정으로 원하는 직업은 무엇일까?

입사지원을 본격적으로 시작하기에 앞서, 취업을 통해 내가 진정으로 얻고자 하는 것이 무엇인지 비판적으로 성찰해보자. 내가 무엇을 얻고자 하는지 분명하게 알지 못하면 시간과 노력만 낭비할 수 있다. 먼저 다음 질문에 답해보라.

- 나 혼자서 내 맘대로 일하는 것이 좋은가? 다른 사람을 밑에서 일하는 것이 좋은가?
- 회사에 취업하고 싶다면, 큰 조직에서 일하고 싶은가? 작은 조직에서 일하고 싶은가? 민간부문에서 일하고 싶은가? 공공부문에서 일하고 싶은가? 또는 공익적인 단체에서 일하고 싶은가?
- 일자리를 찾는 가장 중요한 목적은 무엇인가? 전공을 살릴 수 있는 기회를 얻기 위해? 경험, 전문성, 기술을 개발하기 위한 발판을 얻기 위해? 계속 공부를 하기 위한 돈을 벌기 위해? 현재 지위나 급여보다 높은 보상을 얻기 위해?
- 어떤 역할이나 업무를 수행하고 싶은가? 가장 우선적으로 맡고 싶은 역할은 무엇인가? 가장 맡기 싫은 역할은 무엇인가? 가장 우선적으로 맡고 싶은 업무는 무엇인가? 가능한 한 배제하고 싶은 업무는 무엇인가?
- 어디서 일하고 싶은가? 가장 선호하는 지역이 있는가? 내키지 않는 지역이 있는가? 출퇴근에 걸리는 시간이나 출장은 어느 정도 감수할 수 있는가?
- 어느 정도 급여를 받고 싶은가? 이상적인 목표는 얼마인가? 현실적인 수준은 얼마인가? 얼마까지 타협할 수 있는가?
- 어떤 직장문화를 원하는가? 직장에서 가장 중요하게 여기는 가치는 무엇인가? 목표/실적달성, 고객만족, 전문성, 팀웍, 사회적 책임 등 다양한 가치 중에서 업무의욕을 가장 북돋는 것은 무엇인가? 절대 받아들일 수 없는 가치나 직장문화가 있는가?

- 지키고 싶은 라이프스타일이 있는가? 나의 삶을 일에 얼마나 내어줄 의향이 있는가? 저녁에도 일할 수 있는가? 주말에도 일할 수 있는가? 매일 출퇴근할 수 있는가? 퇴근 후에도 업무에 신경쓸 수 있는가? 긴급한 일이 발생했을 때 출동할 수 있는가? 업무차 며칠씩 출장을 다녀도 괜찮은가?

> **나에게 맞는 직업은?**
> - 위의 질문에 답해보라. 직업이나 직장을 고를 때 가장 중요한 기준은 무엇인가?
> - 그 기준에 맞는 직장이나 직업경로는 무엇인가?

구직을 시작할 준비가 되었는가?

다음 질문에 모두 '예'라고 솔직하게 답할 수 없다면, 입사지원서를 작성하는 것은 시간낭비에 불과할 수 있다.

- ☐ 이 직무에 대해 나는 충분히 알고 있는가?
- ☐ 직무가 요구하는 일을 나는 수행할 수 있는가?
- ☐ 이 일은 내가 진정으로 원하는 일인가?
- ☐ 이 일은 나의 최소요건을 충족하는가?
- ☐ 이 직무역할은 나의 정체성이나 가치관과 잘 어울리는가?
- ☐ 나는 이 직무를 수행할 자격이 있는가: 구직자스펙을 충족하는가?
- ☐ 채용면접에서 내가 이 일을 하고 싶다고, 할 수 있다고 설득할 수 있는가?
- ☐ 입사지원에 합격한다면 정말 받아들일 것인가?
- ☐ 이 입사지원을 통해 많은 것을 배울 수 있는가?
- ☐ 이 입사지원에 시간을 투자할 가치가 있는가?

고용주의 눈으로 보라

입사지원서를 작성할 때 먼저 고용주입장에 서보자. 비판적 사고를 활용하여, 고용주라면 다음 질문에 어떻게 대답할지 상상해보라.

- 어떤 사람을 고용하고 싶을까?
- 적합하지 않은 지원자를 가장 먼저 '걸러내는' 기준은 무엇일까?
- 원치 않는 직원을 선발하지 않기 위해 비판적 사고를 어떻게 활용할까?
- 새로 채용한 직원에게 무엇을 기대할까?

이 질문에 답할 수 있다면, 지원서에 무엇을 넣고 무엇을 강조하는 것이 좋을지 판단할 수 있다. 구직 성공률도 높일 수 있다. 하지만 구직자가 이러한 질문에 어떻게 답할 수 있을까? 바로 이럴 때 비판적 사고가 빛을 발한다.

고용주는 바쁜 사람이다. 쓸데없는 입사지원서를 보며 시간을 낭비하고 싶어하지 않는다. 따라서 자신이 원하는 사람들만 입사지원을 하도록 유도하기 위해 구인공고와 회사소개 등 여러 자료 속에 위 질문에 대한 단서를 세심하게 심어둔다. 그리고 이러한 단서들을 지원자들이 신중하게 읽어낼 것이라 기대한다. 이러한 기대는 기본적으로 다음과 같은 구직자의 능력을 테스트하는 것이다.

- 공개되어있는 정보를 찾아낼 줄 아는가?
- 공개되어있는 정보가 함축적으로 의미하는 바를 이해할 줄 아는가?
- 공개되어있는 정보를 직무역할에 비추어 해석할 줄 아는가?
- 공개되어있는 정보를 효과적이고 일관성있게 사용할 줄 아는가?

구인공고를 하나씩 뜯어보자.

구인공고 소개말 Job advertisement
구인공고 첫머리를 장식하는 간략한 소개말에는 다음과 같은 단서가 들어있을 수 있다.

- 빈자리가 발생한 이유
- 조직의 목표
- 이 직무가 조직에서 차지하는 위치
- 직무의 규모와 범위
- 직무수행에 가장 필요한 개인적 성격이나 특성

직무설명 Job description
입사하고 난 뒤 어떤 일을 해야 하는지 설명한다. 꼼꼼히 읽어보면서 다음과 같은 단서를 찾아내야 한다.

- 내가 수행할 수 있는 업무인가? 현재 내 수준에서 너무 벅찬 업무인가, 아니면 수준이 낮은 업무인가?
- 입사 첫날부터 바로 현장에 투입되어 성과를 내야 하는 업무인가? 아니면 약간의 숙련기간을 제공하는가? 어쨌든 고용주는 곧바로 업무에 뛰어들 수 있는 사람을 선호하기 마련이다.

구직자스펙 Person specification
고용주가 어떤 기준으로 지원자를 선발할지 구체적으로 알려주는 부분이다. 필수 자질요건을 앞서 설명한 직무설명에 접목하여 비판적으로 해석해보면 많은 것을 알 수 있다.

- **필수스펙** essential specification: 구직자가 반드시 충족해야 하는 요건들로, 필수스펙을 모두 충족한다는 것을 타당한 근거를 제시하여 입증할 수 있어야 한다.
- **추가스펙** desirable specification: 필수스펙을 충족하는 지원자가 많을 때는 추가스펙을 기준으로 적임자를 결정한다.

이렇게 구인공고를 면밀하게 읽어낼 줄 안다면, 자신이 지원할 만한 구인공고를 선별해낼 수 있을 것이다. 이러한 과정을 생략하고 마구 입사지원서를 작성할 경우, 시간과 노력만 낭비할 수 있다. 구인공고를 분석한 결과 자신이 지원할 만한 회사라고 여겨진다면, 이제 좀더 많은 정보를 찾아보고 분석하여 구직성공확률을 높여야 한다. 다음과 같은 자료를 찾아볼 수 있다.

- 입사지원서와 함께 동봉되어 온 회사소개자료 등, 다양한 자료에 담겨있는 메시지를 파악한다.
- 고용주의 웹사이트에 공개되어있는 회사의 가치, 사명, 구조, 전략, 계획, 재무보고서에서 메시지를 읽어낸다.
- 소셜네트워크를 비롯한 다양한 플랫폼에서도 정보를 찾을 수 있다. 정부기관의 자료나 자선활동/공익활동에 대한 기록도 고용주에 대해 많은 것을 알려준다.

이러한 정보들을 종합하여 고용주가 요구하는 구직자상에 가장 잘 어울리게끔 자신을 보여주어라. 좋은 결과를 얻을 수 있을 것이다.

구직자들이
흔히 저지르는 실수

입사지원과정에서 흔히 저지르는 실수를 이해하면 어디에 초점을 맞춰 비판적 사고를 해야 하는지 알 수 있다.

1. **구인공고를 제대로 읽지 않는다**
- 구인공고에 적시해놓은 직무에 대한 설명이나 자격요건을 제대로 읽고 해석하지 않는다.
- 구인공고나 웹사이트에 이미 게시해놓은 정보를 확인하기 위해 고용주에게 전화나 이메일로 묻는다.
- 입사지원서나 면접과정에서 구인정보를 잘못 이해하고 있다는 사실이 드러난다.
- 혼자서도 충분히 답을 찾을 수 있는 질문을 면접할 때 묻는다.

2. **지시사항을 따르지 않는다**
- 입사지원서 작성지침을 따르지 않고 마음대로 작성하여 제출한다.
- 필요한 서류를 빠뜨리고 제출하거나, 필요하지 않은 서류를 제출한다.
- 마감일을 넘겨 입사지원서를 제출한다.
- 면접이나 평가센터에 제시간에 도착하지 않는다.
- 면접관이 묻는 질문에 엉뚱한 답변을 한다.

3. 모호하게 진술한다

- 필수스펙을 충족한다는 것인지 부족하다는 것인지 알기 어렵게 진술한다.
- 성과와 업적을 이야기할 때 '우리는…' '우리팀은…' 같은 말을 사용하여 입사지원자 개인의 능력과 기여도를 파악하기 어렵게 진술한다.
- 조직이나 단체에서 이룬 업적을 설명할 때 자신의 역할과 책임 수준을 제대로 파악하기 힘들게 두루뭉술 뭉뚱그려 진술한다.

4. 주장과 현실이 다르다

- 의사전달능력이 뛰어나다고 말은 하는데, 정작 자신이 적합한 지원자라는 사실은 설득력있게 전달하지 못한다.
- '꼼꼼한' 일처리가 장점이라고 써있는데, 정작 입사지원서에 오탈자가 있거나, 문단이 제대로 정렬되어있지 않다. (사소한 것처럼 보이는 이러한 실수는 지원자에 대한 신뢰도를 떨어뜨릴 수 있으며, 결정적인 탈락이유가 될 수 있다.)

5. 공허한 진술을 반복한다

- 구체적인 예를 제시하지 않는다. 예컨대, 고용주가 '대인기술이 좋은지' 물었을 때, '저는 대인기술이 뛰어납니다. 대인기술이 뛰어나다는 평을 듣습니다. 좋은 대인기술로 높은 성과를 얻었습니다.' 같이 말한다. (이는 같은 말을 반복하는 오류에 불과하다. 자신이 대인기술이 뛰어나다는 것을 입증할 수 있는 구체적인 근거를 제시해야 한다.)
- 자질, 신념, 가치관, 세계관 같은 포괄적인 이야기만 말한다. 예컨대 고용주가 이 분야에 대해서 '얼마나 알고 있는지' 물었을 때, '이 분야에 대해 평소에도 관심이 있었습니다. 저는 무엇이든 빨리 배울 수 있습니다.' 같은 일반적인 대답을 한다. (실제 실무경험을 제시하거나 지식과 이해를 구체적으로 어떻게 쌓았는지 예를 들어 설명해야 한다.)

6. 꼼꼼하지 못하다
- 구직자에게 요구하는 스펙에 항목별로 구분하여 답하지 않는다.
- 희망급여, 자격, 추천인, 작성날짜 등 필수기재항목을 기재하지 않는다.
- 경력이나 근무이력을 완벽하게 기재하지 않아, 구직자 정보를 고용주가 추정해야 하는 빈틈을 남긴다.
- 회사이름이나 CEO이름의 스펠링을 틀리는 어이없는 실수를 한다.

7. 고용주에게 불편을 초래하거나 부담을 준다
- 고용주가 요청한 양식에 맞춰 정보를 제공하지 않는다. 이러저러한 문서나 다른 단락을 참조하도록 함으로써 고용주의 시간을 잡아먹는다.
- 고용주가 요청한 면접날짜나 면접방식에 맞출 생각이 없다. 자신의 일정에 맞게 면접날짜를 바꿔달라고 요청하거나, 화상채팅 등 자신에게 편한 면접방식으로 바꿔달라고 요청한다.
- 고용주가 분류해놓은 구직자스펙을 무시하고 뭉뚱그려 답변한다. (이렇게 답변하면 고용주가 미리 만들어놓은 채용시스템에 점수를 기입하기 어렵다.)
- 어떤 방식으로든 고용주의 업무량을 늘리거나 불편을 초래한다. (이런 입사지원자는 고용주에게 결코 좋은 인상을 줄 수 없다.)

8. 지원하는 직무에 관심이 없다
- 이전 직장의 직급이나 경력에 비해 현저하게 높은 직급에 지원한다.
- 이전 직장에서 받던 급여보다 훨씬 높은 급여를 받는 직무에 지원한다. 직무보다 그 직무에 대한 급여나 직급을 얻는 것이 입사지원 동기임에 분명하다.
- 직무에 필요한 구체적인 기술과 경험이 없음에도, 그 분야에 관심이 있거나 인생경험이 있다는 이유만으로 자신이 잘할 수 있다고 말한다.
- 직무에 관심이 없음에도 관심이 있는 척 지원한다. 그 직무를 꼭 수행하고 싶다는 절실함이 없다.

9. 고용주의 관심사보다 자신의 관심사를 우선한다

- 자신이 가진 기술과 자질을 이야기하는 데 초점을 맞출 뿐, 지원하는 직무에 그것을 어떻게 적용하고 활용할 수 있는지 명확하게 설명하지 않는다.
- 회사의 이익과 명백하게 부합하지 않는 개인적인 야망을 늘어놓는다.
- 휴가, 복지, 상여금 등 구인공고에서 이미 제시한 정보에 대해 지나치게 관심을 보이며 질문한다.
- 개인적으로 사업을 하거나 부업을 하고 있는 상태에서 정직원으로 입사지원을 한다. (그런 사람은 업무에 헌신하지 않을 확률이 높다.)
- 고용주나 직무 자체에 대한 관심보다, 자신이 취업한다는 사실 자체에 관심이 있는 것으로 보인다.
- 면접을 보는 자리에서, 시간이 없어서 입사지원서를 제대로 작성하지 못했다고 또는 회사에 대해서 알아볼 시간이 없었다고 말한다.
- 회사의 웹사이트에서 정보를 찾기 힘들었다고 말하는 등, 고용주를 비판하는 뉘앙스로 말한다.
- 기업의 목적, 조직생활, 직원에게 요구되는 자세 등에 대해 무지하거나 관심이 없는 것처럼 보인다.

10. 고용주의 요구에 부응할 생각이 없다

- 다른 회사에 제출했던 입사지원서 양식이나 내용을 그대로 재활용한다.
- 다른 회사 이름이나 다른 입사지원서에서 사용했던 표현들이 입사지원서에서 발견된다.
- 고용주가 요구하는 입사지원서는 대충 작성하고, 표준이력서에 필요한 내용이 다 들어있으니 고용주가 알아서 참고하라고 요구한다.
- 면접관이 묻는 질문에, 입사지원서에 자세히 써놓은 내용이니 다 알고 있을 것이라고 생각하여 간단하게 답변한다. (고용주들은 입사지원자의 불성실한 답변을 알아서 채워넣어줄 만큼 한가하지 않다.)

| 연습문제 | 취업코칭 |

지금까지 살펴본 '구직자들이 흔히 저지르는 실수'을 참고하여 다음 사례에서 구직자들이 어떤 실수를 저지르고 있는지 파악해보자. 실수가 여러 개일 수도 있다. 이들에게 어떤 조언을 해줄 수 있는가?

아르노

아르노는 스포츠 저널리즘을 전공하고 최근 졸업했다. 자신의 전공을 살려 일자리를 찾고 싶었지만, 잘 되지 않아 좀더 범위를 넓히고자 한다. 마침 한 대학에서 학생서비스 부책임자를 채용한다는 공고를 발견했다. 구직자스펙으로는 예산관리업무에 '상당한 경험'이 있어야 하며, 학생상담, 장애학생/외국인학생 상담, 재정상담, 기숙사관리 등 학생서비스업무를 하나 이상 책임지고 수행해 본 사람을 찾는다고 써있다. 물론 아르노는 이러한 경력을 하나도 갖추지 못했지만, 입사지원서에 다음과 같이 썼다.

- 졸업한 지 얼마 되지 않았기 때문에 학생들이 필요로 하는 것이 무엇인지 잘 알고 있습니다.
- 학창시절 유도동아리를 책임지고 이끌며 사람들에게 영감을 불어넣어준 경험이 있습니다.
- 유도동아리 예산 900만 원을 관리해본 경험이 있습니다.
- 대학에서 여름방학에 외국인학생상담소에서 파트타임 아르바이트를 했습니다.

세리나

세리나는 졸업 후 초등학교 교사로 일하고 싶다. 필요한 자격을 갖추고 올해 여름 졸업할 예정이다. 마침 초등학교 교사 구인공고를 발견했다. 2주 뒤인 12월 20일 학교에서 공개면접을 실시하고 2월 14일부터 출근을 한다고 명시되어 있다. 하지만 세리나는 친구들과 함께 3월에 3주 동안 해외여행을 가기로 약속해놓은 상태다. 세리나는 고용주에게 전화를 걸어 물어본다.

- 이번 채용에서 신입교사도 뽑나요?
- 지원에 앞서 미리 학교를 방문해볼 수 있나요? 주말에 시간이 나는데.
- 만약 취업이 확정된다면, 4월부터 출근하면 안 되나요?

수키

경영학과 4학년 수키는 좋은 회사에 취업하기 위해 상당한 노력을 기울이고 있다. 이미 수십 개의 입사지원서를 제출했다. 그중에 키아루홀딩스에서 진행하는 인턴십에도 지원했다. 입사지원서 다섯 번째 항목에서 '독립적으로 일하는 능력과 팀원으로서 일하는 능력'을 묻는다. 이 항목에 수키는 이렇게 썼다.

> 저는 사람들과 쉽게 어울린다는 평가를 줄곧 들어왔으며, 또한 다른 사람들과 함께 일하는 것을 즐깁니다. 학창시절, 저는 훌륭한 팀웍이 요구되는 프로젝트를 여러 번 수행한 경험이 있습니다. 저는 열렬한 스포츠맨이며, 무선통신연맹을 비롯하여 몇몇 단체에서 열정적인 회원으로 활동했습니다. 저는 카이루홀딩스에서도 이러한 기술을 발휘하여 훌륭한 팀원이 될 수 있으리라 생각합니다.

리지

리지는 사회정책학과 학생으로 서울 근교에 위치한 국영 에너지기업 GN8에 지원했다. 채용공고에서 웹사이트에 접속하여 온라인입사지원서를 작성하고 자기소개서를 첨부하라고 요청한다. 이력서는 별도로 첨부하지 않아도 된다고 한다. 구직자스펙에는 다음과 같은 항목이 포함되어 있다.

- 전공불문 대학졸업자.
- 우수한 의사소통능력자.
- 출장과 유연근무 가능자.

리지는 자기소개서에 다음과 같이 썼다.

저는 귀사에 일할 수 있는 기회를 진심으로 얻고 싶습니다. 저는 시골에서 자랐고 대학은 지방도시에서 다녔지만 열심히 공부하였고 서울에서 사는 꿈을 꾸고 있으며 도시생활을 너무나 좋아하기 때문에 서울에서 얼마든지 유연하게 근무할 수 있습니다. 사회정책학과를 올여름 평균 2.7학점으로 졸업할 예정입니다. MBZ에서 최선을 다해 일할 수 있는 기회가 주어지기를 간절히 바라며 이력서를 첨부하오니 제가 그동안 쌓은 경력을 확인하여주시면 감사하겠습니다. 대학을 다니면서 18개월간 매장관리자로 일했으며, 10개월 자원봉사 간병인으로 아르바이트를 하며 많은 경험과 기술을 쌓았습니다.

AI 시대에 더욱 빛나는
비판적 사고

서계 어디서나 고용주들은 유능한 대학졸업생들을 채용하고 싶어한다. 대학교육의 핵심이 바로 '비판적 사고능력'을 훈련시키는 것이기 때문이다. 비판적 사고를 할 줄 알아야 열린 마음으로, 자기 자신을 돌아보며, 다양한 관점에서 문제를 공정하게 평가하고, 기업에 관한 기존의 접근방식에 의문을 제기할 수 있다(Diamond et al., 2011).

전 세계 기술격차에 관한 보고서에 따르면, 기업들이 가장 중시하는 기술목록에서 비판적 분석능력은 해가 갈수록 순위가 올라가고 있다(World Economic Forum, 2018 and 2020; Care et al., 2017). 특히 유럽 지역의 고용주들은 비판적 분석능력을 의사결정, 자기절제, 실수회피에 중요한 역할을 하는 자질이라고 여긴다(Penkauskiene et al., 2019). 능동적인 학습능력, 문제-해결능력, 자기관리능력과 더불어 비판적 분석능력을 중요한 소양으로 인식하는 비중은 더 높아지고 있다(World Economic Forum, 2020). 영국의 고용주를 대상으로 한 설문조사에서도 상황판단, 문제-해결, 의사결정과 관련한 자질과, 이를 뒷받침하는 비판적 사고능력에 대한 수요는 계속 증가하고 있는 것으로 나타났다(CBI and UUK, 2009; Lowden et al., 2011; Bakhshi et al., 2017).

미국에서도 고용주의 67퍼센트가 비판적 사고능력을 갖춘 지원자를 우선적으로 채용한다. 이는 청취능력, 꼼꼼한 주의력, 의사소통능력에 이어 4번째로 꼽히는 소양이다(Cengage, 2019). 갈수록 많은 업무들이 자동화되는 상황에서, 인간에게 요구되는 소양으로서 비판적 사고는 더욱 가치가 올라가고 있다.

인도에서도 직원들이 갖춰야 할 중요한 소양으로 비판적 사고능력을 언급하기 시작했다(Wheebox, 2021). 마찬가지로 아시아태평양 지역에서도 21세기 고용시장에서 성공하기 위한 필수기술로 비판적 사고능력을 꼽고 있다(Suarta et al., 2017). 중국에서도 구직자들에게 요구하는 소양으로 '혁신적 사고'에 이어 비판적 사고를 두 번째로 꼽는다(Thompson, 2017).

고용주들이 말하는 '비판적 사고'란 과연 무엇일까?

구인광고에 주요스펙으로 자주 등장하기 시작한 '비판적 사고'라는 말은, 사실 고용주마다 의미가 다를 수 있다. '비판적 사고'라는 말을 통해 요구하는 능력이 고용주마다 직무마다 다를 수 있다는 것을 명심하라.

- 비판적인 시각으로 문제와 기회를 빠르게 파악하고, 실행 가능한 창의적 해결책을 주도적으로 찾아낸다.
- 개인의 업무관행을 비판적으로 성찰하여 개선점을 도출한다.
- 동료나 고객을 대상으로 하는 의사소통과 상호작용을 비판적으로 평가한다.
- 상황/데이터에 대한 빠르고 정확한 평가를 토대로 업무와 관련한 올바른 결정을 내린다.
- 사업계획, 새로운 제안, 디자인, 정책변경 등을 비판적으로 바라보고 의견을 제시한다.
- 데이터를 분석하여 문제의 핵심을 파악해낸다.
- 새로운 아이디어와 관점을 열린 마음으로 수용한다.
- 업무와 관련된 문제를 체계적으로 분석하여 깔끔하게 보고서를 작성한다.

고용주들은 어떤 직무를 수행하든 스스로 문제를 찾아내 고민하고 해결하고 올바른 판단을 이끌어낼 줄 아는 직원, 일일이 참견하지 않아도 업무상황에 맞게 상식적으로 일을 처리해낼 줄 아는 직원을 채용하고 싶어한다. 그런 능력을 발휘하기 위해서는 다양한 각도에서 문제를 바라보고, 아이디어나 가설을 세운 다음 테스트해보고, 정보를 수집하고 그렇게 수집한 근거들을 적절하게 선별하여 올바른 결정을 내릴 줄 알아야 한다. 이것은 기본적으로, 대학에서 학문을 연구하는 과정에서 반복적으로 습득하는 기술과 같다.

비판적 사고능력을 어떻게 보여줄 것인가?

'나는 비판적 사고를 할 줄 압니다'라고 말하는 것으로 자신의 비판적 사고능력을 입증할 수 없다. 입사지원과정에서 자신의 비판적 사고능력을 어떻게 보여줄 수 있을까? 앞에서도 말했듯이 구체적인 직무와 관련지어, 자신의 비판적 사고능력이 직무수행에 어떻게 도움이 되는지 진술해야 한다.

- 직무가 어떻게 전개될지 논리적으로 예측해보라. 매일 어떤 종류의 문제들을 처리해야 할까? 이런 문제들을 처리하는 과정에서 비판적 사고를 어떻게 활용할 수 있을까?
- 직무에서 요구될 것으로 여겨지는 비판적 사고능력을 활용한 경험을 구체적으로 제시한다. 데이터분석, 보고서작성, 이슈탐구, 해법산출, 다른 사람들과 이견을 조율하여 이룩한 업적 등을 비판적 성찰을 통해 발굴한다.
- 자신의 경험이 규모와 복잡성 측면에서 지원하는 직무의 맥락과 비슷할수록 좋다. 그래야 실제 업무맥락에서 비판적 사고능력이 작동할 것인지 예측할 수 있다.

- 자신의 경험을 직무상황과 나란히 비교해 입사지원서에서나 면접에서 보여주는 것도 좋은 방법이다. 자신이 비판적 사고능력을 충분히 발휘할 수 있다는 것을 설득할 수 있다.

자연스럽게 드러나도록 한다

비판적 사고능력을 중요하게 여기는 고용주라면, 구체적인 주장뿐만 아니라 입사지원자의 다음과 같은 행동을 눈여겨볼 것이다.

- 입사지원 전체과정에서 비판적 분석적 태도가 드러나는가?
- 전반적인 업계와 구체적인 업무에서 비판적 사고능력이 어떻게 기여하는지 인식하고 있는가?
- 비판적 사고를 현실에 적용한 사례를 이야기하는가?
- 직무에서 발생할 수 있는 이슈와 문제에 대해 현명하게 판단할 수 있는 사람처럼 보이는가?

공감능력을 보여준다

비판적 사고능력은 공감능력으로 발휘되기도 한다. 특히 공감능력을 중시하는 고용주들은 입사지원자의 다음과 같은 행동을 눈여겨볼 것이다.

- 지원하는 직무의 전체적 의미, 필요성, 사명을 인식하고 있는가?
- 업무상 상대해야 하는 동료, 고객, 클라이언트, 이해관계자에 대해 얼마나 이해하고 있는가? 자신의 경험이나 기술이 다른 이들에게 어떤 가치로 다가갈지 이해하고 있는가?
- 자신의 말과 행동이 다른 직원에게 미칠 수 있는 영향에 대해 알고 있는가?
- 난감하거나 어려운 상황에 닥쳤을 때, 다른 사람의 요구와 감정에 어떻게 대응할 것인가? 다른 사람의 입장까지 배려하는가?

예측능력을 보여준다

비판적 사고능력은 합리적 예측능력으로 발휘되기도 한다. 이러한 능력을 중시하는 고용주들은 다음과 같은 문제에 대한 답변을 눈여겨볼 것이다.

- 기회와 이슈가 있는 곳을 미리 예측하고 선제대응할 능력이 있는가?
- 잠재적인 이익과 위험 사이에 균형을 맞춤으로써, 새로운 기회를 만들어낼 능력이 있는가?
- 앞을 내다보고, 어디서 어떤 문제가 터질지 예측할 수 있는가?

비판적 사고능력을 입증할 수 있는 근거를 제시하라

- 언제 어디서 어떻게 비판적 사고를 발휘했는지 보여주는 가장 극명한 사례를 최소한 한 개, 가급적이면 두세 개 제시한다.
- 주요 사례 이외에 다른 능력을 보여주는 사례들은, 가급적 한 문장으로 요약하여 제시한다.
- 최대한 간결하게, 핵심을 명확하게 전달할 수 있도록 진술한다.

모범적인 사례를 보자.

> 대중을 위한 작품전시회를 준비하면서 저는, 어떤 작품을 전시해야 가장 뛰어난 효과를 발휘할까 비판적으로 사고했습니다. 지역주민들이 참여할 수 있다면 좋겠다고 결론 내렸습니다. 전시장소와 전시방법도 이러한 방향에 맞춰 기획했습니다. 지역사회에 좀더 많은 의미를 전달할 수 있도록 작품마다 해설을 달았습니다. 이러한 전략은 적중했습니다. 실제로 지역주민들이 상당히 많이 참여하였고, 전시회는 좋은 평가를 받았습니다.

비판적 사고는 업무수행에 구체적으로 어떻게 도움이 될까?

비판적 사고는 무엇을 전공했든, 대학졸업생들이 수행해야 하는 직무의 핵심이다. 비판적 사고를 토대로 다음과 같은 능력을 발휘할 수 있다.

- 문제-해결능력: 다양한 해법을 떠올리고 이를 평가하여 상황에 가장 잘 맞는 해법을 적용한다.
- 제한된 상황 속 의사결정능력: 비판적 사고능력이 뛰어날수록 상황을 올바르게 분석하고 신속하게 의사결정을 내릴 수 있다.
- 원활한 의사소통능력: 업무상황에서 무엇이 중요한지 이해함으로써, 동료, 고객, 환자, 투자자 등에게 필요한 정보를 명확하고 간략하게 전달할 수 있다.
- 더 뛰어난 공감능력: 비판적 사고를 할 줄 알면, 다양한 관점에서 상황을 바라볼 수 있으며 다른 사람의 관점도 이해할 수 있다. 서비스업, 영업뿐만 아니라 병원처럼 여러 직종이 함께 일하는 일터에서 빛을 발한다.
- 든든한 자신감: 어떤 상황이든 비판적 사고능력을 활용하여 헤쳐나갈 수 있다는 자신감을 가지고 주체적으로 업무를 수행해나갈 수 있다.

비판적 사고로 업무능력 업그레이드하기

자신의 업무환경에서 비판적 사고를 적극적으로 활용하여 증진할 수 있는 업무능력이 있는가? 비판적 사고를 체계적으로 접목하기 위해서는 어떻게 해야 할까?

캐시의 경우
커뮤니케이션 책임자로 처음 업무를 맡았을 때, 아무런 경험도 없는 상태였죠. 학창시절 저는 텍스트를 분석하는 훈련을 질리도록 반복했는데, 이

기술을 업무에 적용해보기로 했습니다. 쉽게 말하자면, 눈앞에 닥친 일을 해결하기 위해서 다음과 같은 비판적 질문을 끊임없이 던져보는 것입니다.

- 여기서 화자가 전달하고자 하는 메시지는 무엇이지?
- 독자가 달라지면 의미를 표현하는 방식은 어떻게 바꿔야 하지?
- 그래픽이 멋지긴 한데, 이것이 메시지를 전달하는 데 도움이 될까? 오히려 방해가 되지는 않을까?
- 우리가 사용하는 미디어를 통해 잠재고객에게 정말 메시지를 전달할 수 있을까? 사람들이 이 미디어를 사용할 것이라고 판단할 수 있는 근거는 뭐지?

제리의 경우
간호사로서 제가 하는 일은 끊임없이 관찰하고, 분석하고, 평가하고, 적절한 조치를 하는 것입니다. 예컨대 환자가 통증을 느낀다고 말하면, 머릿속에서 다양한 가능성들을 빠르게 훑어보며 검증해야 합니다.

- 통증의 원인은 무엇일까? 이미 확인된 질환이나 부상으로 인한 통증일까? 아니면 새로운 징후일까?
- 환자가 땀을 흘리거나 손을 꽉 쥐는 등, 실제로 통증을 느낀다는 신체적 징후를 보이는가?
- 언제 마지막으로 진통제를 복용했는가? 지금 진통제를 투여하면 부작용, 과다 복용 등 문제가 발생할 수 있는가?
- 지금 환자의 상태는 어떤가? 어떻게 하면 환자의 고통을 덜어줄 수 있을까? 환자와 잠시 대화를 나누면? 명상 같은 것을 하라고 제안하면?

취업과정 체크리스트

전체 취업과정을 입사지원서 작성단계, 면접단계, 평가단계로 구분하여 제대로 대처하고 있는지 체크해보자.

A. 입사지원서 작성단계 체크리스트

입사지원과정에서 나의 적합성을 제대로 보여주는가
☐ 내가 내세우고 싶은 기술이나 장점이 입사지원과정 전반에 걸쳐 눈에 띄도록 세심하게 배치했다.
☐ 회사와 주고받는 모든 소통과 제출하는 글에서 가장 뛰어난 의사소통역량을 발휘했다.
☐ 완성된 입사지원서를 주의깊게 다시 읽어보았다. 조금이라도 잘못된 부분이 있으면 다시 작성한다.
☐ 온라인에 공개된 나의 모든 기록과 흔적을 검토했다. 적절하지 않은 것들은 삭제하고 편집한다.
☐ 링크드인 등 소셜플랫폼에 작성해놓은 온라인 프로필을 업데이트했다.

고용주가 원하는 것에 관심있다는 것을 보여주었는가
☐ 직무관련분야와 직무요구사항에 대해 잘 이해하고 있다는 사실을 입사지원서에서 충분히 전달했다.
☐ 고용주의 이익과 관계없는 개인적인 야망에 대해서는 이야기하지 않았다.
☐ 휴가나 재택근무 등 근무조건에 대해 예민하게 궁금해하거나 신경쓴다는 인상을 주지 않는다.
☐ 고용주의 업무방식, 웹사이트, 관련정보 등에 비판하는 듯한 태도를 보이지 않는다.

고용주가 제공한 정보를 꼼꼼하게 읽었는가
☐ 고용주나 인력채용업체가 제공한 모든 정보를 꼼꼼하게 읽었다.
☐ 인터넷에서 고용주에 대한 정보를 확인했다.
☐ 입사지원서를 작성하기 전 직무에 대해 명확하게 이해했다.
☐ 구인공고나 온라인에서 이미 제공한 정보를 묻고자 고용주에게 연락하여 귀찮게 하지 않았다.

고용주가 요구한 입사지원방법이나 절차를 정확히 따랐는가
☐ 입사지원서 양식을 빠짐없이 채워넣었다.
☐ 고용주가 요구하는 서류를 모두 제출했다.
☐ 고용주가 요구하지 않는 서류는 넣지 않았다.
☐ 고용주가 요구한 방법으로 입사지원서를 제출했다.

구체적으로 질문에 답변했는가
☐ 같은 말을 반복하거나 의미없이 모호하게 풀어쓰지 않았다.
☐ 삶, 세계, 경제 등 지나치게 포괄적인 단어를 사용하여 진술하지 않았다.
☐ 팀 성과를 언급할 때, 자신의 개인적 기여가 무엇인지 명확하게 진술했다.
☐ 나의 경험/능력을 보여주는 구체적인 사례를 제시했다.
☐ 업적에 대해 설명할 때 나의 구체적인 역할과 임무를 명확하게 밝혔다.

꼼꼼하게 일을 처리한다는 것을 보여주었는가
☐ 작성날짜, 희망급여 등 고용주가 요구하는 항목을 빠짐없이 기재하였다.
☐ 근무이력이나 경력을 설명할 때 날짜가 정확하게 맞는다. 공백기간이 있다면, 왜 그런 공백이 있는지 설명한다.
☐ 중요한 정보는 다시 확인했다. 특히 회사이름을 틀려서는 안 된다.
☐ 오탈자, 맞춤법, 구두점 등 틀린 곳이 없는지 꼼꼼히 확인했다.

고용주가 요구하는 구직자스펙에 대해 정확히 답했는가
- □ 구직자스펙에서 요구하는 항목마다 빠짐없이 충실하게 진술했다. 하나라도 빠뜨리면 감점을 받을 수 있다.
- □ 고용주가 구분해놓은 구직자스펙항목에 맞게 구분해서 진술했다. 각각의 항목을 뭉뚱그려 진술하지 말라. 중첩되지 않도록 정리하라.

다른 회사 입사지원서에 썼던 정보를 그대로 사용하지 말라
- □ 지금 지원하는 회사와 직무에 맞게 내용을 수정했다.
- □ 이력서와 첨부자료 형식을 지금 지원하는 회사와 직무에 맞게 수정했다.
- □ 다른 회사 입사지원서에 썼던 정보의 흔적이 남지 않도록 주의한다.

고용주를 귀찮게 하여 나쁜 인상을 주지 않는다.
- □ 고용주에게 불필요하게 연락하지 않는다.
- □ 고용주가 요구하는 정보는 모두 제공한다.
- □ 고용주가 정보를 직접 찾아보게끔 불편을 주지 않는다.

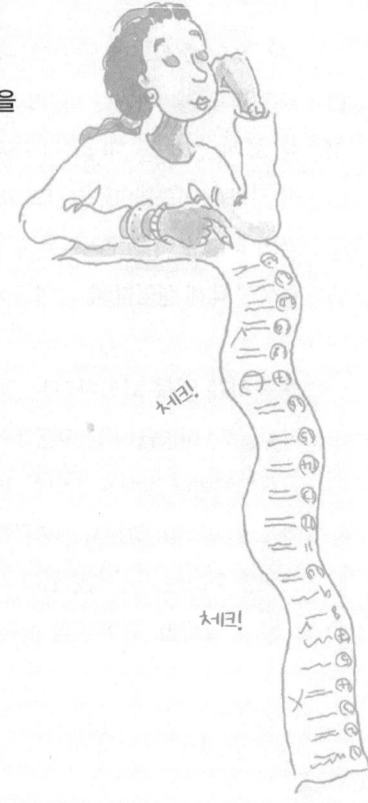

B. 면접단계 체크리스트

- ☐ 면접이나 평가센터에서 어떤 질문이나 과제가 주어지는지 미리 확인했다.
- ☐ 모의면접이나 평가임무수행을 여러 차례 반복하여 연습하고 준비했다.
- ☐ 면접이나 평가센터에 들어가기 전 고용주가 어떤 역량을 눈여겨보는지, 관련 정보를 다시 읽어보고 확인했다.
- ☐ 어떤 질문이 나올지 미리 예상하고 이상적인 답변을 미리 준비하고, 이를 소리 내어 답하는 연습을 했다.

C. 평가단계 체크리스트

- ☐ 취업에 성공했든 실패했든, 취업과정에서 받은 피드백은 모두 그대로 받아들이고 수용한다.
- ☐ 이러한 피드백을 바탕으로, 다음 취업과정에서 참고해야 할 가이드라인을 세운다.
- ☐ 면접이 끝난 다음, 면접관이 던진 질문을 모두 기록한다. 다음 입사지원을 준비할 때 도움이 될 것이다.
- ☐ 다음 입사지원과정에서 어떤 부분을 개선해야 할지 비판적 성찰을 한다.

비판적 사고는 미래인재의 핵심 경쟁력

1. 내가 처한 상황에 비판적 사고기술을 적용하라: 어떤 선택을 할 것인가? 그러한 선택을 하는 이유는 무엇인가? 구체적인 근거가 있는가? 다른 선택은 없는가? 객관적으로 나 자신을 평가하고, 목표를 달성하기 위해 무엇을 해야 하는지 파악한다.

2. 나에게 맞는 직업을 찾아라: 비판적 사고능력을 활용하여 관심있는 직업에 대해 조사하라. 내가 원하는 나의 미래의 삶과 모습을 그려보라. 비판적 사고는 직업경로를 쌓아가는 데 큰 힘이 된다.

3. 삶의 주요한 갈림길에서 올바른 질문을 하라: 비판적 사고는 미래를 위한 최선의 결정을 내릴 수 있도록 도와준다. 나를 객관적으로 평가하고 부족한 점을 보완하라. 생각만 하지 말고 행동하라.

4. 취업은 비판적 사고를 발휘할 수 있는 최고의 기회다: 구인공고를 선별하고, 스펙을 면밀히 분석하고, 자신이 직무에 가장 적합한 이유를 설득력있게 제시하라.

5. 취업시장에서 가장 큰 경쟁력은 직무경험이다: 일을 해본 적 있는 사람이 가장 믿을 만한 법이다. 직장을 다니고 있다면 직장에서 제공하는 기회를 최대한 활용하라.

6. 고용주입장에서 사고하라: 직무설명, 구직자스펙, 회사소개 등을 단서로 활용하여 고용주가 가장 원하는 것은 무엇일까 비판적으로 탐문하고 파악하라.

7. 자신의 비판적 사고역량을 자연스럽게 보여준다: 고용주가 요구하는 비판적 사고능력을 구체적인 사례를 통해 제시하라. 자신의 능력이 직무에 어떻게 기여할 수 있는지 자연스럽게 드러나도록 설명하라.

8. 비판적 사고는 다양한 방식으로 발현된다: 고용주가 원하는 '비판적 사고'의 초점이 다를 수 있다는 것을 명심하라. 또한 직무나 역할마다 다양한 방식으로 적용되고 발현될 수 있다.

9. 입사지원과정은 그 자체로 비판적 성찰의 자료가 된다: 성공했든 실패했든 취업의 모든 과정과 경험은 나에 대해 많은 것을 알려준다. 그 모든 것들을 통해 배워라. 질문하고 분석하고 이해하고 앞으로 개선해야 할 점을 찾아 실천하라.

붙임 자료

다양한 읽기자료와 연습문제 해설

'학생들의 삶의 질'에 관한 읽기자료

샘플에세이 분석실습

학술논문 제목에 자주 나오는 단어들

온라인 문헌연구를 위한 검색엔진

용어해설

연습문제 풀이와 해설

'학생들의 삶의 질'에 관한 읽기자료

여기 수록된 12개 예문들은 **챕터8**부터 **챕터11**까지 비판적 분석 자료로 사용하기 위해 작성된 것이다. 저자들은 가상의 인물이지만, 본문에 표기되어있는 인용출처는 실제로 존재한다. 인용출처목록에 출처들을 자세하게 정리해놓았으니 직접 찾아볼 수 있다.

> **글쓰기 시나리오**
>
> 읽기자료 예문들을 글쓰기수업시간에 학생들에게 나눠주고 '학생들의 삶의 질'에 관한 토론수업을 진행하였다. 수업이 끝난 뒤 지도교수는 **에세이지문1** →529 을 제시하면서 이 자료들을 참고하여 에세이를 작성해오라는 과제를 내주었다. 그렇게 작성하여 제출한 학생의 글 두 편이 바로 **샘플에세이1a** →530 와 **샘플에세이1b** →554 다.

● 텍스트 1

 삶의 질과 학업성취도 사이에 긴밀한 연관성 있다는 주장은 오래전부터 있었지만, 이를 뒷받침하는 증거는 없었다. 하지만 2021년 드디어 그 증거가 나왔다. 옥스포드임팩트Oxford Impact에서 출간한 자료에 따르면 영국인 학생 109명(87%)과 외국인 학생 53명(90%) 모두 '삶의 질'을 학교생활에서 우선순위로 꼽았다(Woolf and Digby, 2021). 이는 삶의 질이 전 세계적인 관심사라는 것을 보여준다. 해결하지 못한 과거의 트라우마와 같은 요인들이 현재의 학업성취도에 영향을 미칠 수 있다는 뜻이다.

 설문조사에 따르면 삶의 질에 관한 교육을 커리큘럼 안에 통합하여 가르치는 것은, 학업성취도뿐만 아니라 고등교육으로 넘어가는 과정에서 학생들에게 크게 도움이 되는 것으로 보인다.

Jade Smarte, '학생의 삶의 질은 학업성취도에 큰 도움을 준다 Student well-being helps academic success'. 2022년 10월 24일. 1학년 글쓰기수업에서 나눠준 기본읽기자료(Woolf and Digby, 2021)를 읽고 학생이 작성한 리뷰.

● 텍스트 2

 명상에 대한 학술적인 연구들을 보면 한결같이 명상이 긍정적인 영향을 미친다고 이야기합니다. 특히 명상은 자신의 정신건강을 증진할 뿐만 아니라, 타인의 욕구를 더 잘 인식할 수 있도록 도와주죠(Crowley and Munk, 2016).

 또 다른 연구에 따르면 마음챙김은 공감능력과 대인관계기술을 향상시켜주며, 대조군에 비해 훨씬 긍정적인 감정을 느끼게 도와준다고 합니다(Galante et al., 2021). 정기적으로 명상을 하면 행복감과 회복탄력성이 크게 향상될 뿐만 아니라 학업목표를 달성하고자 하는 의욕도 강해지고 대처능력도 좋아진다고 합니다(Medlicott et al., 2021). 면역기능도 개선되는 것으로 나타났죠(Chaix et al., 2020).

 이는 특히 새로운 환경에 적응해야 하는 학생들에게 상당한 도움이 될 것으로 여겨집니다. 수만 명을 대상으로 실시한 여러 연구를 요약한 결과에 따르면, 자기연민, 집중력, 스트레스관리능력에도 도움이 되는 것으로 입증되었답니다(Shapiro et al., 2008; Cottrell, 2018). 학생들에게 마음챙김 명상을 수련할 수 있는 기회를 더 많이 제공한다면, 학생들의 삶의 질이 크게 향상될 수 있겠죠?

Xavier Delaunay. '마음챙김은 왜 좋을까요? Why mindfulness is best' 2023년 1월 27일. 명상수련원을 운영하는 학습상담사가 자신의 블로그에 올린 글.

● **텍스트 3**

고등교육을 받는 학생들의 '위험행동군'은 장기적인 건강과 삶의 질에 문제를 야기할 수 있다. 여러 연구에서, '위험행동군'이 사회적 유병률에 영향을 미친다는 사실이 밝혀졌다(Liu et al., 2013; WHO, 2002).

세계보건기구에 따르면 음주, 흡연, 신체활동부족, 과일/채소섭취부족, 이 네 가지 요인이 아시아, 북미, 유럽 선진국의 '질병부담'에 29%를 차지한다(WHO, 2002). 질병부담disease burden은 장애보정수명disability-adjusted life years(DALY)으로 수치화하여 표시된다. 하지만 이 네 가지 요인은 높은 콜레스테롤, 과체중, 비만과도 관련이 있기 때문에 총 질병부담은 50%에 육박한다(Buck and Frosini, 2012). 또한 만성질환은 높은 BMI, 낮은 운동량, 높은 알코올 섭취 등과 밀접한 관련이 있다(Schmid et al., 2021)…

영국에서는 한 설문조사에 따르면, 대학에 입학한 첫해 8개월 동안 75% 이상의 학생이 체중이 크게 변한 것으로 나타났다(Vadeboncoeur et al., 2016). 50% 학생은 체중증가가(평균 +3.5kg), 25% 학생은 체중감소(평균 -3.2kg)를 겪었다. 체중증가는 스코틀랜드의 20-25세 청년 평균(Lean et al., 2013)보다 4.6배, 미국 청년 평균(Lewis et al., 2000)보다 3.5배 더 빠르다… 이는 건강한 체중을 유지할 수 있도록 대학이 더 많은 역할을 할 수 있다는 것을 보여준다. 하지만 학생들이 실제로 비만을 문제로 여기는지는 분명하지 않다. 앞서 본 영국의 대학신입생설문조사(Vadeboncoeur et al., 2016)에서 이들의 체중증가는 단순히 나이 때문에 일어난 변화일지도 모른다. 상대적으로 젊을 뿐만 아니라 많은 학생들의 체중이 여전히 건강한 범위에서 벗어나지 않기 때문이다. 실제로 학생들이 잘못된 식습관과 폭음에 빠져있다는 고정관념을 깨는 연구결과도 있다. 학생 1,448명에게 물었을 때 약 73%가 매일 직접 재배한 농산물로 음식을 만들어 먹는다고 답했으며, 정크푸드를 매일 먹는 학생은 25%에 불과했다(Sprake et al., 2018). 영양섭취나 운동 등 건강증진활동이 대체로 양호한 수준에 속했다.

하지만 2008년 연구결과는 영국 대학생들의 생활습관에 대해 좀더 우려할 만한 상황을 보여준다. 학생 400여 명을 대상으로 실시한 건강과 라이프스타일에 관한 설문조사에서, 심리적 스트레스 수준, 신체활동(PA), 과일과 채소 섭취, 폭음, 흡연 등 개인의 생활습관에 대해 물었다(Dodd et al., 2010). 수집한 데이터를 분석한 결과, 세 가지 위험요소가 발견되었다. 70%가 권장수준의 신체활동을 충족하지 못했고, 66%가 일일권장량보다 적은 과일과 채소를 섭취했으며, 56%가 일주일에 한 번 이상 폭음을 했다. 심리적 스트레스도 높았는데, 특히 여학생들 사이에서 두드러졌다. 또한 25% 정도에 달하는 적지 않은 학생들이 유사 위험행동군에 노출되어있는 것으로 나타났다(Sprake et al., 2018).

Kim, T. et al., '대학생의 위험행동군과 건강/기대수명에 미치는 장기적 영향 Clusters of risky behaviours in undergraduates and the long-term implications for health and life expectancy'. 2022.《학생건강심리행동 Journal of Student Health, Psychology and Behaviour》, 26, 3, 77-92. 학술지에 수록된 논문에서 발췌.

● **텍스트 4**

건강과 삶의 질에 있어 수면의 중요성은 잘 알려져 있다. 수면은 신경내분비와 심혈관기능과 포도당조절에 필수적인 역할을 하며, 수면부족은 사회적 상호작용, 건강과 삶의 질에 영향을 미친다(Li, Y. et al., 2020). 면역체계는 잠을 자는 동안 가장 왕성하게 작동한다. 수면의 질은 학생들의 심리적인 건강과 상관관계가 있으며(Zhai et al., 2018), 삶의 질에 부정적 영향을 미치는 다른 요인들—흡연, 알코올남용, 폭력, 자해행동과 자해충동—과도 관련이 있다(Vail-Smith et al., 2009; Trockel et al., 2000). 최근에는 학생들의 생활에 영향을 미치는 요인으로 스트레스가 많이 논의되고 있는데, 낮은 수면의 질은 스트레스에 대처하는 능력을 떨어뜨리는 것으로 나타났다(Li, L. et al., 2018). 수면은 학습에 상당한 영향을 미친다. 특히 새로운 기억을 저장하는 데 결정적인 역할을 한다.

수면부족이 어떤 영향을 미치는지 설명하고 좋은 수면위생에 대한 팁을 제공하는 건강교육프로그램은 학생들에게 도움을 줄 수 있다(Carter et al., 2017). 또 전담인원을 배치하여 수면부족과 수면불량패턴이 어떤 결과로 이어지는지 학생들에게 가르치는 것이 도움이 된다(Li, Y., 2020)는 연구결과도 있다. 특히 이 연구는 수업결석, 도박, 음주, 운동부족 등이 모두 수면에 나쁜 영향을 미친다는 흥미로운 사실도 밝혀냈다. 또한 그러한 행동을 바꾸고 자기 자신과 주변사람들과 맺는 주요한 관계에 대해 더 긍정적으로 느끼도록 유도할 수 있다면 학생들의 생활에서 위험요소도 줄어들 것이라고 결론짓는다. 지원서비스는 학생들에게 삶의 모든 측면에서 수면의 중요성을 이해시키고, 필요한 만큼 잠을 자는 것이 어렵지 않도록 도와주는 것을 최우선 과제로 삼아야 한다.

Kate Calhoon and Muraid Almeny '수면이 학생생활에 미치는 영향 The impact of sleep on student life'. 2022. 《최적학생지원The Journal of Optimal Student Support》. 16 (3), 45-53. 학술지에 수록된 논문에서 발췌.

텍스트 5

음식이 영양 측면에서 신체적 정신적 건강에 중요한 역할을 한다(Aubrey, 2014)는 사실은 잘 알려져있지만, 음식을 먹는 경험의 다른 측면도 학생의 삶의 질에 중요하다. 특히, 식사환경은 학생들이 좋은 음식에 접근할 수 있는 방법과 가능성에 영향을 미칠 뿐만 아니라 건강한 식습관을 촉진하거나 저해할 수 있다. 이는 사교행위의 수준과 유형에 영향을 미치며, 학생들의 스트레스를 높이거나 낮출 수도 있다. 디자인과 서비스의 개입을 통합적으로 검토한 루고시의 연구는 이와 관련하여 여러 가지 시사점을 제공한다(Lugosi, 2019). 이 연구는 간단한 소비자설문부터 소비자의 동선까지 조사했으며, 더 나아가 혼자 또는 여럿이, 즐길 때 또는 공부할 때 등 다양한 상황에서 밥을 먹을 때 학생들이 어떤 구역을 선호하는지도 조사했다. 루고시는 서비스와 메뉴를 설계하는 과정에 학생들을 참여시키고, 편안한 공간에서 좋은 식사경험을 제공함으로써 학생들의 사회적 상호작용을 촉진할 수 있다고 결론 내린다. 학생들에게 좋은 식사행동을 장려하는 정책이 심리적 안정과 문화간 역량을 높일 수 있다는 연구결과도 있다(Ciliotta-Rubery, 2016).

Margarita Ressa '좋은 음식, 좋은 기분? Good food, good mood?' 2022년 4월 10일. 학생영양에 대한 전문지식을 갖춘 보건전문가가 자신의 블로그에 올린 글.

● 텍스트 6

HEPI와 Advance HE가 실시한 학생학업경험조사에 따르면, 영국 학생들의 삶의 질은 영국의 같은 또래들의 전체 삶의 질에 비해 여전히 낮은 것으로 나타났다(Neves and Hillman, 2019). 이 설문조사는 학생들의 출신민족과 불안수준 사이에 밀접한 관계가 있음을 보여준다. 또한 좋은 피드백을 받아보지 못했거나 교직원의 도움을 받아본 적 없는 학생들은 이러한 경험을 한 학생들보다 불안을 보고할 가능성이 65%나 높은 것으로 나타났다.

Arturo Pine and Gil Messa 《학생의 욕구충족: 행동의 우선순위 Meeting student needs: priorities for action》 2022 (London: Zhop Press). 학생경험에 관한 전문가들이 쓴 책에서 발췌.

● 텍스트 7

기분이 좋지 않거나 긍정적이지 않다고 해서 정신건강이 나쁘다는 신호로 받아들여서는 안 됩니다. 정신건강과 '삶의 질'은 같지 않습니다. 삶의 질은 '정신건강'으로 치환할 수 없습니다. 흔히 이 두 개념을 '긍정', '행복', '숙달' 같은 이상적인 상태와 연결시키는 경우가 많은데, 꼭 그런 것만은 아닙니다. 살다 보면 누구나 불행하거나, 몸이 좋지 않거나, 스트레스를 받거나, 정서적 어려움을 겪을 때가 있습니다. 실제로 정신건강이 좋은 사람들도 이러한 상태를 경험합니다(Galderisi et al., 2015). 오히려 적절하지 않은 상황에서―예컨대 잔인한 행동을 인지했을 때―긍정적이고 행복하다고 느낀다면, 건강에 문제가 있다는 신호가 될 수 있습니다. 또한 우리가 잘 알고 있듯이, 과도한 압박과 불안은 정신건강을 해칠 수 있지만 약간의 스트레스는 오히려 성과를 끌어올리는 데 도움이 됩니다.

Dr B. Ali, '우리의 정신상태 이해하기 Understanding our mental states' 2022년 5월 9일. 정신건강에 관한 정부의 정보사이트에서 발췌.

● 텍스트 8

대학의 수면프로젝트가 도움이 되는 학생도 있겠지만 솔직히 말해서, 매일 밤 늦게까지 놀다가 오후에나 일어나는 나 같은 야행성 인간은 이런 걸 거들떠보지도 않을 것임. 밤마다 열리는 즐거운 파티를… 포기할 사람이 과연 몇이나 있겠냐? 모두들 늦게까지 놀 궁리만 하는데, 이런 프로젝트에 돈을 쓰느니, 캠퍼스에 야간보안요원이나 늘려서 배치해라.

Mika, 2022년 5월 1일. 온라인기사에 달린 학생의 댓글.

텍스트 9

수면습관 개선은 학업성취도를 높이는 길이다. 미국 대학생 중 80% 이상이 수면부족이 학업성취도에 부정적인 영향을 미친다고 답했다(College Resources USF, 2018). 수면부족은 학생들 사이에 널리 퍼져 있다. 여기서 의문이 하나 떠오른다. 좋은 성적을 받는 것을 중요하게 여긴다면, 왜 수면에 대해서는 그만큼 신경쓰지 않는 것일까?

미국 학생들의 GPA grade point averages가 수면과 관련이 있다는 것은 이미 오래전 밝혀진 사실이다. 실제로 잠을 너무 적게 자는 학생들, 다시 말해 하루 평균 수면시간이 6시간이 되지 않는 학생들은, 예상대로 GPA도 낮은 것으로 나타났다(Kelly et al., 2001). 또한 운동, 식습관, 시간관리, 사회적 지원, 아르바이트 등 GPA에 영향을 미칠 수 있는 다양한 행동요인과 비교했을 때, 그 어떤 요인보다도 수면습관, 특히 기상시간이 가장 큰 영향을 미치는 것으로 나타났다(Trockel et al., 2000).

10년이 지난 뒤에도 상황은 변하지 않았다. 설문조사 결과 대학생 중 27%가 수면장애를 겪을 위험이 있는 것으로 나타났다(Gaultney, 2010). 이들은 대개 평일에는 너무 적게 자고 주말에는 너무 많이 자는 등, 수면패턴이 불규칙했다. 이 학생들은 학업적으로도 실패할 위험이 높았다…

하지만 수면만 문제일까? 개인의 생체주기도 큰 영향을 미친다. 아침형 인간인지 야간형 인간인지에 따라 달라진다(Medeiros et al., 2001). 스스로 '저녁형' 인간이라고 생각하는 의대생들은 잠을 제대로 못 자고, 이로써 학업성취도에 영향을 받을 확률이 높다… 성적만 영향을 받는 것이 아니라 건강도 영향을 받는다. 미국정부에서 발간한 지침에 따르면 수면부족은 비만, 심장질환, 제2형 당뇨, 우울증 같은 다양한 만성질환과 연관되어 있다. (https://www.cdc.gov/cdi/indicator-definitions/sleep.html 참조하라.)

Sal Panesar, '수면: 우리는 무엇을 배웠던가? Sleep: Will we ever learn the lessons?' 2022년 3월 19일. 〈내셔널뉴스트리뷴 National News Tribune〉에 기고한 수면연구자의 칼럼.

● 텍스트 10

고등교육기관 앞에 놓인 한 가지 문제는, 학생의 삶의 질에 대해 어디서부터 어디까지 학교가 책임질 수 있는가 하는 것이다. 학생과 교직원을 비롯한 학교구성원들의 정신건강을 비롯한 건강과 안전을 지키고, 장애인의 타당한 요구를 충족시켜야 한다는 법적 요건은 분명하게 존재한다. 물론 요건의 범위는 나라마다 다를 수 있다. 하지만 매년 쏟아져 나오는 엄청난 설문조사와 보고서들은 한결같이 학생들의 삶의 질을 높이기 위한 지원을 더 강화해야 한다고 주장한다. 물론 이들의 주장은 대부분 법적인 관점보다는 도덕적인 관점에 기반하는 것이다. 재무에 아무리 민감한 리더라고 해도, 학생과 교직원들이 건강하고 행복한 공동체의 일원으로 성장해나갈 수 있도록 뒷받침하는 도덕적 권리를 고려해야만 할 것이다.

이러한 맥락에서 도덕적 요구들이 재정적으로 어떤 의미를 가질까 생각해보자. 예컨대, 삶의 질을 높여주는 학교의 지원이 불충분하여 학생들이 학업을 중도에 그만둘 가능성이 높아진다면 이는 학교의 수입에 영향을 미칠 수 있다. 부실한 지원은 또한 사회적 평판, 인력채용, 그에 따라 재정수입에도 영향을 미칠 수 있다. 하지만 지원에 들어가는 비용이 수입보다 크면 문제가 될 것이다. 더 나아가 높은 수준의 교수진 확충, 시설개선, 친환경 에너지 사용 등 이전에는 없던 새로운 요구들도 계속 늘어나는 상황에서 우리는 어려운 선택을 해야 한다.

재정부문의 문제는, 지출을 요구하는 여러 주장 중에 어떤 것이 학생들에게 가장 좋은 결과를 안겨줄지, 비용 대비 최고의 가치를 제공할지 결정하는 것이다. 명상이 중요한 해법이라고 주장하는 보고서도 있고, 건강한 식단, 수업일정 다변화, 정신을 고양시키는 환경이 중요하다고 주장하는 보고서도 있다.

최근 재무관리자회의에서는 수면부족이 학생들에게 미치는 부정적인 영향을 분석하고 문제의 심각성을 강조한 논문(Hershner and Chervin, 2014)을 읽고 토론했다. 이 논문에 따르면 학생 중 70%가 수면부족을 겪고 있으며, 50%가 수업시간에 조는 경험을 한다. 이로 인해 GPA가 떨어지는 등 다양한 부정적인 결과가 초래되었다. 이 논문은 수업시간변경, 수면교육, 온라인수업, 낮잠시간 배정, 또 수면의 질을 높일 수 있는 다양한 정책이 학생들의 학습과 건강에 모두 도움을 줄 수 있다고 말한다. 여기서 중요한 것은, 이러한 정책들이 반드시 추가비용으로 이어지는 것은 아니라는 사실이다.

Andy Lysatte. '비용 대비 가치와 학생의 삶의 질을 높이기 위한 최선의 선택 Value for money and wanting the best for student well-being'. 2022년 10월 18일. 영국고등교육 재무리더 네트워크 Finance Leaders in UK Tertiary Education Network(FLUKTEN) 블로그에 게시된 한 대학의 재무 책임자가 작성한 글.

텍스트 11

…시험을 보면서 지금 생각해도 소름 돋는 '실패할 뻔한' 경험을 한 뒤, 나는 학생들의 수면과 '밤샘'이라는 보편적인 문제를 해결하는 데 도움이 될 만한 자료가 있을까 궁금했다. 알고 보니 이 분야에 이미 많은 보고서, 설문조사, 논문이 나와있었다. 전혀 몰랐던 세상이다. 몇몇 대학에서는 이미 다양한 시도를 하고 있었다. 학생들에게 여러 정보, 사례연구, 수면일지를 주고 두 차례에 걸쳐 긴 토론에 참여하게 한 연구도 있었다.[1] 학생들에게 수면위생에 관하여 30분 강의를 하였더니, 이로 인해 몇 주 동안 수면이 개선되었다는 사실을 밝혀낸 연구도 있었다.[2] 또 걱정이나 '들뜬 마음'으로 인해 잠 못 드는 일이 없도록 도와주는 멘탈트레이닝을 실시한 연구도 있었다.[3] 나는 수면위생에 대해 많은 것을 알게 되었고, 또 직접 시도해 볼 만한 아이디어를 선별했다. 지금까지 나에게 가장 효과가 있었던 것은, 잠자리에 들기 전 전자기기 화면을 멀리하는 것이다. 또 자기 전에 책을 읽거나, 화가 나거나 걱정이 되었던 일들을 글로 적는 것은 마음을 차분하게 가라앉히는 데 도움이 되었다. 특히 밤에 마음이 들뜰 때마다 심호흡을 세 번 한다. 이제 피곤도 줄어들었고 정신도 맑아졌다. 밤마다 잠에 드는 일도 훨씬 쉬워졌다!

1. **Kloss, J. D., Nash, C. O., Walsh, et al.** (2016). '"Sleep 101" program for college students improves sleep hygiene knowledge and reduces maladaptive beliefs about sleep'. *Behav. Med.* 42: 48–56.
2. **Brown, F. C., Buboltz, W. C. Jr. and Soper, B.** (2006). 'Development and evaluation of the sleep treatment and education program for students'. *J. Am. Coll. Health*, 54: 231–237.
3. **Digdon, N. and Koble, A.** (2011). 'Effects of Constructive Worry, Imagery Distraction, and Gratitude Interventions on Sleep Quality: A Pilot Trial'. *Applied Psychology: Health and Well-Being*, 3: 193–206.

Tom Javek. '마침내 숙면! A great night's sleep at last!' 2023년 1월 20일. 학생의 블로그.

텍스트 12

자녀를 대학에 보낸 부모님들은 특히 아이들이 향수병과 외로움으로 인해 심리적 압박을 받지 않을까, 학업에 영향을 받지 않을까 걱정하십니다… 하지만 독일의 학생들이 외로움을 얼마나 느끼는지 정량화하는 작업을 해본 결과, 약간 외로움을 느끼는 학생은 32.4%, 심각한 외로움을 느끼는 학생은 3.2%로 나타났습니다.[1] 3분의 1이 조금 넘는 이들이 우울과 불안을 느낄 확률, 잠재적으로 위기에 처할 확률이 높은 것으로 보입니다.

그렇다면 이처럼 외로움을 많이 느낀 이들은 누구일까요?… 사회과학을 전공하는 학생들, 이민가정 출신 학생들, 신체활동이 적은 학생들, 그리고 혼자 사는 학생들, 연애를 하지 않는 학생들이 정서적으로 가장 외로움을 느끼는 것으로 나타났습니다… 이 수치는 코비드 대유행 이전 영국에서 조사한 결과와 매우 비슷합니다. 학생 중 3분의 1 정도가 매주 외로움을 느낀다고 답한 반면, 6분의 1 정도가 매일 외로움을 느낀다고 답했습니다[2]…

그렇다면 대학은 학생들의 외로움을 완화하는 데 도움을 줄 수 있을까요? 앞에서 본 독일의 연구보고서[1]에서는 대학이 좀더 체계적인 스포츠활동을 제공하여 학생들이 신체활동에 참여할 수 있는 기회를 늘려야 한다고 주장합니다… 불안과 우울을 뿌리칠 수 있도록 지원하는 네트워크를 구축하고 자기효능감을 느낄 수 있는 과정을 마련하라고 권고합니다. 이러한 조치들이 학생들에게 외로움에 빠지지 않도록 예방할 수 있는 습관을 길러준다고 주장합니다… 대학은 학생들끼리 서로 알아갈 수 있는 기회를 좀더 체계적으로 제공할 수 있습니다. 여럿이 협동해야만 학습할 수 있도록 하는 접근방식도 좋습니다. 게임과 앱을 활용하여 학생들이 사회적 고립에 빠지지 않도록 유도할 수도 있습니다…

하지만 이것은 과연 관심을 가질 만한 가치가 있는 문제일까요? 물론 고등교육기관이 학생들의 외로움에 대처하기 위해 개입하는 것은 충분히 가능한 일입니다. 하지만 학생의 삶의 질과 관련한 다른 문제와 비교해 볼 필요가 있습니다. 미국의 대학생 건강평가 ACHA American College Health Assessment 데이터를 살펴보면, 학생에게 가장 큰 문제는 학업스트레스라는 것을 알 수 있습니다. 거의 3분의 1(32%)이 이로 인해 학업이나 성적이 떨어졌다고 답했으며, 21%는 수면장애를 겪고 있다고 답했습니다. 반면, 향수병(외로움)은 4%

에 불과합니다.³ 미국 전체인구의 20-30%가 '만성 외로움'을 겪는다는 연구 결과⁴와 비교하면 매우 적은 수치입니다. 외로움은 (또 높은 비중을 차지할 것으로 여겨졌던 재정문제 역시) 감기/독감(13.5%), 아르바이트(12.9%), 인터넷/게임(9%)보다도 삶의 질에 미치는 영향이 적은 것으로 보고되었습니다. 게임! 외로움을 완화하기 위해 학생들을 게임으로 더 끌어들이겠다니, 이것은 과연 최선의 선택일까요!

ACHA 보고서에 따르면, 학생들이 전문적인 치료를 받는 이유는 알레르기(20%)와 비염(17%)이 가장 많은 것으로 나타났습니다. 이는 우리에게 음식과 환경에 좀더 관심을 가질 것을 요구합니다. 더욱 우려스러운 점은 미국 학생 중 84% 이상이 건강하다고 답했지만, 70% 이상이 하루에 과일과 채소를 2개 이하로 먹는다고 답했다는 것입니다. '하루 5개'가 아닙니다! 학생 5명 중 3명만이 건강한 체중/BMI를 유지하고 있다고 답했습니다. 그래서 우리가 진짜 신경 써야 할 문제는, 바로 식단과 영양이라고 생각합니다.

1. **Diehl, K., Jansen, C., Ishchanova, K., and Hilger-Kolb, J.** (2018). 'Loneliness at Universities: Determinants of Emotional and Social Loneliness among Students'. International journal of environmental research and public health, 15(9), 1865.
2. **Busby, E.** (2019). One in six students say they have no 'true friends' at university. 25 March 2019 17:09. https://www.independent.co.uk/news/education/
3. **American College Health Association** (ACHA) (2017). National College Health Assessment II. Ann https://www.acha.org/documents/ncha/

Svetlana Goncharova, '학생의 삶의 질을 높이기 위한 우선순위 Prioritising the priorities for student wellbeing'. 2023년 9월 17일. 영국의 유명한 학생자선단체의 책임자가 유튜브에서 강연한 내용 중 일부.

샘플에세이 분석실습

여기서는 학생들이 과제로 작성하여 제출한 에세이를 직접 읽어보며 비판적 분석과 평가를 해보는 훈련을 한다. 실제 글을 읽으면서 이 책에서 설명한 비판적 분석능력을 발휘하여 직접 코멘트를 달고 평가해보자. 잘못된 부분뿐만 아니라, 잘된 부분에 대해서도 피드백해야 한다는 것을 잊지 마라. 그런 다음 이 책에 수록해놓은 코멘트와 대조하고 비교해보기 바란다. 이 과정을 통해 자신이 제출한 글을 교수나 편집자가 어떤 관점에서 분석하고 평가하는지 이해하게 될 것이다.

이 책에는 샘플에세이 4편을 수록하였다. 잘 된 논증과 그렇지 않은 논증 사이에 어떤 차이가 있는지 비교해볼 수 있도록 하나의 에세이지문에 대한 잘 쓴 에세이와 그렇지 못한 에세이를 한 편씩 실었다. 읽기자료와 마찬가지로 본문에 표기되어있는 인용출처는 실제로 존재한다.

에세이지문 1 →529	샘플에세이 1a →530 잘 쓴 글 샘플에세이 1b →554 개선해야 할 글
에세이지문 2 →570	샘플에세이 2a →572 잘 쓴 글 샘플에세이 2b →582 개선해야 할 글
에세이지문 3 →589	샘플에세이 3a →다운로드 잘 쓴 글 샘플에세이 3b →다운로드 개선해야 할 글
에세이지문 4 →589	샘플에세이 4a →다운로드 잘 쓴 글 샘플에세이 4b →다운로드 개선해야 할 글

에세이지문 1

"수면개선에 초점을 맞춘 고등교육기관의 개입은 학생들의 삶의 질을 향상시키는 데 가장 효과가 좋다." 이 주장에 대해 논하라.

(5000자 이내로 작성하시오. 인용출처목록은 단어 수에서 제외.)

글쓰기 시나리오

수업시간에 앞에서 본 읽기자료 예문들을 학생들에게 나눠주고, 읽고 토론하게 한 다음, 이 에세이지문을 제시하였다. →517

다양한 글쓰기기술과 분석기술을 실제 글에 적용해보자

앞에서 긴 글(확장논증)을 쓸 때 어떻게 아이디어를 발굴하는지, 또 어떻게 자료를 읽고 메모하는지 설명하였다. 또 긴글을 분석할 때 활용할 수 있는 다양한 분석기술들도 설명하였다. 하지만 본문에서는 지면의 제약으로 인해 짧은 글을 예문으로 사용할 수밖에 없었다. 본문에서 보여주지 못한 예시를 **샘플에세이1a**에 적용하여 보여준다. **샘플에세이1a**를 읽고 난 다음, 다음 자료들을 하나씩 검토해보기 바란다.

- 챕터 11: 체크리스트 활용하여 확장논증 분석하기 →543
- 챕터 11: 논증표를 활용하여 확장논증 분석하기 →544
- 챕터 11: 논증맵을 활용하여 확장논증 분석하기 →548
- 챕터 10: 글의 주제를 발굴하는 과정에서 작성한 메모 →550
- 챕터 9: 참고자료를 읽고 근거를 수집하고 인용하기 위해 작성한 메모 →552

샘플에세이 1a

"수면개선에 초점을 맞춘 고등교육기관의 개입은 학생들의 삶의 질을 향상시키는 데 가장 효과가 좋다." 이 주장에 대해 논하라.

1. 최근 수십 년 사이에 학생의 삶의 질에 대한 우려, 특히 정신건강의 '위기'에 대한 관심이 증가하고 있다(Kadison and diGeronimo, 2004). 많은 설문조사와 보고서를 통해 많은 수의 학생들이 '삶의 질' 또는 '정신건강'에 문제를 겪고 있다는 사실이 드러나고 있다. 물론 학생들의 삶의 질의 본질과 심각성을 평가하는 것은 어려운 일이다. 용어사용에 일관성이 없으며, 결과가 상충하는 경우가 많고, 특히 연구들이 대부분 자의적으로 선택한 소규모 코호트를 기반으로 이루어지기 때문에 일반화하기 어려운 경우가 많다(Barkham et al., 2019). 이 글에서는 수면중재가 나름대로 장점이 있기는 하지만, 수면중재가 학생들의 삶의 질을 향상시키는 데 가장 '효과가 좋다'는 논리는 유지될 수 없음을 주장하고자 한다. 특히 학생들이 채택할 확률이 가장 높은 접근방식, 가장 필요한 접근방식, 가장 많은 학생들에게 도달할 수 있는 접근방식, 수면장애의 근본적인 원인 등을 고려한다면 수면보다는 다른 문제에 개입하는 것이 훨씬 효과적일 수 있다. 또한 수면문제는 단독으로 발생하는 경우가 드물기 때문에 서로 연관되어있는 여러 요인을 다루는 개입이 훨씬 효과적일 수 있다.

2. '삶의 질^{well-being}'이라는 용어는 다양한 방식으로 사용된다. 신경제재단^{New economics Foundation}은 삶의 질을 '사람들이 개인적 수준과 사회적 수준에서 느끼고 기능하는 방식, 자신의 삶을 전체적으로 어떻게 평가하는 방식'이라고 폭넓게 정의한다(NEF, 2012). 가끔은 '정신건강'과 같은 의미로 사용하여(Galderisi et al., 2015) 혼란을 유발하기도 한다. 바르캄은 삶의 질에 관한 학생들의 전반적인 요구와 심각한 정신건강문제를 겪는 학생들의 요구를 구분하는 것이 중

요하다고 주장한다(Barkham et al., 2019). 이 글에서는 '삶의 질'을 사회적, 인지적, 정서적, 심리적, 신체적 요인을 포괄하는 건강과 정신건강을 모두 포함하는 넓은 의미로 사용한다. 위급한 정신건강 상태는 포함하지 않는다.

3. 수면은 지금 세계 어디서나 학생들 사이에 문제가 되고 있기 때문에 당연히 수면중재가 도움이 될 것이라고 생각할 수 있다. 아시아, 아프리카, 남아메리카 대륙의 26개국 학부생 20,222명을 대상으로 실시한 연구에서, 야행성 생활방식과 수면장애가 널리 퍼져있다는 사실을 밝혀냈는데, 이는 특히 다른 나쁜 생활방식이나 위험행동군(흡연, 인터넷중독, 도박, 아침식사 거르기)에 노출된 사람들 사이에 대부분 발생했다(Peltzer and Pengpid, 2014). 피츠버그 수면지수 Pittsburgh Sleep Quality Index (PSQI)를 활용한 설문조사에서 미국 학생들은 대부분 국립수면재단 National Sleep Foundation 에서 권장하는 최소 수면시간을 채우지 못하는 것으로 나타났다(Carter et al., 2017). 허쉬너와 체르빈의 연구에 따르면 50% 학생이 낮에 졸음을 경험하고 70%가 수면부족을 겪는 것으로 나타났다(Hershner and Chevin, 2014). 중국 학생 113,000명을 대상으로 한 76개 연구의 데이터를 수집하여 분석한 결과, 24%는 수면장애, 24%는 불면증, 20%는 수면불만족을 경험하는 것으로 나타났다(Li, L. et al., 2018).

4. 수면장애는 학생의 삶의 질에도 영향을 미친다. 수면의 질이 좋지 않으면 불안이 높아지고 스트레스에 취약해지고 학업능력도 떨어지기 때문에 학생들이 신경쓸 수밖에 없다(Cottrell, 2019). 수면부족과 이로 인해 낮에 졸린 현상은 성적/GPA 저하, 학습부진, 학업실패, 기분저하, 자살충동, 더 나아가 교통사고 위험증가와도 연관된다(Kelly et al., 2001; Orzech et al., 2011; Friedrich and Schlarb, 2018; Hershner and Chervin, 2014). 싸움, 흡연, 알코올남용처럼 삶의 질을 저해하는 다른 위험행동도 수면부족과 깊은 관련이 있다(Trockel et al., 2000). 수면부족을 겪는 사람은 신체적으로나 정신적으로나 '훨씬 많은' 건강문제를 겪는다고 보고한다(Lund et al., 2010). 불면증, 악몽, 수면의 질 저하는 학생들의 다양한 정신건강문제와 연관되어있는 것으로 나타났다(Friedrich and Schlarb, 2018). 반대로 수면의 길이는 학생들의 삶의 만족도와 긍정적인 상관관계가 있는 것으로 밝혀졌다(Kelly, 2004).

5. 수면부족이 잠재적으로 부정적인 영향을 미친다는 발견을 토대로 연구자들은 지금까지 학생들의 삶의 질을 개선하기 위해 대학이 개입해야 한다는 주

장을 했다. 카터는 학생들에게 수면부족이 미치는 영향과 바람직한 수면위생을 유지하는 요령에 관한 건강교육을 하면 도움이 될 것이라고 말한다(Carter et al., 2017). 리 역시, 나쁜 수면이 어떤 영향을 미치는지 더 잘 이해하면 학생들 스스로 수면습관을 바꿀 것이라고 주장한다(Li, Y. et al., 2020). 프리드리히와 슈랍은 학생들의 수면을 개선하기 위한 심리적 개입에 관한 27개 연구를 분석했다. 결론은 인지행동치료(CBT), 마음챙김, 최면요법, 수면위생, 휴식 등 다양한 접근방법이 효과는 다양하지만 모두 영향을 미친다는 것이었고, 따라서 여러 접근방식을 조합하여 사용하라고 권장한다(Friedrich and Schlarb, 2018). 이러한 연구는 수면에 초점을 맞춘 개입이 학생들의 삶의 질을 높일 수 있다는 것을 알려준다.

6. 하지만 수면에 초점을 맞춘 개입이 장점이 있다고 하더라도, 다른 개입에 비하면 그다지 효과가 크지 않다고 할 수 있다. 또한 수면에 초점을 맞춘 접근방식이 수면개선을 위한 최선의 접근방식도 아니다. 다양한 유형의 표적개입에도 수면문제는 여전히 학생들 사이에 만연해있다(Javek, 2023). '밤샘'을 끝내려는 시도가 실패한 것(Kloss et al., 2016)은 전혀 놀라운 일이 아니다. 학생입장에서 중요한 것은 수면부족이 아니라 학업문제이기 때문이다. 실제로 의대생처럼 수면부족이 가장 극심한 학생들일수록 수면문제에 도움을 요청할 확률이 가장 낮다(Medeiros et al., 2001). 또 이러한 개입을 통해 수면을 개선한다 하더라도, 불안 같은 연관되어있는 삶의 질 문제가 반드시 개선되는 것도 아니다(Morris et al., 2016).

7. 수면중재가 효과를 발휘하지 못하는 이유 중 하나는 근본적인 요인을 해결하지 못하기 때문이다. 싱글턴과 울프슨은 음주와 수면이 모두 GPA에 부정적인 영향을 미치므로, 알코올남용을 해결하는 것이 더 나은 첫 번째 개입이 될 수 있다고 말한다(Singleton and Wolfson, 2009). 몇몇 아시아학생들의 수면문제는 인터넷중독과 깊은 관련이 있다(Morahan-Martin et al., 2000; Choi et al., 2009). 중국 학생들을 대상으로 한 연구에서는 자기 자신에 대한 인식, 인간관계에 대한 인식, 도박, 수업결석 같은 여러 요인으로 수면의 질을 예측할 수 있다는 결과가 나왔다(Li, Y., 2020). 이러한 근본적인 요인을 직접 해결하는 것이 수면을 비롯하여, 학생의 삶의 질에 영향을 미치는 요인을 개선하는 데 훨씬 나은 것으로 보인다.

8. 룬드는 수면문제가 알코올, 카페인, 수면루틴, 운동 같은 요인보다 학업적 심리적 스트레스에 의해 주로 발생한다고 주장한다(Lund et al., 2010). 스트레스, 특히 학업관련 스트레스는 그 자체로 전 세계 어디서나 학생의 삶의 질을 해치는 영원한 주범이며(Cottrell, 2019b), 또 수면장애의 원인이다. Youthsight/UPP보고서에 따르면 59%가 '학업스트레스'를 대학생활에서 겪는 어려움의 주요원인으로 꼽았다(Neves and Hillman, 2017). 미국에서는 3분의 1에 가까운 학생들이 스트레스가 성적에 영향을 미친다고 느낀다(ACHA, 2017). HEPI 학생설문조사에 따르면 교수에게 좋은 피드백이나 도움을 거의, 또는 한 번도 받아본 적 없는 학생들이 높은 수준의 불안을 보고할 확률이 65%나 높았다(Neves and Hillman, 2019). 학생들에게 자신감을 불어넣어주는 교육과 피드백을 제공하는 등 학업스트레스의 원인을 낮춰주는 개입은 실제로 불안을 낮추고 유해한 행동을 줄이며 수면을 개선하는 효과를 낳는다(UUK, 2021). 결국 '학업스트레스'를 줄이면 학생의 삶의 질은 높아지며, 따라서 수면중재의 필요성은 자연스럽게 줄어든다.

9. 개입의 효과를 고려하여 가장 도움이 절실한 사람들에게 초점을 맞추다 보면 새로운 관점에서 접근하게 된다. 고려하는 기준 자체도 달라질 수 있다. 한 가지 고려해야 할 점은, 선진국에서 질병과 생명에 미치는 영향의 절반 정도가 건강하지 않은 네 가지 행동군과 직간접적으로 연관되어 있다는 사실이다(WHO, 2002; Buck and Frosini, 2012; Poortinga, 2007). 그것은 바로 흡연, 음주, 신체활동부족, 과일과 채소 섭취부족 등 콜레스테롤과 체중에 영향을 미치는 행동군이다. 이러한 건강하지 않은 행동군이 학생들에게도 영향을 미치지 않을까? 실제로 그런 것 같다. 최근 연구에 따르면 영국 학생의 대다수(73%)는 식단, 운동, 건강한 습관에 신경을 쓰는 반면, 약 4분의 1 정도는 육류에 치우친 식단, 정크푸드, 음주, 흡연을 비롯하여 '바람직하지 않은 생활습관'이라 할 수 있는 위험한 행동군에 노출되어있는 것으로 나타났다(Sprake et al., 2018). 미국에서는 비슷한 위험행동군이 체질량지수^{BMI}와 관련있는 것으로 나타났다(Schmid et al., 2021). '위험행동군'에 노출된 학생들을 타겟팅하면 가장 큰 영향을 발휘할 수 있다.

10. 더 나아가, 집을 떠나 낯선 환경에 처했을 때 이러한 위험행동군에 노출될 확률이 높아지고, 이로써 삶의 질에 문제가 생길 확률이 높아진다. 영국과 미

국에서 대학 1학년생들은 전체인구에 비해 체중이 더 빨리 증가한다. 미국에서는 60%, 영국에서는 75% 정도 학생들이 체중에 큰 변화를 겪는 것으로 밝혀졌다(Vadeboncoeur et al., 2016). 한 연구에 따르면 학생의 60%가 매일 과일과 채소를 2접시 이하로 먹는 것으로 나타났으며(Dodd et al., 2010), 또 다른 연구에서는 약 절반이 규칙적으로 운동하지 않는 것으로 나타났다 (Rao et al., 2014).

11. 고등교육기관은 학생들의 삶의 질을 개선하기 위해 음식 관련 개입을 할 수 있다. 연구자들은 요리를 장려하고, 건강식품을 저렴하고 쉽게 구할 수 있는 환경을 조성하고, 건강한 선택을 촉진하는 캠페인을 하라고 권장한다(Sprake et al., 2018; Rao et al., 2014). 무엇보다도, 학생들은 이러한 개입을 좀더 쉽게 받아들이는 것으로 보인다. 라오는 건강한 선택을 촉진하는 대학의 캠페인에 대한 학생들의 거부감이 낮다는 사실을 밝혀냈다(Rao et al., 2014). 어쨌든 이러한 개입은 학생들의 생활방식에 비교적 쉽게 스며들 수 있어 효과가 큰 것으로 보인다.

12. 학생환경개선에 초점을 맞춘 개입은 가장 많은 학생에게 도달할 수 있고, 또 학생의 고유한 요구에 초점을 맞출 수 있기에 가장 큰 효과를 발휘할 수 있다. 의학적 측면에서 미국의 경우, 알레르기(20%)와 비염(17%)으로 치료를 받는 학생들이 많기 때문에 음식과 환경에 초점을 맞추는 경향이 강하다(ACHA, 2017; Goncharova, 2023). 또한 또래 사이에서 '자신이 중요하다는 느낌'과 같은 정서적 문제는 학생들만 느끼는 특별한 삶의 질 요소이기에, 학생환경을 개선할 때 교육기관이 개입할 수 있는 여지가 크다(Shine et al., 2021). 소음공해 역시 그러한 요인 중 하나다. 미국에서는 학생 중 대략 90%가 다른 학생과 방을 공유한다. 이 중 41%는 다른 사람의 소음으로 인해 숙면을 하지 못한다 (Schlarb et al., 2021). 방음설비나 숙소구조 개선과 같은 환경적 개입은 삶의 질을 여러 측면에서 향상시킬 수 있다. 공동식사환경 역시 학생들의 스트레스나 삶의 질 수준에 다양한 영향을 미친다(Ressa, 2022). 루고시는 캠퍼스의 급식환경과 서비스를 개선하는 것만으로도 사회적, 정서적, 학업적, 심리적, 더 나아가 영양학적 측면에서 학생의 삶의 질을 개선할 수 있다고 주장한다(Lugosi, 2019). 사교활동을 강화하고, 고립감을 줄여주고, 자존감을 높여주고, 학업에 대한 토론을 장려하고, 줄을 서느라 날려버리는 공부시간을 절

약해준다. 환경적 개입이 가장 큰 영향을 미치는 이유는, 환경은 많은 수의 학생들이 지속적으로 노출될 수밖에 없는 서비스이기 때문이다. 학생의 삶의 질에 다양한 방식으로 영향을 미칠 수밖에 없다.

13. 이러한 사례에서 알 수 있듯이 삶의 질을 요소별로 따로따로 고려하는 것은 도움이 되지 않는다. 이는 수면중재에서 어떤 종류의 접근방법을 사용할 것인가, 또 상대적으로 어느 정도 영향을 미칠 것인가 하는 문제와 연결된다. 국립수면재단에서는 운동, 영양, 수면이 긴밀하게 연관되어있다는 점을 강조한다(Newsom, 2020). 주요 영양소가 부족하거나 칼로리가 너무 높은 식단은 수면을 방해하며, 수면부족은 영양이 낮은 식단을 선택하도록 자극한다. 반대로 운동은 식욕을 떨어뜨리고 수면을 개선하고 질병을 감소시킨다. 더 나아가 이유는 불분명하지만, 수면과 그다지 관계가 없는 것처럼 보이는 문제들도 수면을 개선하면 좋아지는 경우가 있다. 수면행동을 개선하면 알코올문제가 개선된다(Fucito et al., 2017). 수면중재는 높은 BMI와 비만문제가 있는 학생의 삶의 질을 높여준다(Gildner et al., 2014). 학업 스트레스를 야기하는 학업문제 역시 수면부족을 비롯한 삶의 질 요인들과 관련이 있는 것으로 나타났다. 이는 수면중재가 다양한 상황과 위험행동군에 도움을 줄 수 있으며, 특히 수면을 다른 요인들과 함께 고려할 때 더욱 효과가 좋다는 뜻이다. 여러 요인을 고려하는 접근방식이 가장 큰 효과를 발휘할 확률이 높다.

14. 어떤 개입이 학생의 삶의 질을 가장 크게 향상시키는지 평가하는 방법은 지금까지 여러 가지 제시되었다. 수면장애가 학생들의 삶의 질을 낮추는, 무시할 수 없는 원인이라는 점을 고려할 때, 수면장애에 개입하는 것은 수면장애를 겪는 몇몇 학생들에게는 효과가 있을 것이다. 마찬가지로 위험행동군에 초점을 맞춘 개입은 그러한 행동군을 겪는 학생들에게 극적인 효과를 발휘할 것이다. 환경변화는 가장 넓은 범위에 영향을 미치기에, 그 자체로 강력한 개입이 될 수 있다. 한편으로 학생들이 가장 크게 느끼는 문제가 학업스트레스라는 것을 고려한다면, 여기에 초점을 맞추는 것이 타당한 해법이 될 수 있다. 하지만 학생들은 전반적으로 건강한 음식과 운동에 초점을 맞춘 개입을 훨씬 잘 받아들이는 것처럼 보이며, 따라서 이러한 개입이 더 효과가 클 확률이 높다.

15. 여기에 두 가지 문제를 더 고려해야 한다. 첫째, 개입은 코호트에 맞게, 다시 말해 학습유형과 인구통계학적 프로필 등을 고려하여 개별적으로 설계해야 한다. 둘째, 학생의 삶의 질에 영향을 미치는 수면, 식단, 운동, 학업 스트레스, 위험행동군을 비롯한 다양한 요소들은 상호의존적일 뿐만 아니라 여러 방식으로 상호작용한다. 수면, 학업스트레스, 위험행동군, 환경 역시, 필요성, 이해관계자의 수, 우선순위 측면에서 다각도로 접근하는 것이 가장 효과적일 수 있다. 결국, 수면개선에 초점을 맞춘 고등교육기관의 개입은 학생들의 삶의 질을 높이는 데 가장 효과가 좋다고 말하기 어렵다.

(인용출처 빼고 대략 5,000자)

인용출처

American College Health Association (ACHA) (2017). National College Health Assessment II. Ann
https://www.acha.org/documents/ncha/

Barkham, M., Broglia, E., Dufour, G. (2019). 'Towards an evidence base for student wellbeing – and mental health: definitions, developmental transitions and data sets'. *Counselling and Psychotherapy Research*. ISSN 1473-3145.

Buck D. and Frosini, F. (2012). *Clustering of unhealthy behaviours over time – Implications for policy and practice*. Kings Fund. 2012:1–24. Available from: http://www.kingsfund.org.uk/publications/clustering-unhealthy-behaviours-over-time. 29 Aug 2018.

Carter, B., Chopak-Foss, J. and Punungwe, F.B. (2017). 'An Analysis of the Sleep Quality of Undergraduate Students'. *College Student Journal*, 50, 3, 315–322(8).

Choi, K., Son, H., Park, M., et al. 'Internet overuse and excessive daytime sleepiness in adolescents'. *Psychiatry Clin. Neurosci*., 2009:63, 455–62.

Cottrell, S. (2018). *Mindfulness for students*. (London: Bloomsbury).

Cottrell, S. (2019). *50 ways to manage stress*. (London: Bloomsbury).

Dodd, L.J., Al-Nakeeb, Y., Nevill, A. and Forshaw, M. J. (2010). 'Lifestyle risk factors of students: a cluster analytical approach. *Prev. Med*. (Baltim). 51: 73–7.

Friedrich, A. and Schlarb, A.A. (2018). 'Let's talk about sleep: a systematic review of psychological interventions to improve sleep in college students'. *Journal of Sleep Research*, 27(1).

Fucito, L.M., DeMartini, K.S., Hanrahan, et al. (2017). 'Using Sleep Interventions to Engage and Treat Heavy- Drinking College Students: A Randomized Pilot Study'. *Alcoholism, clinical and experimental research*, 41(4), 798–809.

Galderisi, S., Heinz, A., Kastrup, et al. (2015). 'Toward a new definition of mental health'. *World psychiatry: official journal of the World Psychiatric Association (WPA)*, 14(2), 231–233.

Gildner, T.E., Liebert, M.A., Kowal, P., et al. (2014). 'Sleep duration, sleep quality, and obesity risk among older adults from six middle-income countries: findings from the study on global AGEing and adult health'. (SAGE). *Am J Hum Biol.,* 26: 803–12.

Goncharova, S. (2023). *Prioritising the priorities for student wellbeing.* YouTube 17 Sep. 2023. ➜text 12

Hershner S.D. and Chervin, R.D. (2014). 'Causes and consequences of sleepiness among college students'. *Nature and the Science of Sleep*, (6)73–84.

Javek, T. (2023). *A great night's sleep at last!* Student blog. 20 January 2023. ➜text 11

Kadison, R. and DiGeronimo, T.F. (2004). *College of the overwhelmed: The campus mental health crisis and what to do about it.* (San Francisco: Jossey-Bass).

Kelly, W.E., Kelly, K.E. and Clanton, R.C. (2001). 'The relationship between sleep length and grade-point average among college students'. *College Student Journal*, 35: 84–86.

Kelly, W.E. (2004). 'Sleep-Length and Life Satisfaction in a College Student Sample'. *College Student Journal*, 38: 428–430.

Kim, T., Meah, A., Jarrow, P., et al. (2022). 'Clusters of risky behaviours in undergraduates and the long-term implications for health and life expectancy'. *Journal of Student Health, Psychology and Behaviour*, 26, 3, 77–92. ➜text 3

Kloss, J.D., Nash, C.O., et al. (2016). 'Sleep 101' program for college students improves sleep hygiene knowledge and reduces maladaptive beliefs about sleep'. *Behav. Med.*, 42: 48–56.

Li, L., Wang, Y.Y., Wang, S.B., Zhang, L, et al. (2018). 'Prevalence of sleep disturbances in Chinese university students: a comprehensive meta-analysis'. *Journal of Sleep Research.* 27: e12648.

Li, Y., Wei Bai, W., Duan, R. et al. (2020). 'Prevalence and correlates of poor sleep quality among college students: a cross-sectional survey'. *Health and Quality of Life Outcomes*, 18, 210.

Lugosi, P. (2019). 'Campus foodservice experiences and student wellbeing: An integrative review for design and service interventions', *International Journal of Hospitality Management*, 83, October: 229–235.

Lund, H.G., Reider, B.D., Whiting, A.B. and Prichard, J.R. (2010). 'Sleep patterns and predictors of disturbed sleep in a large population of college students'. *J. Adolesc. Health*, 46: 124–132.

Medeiros, A., Mendes, D., Lima, P.F. and Araujo, J.F. (2001). 'The relationship between sleep-wake cycle and academic performance in medical students'. *Biol. Rhythm Res.*, 32: 263–270.

Morahan-Martin, J., and Schumacher, P. (2000). 'Incidence and correlates of pathological Internet use among college students'. *Computers in Human Behavior*, 16(1), 13–29.

Morris, J., Firkins, A., Millings, A., Mohr, C., Redford, P. and Rowe, A. (2016). 'Internet-delivered cognitive behavior therapy for anxiety and insomnia in a higher education context'. *Anxiety Stress Coping*, 29, 415–431.

Neves, J. and Hillman, N. (2017). YouthSight UPP *Student Experience Report*, https://www.upp-ltd.com/ student-survey/UPP-Student-Experience-Report-2017.

Neves, J. and Hillman (2019). *Student Academic Experience Survey. HEPI number 117.* HEPI and Advance HE, https://www.hepi.ac.uk/wp-content/uploads/2019/06/Student-Academic-Experience-Survey-2019.pdf

New Economics Foundation (2012). *Measuring Wellbeing: A guide for practitioners* (London: New Economics Foundation).

Newsom, R. (2020) Diet and Exercise and Sleep, https://www.sleepfoundation.org/physical-health/diet-exercise-sleep Updated 4 Dec. 2020.

Orzech, K.M., Salafsky, D.B. and Hamilton, L.A. (2011). 'The state of sleep among college students at a large public university '. *Journal of American College Health*, 59(7), 612–619.

Peltzer, K. and Pengpid, S. (2014). 'Nocturnal sleep problems among university students from 26 countries'. *Sleep and Breathing*, 19. 10.1007/s11325-014-1036-3.

Poortinga, W. (2007). 'The prevalence and clustering of four major lifestyle risk factors in an English adult population'. *Preventive Medicine*, 44, 2, 124–8.

Rao, S.P., Lozano, V. and Taani, M. (2014). 'Cues to Healthy Decision-Making Among College Students: Results from a Pilot Study'. *College Student Journal*, 48, 4, Winter, 697–704(8).

Ressa, M. (2022) 'Good food, good mood?' Blog article by health professional with expertise student nutrition. (10 April 2022) →text 5

Schmid, L., Drake, C., and Price, A. (2021). 'Differences in health behaviors and outcomes for emerging adults in diverse post-secondary educational institutions: Lessons for targeting campus health promotion efforts'. *College Student Journal*, 55, 3, 267–280 (14).

Shapiro, S.L., Brown, K.W. and Astin, J.A. (2008). 'Towards the integration of Meditation into higher education: A Review of the Research'. *Paper prepared for the Center for Contemplative Mind in Society.* http://prsinstitute.org/downloads/related/spiritual-sciences/meditation/TowardtheIntegrationofMeditationintoHigherEducation.pdf 27.07.17

Shine, D., Britton, A., Dos Santos, W., et al. (2021). 'The Role of Mattering and Institutional Resources on College Student Well-Being'. *College Student Journal*, 55, 3, 15 pp, 2. 1–292(12).

Singleton, R.A. Jr and Wolfson, A,R. (2009). 'Alcohol consumption, sleep, and academic performance among college students'. *J Stud Alcohol Drugs*, 70(3): 355–63.

Sprake, E.F., Russell, J.M., Cecil, J.E., et al. (2018). 'Dietary patterns of university students in the UK: a cross-sectional study'. *Nutr J.*, 17, 90.

Trockel, M., Barnes, M.D. and Egget, D.L. (2000). 'Health-related variables and academic performance among first-year college students: implications for sleep and other behaviors.' *J. Am. Coll. Health*, 2000, 49: 125–131.

UUK (2021) *Stepchange: Mentally healthy universities.* https://www.universitiesuk.ac.uk/sites/default/files/field/downloads/2021-07/uuk-stepchange-mhu.pdf#page=12(accessed 11/11/2021).

Vadeboncoeur, C., Foster, C. and Townsend, N. (2016). 'Freshman 15 in England: a longitudinal evaluation of first year university student's weight change'. *BMC Obes.*, 3, 45.

World Health Organization (2002). *The World Health Report 2002: Reducing risks, promoting healthy life.* (Geneva: World Health Organization.) www.who.int/whr/2002/en/ (accessed 27 June 2012).

샘플에세이 1a 코멘터리

샘플에세이1a의 잘된 점과 부족한 점을 파악해보자. 훌륭한 에세이에서도 개선할 부분을 찾을 수 있고, 부족한 에세이에서도 잘된 점을 찾을 수 있다. 그리고 뒤에 나올 **샘플에세이1b** 코멘트와 비교해보자. 두 에세이 사이에 어떤 차이가 있는지 금방 이해할 수 있을 것이다.

잘된 점

1. **주장**: 글의 도입부에서 다루고자 하는 문제에 대해 어떤 입장을 취할 것인지 분명하게 밝힌다. 그런 다음 왜 이러한 입장을 취하는지, 타당한 이유를 제시하고 이를 근거로 뒷받침해나간다.
2. **도입부**: 첫 문단에서 글의 주장이 무엇인지, 논증을 어떻게 펼쳐 나갈 것인지 전체 구조를 명확하고 간결하게 설명한다. 이로써 독자는 이 글이 무엇을 이야기할지, 주장을 옹호하기 위해 어떤 이유를 제시할지 예측할 수 있다.
3. **용어정의**: 문단2에서 '삶의 질'과 같은 주요용어를 이 글에서 어떤 의미로 사용할 것인지 정의한다. 이를 통해 무엇을 논증하려고 하는지 이해할 수 있고, 이 글에서 무엇을 다루고 무엇을 다루지 않을지 예상할 수 있다.
4. **추론선**: 추론선을 첫 문단에서 설명하고, 문단14에서 다시 설명한다. 이로써 에세이의 전개방식을 명확하게 추적할 수 있다.
5. **초점**: 에세이 전체가 에세이지문에서, 또 추론선에서 벗어나지 않는다. 엉뚱한 화제에 대한 언급이 없다.
6. **주체성**: 독자적인 연구를 통해 자신의 입장을 추론해낸다. 또한 에세이지문(논제)을 그대로 받아들이지 않고 자신만의 주장을 내세운다.
7. **구조**: 구조가 명확하다. 논제에서 제시한 핵심명제를 먼저 다룬 다음, 대안적 관점을 살펴보고 마지막으로 종합한다. 비슷한 논점끼리 묶어서 체계적으로 제시한다. 논증이 논리적인 순서에 따라 단계별로 전개된다. 서론과 결론 부분에서 전체 논증을 요약하여, 독자가 추론선을 쉽게 따라갈 수 있도록 배려한다. 모든 문단의 첫 문장과 마지막 문장은 논증이 나아갈 방향을 표시하는 이정표역할을 한다.
8. **연구조사**: 화제와 관련하여 상당히 많은 자료를 수집하고 검토했다는 것을 알 수

있다. 수업시간에 나눠준 읽기자료에만 의존한 것이 아니라, 인용출처들을 직접 찾아서 읽고 조사했다는 것이 세부적인 인용출처표기에서 명확하게 드러난다. 예컨대, 텍스트2에서 인용한 출처를 직접 찾아서 읽고 인용했다(예: Shapiro et al., 2008; Cottrell, 2018). 하나의 논점을 뒷받침하기 위해 여러 출처를 인용하기도 한다(예: 문단4). 이는 어떤 이론이나 일련의 연구결과가 더 광범위한 연구를 토대로 하고 있다는 것을 자연스럽게 보여준다. 읽기자료에서 인용한 출처들을 상당수 참고했지만, 읽기자료에서 인용하지 않은 부분을 많이 인용한다. 이는 참고자료를 직접 읽었다는 뜻이다.

9. **인용출처**: 주로 학술지에 수록된 논문들을 인용하였다. 이러한 출처는 일반적으로 신뢰할 수 있다. →266 신뢰하기 어려운 읽기자료 글은 인용하지 않았다.
10. **출처표기**: 본문 전체에 걸쳐 필요한 부분에 인용출처를 밝히고 있으며, 에세이 끝에 인용출처목록을 세세하게 제공한다.
11. **반론수용**: 자신의 주장에 대한 반론을 언급한다. 수면개입이 최선이 아니라고 주장하면서, 영양, 스트레스, 환경과 같은 다양한 요소를 고려하며 다른 주장들을 깊이 있게 탐구한다. 가장 중요하게 생각하는 것(이해관계자의 수나 이해관계 등)에 따라 개입에 대한 평가가 달라질 수 있다고 진술한다.
12. **이견에 대한 존중**: 자신과 다른 견해를 존중한다. 문단3의 첫 번째 문장은, 수면중재가 중요하다는 주장도 타당한 일면이 있다고 말한다. 자신과 다른 주장에 대해서도 존중을 표현한다.
13. **종합**: 문단13에서 수면개입이 가장 효과적이라는 명제에 대한 찬-반 견해를 종합한다. 여기서 수면이 역동적인 역할을 한다는 사실과, 수면이 근본요인이 아니더라도 좋은 수면이 여러 좋은 영향을 미칠 수 있다는 사실에 대해 이야기한다. 수면은 원인도 될 수 있고 결과도 될 수 있다.
14. **결론**: 마지막 두 문단은 추론선을 다시 정리해서 보여주고 서론에서 이야기한 것을 반복한다. 마지막 문장은 에세이지문을 그대로 반복함으로써 질문에 대해 명확하게 답을 했다는 것을 보여준다.

부족한 점 / 개선할 부분

1. 중간결론을 도출하는 데 있어 간극이 있다. 문단6에서 수면개입이 효과를 발휘하지 못할 사례로 의대생을 드는 데, 하나만으로는 부족한 느낌이 든다.
2. 단어 분량 배분이 다소 아쉽다. 학업스트레스, 잠재적인 합명제, 근거기반의 질에 대한 내용이 다소 빈약하다. 이 부분에 좀더 많은 단어를 할당하여 자세히 진술했다면 훨씬 좋았을 것이다.
3. 문단12에서, 또래 사이에서 '자신이 중요하다는 느낌'이 학생들만 느끼는 특별한 삶의 질 요소라고 말하는데, 흥미롭기는 하지만 이것이 왜 특별한지, 또 여기서 언급할 만큼 중요한지 명확하지 않다. 좀더 탄탄하게 연관성을 설명하거나, 아예 빼버리는 것이 더 좋았을 것이다.
4. 수면개입이 실패하는 이유를 문단3에서는 개인의 생활습관 때문이라고 규정하는 듯하다가, 문단6에서는 학업에 대한 걱정 때문이라고 말하는 듯하다. 수면부족 원인에 대한 논증이 일관되지 않는 것처럼 보인다.
5. 문단15에서 '개입은… 학습유형과 인구통계학적 프로필 등을 고려하여 개별적으로 설계해야 한다'고 진술하는데, 이는 타당한 주장일 수 있지만, 이를 뒷받침하는 내용은 본문에 제대로 나오지 않는다.

전반적인 평가

1. **길이:** 에세이의 길이가 적절하다. 일반적으로 제한된 글자 수에서 5% 정도 오차를 허용한다. 물론 학문분야마다 다를 수 있으니, 과제를 내주는 교수에게 직접 확인하는 것이 가장 좋다.
2. **깊이와 폭:** 상당히 많은 연구를 인용하여 많은 논점을 다루고 있으며, 따라서 논의의 깊이는 상대적으로 얕다. 인용출처가 많으면 깊이있게 분석을 할 여유가 없기 마련이다. 물론 수준 높은 학술지의 논문을 인용한다고 해서 모든 논점을 아무 논평 없이 확증된 '증거'로 받아들여야 하는 것은 아니다. 이렇게 인용하는 연구들은 규모가 작은 구체적인 표본을 기반으로 하거나, 잠정적인 중간결론을 이끌어내기 위해 사용되는 경우가 많다. 이 글은 연구의 토대가 되는 근거기반의 질에 대해서는 언급하지 않는다. 얼마나 많은 학생을 연구대상으로 삼았느냐, 또 어떤 유형의 사람들(잠을 잘 자는 사람이나 못 자는 사람, 또는 다양한 국적 등)을 연구대상으로 삼았느냐에 따라서 연구결과가 왜곡될 수 있다. 근거기반의 질에 대해 짧은 문단으로, 또는 한두 문장이라도 언급했다면, 독자들이 논증을 좀더 공정하게 평가할 수 있도록 도움을 줄 수 있었을 것이다.
3. **주체성:** 에세이지문에서 제시한 명제에 마냥 동의하기보다는, 정보를 수집하고 좀 더 깊이 고민하여 독립적인 입장을 취했다는 인상을 준다. 에세이지문에 동의하든 동의하지 않든, 근거에 대한 비판적 분석을 바탕으로 자신이 주체적으로 문제에 대해 판단을 내렸다는 느낌을 준다.

샘플에세이 1a 평가 체크리스트 →422

질문	평가	코멘트/메모/예시
화제/문제에 대해 명확한 입장을 취하는가?	그렇다.	수면중재가 가장 효과가 좋다고 말할 수 없다고 명확하게 주장한다.
핵심질문(에세이지문)에 대해 정확하게 답변하는가?	그렇다.	처음부터 끝까지 초점을 잃지 않고 이 질문에 답한다.
자신의 입장을 뒷받침하는 타당한 이유를 제시하는가?	그렇다.	여러 이유를 제시하며 주장을 뒷받침한다.
논증(추론선)이 처음부터 끝까지 명확하게 이어지는가?	그렇다.	논증표에서 확인할 수 있다. →544
논리적 흐름에 따라 논점을 가장 적절한 순서로 제시하는가?	그렇다.	수면에 초점을 맞춘 중재에서 다른 문제에 초점을 맞춘 중재로 나아간다.
주요 이유/논점이 명확하게 드러나는가?	그렇다.	모든 문단이 첫 문장에서 화제를 소개하고, 마지막 문장에서 정리한다.
주요이유를 근거로 뒷받침하는가?	대체로 그렇다.	수면중재를 받아들이는 학생이 많지 않다는 주장을 뒷받침하는 근거가 다소 부족하게 느껴진다. 부족한 점 1번 참조.
추론선은 논리적으로 결론으로 귀결되는가?	그렇다.	결론은 명확하며, 제시된 논증에 따라 자연스럽게 귀결된다.
논증에 내적 일관성이 있는가 모순되는 부분이 없는가?	대체로 그렇다.	부족한 점 4번 참조.
화제/핵심질문과 관련된 이야기만 담겨있는가? 불필요한 내용이 들어있지는 않은가?	대체로 그렇다.	서론, 특히 용어정의 부분은 좀더 간결하게 줄일 수 있다. 부족한 점 3번 참조.
반론이나 이견이나 대안을 공정하게 고려하는가?	그렇다.	많은 인용을 끌어오며 다양한 관점에서 문제에 대해 고려한다.
감정을 드러내지 않고 객관적으로 진술하는가?	그렇다.	객관적으로 보이는 냉철한 방식으로 논점을 제시한다.
추론에 결함은 없는가?	대체로 그렇다.	명백한 결함은 없다. 하지만 몇 가지 약점은 있다. 부족한 점 참조
신뢰할 수 있는 수준 높은 출처, 연관성있는 출처를 인용하고 참조하는가?	그렇다.	학자들이 교차검증하는 학술지에 수록된 논문을 주로 인용함으로써 화제에 대한 조사는 제대로 했다. 하지만 다소 아쉬운 부분도 있다. 전반적인 평가 2번 참조.
인용출처를 빠짐없이 표기했는가? 정확한 인용출처 정보를 부록으로 제공하는가?	그렇다.	완벽한 인용출처목록을 제공한다. 인용출처는 본문에서 빠짐없이 정확하게 표기했다.

샘플에세이 1a 논증구조를 분석하기 위한 논증표 →412

이 글은 에세이지문에서 제시한 명제가 어떤 면에서 장점이 있는지 먼저 설명한 다음, 반론을 펼치고 대안적인 관점을 제시한 다음, 마지막으로 두 관점을 종합하여 결론을 내는 정-반-합 논증구조로 이루어져있다.

- **정명제:** 수면개선에 초점을 맞춘 개입은 대학생들의 삶의 질을 높여줄 최선책이다.
- **저자의 결론:** 수면개선에 초점을 맞춘 개입은 대학생들의 삶의 질을 높여줄 최선책이 아니다.

정명제		
중간결론 1	수면개선에 초점을 맞춘 개입에는 장점이 있다.	
결합이유	결합이유를 뒷받침하는 이유/주장	이유를 뒷받침하는 근거/데이터
결합이유1 수면부족은 학생들 사이에 널리 퍼져있는 문제다.	ⓐ 오늘날 보편적인 현상이다.	Peltzer and Pengpid (2014): 26개국 학부생 20,222명
	ⓑ 학생들이 권장수면시간을 채우지 못한다.	Carter et al. (2017) National Sleep Foundation USA 권장수면시간보다 적게 잔다.
	ⓒ 학생들의 다양한 수면불만족 경험	Hershner and Chervin (2014): 50% 낮에 졸음, 70% 수면부족. Li, L. et al. (2018): 중국 학생들도 마찬가지.
결합이유2 질 낮은 수면은 학생의 삶의 질을 떨어뜨린다.	ⓐ 불안, 스트레스, 학업능력	Cottrell (2019)
	ⓑ 학습부진, 기분저하, 자살충동 등 부정적 영향	Kelly et al. (2001); Orzech et al. (2011); Friedrich and Schlarb (2018); etc.
	ⓒ 싸움, 흡연, 알코올남용 등 위험행동	Trockel et al. (2000)
	ⓓ 다양한 정신건강문제	Lund et al. (2010); Friedrich and Schlarb 2018
	ⓔ 삶의 만족도	Kelly (2004).
결합이유3 수면에 개입하는 것은 실행가능하며 효과가 있다.	ⓐ 수면부족/수면위생에 관한 건강교육	Carter et al. (2017)
	ⓑ 나쁜 수면에 대한 학생들의 인식 향상	Li, Y. et al. (2020)
	ⓒ 인지행동치료(CBT), 마음챙김, 최면요법 등 다양한 접근방법	Friedrich and Schlarb (2018)

반명제 (정명제를 반박하는 주장)			
중간결론2	다른 개입이 더 효과적일 수 있다.		
결합이유	이유	하위주장	근거/데이터
결합이유A 수면에 초점을 맞춘 중재는 수면을 개선하는 최선의 방법이 아니다.	SR1 수면에 초점을 맞춘 개입은 그다지 효과적이지 않다.	ⓐ 다양한 표적개입에도 수면문제는 사라지지 않는다.	Javek (2023)
		ⓑ 학생들의 '밤샘'을 끝내려는 시도는 번번이 실패했다.	Kloss et al. (2016)
		ⓒ 가장 수면이 부족한 의대생들은 도움을 요청하지 않는다.	Medeiros et al. (2001)
		ⓓ 수면개선이 다른 삶의 질 개선으로 연결되지 않는다.	Morris et al. (2016)
	SR2 수면보다 근본원인을 해결하는 것이 낫다.	ⓐ 알코올남용을 먼저 해결하는 것이 더 낫다.	Singleton and Wolfson (2009)
		ⓑ 인터넷중독, 자기인식, 인간관계, 도박 등 다양한 원인	Morahan-Martin et al. (2000); Choi et al. (2009); Li, Y. (2020)
		ⓒ 학업적/심리적 스트레스	c) Lund et al. (2010)
결합이유B 학업 스트레스를 낮추는 것이 삶의 질을 더 높여준다.	결합SR3 학업 스트레스가 학생들의 삶의 질을 좌우하는 핵심이다.	ⓐ 학업스트레스는 전 세계 공통이다.	Cottrell, 2019
		ⓑ '학업스트레스'는 대학생활의 가장 큰 어려움이다.	Youthsight/UPP Report (2017)
		ⓒ 교수들의 피드백과 교수법이 학생들의 불안과 긴밀히 연관되어있다.	HEPI Student Survey (Neves and Hillman, 2019), 학생들 자신감 북돋아주기: UUK (2021)
	결합SR4 학업 스트레스를 낮추면 수면문제는 어느 정도 해소된다.	수면문제는 학업적/심리적 스트레스에 의해 주로 발생한다.	Lund et al. (2010)

결합이유	결합SR	내용	출처
결합이유C '위험행동군'을 타겟팅하면 가장 큰 효과를 낼 수 있다.	**결합SR5** 위험 행동군은 수면보다 삶의 질에 더 큰 영향을 미친다.	ⓐ 질병과 생명은 건강하지 않은 네 가지 행동군과 연관되어 있다.	(WHO, 2002; Buck and Frosini, 2012; Poortinga, 2007): 위험행동군: 흡연, 음주, 신체활동부족, 과일과 채소 섭취부족 (+콜레스테롤과 체중에 영향을 미치는 행동군)
		ⓑ 학생들은 이미 위험행동군에 노출되어있다.	Sprake (2018), Schmid et al. (2021)
		ⓒ 집을 떠나 낯선 환경에 처했을 때 위험행동군에 노출될 확률이 높다.	Vadeboncoeur (2016): 높은 체중변화율. Dodd et al. (2010): 부족한 채소와 과일 섭취. Rao et al. (2014): 운동부족.
	결합SR6 학생들은 자율적 캠페인을 쉽게 받아들인다.	ⓐ 고등교육기관은 저비용 건강식품 요리를 촉진할 수 있다.	Sprake (2018)
		ⓑ 학생들은 건강한 선택을 촉진하는 캠페인을 쉽게 받아들인다.	Rao et al. (2014)
		ⓒ 학생들의 생활방식에 비교적 쉽게 스며들 수 있다.	저자의 유추
결합이유D 학생 환경개선이 가장 큰 효과를 발휘할 수 있다.	**결합SR7** 학생들만 느끼는 특별한 삶의 질을 고려해야 한다.	ⓐ 또래 사이에서 '자신이 중요하다는 느낌'이 중요하다.	Shine et al. (2021)
		ⓑ 소음공해로 인해 숙면을 하지 못한다.	Schlarb et al. (2017): 90%가 기숙사생활
		ⓒ 급식환경과 서비스는 학생의 삶의 질에 크게 영향을 미친다.	Lugosi (2019); Ressa (2022)*
	결합SR8 환경개입이 도움을 줄 수 있다.	ⓐ 학생환경을 통한 개입.	Shine et al. (2021)
		ⓑ 방음설비나 숙소구조 개선.	저자의 제안
		ⓒ 캠퍼스의 급식환경과 서비스 개선.	Lugosi (2019)
	결합SR9 환경개입은 수면 개입보다 효과가 크다.	많은 학생들이 지속적으로 노출된다.	Lugosi (2019)
		환경은 삶의 질에 다양한 방식으로 영향을 미친다.	Lugosi (2019)

	합명제	
중간결론 3	**다각적 접근방식이 효과가 가장 클 수 있다.**	
결합이유	**뒷받침하는 이유/주장**	**뒷받침하는 근거/데이터**
수면개입은 장점이 있다.	질 낮은 수면은 오늘날 보편적 문제로, 삶의 질에 영향을 미친다. 하지만 개입의 효과가 크지 않다.	문단3-5
수면개입은 다른 접근방법과 결합할 때 효과가 더 크다.	운동, 영양, 수면은 긴밀하게 연관되어있다.	Sleep Foundation (Newsom, 2020). 문단13 (그리고 문단7/8)
수면을 개선하면 생각지도 못한 삶의 질이 높아질 수 있다.	알코올문제	Fucito et al. (2017), 문단13
	높은 BMI와 비만문제	Gildner et al. (2014), 문단13
	학업스트레스를 야기하는 학업문제	문단3-6

	결론	
개입에 대한 평가	어디에 초점을 맞출 것인가, 얼마나 널리 영향을 미칠 것인가, 가장 도움을 필요로 하는 사람이 누구인가, 수혜자가 무엇을 요구하는가 등.	문단8-12
삶의 질에 다각도로 접근하는 것이 가장 효과적일 수 있다.	삶의 질 요소는 상호의존적이기 때문에 종합적으로 고려해야 한다.	문단7/8/13

샘플에세이 1a 논증구조를 분석하기 위한 논증맵 →406

앞에서 작성한 논증표를 시각적으로 표현한 논증맵을 만들어보자. 여기서는 중간결론을 뒷받침하는 주요이유까지만 매핑하였다. 물론 이보다 더 아래 수준까지 내려가 세부적인 논증요소를 매핑할 수 있다.

논증맵을 만들 때는 만드는 목적에 따라, 어느 수준까지 매핑할 것인지 미리 결정해야 한다. 논증맵은 논증글을 작성하기 전, 전체논증의 구조를 설계할 때 유용하게 활용할 수 있다. 또는 이미 작성해놓은 드래프트를 매핑하여 논증구조를 분석하는 것도 유용하다. 논증맵을 바탕으로 논증의 빈틈을 보완할 수 있고 구조를 개선할 수 있다.

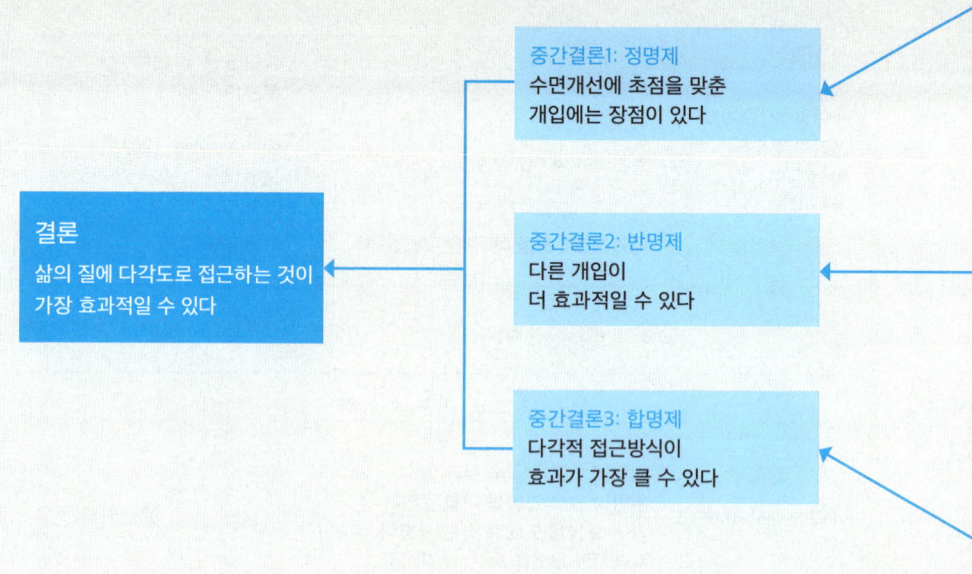

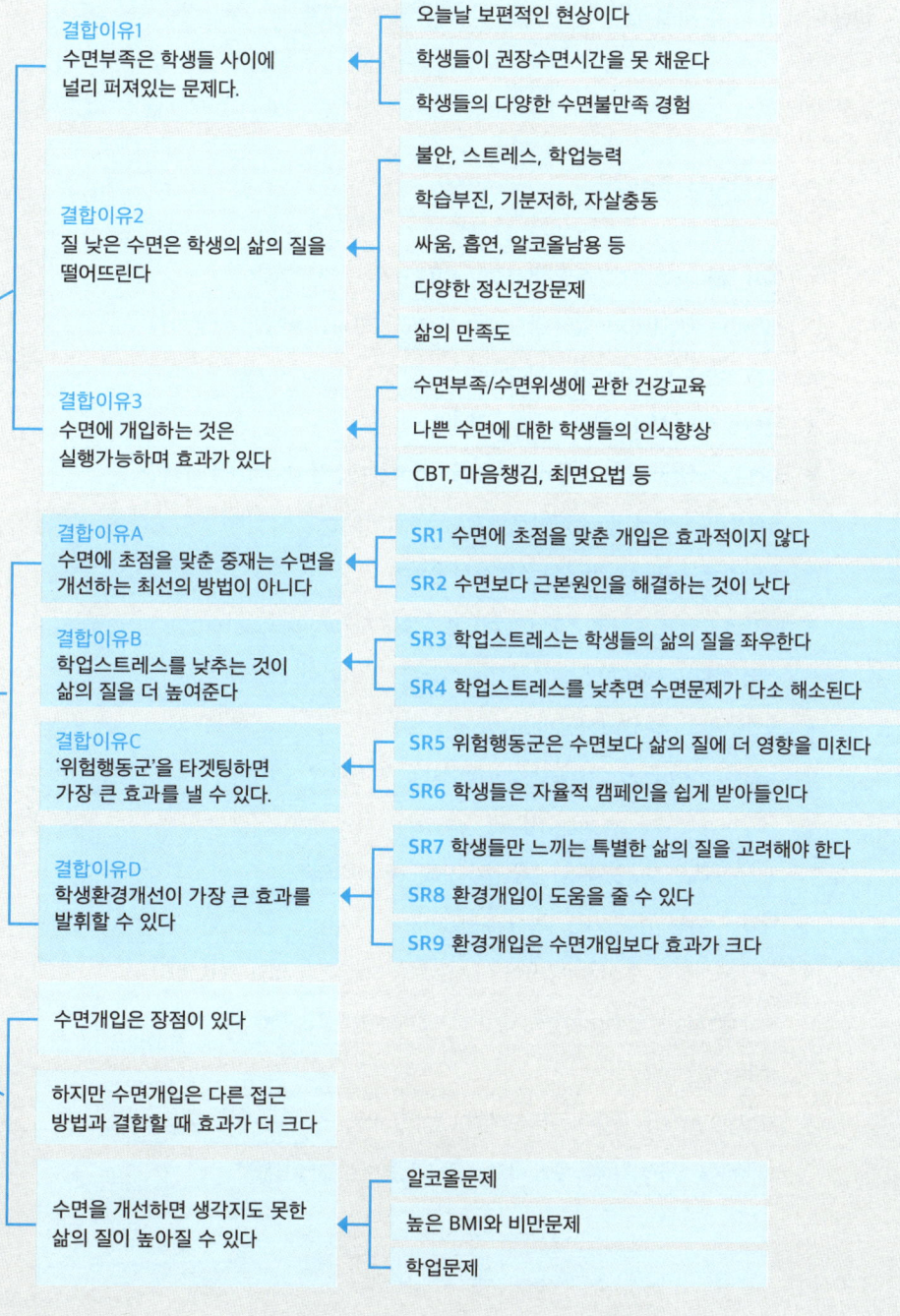

샘플에세이 1a 주제를 발굴하기 위해 작성한 메모 →361

잠정적인 주제목록

* 삶의 질은 과연 무엇일까? 정신건강? 행복?
  WHO는 정신건강과 삶의 질은 같지 않다고 말한다. (어떻게 다를까?)
* 수면: 수면은 왜 삶의 질에 중요할까?
* 학생의 수면: 얼마나 문제가 되는 걸까?
* ~~수면문제에도 다양한 유형이 있지 않을까? (불면증, 잠자다 자꾸 깨기, 수면장애... 또 그 밖에 어떤 증세? 아니면 수면부족, 너무 늦게 잠에 드는 것 같은 수면패턴 문제?)~~
* 수면에 문제가 있다면 무엇이 도움이 될 수 있을까?
  어떤 방법이 유용할까?
* 수면은 과연 중요한 문제일까?...
  i.e. 수면개선은 학생의 삶의 질을 개선하는 데 얼마나 유용할까?
  어떻게 개선하는 데 도움이 될까?
  재정적 고민? 영양? 외로움? 일반적인 건강? 피트니스/운동?
  학업에 대한 걱정? 이런 것보다 유용할까?
* 어떻게 개입할 수 있을까? 명상? 휴식? 스트레스관리? 그 밖의 어떤 것?
  이미 존재하는 캠퍼스 이벤트(예컨대 피트니스데이)같은 것에 대한 연구가 있을까?
* 학생들은 이러한 개입에 대해 어떻게 반응할까?
  지금까지 성공적인 개입으로는 어떤 것들이 있을까? (자료확인)

에세이를 작성하라는 과제를 받으면, 먼저 기초적인 자료들을 읽고 다양한 각도에서 궁리하면서 어떤 주제를 잡을지 정리해야 한다. 먼저 머릿속에 떠오르는 주제들을 모두 써내려간다. 연달아 떠오르는 의문이나 생각을 곳곳에 메모한다.

이 메모는 **샘플에세이1a**를 쓰기 위해 저자가 작성한 것이다. 실제로 주제를 정리해나가는 방법을 엿볼 수 있다.

처음에는 수면부족, 영양, 명상, 운동 등 머릿속에 떠오르는 대로 화제를 나열했다(왼쪽 메모). 학생들이 겪는 특정한 수면문제를 주제로 삼을까 생각도 했지만 포기하고 가로줄을 쳐 삭제하였다. 이에 대해 논증을 끝까지 밀고 나갈 수 있을지, 또 제한된 분량 안에서 마무리할 수 있을지, 자신이 없다고 판단했기 때문이다. 좀더 시간을 두고 고민해 보니, 새로운 질문이 떠올랐다. 새롭게 떠오른 질문을 아래와 같이 메모했다.

* 학생의 삶의 질은 다른 사람들의 삶의 질과 다를까?
  그렇다면 무엇이 다를까? 왜 다를까? 이 문제에 관한 연구도 있을까? 확인할 것!
* 이러한 문제는 어디서나 일어나는 문제일까? 몇몇 국가에서만 일어나는 문제일까? 국가별로 차이가 있을까? 책잇아웃!
* 수면문제는 원인일까 결과일까? 쉽게 판단할 수 있을까?
  아니면 복잡한 문제의 일부일까? 확인해보자.

샘플에세이1a 근거를 수집하면서 작성한 메모 →326 현장검증

주장 1 '위험행동군'은 학생의 삶의 질에 영향을 미친다. ♠

출처	주장	뒷받침하는 증거/데이터	코멘트
Kim et al. 2022	학생들의 만성적인 문제	고등교육을 받는 학생들의 '위험행동군'은 장기적인 건강과 삶의 질 문제를 야기할 수 있다.	논문(완독)에서 Kim은 학생들의 건강에 미치는 장기적인 영향에 대한 연구는 거의 없다고 말한다. ♦
세계보건기구 (WHO), 2002	네 가지 위험행동군이 삶의 질에 큰 영향을 미친다	알코올, 흡연, 과일/채소 섭취부족, 신체활동 부족 → 산업화된 나라의 29% '질병부담'	in Kim 2022, text 3 ♣
Schmid et al. 2021	장기적인 질환과 연관된 3가지 위험행동군	고도 BMI, 낮은 운동량, 알코올 다량 섭취와 밀접하게 연관되어있는 만성질환	in Kim 2022 ♣
Vadeboncoeur et al. 2016	체중변화는 학생들에게 문제가 될 수 있다.	영국 설문조사: 75%는 첫해에 상당한 체중변화가 있었다 50% 체중증가 (평균 3.5kg 증가). 25% 체중감소 (평균 3.2kg 감소). 스코틀랜드 20-25세 평균변화보다 4-6배 빠르다.	하지만(—찾아봄 ♦). 흥미롭게도 대학별 평균 10명 미만 학생만 선발. 더욱이 어떻게 모집했는지 명확하지 않음: 자체 선별했다면 편향? 자체보고를 기반으로 한 만큼 신뢰도가 떨어짐. 과연대표성/신뢰성이 있을까? ♥ in Kim 2022 ♣
Dodd et al. 2010	위험행동군은 학생들에게 고민거리다.	2008년 영국 학생 400명을 대상으로 한 5가지 요인에 대한 연구에 기반. 위험: 신체활동부족 70%, 과일/채소 섭취부족 66%, 주 1회 이상 폭음 56%.	in Kim 2022 ♣
Sprake 2018	학생들에게 우려되는 위험행동군	예컨대 적지 않은 소수 (대략 25%)가 육류, 테이크아웃 음식, 알코올을 많이 섭취하고 흡연을 하며 '바람직하지 않은 생활방식'을 즐긴다.	in Kim ♣ 확인필요. ♦
메모	Sprake에서 위험행동군이 무엇인지 확인할 것. (완료) 중요: 수면은 어느 곳에서도 위험행동군으로 적시되어있지 않다 (확인완료).		

이것은 에세이과제를 작성하기 위해 수업자료와 참고할 만한 자료들을 읽고 조사한 내용을 템플릿을 활용하여 정리한 메모다. 이 메모를 보면 **샘플에세이1a** 작성자가 어떻게 자료에 접근하고 정리했는지, 구체적인 방법을 확인할 수 있다. 메모과정을 해설해주는 코멘트박스를 주의 깊게 읽어보기 바란다.

주장 2 : 수면습관 개선은 더 나은 학업성취로 이어진다. ♠

College Resources, USF 2018	수면은 학생들에게 큰 문제다.	미국학생 중 80% 이상이 수면부족에 영향을 받고 있다는 보고.	in Panesar, 2022 text 9.♣ 이것은 미국만의 문제일까? ♥
Kelly et al. 2001	수면은 GPA에 큰 영향을 미친다.	하루에 6시간 미만 잠을 자는 학생은 GPA가 낮을 가능성 up↑	in Panesar.♣ 이보다 최근 데이터는 없을까? ♥
Trockel et al. 2000	기상시간은 GPA에 특히 중요하다.	GPA는 다른 요인(운동, 식습관, 알바 등)보다 기상시간에 더 많은 영향을 받는다.	in Panesar.♣ 확인.♦ 그런데 한 대학에 다니는 학생 200명을 대상으로 수집한 데이터. 대표성이 있을까? ♥

♠ 먼저 잠정적인 주장을 세우고 이를 뒷받침하는 출처들을 골라 유용한 세부정보를 선별한다.

♣ 어떤 읽기자료에서 거슬러 올라가 찾아낸 출처인지 표시해놓았다. 주장의 연관성을 쉽게 확인할 수 있다.

♦ 이후 필요한 조치 등 자료조사작업을 할 때 기억해야 할 것들을 적극적으로 메모한다.

♥ 자료의 내용을 액면 그대로 받아들이지 않는다. 궁금한 것, 확인해야 할 것이 있으면 질문을 던진다.

- 이렇게 템플릿을 사용하면, 빈칸에 정보를 빠뜨리지 않고 채울 수 있다.
- 또한 정보가 명확하게 정리되어있어 나중에 쉽게 찾을 수 있다. 메모하고자 하는 내용이 어떤 속성인지, 또 어떤 목적으로 쓰려고 하는지, 이미 중복된 메모가 있는지 쉽게 검토할 수 있다.
- 이 메모를 보면, 수업시간에 나눠준 자료들을 다른 유용한 출처를 찾기 위한 발판으로 사용하고 있다는 것을 알 수 있다. 주어진 자료에만 의존하여 글을 작성해서는 안 된다.
- 출처에서 얻은 정보(주장과 데이터)와 자신의 의견(코멘트)을 구분하여 기록하는 것을 눈여겨 보라. 이렇게 해야만 잘못 인용하거나 실수로 표절할 수 있는 여지를 크게 줄일 수 있다.
- 많은 정보를 정확하게 메모하기 위하여 간결한 표현, 줄임말, 기호들을 활용한다. 나중에 출처를 다시 확인해야 할 때, 이 메모만으로도 쉽게 찾을 수 있어야 한다.

샘플에세이 1b

"수면개선에 초점을 맞춘 고등교육기관의 개입은 학생들의 삶의 질을 향상시키는 데 가장 효과가 좋다." 이 주장에 대해 논하라.

1. 고등교육을 받는 학생들에게 삶의 질보다 더 중요한 것은 없다. 학생들은 학위취득을 위해 많은 비용을 지불하는 만큼, 대학은 학생들에게 필요한 지원을 제공해야 한다. 이것은 도덕적 의무다. 이 글에서는 학생들의 정신건강이 교육경험에 심각한 영향을 받고 있으며, 따라서 잃어버린 세대를 보고 싶지 않다면 교육방식에 변화를 주고 학습지원을 강화해야 한다는 주장을 펼칠 것이다. 특히 이 글에서는 수업시간을 늦게 잡는 것이 학생들의 경험과 삶의 질을 개선하는 데 가장 큰 도움이 된다는 것을 논증하고자 한다.

2. 오늘날 고등교육에서 정신건강에 대한 관심은 하늘 높을 줄 모르게 치솟고 있다. 학생처에 따르면 '그 어느 때보다 많은 학생들이 정신건강문제를 보고 하고 있다'(Office for Students, 2019). 대학진학은 학생입장에서 익숙한 교육패턴, 방법, 기대가 크게 달라지는 일대전환기라 할 수 있다. 특히 이 시기, 집에서 먼 대학으로 진학하는 학생들은 더 큰 어려움을 겪는다. 일상적으로 함께하던 부모들의 지원을 한순간에 잃고, 매일 요리하고 세탁하고 청소해야 하는 익숙하지 않은 상황 속에 던져진다. 학교와 일상에서 사회적 의례의 일부를 형성하던 친구들과 갑자기 헤어져야 한다. 규칙적으로 진행되는 수업과 쉬는 시간은 사라지고, 이제 엄청난 시간을 스스로 계획해야 한다. 더 나아가, 자신의 경제상황도 스스로 책임져야 한다. 하지만 재정관리에 필요한 요소를 제대로 알지도 못한다. 연초에 과도하게 지출을 하다가 재정적 부담과 부채에 쫓기는 경우도 많다. 먹는 음식도 크게 달라질 수 있다. 익숙해져야 할 것이 너무 많은 상황에서 학생들의 스트레스가 급격히 증가하고 자살이 심각한 수준까지 올라가는 현상은 전혀 놀라운 일이 아니다.

3. 대학들은 다양한 학생지원서비스를 제공하지만, 잘 알다시피 전문적인 상담을 받으려면 상당히 오래 기다려야 한다. 그 결과, 많은 학생들이 학교에서 누구와도 이야기하려 하지 않는다. 나이트라인 같은 전문적인 상담전화의 도움을 받는 학생도 있지만, 우울하거나 기분이 매우 안 좋을 때는 누구와도 이야기하고 싶지 않은 경우가 많다. 지원서비스는 자신의 감정을 다른 사람에게 이야기하라고 권장하지만, 너무나 스트레스가 높고 불안한 상태에서 자신의 감정을 터놓을 수 있는 사람은 많지 않다. 불안과 자살충동을 털어놓아 부모님을 불안하게 하거나, 도움을 요청하여 우정을 해치고 싶어 하지 않는다.

4. 학업량에 대한 불안과 학업실패에 대한 두려움도 학생들의 삶의 질에 큰 영향을 미친다. 학생들은 또한 삶의 질이 학업성취도에 큰 영향을 미친다고 말하는데, 실제로 이를 입증하는 연구도 나왔다. 울프와 딕비의 연구에 따르면 교과과정에 삶의 질에 관한 수업을 통합했을 때 학생들의 학업성취도에 '상당한 이점'을 제공할 수 있다고 한다(Smarte, 2022).

5. 또 교사들의 잘못된 피드백과 행동이 학생들의 불안을 유발한다는 사실도 입증되었다(Pine and Messa, 2022). 불안은 학생들에게 치명적일 수 있기에, 이는 충격적인 사실이다. 고등교육을 받지 않는 또래 젊은이들보다 학생들의 삶의 질이 떨어지는 것은 다름 아닌 나쁜 교육 때문이다.

6. 마틴 셀리그만은 행복과 삶의 질의 다섯 가지 핵심요소에 대한 자신의 견해를 PERMA라는 모형으로 설계하여 보여준다. Positive Emotion (긍정적 감정), Engagement (참여), Positive Relationships (긍정적 관계), Meaning (의미) Accomplishment (성취)의 앞글자를 딴 이 모형을 활용하면 고등교육기관에서 공부하는 학생의 삶의 질에 대해 더 많은 것을 이해할 수 있을 것이다. 이 다섯 가지 요소는 학생들의 삶에 중요하다. 연구에 따르면 셀리그만모형의 한 요소인 사람들과 맺는 관계가 삶의 질에 가장 중요하다. 가족이나 친구 같은 집단이 자신을 지지해주고, 외로움에 시달리지 않아야 건강과 삶의 질이 향상되고 조기사망 위험도 낮아진다(Cacioppos, 2014). 사회적 관계가 수면, 신체적 건강을 비롯하여 삶의 질의 다양한 측면에 영향을 미친다는 사실도 밝혀졌다. 따라서 수면에 도움을 주기 위한 중재는 사회적 관계가 좋지 않은 사람들에게 도움이 될 수 있다.

7. 대학들은 지금까지 다양한 유형의 개입을 실험해 왔다. 대학마다 다양한 학생복지 문제와 지원요구를 발굴하여 해결하기 위해 노력한다. 예컨대 상담, 지원그룹, 온라인강좌, 사교행사, 숲속 걷기, 노래, 피트니스수업, 자연교감, 토론그룹, 휴식, '마음챙김' 등 다양한 프로그램이 존재한다. 특히 마음챙김은 건강분야뿐만 아니라 기업에서도 인기를 끌면서, 오늘날 대다수 기관들이 학생들을 대상으로 무료로 또는 보조금을 지원하여 운영한다. 들로네는 마음챙김이 공감, 회복력, 면역기능, 대인관계기술, 학업에 대한 헌신을 높일 수 있다고 주장하면서(Dalaunay, 2023) '더 많은 대학에서 마음챙김 교육을 제공한다면 학생들의 삶의 질을 크게 향상시킬 수 있다'고 말한다. 코트렐과 샤피로는 수만 명을 대상으로 실시한 여러 연구들을 요약한 결과, 마음챙김이 자기연민, 집중력, 스트레스 관리능력에 도움이 된다고 말한다(Cottrell, 2018; Shapiro et al., 2008). 마음챙김 개입이 중요한 이유 하나는 마음챙김이 인간관계기술(공감, 대인관계, 타인의 욕구에 대한 인식 등)에 다양한 방식으로 도움이 된다는 것이다.

8. 학생들에게 영향을 미치는 또 다른 삶의 질 문제는 외로움이다. 곤차로바에 따르면 외로움은 학부모와 학생들이 가장 우려하는 문제다(Goncharova, 2023). 3분의 1이나 되는 많은 학생들이 고립감과 향수병으로 고통받고 있다. 외로움은 정신건강에 심각한 영향을 미칠 수 있다. 학생들이 집을 떠나 돈에 쪼들리다 보면, 시간이 무겁게 느껴질 수 있으며 우울증을 비롯한 여러 증상이 나타날 수 있다. 일하는 학생의 경우, 학업과 일을 병행하려다가 사교활동을 할 수 있는 여유를 갖기 어려울 수 있다. 따라서 곤차로바가 제안한 것처럼, 이민자와 사회학 전공 학생을 위한 체계적인 스포츠활동, 지원네트워크 설치, 자기효능감 코스, 협동학습, 무료 게임과 앱을 제공하는 것은 매우 적절한 개입으로 보인다.

9. 수면은 많은 캠퍼스에서 명백한 문제이긴 하지만, 원격학습과 현장중심코스가 학생들에게도 영향을 미치는지는 분명하지 않다. 시간에 쫓기는 상황에서 학생들의 수면은 대개 우선순위에서 밀려난다. 또한 사교행사는 대개 늦은 시간에 시작되기 때문에 학생들은 한쪽에서는 친구들과 시간을 맞추기 위해, 다른 한쪽에서는 수업에 시간을 맞추기 위해 잠을 줄여야 한다. 사교행사는 학생들 사이에서 여러 이유로 우선순위가 될 수 있다. 고립감이나 외

로움을 느낄 때, 소속감을 느끼기 힘들 때, 다른 사람들과 '어울릴 수 있다'는 느낌은 매우 중요하기 때문이다. 늦은 사교행사가 야기하는 문제는 수면부족만이 아니다. 과도한 음주, 약물, 먼 거리 이동, 캠퍼스 내 안전, 더 나아가 재정적 지출까지 온갖 압박을 가중시킨다. 사교생활은 대학에서 경험할 수 있는 중요한 삶의 일부이기에, 고등교육기관은 이에 대한 준비와 예산을 반영해야 한다. 대학이 할 수 있는 한 가지 조치는 학생들이 위험을 감수하지 않도록 야간에 저렴하고 안전한 이동수단을 제공하는 것이다. 또한 수업을 오전에 좀 늦게 시작한다면 학생들은 좀더 많이 잠을 잘 수 있으니 건강에 도움이 될 것이다.

10. 또 과제를 제출하기 바로 전 과제를 몰아서 작성하거나, 시험을 보기 바로 전 '벼락치기' 공부를 하는 것도 문제가 될 수 있다(Javek, 2011). 예전에는 책을 구하기 어려워 마지막까지 밤을 새워야 하는 경우가 많았지만, 지금은 거의 모든 자료가 디지털화되어있기 때문에 미리 구할 수 있다. 학생들은 또한 수업결석, 도박, 음주, 운동부족, 자신감부족, 인간관계 불안 등 여러 이유로 잠을 제대로 자지 못할 수 있다(Li, 2020). 칼훈 같은 학생지원전문가들은 수면부족이 미치는 영향에 대해 교육하고 좋은 수면위생에 대한 팁을 제공함으로써 학생들에게 도움을 줄 수 있다고 말한다(Calhoun, 2022). 수면부족이 미치는 영향을 이해하면 학생들 스스로 그러한 행동을 멈출 것이라고 주장한다. 하지만 학생들은 자신의 행동을 쉽게 바꾸지 않을 것이다(Mika, 2022).

11. 많은 학생들에게 음식은 중요하다. 미국대학건강평가에 따르면 미국학생 중 20%가 음식알레르기 치료를 받고 있다. 84% 이상 학생이 과일과 채소를 권장섭취량인 '하루 5개'를 먹지 못하며, 심지어 2개도 먹지 못한다. 이러한 열악한 식습관으로 인해 40% 학생이 체중과 BMI가 건강하지 않은 것으로 나타났고, 이는 식단과 영양에 신경을 써야 한다는 뜻이다. 배고픔은 수면에도 부정적인 영향을 미칠 수 있다. 학생들의 영양을 개선하면 수면개선에 도움이 되고, 따라서 삶의 질을 높일 수 있다. 이는 학생뿐만 아니라 고등교육기관에게도 중요하다. 리사테는 '[학생들의] 정신건강을 비롯한 건강과 안전을 지키고, 장애인의 타당한 요구를 충족시켜야 한다는 법적 요건은 분명하게 존재한다'고 말하며 학생복지에 투자해야 하는 사업적 이유를 제시한다(Lysatte, 2022). 그는 학생복지에 대한 부적절한 지원은 곧 재정적 손실로 이

어질 수 있다고 주장한다. 학생들이 과정을 제대로 마치지 못하고 학교를 떠나면 대학은 수입원을 잃는다. 대학이 학생을 제대로 지원하지 않는다는 평판이 퍼지면 신입생들이 들어오려 하지 않을 것이고, 이는 또다시 수입에 부정적인 영향을 미칠 것이다. 학생 수가 많다는 점을 고려할 때 학생지원, 특히 학생의 영양을 제대로 지원하지 않으면 재정파탄을 초래할 수 있다.

12. 학생의 삶의 질에 영향을 미치는 여러 요인 중 학업스트레스는 학생 자신에게 가장 중요한 요인이다. 학생들이 고등교육에 쏟는 높은 투자에 대해 재정적으로나 시간적으로나 개인적 노력으로나 보상을 받고 싶어하기 때문이다. 학생들에게 학위나 학점(GPA)은 중요하다. GPA는 수면의 질에 영향을 받는다(Orzech et al., 2011). 학생들은 수면부족으로 인해 성적에 심각한 영향을 받는다. 실제로 미국 학생 중 무려 80%가 수면부족이 학업성적에 영향을 미친다고 답했다. 이는 엄청난 학업저하와 학업실패를 의미한다. 파네사가 지적하듯, 수면부족은 전혀 새로운 문제가 아니다(Panesar, 2022). 이 문제에 대한 연구는 수십 년 전으로 거슬러 올라간다. 이제야말로 무언가 조치를 해야 할 때다. 더욱이 파네사는 우리가 아침형인간인지 저녁형인간인지, 다시 말해 활동시간유형이 중요하다는 것을 보여준다. 이른 시간에 진행되는 수업은 저녁형 인간에게 그다지 유용하지 않을 수 있다. 다시 말하지만, 앞에서 주장한 바와 같이, 특정한 활동시간유형에 불이익을 주지 않기 위해서는 오전 늦게 수업을 시작하는 것을 고려해야 한다. 게다가 수면은 학업성적에만 영향을 미치는 것이 아니다. 파네사는 정부의 지침을 인용하여 수면부족이 비만, 심장질환, 당뇨병, 우울증 등 건강의 여러 측면에 해를 입힐 수 있다고 주장한다. 앞에서 살펴본 바와 같이 학생들, 수면을 제대로 하지 못하는 것으로 알려진 이들이, 높은 BMI로 고통받는 이유를 알 수 있다.

13. 따라서 정신건강이 주요한 관심사로 떠오른 오늘날, 학생의 삶의 질이 중요한 문제라는 것을 알 수 있다. 이는 학생과 학부모에게 심각한 영향을 미칠 뿐만 아니라 교육기관의 재정에도 심각한 영향을 미칠 수 있다. 물론 기분이 좋지 않거나 긍정적이지 않다고 해서 삶이 질이 나쁘다는 신호라고 봐서는 안 된다(Ali, 2022). 누구나 스트레스를 받거나 몸이 좋지 않거나 기분이 좋지 않을 때가 있기 마련이며, 이는 정신건강과 무관하다. 그럼에도 앞서 살펴본 바와 같이 학생들의 삶의 질은 열악한 상태다. 학생들은 학업으로 인해 스트레

스를 받고, 잠을 자지 못하고, 제대로 먹지 못하고, 원하는 성적을 얻지 못해 스트레스를 받는다. 숙면을 하면 학생들의 성적은 올라가고 체중문제도 개선될 것이고, 이로써 스트레스도 줄어들고 삶의 질도 올라갈 것이다. 결론적으로, 수면개선에 초점을 맞춘 개입은 학생들의 삶의 질을 향상시킬 확률이 가장 높은 조치라 할 수 있다. (인용출처 빼고 대략 4,400자).

인용출처

Dr B. Ali. Understanding our mental states. 9 May 2022. →text 7
Delaunay, Xavier Why mindfulness is best. Article posted 27 Jan 2023. →text 2
Kate Calhoon and Muraid Almeny, (2022), 'The impact of sleep on student life', in *The Journal of Optimal Student Support (JOSS)*. 16 (3), 45-53. →text 4
Diehl, K., Jansen, C., Ishchanova, K., & Hilger-Kolb, J. (2018). Loneliness at Universities: Determinants of Emotional and Social Loneliness among Students. *International journal of enviromental research and public health*, 15 (9), 1865.
Tom Javek. A great night's sleep at last! Student blog. 20 January 2003. →text 11
Cacioppo, J. T. and Cacioppo, S. (2014). 'Social Relationships and Health: The Toxic Effects of Percieved Social Isolation'. *Social and Personality Psychology Compass*, 8: 58–72.
Svetlana Goncharova, Prioritising the priorities for student wellbeing. 17 Sep 2023. →text 12
Andy Lysatte, (2022). 'Value for money for student well-being'. Blog entry written for network, Finance Leaders in UK tertiary education. FLUKTE. 18 Oct. 2022. →text 10
Mika (2022). Mika_*OZ_3409, 1 May 2022. →text 8
Office for Students (England). https://www.officeforstudents.org.uk/publications/mental-health-are-all-students-being-properly-supported/ (accessed 16/11/2021).
Orzech, K. M., Salafsky, D. B., and Hamilton, L. A. (2011). 'The state of sleep among college students at a large public university'. *Journal of American College Health*, 59(7), 612-619.
Sal Panesar 'Sleep: Will we ever learn the lessons?' *NationalNewsTribune*. 19 March 2022. →text 9
Arturo Pine and Gil Messa Meeting student needs: priorities for action. (London: Zhop Press). (2022) →text 6
Seligman The PERMA model.
Smarte, Jade, 'Student Well-being helps academic success'. Review of Woolf and Digby (2012) on ARC102StudentWiki. Entry for 24 October 2022. →text 1

샘플에세이 1b 코멘터리

비교적 잘된 점

1. 활기찬 어투로 관심을 사로잡는다.
2. 셀리그만의 PERMA모형 같이 화제를 새로운 각도에서 탐구할 수 있는 흥미로운 접근방법을 소개한다.
3. 학생의 관점에서, 학생의 생활에 대한 유용한 통찰을 많이 담고 있다.
4. 결론의 마지막 문장에서 제목을 정확하게 언급한다.
5. 글자 수를 맞췄다.

부족한 점

1. 용어정의: 글에서 다양한 방식으로 사용되는 '삶의 질' 같은 용어의 의미를 정확하게 정의하지 않는다.
2. 입장의 명확성: 논증이 일관되어있지 않고, 서론과 결론이 잘 호응하지 않는다. (상세분석 ⓑ 참조).
3. 추론선: 추론선이 명확하지 않다. 글 속에서 많은 사실을 제시하지만 모두 논증에 기여하지는 않는다.
4. 근거기반: 수업시간에 읽은 텍스트들에 지나치게 의존한다. 이 텍스트들을 더 권위있는 출처를 찾기 위한 발판으로 활용하지 않는다. 결국, 신뢰할 수 있는 출처에서 가져온 인용이 충분하지 않다. 더 많은 연구가 필요하며, 인용출처표기도 잘못된 곳이 매우 많다.
5. 근거제시: 의견과 논점을 근거로 뒷받침하지 않는다. 자신의 추측만으로 주장을 펼쳐 나가는 것처럼 보인다(예: 문단3).
6. 감정적인 언어: 상세분석 ⓒ 참조.
7. 글쓰기스타일: 과장되거나 부풀려진 부분이 곳곳에 보인다. 이로 인해 논증의 설득력이 떨어진다.
8. 논리적 귀결: 본문에서 제시하는 내용이 결론으로 논리적으로 귀결되지 않는다. (상세분석 ⓑ 참조)
9. 불필요한 내용: 논증에 꼭 필요하지 않은 진술문이 곳곳에 나온다. (예컨대 글 앞부분에 등장하는 학생들의 생활에 대한 자세한 설명과 문단6의 PERMA 모형에 대한 자세한 설명.)
10. 이해관계: 특정한 이해관계로 인해 논증을 왜곡하는 것처럼 느껴진다. (상세분석 ⓓ 참조)

샘플에세이1b 평가 체크리스트 →422

확장논증을 평가하기 위한 체크리스트를 활용하여 **샘플에세이1b**를 평가해보자. (평가점수: 그렇다—대체로 그렇다—아니다)

질문	평가	코멘트/메모/예시
화제/문제에 대해 명확한 입장을 취하는가?	아니다	입장이 곳곳에서 달라진다.
핵심질문(에세이지문)에 대해 정확하게 답변하는가?	대체로 그렇다	에세이지문은 수면개선에 초점을 맞춰 질문했으나, 수면개선보다는 학생의 정신건강이나 스트레스에 초점을 맞춰 대답한다.
자신의 입장을 뒷받침하는 타당한 이유를 제시하는가?	대체로 그렇다	몇몇 논점에 대해서는 이유를 제시하여 뒷받침한다.
논증(추론선)이 처음부터 끝까지 명확하게 이어지는가?	아니다	추론선이 이 화제 저 화제를 넘나들며 구불구불 흘러간다. 논증이 서론에서 결론으로 명확하게 이어지지 않는다.
논리적 흐름에 따라 논점을 가장 적절한 순서로 제시하는가?	아니다	논증이 명확하지 않기 때문에 순서를 따질 수 없다. 상세분석 ⓖ 참조.
주요 이유/논점이 명확하게 드러나는가?	대체로 그렇다	몇몇 논증에는 이유를 제시하지만, 결론을 뒷받침하는 주요논점은 눈에 띄지 않는다.
주요이유를 근거로 뒷받침하는가?	아니다	화제에 대한 자료조사가 충분하지 않으며, 근거없는 주장도 많이 등장한다.
추론선은 논리적으로 결론으로 귀결되는가?	아니다	명확한 추론이 없다.
논증에 내적 일관성이 있는가? 모순되는 부분이 없는가?	아니다	모순된 부분이 많다. 특히 서론과 결론이 어긋난다. 상세분석 ⓘ, ⓛ 참조.
화제/핵심질문과 관련된 이야기만 담겨있는가? 불필요한 내용이 들어있지는 않은가?	아니다	문단2/3에서 화제/핵심질문과 그다지 관련이 없는 불필요한 언급을 한다. 훨씬 간결하게 줄일 수 있다. 문단6에서도 셀리그만모형을 소개만 하고 끝낸다.
반론이나 이견이나 대안을 공정하게 고려하는가?	대체로 그렇다	화제에 대한 다양한 관점을 고려한다. 하지만 정확하게 인용하지 않거나 왜곡함으로써 공정하다고 보기 어려운 부분이 많다. 상세분석 ⓚ, ⓣ, ⓛ 참조.
감정을 드러내지 않고 객관적으로 진술하는가?	아니다	상세분석 ⓒ 참조.
추론에 결함은 없는가?	아니다	예컨대, 몇몇 논증은 과장하거나, 잘못 인용한다. '카드로 집짓기' 오류를 범하기도 한다. 상세분석 ⓓ 참조.
신뢰할 수 있는 수준 높은 출처, 연관성있는 출처를 인용하고 참조하는가?	대체로 그렇다	권위있는 출처에서 인용한 것도 몇 개 있지만, 자신의 주장을 뒷받침하는 신뢰할 만한 출처를 찾기 위해 별다른 연구조사를 하지 않았다. 수업시간에 나눠준 텍스트에 지나치게 의존하여 글을 작성했다.
인용출처를 빠짐없이 표기했는가?	아니다	상세분석 ⓖ 참조.

샘플에세이 1b 상세분석

1. 고등교육을 받는 학생들에게 삶의 질보다 더 중요한 것은 없다.ⓐ 학생들은 학위취득을 위해 많은 비용을 지불하는 만큼, 대학은 학생들에게 필요한 지원을 제공해야 한다. 이것은 도덕적 의무다.ⓐⓑ 이 글에서는 학생들의 정신건강이 교육경험에 심각한 영향을 받고 있으며, 따라서 잃어버린 세대를 보고 싶지 않다면ⓒ 교육방식에 변화를 주고 학습지원을 강화해야 한다는 주장을 펼칠 것이다. 특히 이 글에서는 수업시간을 늦게 잡는 것이 학생들의 경험과 삶의 질을 개선하는 데 가장 큰 도움이 된다는 것을 논증하고자 한다.ⓓ

2. 오늘날 고등교육에서 정신건강에 대한 관심은 하늘 높을 줄 모르게 치솟고 있다.ⓒ 학생처에 따르면 '그 어느 때보다 많은 학생들이 정신건강문제를 보고하고 있다'(Office for Students, 2019). 대학진학은 학생입장에서 익숙한 교육패턴, 방법, 기대가 크게 달라지는 일대전환기라 할 수 있다. 특히 이 시기, 집에서 먼 대학으로 진학하는 학생들은 더 큰 어려움을 겪는다. 일상적으로 함께하던 부모들의 지원을 한순간에 잃고, 매일 요리하고 세탁하고 청소해야 하는 익숙하지 않은 상황 속에 던져진다. 학교와 일상에서 사회적 의례의 일부를 형성하던 친구들과 갑자기 헤어져야 한다. 규칙적으로 진행되는 수업과 쉬는 시간은 사라지고, 이제 엄청난 시간을 스스로 계획해야 한다. 더 나아가, 자신의 경제상황도 스스로 책임져야 한다. 하지만 재정관리에 필요한 요소를 제대로 알지도 못한다. 연초에 과도하게 지출을 하다가 재정적 부담과 부채에 쫓기는 경우도 많다. 먹는 음식도 크게 달라질 수 있다.ⓔ 익숙해져야 할 것이 너무 많은 상황에서 학생들의 스트레스가 급격히 증가하

ⓐ 다 알면서 뭘 그래. 자신의 의견을 마치 사실인 것처럼 제시한다. 근거로 뒷받침하지도 않는다. 진술 자체가 너무 일반적이어서 논증할 필요도 없는 말이다.

ⓑ 많은 사람들이 이에 동의한다고 해도, 모두 동의하는 것은 아니다. 돈을 낸 사람에게만 발생하는 의무를 도덕적 의무라고 할 수 있을까? 이러한 주장은 저자의 신뢰성을 훼손한다.

ⓒ 감정적 언어: 잃어버린 세대를 보고 싶지 않다면. 독자를 노골적으로 협박한다.

ⓓ 수업을 늦게 시작해야 한다는 주장은 이후에도 여러 번 언급한다 (예: 문단12). 하지만 이를 신뢰할 만한 근거로 뒷받침하지 않는다. 이 주장은 저자의 이해관계, 다시 말해 개인적인 바람일 가능성이 있다.

ⓒ 감정적 언어: 하늘 높은 줄 모르게. 과장된 표현이 곳곳에 등장한다.

ⓔ 두 번째 문단은 학생들이 겪는 어려움에 대한 진술로 가득 차 있다. 단어 수가 제한되어있다는 것을 고려할 때 설명이 길고 지나치게 상세하다. 학생복지와 가장 연관성이 높을 것으로 여겨지는 항목에 대한 잠재적 개입을 고려하여 좀더 간결하게 작성했다면 글의 구조가 훨씬 개선되었을 것이다. 하지만 여기서 나열한 문제 중 상당수는 뒤에서 언급하지 않는다. 반대로 뒤에서는 학생의 고립, 학업의 고충, 수면 등에 이야기하는데, 여기서는 아무 말도 하지 않는다. 이 문단에서 말하는 내용은 대부분 자기 생각이나 자신이 관찰한 것으로 보인다. 이것이 학생들의 보편적인 관심사라는 것을 입증하는 설문조사나 보고서를 전혀 인용하지 않는다. 설령 학생들의 주요관심사라고 하더라도, 지나치게 자세한 설명으로 인해 글자 수를 많이 잡아먹는다. 그만큼 비판적 분석에 할애할 글자 수가 줄어들었다.

고 자살이 심각한 수준까지 올라가는 현상은 전혀 놀라운 일이 아니다.ⓕ

3. 대학들은 다양한 학생지원서비스를 제공하지만, 잘 알다시피ⓐ 전문적인 상담을 받으려면 상당히 오래 기다려야 한다. 그 결과, 많은ⓖ 학생들이 학교에서 누구와도 이야기하려 하지 않는다. 나이트라인 같은 전문적인 상담전화의 도움을 받는 학생도 있지만, 우울하거나 기분이 매우 안 좋을 때는 누구와도 이야기하고 싶지 않은 경우가 많다. 지원서비스는 자신의 감정을 다른 사람에게 이야기하라고 권장하지만, 너무나 스트레스가 높고 불안한 상태에서 자신의 감정을 터놓을 수 있는 사람은 많지 않다. 불안과 자살충동을 털어놓아 부모님을 불안하게 하거나, 도움을 요청하여 우정을 해치고 싶어하지 않는다.ⓗ

4. 학업량에 대한 불안과 학업실패에 대한 두려움도 학생들의 삶의 질에 큰 영향을 미친다. 학생들은 또한 삶의 질이 학업성취도에 큰 영향을 미친다고 말하는데, 실제로 이를 입증하는 연구도 나왔다.ⓘ 울프와 딕비의 연구에 따르면 교과과정에 삶의 질에 관한 수업을 통합했을 때 학생들의 학업성취도에 '상당한 이점'을 제공할 수 있다고 한다(Smarte, 2022).ⓙ

5. 또 교사들의 잘못된 피드백과 행동이 학생들의 불안을 유발한다는 사실도 입증되었다(Pine and Messa, 2022).ⓚ 불안은 학생들에게 치명적일 수 있기에, 이는 충격적인 사실이다.ⓒ 고등교육을 받지 않는 또래 젊은 이들보다 학생들의 삶의 질이 떨어지는 것은 다름 아닌 나쁜 교육 때문이다.ⓘ

6. 마틴 셀리그만은 행복과 삶의 질의 다섯 가지 핵심요소에 대한 자신의 견해를 PERMA라는 모형으로 설계하여 보여준다. Positive Emotion (긍정적 감정),

ⓕ 대학진학이 급격한 변화를 초래하여 스트레스가 증가할 수 있다는 주장은 타당할 수 있지만, 이는 오래전부터 있었던 일이다. 과거보다 지금 학생들의 스트레스나 자살이 급증하는 현상은 어떻게 설명할 것인가?

ⓐ 다 알면서 뭘 그래.

ⓖ '많은'은 얼마나 많다는 뜻일까? 학술적인 글에서는 이렇게 모호한 표현은 쓰면 안 된다.

ⓗ ⓔ에서 지적한 것과 마찬가지로, 여기서도 자기 생각이나 자신이 관찰한 내용을 나열한다. 이것이 체계적으로 기록된 중요한 문제인지, 점점 증가하는 문제인지, 이를 해결하기 위한 조치가 있었는지, 그 결과는 어떤지 보여주는 근거는 하나도 제공하지 않는다.

ⓘ 원인과 결과를 뒤섞어 일관성을 깨버린다. 학업에 대한 불안이 삶의 질에 영향을 미친다고 말하고, 곧바로 삶의 질이 학업에 영향을 미친다고 뒤집어버린다.

ⓙ 수업시간에 나눠준 자료를 비판적으로 접근하지 않고 액면 그대로 인용한다. 인용출처 텍스트1은 권위있는 출처가 아니다. 텍스트1을 읽어보면 영국인학생 109명과 외국인학생 53명의 답변만으로 삶의 질이 '전 세계적인' 관심사라고 말하는 대목이 있는데, 이런 문장을 읽고나면 당연히 의심해야 한다. 울프와 딕비 논문을 찾아보면 이것은 대학생이 아닌 초중등 학생을 대상으로 진행한 연구라는 것을 알 수 있다. (텍스트 1에서 '고등교육으로 넘어가는 과정에서'라는 말이 이것이 초중등 학생 대상 연구결과라는 것을 알려준다.) 고등교육 성적과 관련된 자료를 인용하고자 했다면, 텍스트9가 훨씬 적절한 출처가 되었을 것이다.

ⓚ 여기서도 수업에서 나눠준 자료, 텍스트6을 그대로 인용한다. 텍스트6에서 인용한 HEPI/Advance HE 학생학업경험설문조사를 직접 찾아 확인하고 참조했더라면 훨씬 좋았을 것이다. 문제는, 텍스트6을 제대로

Engagement (참여), Positive Relationships (긍정적 관계), Meaning (의미) Accomplishment (성취)의 앞글자를 딴 이 모형을 활용하면 고등교육기관에서 공부하는 학생의 삶의 질에 대해 더 많은 것을 이해할 수 있을 것이다.ⓜ⑦ 이 다섯 가지 요소는 학생들의 삶에 중요하다. 연구에 따르면 셀리그만모형의 한 요소인 사람들과 맺는 관계가 삶의 질에 가장 중요하다. 가족이나 친구 같은 집단이 자신을 지지해주고, 외로움에 시달리지 않아야 건강과 삶의 질이 향상되고 조기사망 위험도 낮아진다(Cacioppos, 2014). 사회적 관계가 수면, 신체적 건강을 비롯하여 삶의 질의 다양한 측면에 영향을 미친다는 사실도 밝혀졌다. 따라서 수면에 도움을 주기 위한 중재는 사회적 관계가 좋지 않은 사람들에게 도움이 될 수 있다.ⓝ

7. 대학들은 지금까지 다양한 유형의 개입을 실험해 왔다. 대학마다 다양한 학생복지 문제와 지원요구를 발굴하여 해결하기 위해 노력한다. 예컨대 상담, 지원그룹, 온라인강좌, 사교행사, 숲속 걷기, 노래, 피트니스수업, 자연교감, 토론그룹, 휴식, '마음챙김' 등 다양한 프로그램이 존재한다. 특히 마음챙김은 건강분야뿐만 아니라 기업에서도 인기를 끌면서, 오늘날 대다수 기관들이 학생들을 대상으로 무료로 또는 보조금을 지원하여 운영한다.ⓞⓟ 들로네는 마음챙김이 공감, 회복력, 면역기능, 대인관계기술, 학업에 대한 헌신을 높일 수 있다고 주장하면서(Dalaunay, 2023) '더 많은 대학에서 마음챙김 교육을 제공한다면 학생들의 삶의 질을 크게 향상시킬 수 있다'고 말한다.ⓠ 코트렐과 샤피로는 수만 명을 대상으로 실시한 여러 연구들을 요약한 결과, 마음챙김이 자기연민, 집중력, 스트레스 관리능력에 도움이 된다고 말한다(Cottrell, 2018; Shapiro et al., 2008).ⓡ 마음챙김

인용하지도 않았다는 것이다.
텍스트6은 잘못된 피드백이 불안을 유발할 '가능성이 높다'고 말했을 뿐, 입증하지는 않았다. 어느 정도 영향을 미치는 요인을, 원인으로 둔갑시키는 것은 부당한 정보조작이다.

ⓒ 감정적 언어. '치명적/충격적'

ⓛ 대학진학으로 인한 급격한 환경변화가 학생들의 삶의 질을 해친다는 문단2 주장과 일치하지 않는다.
또 학업스트레스가 주요원인이라는 문단4 주장과도 어긋난다.

ⓜ 셀리그만모형은 이 문제에 대한 흥미로운 관점을 제공한다.
하지만 이 모형을 이 문단에서 소개하고 난 뒤 별다른 언급없이 끝나버린다.
이 모형이 학생의 삶의 질에 어떤 의미를 갖는지 설명하거나, 이 모형을 활용하여 수면관련 삶의 질 문제를 살펴보거나 여러 개입을 비교하면서 체계적으로 검토하는 등 전체 논증의 틀을 짜는 데 활용할 수도 있을 것이다.
왜 이 모형을 소개한 것일까?
쓸데없이 단어만 잡아먹었을 뿐이다.

⑦ 인용출처표기 부실.

ⓝ 원인과 결과를 뜬금없이 뒤집는다.
바로 앞 문장에서 사회적 관계가 수면에 영향을 미친다고 말하고는 여기서는 거꾸로 된 해법을 내놓는다.

ⓞ 매우 단정적으로 진술한다. 사실일 수 있지만, 근거는 전혀 제시하지 않는다. 정작 인용출처인 텍스트2에서는 이렇게 단정적으로 진술하지 않는다.

ⓟ 갑자기 '마음챙김'에 초점을 맞춰 진술하기 시작하는 까닭은 무엇일까? 전반적으로 화제전환을 알리는 '이정표'가 제대로 설치되어있지 않다.

ⓠ 텍스트1과 텍스트2를 아무 의심없이 인용한다. 인용출처로 삼고자 한다면 그것이 신뢰할 수 있는 텍스트인지 먼저 면밀히 검토해야 한다.
더욱이 텍스트2는, 저자의 이해관계를 바탕으로 작성된 것일 확률이 높다.

개입이 중요한 이유 하나는 마음챙김이 인간관계기술(공감, 대인관계, 타인의 욕구에 대한 인식 등)에 다양한 방식으로 도움이 된다는 것이다. ⓢ

8. 학생들에게 영향을 미치는 또 다른 삶의 질 문제는 외로움이다. 곤차로바에 따르면 외로움은 학부모와 학생들이 가장 우려하는 문제다(Goncharova, 2023). 3분의 1이나 되는 엄청난 ⓒ 학생들이 고립감과 향수병으로 고통받고 있다. 외로움은 정신건강에 심각한 영향을 미칠 수 있다. 학생들이 집을 떠나 돈에 쪼들리다 보면, 시간이 무겁게 느껴질 수 있으며 우울증을 비롯한 여러 증상이 나타날 수 있다. 일하는 학생의 경우, 학업과 일을 병행하려다 사교활동을 할 수 있는 여유를 갖기 어려울 수 있다. 따라서 곤차로바가 제안한 것처럼, 이민자와 사회학 전공 학생을 위한 체계적인 스포츠활동, 지원네트워크 설치, 자기효능감 코스, 협동학습, 무료 게임과 앱을 제공하는 것은 매우 적절한 개입으로 보인다. ⓣ

9. 수면은 많은 캠퍼스에서 명백한 문제이긴 하지만, 원격학습과 현장중심코스가 학생들에게도 영향을 미치는지는 분명하지 않다. 시간에 쫓기는 상황에서 학생들의 수면은 대개 우선순위에서 밀려난다. 또한 사교행사는 대개 늦은 시간에 시작되기 때문에 학생들은 한쪽에서는 친구들과 시간을 맞추기 위해, 다른 한쪽에서는 수업에 시간을 맞추기 위해 잠을 줄여야 한다. 사교행사는 학생들 사이에서 여러 이유로 우선순위가 될 수 있다. 고립감이나 외로움을 느낄 때, 소속감을 느끼기 힘들 때, 다른 사람들과 '어울릴 수 있다'는 느낌은 매우 중요하기 때문이다. 늦은 사교행사가 야기하는 문제는 수면부족만이 아니다. 과도한 음주, 약물, 먼 거리 이동, 캠퍼스 내 안전, 더 나아가 재정적 지출까지 온갖 압박을 가중시킨다. 사

ⓡ 이 문장은 표절로 의심된다. 출처 원문을 거의 그대로 베꼈다. 원문(텍스트2): 수만 명을 대상으로 실시한 여러 연구를 요약한 결과에 따르면, 자기연민, 집중력, 스트레스관리능력에도 도움이 되는 것으로 나타났다. (Shapiro et al., 2008; Cottrell, 2018).
ⓢ 바로 앞에서 한 말을 또 반복하여 단어 수를 채운다.
ⓒ 감정적 언어: 엄청난, 과장된 표현

ⓣ 문단8은 텍스트12를 인용했다고 표기했지만, 여러 면에서 정확하지 않은 정보가 숨어있다.
우선, 곤차로바는 외로움을 '가장' 우려하는 문제라고 말한 적 없다. 또한 곤차로바가 독일의 연구보고서를 인용하여 제시한 개선책을, 곤차로바가 직접 연구한 결과인 양 잘못 인용하고 있다. 또 체계적인 스포츠활동을 권장하기는 했지만, 이것이 이민자와 사회학 전공 학생들에게만 특별한 해법이라고 말하지 않았다.
곤차로바의 논증은 이 글의 주장과 반대로, 다른 복지문제에 더 관심을 가져야 한다는 것이다. 의도와 맥락이 다른 논증을 가져다가 자기 주장을 뒷받침하는 근거로 써서는 안 된다.

교생활은 대학에서 경험할 수 있는 중요한 삶의 일부이기에, 고등교육기관은 이에 대한 준비와 예산을 반영해야 한다. ⓓ 대학이 할 수 있는 한 가지 조치는 학생들이 위험을 감수하지 않도록 야간에 저렴하고 안전한 이동수단을 제공하는 것이다. 또한 수업을 오전에 좀 늦게 시작한다면 학생들은 좀더 많이 잠을 잘 수 있으니 건강에 도움이 될 것이다.ⓓⓤ

ⓓ 저자의 이해관계에 기반한 주장.

ⓤ 흥미로운 의견이지만 근거로 뒷받침하지 않는다.

10. 또 과제를 제출하기 바로 전 과제를 몰아서 작성하거나, 시험을 보기 바로 전 '벼락치기' 공부를 하는 것도 문제가 될 수 있다(Javek, 2011). 예전에는 책을 구하기 어려워 마지막까지 밤을 새워야 하는 경우가 많았지만, 지금은 거의 모든 자료가 디지털화되어있기 때문에 미리 구할 수 있다. 학생들은 또한 수업결석, 도박, 음주, 운동부족, 자신감부족, 인간관계 불안 등 여러 이유로 잠을 제대로 자지 못할 수 있다(Li, 2020). 칼훈 같은 학생지원전문가들은 수면부족이 미치는 영향에 대해 교육하고 좋은 수면위생에 대한 팁을 제공함으로써 학생들에게 도움을 줄 수 있다고 말한다(Calhoun, 2022). 수면부족이 미치는 영향을 이해하면 학생들 스스로 그러한 행동을 멈출 것이라고 주장한다. 하지만 학생들은 자신의 행동을 쉽게 바꾸지 않을 것이다(Mika, 2022).ⓥ

11. 많은 학생들에게 음식은 중요하다.ⓦ 미국대학건강평가에 따르면 미국학생 중 20%가 음식알레르기 치료를 받고 있다. 84% 이상 학생이 과일과 채소를 권장섭취량인 '하루 5개'를 먹지 못하며, 심지어 2개도 먹지 못한다.ⓧ 이러한 열악한 식습관으로 인해 40% 학생이 체중과 BMI가 건강하지 않은 것으로 나타났으며, 이는 식단과 영양에 신경을 써야 한다는 뜻이다.ⓨ 배고픔은 수면에도 부정적인 영향을 미칠 수 있다. 학생들의 영

ⓥ 텍스트8은 온라인기사에 달린 학생의 댓글에 불과하다. 학생들의 의견을 대표하지도 않을 뿐만 아니라, 신뢰할 수도 없는 자료다.

ⓦ 이 말은 아무 의미도 없는 무가치한 말이다. 논증에 아무런 기여도 하지 않는다. 학생뿐만 아니라 누구에게든 음식이 중요하지 않을 수 있겠는가?

ⓧ 통계수치를 잘못 인용했다. 텍스트12를 보면, 과일과 채소를 권장섭취량을 먹지 못하는 사람은 84%가 아니라 70%라고 나온다.

ⓨ 근거없는 인과관계를 제시한다. 여기서는 과일과 채소를 적게 섭취하는 습관으로 '인해' 체중과 BMI가 건강하지 않다고 말하지만, 인용출처인 텍스트12에서는 그렇게 말하지 않는다. 이 두 요인이 연관되어있을 수도 있지만 또 다른, 더 중요한 이유가 있을지도 모른다.

양을 개선하면 수면개선에 도움이 되고, 따라서 삶의 질을 높일 수 있다. 이는 학생뿐만 아니라 고등교육기관에게도 중요하다. 리사테는 '[학생들의] 정신건강을 비롯한 건강과 안전을 지키고, 장애인의 타당한 요구를 충족시켜야 한다는 법적 요건은 분명하게 존재한다'고 말하며 학생복지에 투자해야 하는 사업적 이유를 제시한다(Lysatte, 2022). 그는 학생복지에 대한 부적절한 지원은 곧 재정적 손실로 이어질 수 있다고 주장한다. 학생들이 과정을 제대로 마치지 못하고 학교를 떠나면 대학은 수입원을 잃는다. 대학이 학생을 제대로 지원하지 않는다는 평판이 퍼지면 신입생들이 들어오려 하지 않을 것이고, 이는 또다시 수입에 부정적인 영향을 미칠 것이다. 학생 수가 많다는 점을 고려할 때 학생지원, 특히 학생의 영양을 제대로 지원하지 않으면 재정파탄을 ⓒ 초래할 수 있다.ⓏⓏ

12. 학생의 삶의 질에 영향을 미치는 여러 요인 중 학업스트레스는 학생 자신에게 가장 중요한 요인이다.① 학생들이 고등교육에 쏟는 높은 투자에 대해 재정적으로나 시간적으로나 개인적 노력으로나 보상을 받고 싶어하기 때문이다. 학생들에게 학위나 학점(GPA)은 중요하다. GPA는 수면의 질에 영향을 받는다(Orzech et al., 2011). 학생들은 수면부족으로 인해 성적에 심각한 영향을 받는다. 실제로 미국 학생 중 무려 80%가 수면부족이 학업성적에 영향을 미친다고 답했다.② 이는 엄청난 학업저하와 학업실패를 의미한다. 파네사가 지적하듯, 수면부족은 전혀 새로운 문제가 아니다(Panesar, 2022). 이 문제에 대한 연구는 수십 년 전으로 거슬러 올라간다. 이제야말로 무언가 조치를 해야 할 때다.③ 더욱이 파네사는 우리가 아침형인간인지 저녁형인간인지, 다시 말해 활동시간유형이 중요하다는 것을 보여준다. 이른 시간에 진행되

ⓒ 감정적 언어. 재정파탄

ⓏⓏ 문단11에는 의심스러운 논증이 숨어있다. 인용출처인 텍스트10은 전반적인 학생복지에 대한 책임을 말하는데, 이것을 인용하면서 학생의 '영양'에 대한 책임으로 슬며시 바꿔치기한다. 결국 학생식단을 개선하기 위해 개입하지 않으면 대학이 재정적 위험이 빠질 수 있다고 주장하는데, 허술한 이유를 제시하고 그 위에 주장을 쌓아 상대방을 홀리는 전형적인 '카드로 집짓기' 오류다.

① 학업스트레스가 학생에게 가장 중요할 수 있지만, 이를 뒷받침할 수 있는 출처는 제공하지 않는다. 단순한 의견이나 추측일 뿐이다.

② 통계수치가 어디서 나왔는지 출처를 표기하지 않는다.

③ 아무 근거도 없는 주장이다. 이 화제에 대한 연구가 존재한다고 하더라도, 그것만으로 지금 당장 조치해야 한다는 결론을 정당화할 수 있는 것은 아니다. 또한 학술적인 글에는 어울리지 않는 일상적이고 선동적인 말투다.

ⓓ 저자의 이해관계에 기반한 주장.

는 수업은 저녁형 인간에게 그다지 유용하지 않을 수 있다. 다시 말하지만, 앞에서 주장한 바와 같이, 특정한 활동시간유형에 불이익을 주지 않기 위해서는 오전 늦게 수업을 시작하는 것을 고려해야 한다.ⓓ 게다가 수면은 학업성적에만 영향을 미치는 것이 아니다. 파네사는 정부의 지침을 인용하여 수면부족이 비만, 심장질환, 당뇨병, 우울증 등 건강의 여러 측면에 해를 입힐 수 있다고 주장한다. 앞에서 살펴본 바와 같이 학생들, 수면을 제대로 하지 못하는 것으로 알려진 이들이, 높은 BMI로 고통받는 이유를 알 수 있다.④

13. 따라서 정신건강이 주요한 관심사로 떠오른 오늘날, 학생의 삶의 질이 중요한 문제라는 것을 알 수 있다. 이는 학생과 학부모에게 심각한 영향을 미칠 뿐만 아니라 교육기관의 재정에도 심각한 영향을 미칠 수 있다. 물론 기분이 좋지 않거나 긍정적이지 않다고 해서 삶이 질이 나쁘다는 신호라고 봐서는 안 된다(Ali, 2022). 누구나 스트레스를 받거나 몸이 좋지 않거나 기분이 좋지 않을 때가 있기 마련이며, 이는 정신건강과 무관하다.⑤ 그럼에도 앞서 살펴본 바와 같이 학생들의 삶의 질은 열악한 상태다. 학생들은 학업으로 인해 스트레스를 받고, 잠을 자지 못하고, 제대로 먹지 못하고, 원하는 성적을 얻지 못해 스트레스를 받는다. 숙면을 하면 학생들의 성적은 올라가고 체중문제도 개선될 것이고, 이로써 스트레스도 줄어들고 삶의 질도 올라갈 것이다. 결론적으로, 수면개선에 초점을 맞춘 개입은 학생들의 삶의 질을 향상시킬 확률이 가장 높은 조치라 할 수 있다.⑥

인용출처⑦

Dr B. Ali. *Understanding our mental states*. 9 May 2022...

④ 문단12는 논증이 초점없이 오락가락한다. 학업스트레스로 시작하여 BMI로 이야기로 끝난다.

⑤ 결론에서 새로운 화제나 논증을 제시하면 안 된다. 본문에서 제시한 추론을 정리하고 종합하는 것으로 족하다.

⑥ 결론이 부실하다. 이 글에서 제시한 여러 논점을 늘어놓기는 하지만, 그러한 논점들이 어떻게 연결되는지 명확하게 설명하지 않는다. 이 글의 추론선 자체가 명확하지 않기 때문에 그럴 수밖에 없었을 것이다. 무엇보다도, 결론이 서론과 호응하지 않는다. 서론에서는 대학이 더 많은 학습지원과 수업시간조정을 해야 한다는 주장을 제시하였는데, 결론에서는 수면중재가 학생들의 성적을 향상시키고 체중문제와 스트레스에 도움이 된다는 주장을 제시한다. 어떻게 이런 결론이 도출되었는지 알 수 없다.

⑦ 인용출처목록 부실. 글 전체적으로 출처를 표기하지 않은 곳이 많다. 문단6에서 소개한 셀리그먼모형의 출처는 인용출처목록에서도 찾을 수 없다. 또한 글에서는 출처를 표기했는데 인용출처목록에는 없는 것도 있다. 예컨대 문단7에 나오는 Shapiro et al. (2008)은 인용출처목록에서 찾을 수 없다. 또한 인용출처목록을 알파벳 순서로 나열하지 않았다.
인용출처 표기방식도 일관성이 없다. 저자의 이름으로 시작하기도 하고, 성으로 시작하기도 한다.
인용출처 정보도 정확하지 않다. Lysatte는 소속된 조직이름(FLUKTEN)을 틀리게 썼다. Javek은 날짜를 틀렸다. 출간날짜도 아무 곳에나 표시되어있다. 구두점도 전체적으로 일관성있게 찍어야 한다. 곳곳에 오탈자가 있다. (4번째 항목 enviromental, 6번재 항목 Percieved 등)

에세이지문 2

'지구온난화에 대처하기 위한 전 지구적 해법이 필요하다'. 이 주장에 대해 논하라.

샘플에세이 2a는 기본적인 논증요소 목록을 체크하면서 분석해보자. 글에서 다음 항목들을 찾아 확인하고 코멘트를 단다. →422

체크리스트	
ⓐ	주요논증 요약진술
ⓑ	저자의 입장
ⓒ	요약결론
ⓓ	전체논증의 논리적 결론
ⓔ	논리적 결론을 뒷받침하는 주요이유
ⓕ	전체결론을 뒷받침하는 중간결론
ⓖ	중간결론을 뒷받침하는 이유
ⓗ	이유를 뒷받침하는 근거
ⓘ	반론수용
ⓙ	반론에 대한 반박
ⓚ	논증의 흐름을 알려주는 이정표
ⓛ	배경정보를 제공하는 진술
ⓜ	용어정의 (의미를 명확하게 규정하기)
ⓝ	권위있는 출처표기

샘플에세이2b는 논증의 결함에 초점을 맞춰 분석한다. 참고로, 아래 항목 중 여러 번 나오는 것도 있고, 한 번도 안 나오는 것도 있을 수 있다.

체크리스트
ⓐ 논증의 내적 일관성 부족 →157
ⓑ 정교하지 않은 진술 →159
ⓒ 잘못된 전제 →200
ⓓ 근거로 뒷받침하지 않는 가정 →200
ⓔ 고정관념 →207
ⓕ 잘못된 인과관계 →220
ⓖ 거짓 상관관계 →220
ⓗ 필요조건을 충족하지 못함 →226
ⓘ 충분조건을 충족하지 못함 →226
ⓙ 잘못된 비유 →232
ⓚ 카드로 집짓기 →236
ⓛ 같은 말 반복하기 →237
ⓜ 거짓암시 →238
ⓝ 다 알면서 뭘 그래 →239
ⓞ 연막치기 →239
ⓟ 잘못된 인상 씌우기 →240
ⓠ 밀짚으로 만든 개 →240
ⓡ 선택지 제한하기 →241
ⓢ 너도 했으니까 나도 한다 →241
ⓣ 붉은 청어 →241
ⓤ 지금이 어느 시대인데 →242
ⓥ 갈라치기 →243
ⓦ 감정에 호소하기 →243
ⓧ 인신공격 →244
ⓨ 불필요한 정보 →374
ⓩ 인용출처 제대로 표기하지 않기 →396

샘플에세이 2a

'지구온난화에 대처하기 위한 전 지구적 해법이 필요하다'. 이 주장에 대해 논하라.

1. '지구온난화global warming'는 과학적으로 좀더 정확한 용어 '기후변화climate change'를 의미하며(Nunez, 2019), 가끔은 '기후위기climate crisis'라고 일컫기도 한다. 산업혁명 이후 배출된 열을 가두는 온실가스, 특히 이산화탄소의 급격한 증가는 전 세계 날씨에 크고 극단적이고 복잡한 변화를 초래했으며, 오늘날 전 세계적인 관심사가 되었다. 이로 인해 몇몇 지역에서는 심각한 온난화현상이 발생했으며, 몇몇 지역에서는 단기적인 냉각현상이 발생했다. 이 글은 인간이 초래한 기후변화의 영향으로 인해 시급한 해법이 필요하지만, 단일한 전 지구적 해법이란 존재하지 않으며 지구온난화를 해결할 책임 역시 전 세계 국가에 동등하게 물을 수 없다는 것을 논증할 것이다. 고소득국가(HIC)와 가장 많은 탄소를 배출하는 기업들이 앞장서서 조치하고 비용을 부담해야 한다.

2. 결과의 심각성을 고려할 때 지구온난화에 대한 해법은 반드시 찾아야 한다. IPCC에 따르면 기후변화는 이미 지난 수십 년 동안 예상했던 것보다 훨씬 큰 '상당한 피해와 점점 돌이킬 수 없는 손실'을 초래했으며, 대다수 생물종과 생태계는 물론 인간의 건강과 사회경제 시스템에 상당히 부정적인 결과를 낳았다(IPCC, 2022). IPCC의 2014년 보고서 이후 전 세계는 기온상승, 강수량증가, 해수면상승, 식량감소, 물부족 더 나아가 인간성상실과 불평등심화를 목격했다. 단기적으로 (2040년까지) 지구온난화를 1.5°C 이내로 제한한다고 하더라도, 그러한 피해를 줄일 수는 있겠지만 완전히 없애지는 못할 것으로 예상된다. 문제는 국제협약이 지금까지 기온상승을 2°C 이내로 제한할 수 있는 방법도 찾지 못했다는 것이다. UN환경계획 보고서는 현재까지 취한 조치로 2030년까지 온실가스 배출량을 7.5% 줄이는 데 성공했지만, 지구온난화 속도를 늦추기 위해서는 55% 이상 감축해야 한다고 추정한다. 이제

전 세계적 행동으로 얻을 수 있는 인센티브는 피해규모를 완화하는 것이다.

3. IPCC보고서와 같은 광범위한 연구보고서에도 불구하고 모든 사람이 지구 온난화를 인정하고 해법에 동의하는 것은 아니다. 예컨대, 과학자 수천 명이 탄소배출이 환경에 해를 끼친다는 증거는 존재하지 않는다고 주장하는 지구 온난화 청원프로젝트(2008)에 서명하기도 했다. 하지만 그 이후 여러 연구에서 인위적인 (인간이 초래한) 기후변화에 동의하는 과학적 의견이 90%가 넘는다는 사실이 밝혀졌다(Carlton, 2015). 그럼에도 회의론은 끈질기게 해법을 찾는 노력을 위협해 왔으며, 특히 탄소배출량이 많은 지역, 다시 말해 가장 조치가 필요한 곳에서 더욱 위협적인 영향을 발휘했다. 각국 정부는 이러한 회의론에 민감할 수 있다. 예컨대 미국은 2020년, 2015년 UN파리협약에서 탈퇴했다(정권이 바뀐 뒤 다시 가입했다). 따라서 온실가스배출량이 높은 국가들이 해로운 냉소주의에 빠지지 않도록 대처하는 것도 중요한 해법의 일부가 되어야 한다.

4. 한편 '글로벌 해법'이라는 표현은 단일한 해법이 있고, 또 이에 맞춰 모든 국가, 개인, 단체들이 비슷한 방향으로 함께 행동을 취해야 한다는 의미로 들린다. 전 세계적으로 탄소배출량을 줄이는 데 초점을 맞추는 것도 어느 정도는 그러한 해법이라고 볼 수 있다. 2015년 파리협약은 온실가스배출을 줄이고 지구의 평균기온 상승폭을 섭씨 2도 이하로 제한하자는 국제협약으로 2022년까지 197개국이 서명했다. 하지만 이 협약은 법적 강제력이 없으며 나라마다 자체적으로 목표를 설정한다. 협약의 영향은 국가별로 얼마나 야심찬 감축목표를 설정하고 준수하느냐에 따라 달라진다. 사실상 탄소배출을 줄이는 길이 제각각 달라지는 것이다.

5. '글로벌 해법'이라는 표현은 탄소배출량 감축부담을 전 세계적으로 동일하게 부과해야 하거나 부과할 수 있다는 의미로 들린다. 언뜻 그럴듯하게 들릴 수 있겠지만, 탄소배출에 대한 책임은 국가별로 매우 다양할 수 있기 때문에 여러 차원에서 논란이 되고 있다(Ritchie and Roser, 2022). 차등적 해법이 정당한 듯 보이지만, 그렇다면 어떻게 차등할 것인지 기준을 결정하는 일도 복잡할 수밖에 없다. 예컨대 개인단위로/국가단위로 계산할 것인가? 배출량으로/소비량으로 계산할 것인가? 현재배출량으로/누적배출량으로 계산할 것인가? 저소득국가(LIC)는 고소득국가(HIC)가 역사적으로 탄소배출량을 높이

는 데 큰 역할을 해왔을 뿐만 아니라 지금도 여전히 높은 탄소발자국을 유지하고 있으며, 이로부터 가장 많은 이익을 얻고 있다고 주장한다. COP26에서 마셜제도의 브루스 빌라몬Bruce Bilamon은 유해한 배출량의 80%는 G20국가들에게서 나온다고 지적하며, 기후변화를 제한하고 해수면상승 같은 현존하는 피해를 완화하기 위해 저소득국가를 재정적으로 지원해야 한다고 촉구했다(SPREP, 2021). 고소득국가는 기후변화에 대응할 도덕적 책임과 더불어 재정적 역량도 있다.

6. 그럼에도 지구온난화는 모든 사람의 문제이므로 모든 사람이 참여해야 한다는 주장은 여전히 유효하다. 실제로 저소득국가들은 기후위기에 가장 취약하기 때문에 이 문제에 가장 관심이 크다. UN저개발국(LDC) 그룹 의장 소남 왕디Sonam Wangdi는 기후변화에 관해 이렇게 말한다. "현재 계획으로는 우리 국민들을 보호하기에 역부족이다." 그러면서 저소득국가들은 현재의 피해와 미래의 피해를 모두 완화하기 위해 당장 계획을 수정해야 한다고 주장한다(Gyeltsen, 2021). 고소득국가들의 조치를 마냥 기다리기보다는 저소득국가들이 나서서 계획을 주도하고 싶어하는 것은 충분히 이해할 만한 일이다. UN(2021b)에 따르면 고소득국가들은 2020년까지 저소득국가의 조치를 지원하기 위해 연간 1,000억 달러를 제공하겠다는 약속을 제대로 지키지 않았다. 그나마 지원금의 50%는 완화 프로젝트에 사용되었다.

7. 더 나아가, 저소득국가는 빈곤을 완화하기 위해 긴급조치를 취해야 하는데, 이는 다시 전 세계 탄소배출량을 끌어올릴 가능성이 높다. 연구에 따르면 외국인직접투자(FDI), 도시화, 1인당 GDP가 환경에 가장 큰 피해를 주는 것으로 나타났다(Shah et al., 2022). 엘리옷은 고소득국가들이 인건비가 저렴한 저소득국가들에게 제조업을 아웃소싱하는 현상을 지적한다(Elliot, 2015). 이로 인해 저소득국가의 에너지수요가 증가하는데, 대부분 이들은 여전히 화석연료에 의존하고 있기 때문에 탄소배출량이 높아진다. 저소득국가는 이러한 문제를 해결할 만한 재정적 여력이 없다. 저소득국가들이 지구온난화에 가장 적게 기여했으면서도 가장 큰 피해를 받고 있으며, 빈곤과 높은 수준의 부채로 인해 고소득국가들과 다국적은행에 빚을 지고 있는 상태에서 아무 조치도 할 수 없다고 주빌리 부채캠페인Jubilee Debt Campaign(2022)은 주장한다. 이 캠페인은 저소득국가의 부채를 탕감하고 이들에게 필요한 자원을 제공하라고 촉구한다. 또 다

른 연구는, 저소득국가의 지속가능한 개발과 환경보호를 위해서는 소득이 훨씬 평등해져야 한다고 주장한다(Khan and Yahong, 2021). 탄소배출에만 매달리는 것만으로는 충분치 않다. 전 세계 빈곤과 소득불평등을 해소하고 지속가능한 성장을 달성하는 것도 지구온난화 해법의 일부가 되어야 한다.

8. 고소득국가들이 저소득국가와 중소득국가에 계속 투자를 하는 한, 이들의 화석연료 사용을 줄이는 것은 어렵다. 상대적으로 부유한 고소득국가들도 2013-2019년 사이에 화석연료에 투자한 금액이 오히려 증가했다. 프랑스만 예외적으로 화석연료보다 청정에너지에 더 많이 투자했다(Ferris, 2021). 또한 고소득국가들은 저소득국가와 중소득국가에서 낮은 비용으로 생산한 제품을 수입하는 것을 적극적으로 모색한다. 이들은 화석연료에 의존할 뿐만 아니라, 삼림채벌 등 다양한 방식으로 탄소수준을 높이는 데 기여한다. 또 어느 나라든 개인의 소비에 의존하여 화석연료 사용을 줄이는 것도 어렵다. 개개인들이 모여 대중적 압박을 가한다고 하더라도 핵심기업들의 변화는 거의 미미할 뿐이다(Byskov, 2019). 가디언에서 인용한 탄소주요기업보고서 Carbon Majors Report에 따르면 지난 30년 동안 전 세계 탄소배출량의 거의 4분의 3이 화석연료를 주로 생산해온 100개 기업들(국영기업 포함)이 배출한 것이며, 이 중 25개 기업만이 산업배출량의 절반 정도만 책임졌다(Riley, 2017). 고소득국가들의 무역관행, 청정에너지에 대한 투자, 기업의 급진적인 조치는 모두 저소득국가나 전 세계 수십억 개인들의 소비패턴에 의존하는 것보다 기후변화에 훨씬 빠르고 효과적인 영향을 미칠 수 있다.

9. 인간이 초래한 기후변화의 수준과 전 세계적인 파급효과는 해법을 찾도록 촉구한다. 이는 전 지구적 영향을 미쳐야 한다. 탄소배출은 기후위기의 핵심요소이기에, 모든 국가가 탄소배출을 최소화하는 방법을 모색하는 것은 당연한 일이다. 하지만 모든 국가가 똑같이 책임을 지거나 똑같은 수단을 가지고 있지 않다는 것을 인식해야 한다. 고소득국가와 저소득국가에 대한 탄소배출량 목표를 차등적으로 설정해야 한다. 또한 탄소배출은 불평등, 빈곤, 지속가능한 성장과 같은 다른 고려사항과 분리하여 다룰 수 없다. 고소득국가들의 거래와 투자관행도 바뀌어야 하며, 특히 대기업의 역할도 다시 설정해야 한다. 이러한 차별화된 책임과 다양한 조치를 인식하고 대처할 때만 지구온난화에 대한 전 지구적 해법이 나올 수 있다.

인용출처

Byskov, M.F. (2019). *Focusing on how individuals can stop climate change is very convenient for corporations.* Fastcompany.com (1/11/19).

Carlton, J.S., Perry-Hill, R. et al. (2015). 'The climate change consensus extends beyond climate scientists'. *Environ. Res. Lett.* 10 094025.https://iopscience.iop.org/ article/ 10.1088/1748-9326/10/9/094025/meta

Elliot, L. (2015). 'Can the World Economy Survive without Fossil Fuels?' *The Guardian* 8/4/15. http://www.theguardian.com/ news/2015/apr/08/can-world-economy-survive-without-fossil-fuels downloaded 04.03.22.

Ferris, N. (2021). 'Wealthy governments still subsidising fossil fuels in developing nations' in *Energy Monitor* 21.04.21. https://www.energymonitor.ai/finance/sustainable-finance/how-wealthy-governments-continue-to-subsidise-fossil-fuels-in-developing-nations downloaded 21.03.22.

Global Warming Petition Project. (2008). Saved from http://www.petitionproject.org/ (27 June 2019). Archive.ph.

Gyeltsen, N. (2021). 'Least developed countries need funds for adaptation at COP26.' In *Third Pole* 22.10.21: https://www.thethirdpole.net/en/climate/sonam-p-wangdi-least-developed-countries-cop26/ downloaded 21.03.21. Quotes Sonam Wangdi

Intergovernmental panel on climate change (IPCC). (2014). *AR5 Synthesis Report: Climate Change 2014*. https://www.ipcc.ch/report/ ar5/syr/ downloaded 21.03.22.

Intergovernmental panel on climate change (IPCC). (2022). *Climate Change 2022. Impacts, Adaptation and Vulnerability*: https://www.ipcc.ch/report/sixth-assessment-report-working-group-ii/ downloaded 21.03.22.

Jubilee Debt Campaign. (2022). 'Cancel the debt for climate justice' https://jubileedebt.org.uk/campaigns/no-more-climate-debt

Khan, S. and Yahong, W. (2021). 'Income inequality, ecological footprint, and carbon dioxide emissions in Asian developing economies: what effects what and how?' *Environ Sci Pollut Res Int*. doi: 10.1007/s11356-021-17582-4. Epub ahead of print. PMID: 34826073.

Nunez, C. (2019). 'Causes and effects of climate change'. *Nationalgeographic.com 22/1/2019.*

Riles, T. (2017*).* 'Just 100 companies responsible for 71% of global emissions, study says'. *The Guardian.* 10/7/2017. https://www.theguardian.com/sustainable-business/2017/jul/10/100-fossil-fuel-companies-investors-responsible-71-global-emissions-cdp-study-climate-change

Roser, M and Ritchie, H. (2020). *CO2 and Greenhouse Gas Emissions*. https://ourworldindata.org/

Secretariat of the Pacific Regional Environment Programme (SPREP). (2021). *Marshall Islands tells COP26 "Now is the Time!"* 11/Nov/2021. https://www.sprep.org/news/marshall-islands-tells-cop26-now-is-the-time

Shah, S.A.A., Shah, S.Q.A. and Tahir, M. (2022). 'Determinants of CO2 emissions: exploring the unexplored in low-income countries'. *Environ Sci Pollut Res*. https://doi.org/10.1007/s11356-022-19319-3

United Nations Environment Programme. (2021). Updated Climate Commitments ahead of COP26 fall far short. https://www.unep.org/ news-and-stories/press-release/updated-climate-commitments-ahead-cop26-summit-fall-far-short-net downloaded 05.03.22.

United Nations Independent Expert Group on Climate Finance. (2021b). Delivering on the $100 billion commitment and transforming climate finance https://www.un.org/sites/un2.un.org/files/100_billion_climate_finance_report.pdf downloaded 05.03.22.

United Nations Treaty Collection. (2015). The Paris Agreement. https://treaties.un.org/pages/ViewDetails.aspx?src=TREATY&mtdsg_no=XXVII-7-d&chapter=27&lang=en downloaded 05.03.22.

샘플에세이 2a 코멘터리

1. '지구온난화global warming'는 과학적으로 좀더 정확한 용어 '기후변화climate change'를 의미하며(Nunez, 2019), 가끔은 '기후위기climate crisis'라고 일컫기도 한다. ⓜ 산업혁명 이후 배출된 열을 가두는 온실가스, 특히 이산화탄소의 급격한 증가는 전 세계 날씨에 크고 극단적이고 복잡한 변화를 초래했으며, 오늘날 전 세계적인 관심사가 되었다. 이로 인해 몇몇 지역에서는 심각한 온난화현상이 발생했으며, 몇몇 지역에서는 단기적인 냉각현상이 발생했다. ⓘ 이 글은 인간이 초래한 기후변화의 영향으로 인해 시급한 해법이 필요하지만, 단일한 전 지구적 해법이란 존재하지 않으며 지구온난화를 해결할 책임 역시 전 세계 국가에 동등하게 물을 수 없다는 것을 논증할 것이다. ⓐ 고소득국가(HIC)와 가장 많은 탄소를 배출하는 기업들이 앞장서서 조치하고 비용을 부담해야 한다. ⓑ

2. 결과의 심각성을 고려할 때 지구온난화에 대한 해법은 반드시 찾아야 한다. ⓔⓕ IPCC에 따르면 기후변화는 이미 지난 수십 년 동안 예상했던 것보다 훨씬 큰 '상당한 피해와 점점 돌이킬 수 없는 손실'을 초래했으며, 대다수 생물종과 생태계는 물론 인간의 건강과 사회경제 시스템에 상당히 부정적인 결과를 낳았다(IPCC, 2022). ⓖⓗ IPCC의 2014년 보고서 이후 전 세계는 기온상승, 강수량증가, 해수면상승, 식량감소, 물부족 더 나아가 인간성상실과 불평등심화를 목격했다. ⓗ 단기적으로 (2040년까지) 지구온난화를 1.5°C 이내로 제한한다고 하더라도, 그러한 피해를 줄일 수는 있겠지만 완전히 없애지는 못할 것으로 예상된다. 문제는 국제협약이 지금까지 기온상승을 2°C 이내로 제한할 수 있는 방법도 찾지 못했다는 것이다. ⓘ UN환경계획 보고서는 현재까지 취한 조치로 2030년까지 온실가스 배출량을 7.5% 줄이는 데 성공했지만, 지구온난화 속도를 늦추기 위해서는 55% 이상 감축해야 한다고 추정

→570 체크리스트 참조.

ⓜ 용어정의: 글을 시작하자마자 앞으로 사용할 용어를 정의하고 명확하게 설명한다.

ⓘ 배경정보: 두 번째, 세 번째 문장은 문제를 명확하게 규명해주는 유용한 배경정보를 제공한다.
ⓐ 앞으로 펼쳐 나갈 논증을 요약진술한다.
ⓑ 자신의 입장이 무엇인지 간략하게 진술한다.

ⓔ 논리적 결론을 뒷받침하는 주요이유.
ⓕ 전체결론을 뒷받침하는 중간결론.

ⓖ 중간결론을 뒷받침하는 이유.
ⓝ 권위있는 출처 사용.
ⓗ 중간결론을 뒷받침하는 이유와 근거들을 제시한다.

ⓘ 배경정보: 현재까지 해법을 찾지 못했다.

한다. 이제 전 세계적 행동으로 얻을 수 있는 인센티브는 피해 규모를 완화하는 것이다.⒢

3. IPCC보고서와 같은 광범위한 연구보고서에도 불구하고 모든 사람이 지구온난화를 인정하고 해법에 동의하는 것은 아니다.ⓘ 예컨대, 과학자 수천 명이 탄소배출이 환경에 해를 끼친다는 증거는 존재하지 않는다고 주장하는 지구온난화 청원프로젝트(2008)에 서명하기도 했다. 하지만ⓚ 그 이후 여러 연구에서 인위적인 (인간이 초래한) 기후변화에 동의하는 과학적 의견이 90%가 넘는다는 사실이 밝혀졌다(Carlton, 2015).ⓙⓝ 그럼에도ⓚ 회의론은 끈질기게 해법을 찾는 노력을 위협해 왔으며, 특히 탄소배출량이 많은 지역, 다시 말해 가장 조치가 필요한 곳에서 더욱 위협적인 영향을 발휘했다. 각국 정부는 이러한 회의론에 민감할 수 있다. 예컨대 미국은 2020년, 2015년 UN파리협약에서 탈퇴했다(정권이 바뀐 뒤 다시 가입했다).ⓗ 따라서ⓚ 온실가스배출량이 높은 국가들이 해로운 냉소주의에 빠지지 않도록 대처하는 것도 중요한 해법의 일부가 되어야 한다.ⓕ

4. 한편ⓚ '글로벌 해법'이라는 표현은 단일한 해법이 있고, 또 이에 맞춰 모든 국가, 개인, 단체들이 비슷한 방향으로 함께 행동을 취해야 한다는 의미로 들린다. 전 세계적으로 탄소배출량을 줄이는 데 초점을 맞추는 것도 어느 정도는 그러한 해법이라고 볼 수 있다. 2015년 파리협약은 온실가스배출을 줄이고 지구의 평균기온 상승폭을 섭씨 2도 이하로 제한하자는 국제협약으로 2022년까지 197개국이 서명했다.ⓛ 하지만ⓚ 이 협약은 법적 강제력이 없으며 나라마다 자체적으로 목표를 설정한다. 협약의 영향은 국가별로 얼마나 야심찬 감축목표를 설정하고 준수하느냐에 따라 달라진다.ⓔ 사실상 탄소배출을 줄이는 길이 제각각 달라지는 것이다.ⓕ

5. '글로벌 해법'이라는 표현은 탄소배출량 감축부담을 전 세계적으로 동일하게 부과해야 하거나 부과할 수 있다는 의미로 들

ⓖ 중간결론을 뒷받침하는 이유.

ⓘ 반론수용.

ⓚ 하지만/그럼에도: 앞에서 말한 논점(또는 잠재적인 인상)을 이제 반박할 것이라고 알려주는 이정표.
ⓙ 반론에 대해 반박.
ⓝ 권위있는 출처 사용.

ⓗ 아래 나오는 중간결론을 뒷받침하는 근거.
ⓚ 따라서: 뒤에 중간결론이 나올 것을 알려주는 이정표.
ⓒ 중간결론: 냉소주의도 위협이 될 수 있다.
ⓚ 한편: 이제 다른 주장을 펼칠 것임을 알려주는 이정표.

ⓛ 배경지식 제공.
ⓚ 하지만: 앞에서 많은 국가가 서명했다고 진술함으로써 독자들을 안심시켜주고 나서 바로 뒤집어버리는 이정표.
ⓔ 논리적 결론을 뒷받침하는 주요이유.
ⓕ 중간결론: '단일한 전 지구적 해법이란 존재하지 않는다'는 전체결론을 뒷받침한다.

린다. 언뜻 그럴듯하게 들릴 수 있겠지만, 탄소배출에 대한 책임은 국가별로 매우 다양할 수 있기 때문에 여러 차원에서 논란이 되고 있다(Ritchie and Roser, 2022). 차등적 해법이 정당한 듯 보이지만, 그렇다면 어떻게 차등할 것인지 기준을 결정하는 일도 복잡할 수밖에 없다. 예컨대 개인단위로/국가단위로 계산할 것인가? 배출량으로/소비량으로 계산할 것인가? 현재배출량으로/누적배출량으로 계산할 것인가? 저소득국가(LIC)는 고소득국가(HIC)가 역사적으로 탄소배출량을 높이는 데 큰 역할을 해왔을 뿐만 아니라 지금도 여전히 높은 탄소발자국을 유지하고 있으며, 이로부터 가장 많은 이익을 얻고 있다고 주장한다.⒢ COP26에서 마셜제도의 브루스 빌라몬(Bruce Bilamon)은 유해한 배출량의 80%는 G20국가들에게서 나온다고 지적하며, 기후변화를 제한하고 해수면상승 같은 현존하는 피해를 완화하기 위해 저소득국가를 재정적으로 지원해야 한다고 촉구했다(SPREP, 2021). 고소득국가는 기후변화에 대응할 도덕적 책임과 더불어 재정적 역량도 있다.⒡

6. 그럼에도⒦ 지구온난화는 모든 사람의 문제이므로 모든 사람이 참여해야 한다는 주장은 여전히 유효하다.ⓘ 실제로 저소득국가들은 기후위기에 가장 취약하기 때문에 이 문제에 가장 관심이 크다. UN저개발국(LDC) 그룹 의장 소남 왕디(Sonam Wangdi)는 기후변화에 관해 이렇게 말한다. "현재 계획으로는 우리 국민들을 보호하기에 역부족이다." 그러면서 저소득국가들은 현재의 피해와 미래의 피해를 모두 완화하기 위해 당장 계획을 수정해야 한다고 주장한다(Gyeltsen, 2021).⒢ 고소득국가들의 조치를 마냥 기다리기보다는 저소득국가들이 나서서 계획을 주도하고 싶어하는 것은 충분히 이해할 만한 일이다. UN(2021b)에 따르면 고소득국가들은 2020년까지 저소득국가의 조치를 지원하기 위해 연간 1,000억 달러를 제공하겠다는 약속을 제대로 지키지 않았다. 그나마 지원금의 50%는 완화 프로젝트에 사용되었다.

⒢ 바로 뒤에 나올 중간결론을 뒷받침하는 이유들.

⒡ 탄소배출량 감축에 대한 책임을 모든 나라에게 물을 수 없다는 전체결론을 뒷받침하는 중간결론.

⒦ 그럼에도: 대안이나 반론을 제시할 것이라 알려주는 이정표.

ⓘ 반론수용: 지구온난화는 모두의 문제이며 모두 탄소배출량 감축을 위해 저소득국가도 책임있게 나서야 한다.

⒢ 반론(중간결론)을 뒷받침하는 이유: 기후변화의 영향은 이미 나타나고 있으며 당장 행동해야 한다.

7. 더 나아가,ⓚ 저소득국가는 빈곤을 완화하기 위해 긴급조치를 해야 하는데, 이는 다시 전 세계 탄소배출량을 끌어올릴 가능성이 높다. 연구에 따르면 외국인직접투자(FDI), 도시화, 1인당 GDP가 환경에 가장 큰 피해를 주는 것으로 나타났다(Shah et al., 2022).ⓗ 엘리옷은 고소득국가들이 인건비가 저렴한 저소득국가들에게 제조업을 아웃소싱하는 현상을 지적한다 (Elliot, 2015).ⓗ 이로 인해 저소득국가의 에너지수요가 증가하는데, 대부분 이들은 여전히 화석연료에 의존하고 있기 때문에 탄소배출량이 높아진다. 저소득국가는 이러한 문제를 해결할 만한 재정적 여력이 없다.ⓖ 저소득국가들이 지구온난화에 가장 적게 기여했으면서도 가장 큰 피해를 받고 있으며, 빈곤과 높은 수준의 부채로 인해 고소득국가들과 다국적은행에 빚을 지고 있는 상태에서 아무 조치도 할 수 없다고 주빌리 부채 캠페인Jubilee Debt Campaign(2022)은 주장한다.ⓖ 이 캠페인은 저소득국가의 부채를 탕감하고 이들에게 필요한 자원을 제공하라고 촉구한다. 또 다른 연구는, 저소득국가의 지속가능한 개발과 환경보호를 위해서는 소득이 훨씬 평등해져야 한다고 주장한다(Khan and Yahong, 2021).ⓗ 탄소배출에만 매달리는 것만으로는 충분치 않다. 전 세계 빈곤과 소득불평등을 해소하고 지속가능한 성장을 달성하는 것도 지구온난화 해법의 일부가 되어야 한다.ⓒⓕ

8. 고소득국가들이 저소득국가와 중소득국가에 계속 투자를 하는 한, 이들의 화석연료 사용을 줄이는 것은 어렵다. 상대적으로 부유한 고소득국가들도 2013-2019년 사이에 화석연료에 투자한 금액이 오히려 증가했다.ⓖ 프랑스만 예외적으로 화석연료보다 청정에너지에 더 많이 투자했을 뿐이다(Ferris, 2021). 또한ⓚ 고소득국가들은 저소득국가와 중소득국가에서 낮은 비용으로 생산한 제품을 수입하는 것을 적극적으로 모색한다. 이들은 화석연료에 의존할 뿐만 아니라, 삼림채벌 등 다양한 방식으로 탄소수준을 높이는 데 기여한다.ⓖ

ⓚ 더 나아가: 더 많은 이유를 제시하여 논증을 강화할 것임을 알려주는 이정표.

ⓗ 이유를 뒷받침하는 근거.

ⓖ 중간결론을 뒷받침하는 이유

ⓗ 이유를 뒷받침하는 근거.

ⓒ 문단을 정리하는 요약결론.
ⓕ 중간결론.

ⓖ 중간결론을 뒷받침하는 이유

ⓚ 또한: 더 많은 이유를 제시하여 논증을 강화할 것임을 알려주는 이정표.
ⓖ 중간결론을 뒷받침하는 이유

또 ⓚ 어느 나라든 개인의 소비에 의존하여 화석연료 사용을 줄이는 것도 어렵다. 개개인들이 모여 대중적 압박을 가한다고 하더라도 핵심기업들의 변화는 거의 미미할 뿐이다(Byskov, 2019). ⓖ 가디언에서 인용한 탄소주요기업보고서Carbon Majors Report에 따르면 지난 30년 동안 전 세계 탄소배출량의 거의 4분의 3이 화석연료를 주로 생산해온 100개 기업들(국영기업 포함)이 배출한 것이며, 이 중 25개 기업만이 산업 배출량의 절반 정도만 책임졌다(Riley, 2017). ⓕ 고소득국가들의 무역관행, 청정에너지에 대한 투자, 기업의 급진적인 조치는 모두 저소득국가나 전 세계 수십억 개인들의 소비패턴에 의존하는 것보다 기후변화에 훨씬 빠르고 효과적인 영향을 미칠 수 있다. ⓒⓕ

ⓚ 또: 논증의 방향을 더 강하게 밀고나갈 것임을 알려주는 이정표.
ⓖ 중간결론을 뒷받침하는 이유

ⓒ 문단을 정리하는 요약결론.
ⓕ 중간결론.

9. 인간이 초래한 기후변화의 수준과 전 세계적인 파급효과는 해법을 찾도록 촉구한다. 이는 전 지구적 영향을 미쳐야 한다. 탄소배출은 기후위기의 핵심요소이기에, 모든 국가가 탄소배출을 최소화하는 방법을 모색하는 것은 당연한 일이다. 하지만 모든 국가가 똑같이 책임을 지거나 똑같은 수단을 가지고 있지 않다는 것을 인식해야 한다. 고소득국가와 저소득국가에 대한 탄소배출량 목표를 차등적으로 설정해야 한다. 또한 탄소배출은 불평등, 빈곤, 지속가능한 성장과 같은 다른 고려사항과 분리하여 다룰 수 없다. 고소득국가들의 거래와 투자관행도 바뀌어야 하며, 특히 대기업의 역할도 다시 설정해야 한다. 이러한 차별화된 책임과 다양한 조치를 인식하고 대처할 때만 지구온난화에 대한 전 지구적 해법이 나올 수 있다. ⓒⓓ

ⓒ 문단을 정리하는 요약결론.
ⓓ 전체논증의 결론.
에세이지문에 나오는 표현을 마지막 문장에서 최대한 반복함으로써 논증의 설득력을 더욱 강화한다.

인용출처

Byskov, M.F. (2019). *Focusing on how individuals can stop climate change is very convenient for corporations.* Fastcompany.com(1/11/19)...

샘플에세이 2b

'지구온난화에 대처하기 위한 전 지구적 해법이 필요하다'. 이 주장에 대해 논하라.

1. 지구온난화는 모든 사람에게 영향을 미친다. 만년설이 녹고 해수면이 상승하고 산불 빈번하게 발생하는 등 온갖 걱정스러운 환경파괴현상이 미디어에 쏟아져 나오고 있다. 모든 사람들이 옷을 재활용하고 탄소발자국을 줄이고 나무를 심는 등 각자 역할을 하기 위해 노력한다. 동물의 배설물을 줄이기 위해 채식주의가 증가하고 있다. 휴가를 줄이거나 소셜미디어 사용시간을 줄이거나 배터리 충전시간을 제한하기도 한다. 2015년 세계의 많은 나라들이 장기적인 기후변화 즉 '지구온난화'를 제한하기 위해 온실가스 배출량 감축에 동참하기로 파리협약을 맺었다. 2021년 공식 비준을 거쳐 향후 몇 년 동안 지구의 온도상승을 섭씨 2도 이하로 제한하는 것을 목표로 한다. 현재 많은 국가가 가입해있지만 고소득, 중소득, 저소득 국가의 조치는 아직 미흡한 실정이다.

2. 기후변화에 관한 정부간 협의체(IPCC) 보고서에 따르면 파리협약이 목표로 한 변화를 달성하기에는 너무 늦었다. 지금 당장 이산화탄소 배출을 완전히 중단한다고 해도 기후변화와 지구온난화는 계속 진행되어 해수면상승과 그에 따른 식수오염은 계속될 것이다. 그 영향은 파괴적이며, 최악의 경우 재앙이 발생할 수 있다고 한다. 우리는 지금 행동해야 하며 기후변화를 부정하는 것은 범죄로 간주해야 한다.

3. 기후변화의 결과를 고려한다면, 어떤 국가든 야심찬 실천목표를 설정하지 않는 것은 미친 짓이다. 야심찬 목표를 설정하지 않은 국가들은 대체로 지속가능한 에너지 프로젝트에 투자하지 않는다. 저소득국가들은 오히려 현재 위험한 화석연료의 사용을 늘리고 있는 실정이다. 고소득국가들은 대부분 유해한 탄소배출을 줄이기 위해 많은 돈이 드는 대규모 프로젝트에 투자하여

기후변화에 긍정적인 변화를 일으키고 있는 반면, 저소득국가들은 거꾸로 가고 있는 것이다. 기후변화의 원인과 영향을 부정하는 국가가 있다는 증거다. 고소득국가들은 배출량을 줄이기 위해 수년간 노력해왔으나, 저소득국가들의 무지한 정치인들은 행동하기를 거부하며 오히려 배출량을 늘리고 있다. 더 나아가 저소득국가들은 기후변화로 인한 위협을 글로벌무대에서 정치적 지렛대로 활용한다. 이는 사실상 범죄에 가까운 행동이라 할 수 있다. 이제 세계는 배출량감축을 위한 야심찬 목표설정을 거부하는 국가에 대해 불이익을 주어야 한다.

4. 이는 고소득국가들의 뒷통수를 치는 것과 다름없는 행동이다. 고소득국가들은 지금까지 탄소배출량을 줄이고 파리협약을 비준하기 위해 열심히 노력하며 저소득국가들을 보호하고 지원해줬는데, 오히려 저소득국가들이 이제 와서 더 나은 조건을 내놓으라고, 내놓지 않으면 협조하지 않겠고 협박하는 셈이다. 고소득국가들이 산업화과정에서 화석연료를 사용해오지 않았냐고 따지면서, 정작 자신들은 이제 산업화하고 탄소배출량을 늘리는 것에 대해서는 아무렇지 않다고 생각하는 듯 하다. 왕디는 모든 국가가 해야 할 역할이 있다고 말하면서도, 고소득국가가 저소득국가에 약속한 연간 1,000억 달러의 재정지원을 충분히 제공하지 않았다고 불평한다. 사실상 저소득국가들은 배출량을 줄이지 않을 도덕적 권리가 있다고 말하는 것이다. 고소득국가들이 지금까지 기후변화에 대응하기 위해 저소득국가에 상당한 자금을 제공했음에도, 여전히 그들의 약속을 신뢰할 수 없다고 말한다. 저소득국가들의 행동은 마치, 눈앞에 놓인 맛있는 음식을 자신이 먹고 싶었던 음식이 아니라는 이유만으로 거부하는 아이와 다를 바 없다. 하지만 식사를 거부하는 것은 자기들 손해일 뿐이다.

5. 저소득국가들이 기후변화대응에 나서려 하지 않는 진짜 이유를 살펴보면 그들의 주장이 얼마나 공허한지 알 수 있다. 값싼 화석연료를 사용하면 적은 비용으로, 더 비싼 청정에너지를 사용하는 고소득국가들로부터 산업을 빼앗아 올 수 있기 때문이다. 지구에 끼치는 피해가 명백함에도, 저소득국가의 정치인들은 말도 되지 않는 소리를 지껄인다. 오염을 무릅쓰더라도 완전한 산업화를 이루는 것을 최우선과제라고 생각한다!

6. 저소득국들은, 자신들이 실천계획을 수립하고 이행할 것이라고 고소득국가들

이 기대하는 것은 공정하지 않다고 생각한다. 고소득국가 자신들도 그러한 조치나 규제를 도입하는 것을 꺼려하기 때문이다. 또한 고소득국가들이 오염활동 중 일부를 중단했다고 해도, 여전히 화석연료에 의존하여 저소득국가들이 생산한 제품이나 서비스를 저렴하게 구매하기를 원한다는 핑계를 댄다. 일부 저소득국가들은 재생가능한 에너지에 대한 고소득국가들의 지원이 충분치 않다고 불평하면서도, 내심 화석연료 연소로 인한 경제적 혜택은 유지하기 위해 노력한다. 이들에게는 파리협약이 실패하는 것이 이익이다.

7. 궁극적으로 이들 국가들이 지구의 온도상승에 대처하지 못하는 것은, 불행의 씨앗을 스스로 뿌리는 것이다. 장기적인 지구온난화는 심각한 기후변화를 초래할 것으로 예상되며, 이에 따라 도시와 관광지의 홍수, 농경지의 가뭄이 더욱 자주 발생할 것이다. 하지만 이러한 문제가 당장 영향을 미치는 것은 아니기 때문에 저소득국가들은 단기적으로 자국의 이익을 지키고 돈을 버는 전략을 우선하는 것이 정당하다고 생각한다. 이는 고소득국가들이 오랫동안 부자로 지낼 수 있었던 것만큼 저소득국가들도 기회를 누리는 것이 공평하다는 주장으로 이어진다. 그들은 인도주의적 논리가 아닌 경제적 논리를 내세운다. 사람의 생명보다 경제적 이득이 더 중요하다고 생각하는 것이다. 분명한 사실은, 이런 행동은 용납할 수 없다는 것이다. 누구나 알고 있듯이 사람은 자신이 원하지 않는다는 이유만으로 행동을 거부해서는 안 된다. 우리 모두 지구온난화에 대한 전 지구적 해법의 일부가 되어야 한다.

인용출처

United Nations Treaty Collection *The Paris Agreement* https://treaties.un.org/pages/ViewDetails.aspx?src=TREATY&mtdsg_no=XXVII-7-d&chapter=27&lang=en

M. Le Page, (2016) – *Developing Nations Urged to Boycott Paris Agreement Signing,* Climate Home http://www.climatechangenews.com/2016/03/29/developing-nations- rged-to-boycott-paris-agreement-signing downloaded 15/4/16

Grassroots Global Justice Alliance – *Call to Action: The COP21 Failed Humanity,* http://ggjalliance.org/ParisFailure2015

Feeling the Heat: *The Politics of Climate Change in Rapidly Industrializing Countries* (2012) (Basingstoke: Palgrave Macmillan). Bailey, I. and Compston, H.

샘플에세이 2b 코멘터리

1. 지구온난화는 모든 사람에게 영향을 미친다. 만년설이 녹고 해수면이 상승하고 산불 빈번하게 발생하는 등 온갖 걱정스러운 환경파괴현상이 미디어에 쏟아져 나오고 있다. 모든 사람들이 옷을 재활용하고 탄소발자국을 줄이고 나무를 심는 등 각자 역할을 하기 위해 노력한다. 동물의 배설물을 줄이기 위해 채식주의가 증가하고 있다. 휴가를 줄이거나 소셜미디어 사용시간을 줄이거나 배터리 충전시간을 제한하기도 한다.ⓨ 2015년 세계의 많은 나라들이 장기적인 기후변화 즉 '지구온난화'를 제한하기 위해 온실가스 배출량 감축에 동참하기로 파리협약을 맺었다.ⓑ 2021년 공식 비준을 거쳐 향후 몇 년 동안 지구의 온도상승을 섭씨 2도 이하로 제한하는 것을 목표로 한다. 현재 많은 국가가ⓑ 가입해있지만 고소득, 중소득, 저소득 국가의 조치는 아직 미흡한 실정이다.

2. 기후변화에 관한 정부간 협의체(IPCC) 보고서에 따르면ⓑ 파리협약이 목표로 한 변화를 달성하기에는 너무 늦었다. 지금 당장 이산화탄소 배출을 완전히 중단한다고 해도 기후변화와 지구온난화는 계속 진행되어 해수면상승과 그에 따른 식수오염은 계속될 것이다. 그 영향은 파괴적이며, 최악의 경우 재앙이 발생할 수 있다고 한다. 우리는 지금 행동해야 하며 기후변화를 부정하는 것은 범죄로 간주해야 한다.ⓗⓟ

3. 기후변화의 결과를 고려한다면, 어떤 국가든 야심찬 실천목표를 설정하지 않는 것은 미친 짓

→571 체크리스트 참조.

ⓨ 불필요한 정보: 이 설명은 논증과 구체적으로 연관된 배경정보를 제공하지 않는다.

ⓑ 정교하지 않은 진술: '많은 나라들', '향후 몇 년', '많은 국가' 같은 모호한 표현은 피해야 한다. 구체적으로 몇 나라가 조약에 서명했는지, 정확한 기간이나 시점을 명시해야 한다. 샘플에세이2a의 문단4 ①과 비교해보라.

ⓑ 정교하지 않은 진술: IPCC 보고서는 여러 개 존재할 수 있기 때문에 몇 년도 보고서인지 표기해야 한다.

ⓗ 필요조건 불충족: 기후변화를 부정하는 것을 범죄로 간주해야 하는 이유를 설명하지 않는다. 주장을 뒷받침하는 필요조건이 충족되지 않았다. 이러한 관점을 범죄화해야만 목표를 달성할 수 있는가?

ⓟ 잘못된 인상 씌우기: IPCC 보고서에 대해 이야기하고 나서 곧바로 이 문장을 덧붙임으로써 IPCC가 범죄화를 주장하거나 옹호한다는 잘못된 인상을 심어준다.

이다.ⓦ 야심찬 목표를 설정하지 않은 국가들은 대체로 지속가능한 에너지 프로젝트에 투자하지 않는다. 저소득국가들은 오히려 현재 위험한 화석연료의 사용을 늘리고 있는 실정이다. 고소득국가들은 대부분 유해한 탄소배출을 줄이기 위해 많은 돈이 드는 대규모 프로젝트에 투자하여 기후변화에 긍정적인 변화를 일으키고 있는 반면, 저소득국가들은 거꾸로 가고 있는 것이다. 기후변화의 원인과 영향을 부정하는 국가가 있다는 증거다.ⓓⓚ 고소득국가들은 배출량을 줄이기 위해 수년간 노력해왔으나, 저소득국가들의 무지한 정치인들은ⓧ 행동하기를 거부하며 오히려 배출량을 늘리고 있다. 더 나아가 저소득국가들은 기후변화로 인한 위협을 글로벌무대에서 정치적 지렛대로 활용한다. 이는 사실상 범죄에 가까운 행동이라 할 수 있다. 이제 세계는 배출량감축을 위한 야심찬 목표설정을 거부하는 국가에 대해 불이익을 주어야 한다.

4. 이는 고소득국가들의 뒷통수를 치는 것과 다름없는 행동이다.ⓦ 고소득국가들은 지금까지 탄소배출량을 줄이고 파리협약을 비준하기 위해 열심히 노력하며 저소득국가들을 보호하고 지원해줬는데, 오히려 저소득국가들이 이제 와서 더 나은 조건을 내놓으라고, 내놓지 않으면 협조하지 않겠고 협박하는 셈이다. 고소득국가들이 산업화과정에서 화석연료를 사용해오지 않았냐고 따지면서, 정작 자신들은 이제 산업화하고 탄소배출량을 늘리는 것에 대해서는 아무렇지 않다고 생각하는 듯 하다.ⓔ 왕디는 모든 국가가 해야 할 역할이 있다고 말하면서도, 고소

ⓦ 감정적 표현: 미친 짓이다!

ⓓ 근거로 뒷받침하지 않는 가정을 나열한 뒤
ⓚ 부당한 결론으로 도약한다. 이 문단은 전체적으로 어떤 근거도 제시하지 않는다. 또한 지금까지 탄소배출에 크게 기여한 나라는 고소득국가들이며, 저소득국가들은 프로젝트에 투자할 재정이 부족하다는 뻔한 상황을 전혀 고려하지 않는다. 사실인지 아닌지 알 수 없는 주장을 제시하고(예컨대 저소득국가들의 행동은 범죄에 가깝다) 이를 바탕으로 불이익을 주어야 한다는 결론으로 도약하는 전형적인 '카드로 집짓기' 오류다.
ⓧ 인신공격: 저소득국가의 정치인들을 '무지하다'고 공격하여 그들의 논증을 약화시키려 한다.
ⓦ 감정적 표현: '뒷통수를 친다'라는 구어체표현을 사용하여 감정을 자극한다.

ⓔ 고정관념: 모든 저소득국가들이 똑같은 방식으로(지구온난화보다 산업화에 관심이 많다) 행동한다고 싸잡아 말한다.

득국가가 저소득국가에 약속한 연간 1,000억 달러의 재정지원을 충분히 제공하지 않았다고 불평한다. ⓩ 사실상 저소득국가들은 배출량을 줄이지 않을 도덕적 권리가 있다고 말하는 것이다. ⓟ 고소득국가들이 지금까지 기후변화에 대응하기 위해 저소득국가에 상당한 자금을 제공했음에도, 여전히 그들의 약속을 신뢰할 수 없다고 말한다. 저소득국가들의 행동은 마치, 눈 앞에 놓인 맛있는 음식을 자신이 먹고 싶었던 음식이 아니라는 이유만으로 거부하는 아이와 다를 바 없다. 하지만 식사를 거부하는 것은 자기들 손해일 뿐이다. ⓙⓠ

5. 저소득국가들이 기후변화대응에 나서려 하지 않는 진짜 이유를 살펴보면 그들의 주장이 얼마나 공허한지 알 수 있다. 값싼 화석연료를 사용하면 적은 비용으로, 더 비싼 청정에너지를 사용하는 고소득국가들로부터 산업을 빼앗아 올 수 있기 때문이다. ⓓ 지구에 끼치는 피해가 명백함에도, 저소득국가의 정치인들은 말도 되지 않는 소리를 지껄인다. ⓧ 오염을 무릅쓰더라도 완전한 산업화를 이루는 것을 최우선과제라고 생각한다! ⓓⓝⓞ

6. 저소득국들은, 자신들이 실천계획을 수립하고 이행할 것이라고 고소득국가들이 기대하는 것은 공정하지 않다고 생각한다. 고소득국가 자신들도 그러한 조치나 규제를 도입하는 것을 꺼려하기 때문이다. ⓩ 또한 고소득국가들이 오염활동 중 일부를 중단했다고 해도, 여전히 화석연료에 의존하여 저소득국가들이 생산한 제품이나 서비스를 저렴하게 구매하기를 원한다는

ⓩ 인용출처 없음: 왕디의 주장을 인용하면서 출처를 표시하지 않는다.
인용출처목록에도 포함되어 있지 않다.
샘플에세이2a 문단6과 비교해보라.

ⓟ 잘못된 인상 씌우기: 왕디는 고소득국가들이 약속한 자금을 제공하지 않았다고 해서 저소득국가들이 조치를 하지 않을 권리가 있다고 말한 적이 없다.

ⓙ 잘못된 비유: 저소득국가들의 위선적인 행동을 비난하기 위해 고소득국가는 부모, 저소득국가는 자녀에 비유한다. 여기서 문제는 고소득국가들이 지원약속을 지키지 않아 저소득국가들이 자원난에 시달리는 것이다. 아이의 음식투정과는 아무 상관이 없다.

ⓠ 밀짚으로 만든 개: 어린이 비유는 저소득국가의 입장을 사소한 불만으로 취급하는 이 논증의 전체적인 태도를 잘 보여준다.
국제적 맥락에서 '저소득'이 실제로 어떤 의미인지, 비판적으로 고민한 흔적이 전혀 없다.

ⓓ 근거로 뒷받침하지 않는 가정:
저소득국가들이 고소득국가들의 산업을 빼앗아오려고 한다고 말하지만 이를 뒷받침하는 근거는 하나도 제시하지 않는다. 또 실제로는 연료가 생산비용에서 차지하는 비중이 그렇게 높지 않을 수 있다.

ⓧ 인신공격: 저소득국가 정치인을 공격한다.

ⓓ 근거로 뒷받침하지 않는 가정

ⓝ 다 알면서 뭘 그래: 여기서 느낌표를 찍은 것은, 자신의 말에 독자가 모두 동의할 것이라고 간주하는 것을 넘어서, 동의하라고 압박하는 것이다. 이에 동의하지 않으면 저소득국가의 정치인들처럼 비난의 대상이 될 것이라고 협박한다.

ⓞ 갈라치기

ⓩ 인용출처 표기: 인용출처목록에는 관련된 것으로 보이는 논문이 있지만 본문에는 표시하지 않았다.

핑계를 댄다.ⓐ 일부 저소득국가들은 재생가능한 에너지에 대한 고소득국가들의 지원이 충분치 않다고 불평하면서도, 내심 화석연료 연소로 인한 경제적 혜택은 유지하기 위해 노력한다.ⓓ 이들에게는 파리협약이 실패하는 것이 이익이다.ⓚ

7. 궁극적으로 이들 국가들이ⓑ 지구의 온도상승에 대처하지 못하는 것은, 불행의 씨앗을 스스로 뿌리는 것이다. 장기적인 지구온난화는 심각한 기후변화를 초래할 것으로 예상되며, 이에 따라 도시와 관광지의 홍수, 농경지의 가뭄이 더욱 자주 발생할 것이다. 하지만 이러한 문제가 당장 영향을 미치는 것은 아니기 때문에 저소득국가들은 단기적으로 자국의 이익을 지키고 돈을 버는 전략을 우선하는 것이 정당하다고 생각한다.ⓒ 이는 고소득국가들이 오랫동안 부자로 지낼 수 있었던 것만큼 저소득국가들도 기회를 누리는 것이 공평하다는 주장으로 이어진다. 그들은 인도주의적 논리가 아닌 경제적 논리를 내세운다. 사람의 생명보다 경제적 이득이 더 중요하다고 생각하는 것이다.ⓛ 분명한 사실은, 이런 행동은 용납할 수 없다는 것이다.ⓝ 누구나 알고 있듯이ⓝ 사람은 자신이 원하지 않는다는 이유만으로 행동을 거부해서는 안 된다. 우리 모두 지구온난화에 대한 전 지구적 해법의 일부가 되어야 한다.ⓚ

인용출처ⓩ
United Nations Treaty Collection
The Paris Agreement...

ⓐ 내적 일관성 부족: 이 문장은 저소득국가들의 탄소배출량이 늘어나는 현상에 대해 고소득국가들의 책임이 있다는 것처럼 들린다. 하지만 바로 다음 문장에서 제시하는 주장과도 어긋나며, 전체주장과도 모순된다.

ⓓ 근거로 뒷받침하지 않는 가정

ⓚ 카드로 집짓기: 근거없는 가정을 늘어놓더니 저소득국가들이 파리협약마저 반대한다는 결론으로 슬쩍 뛰어넘는다.

ⓑ 정교하지 않은 진술: '이들 국가들'이 어디를 지칭하는 것인지 명확하지 않다.

ⓒ 잘못된 전제: 이 주장은 저소득국가들의 경제발전전략이 기후변화에 영향을 받지 않는다는 잘못된 전제를 깔고 있다.

ⓛ 같은 말 반복하기: 여기 두 문장은 같은 말을 표현을 바꿔 반복한다. 아무런 의미없는 불필요한 반복이다.

ⓝ 다 알면서 뭘 그래: 분명한 사실. 입증할 필요가 없는 주장이라고 말한다. '누구나 알고 있듯이'는 이 주장에 동의해야 한다고 압박한다.

ⓚ 카드로 집짓기: 강력한 주장으로 글을 마무리함으로써 이 문제는 완전히 해결되었다는 듯이 말한다.

ⓩ 인용출처목록 부실: 인용출처들이 일관된 형식으로 나열되어있지 않다. 몇몇 자료에는 날짜가 표시되어있지 않다. 논의가 빠르게 발전하는 분야라는 점을 고려할 때, 인용출처가 다소 오래된 것으로 보인다. 인용출처목록 중에 본문에서 인용하지 않은 것도 들어있다. 샘플에세이2a의 인용출처목록과 비교해보라.

에세이지문 3

절도는 무조건 나쁜 것일까? 인터넷에서 음악을 불법적으로 다운로드하는 행위에 대해 논하라.

에세이지문 4

'존재의 대사슬' 개념과 18세기 이후 사람들의 관념에 큰 영향을 미친 우주의 자연적 위계질서에 대한 개념들에 관해 논하라.

이 에세이지문에 대한 샘플에세이 3a와 3b, 4a와 4b, 그리고 이에 대한 해설은 크레센도 웹사이트에서 다운로드할 수 있습니다.

학술논문 제목에
자주 나오는 단어들

영어논문의 제목에 사용된 단어의 의미를 이해하면 문제에 대한 접근방식이나 글의 구성방식을 쉽게 예측할 수 있다.

Account for ^{이유} 어떤 일이 발생한 이유를 설명한다.
Analyse ^{분석} 면밀하게 검토하고 분석한다. 핵심이 무엇인지, 주요요인이 무엇인지 찾아낸다.
Comment on ^{논평} 강의나 독서를 통해 습득한 정보를 바탕으로 주요이슈에 대한 자신의 생각을 정리하여 제시한다. 지나치게 개인적 의견에 의존하는 것은 바람직하지 않다.
Compare ^{비교} 두 개 이상의 대상이 어떻게 비슷한지 보여줌으로써 상관성이나 결과를 밝힌다.
Contrast ^{대조} 두 개 이상의 대상이나 주장이 어떻게 다른지 보여줌으로써, 차이가 중요하다는 것을 강조한다. 더 나아가 어떤 것이 다른 것보다 나은 이유를 제시하기도 한다.
Critically evaluate ^{비판적 평가} 어떤 것에 대한 찬-반 논증과 양쪽 근거의 무게를 잰다. 기준에 따라 어떤 의견, 이론, 모형, 항목이 더 바람직한지 평가한다.
Define ^{정의} 어떤 개념의 정의가 문제가 될 수 있는 경우, 그 개념의 정확한 의미를 규명한다.
Describe ^{기술} 대상의 주요한 특징이나 성질, 주요 사건의 개요를 진술한다.
Discuss ^{논의} 어떤 이슈에 대하여 비판적 접근을 통해 가장 중요한 측면을 진술한다. 찬-반 논증을 펼치고, 그 함의를 고려한다.
Distinguish ^{구별} 쉽게 혼동될 수 있는 두 항목의 차이점을 드러내 보여준다.

Evaluate 평가 근거에 기반하여 어떤 것의 가치, 중요성, 유용성을 평가한다. 찬-반 입장이 존재할 수 있다.

Examine 검토 대상을 '현미경'으로 자세히 들여다본다. 더 높은 수준의 학술논문에서는 Critically evaluate의 일부로 들어가기도 한다.

Explain 설명 어떤 일이 일어난 이유, 왜 그렇게 될 수밖에 없는지 명확하게 진술한다. 더 높은 수준의 학술논문에서는 Critically evaluate의 일부로 들어가기도 한다.

Identify 규명 주요논점을 전체적으로 진술하여 그 중요성이나 의미를 보여준다.

Illustrate 예증 사례나 근거를 제시하여 명확하고 분명하게 설명한다.

Interpret 해석 주어진 데이터나 자료들이 서로 어떻게 연결되는지, 무슨 의미인지 설명한다.

Justify 정당화 근거에 기반하여 어떤 결정이나 결론을 내린 이유를 설명한다. 다른 사람들의 반론에 대해서도 반박한다.

Narrate 해설 무슨 일이 있었는지 이야기형식으로 말한다.

Outline 개요 요점을 중심으로 주요구조를 설명한다.

Relate 상관 두 개 이상의 대상 사이의 유사점과 연관성을 보여준다.

State 진술 주요특징을 목록처럼 핵심만 간결하게 명확한 표현으로 진술한다.

Summarise 요약 세부사항이나 예시는 생략하고 요점만 간결하게 진술한다. (outline과 비슷하다)

Trace 추적 이벤트나 프로세스를 단계별 순서별로 설명한다.

To what extent 어느 정도까지 어느 정도까지 참인지, 어느 정도까지 최종결과에 기여하는지 따진다. 명제가 '완전히'와 '전혀' 사이에 어느 수준에서 참인지도 따진다.

온라인 문헌연구를 위한 검색엔진

APA PsycINFO https://www.apa.org/pubs/databases/psycinfo
  30여 개 언어로 된 심리학, 행동과학, 정신건강 관련 최대 규모 논문 데이터베이스. 구독서비스.
Capital IQ https://www.capitaliq.com
  비즈니스 연구에 유용한 방대한 금융데이터베이스.
CORE https://core.ac.uk
  1억 5,000만여 학술논문을 전체 텍스트로 열람할 수 있는 오픈 데이터베이스.
EBSCO https://www.ebsco.com
  미디어, 예술, 건축, 간호, 건강관리 분야 학술논문.
EBSCO Business Source Complete
  https://www.ebsco.com/products/research-databases
  경영학술논문과 국가보고서와 기업보고서 데이터베이스.
Embase https://www.embase.com
  생의학, 제약 데이터베이스. 구독서비스.
ERIC on ProQuest https://about.proquest.com/en/products-services/eric
  교육 관련 책, 논문, 자료 데이터베이스.
Dow Jones Factiva https://www.dowjones.com/professional/kr/factiva
  기업, 경영, 무역 관련 글로벌 뉴스 데이터베이스.
Google Books https://books.google.com
  수만 권 책의 내용을 검색하고, 리뷰를 검토하고, 책의 위치를 찾을 수 있다.
Google Scholar https://scholar.google.com
  공인된 학술논문, 전문자료 초록과 원문. 학술논문검색은 구글에서 시작한다.

Jstor https://www.jstor.org
  75가지 분야 1,200만 개가 넘는 학술지에 수록된 논문, 책, 이미지, 1차자료.
Lexis Library https://www.lexisnexis.co.uk/products/lexis-library.html
  법률 데이터베이스.
PubMed https://pubmed.ncbi.nlm.nih.gov
  생의학, 생명과학 데이터베이스. 2,600만 개 이상 논문 수록.
RefSeek https://www.refseek.com
  50억 개의 온라인문서, 책, 백과사전, 학술지, 신문기사를 검색할 수 있다. 대학생들이 쉽게 이용할 수 있도록 만든 틈새 학술검색엔진.
ScienceDirect https://www.sciencedirect.com
  과학, 건강, 기술, 인문학, 사회과학 전문검색엔진.
Science.gov https://www.science.gov
  미국연방정부기관들이 생산한 자료를 무료로 열람할 수 있는 검색엔진. 미디어자료도 있다. 저자, 날짜, 화제, 포맷 별로 필터링하여 검색할 수 있다.
Scopus Preview https://www.scopus.com/standard/marketing.uri
  국제적인 학술출판사 Elsevier에서 출간한 과학, 사회과학 분야 논문초록을 검색할 수 있는 대규모 데이터베이스.
Semantic Scholar https://www.semanticscholar.org
  4,000만 개가 넘는 논문텍스트와 초록을 검색할 수 있다.
Web of Science https://mjl.clarivate.com
  국제적인 계량분석기업 Clarivate에서 운영하는 과학, 기술공학, 의학 분야 연구논문 데이터베이스.

용어설명과 찾아보기

가설 hypothesis 기존의 지식이나 관찰에 기반하여 세운 잠정적 설명이나 예측. 과학과 실험을 통해 검증가능하다.

가정 assumption 직관, 경험, 일반적 믿음에 기반하여 세운 전제나 믿음. 일반적으로 검증대상이 되지 않으며 유연하다.

결론 conclusion 추론이 향해 나아가는 최종목표. 결론은 일반적으로 저자의 주요입장과 밀접하게 연관되어있어야 한다. 비판적 사고에서 결론은 일반적으로 이유나 근거를 바탕으로 추론해낸 결과다. 글의 마지막 부분을 결론이라고도 한다. ➜377

  전체결론 final conclusion 전체 논증의 마지막 결론.

  중간결론 intermediate conclusion 최종결론에 도달하기 전, 논증과정에서 도출해내는 결론. 중간결론은 일단의 이유나 근거에 한하여서만 타당한 결론으로, 논증의 다음 단계로 넘어가기 위한 근거나 이유로 활용된다. ➜172

귀납논증 inductive argument 결론이 ('참'이라고 입증하기보다) '참일 확률이 높다'는 것을 입증하는 것이 목표인 논증. ➜ 연역논증

근거 evidence 현실세계에서 객관적으로 확인할 수 있는 항목. 논증에서 근거를 제시한다는 것은 근거자체를 보여주는 것이 아니라 저자가 '보고'하는 것에 불과하다.

꼼꼼히 읽기 close reading ➜311

논리순서 logical order 좋은 논증은 이유와 근거를 체계적으로 제시함으로써, 앞에서 말한 것 위에 또 다른 정보를 쌓는다. ➜ 추론선

논제 thesis 진술의 형태로 제시되는 아이디어 ➜349

논증 argument 자신의 주장이나 관점에 독자가 동의할 수 있도록 이를 뒷받침하는 이유를 제시하고 설득하는 행위. 이유를 제시하지 않고 단순히 주장만 하거나 주장에 반대하는 것(부동의 disagreement)은 논증이 아니다.

전체논증 overall argument 저자의 입장을 제시하는 것으로, 추론선으로 이루어진다.

기여논증 contributing arguments 전체논증을 구성하는 부분적인 논증 →101

명제 propositions 저자가 독자에게 '참'이라고 제시하는 문장. 논증에서 이유로 등장한다. 명제는 참-거짓으로 판단할 수 있다.

비형식논리학 informal logic 논리적 형식보다 의미와 맥락에 초점을 맞춰 추론을 분석하는 기법. 글쓰기, 토론 등 일상적인 논증을 평가하고 설계하는 기초가 된다. 수사학과 설득력이 중요한 역할을 한다. ➡ 형식논리학 →35

3단논법 syllogism 논증의 모든 단계가 명백하여 다른 결론은 나올 수 없는 추론 프로세스. ➡ 형식논리학 →198

수사학적 계략 rhetorical ploys 언뜻 그럴듯해 보이지만 자세히 들여다 보면 논리적이지 않은 방법으로 설득하려는 노력. →237

순환논증 tautology 같은 말 반복하기. 주장을 다른 말로 반복하여 주장을 뒷받침하는 이 유처럼 말하는 논리적 오류. →237

연역논리 deductive logic 논증의 중간단계가 명확하지 않은 논리. 적절한 추리를 활용하여 이유와 근거 사이의 간극을 메우고 결론으로 연결한다.

연역논증 deductive arguments 결론이 '참'이라는 것을 입증하는 것이 목표인 논증. 이유와 근거가 참이라면 결론도 참일 수밖에 없다. ➡ 귀납논증

연역 deduction 이미 알고 있는 명제들을 종합하여 논리적으로 필연적인 결론을 이끌어내는 추론 방법. 기존에 밝혀진 사실에 기반하여 문제를 어떻게 해석하는 것이 타당한지 고민한다. 비판적 사고에서 결론은 대개 연역적으로 도출한다.

오류 fallacies 흠결이 있는 논증. 논증의 논리나 타당성을 훼손한다. 오류에는 다양한 유형이 있다. →236

이론 theory 어떤 일이 특정한 방식으로 일어나는 이유를 설명하거나 합리화해주는 원리, 또는 인간의 행동에 정당성을 제공하는 아이디어 →314

이유 reasons 전체논증을 뒷받침하기 위해 제시하는 하위주장. ➡ 기여논증

개별이유 independent reasons 결론을 뒷받침하기 위해 제시하는 이유 중에, 다른 이유와 무관하게 개별적으로 존재하는 이유.

결합이유 joint reasons 결론을 뒷받침하기 위해 제시하는 이유 중에 다른 이유와 어떤 식으로든 연결되어 있으며 서로 강화해주는 이유.

일관성 consistency

내적 일관성 internal consistency 논증 안에 들어있는 명제 사이에 모순되는 관계가 없다는 뜻. 물론 내적 일관성이 있다고 해서 논증이 완벽하다는 뜻은 아니다. 개별명제의 참·거짓은 별도로 따져야 하는 문제다. →157

논리적 일관성 logical consistency 근거에서 이유, 이유에서 결론 등 앞뒤로 이어지는 논증의 구성요소들이 논리적으로 치밀하게 짜여있다는 뜻이다. 논리적으로 일관된 논증은 내적으로 일관성이 있다. →162

입장 position 관점. 신념. 쟁점. 주장. 추론으로 뒷받침한다.

전제하다 predicate 논증 밑에 어떤 관점, 토대, 목적, 가정을 깔고 있다고 말할 때 이 말을 사용한다. 예: 이 논증은 부에 대한 마르크스주의적 해석을 전제한다. 이 프로그램은 이 죄수에게 죄가 없다고 전제한다.

전제 premise 형식논리학에서 premise는 결론을 뒷받침하는 명제나 주장을 일컫는다. 다시 말해 명시적·암묵적 요소를 모두 포괄한다. 반면 비형식논리학에서는 명시적인 말로 표현되지 않는 암묵적 가정을 warrant라고 한다. 이 책의 원서에는 premise라는 말만 사용되지만, 이 중에서 warrant를 일컫는 경우에만 '전제'라고 번역하였으며, 명시적인 항목을 일컬을 때는 다른 말로 번역하였다. 예컨대 논증맵 →406 에서 P는 형식논리학의 의미로 사용된 것으로 '이유'라고 번역하였다.

정-반-합 thesis-antithesis-synthesis →415

쟁점 contention 신념, 관점, 주장을 '쟁점'이라는 말로 표현하기도 한다.

주장 claim/assertion 논증에서 이유와 근거로 뒷받침해야 하는 주장은 claim이라고 한다. 논증 전체의 결론은 주요주장 main claim 이를 뒷받침하는 이유는 하위주장 subclaim 이다. 반면 이유와 근거로 뒷받침하지 않고 저자가 단정적으로 진술하는 주장은 assertion이라고 한다. 물론 assertion도 참·거짓 판단대상이 될 수 있다. 이 책에서는 claim과 assertion 모두 '주장'이라는 말로 번역하였으니 맥락에 비춰 무엇을 의미하는지 구분하여야 한다.

주제 theme 글 전체를 관통하는 메시지나 아이디어 →361

추론선 line of reasoning 이유와 근거들을 하나씩 제시함으로써 만들어지는 흐름. 추론선은 한 지점에서 다른 지점으로 무작위로 넘어가거나 오락가락 해서는 안 된다. 독자가 납득할 수 있는 방향성을 가지고 앞으로 나아가야 한다. 그래야만 독자는 논증을 어떻게 해석해야 하는지, 논증의 구조가 어떻게 이뤄져있는지 알 수 있다. →120

추리 inference 앞에서 이뤄진 논증이나 근거에 기반하여 결론을 도출하는 행위. 명시적으로 드러나지 않은 논리적 연결고리를 메우는 작업. →198

한정 qualification →379

핵심고려사항 salience 논증에서 가장 먼저 고려해야 할 항목.

핵심논점 substantive point 논증의 핵심, 또는 논증의 요점. 사소한 이슈에 매몰되어 핵심메시지를 놓칠 수 있는 경우, 집중을 환기시키고자 할 때 이 말을 사용한다.

형식논리학 formal/mathematical logic 논리적 형식에 초점을 맞춰 추론을 분석하는 기법. 3단논법과 수학식이 대표적인 형식논리학이다. → 3단논법 → 비형식논리학 →35

화제 topic 글에서 다루는 구체적인 이야기나 소재. →361

확장논증 extended argument 논증이 계층적으로 중첩되어있는 복잡한 논증. 일반적으로 우리가 현실에서 접하는 논증글은 대부분 확장논증이다. →412

현실에서 이러한 용어들이 사용되는 사례

- **명제 1**: 탐험대원 중 한 명이 폐렴에 걸린 것으로 의심된다.
- **명제 2**: 이 지역에 심각한 폭풍이 불 것으로 예보되었다.
- **명제 3**: 폭풍이 치는 동안 산비탈이 위험할 수 있다.
- **명제 4**: 팀원 중 일부가 이 지역 등반에 익숙하지 않다.
- **결론**: 지금은 탐험대가 출발하기에 적절한 시간이 아니다.

이 논증의 **전제**는 폐렴이나 폭풍은 언젠가는 완화되거나 끝난다는 것이다. 하지만 폭풍이 온다는 예보가 있더라도 그 위험도 과장되었을 수 있다. 또는 팀원들 역시 생각보다 훨씬 경험이 많을 수 있다. 그렇다면 이 논증은 **거짓전제**에 기반한 것이다. 이 논증은 탐험의 성과보다 팀의 안전을 우선해야 한다는 가정을 **전제한다**. 이 논증에서 **핵심고려사항**은 안전이다. 예컨대, 한 팀원이 20년 전 학교 다닐 때 운동을 잘했다는 사실이나 어제 딸꾹질을 했다는 사실은 이 논증에서 고려사항이 되지 못한다.

연습문제
풀이와 해설

Chapter 02

사고력평가 1: 틀린그림찾기 (맞히면 1점) →68
이 문제는 비판적 사고의 가장 기초적인 하위기술이라 할 수 있는 유사점과 차이점을 식별하는 능력을 평가한다.
1. ⓔ 둘째 행 원이 작다.
2. ⓐ 맨 아래 오른쪽 가위가 까맣다.
3. ⓓ 맨 아래 행 왼쪽 이미지가 뒤집어져있다.
4. ⓕ 가운데 행 이미지가 다르다.

사고력평가 2: 규칙찾기 (맞히면 1점, 규칙을 정확하게 설명하면 +1점) →69
1. ⓐ 앞 세 칸은 같은 모양, 다음 두 칸은 다른 모양.
2. ⓓ 홀짝 홀짝 교차패턴.
3. ⓔ 한 행씩 올라간다. 맨 윗행은 다음 칸에서 맨 아래행이 된다.
4. ⓑ 별이 하나씩 증가하여 세 개가 되면 다시 하나부터 시작한다. 별의 위치는 매번 위 아래로 번갈아 이동한다. 별이 있는 반대편 왼쪽 열에 기호 세 개가 번갈아 나타난다.

사고력평가 3: 범주화하기 (맞히면 2점, 범주화기준을 제시하지 못하면 -1점) →71
이 문제는 주어진 정보를 분류하여 범주화하는 능력을 테스트한다.
1. A. 마우스 드라이브 프린터 모니터 스크린 (컴퓨터용품)
   B. 타이핑 스피킹 태핑 서칭 (-잉ing으로 끝나는 단어)
2. A. 피라미드 오아시스 야자수 사막 나일강 (이집트와 관련된 것들)
   B. 웅장한 크나큰 거대한 광활한 엄청난 (큰 것을 묘사하는 형용사)
3. A. 토파즈 마노 루비 오팔 (보석)
   B. 실버 골드 플래티넘 (귀금속)
4. A. Shoal Divan Pound Empty Kenya Gate (대문자로 시작하는 단어)
   B. chops micro hertz burst (소문자로 시작하는 단어)

사고력평가 4: 지시사항 따르기 (맞히면 1점) →72
이 문제는 지시를 잘 따르라는 별도의 경고가 없어도, 지시를 얼마나 잘 따르는지 확인하기 위한 것이다. 학교에서 내는 시험문제와 과제지문을 정확하게 읽지 않고 엉뚱한 답을 하면 좋은 성적을 얻을 수 없다.
1. ⓓ 이 문제는 소의 다리가 몇 개인지만 묻는다.
2. ⓑ 묻는 질문에만 답하라.
3. ⓒ 묻는 질문에만 답하라.

사고력평가 5: 꼼꼼히 읽기 (문제마다 배점 다름) →73
이 문제는 글을 꼼꼼하게 읽을 줄 아는지 테스트한다.
1. Ⓕ 여름이 짧다는 말은 나오지만, 주요논증은 자연환경이 혹독하다는 것이다. (맞히면 2점)
2. Ⓤ 이 내용은 예문에 나오지 않는다. 참-거짓을 판단할 수 없다. (맞히면 1점)
3. Ⓕ 1년 중 3개월만 해가 뜨지 않을 뿐이다. (맞히면 1점)
4. Ⓣ 논리적으로 추론할 수 있는 내용이다. (맞히면 1점)
5. Ⓤ 인공에너지에 대한 정보는 예문에서 제공하지 않는다. (맞히면 1점)
6. Ⓕ 논리적으로 추론할 수 없는 내용이다. 조지 워싱턴 카버가 대통령이었다면 예문 속에서 단순히 '유명한 농업과학자'라고만 소개하지 않았을 것이다. (맞히면 2점)

7. ⓤ 1943년 카버가 살아있었는지 죽었는지 예문에 나오지 않는다. (맞히면 2점)
8. ⓕ 너무나 위대한 사람이었기에 나중에 신화적인 요소가 덧붙여졌을 뿐, 그의 일생 전체가 신화는 아니다. (맞히면 2점)
9. ⓣ 물질주의에 대한 신의 축복을 찬양한다. (맞히면 3점)
10. ⓤ 카버는 그가 다니던 대학에서 최초의 흑인학생이었을 뿐, 다른 대학에 대한 정보는 예문에 나오지 않는다. (맞히면 2점)
11. ⓕ 카버를 통해 남부는 산업기반을 갖춘 경제구조로 '탈바꿈'했다. (맞히면 2점)
12. ⓤ '콩과 같은 농산물'로 100여 가지 산업제품을 만들어냈지, '콩'으로 만든 것은 아니다. 이 중 몇 개를 콩으로 만들었는지는 예문에 나오지 않는다. (맞히면 3점)

사고력평가 6: 유사성 파악하기 (맞히면 1점, 이유를 정확히 설명하면 +1점) →75

1. ⓐ 예문을 정확하게 요약했다. ⓑ 북극의 자연광이 '매혹적'이라는 말은 예문에 나오지 않는다. ⓒ 예문에 나오지 않는 내용이다.
2. ⓒ 예문을 정확하게 요약했다. ⓐ 앞문장은 예문과 일치하지만 뒷문장은 예문에 없는 내용이다. ⓑ 흑인을 대학에서 받지 않은 이유와 대통령이 카버의 공로를 칭송한 이유는 예문에 없는 내용이다.

주의력테스트 1: t를 찾아서 →80

개별글자에 집중하려고 해도, 우리 뇌는 to나 the 같은 짧은 단어들을 하나로 묶어버리는 경향이 있다. 정확하게 세지 못했다면 우리 뇌가 독서에 최적화되어 효율적으로 작동했다는 의미일 수 있다.

1. 14개: Terrifying torrents and long dark tunnels are used to create the excitement of the thrilling train ride at the park.
2. 32개: Supercalifragilisticexpialidocious! Many people find this long word quite atrocious.
3. 11개: 끊임없는 도전과 노력은 새로운 길을 열어준다. 포기하지 않는 자세가 성공의 열쇠다.
4. 6개: 10110012010103101001

주의력테스트 2: 틀린그림찾기 →81

1 ⓕ   2 ⓑ   3 ⓐ   4 ⓕ   5 ⓕ   6 ⓔ   7 ⓐ   8 ⓔ   9 ⓕ   10 ⓑ   11 ⓑ   12 ⓓ

주의력테스트 3: 규칙찾기 →83

1. ⓑ 갈수록 기호가 하나씩 늘어난다.
2. ⓔ 홀짝 홀짝 번갈아 나온다.
3. ⓒ 홀짝 홀짝 번갈아 나온다.
4. ⓓ 문양이 하나씩 더해진다. 처음엔 왼쪽 열, 그다음엔 오른쪽 열에 더해진다.
5. ⓔ 반시계방향으로 문양이 한 칸씩 이동한다.
6. ⓑ 같은 패턴이 두 번씩 반복된다.
7. ⓕ 한 행씩 올라간다.
8. ⓐ ✱❄✱는 한 행씩 올라간다. ○는 한 칸씩 이동할 때마다 아래행으로 오른쪽 열로 자리를 옮긴다. ↷✱ㅈ는 맨 윗행에 두 번, 맨 아래행에 두번 나온다. ↘는 2행과 3행을 두 번씩 머물며 오간다.
9. ⓓ 모든 기호가 왼쪽에서 오른쪽, 그다음 아래행으로 이동한다. 맨 아래행 오른쪽에 도달하면 다시 윗행 왼쪽으로 올라간다.
10. ⓕ 맨 윗행은 두 문양이 번갈아 나타난다. 가운데 행은 첫 세 칸과 이후 세 칸이 거울상을 이룬다. 맨 아래행은 한 점씩 늘어나 세 점이 된 다음 다시 한 점으로 돌아간다.
11. ⓔ 전체적으로 모든 문양이 한 행씩 내려갔다가 맨 아래행에 도달하면 다시 첫 행으로 올라온다. 하지만 다이아몬드와 초승달은 한 칸씩 넘어갈 때마다 두 가지 문양이 교체된다. □○◎는 세 문양의 순서가 계속 오른쪽으로 돌아간다.
12. ⓑ 다섯 개의 점선은 위→오른쪽→아래→왼쪽으로 시계 방향으로 돈다. 💧💧💧는 첫 행과 둘째 행, •••는 둘째 행과 셋째 행, ✱○는 셋째 행과 넷째 행을 오간다. 그리고 각각 두 개의 문양이 교체된다.

주의력테스트 4: 비교하기 →87

1. 모두 '동물'
2. 주변에서 흔히 볼 수 있는 '반려동물'
3. '어린 반려동물' 점점 범위를 좁혀가면서 세부적인 특징에 초점을 맞춘다.

주의력테스트 5: 범주화하기 →88

1. 물이 차 있는 공간
2. 국가
3. 동물이 서식하는 곳
4. 학문분야
5. 다섯 글자 단어
6. 접두사 de로 시작하는 동사
7. eve가 들어있는 단어
8. 인지능력(사고력)
9. 몸에 발생한 염증질환
10. 거꾸로 읽어도 같은 단어 (palindrome)
11. 토양의 생성과정을 설명할 때 사용되는 용어
12. 7의 배수
13. 정부를 구성하는 방식
14. 사물을 셀 때 쓰는 단위명사

주의력테스트 6: 유사성 파악하기 →89

1. ⓐ와 ⓑ는 물질을 구분하는 방법이 어떻게 달라졌는지 설명하는 반면, ⓒ는 물질을 구분하는 방법에 대한 가치판단까지 한다.
2. ⓐ와 ⓒ는 현실을 인지하는 능력이 우반구에서 나온다고 진술하는 반면, ⓑ는 양쪽 반구에서 모두 나온다고 진술한다. 또한 우반구가 손상되면 일반적으로 그림 그리는 능력을 잃는다고 말하는데, ⓐ와 ⓒ에는 이 내용이 나오지 않는다.
3. ⓑ와 ⓒ는 에센스 조제법이 785년 에크프리드 대관식에서 처음 만들어졌을 가능성을 추정하는 반면, ⓐ는 그때 발명되었다고 단언한다.

주의력테스트 7: 꼼꼼하게 읽기 →91

1. Ⓣ 마지막 문장에서 논리적으로 추론할 수 있다.
2. Ⓣ 두 번째 문장에서 논리적으로 추론할 수 있다.
3. Ⓤ 이 글에서 이야기하는 것은 아메리카 대륙의 전설이지 '모든' 전설이 아니다. 아메리카 대륙 바깥의 전설에 대해서는 이 글에서 이야기하지 않기 때문에 판단할 수 없다.

4. ⓕ 이 글은 방향감각에 대해서는 아무 말도 하지 않는다.
5. ⓕ '모두', '모든', '항상', '반드시'처럼 예외를 인정하지 않는 표현이 나올 때는 '항상' 눈여겨보라.
6. ⓣ 이 글 내용과 일치한다.
7. ⓕ 이 글은 여행에 대해서 아무 말도 하지 않는다.
8. ⓕ 이 글에서 논리적으로 추론할 수 없는 내용이다.
9. ⓤ '많은 사람들이'라는 표현은 비율을 의미하지 않는다. 반면 '대부분'은 6-80% 정도 비율을 의미한다. 따라서 많은 사람이 대부분인지 확인하기 위해서는 더 많은 데이터가 필요하다.
10. ⓣ 이 글에서 말하는 내용을 풀어 쓴 것이다.
11. ⓣ 우울증이 세로토닌 수치와 관련있다는 주장이 잘못되었다고 말한다.
12. ⓣ 두 번째 세 번째 문장 내용과 일치한다.
13. ⓤ 노화와 약효의 상관관계에 대한 정보는 이 글에 담겨있지 않다.
14. ⓕ 학술논문도 매우 부정확할 수 있다고 말한다.
15. ⓕ 이 글 마지막 부분에서 세로토닌 수치와 우울증의 상관관계에 대한 증거가 불충분하다고 말한다.
16. ⓤ 술에 취했을 경우, 피를 흘릴 경우 각각 데이터가 나와있지만, 술에 취해서 피를 흘릴 경우에 대한 데이터는 나와있지 않다.
17. ⓕ 마지막 문장과 모순된다.
18. ⓣ 세 번째 문장과 일치한다.
19. ⓣ 다섯 번째 문장과 일치한다.
20. ⓣ 다섯 번째 문장과 일치한다.

Chapter 03

예문 3.1 →104

사하라사막은 고대문명에 관심있는 사람들에게 조사할 가치가 있는 지역이다. 이 주장을 뒷받침하기 위해, 모래 속 어딘가에 묻혀있는 문명의 흔적들을 이야기한다.

예문 3.2 →104
코흐는 의학 역사상 가장 중요한 방법론적 진보에 기여한 과학자다. 이 주장을 뒷받침하기 위해, 질병이 병균에 의해 전염된다는 사실을 밝혀낸 실험을 언급한다.

예문 3.3 →105
변호사가 되려면 자신의 적성에 따라 어떤 변호사가 될지 선택해야 한다. 이 주장을 뒷받침하기 위해, 분야에 따라 법정에 출두하는 시간이 달라진다는 것을 설명한다.

예문 3.4 →105
아이들이 이해할 수 있게 설명할 수만 있다면, 어려서 하기 힘들다고 여겨지는 과제도 해낼 수 있다. 이 주장을 뒷받침하기 위해, 아이들에게 이해할 수 있는 말로 설명했을 때 잘 해낸 사례를 이야기한다.

예문 3.7 →112
논증이 아니다. 문장을 이리저리 재배치해봐도 주장과 이를 뒷받침하는 이유를 찾을 수 없다.

예문 3.8 →112
논증. 맨 첫 문장이 주장이다. 주장을 뒷받침하기 위해 두 가지 근거를 제시한다: ⓐ 사례/에피소드: 영숙씨와 재길씨 ⓑ 통계: 100만

예문 3.9 →112
논증. 뒷문장이 주장이고, 앞문장이 이를 뒷받침하는 이유다. 이처럼 짧은 글도 논증이 될 수 있다.

예문 3.10 →112
논증. 마지막 문장이 주장이다. 앞의 다섯 문장은 사건진술이고, 여섯 번째 문장이 주장을 뒷받침하는 이유다.

예문 3.11 →113
논증이 아니다. 주장과 이를 뒷받침하는 이유를 찾을 수 없다. 모든 진술이 사실이라고 해서, 과학적인 이야기라고 해서 논증이 되는 것은 아니다.

예문 3.12 →113
논증. 나는 저 그림이 좋다.^{claim} 강렬한 색감으로 노을의 효과를 잘 표현하였다.^{reason} 인물들을 잘 그렸다.^{reason}

예문 3.13 →113
논증이 아니다. 관련정보를 모아놓은 것에 불과하다. 주장이 없으며, 무언가 뒷받침하고자 하는 이유도 없다.

예문 3.14 →113
논증. 창문이 덜거덕거리고^{reason1} 문이 쾅하고 닫혔다.^{reason2} 공기 중에 전기가 흐르는 것 같았다.^{reason3} 우리는 겁에 질렸다.^{reason4} 갑자기 이상한 소리가 들렸다.^{reason5} 유령이 나타난 것이 분명하다.^{claim}

예문 3.15 →113
논증이 아니다. 공기 중에는 질소가 없기 때문에^{reason} 공기에서 질소를 흡수할 수 없다.^{main point} 형식은 결론을 뒷받침하기 위해 이유를 제시하는 것처럼 보이지만, 이것은 설득하기 위한 것이 아니다. 단순사실을 진술하는 설명이다.

예문 3.16 →114
주요주장 불어난 강물에 몇백 년 전 유골이 떠내려왔다.
이유1 두개골이 강가에서 발견되었다.
이유2 경찰조사결과, 살인사건과 무관할 가능성이 커졌다.
이유3 유골은 몇백 년 전의 것으로 밝혀졌다.
이유4 역사학자들에 따르면 강은 옛 공동묘지 부근을 흐른다.
이유5 과거에 유골이 강물에 떠내려온 적도 있었다.
이유6 최근 폭풍으로 인해 강이 50센티미터가량 상승했다.

결론 사람의 두개골은 살해된 주검이 아니라 불어난 강물에 의해 무덤에서 휩쓸려 나온 것으로 추정된다.

예문 3.17 →114
주요주장 해초는 중요하다.
이유1 해초는 수심이 얕은 곳에서 번성하는 식물이다.
이유2 해초는 어류의 먹이—그래서 사람의 먹이—가 된다.
이유3 해초가 사라지면 해안의 생물다양성이 위협받는다.
결론 해초는 해안생태계에 상당한 기여를 한다.

예문 3.18 →115
주요주장 물질적인 세상과 단기적인 목표에 집착하지 말고 장기적인 관점에서 사람과 환경이 조화를 이룰 수 있는 방법을 찾아야 한다.
이유1 사람들은 친절과 도움을 베풀고 사려 깊게 행동하는 것이 바람직하다는 것을 알면서도 금세 잊어버린다.
이유2 가난한 사람들이 주위에 있음에도 자신의 욕구만 채우려 한다.
이유3 자연환경과 균형을 이루기 위해 노력해야 한다는 사실도 잊고 산다.
이유4 즉각적인 보상과 단기적인 결과만 추구하는 경향이 있다.
결론 인류에게 주어진 과제는 다른 사람들과 어울려 살아가면서 온 우주와 조화를 이루는 삶의 방식을 찾는 것이다.

예문 3.19 →116
주요주장 임산부와 면역력이 약한 사람들은 고양이에 의해 전염되는 톡소플라즈마의 위험에 대해 경각심을 가져야 한다.
이유1 고양이는 톡소포자충의 숙주다.
이유2 임산부가 기생충에 감염되면 태아에 기형이 나타날 수 있다.
이유3 면역력이 약하거나 AIDS에 걸린 사람에게도 위험할 수 있다.
이유4 고양이는 이 병균에 감염되어도 증세가 거의 없어서 미리 알 수 없다.
결론 주요주장과 같다.

Chapter 04

예문 4.1 →128

논증. 이중언어 사용자와 다중언어 사용자는 편리한 점이 많다.^claim 여러 외국어를 구사할 수 있는 사람들은 다양한 언어체계를 비교해 볼 수 있기 때문에 언어가 어떤 구조를 이루고 있는지 더 잘 이해한다.^reason1 한 가지 언어만 할 줄 아는 사람들은 이런 경험을 할 수 없다. 그리하여 제2언어가 있는 사람이 오히려 자신의 모국어를 더 잘 이해하고 평가하는 안목이 있는 경우가 많다.^reason2

예문 4.2 →128

단순한 부동의. 주장: 대체요법이 의학적 치료에 비견할 만하다고 믿는 사람들이 있다니 정말 기가 찰 노릇이다. **주장은 있지만, 이를 뒷받침하는 이유가 없다. 이 글만으로는 '설득하고자 하는 목적을 가진' 논증인지 알 수 없다.**

예문 4.3 →128

단순한 부동의. 주장: 지구온난화를 부정하는 주장은 위험하다. **하지만 이를 뒷받침하는 이유가 없다.**

예문 4.4 →129

단순한 부동의. 주장: 고용주들이 안전을 위해 더이상 할 수 있는 일은 없다고 말하는 것은 어처구니 없는 행태다. **하지만 이 주장을 뒷받침하는 이유가 없기 때문에 단순한 부동의에 불과하다.** 매년 건설현장에서 일하는 수많은 젊은이들이 목숨을 잃는다. 작업장에서 건강과 안전을 보장하라는 법규는 이미 존재하지만,^common ground 고용주들은 필요한 설비를 갖추는 데 비용이 너무 많이 들고 일일이 감독하기 힘들다고 말한다.^prorblem 젊은이들 스스로 현장에서 책임감있게 행동하지 않기 때문에 자신들이 안전을 위해 더이상 할 수 있는 일은 없다고 강변한다.^rephrasing problem 정말 어처구니가 없는 행태가 아닐 수 없다.^claim

607

예문 4.5 →129

논증. 현대인들은 과거 어느 때보다도 덜 정치적이다.^{claim} 지난 수백 년 동안 사람들은 개인의 위험을 무릅쓰고 자신보다는 타인의 이익을 위해 투쟁했다. 요즘에는 이런 모습을 쉽게 찾아볼 수 없다.^{reason1} 1990년대 중반까지만 해도 곳곳에서 사람들이 연대해서 시위를 벌이는 모습을 자주 볼 수 있었다. 하지만 지금은 복지를 위한 정치적 이슈보다는 봉급인상이나 장학금인상과 같은 개인적인 이익을 위해 시위를 벌이는 모습이 흔하다.^{reason2} 투표처럼 전혀 위험하지 않은 일에도 사람들의 참여율이 저조하다.^{reason3}

예문 4.6 →129

논증. 나는 아동체벌이 아무 문제도 되지 않는다는 사람들에게 동의할 수 없다. 육체적으로나 감정적으로나 당연히 문제가 된다.^{claim} 타인을 때리는 행위는 폭력이며^{reason1} 성인이 이런 행동을 한다면 그냥 넘어갈 수 없는 명백한 범죄로 간주된다.^{reason2} 자신이 맞고 자랐기 때문에 구타가 얼마나 잔인한 행동인지 모르는 성인들도 더러 있다. 안타깝게도 이들은 구타를 당연한 것으로 여긴다. 그래서 상처받기 쉬운 사람들에게 다시 폭력을 행사하는 악순환이 일어나는 것이다.^{reason3}

예문 4.7 →135

진술. 우주선 발사의 주요 양상.

예문 4.8 →135

논증. 신생아는 태어나서 3개월이 될 때까지 호흡과 체온을 스스로 조절하지 못한다. 이 시기 아기들은 엄마 곁에서 잠을 자면서 부모의 리듬을 쫓아가며 호흡과 잠을 조절하는 법을 배운다.^{reason1} 이런 이유로 아기들은 엄마와 함께 잘 때, 혼자 잘 때보다 잠에서 덜 깬다.^{reason2} 그뿐만 아니라, 아기랑 같이 자면 아기를 바로 곁에서 관찰할 수 있다.^{reason3} 결론적으로 신생아는 부모와 함께 자는 것이 훨씬 안전하다.^{claim}

예문 4.9 ➡136
진술. 마을의 위치를 자세하게 묘사한다.

예문 4.10 ➡136
요약. 이 글은 논문을 요약하여 소개하는 내용이다.

예문 4.11 ➡136
요약. 이 내용이 셰익스피어 희곡의 줄거리를 요약한 것이라고 알려주는 표현들이 없다면, 진술로 분류할 수 있다.

예문 4.12 ➡137
설명. 설득을 목적으로 하지 않는다. 2003년 잉글랜드 노팅엄셔에 위치한 크레스웰 그랙스에서 말, 붉은 사슴, 들소가 그려진 빙하기의 암각화가 최초로 발견되었다. 암각화가 이렇게 늦게 발견된 데에는, ^main point 이제까지 영국에서 이러한 유물이 한 번도 발견되지 않았던 것도 한몫했다. ^reason1 실제로 동굴을 처음 탐사했을 때, 전문가들은 자신들을 에워싸고 있는 예술작품을 전혀 알아보지 못했다. ^reason2

예문 4.13 ➡137
논증. 주장: 이 암각화는 빙하기 시절, 유럽대륙과 영국 사이에 훨씬 큰 문화적 연결고리가 존재했을 수 있다는 가설을 뒷받침한다.

예문 4.14 ➡137
진술. 동물벽화를 발견한 전문가들의 이야기.

예문 4.15 ➡138
설명. 형식은 주장을 뒷받침하기 위해 이유를 제시하는 것처럼 보이지만, 설득하고자 하는 의도가 없다. 크기와 모양은 같고 색깔이 다른 장난감 쥐 두 개를 풀어놓았더니 개가 구분하지 못했다. ^claim 개는 색깔을 구분하지 못하기 때문이다. ^reason

예문 4.16 →138

설명. 설득을 목적으로 하지 않는다. 한 학생이 세미나에 한 시간이나 지각했다.^main point 그는 지각한 이유에 대해 구구절절 핑계를 늘어놨다. 먼저 프라이팬이 과열되어 불이 나는 바람에 부엌이 난장판이 되었고, 이것을 정리하는 데 20분이 걸렸다.^reason1 정리를 끝내고 나오려는데 열쇠가 보이지 않아, 10분을 더 허비하고 말았다.^reason2 이제 문을 닫고 나오려는데 마침 우체부가 와서 서명을 해야 하는 우편물이 있다고 했다. 우체부의 볼펜이 나오지 않아 시간이 좀 걸렸다.^reason3 편지를 식탁 위에 올려놓고 오려고 다시 현관문을 열려고 했더니, 열쇠가 보이지 않았다. 좀 전에 열쇠를 가방에 아무렇게 쑤셔 넣은 바람에 찾기가 쉽지 않았다.^reason4

예문 4.17 →141

요약. 요약결론: 리얼리티쇼가 적은 제작비로 높은 시청률을 올릴 수 있는 바람직한 프로그램이라는 주장과 TV프로그램의 질을 떨어뜨리는 주범이라는 주장이 팽팽이 맞서고 있다.

예문 4.18 →141

요약. 요약결론: 유기농식품이 더 맛있다는 과학적인 근거는 미비하지만 유기농식품을 선택하는 소비자들은 더 맛있다고 확신한다.

예문 4.19 →142

논증. 논리적 결론: 진짜 돈을 금고에서 꺼내주지 않고도 제3세계의 부채를 탕감해줄 수 있기 때문에 은행은 손실을 전혀 입지 않는다.

예문 4.20 →142

논증. 논리적 결론: 범죄자는 '태어나는' 것이 아니라 '만들어지는' 것이다. 유전적 요인을 주장하는 이론과 환경적 요인을 주장하는 이론을 비교하고 이를 종합하여 결론을 도출한다.

예문 4.21 →148

어떤 나라에서는 다른 행성에 생명체가 있다고 하면 비웃음을 살 수도 있다.ⓐ 반면 어떤 나라에서는 우주 어딘가에 생명체가 있다고 믿을 뿐만 아니라 그들과 소통하기 위해 노력한다.ⓑ 외계생명체의 존재에 대해 의심하는 사람도 있고 믿는 사람도 있다.ⓒ 외계생명체가 존재한다고 믿는 사람들이 오래전부터 내세우던 이론 중 하나가 바로 광활이론planitude theory이다.ⓓ 쉽게 이야기해서 이토록 광활한 우주에서 지구에만 지적 생명체가 존재하겠느냐 하는 것이다.ⓔ 실제로 우리가 우주에 존재하는 유일한 지적 생명체라고 생각하는 것은 오만한 착각일 수도 있다.ⓕ 하지만 우발이론contingency theory을 지지하는 사람들은 그렇게 생각하지 않는다.ⓖ 이들의 주장도 그럴듯한데, 생명은 지극히 운이 좋아 우발적으로 일어난 현상이라는 것이다.ⓗ 생명의 진화로 이어진 과정은 너무 복잡해서 단 한 번 일어났다는 것도 매우 특별한 사건이며, 이러한 일련의 과정이 어딘가에서 또다시 일어날 가능성은 극히 희박하다고 이들은 주장한다.ⓘ 이처럼 외계에 생명이 존재하느냐 하는 문제에 대해서는 의견이 매우 분분하다.ⓙ 하지만 외계생명체가 존재할 확률은 매우 낮다.ⓚ 지난 100년 동안 인류는 우주를 향해 전파를 발사하여 생명체의 흔적을 찾기 위해 노력해왔으나 지금껏 아무것도 발견하지 못했다.ⓛ 우주에 지적 생명체가 존재한다면 지금쯤이면 그 흔적을 발견했어야 한다.ⓜ 오늘날 외계생명체의 존재에 관한 가장 설득력있는 주장은 수렴이론convergence theory이다.ⓝ 수렴이론이란 서로 다른 두 종이 어떤 문제를 해결하기 위해 제각각 노력을 한 끝에 같은 해법에 도달하는 상황을 이야기한다.ⓞ 예컨대 박쥐와 새는 모두 날기 위해 진화한 결과, 날개를 갖게 되었다.ⓟ 문어와 오징어의 눈은 카메라와 매우 비슷하다.ⓠ 각자 문제를 해결하기 위해 진화한 결과, 비슷한 신체구조를 갖게 된 것이다.ⓡ 이는 우주에 아무리 무한한 가능성이 존재한다고 하더라도, 자연은 스스로 반복할 수 있다는 것을 보여준다.ⓢ 진화생물학자 모리스는 자연이 무언가 한번 만들어냈다면 그것을 다시 만들어낼 수 있다고 주장한다(2004).ⓣ 하지만 그 역시, 생명이 출현할 수 있는 기본적인 조건은 우주에서 매우 드문 현상이라 것을 인정한다.ⓤ 자연이 의지가 있다고 해도, 조건이 맞지 않으면 반복할 수 없는 것이다.ⓥ 생명이 탄생할 수 있는 까다로운 조건이 지구가 아닌 다른 행성에서도 나타날 수 있을까?ⓦ 태양과 적절한 거리를 두고 있으며, 중력도 적절하며, 물과 대기가 있고, 화학적 물리적 조건이 적절한 행성이 존재할 수 있을까?ⓧ 그 확률은 매우 낮다.ⓨ 수렴이론은 자연이 같은 결과를 재생산하는 경향이 있다고 말하고, 광활이론은 무한한 우주 속에서 외계생명체가 존재할 가능성이 높다고 말하지만, 이들 주장은 설득력이 없다.ⓩ 생명이 탄생할 수 있는 조건은 그 자체로 너무 미묘하고 복잡하기 때문에 생명체가 한 번이라도 출현했다는 것은 놀라운 일이며, 다른 곳에서 반복될 확률은 매우 낮다.②

논증
1. 결론 ⓚ② : 마지막 문장은 결론을 뒷받침하는 논증의 핵심을 요약해서 보여준다.
2. 결론을 뒷받침하는 이유 ⓛⓦⓧⓨ : 두 번째 이유는 뒤따라 나오는 이견을 반박하는 용도로도 사용된다.
3. 반론이나 이견에 대한 저자의 해명이나 반박 ⓩ : 이 문장은 동시에 뒤따라 나오는 결론을 뒷받침한다.

그 밖의 요소들
4. 머릿말 ⓐⓑ : 이 문제에 대한 사람들의 생각이 다양하다는 것을 보여준다. 논증의 배경을 설정해준다는 의미에서 scene-setter라고도 한다.
5. 진술 ⓗⓘ : 우발이론의 핵심적인 내용을 서술한다. 저자는 이 주장이 '그럴듯하다'고 말하지만, 왜 그럴듯한지 이유를 제시하지 않기 때문에 논증이나 설명이 아니라 진술이다.
6. 설명 ⓞⓟⓠⓡⓢⓣⓤⓥ : 우발이론은 내용을 단순 나열하거나 서술함으로써 '진술'했던 반면, 수렴이론은 자세히 설명한다. 예를 들고, 그러한 예들이 무엇을 의미하는지 보편적인 원리를 도출하여 보여준다(이는… 것을 보여준다).
7. 요약 ⓙ : ⓒ부터 ⓘ까지 소개한 배경정보를 한마디로 요약한다.
8. 배경정보를 비롯한 그 밖의 정보 ⓒⓓⓔⓕⓖⓗⓘ : 논증을 시작하기 전 배경이 되는 정보들을 소개한다.

Chapter 05

예문 5.1 →155

저자의 입장이 명확하지 않다. 다양한 관점을 제시하는 것은 좋은 자세라 할 수 있지만, 어떤 관점을 주장하고자 하는지 명확하게 밝히지 않고 여러 관점 사이를 오락가락한다. 어느 관점에 완전히 동의하지도, 부동의하지도 않으며 제3의 대안적 관점을 제시하지도 않는다. 이 문제에 대해 별다른 생각이 없는 것처럼 읽힌다. 입장을 먼저 정해야 여러 관점의 차이를 체계적으로 설명할 수 있다. 비슷한 부류끼리 함께 묶어서 고려하고, 자연스럽게 결론으로 이어지도록 논증요소들을 배치할 수 있다.

예문 5.2 →155

저자의 입장이 명확하지 않다. 일단 스포츠센터 건설에 대한 찬-반 입장을 골고루 제시하는 것은 좋다. 하지만 찬-반의견이 뒤섞여있다. 찬성의견을 먼저 제시한 다음 반대의견을 제시하든, 반대의견을 먼저 제시한 다음 찬성의견을 제시해야 한다. 물론 이러한 순서를 정하기 위해서는 저자의 입장이 명확해야 한다. 찬-반의견 중 무엇을 먼저 제시하는지만 보아도 독자들은 저자가 어떤 입장인지 금방 알아챈다.

예문 5.3 →156

저자의 입장이 명확하지 않다. 첫 문장에서 전체논증을 소개해주거나 마지막 문장에서 전체논증을 요약해준다면 좀더 명확해졌을 것이다. 질문만 늘어놓고 이에 대해 제대로 답을 하지도 않는다. 이러저러한 사실을 늘어놓지만 입장을 명확히 하는 데 도움이 되지 않는다. 논증이 어떻게 나아갈지 더 많은 정보를 제공해야 한다.

예문 5.4 →160

일관성이 없다. 저자는 현재 시골의 8퍼센트 정도가 개발되고 있다는 근거만으로 앞으로 시골이 완전히 사라질 것이라고 주장한다. 논증의 일관성을 높이고자 한다면 나머지 92%도 곧 사라질 위험이 있다는 근거를 제시해야 한다.

예문 5.5 →160

일관성이 없다. 두 번째 문장에서 '사람들은 세상이 평평하다고 생각했다'고 말한 다음 몇 가지 예를 제시하는데, 그 예 중에는 지구가 둥글다고 생각한 사람들도 뒤섞여있다. 실제로 우리는 이렇게 자신의 주장과 모순된 근거를 인용하면서도 그것이 모순된다는 사실을 깨닫지 못하는 경우가 많다. 일관성을 높이고자 한다면, 지구가 평평하다는 중세교회의 주장에서 벗어난 비주류 주장을 믿고 길을 떠날 만큼 콜럼버스가 용기가 있었다고 주장하거나, 잘못 계산한 거리에 의존하여 길을 떠날 만큼 무모했다고 주장해야 한다.

예문 5.6 →161

일관성이 없다. 첫 문장에서 약물을 금지해야 하는 이유로 '부당한 이득'을 제시한다. 하지만 마지막 문장에서는 '부정한 의도'가 없으면 허용해야 한다고 주장한다. 판단기준이 슬그머니 달라진다. 부정한 의도가 없으면 부당한 이득을 얻어도 괜찮다는 말인가? 내적 일관성을 유지하고자 한다면, 어떤 경우에도 약물을 복용해선 안 된다는 완고한 입장을 유지하거나, 예문5.7처럼 완화된 입장을 취해야 한다.

예문 5.7 →161

일관성이 있다. 약물을 경계해야 하는 이유로 '건강'을 제시하고, 또 '건강'을 이유로 허용할 수 있다고 말한다. 사람마다 건강에 차이가 있기 때문에 예외를 인정할 수 있다는 주장은 타당하다.

예문 5.8 →161

일관성이 없다. 리얼리티쇼가 '대중이 원하는 것'이 아니라면, 어떻게 '온 나라의 시선이 리얼리티쇼의 마지막 회에' 쏠릴 수 있을까? 주장의 일관성을 높이고자 한다면 일단 다음 두 가지 논증이 덧붙여져야 한다.
- 사람들이 리얼리티쇼를 원하지도 않으면서 보는 이유, 또는 볼 수밖에 없는 이유
- 사람들이 유익한 TV드라마와 코미디프로그램과 훌륭한 다큐멘터리 방송을 원한다는 근거

예문 5.9 →165
일관성이 없다. 어떤 동물이 암흑 속에서 산다고 해서 모든 동물이 다 그렇게 살 수 있다는 주장은 논리적으로 맞지 않다.

예문 5.10 →165
일관성이 없다. 앞 두 문장에서 제시한 이유가 마지막 문장 결론을 논리적으로 뒷받침하지 못한다.

예문 5.11 →165
일관성이 없다. '컴퓨터는 감정이 없어서 사람과 교감하지 못한다'라는 진술과 '컴퓨터가 모든 면에서 인간을 능가'할 것이라는 말은 모순된다. '모든', '항상', '반드시'처럼 예외를 인정하지 않는 표현이 나올 때는 항상 눈여겨보라.

예문 5.12 →165
일관성이 없다. 학생들의 출신계급에 따라 학문의 위상이 달라진다면, 노동계급 출신 학생들이 전통적인 학문을 전공하면 이들의 학문의 위상도 떨어질 것이다. 아무런 해법도 되지 않는다. 논리적으로 결론을 이끌어내려면, 스포츠, 미디어, 대중문화 같은 응용학문의 위상을 높여야 한다고 주장해야 한다.

예문 5.13 →165
일관성이 있다. 화산암은 이미 존재하는 퇴적암을 뚫고 나온 것이기 때문에, 주위의 퇴적암보다 최근에 형성된 암석이다.

예문 5.14 →165
일관성이 없다. 어디에서도 완벽한 정적을 느낄 수 없다는 것은 사실일 수 있지만, 이것을 소음공해로 바로 연결시키는 것은 다소 무리다. 또 예전보다 시끄러워진 것이 사실이라고 해도, 앞으로 더 시끄러워질 것이라고 예측할 근거는 없다.

예문 5.15 →170
결합이유. 세금 + 병역 → 정치적 의무

예문 5.16 →170
개별이유. 쓰레기오염[R1] 탐사의 무용성[R2] 경제왜곡[R3] 안전[R4]

예문 5.17 →170
개별이유. 이 책이 록밴드의 삶을 있은 그대로 보여줄 수 있는 이유는: 오랜 시간 직접 취재[R1] 저자가 직접 밴드생활을 해본 경험[R2] 객관적 시점에서 관찰[R3]

예문 5.18 →171
개별이유. 진실이 상처를 줄 수도 있다[R1] 힘든 상황을 헤쳐나가는 길을 열어주기도 한다[R2] 진실과 거짓이 늘 구별되는 것은 아니다[R3] 사회적 윤활유 역할을 하기도 한다[R4]

예문 5.19 →171
개별이유. 자원낭비 측면[R1] 기업이미지 측면[R2] 직원관리 측면[R3]

예문 5.20 →171
결합이유: 사생활 비공개 + 어린 시절 비공개 → 개인적인 경험 비공개

예문 5.21 →175
다른 사람을 폭행하는 것은 범법행위다. 다른 사람을 치거나 때리는 것은 신체적 손상을 입히지 않더라도 심리적 손상을 입힐 수 있다. 이러한 행위는 법적으로 폭행으로 간주된다.[중간결론1] | 하지만 이러한 법이 어른에게만 적용되고 아이에게는 적용되지 않는 경우가 많다. 예컨대 아이를 손바닥으로 때리는 것은 유용하고 필요한 훈육이라고 여겨진다. 아이는 독립적인 존재가 아니라고 주장하는 사람도 있지만, 이는 타당한 주장이 아니다. 어른에 의지하여 살아간다고 하더라도 아이도 사람임에 틀림없다.[중간결론2] | 따라서 아이를 때리는 것도 법적인 폭행으로 간주되어야 한다.[전체결론]

예문 5.22 →175
사람들은 대개 대화할 때 말을 되도록 빨리하기 위해 노력한다. 침묵이 길어

지는 것을 불편하게 여기기 때문이다. 질문을 받으면 사람들은 무작정 대답부터 하기 시작한다. 대화가 끊어져 침묵이 찾아오면 많은 사람들이 어찌할 바를 모른다.^{중간결론1} | 하지만 대화 중 이어지는 침묵은 마냥 불편하고 당황스럽기만 한 것이 아니라, 오히려 생산적일 수도 있다.^{중간결론2} 입을 다물고 있는 동안 더 깊이 생각하여 더 정확한 답을 제시할 수 있다. 또한 상대방에게 먼저 말할 수 있는 기회를 줄 수도 있다. | 생산적인 대화를 하고 싶다면 가장 먼저, 침묵하는 시간을 효과적으로 활용할 줄 알아야 한다.^{전체결론}

예문 5.23 →176

끊지 못해 피울 뿐이라고 말하면서도 사람들은 왜 담배를 계속 피우는 것일까?^{도입부} | 흡연은 '내 돈에 불을 붙이는 일'이라는 말이 있다. 담배로 지출하는 금액이 많게는 전체지출금액에서 절반까지 차지하는 사람도 있다. 빌리는 돈이 늘어날수록 지불해야 하는 이자도 늘어나듯이, 담배에 드는 총비용도 계속 늘어난다. 하지만 대부분 그 비용을 인지하지 못한다. 흡연은 경제적으로 상당한 손실을 유발한다.^{중간결론1} | 장기적으로 건강에 미치는 영향도 치명적이다.^{중간결론2} 흡연자들의 은행 빚이 계속 늘어가듯, 건강이라는 은행에도 보이지 않는 적자가 쌓인다. 흡연이 건강에 미치는 영향을 많은 사람들이 가볍게 생각한다. 병에 걸리거나 죽을 수 있다는 경고도 멀게만 느껴진다. 안타깝게도 위, 장, 폐, 인후에 암이 생기고 나면 이미 조치를 하기에는 늦은 경우가 많다. 더욱이 한창 젊을 때 병이 찾아오기도 한다. | 흡연자들은 또한 불쾌한 냄새를 강하게 풍겨 주변사람들에게 피해를 준다.^{중간결론3} 흡연은 후각을 마비시키기 때문에 흡연자들은 자신이 얼마나 나쁜 냄새를 풍기는지 잘 깨닫지 못한다. 밖에서 담배를 피우면 냄새가 다 날아갈 것이라고 생각하지만, 절대 그렇지 않다. | 실제로 항상 밖에서 담배를 피우는 사람들의 집을 조사해 보면, 담배에 함유된 화학물질이 비흡연자의 집보다 7배나 더 많은 것으로 나타난다. 치명적일 수도 있는 유해화학물질이 가족의 건강을 해치며 날아다니는 것이다. 담배를 밖에서 피우든 안에서 피우든, 흡연은 흡연자의 목숨만 앗아가는 것이 아니라, 주변사람의 목숨까지 위협한다.^{중간결론4} | 정부는 흡연의 위험성에 대한 경각심을 높이기 위해 더욱 강력한 조치를 해야 한다. 공공장소에서 흡연을 하지 못하도록 금지해야 한다.^{전체결론}

예문 5.24 →180

이 예문의 문제는 다음과 같다.
- 글이 갑자기 시작한다.
- 비슷한 논점끼리 묶어서 진술하지 않고 여러 논점 사이를 왔다갔다한다.
- 결론, 또는 저자의 입장이 무엇인지 찾기 어렵다.
- 여러 논점들이 어떻게 연결되는지, 논증이 어떤 방향으로 흘러가는지 알려주는 이정표가 매우 부족하다.

체계적인 논증이 되도록 문장을 재배치하는 방법은 여러 가지 존재할 수 있지만 여기서는 두 가지만 제시한다. 문장은 최대한 그대로 유지하였으며 논리적 연결고리를 강화하기 위해 이정표 역할을 하는 단어들을 추가하였다.

24시간 생체리듬 1

ⓒ 우리 몸은 시계가 알려주는 시각이나 외부세계의 영향보다는 생체리듬에 더 민감하게 반응한다. **이러한** ⑨ 생체리듬을 24시간 생체리듬이라고 하는데, 특히 새들에게 강하게 작용하는 것으로 알려져있다. 인간의 생체리듬은 뇌의 기저부에 있는 시상하부 앞쪽에 위치한 시교차상핵(SCN)에서 통제한다. 이 부분이 손상되면 자연적인 24시간 생체리듬을 잃고, 밤에 잠을 자야 하는 수면패턴이 깨진다. **이를 입증하기 위해서** ⓐ 똑같은 세기의 빛이 계속 유지되는 지하공간에 몇 주 동안 사람들을 넣고 관찰한 실험이 있다. 가장 먼저 생체리듬과 수면패턴에 문제가 발생했다. 하지만 몇 주가 지난 뒤, 그들은 외부세계와 어느 정도 일치하는 24시간주기의 자연스러운 생체리듬을 되찾았다.

ⓑ 우리 몸의 생체리듬은 햇빛에 노출되는 양에 영향을 받으며, 빛과 어둠의 패턴에 반응한다. **그래서** ⓘ 오랫동안 햇빛의 리듬이 불규칙해진 우주비행사들은 적응하기가 쉽지 않다. 잠에 들기 위해 약물을 복용하는 사람도 많다. ⓙ 20년 동안 교대근무를 하며 밤에 일한 사람들도 야간근무에 맞게 24시간 생체리듬을 조절하지 못한다. 소화기 궤양과 심장병 같은 질환이 발병할 확률, 그리고 자동차사고가 날 확률은 야간근무자에게 훨씬 흔하게 나타난다.

ⓓ 게놈프로젝트의 일환으로 인간의 유전자 지도가 작성된 이후, 생체리듬이 무엇인지 또 생체리듬이 유전적 조건에 어떤 영향을 미치는지 많은 것이 밝혀졌다. ⓗ 24시간 생체리듬이 훨씬 강하게 작동하는 사람도 **있는 반면** ⓔ

24시간주기에 덜 영향을 받는 유전적 조건을 타고난 사람도 있다. 이들의 유전정보는 유전적으로 타고난 수면장애패턴을 설명하는 데 도움을 줄 수 있다. **더 나아가** ⓘ 정신분열증과 양극성장애 같은 정신건강질환도 24시간 생체리듬의 오작동과 연관되어있을지 모른다.

ⓕ 업무패턴, 여가패턴, 건축, 조명, 음식, 약물, 의료처방은 생체리듬에 상당한 영향을 미친다. ⓚ 24시간 생체리듬이 장기적으로 교란되었을 때 어떤 결과가 나타나는지 아직 밝혀지지 않았기에, 24시간 생체리듬에 덜 민감한 유전적 조건을 타고난 사람들과 야간근무자들은 건강에 더 주의를 기울여야 한다.

24시간 생체리듬 2

ⓒ 우리 몸은 시계가 알려주는 시각이나 외부세계의 영향보다는 생체리듬에 더 민감하게 반응한다. **이러한** ⓖ 생체리듬을 24시간 생체리듬이라고 하는데, 특히 새들에게 강하게 작용하는 것으로 알려져있다. 인간의 생체리듬은 뇌의 기저부에 있는 시상하부 앞쪽에 위치한 시교차상핵(SCN)에서 통제한다. 이 부분이 손상되면 자연적인 24시간 생체리듬을 잃고, 밤에 잠을 자야 하는 수면패턴이 깨진다.

ⓓ 게놈프로젝트의 일환으로 인간의 유전자 지도가 작성된 이후, 생체리듬이 무엇인지 또 생체리듬이 유전적 조건에 어떤 영향을 미치는지 많은 것이 밝혀졌다. **가끔은** ⓔ 24시간주기에 덜 영향을 받는 유전적 조건을 타고난 사람도 있다. 이들의 유전정보는 유전적으로 타고난 수면장애패턴을 설명하는 데 도움을 줄 수 있다. **이와 반대로,** ⓗ 24시간 생체리듬이 훨씬 강하게 작동하는 사람도 있다.

ⓕ 업무패턴, 여가패턴, 건축, 조명, 음식, 약물, 의료처방은 생체리듬에 상당한 영향을 미친다. **이를 입증하기 위해서** ⓐ 똑같은 세기의 빛이 계속 유지되는 지하공간에 몇 주 동안 사람들을 넣고 관찰한 실험이 있다. 가장 먼저 생체리듬과 수면패턴에 문제가 발생했다. 하지만 몇 주가 지난 뒤, 그들은 외부세계와 어느 정도 일치하는 24시간주기의 자연스러운 생체리듬을 되찾았다.

ⓑ 우리 몸의 생체리듬은 햇빛에 노출되는 양에 영향을 받으며, 빛과 어둠의 패턴에 반응한다. ⓘ 오랫동안 햇빛의 리듬이 불규칙해진 우주비행사들은 적응하기가 쉽지 않다. 잠에 들기 위해 약물을 복용하는 사람도 많다. ⓙ 20년

동안 교대근무를 하며 밤에 일한 사람들도 야간근무에 맞게 24시간 생체리듬을 조절하지 못한다. 소화기 궤양과 심장병 같은 질환이 발병할 확률, 그리고 자동차사고가 날 확률은 야간근무자에게 훨씬 흔하게 나타난다. **더 나아가** ⓛ 정신분열증과 양극성장애 같은 정신건강질환도 24시간 생체리듬의 오작동과 연관되어 있을지 모른다.

ⓚ 24시간 생체리듬이 장기적으로 교란되었을 때 어떤 결과가 나타나는지 아직 밝혀지지 않았기에, 24시간 생체리듬에 덜 민감한 유전적 조건을 타고난 사람들과 야간근무자들의 건강에 더 주의를 기울여야 한다.

Chapter 06

예문 6.1 →189
집값이 급상승하면 반드시 침체기가 따라오고, 그때마다 구매자들이 손해를 본다. 타당하지 않다. 투자패턴이나 이자율은 시대에 따라 달라질 수 있다.

예문 6.2 →189
부모의 지출은 광고에 크게 영향을 받는다. 이 전제는 타당하지 않다. 이 예문만으로는 광고, 또래압박, 지출결정 사이에 연관성이 있다고 확정하기 어렵다.

예문 6.3 →189
일자리는 모두 대기업이 공급한다. 이 전제는 타당하지 않다. 대기업이 이전한다고 해도 요식업, 소매업, 교육, 의료 등은 지역을 떠날 수 없다. 대기업뿐만 아니라 다른 조직이나 개인도 일자리를 공급할 수 있다.

예문 6.4 →190
인터넷조회가 많으면 모든 사람이 다 안다. 이 전제는 타당하지 않다. 높은 '조회수'를 기록했다고 해도 실제로 방문한 사람은 적을 수 있다. 참고로 '모든'과 같은 단정적인 표현이 들어가는 주장은 타당할 확률이 매우 낮다.

예문 6.5 →190

핵무기 반대시위는 정치관심도를 측정하는 지표다. 이 전제는 타당하지 않다. 세대별로 정치적인 관심사는 바뀔 수 있다.

예문 6.6 →190

많은 소비자들이 식품첨가물에 대해 모른다. 이 주장을 전제하지 않으면 '사람들에게 식품첨가물에 대해 교육해야 한다'는 결론으로 도약할 수 없다. 하지만 '성분정보가 많을수록 소비자들이 기피하는' 것이 타당하다고 판명된다면 이 전제는 타당하지 않을 수 있다. 이 글에는 또 다른 전제가 숨어있다. **소비자는 식료품을 구입할 때 건강을 최우선 기준으로 삼는다.** 이 전제 역시 예외가 존재할 수 있다. 예컨대 가격을 최우선 선택기준으로 삼는 사람도 충분히 있을 수 있다.

예문 6.7 →196

- 결론: 인간의 일손을 돕는 로봇은 오랫동안 발전을 이루지 못했기 때문에 앞으로도 영원히 나올 수 없다.
- 말하지 않은 이유1: 1495년 이후 로봇을 개발하기 위한 연구는 쉴새없이 이어져 왔다.
- 말하지 않은 이유2: 일정 기간 일어나지 않은 일은 영원히 일어날 수 없다.

이유1은 사실이 아니다. 이유2 역시 누구나 동의할 수 있는 주장이 아니다. 이들은 전제로 타당하지 않다. 어떤 이유를 말하지 않고 결론으로 도약한다는 것은, 그 이유를 독자가 알고 있으며 또 당연히 동의할 것이라고 가정한다는 뜻이다. 하지만 독자가 동의하지 않을 가능성이 높은 이유는 반드시 명시적으로 언급하고 타당성을 입증해야 한다.

예문 6.8 →196

- 결론: 사전투표를 폐지하면 공정하게 선거를 치를 수 있다.
- 말하지 않은 이유1: 사전투표가 도입되기 전에는 투표제도가 공정했다.
- 말하지 않은 이유2: 사전투표가 아닌 본투표는 공정하다.
- 말하지 않은 이유3: 사전투표에 대한 조작시도는 막을 방법이 없다.

이 세 가지 이유는 누구나 동의하는 주장이 아니다. 잘못된 전제.

예문 6.9 →197

- 결론: 대량생산하는 약보다 약초의 뿌리와 잎을 사용하는 전통의학으로 회귀하는 것이 바람직할 수 있다.
- 말하지 않은 이유1: 전통의학은 현대의학만큼 효과가 있다.
- 말하지 않은 이유2: 현대의 질병과 과거의 질병은 동일하다.
- 말하지 않은 이유3: 약초나 뿌리나 잎은 누구나 쉽게 구할 수 있다.

쉽게 동의하기 어려운 주장들이다. 오늘날 의약품은 전통적인 약초보다 훨씬 효과가 좋을 수 있다(이유1). 예전 약초로 치료할 수 없는 병도 많다(이유2). 오늘날 약을 만드는 데 사용되는 엄청난 종류의 농축화학물을 자연에서 찾아내는 것은 과연 쉬울까?(이유3) 언뜻 생각해봐도 허술한 주장들일 뿐이다.

예문 6.10 →197

- 결론: 기대수명을 늘리기 위해 위생과 식생활을 지속적으로 개선해야 한다.
- 말하지 않은 이유1: 수명이 늘어난 원인은 위생과 음식이다.
- 말하지 않은 이유2: 기대수명이 늘어나는 것은 좋은 것이다.

이유1은 따져봐야 할 주장이다. 위생이나 음식도 물론 중요한 역할을 했겠지만, 과거에는 전염병이나 전쟁 같은 다른 요인들도 작동했을 수 있다. 이유2는 대부분 동의할 만한 주장이기에 생략해도 큰 문제가 없다. 타당한 전제다. (물론 동의하지 않는 사람도 존재할 수 있다.)

예문 6.11 →197

- 결론: 새로 개업한 식당은 고객을 확보할 때까지 주방설비투자를 미뤄야 한다.
- 말하지 않은 이유: 주방설비는 새로 개업한 식당에게 불필요한 비용이다.

이 이유는 좀더 면밀히 따져봐야 할 주장이다. 무엇보다도 이 글은 음식을 너무 많이 내놓기 때문에 비용지출이 늘어난다고 말하다가 갑자기 주방설비에 투자를 하지 말아야 한다고 결론맺는데, 이는 엉뚱한 결론으로 갑자기 튀는 논세뀌뚜르처럼 보인다.

예문 6.12 →197
- 결론: 식량을 원활하게 공급하기 위해 세계인구를 줄여야 한다.
- 말하지 않은 이유: 영양부족의 원인은 너무 많은 인구다.

이 이유는 누구나 쉽게 동의할 수 있는 주장이 아니다. 식량분배방식에 문제가 있다고 생각하는 사람이 훨씬 많을 것이다.

예문 6.13 →202
중동의 분쟁으로 인해 향후 몇달 간 원유생산량이 줄어들 것이다. 이 전제는 타당한 것으로 여겨진다.

예문 6.14 →202
선택의 폭이 넓어지면 프로그램의 질이 높아진다. 이 전제는 타당하지 않다. 어떻게 될지 알 수 없다.

예문 6.15 →202
결혼비율은 앞으로도 똑같이 유지될 것이다. 이 전제는 타당하지 않다. 일단, 아직 결혼적령기에 도달하지 않은 인구를 전혀 고려하지 않았다. 또한 어른이 된 뒤에도 결혼하지 않기로 선택하는 인구도 존재한다.

예문 6.16 →202
시골공기는 오염되지 않았다. 이 전제는 다소 의심스럽다. 시골에도 오염원이 많을 수 있다.

예문 6.17 →203
메뉴만 좋으면 손님들이 찾아온다. 이 전제는 타당하지 않다. 음식 맛만 좋다고 손님이 모이는 것은 아니다. 예컨대 가격, 위치, 친절함 등 여러 요인을 고려해야 한다.

예문 6.18 →203
비를 맞으면 감기에 걸린다. 이 전제는 타당하지 않다. 비를 맞는다고 무조건 감기에 걸리는 것은 아니다.

예문 6.19 →203
인도의 영화산업은 현재와 같은 수준의 작품을 계속 만들어낼 것이다. 이 전제는 타당한 것으로 여겨진다.

예문 6.20 →203
사람들의 행동은 유전자에서 비롯한다. 이 전제는 타당하지 않다. 일단 영국이나 프랑스는 매우 다양한 혈통이 뒤섞여있는 나라다. 유전보다는 문화로 인해 차이가 날 가능성이 크다.

예문 6.21 →206
노동조합에 참여하면 불이익을 받을 수 있다. 직원들을 협박하는 것이다.

예문 6.22 →206
상대후보가 하는 말은 모두 거짓말이다. 상대후보는 국가를 위해 헌신한 사람이 아니다. 국가의 돈을 사적으로 유용했다. 공약도 지키지 않을 것이다.

예문 6.23 →206
정부가 받아들이고자 하는 이민자들을 절대 받아들여서는 안 된다. 그들은 정직하지 않고 무례하고 국가에서 뭔가를 훔치는 사람들이다.

예문 6.24 →206
사형제도 찬성의견이 높으니 도입해야 한다.

예문 6.25 →208
19살은 어린애다. 나이가 어린 사람의 말은 들을 필요가 없다.

예문 6.26 →208
8살이 되면 일을 해야 한다. 하루 12시간 노동은 좋은 근무조건이다. 게으름은 죄악이고 노동은 선이다. 휴가는 명절에 쉬는 것만으로 족하다. 이것은 19세기 영국인들의 보편적인 관념이었다.

예문 6.27 →208
여자는 유산을 상속받을 수 없다. 이것은 20세기 초까지 영국에서 통용되던 보편적 관념이다.

예문 6.28 →208
여자는 감정적이어서 심각한 뉴스는 전달하기 어렵다. 20세기 중반까지 영국에서는 여성 뉴스앵커를 허용하지 않았다. 여성이 뉴스를 전달하면 사소한 신변잡기 소식처럼 들릴 것이라고 우려했다.

단어의 이미지 →213
1 ⓕ 2 ⓐ 3 ⓔ 4 ⓑ 5 ⓖ 6 ⓒ 7 ⓓ

고정관념 →214
1. 여자아이는 분홍색을 좋아한다.
2. 파일럿은 남자직업이고 승무원은 여자직업이다.
3. 영국인들은 다른 나라 음식을 먹지 않는다.
4. 빨간 머리는 다혈질이다.
5. 미국사람들은 컨트리음악을 좋아하고 스페인사람들은 플라멩코 음악을 좋아한다.
6. 축구팬들 모이면 무조건 말썽을 피운다.
7. 학생들은 게을러서 자기 일을 스스로 하지 않는다. (집이 멀거나 부모가 없는 학생은 배제한다.)
8. 나이 먹은 사람은 패션과 컴퓨터에 관심이 없다.

예문 6.29 →214
줄리앙과 이안이 동파이프를 훔쳤다. 이 암묵적 주장을 뒷받침하는 이유들이 각각 무엇을 암시하는지 살펴보자.
- 줄리앙과 이안이 토요일에 늦게까지 작업을 했다: 다른 직원은 모두 퇴근하고 둘만 있었다.
- 두 사람은 트럭을 운전할 줄 안다: 두 사람이 운전했다.
- 둘 다 토요일 밤 알리바이가 없다: 훔치지 않았다는 증거가 없다.

예문 6.30 →215

표면적 의미: 의뢰인의 나쁜 행동이 이제는 개선되었다. 아이들에게 좋은 엄마 노릇을 할 수 있다는 것을 보여주었다.

함축적 의미: '철없는 행동'이라는 말은 어린아이들의 행동을 묘사할 때 자주 쓰는 것으로, 의뢰인의 나쁜 행동이 어른의 관점에서 볼 때 그리 심각하지 않다는 인상을 심어준다. 또 이제는 어른이 되었으니 그런 행동은 하지 않을 것이라고 암시한다. 의뢰인을 '반석'에 비유함으로서 신뢰할 수 있고 의지할 수 있는 엄마라는 인상을 심어준다. 견고하고 안정적인 바위의 의미지와 종교적인 뉘앙스를 차용한다.

예문 6.31 →215

표면적 의미: 다른 당들은 정책을 바꾸지만, 우리는 어떤 상황에서도 방향을 바꾸지 않는 굳건한 정당이다.

함축적 의미: 다른 당들은 바람에 휩쓸려 표류하는 배라고 암시한다. 변덕스럽고 신뢰할 수 없다는 뜻이다. 이에 비해 우리 당은 바람보다 훨씬 거센 '폭풍우'를 뚫고 '굳건하게' '지켜내고' '전진한다'. 다른 당과 우리 당을 극적으로 대비시켜 보여주는 것이다. 당대표를 '선장'에 비유함으로써 불굴의 투지로 재난과도 같은 상황을 헤쳐 나아가는 리더라고 암시한다. 리더를 선장에 비유하는 것은 매우 흔한 관습이기에, 역사적으로 탁월한 선장이라는 이미지를 가진 지도자들의 이미지까지 끌어와 당대표에게 덧씌우는 효과를 발휘한다.

예문 6.32 →215

표면적 의미: 인플루언서들을 설득할 수만 있다면 사람들도 쉽게 설득할 수 있다.

함축적 의미: 사람들을 '양'에 비유하는 것은 오래된 관습이다. 양은 시키는 대로 무조건 따르는 동물로 여겨진다.

Chapter 07

예문 7.1 →223

비만하면 기대수명이 늘어난다. 이 인과관계는 이 글에서 논리적으로 도출할 수 없다. 비만인 사람이 더 오래 산다거나, 비만이 수명을 늘린다는 근거를 제시해야 한다.

예문 7.2 →223
지붕에 올라가 시위를 하면 석방된다. 이 인과관계는 이 글에서 논리적으로 도출할 수 없다. 단 두 번 발생한 것으로 일정한 흐름이 만들어졌다고 보기 어렵다.

예문 7.3 →223
누군가 집안에 침입하여 칼로 사람을 찔러 죽였다. 이 인과관계는 그럴듯해 보이지만 아직은 성급하다. 살인으로 죽은 것이 아닐 수도 있다.

예문 7.4 →224
ⓐ 아이들이 설탕 섭취한다. → 설탕이 치아를 썩게 한다. → 아이들의 치아가 썩는다.

예문 7.5 →224
ⓑ 주어진 이유만으로 결론을 끌어낼 수 없다. 필요한 가정: **학생들이 인터넷을 활용하여 작성한 과제의 표절은 적발하기 쉽다.**

예문 7.6 →224
ⓒ 이유와 결론 사이에 연관성이 없다는 것은 쉽게 증명할 수 있다: 위대한 과학자 중에 머리가 짧은 사람을 찾으면 된다. 머리가 짧은 위대한 과학자는 매우 많다. 또한 머리길이는 비교적 짧은 시간에 달라질 수 있는 것이기 때문에 머리길이를 상수로 설정하는 것은 논리적이지 않다. 물론 머리카락을 잘랐을 때의 과학적 능력이 감소하고 머리가 길 때 과학적 능력이 증가한다는 것을 입증할 수 있다면 타당한 결론이 될 수도 있다.

예문 7.7 →225
ⓑ 주어진 이유만으로 결론을 도출하기에는 무리가 있다. 필요한 이유: **축구선수들의 연봉은 입장권수입으로만 지급한다.** 하지만 구단은 선수임대, 광고, 우승상금, TV중계권판매 등 다른 방법으로도 돈을 벌어들인다.

예문 7.8 →225
ⓐ 외국인에게 일자리와 주택을 더 많이 제공한 덕분에 두바이 인구가 증가하고 있다.

예문 7.9 →225
ⓑ 주어진 이유만으로 결론을 도출하기에는 무리가 있다. 필요한 이유: **패스트 푸드점은 허술한 냉장창고에 아이스크림을 보관한다.**

필요조건과 충분조건 →231

	필요조건	충분조건
1	X '가지치기'라는 말이 나와야만 나무에 대한 보고서다.(?) '가지치기'라는 말이 나오지 않는 보고서도 있을 수 있다.	X '가지치기'라는 말이 나온다고 해서 나무에 대한 보고서라고 판단하기에는 충분하지 않다. 기업에서 구조조정을 할 때 '가지치기'라는 말을 쓸 수 있다.
2	O 고기나 생선을 먹지 않아야 채식주의자다. 채소를 먹어야 채식주의자다.	O 고기나 생선을 먹지 않고 유제품과 채소를 먹는다는 것만으로 채식주의자라고 충분히 규정할 수 있다.
3	O 20살이 되지 않아야 10대가 될 수 있다.	X 20살이 되지 않았다는 사실만으로 10대라고 단정할 수 없다. 10대가 되기 위해서는 10살을 넘어야 한다는 필요조건도 충족시켜야 한다.
4	X 악기를 연주할 줄 알아야만 음악가다.(?) 가수나 지휘자는 악기를 연주하지 않는다.	X 악기를 연주할 줄 모른다는 이유만으로 음악가가 아니라고 결론 내리기는 충분하지 않다. 다른 필요조건도 충족시켜야 한다.
5	O 바퀴가 앞뒤로 두 개 달려야만 자전거다.	X 바퀴가 앞뒤로 두 개 달렸다는 사실만으로 자전거라고 단정하기에 충분하지 않다. 스쿠터나 오토바이를 타고 왔을 수도 있다.
6	X TV가 라디오보다 싸야만 할인 판매하는 것이다(?) 할인판매를 해도 라디오보다 비쌀 수 있다.	X TV가 라디오보다 싸다는 것만으로 할인판매하는 것이라고 단정하기엔 충분하지 않다. 여러 이유로 인해 라디오보다 싼 TV가 나올 수 있다.
7	X 행복한 유년시절을 보내야만 어른이 된 뒤에도 행복할 것이다. (?) 그렇지 않은 경우도 쉽게 상상할 수 있다.	X 행복한 유년시절을 보냈다는 것만으로 어른이 된 뒤에도 행복할 것이라고 예측하기엔 충분하지 않다. 행복하기 위해서는 그 밖에 여러 요인들이 충족되어야 한다.

예문 7.10 →234
전제를 건물의 토대에 비유한다. 전제 위에 논증을 세우고, 토대 위에 건물을 세운다. 전제든 토대든 견고하지 않으면 그 위에 쌓는 논증/건물은 위태로울 수 있다. 타당하고 효과적인 비유.

예문 7.11 →234
자신의 작은 당을 다윗, 다른 큰 당을 골리앗에 비유한다. 다윗이 자신보다 훨씬 큰 골리앗을 상대로 이겼다는 성경 속 일화를 빌려와 자신의 작은 신생정당이 성공할 수도 있다는 것을 효과적으로 암시한다. 타당한 비유.

예문 7.12 →234
지구의 대기를 담요에 비유한다. 사물을 덮는 얇은 막으로 보호하고 보온하는 역할을 한다. 타당한 비유.

예문 7.13 →235
감정상태를 압력밥솥에 비유한다. 감정은 통제할 수 없는 것이라는 주장을 뒷받침하기 위한 비유다. 하지만 감정은 압력밥솥을 가득 채우는 증기와 같을까? 인간의 감정은 일정 수준 압력에 도달하면 필연적으로 폭발하는가? 인간은 감정을 다스릴 줄 아는 동물이다. 압력밥솥 역시 일정 수준 이상 증기가 팽창하면 증기를 배출하는 장치를 갖추고 있다. 전제 자체가 타당하지 않으며, 비유도 타당하지 않다.

예문 7.14 →235
부동산가격 폭락을 안전사고에 비유한다. 이 비유가 작동하기 위해서는 일단, 재난으로 인해 부상을 입었을 때 국가가 보상해줘야 한다는 가정을 전제해야 한다. 하지만 이 전제는 다음 두 가지 측면에서 타당하지 않다.
- 재난으로 인해 부상을 입었다고 해서 무조건 국가가 보상해주는 것은 아니다. 상황과 법률을 따져봐야 한다.
- 재난과 부동산투자 손실은 같을 수 없다. 재난은 스스로 선택할 수 없는 일이지만 부동산투자는 자신이 선택한 일이다. 손실을 회피하기 위한 다양한 조치를 사전에 취할 수 있다. 자신이 선택한 일에는 책임이 따른다.

예문 7.15 →246

감정에 호소하기: '불쌍한 우리 아이들', '생때같은 아이들', '고통으로 밀어넣다' 같은 표현을 사용하여 감정을 자극한다. 또 커뮤니티센터 폐쇄를 이 지역에게 일어난 다른 재난(보트사고)과 연결한다. 슬픈 사건이긴 하지만 현재 논란이 되는 내용과 무슨 연관성이 있는지는 명확하지 않다. 보트사고가 일어났을 때 커뮤니티센터가 존재했다면, 커뮤니티센터를 없애야 한다는 주장도 가능하다. 주장을 뒷받침할 이유와 근거를 제시하지 않고 그저 감정에만 호소한다.

예문 7.16 →246

카드로 집짓기: 세 가지 이유를 제시하는데, 이유끼리 긴밀히 연결되어있다. 이 중 하나라도 거짓으로 밝혀지는 순간 논증 전체가 무너질 수 있다.
- **이유1**: 표절하는 사람을 모두 처벌할 수 없다. 이 주장은 쉽게 반박할 수 있다. 예컨대 교통신호 역시 어기는 사람이 많다. 그럼에도 국가는 경미한 교통법규 위반에도 일일이 벌금을 부과하고 처벌한다. 국가는 법을 충분히 강제할 수 있다.
- **이유2**: 강제할 수 없는 법은 제정해서는 안 된다
- **이유3**: 법이 없으면 죄도 발생하지 않는다. 사실이 아니다. 옳고 그름은 윤리적으로 판단할 수 있다. 다만 그것이 법으로 규정되어 있지 않아 처벌받지 않는 경우가 있을 뿐이다. 예컨대, 급격한 기술발전으로 인해 새로운 문제가 발생했을 경우, 이것을 법에 반영하기까지는 시간이 걸릴 수 있다. 법에 규정되어있지 않다고 해서 죄가 사라지는 것은 아니다.

예문 7.17 →246

같은 말 반복하기: 앞에서 한 말을 다른 표현으로 계속 반복하기만 한다.
- 관련 지식을 교육하기 위해선 많은 비용이 필요하다.
- 건강에 대한 지식을 쌓을 수 있도록 더 많은 예산을 쏟아야 한다.
- 건강교육에 지속적인 투자가 이루어져야 한다.

이를 뒷받침하는 이유나 근거는 제시하지 않고 제자리를 계속 맴돈다.

예문 7.18 →247

인신공격: 주장을 뒷받침하기 위해 이유와 근거를 제시하여 않고, 반대자들

의 배경과 사상에 대해 근거없는 가정을 제시하여 그들의 신뢰성을 훼손한다.
갈라치기: 반대자를 무정부주의자, 반체제세력으로 포장함으로써 내집단과 외집단으로 편을 갈라 분열과 대결을 조장한다.
감정에 호소하기: '범죄와 무질서가 판치는', '우리 사회를 혼란 속으로 밀어넣고자 하는' 같이 독자의 감정을 자극하는 표현을 적극적으로 활용한다.

예문 7.19 ▶247

카드로 집짓기: 어설픈 이유와 가정을 쌓아 아슬아슬 논증을 이어나가다, 슬며시 자기가 원하는 결론으로 건너뛴다.
- **이유1:** 도심교통혼잡은 도로에 나오는 차가 많기 때문에 발생한다. 하지만 교통혼잡은 잘못된 도로체계, 잦은 도로공사 때문에 발생할 수도 있다.
- **이유2:** 통행료를 받으면 사람들은 대중교통을 이용할 것이다. 하지만 대중은 카셰어링 같은 다른 해결책을 선호할지도 모른다.
- **이유3:** 많은 사람들이 도심교통체증에 불만을 가지고 있기 때문에 통행료징수에 지지할 것이다. 하지만 여론조사는 통행료징수에 대한 찬반을 직접 물어본 것이 아니기 때문에 다른 결론이 나올 수 있다.

예문 7.20 ▶247

너도 했으니까 나도 한다: 여당이든 야당이든 정치적 이익을 위해 공공자산을 헐값에 매각하는 것은 잘못된 일이다. 상대방이 과거에 그렇게 했다고 해서 자신의 잘못이 정당화되는 것은 아니다. 물론 여당의 잘못을 비난하는 야당이 위선적으로 보일 수도 있다. 하지만 위선적인 태도가 밉다고 해서 공공의 이익을 해치는 행동에 눈감는다면 더 많은 공공자산이 낭비될 것이다.
감정을 자극하는 언어: 헐값, 비난하며 선동한다, 무슨 염치로

예문 7.21 ▶248

선택지 제한하기: 치안강화나 조명개선 등과 같은 여러 옵션이 있음에도 폭력이 난무하는 상황과 야간통행금지 두 가지 옵션만 제시하고 선택을 강요한다.
감정에 호소하기: '일일이 통제하기 힘들다' '야만적인 폭력과 범죄' 같은 감정을 자극하는 강한 표현을 쓰는 것이 적절한 상황인지 분명치 않다.

카드로 집짓기: 결론으로 도약하려면 청소년범죄는 대부분 10시 이후 일어난다는 전제가 필요하다. 하지만 이에 대한 근거와 이유는 없다.

예문 7.22 →248

잘못된 인상 씌우기: 이 글의 주장은 지능은 타고나는 속성이라는 것이다. 하지만 지능이 유전이냐 환경이냐 하는 문제를 '천재'나 '영재'에 관한 논의로 축소해버림으로써 빈약한 논증을 숨긴다. 또한 반론을 뒷받침하는 사람들을 '…탓으로 돌린다.' '…라고 설파하지만' 같은 말로 폄하하면서 그렇게 주장하는 이유나 근거에 대해서는 전혀 관심을 두지 않는다. 이 글에 나타난 반대자들의 묘사가 사실인지조차 의심스럽다.

다 알면서 뭘 그래: '…눈에 띄기 마련이다.' 당연한 진리처럼 진술한다. 또한 '…되는 것은 아니지 않는가?' 독자들이 공유하고 있을 듯한 경험을 언급함으로써 자신의 주장에 동조하도록 강요한다.

감정에 호소하기: '부모와 선생들에게 모두 부당한 부담과 좌절만 안겨줄 뿐이다.' 이 외에도 여러 곳에서 감정을 자극하기 위해 시도한다.

예문 7.23 →248

같은 말 반복하기: 공허한 반복으로 논증이 제자리를 맴돈다. 한자를 배워야 한다는 주장을 뒷받침하는 이유를 제시하지 않는다. 예컨대 한자를 많이 알면 문해력이 높아진다든가, 좋은 직장에 취직할 수 있다든가, 직장생활의 만족도가 올라간다든가, 다양한 혜택을 이유로 제시할 수 있다.

예문 7.24 →249

잘못된 인상 씌우기: 아인슈타인이 어릴 적 수학을 못했다는 사실에만 초점을 맞출 뿐, 그가 과학자로서 세운 업적은 모두 무시한다. 이 논증이 타당하려면, 어릴 적 수학을 잘했던 사람들이 위대한 과학자가 되지 못한 것에 대해서도 해명해야 한다.

예문 7.25 →249

인신공격: 새로운 선수영입에 대한 감독의 판단이나 역량에 대해서는 이야기

하지 않고 감독의 사생활을 공격한다. 감독의 사생활에 어떤 문제가 있다고 하더라도, 이것이 야구팀 운영과 무슨 상관이 있는지 입증하지 않는다. 더 나아가 언론보도에 대해 감독은 부인하고 있다.
감정에 호소하기: '추잡한 불륜관계' 같은 표현은 독자의 감정을 자극한다.

예문 7.26 →249

너도 했으니까 나도 한다: 고용주가 직원을 대하는 방식에 문제가 있었던 것은 분명하다. 그렇다고 해도 도둑질은 적절한 대응이라 할 수 없다. 윤리적으로나, 법적으로나 옳지 않은 행동이다. 이러한 자기변호는 법정에서 인정되지 않는다.

Chapter 08

예문 8.1 →265

겨울이 점점 추워지고 있다.^{이유} 여론조사 결과를 보면, 많은 사람들이 새로운 빙하기가 닥칠 것이라고 생각하는 것으로 나타났다.^{근거} 따라서 우리는 앞으로 다가올 겨울에 혹한으로 고생하는 사람들이 없도록 연료자원을 관리할 수 있는 대책을 마련해야 한다.^{결론} 이 근거는 결론과 연관성이 없다. 여론은 사실이 아니라 사람들의 의견을 보여주는 것에 불과하다. 아무리 많은 사람들이 똑같은 의견을 갖는다 해도, 근거의 유효성이 높아지는 것은 아니다.

예문 8.2 →265

미키는 새로운 유전발굴 소식을 언론에 흘리는 순간 MB오일의 주가가 급상승할 것이라는 정보를 비밀리에 입수했다.^{근거1} 그는 이 회사 주식을 5만 주 사들인 뒤 곧바로 유전발굴 소식을 언론에 흘렸고, 이로써 200억 원이나 되는 돈을 순식간에 벌었다.^{근거2} 회사의 신용을 악용하여 금융사기를 친 것이라 결론 내릴 수 있다.^{결론} 이 글에서 제시하는 근거들은 모두 결론을 긴밀하게 뒷받침한다.

예문 8.3 →265

점진적인 진화보다 대규모 재난이 지금과 같은 변화를 유발한 주요한 원인일 수 있다.^{결론} 과거에는 이런 의견이 그다지 설득력을 얻지 못했지만, 지금은 다양한 증거들이 뒷받침되면서 급속한 변화가 있었다는 데 많은 이들이 동의한다.^{배경정보} 지질학적 증거는 몇억 년 전 거대한 운석이 지구와 충돌하면서 거의 모든 생물이 멸종했다는 사실을 보여준다.^{근거1} 현재 지질학에는 그 어느 때보다도 더 많은 연구자금이 모이고 있다.^{근거2} 고고학적 증거 역시 환경의 급격한 변화로 말미암아 고대문명이 순식간에 붕괴했을지 모른다는 사실을 보여준다.^{근거3} 근거1과 근거3은 결론과 연관성이 있지만 근거2는 결론과 아무 관련이 없다.

진품명품 콘테스트 →272

1. 중세성당에서 제작된 이러한 문서들은 위조되었을 가능성이 낮다. 자신들이 추구하는 교리나 종교활동에 좋지 않은 영향을 미칠 수 있는 문서는 도서관 서고목록에서 빼고 깊숙한 곳에 숨겨놓는 경우도 많았기 때문에, 이런 문서들은 뒤늦게 발견되기도 한다. 따라서 진품일 가능성이 크다. 물론 필사본의 이력^{provenance}(어떻게 작성되어 지금까지 어떻게 보관되어왔는지)을 확인하는 작업은 필요하다.
2. 도서관, 박물관, 개인서고, 헌책방에서 가끔 발견되는 중세시대 채색 필사본은 진품이 아닌 경우가 많다.
3. 엘비스 프레슬리의 사인 컬렉션이 존재한다면 매우 가치가 높을 것이고, 따라서 고가품을 거래하는 경매 같은 곳에 나올 것이다. 개인적으로 판매한다고 하더라도, 직접 눈으로 확인하지 않고 구매할 사람은 없을 것이다. 진품일 가능성이 낮다.
4. 셰익스피어의 미공개 일기장을 대학생이 가지고 있을 확률은 낮다.
5. 유서 깊은 도서관의 소장품 속에서 종종 이러한 편지들이 발견된다. 진품일 가능성이 높다.
6. 오래된 고택의 다락방에 쳐박혀있거나, 다른 그림 뒤에 끼어있어 그동안 보지 못했던 그림이 발견되는 경우는 있지만, 지은 지 얼마 되지 않은 집에서 발견되는 경우는 거의 없다. 진품이 아닐 가능성이 크다.
7. 진품일 가능성이 높다. 탄소연대측정법으로 연대를 확인할 수 있다.
8. 진품일 가능성이 높다. 교도소라는 폐쇄된 공간에서 비밀리에 관리되어 지금까지 보관되어왔을 수 있다.

출처 평가하기 →272

1. 출처의 권위와 명성

출처를 확인하는 것만으로도 권위가 있는 글인지 아닌지 어느 정도는 판단할 수 있다. 개인적인 견해도 물론 흥미로울 수 있지만, 대표성이나 정확성 측면에서 한계가 있다.

ⓐ 매우 평판이 좋다	**텍스트3**: 학술지에 수록된 논문에서 발췌한 글. 학술지는 동료학자들의 엄격한 심사를 통과한 논문만 수록한다. **텍스트4**: 학술지에 수록된 논문에서 발췌. **텍스트6**: 학술서적에서 발췌. 학술서적 역시 출간 전에 동료학자들의 감수나 검증을 받는 경우가 많다. **텍스트7**: 공인된 공중보건 정보사이트에 수록된 자료.
ⓑ 꽤 믿을 만하다	**텍스트10**: 고등교육 재무전문잡지에 실린 칼럼. 하지만 다루고자 하는 분야의 잡지가 아니다. 저자 역시 이 분야의 전문가가 아니다. **텍스트5**: 전문가가 전문가를 대상으로 작성한 글. **텍스트9**: 전국 신문에 실린 칼럼. **텍스트12**: 유명한 학생자선단체 책임자의 유튜브 강연에서 발췌한 내용. 하지만 제시된 정보들을 면밀히 확인하기 위해 출처를 확인해보는 것이 좋다.
ⓒ 권위가 없다	**텍스트1**: 수업에서 나눠준 글을 읽고 학생이 작성한 글. **텍스트2**: 명상수련원을 운영하는 사람이 홍보하기 위한 목적으로 자신의 블로그에 올린 글. **텍스트8**: 온라인기사에 달린 학생의 댓글. **텍스트11**: 전문가가 아닌 사람이 작성한 개인블로그.

2. 출처에 이해관계가 개입되어있을 가능성

텍스트2와 **텍스트8**의 논증에는 저자의 이해관계가 얽혀있을 가능성이 높다.

물론 다른 텍스트에서도 이해관계를 찾을 수 있다. 학생이 작성한 텍스트1은 자신의 관점을 관철시키고자 하는 것을 이해관계라고 볼 수 있고, 연구자나 전문가가 작성한 텍스트 5/9/10/12는 전문가로서 자신의 역량을 홍보하고자 하는 의도를 이해관계라 볼 수도 있다. 하지만 이런 것이 논증에 영향을 미칠 확률은 낮다

3. 출처의 신뢰성

텍스트3: 학생건강을 전공하는 동료학자들의 검증을 거친 글로 가장 신뢰할 수 있는 글이다.

텍스트5: 동료전문가들의 검증을 거치지는 않았지만 영양에 관한 유용한 정보를 제공한다.

텍스트12: 강연 자체는 동료검증을 거치지 않았겠지만, 이러한 견해를 동료검증을 거쳐야 하는 출처에 발표했을 가능성이 있다. 또한 유용한 정보를 제공한다. 하지만 제시된 정보들을 면밀히 확인하기 위해 출처를 확인하는 것이 좋다.

예문 8.4 →285

나이분포를 세심하게 배려하여 나이별 대표성은 확보하였으나, 남성보다 여성이 훨씬 많아 성별 대표성은 떨어진다. 하지만 이 실험과 관련하여 가장 중요한 변수는 '시력'으로 여겨진다. 시력을 기준으로 표본의 대표성을 확보하는 것이 훨씬 중요해보인다.

예문 8.5 →285

성별 대표성은 확보하였다. 남녀의 수가 정확하게 같지는 않지만, 이 정도 차이는 큰 의미를 갖지 않을 것으로 보인다. 반면, 나이별 대표성은 떨어진다. 25세 미만과 55세 이상을 표본에서 배제한 이유에 대한 설명이 없다. 하지만 이런 조사에서는 경제적, 사회적, 인종적, 지리적 배경도 중요한 변수가 될 수 있을 듯하다. 이러한 측면에서 표본의 대표성을 확보하는 것이 훨씬 중요해보인다.

예문 8.6 →285

나이, 성별, 민족이라는 세 가지 기준에 따라 피실험자를 두 집단으로 나누는 것이 가능할까? 예컨대, 25-30세 백인여성과 65-70세 흑인남성으로 두 집단을 구성할 수 있을 것이다. 이렇게 표본을 구성하면, 결국 나이, 성별, 민족 그 어느 것에도 대표성을 갖지 못한다. 이 실험의 경우, 피실험자의 직업이나 지역도 고려해야 할 것으로 보이며, 무엇보다도 배우자가 죽기 전, 부부관계가 어땠는지도 고려해야 할 것으로 보인다. 또한 심리치료를 받은 사람이 그렇지 않은 사람에 비해 너무 적어 두 집단 사이에 균형이 맞지 않다.

삼각검증법 →293

1. 당일 밤에 정말 티켓을 싸게 파는지 공연장에 문의한다.
2. 다른 제조사들이 발행한 보고서와 관련 보고서를 찾아본다. 자동차업계 전문잡지나 소비자잡지에 제동장치에 대한 전반적인 정보가 나올 수도 있다. 새로운 제동장치가 장착된 자동차를 구입한 사람을 알고 있다면 사용소감을 물어볼 수 있다. 직접 그 차를 운전해 보면서 제동장치의 성능을 시험해보는 것도 좋은 방법이다.
3. 그 책에 인용출처가 나와있다면, 제대로 된 인용인지 출처를 찾아 확인할 수 있다. 하지만 인용출처가 1차출처가 아니라 2차출처라면, 다시 그 출처를 타고 올라가 1차출처를 직접 확인해야 한다. 구체적으로 어떤 법이 언제 시행되었으며 얼마나 처벌이 이뤄졌는지 확인한다. 잘못된 2차출처를 여러 책들이 반복적으로 인용하여 잘못된 정보가 퍼지는 경우도 많다.

실험설계하기: 예문 8.4 →293

당근 추출물 캡슐을 먹는 실험집단과 시력의 변화를 비교할 수 있는 플라세보 캡슐을 먹는 대조군이 필요하다. 통제해야 할 몇 가지 변수로는 다음과 같은 것들이 있다.

- 결과에 영향을 미칠 수 있는 식단 금지.
- 눈을 피로하게 할 수 있는 활동 금지.
- 실험 이전의 시력 수준과 시각과 관련한 질병 확인.
- 평소에 이미 당근을 많이 먹고 있어서 더이상 개선할 여지가 없는 사람 배제.

실험설계하기: 예문 8.5 →293

비누향에 대한 선호도를 조사하기 위한 실험에서는 다음과 같은 변수를 통제해야 한다.

- 참가자들이 평소에 좋아하는 비누향이 있는지 확인한다. 이미 어느 한쪽 향을 좋아하는 사람이 있을지 모른다.
- 두 가지 향의 세기가 똑같아야 한다. 향이 더 센 쪽을 선택할 수도 있기 때문이다.

실험설계하기: 예문 8.6 →293

이 실험의 경우, 통제해야 할 변수가 매우 많다. 그중 몇 가지를 들면 다음과 같다.

- 배우자가 죽기 전 부부관계가 얼마나 친밀했는가?
- 결혼한 지 얼마나 되었는가?
- 부부 사이에 신체접촉을 얼마나 어떤 형식으로 했는가?
- 배우자가 어떻게 세상을 떠났는가?
- 참가자가 수행하는 업무의 유형은 무엇인가?
- 참가자가 사별 이전에 결근이나 휴직을 얼마나 했는가?
- 참가자가 휴직해야 할 만한 질병이나 특별한 이유가 있는가?

이러한 변수들을 모두 고려하여 비슷한 수의 사람들로 실험군과 대조군을 만들어야 한다. 하지만 이 모든 변수를 한꺼번에 통제하기는 어렵기 때문에 여러 차례 실험을 거치면서 유효한 변수를 통제해 나가야 할 것이다.

Chapter 09

정확하게 읽고 해석하기 →312

텍스트2: 정확한 해석이다.
텍스트3: 부정확한 해석이다. 위험행동군이 학생들의 건강에 해를 미칠 수 있다고 이야기하지만, 이것이 전체 '질병부담'에 얼마나 기여하는지는 이야기하지 않는다.
텍스트5: 부정확한 해석이다. 이 글은 음식이 영양 측면에서 건강에 중요한 것은 맞지만, 음식을 먹는 경험의 다른 측면도 학생의 삶의 질에 중요하다고 말한다. 어느 한 쪽이 다른 쪽보다 더 중요하다고 말하지 않는다.
텍스트6: 부정확한 해석이다. 글에서 제시한 통계를 잘못 해석하였다. 전체 학생 중 65%가 아니라 좋은 피드백이나 도움이 되는 가르침을 받아본 경험을 하지 못한 학생들이 불안을 보고할 가능성이 65% 높다는 것이다.
텍스트10: 부정확한 해석이다. 대학은 학생의 삶의 질 개선에 나서야 하는 도덕적 책임이 있으며, 더 나아가 학생을 지원하지 않는 경우 재정적 비용이 발생할 수 있다고 말한다. 비용을 별로 들이지 않고도 학생들의 수면의 질을 높일 수 있는 방법을 제안한다.
텍스트12: 정확한 해석이다.

논증과 이론 1. 논증의 유형 범주화하기 →319

- **텍스트1:** 교육, 건강 (심리도 가능)
- **텍스트2:** 건강, 심리
- **텍스트3:** 의학, 건강 (과학도 가능)
- **텍스트4:** 건강, 의학, 교육, 심리
- **텍스트5:** 환경, 심리, 문화, 건강 (사회도 가능)
- **텍스트6:** 교육, 심리
- **텍스트7:** 건강, 심리, 윤리 (자선도 가능)
- **텍스트8:** 심리, 재정
- **텍스트9:** 교육, 심리, 건강, 의학
- **텍스트10:** 법률, 재정, 윤리
- **텍스트11:** 심리, 건강
- **텍스트12:** 심리, 환경, 건강, 의학 (사회도 가능)

논증과 이론 2. 텍스트 속에서 이론적 입장 찾아내기 →319

텍스트2: 학생들에게 마음챙김 명상을 수련할 수 있는 기회를 더 많이 제공한다면, 학생들의 삶의 질이 크게 향상될 것이다.

텍스트3: 고등교육을 받는 사람들의 '위험행동군'은 장기적인 건강과 삶의 질에 문제를 야기할 수 있다.

텍스트5: 식사환경은 학생들이 좋은 음식에 접근할 수 있는 방법과 가능성에 영향을 미칠 뿐만 아니라 건강한 식습관을 촉진하거나 저해할 수 있다.

텍스트7: 기분이 좋지 않거나 긍정적이지 않다고 해서 정신건강이 나쁘다는 신호로 받아들여서는 안 된다.

텍스트9: 수면습관 개선은 학업성취도를 높이는 길이다.

정확하게 메모하기 →327

- 학생의 식단개선에 찬성하는 가장 연관성이 높은 글은 **텍스트3/5/12**다. **텍스트3**을 빠뜨렸다.
- 명상에 찬성하는 가장 연관성이 높은 글은 **텍스트2**가 유일하다. 하지만 이 글은 이해관계가 개입된 글이기 때문에 (명상수련원을 운영하는 사람의 글이다) 직접 인용

해서는 안 된다. 출처를 찾아 거슬러올라가 거기에서 유용한 내용을 찾아 메모해야 한다.
- **텍스트11**은 권위 있는 출처가 아니다. 이러한 개인적 에피소드는 큰 비중으로 다루어서는 안 된다.
- **텍스트10**은 명상에 찬성하는 글이 아니다. 학생의 삶의 질을 개선할 수 있는 여러 정책 중 하나로 언급할 뿐이다.
- **텍스트3**은 저자를 잘못 기록했다. 주장도 잘못 요약했다.
- **텍스트2/12**: 이 메모는 출처의 글을 그대로 복사하여 붙여넣고 편집한 것처럼 보인다. 이 메모를 에세이에 그대로 사용할 경우 표절로 간주될 수 있다.

강연을 듣고 논증 분석하기 1: 생물다양성에 관한 TED 강연 →338

ⓐ 강연자는 초반에 생태계와 생물다양성이 여전히 지구에 존재하는 생명의 열쇠를 쥐고 있다는 주장을 밝힌다.

ⓑ 강연자는 말미에 모든 사람이 생태계의 일부로서 생물다양성을 유지하기 위해 각자 역할을 수행해야 한다고 결론 내린다.

ⓒ 강연자는 자신의 원래 주장을 설득하는 과정에서 사소한 실수로 인해 치명적인 실수를 범했다는 것을 인정한다. 메시지의 파급력을 높이기 위해 '1조 그루 나무심기'라고 메시지를 단순화했는데, 이 단일한 해법만으로 지구온난화를 해결할 수 있다는 오해를 불러일으켰다.

ⓓ 추론선:

1. **지구온난화를 완화해야 한다**
   - 지구온난화는 인류가 직면한 가장 큰 도전과제다.
   - 지구온난화를 막기 위해서는 탄소배출을 줄여야 한다.
   - 1조 그루 나무를 심으면 대기 중에 존재하는 탄소를 흡수하여 수십 년 동안의 탄소배출량을 상쇄할 수 있다.

2. **올바른 방식으로 복원과 보존에 접근하는 것이 중요하다.**
   - 나무를 심는 것만으로 충분하다는 식의 잘못된 메시지가 더 해로울 수 있다.
   - 지구온난화에 대한 단일한 해결책은 없다. 다른 행동도 소홀히 해서는 안 된다.
   - 한 가지 나무만 몰아서 심는 것은 잘못된 방식이다.
   - 복원프로젝트에서 고려해야 할 중요한 문제는 지구온난화만이 아니다.

3. **생물다양성도 보존해야 한다.**
- 모든 생물종은 생존을 위해 서로 의존한다 (강연 초반부에서 언급).
- 생태계와 생물다양성은 지구상의 생명체와 이들의 생존에 필요한 모든 자원(식량, 의약품 등)의 열쇠를 쥐고 있다.
- 생물다양성 감소는 생태계에 큰 영향을 미친다.
- 숲뿐만 아니라 땅, 토양, 초원, 토탄, 습지를 보존하는 것도 중요하다.
- 생물다양성은 모든 생명의 근간이 되며 기상이변, 식량부족, 팬데믹 같은 주요 문제에도 큰 영향을 미친다.

4. **누구나 지구의 복원에 기여할 수 있다.**
- 현장의 사람들은 이미 생태계보존에 적극적으로 참여하고 있다.
- 무엇이 효과가 있고 무엇이 효과가 없는지 필요한 정보는 모두 갖춰져있다.
- 전 세계 생태데이터를 공유하면 성공을 촉진하고 실수를 방지하는 데 도움이 된다.
- 우리는 전체 인간생태계의 일부로서 상호의존하는 존재다.
- 공동의 행동은 기후변화를 넘어서 모두에게 이익이 된다.

강연을 듣고 논증 분석하기 2: TED 강연을 절대 믿어서는 안 되는 이유 →338

강연자는 도입부에서 주장을 먼저 제시하고, 이유와 근거로 뒷받침하고, 여기서 다시 주장을 이끌어낸 뒤 최종결론을 맺는다. 'first things first(가장 먼저)', 'firstly(첫째), secondly(둘째), thirdly(셋째)…' 같은 이정표 단어를 사용하여 논증을 구조화한다. 논증은 매우 전형적인 방식으로 전개된다.

하지만 논증 안에서는 의도적으로 빈약한 논증요소들을 보여주며 청중의 흥미를 자극한다. 자신의 개인적인 에피소드, '감정'에 호소하기, 전혀 관계없는 추세들 사이의 엉뚱한 상관관계(TV프로그램, TED강연, 세계위기), 누가 보아도 조작된 '사실들'을 나열하고 이것이 명백한 '증거'라고 주장하며 청중에게 '자신을 믿어달라'고 호소한다.

이처럼 엉뚱하고 웃기는 논증을 펼친 뒤 강연자는 마침내 장대한 일반화로 마무리한다. 그럴듯한 형식을 띤 논증, 강연, 가짜뉴스가 어떻게 대중을 솔깃하게 만들고 속이는지 그 메커니즘을 일깨워준다. 늘 의심과 경각심을 잃지 않아야 한다는 것을 풍자적으로 보여준다.

Chapter 10

예문 10.1 →370
'생산주의'가 무엇인지 모르는 독자도 쉽게 글을 읽어 나갈 수 있도록 소개하고, 이 이론이 어떻게 등장하고 발전했는지 요약하여 설명한다. 또한 생산주의의 긍정적 영향과 부정적 영향을 보여주고, 저자가 어떤 입장인지 명확하게 결론을 제시한다. 논증이 어떻게 전개될지 독자가 방향을 잡을 수 있도록 도와주는 좋은 도입부라 할 수 있다.

예문 10.2 →370
마치 연극의 대사처럼 극적인 방식으로 문장이 장식되어있다. 하지만 생산주의가 무엇인지 모르는 독자에게는 매우 불친절한 서론이다. 저자의 전반적인 입장은 명확하게 드러나지만 논증이 어떻게 전개될지 전혀 알려주지 않는다.

예문 10.3 →371
글을 시작하자마자 곧바로 본론으로 뛰어든다. 논증이 어떻게 전개될지 감을 잡을 여유도 주지 않는다. 생산주의가 무엇이고, 무엇이 문제이고 어떻게 이러한 결과가 발생했는지 설명하지 않고 생산주의의 폐해를 늘어놓기 시작한다.

예문 10.4 →371
지나치게 넓은 범위에서 시작한다. 너무 일반적으로 진술하다 보니 입증하기 어렵거나 논증이 필요한 진술도 많이 나오고 이 글과 직접 연관되지 않은 진술도 많다. 거창하기만 하고 논증과 관련이 없는 (쓸데없는) 말이 많다. 글의 시작 부분이 너무 느리고 지루하다.

예문 10.5 →382
이 글은 세포복제 과정에서 RNA가 수행하는 중요한 역할을 강조한다. 과학적 평가나 판단은 사람의 태도나 반응 같은 문제를 논의할 때보다 훨씬 정밀하게 실험하고 확인하고 측정할 수 있기 때문에 일반적으로 좀더 단정적으로 말할 수 있다. 실제로 예문 10.7과 비교해 보면 이글이 전반적으로 단정적으로 진술한다는 것을 알 수 있다. 하지만 과학실험 역시 가설을 뒷받침하고 법칙이라고 여겨지는 것을 테스트하기 위한 목적으로 수행되는 것이다. 아무리 과학적 법칙으로 인정받는 사실이라고 해도, 언젠가는 뒤집어질 수 있고 또 특정한 조건에서는 더 쉽게 뒤집어질 수 있다. 이후 연구에서 지금까지 알려지지 않은 DNA나 RNA의 역할이 밝혀질 수 있다는 것을 고려하여, 이 글의 전체결론은 한정어를 적절히 가미하여 진술한다(…하는 것처럼 보인다). 또한 'RNA 없이는 작동하지 못한다.'라고 말하지 않고 'RNA의 도움 없이는 제대로 발현되기 어렵다.'라고 강도를 낮추어 표현한 것도 눈여겨보라.

예문 10.6 →382

이 글은 새로운 것을 발견했을 때 사람들이 이를 어떻게 이해하려고 했는지 역사적인 측면에서 살펴본다. 하지만 사람의 태도, 신념, 접근방식을 단정적으로 말하는 것은 매우 어렵다(…하는 경향이 있다). 더욱이 먼 과거에 일어난 일에 대해서는 더더욱 확신하기 어렵다(…했던 것 같다). 마찬가지로 저자는 결론을 끌어낼 때도 진술을 한정한다(…을 보여준다, …처럼 보인다). 실제로 이러한 결론은 100퍼센트 확정적인 것이 아니다. 예컨대 최근 수십 년 동안 무수한 발견이 이루어지면서 사람들은 이제 더이상 새로운 발견은 없을 것이라고 생각할 수도 있고, 거꾸로 새로운 발견에 더더욱 놀랄 수도 있다. 이 글은 필요한 곳에 한정을 적절하게 사용하여 세심하게 진술한다.

예문 10.7 →394

청각장애인은 신호, 몸짓, 얼굴표정을 활용하는 언어를 사용한다. **하지만** 비장애인은 이러한 언어를 거의 이해하지 못하기 때문에 장애인과 비장애인 사이의 소통은 그다지 효과적이지 않다. 청각장애인은 강력한 사회적 문화적 집단을 형성함에도 주류문화에서 배제되는 경우가 **많으며, 따라서** 그들의 재능을 경제적 측면에서 효과적으로 활용하지 못한다. **또한** 비장애인 역시 청각장애인들과 대화하는 자리에서 소외감을 느끼며 어떻게 행동해야 할지 모르는 경우가 많다. **따라서** 학교에서 모든 아이들에게 수화를 가르쳐, 청각장애인들과 비장애인들이 장차 효과적으로 소통할 수 있도록 한다면 전체 사회에 큰 이익이 될 것이다. (이 예문과 완벽하게 일치할 필요는 없다.)

예문 10.8 →395

세계화는 피할 수 없는 것으로 보이지만 이것이 긍정적인 발전인지에 대해서는 의견이 분분하다. **우선** 국가 간 접촉이 빈번해지면 상대방에 대한 이해가 높아지고, 이로써 전쟁이 발발할 가능성이 줄어든다고 주장하는 사람들이 있다. **더 나아가** 이들은 인터넷을 통해 정보가 널리 퍼지면서 여러 나라가 자국의 상황을 다른 나라와 비교할 수 있게 되었고, 이로써 민주주의와 인권도 전반적으로 증진될 것이라고 전망한다. **다른 한편으로** 세계화를 파괴적인 힘으로 바라보는 사람들도 있다. 이들은 강대국의 언어가 경제와 정치 영역에서 국제적으로 통용됨으로써 약소국들은 자신들의 고유한 언어를 잃고 말 것이라고 주장한다. **그뿐만 아니라** 세계화를 통해 거대기업들이 가난한 나라의 자원과 토지를 사들여 지역경제를 왜곡하고 자원을 고갈시킬 것이라고 주장한다. **결국** 세계화는 좋은 결과를 이끌어낼 수도 있지만, 약소국들이 착취의 대상이 되지 않도록 보호하는 어느 정도 규제도 필요하다. (이 예문과 완벽하게 일치할 필요는 없다.)

Chapter 13

취업코칭: 아르노 →500

이러한 입사지원은 시간낭비에 불과할 가능성이 높다. 고용주는 이미 해당분야에서 일해본 경험이 있고 충분한 전문지식을 갖춘 사람을 찾고 있다. 아르노가 지금까지 쌓은 경험과는 전혀 비교할 수 없는 수준이다. 900만 원을 관리하는 것은 학생서비스예산을 관리하는 것과는 차원이 다르다. 개인적인 경험이 가치가 없는 것은 아니지만, 관련업무에서 직접 경험을 해보는 것이 중요하다. 정말 이 업무에 관심이 있다면 이 부서에 말단직원으로 취업하여 경험을 쌓은 뒤 차근차근 올라가야 할 것이다.

세리나 →501

고용주입장에서 세리나는 그다지 좋은 인상을 주지 못한다. 일단 주말에 미리 학교에 방문해볼 수 있냐고 물었을 때 고용주는 이러한 생각을 할 것이다.

- 12월 20일 학교에서 공개면접을 한다고 했는데, 이 정보를 놓쳤거나 무시한다.

- 고용주의 편의를 고려하지 않는다. 주말에 일부러 출근해야 하는 불편을 겪을 수 있다. 학교뿐 아니라 어느 직종에서나 이러한 행동이 좋지 않은 인상을 심어주는 것은 마찬가지일 것이다.

무엇보다도 세리나는 초등학교 교사로서 일하고자 하는 열의가 없는 사람처럼 보인다. 새 학기를 시작하기 전에, 늦어도 새 학기가 시작할 때부터는 출근해야 한다는 것을 당연히 예측해야 한다. 학기가 시작되는 중요한 시기에 교사는 아이들이 적응할 수 있도록 도움을 주어야 한다.

많은 직장이 이처럼 업무주기에 맞춰 신입사원을 채용한다. 고용주가 특정한 날짜에 업무를 시작하기 기대하는 데에는 대부분 그만한 이유가 있다. 매우 예외적인 경우가 아니라면, 이러한 일정에 맞춰 지원자들이 사적인 일정은 미리 정리할 것이라고 예상한다. 세레나의 질문은 교사라는 직무에 대한 이해가 없거나 애착이 없다는 것을 단적으로 보여준다.

수키 →501

수키는 지금까지 너무 많은 입사지원서를 작성했다. 입사지원서의 수를 최대한 줄이고 그 시간을 좀더 입사지원서의 질을 끌어올리는 데 투자하는 것이 좋다. 독립성과 팀워크에 관한 질문에 대한 답변에는 다음과 같은 문제가 있다.
- 키아루홀딩스를 '카이루홀딩스'라고 회사이름을 잘못 표기했다.
- 이 답안에는 독립성에 대한 내용이 없다. 독립성에 대한 평가점수는 얻지 못한다.
- 자신이 훌륭한 팀원이었다는 사실은 이야기하지만, 어떤 이유로 자신이 훌륭한 팀원이었는지 또 이것이 구체적인 직무에서 어떻게 발현될 수 있는지 세부적인 연관성을 제시하지 않는다.
- '사람들과 쉽게 어울린다'라는 말은 의미가 모호하며, 지원자 평가에 아무런 도움도 되지 않는다.

무선통신연맹의 열성적인 회원이었던 경험을 살려 다음과 같이 썼다면 훨씬 좋은 평가를 받을 수 있었을 것이다.

> 자립심이 강한 저는, 독립적으로 일할 때나 팀으로 함께 일할 때 효과적으로 일하는 법을 잘 알고 있습니다. 대학시절 무선통신연맹의 열성적인 회원으로서 저는 매주 발행하는 연맹소식지를 제작하는 일을 도맡아 했습니다. 이를 위해 아이템을 발굴하고, 팀원들과 콘텐츠를 논의하고, 기

사를 작성하고, 팀원들과 초안을 놓고 논의하고, 소식지를 한주도 빠짐없이 제시간에 출간해냈습니다. 팀으로 함께 일할 때 저의 특별한 강점은 팀 안팎으로 소통하고, 사람의 목소리를 귀 기울여 듣고, 포커스그룹을 운영하고, 팀목표를 달성하기 위해 소셜네트워크를 활용하는 것입니다. 이러한 기술은 키아루홀딩스에서도 유용하게 빛을 발할 수 있을 것이라고 확신합니다.

리지 →502

리지의 자기소개서는 고용주에게 좋은 인상을 남기지 못할 것이다.

- 자기소개서가 여러 차원에서 혼란스럽고 정돈되어있지 않다. 적절한 곳에서 문장을 끊지도 않아서 무엇을 말하고자 하는지 메시지가 불분명한 곳도 있다.
- 이전에 MBZ에 지원하면서 썼던 자기소개서를 그대로 사용하면서 회사이름을 바꾸지도 않고 그대로 보냈다. 물론 입사지원자들이 여러 곳에 지원서를 제출하는 것은 다 아는 사실이지만, 그럼에도 고용주들은 이러한 실수를 가볍게 여기지 않는다.
- 이 회사에 지원한 이유는 순전히 서울에 살고 싶은 개인적인 욕망 때문으로 보인다. 고용주는 기업의 가치나 사명이나 업무에 특별한 관심을 보이는 지원자에게 기회를 제공할 가능성이 크다.
- 고용주의 시간도 배려할 줄 알아야 한다. 고용주가 알고 싶지도 않은 개인적인 삶과 관심사를 수다스럽게 늘어놓는 것처럼 보인다.
- 고용주입장에서는 입사지원자의 근무시간이나 출장과 같은 것에 대한 유연성이 중요한데, 리지는 서울로 이사하는 유연성에 대해서만 이야기하는 듯하다. 고용주가 말하는 유연성을 잘못 이해한 것처럼 보인다.
- 채용공고에서 이력서를 첨부하지 말라고 요청했음에도 리지는 이력서를 첨부했다. 세부사항에 주의를 기울이지 않거나 지시를 따르지 못한다는 것을 보여준다.

인용출처와
참고문헌

Allen, C. and Hand, M. (2022) Logic Primer, 3rd edn (Cambridge, MA: MIT Press).

American Association of Colleges and Universities (AACU) (2007) College Learning for the New Global Century – A report from the National Leadership Council for Liberal Education and America's Promise (LEAP). Technical report (Washington, DC: AACU).

American College Health Association (ACHA) (2017) National College Health Assessment II. Ann https://www.acha.org/documents/ncha/NCHA-II_FALL_2017_REFERENCE_GROUP_EXECUTIVE_ SUMMARY.pdf

Aristotle (2015) Sophistical Refutations. Translated by W. Pickard-Cambridge (London: Aeterna Press).

Aristotle (2015) Topics. Translated by W. Pickard- Cambridge (London: Aeterna Press).

Arnheim, R. (1954, 1974) Art and Visual Perception: The Psychology of the Creative Eye (Berkeley, CA: University of California Press).

Association of College and Research Libraries (ACRL) (2011) ACRL Visual Literacy Competency Standards for Higher Education. https://www.ala.org/acrl/standards/visualliteracy

Aubrey, A. (2014) 'Food-mood connection: How you eat can amp up or tamp down stress', 14 July 2014. https://hms.harvard.edu/news/food- mood-connection-how-you-eat-can-amp-or- tamp-down-stress

Bailey, I. and Compston, H. (2012) Feeling the Heat: The Politics of Climate Change in Rapidly Industrializing Countries (Basingstoke: Palgrave Macmillan).

Bakhshi, H., Downing, J.M., Osborne, M.A. and Schneider, P. (2017) The Future of Skills Employment in 2030. (Nesta).
https://futureskills. pearson.com/research/assets/pdfs/technical- report.pdf

Barkham, M., Broglia, E., Dufour, G. et al. (2019) 'Towards an evidence base for student wellbeing – and mental health: Definitions, developmental transitions and data sets'. Counselling and Psychotherapy Research. ISSN 1473-3145.
https://doi.org/10.1002/capr.12227

Barrell, J. (1980) The Dark Side of the Landscape: The Rural Poor in English Painting, 1730–1840 (Cambridge: Cambridge University Press).

Blackman, T. (2020) What Affects Student Well-being? (Higher Education Policy (HEPI).
https://www.hepi.ac.uk/wp-content/uploads/2020/02/HEPI-Policy-Note-21-What-affects-student-wellbeing-13_02_20.pdf

Bodner, G.M. (1988) 'Consumer Chemistry: Critical Thinking at the Concrete Level'. Journal of Chemistry Education, 65(3), 212–13.

Borton, T. (1970) Reach, Touch and Teach (London: Hutchinson).

Boud, D., Keogh, R. and Walker, D. (eds) (1985) Reflection: Turning Experience into Learning (London: Routledge).

Bowlby, J. (1980) Attachment and Loss, vol. 3: Loss: Sadness and Depression (New York: Basic Books).

British Council (n.d.) Future Skills: Understanding Fake News.
https://www.britishcouncil.org/anyone-anywhere/explore/dark-side-web/fake-news (accessed 4/3/2022).

Brown, F.C., Buboltz, W.C. Jr and Soper, B. (2006) 'Development and evaluation of the sleep treatment and education program for students'. J. Am. Coll. Health, 54, 231–7.

Brown, P. (2016) The Invisible Problem? Improving Students' Mental Health. HEPI Report 88. (Oxford: Higher Education Policy Institute).
https://www.hepi.ac.uk/wp-content/uploads/2016/09/STRICTLY-EMBARGOED-UNTIL-22-SEPT-Hepi-Report-88-FINAL.pdf (accessed 4/7/2022).

Buck, D. and Frosini, F. (2012) Clustering of unhealthy behaviours over time – Implications for policy and practice (London: Kings Fund).
https://www.kingsfund.org.uk/sites/default/files/field/field_publication_file/clustering-of-unhealthy-behaviours-over-time-aug-2012.pdf

Busby, E. (2019) One in six students say they have no 'true friends' at university. 25 March 2019.
https://www.independent.co.uk/news/education/education-news/student-lonely-university-friends-mental-health-research-a8839011.html

Byskov, M.F. (2019) Focusing on how individuals can stop climate change is very convenient for corporations. Fastcompany.com (1/11/2219) (London: The Conversation).

Cacioppo, J.T. and Cacioppo, S. (2014) 'Social Relationships and Health: The Toxic Effects of Perceived Social Isolation'. Social and Personality Psychology Compass, 8, 58–72.
https://doi.org/10.1111/spc3.12087

Campbell, A. (1984) The Girls in the Gang (Oxford: Basil Blackwell).

Care, E., Kim, H., Anderson, K. and Gustafsson-Wright, E. (2017) Skills for a Changing World: National Perspectives and the Global Movement.
https://www.brookings.edu/wp-content/uploads/2017/03/global-20170324-skills-for-a-changing-world.pdf

Carlton, J.S., Perry-Hill, R. et al. (2015) 'The climate change consensus extends beyond climate scientists'. Environ. Res. Lett. 10, 094025.
https://iopscience.iop.org/article/10.1088/1748-9326/10/9/094025/meta

Carter, B., Chopak-Foss, J. and Punungwe, F.B. (2017) 'An Analysis of the Sleep Quality of Undergraduate Students'. College Student Journal, 50(3), 315–22.

Carwell, H. (1977) Blacks in Science: Astrophysicist to Zoologist (Hicksville, NY: Exposition Press).

CBI and UUK (2009) Future Fit: Preparing Graduates for the World of Work (www.cbi.org.uk). https://www.cdc.gov/sleep/data_statistics.html

Cengage group (2019) New Survey: Demand for 'Uniquely Human Skills' Increases Even as Technology and Automation Replace Some Jobs.
https://www.cengagegroup.com/news/press-releases/2019/

Chaix, R., Fagny, M., Cosin-Tomás, M. et al. (2020) 'Differential DNA methylation in experienced meditators after an intensive day of mindfulness-based practice: Implications for immune-related pathways'. Brain, Behavior, and Immunity, 84, 36–44.

Chan, J., Goh, J. and Prest, K. (eds) (2015) Soft Skills, Hard Challenges. Understanding the Nature of China's Skills Gap (British Council).
https://www.britishcouncil.org/sites/default/files/china_skills_gap_report_final_web.pdf

Choi, K., Son, H., Park, M., Han, J. et al. (2009) 'Internet overuse and excessive daytime sleepiness in adolescents'. Psychiatry Clin Neurosci., 63, 455–62.

Ciliotta-Rubery. A. (2016) 'Food Identity and its Impact Upon the Study Abroad Experience'. Journal of International Students, 6(4), 1062–8.

College Resources, University of South Florida (2018) The Importance of Sleep for College Students. https://admissions.usf.edu/blog/the-importance-of-sleep-for-college-students (update of 6 Aug. 2018) (accessed 10/11/2021).

Collins, P. (1998) 'Negotiating Selves: Reflections on "Unstructured" Interviewing'. Sociological Research Online, 3(3). www.socresonline.org.uk/3/3/2.html (accessed January 2001).

Coren, A. (1997) A Psychodynamic Approach to Education (London: Sheldon Press).

Cottrell, S. (2014) Dissertations and Project Reports. A Step by Step Guide (London: Bloomsbury).

_____, (2018) Mindfulness for students (London: Bloomsbury).

_____, (2019a) The Study Skills Handbook, 5th edn (London: Bloomsbury).

_____, (2019b) 50 Ways to Manage Stress. (London: Bloomsbury).

_____, (2019c) 50 Ways to Excel at Writing (London: Bloomsbury).

_____, (2021) Skills for Success: The Personal Development Planning Handbook, 4th edn (London: Bloomsbury).

Cowell, B., Keeley, S., Shemberg, M. and Zinnbauer, M. (1995) 'Coping with Student Resistance to Critical Thinking: What the Psychotherapy Literature Can Tell Us'. College Teaching, 43(4).

Crowley, C. and Munk, D. (2016) 'An Examination of the Impact of a College Level Meditation Course on College Student Well Being'. College Student Journal, 51(1), Spring, 91–8.

Crowther, T. (2020) The global movement to restore nature's biodiversity. Ted Talk. 17 Oct 2020. https://www.youtube.com/watch?v=yJX1Te0jey0 (accessed 4/7/2022).

Crane, T. (2001) Elements of Mind: An Introduction to the Philosophy of Mind (Oxford: Oxford University Press).

Csikszentmihalyi, M. (1992) Flow: The Psychology of Happiness (London: Random House).

Delgado, R. and Stefancic, J. (2001) Critical Race Theory. An Introduction (New York, NY: New York University Press).

Dewey, J. (1909; 1916) Democracy and Education (New York: Columbia University. Teachers College).

Diamond, A., Walkley, L., Forbes, P., Hughes, T. and Sheen, J. (2011) Global Graduates into Global Leaders. Paper presented by The Association of Graduate Recruiters, The Council for Industry and Higher Education and CFE Research and Consulting (London: CFE).

Diehl, K., Jansen, C., Ishchanova, K. and Hilger-Kolb, J. (2018) 'Loneliness at Universities: Determinants of Emotional and Social Loneliness among Students'. International Journal of Environmental Research and Public Health, 15(9), 1865.
https://doi.org/10.3390/ijerph15091865

Digdon, N. and Koble, A. (2011) 'Effects of Constructive Worry, Imagery Distraction, and Gratitude Interventions on Sleep Quality: A Pilot Trial'. Applied Psychology: Health and Well-Being, 3, 193–206.

Dodd, L.J., Al-Nakeeb, Y., Nevill, A. and Forshaw, M.J. (2010) 'Lifestyle risk factors of students: A cluster analytical approach'. Prev Med (Baltimore), 51, 73–7.
https://doi.org/10.1016/j.ypmed.2010.04.005.

Donaldson, M. (1978) Children's Minds (London: Fontana).

Driscoll, J. (1994) 'Reflective Practice for Practice'. Senior Nurse, 13(7), 47–50.

Dunbar, R. (1996) Grooming, Gossip and the Evolution of Language (London: Faber & Faber).

Eco, U. (1998) Serendipities: Language and Lunacy (London: Weidenfeld & Nicolson).

Elliot, L. (2015) 'Can the World Economy Survive without Fossil Fuels?' The Guardian, 8 April 2015. http://www.theguardian.com/news/2015/apr/08/can-world-economy-survive-without-fossil-fuels (downloaded 4/3/2022).

Elliott, J.H. (1972) The Old World and the New, 1492–1650 (Cambridge: Cambridge University Press).

e-marketer (2021) Digital Trust Benchmark Report 2021.
https://www.emarketer.com/content/digital-trust-benchmark-report-2021 (accessed 4/7/2022).

Ennis, R.H. (1962) 'A Concept of Critical Thinking'. Harvard Educational Review, 32(1), 81–111. Emeagwali. www.emeagwali.com for the scientist Emeagwali.

_____, (1987) 'A Taxonomy of Critical Thinking Dispositions and Abilities'. In J. Baron and R. Sternberg (eds), Teaching Thinking Skills: Theory and Practice (New York: W.H. Freeman).

Farndon, J. (1994) Dictionary of the Earth (London: Dorling Kindersley).

Farrar, S. (2004a) 'It's Very Evolved of Us to Ape a Yawn'. Times Higher Educational Supplement, 12 March 2004, p. 13.

_____, (2004b) 'It's Brit Art, but Not as We Know it'. Times Higher Educational Supplement, 9 July 2004, p. 8.

_____, (2004c) 'Old Sea Chart is So Current'. Times Higher Educational Supplement, 16 July 2004, p. 5.

Ferris, N. (2021) 'Wealthy governments still subsidising fossil fuels in developing nations'. Energy Monitor, 21 April.
https://www.energymonitor.ai/finance/sustainable-finance/how-wealthy-govern-

ments-continue-to- subsidise-fossil-fuels-in-developing-nations (downloaded 21/3/2022).

Fillion, L. and Arazi, S. (2002) 'Does Organic Food Taste Better? A Claim Substantiation Approach'. Nutrition & Food Science, 32(4), 153–7.

Fisher, A. (2004) The Logic of Real Arguments, 2nd edn (Cambridge: Cambridge University Press).

Foster, R. (2004) Rhythms of Life (London: Profile Books).

Friedrich, A. and Schlarb, A.A. (2018) 'Let's talk about sleep: A systematic review of psychological interventions to improve sleep in college students'. Journal of Sleep Research, 27(1) February, 4–22. https://doi.org/10.1111/jsr.12568.

Fucito, L.M., DeMartini, K.S., Hanrahan, T.H. et al. (2017) 'Using Sleep Interventions to Engage and Treat Heavy-Drinking College Students: A Randomized Pilot Study'. Alcoholism: Clinical and Experimental Research, 41(4), 798–809.

Galante J., Stochl, J., Dufour, G. et al. (2021) 'Effectiveness of providing university students with a mindfulness-based intervention to increase resilience to stress: 1-year follow-up of a pragmatic randomised controlled trial'. J Epidemiol Community Health, 75, 151–60.

Galderisi, S., Heinz, A., Kastrup, M., Beezhold, J. and Sartorius, N. (2015) 'Toward a new definition of mental health'. World Psychiatry: Official Journal of the World Psychiatric Association (WPA), 14(2), 231–3.

Garnham, A. and Oakhill, J. (1994) Thinking and Reasoning (Oxford: Blackwell).

Gates, L. (ed.) (1984) Black Literature and Literary Theory, 263–83 (New York: Methuen).

Gaultney, J.F. (2010) 'The prevalence of sleep disorders in college students: Impact on academic performance'. J. Am. Coll. Health, 59, 91–7.

Gibbs, G. (1988) Learning by Doing: A Guide to Reading and Learning Methods (Oxford: Further Education Unit, Oxford Polytechnic).

Gildner, T.E., Liebert, M.A., Kowal, P., Chatterji, S. and Snodgrass, J. (2014) 'Sleep duration, sleep quality, and obesity risk among older adults from six middle-income countries: Findings from the study on global AGEing and adult health'. Am J Hum Biol., 26, 803–12.

Gilligan, C. (1977) 'In a Different Voice: Women's Conceptions of Self and Morality'. Harvard Educational Review, 47, 418–517.

Glaser, E. (1941) An Experiment in the Development of Critical Thinking (New York, NY: Teachers College, Columbia University).

Global Warming Petition Project (2008) Global Warming Petition. http://www.petitionproject. org/ (accessed 27/6/2019).

Grassroots Global Justice Alliance (2015) Call to Action: The COP21 Failed Humanity. http:// ggjalliance.org/ ParisFailure2015 (downloaded 16/4/2016).

Green, E.P. and Short, F.T. (2004) World Atlas of Sea Grasses (Berkeley, CA: University of California Press).

Greenfield, S. (1997) The Human Brain: A Guided Tour (London: Phoenix).

Gyeltsen, N. (2021) 'Least developed countries need funds for adaptation at COP26'. https://www.thethirdpole.net/en/climate/sonam-p-wangdi-least-developed-countries-cop26/ (downloaded 21/3/2021). Quotes Sonam Wangdi.

Hammacher, A.M. (1986) Magritte (London: Thames & Hudson).
Harrell, M. (2013) Visual literacy. TEDxMeredith College. 16 Nov. 2013. Youtube.com/ watch?v=Ga6bU6HZHws
Hawkley, L.C. and Cacioppo, J.T. (2010) 'Loneliness matters: A theoretical and empirical review of consequences and mechanisms'. Annals of Behavioral Medicine: A publication of the Society of Behavioral Medicine, 40(2), 218–27.
Hegel. https://plato.stanford.edu/entries/hegel-dialectics/
Hershner, S.D. and Chervin, R.D. (2014) 'Causes and consequences of sleepiness among college students'. Nature and the Science of Sleep, 2014(6), 73–84.
Hogan, C. (2004) 'Giving Lawyers the Slip'. The Times, 24 August 2004, p. 26.
hooks, b. (2010) Teaching Critical Thinking: Practical Wisdom (Abingdon: Routledge).
Intergovernmental Panel on Climate Change (IPCC) (2014) AR5 Synthesis Report: Climate Change 2014. https://www.ipcc.ch/report/ar5/syr/ (downloaded 21/3/2022).
Intergovernmental Panel on Climate Change (IPCC) (2022) Climate Change 2022. Impacts, Adaptation and Vulnerability.
https://www.ipcc.ch/report/ sixth-assessment-report-working-group-ii/ (downloaded 21/3/22).
Jacobs, P.A., Brunton, M., Melville, M.M., Brittain, R.P. and McClermont, W.F. (1965) 'Aggressive Behaviour, Mental Subnormality and the XYY Male'. Nature, 208, 1351–2.
Johns, C. and Freshwater, D. (1998) Transforming Nursing through Reflective Practice (Oxford: Blackwell Scientific).
Johnson, R.H. and Blair, J. (1994) Logical Self-Defence (New York, NY: McGraw Hill).
Jubilee Debt Campaign (2022) 'Cancel the debt for climate justice'. https://jubileedebt.org.uk/campaigns/no-more-climate-debt
Kadison, R. and DiGeronimo, T.F. (2004) College of the Overwhelmed: The Campus Mental Health Crisis and What to Do About It (San Francisco, CA: Jossey-Bass).
Kahane, H. and Cavender, N. (2009) Logic and Contemporary Rhetoric: The Use of Reason in Everyday Life, 11th edn (Boston, MA: Cengage Learning).
Kahneman, D. (2011) Thinking, Fast and Slow (London: Penguin).
Kelly, W.E. (2004) 'Sleep-Length and Life Satisfaction in a College Student Sample'. College Student Journal, 38, 428–30.
Kelly, W.E., Kelly, K.E. and Clanton, R.C. (2001) 'The relationship between sleep length and grade- point average among college students'. College Student Journal, 35, 84–6.
Kennedy, B. (2010) Visual Literacy: Why We Need It. Ted Talk. 27 May 2010.
https://www.youtube.com/watch?v=E91fk6D0nwM Khan, S. and Yahong, W. (2021) 'Income inequality, ecological footprint, and carbon dioxide emissions in Asian developing economies: What effects what and how?' Environ Sci Pollut Res Int. DOI: 10.1007/s11356-021-17582-4. Epub ahead of print. PMID: 34826073.
Kloss, J.D., Nash, C.O., Walsh, C.M., Culnan, E., Horsey, S. and Sexton-Radek, K.A. (2016) '"Sleep 101" program for college students improves sleep hygiene knowledge and reduces maladaptive beliefs about sleep'. Behav. Med., 42, 48–56.

Kohlberg, L. (1981) Essays on Moral Development, vol. 1 (New York: Harper & Row).

Lane A., McGrath J., Cleary, E. et al. (2020) 'Worried, weary and worn out: Mixed-method study of stress and well-being in final-year medical students'. BMJ Open, 2020, 10, e040245. DOI: 10.1136/bmjopen-2020-040245.

Lang, T. and Heasman, M.A. (2004) Food Wars: The Global Battle for Mouths, Minds and Markets (London and Sterling, VA: Earthscan).

Lean, M.E.J., Katsarou, C., McLoone, P. and Morrison, D. (2013) 'Changes in BMI and waist circumference in Scottish adults: Use of repeated cross-sectional surveys to explore multiple age groups and birth-cohorts'. International Journal of Obesity, 2013, 37(6), 800–52.

Le Page, M. (2016) Developing Nations Urged to Boycott Paris Agreement Signing. Climate Home. http://www.climatechangenews.com/2016/03/29/developing-nations-urged-to-boycott-parisagreement-signing (downloaded 15/4/2016).

Lewis, C., Jacobs, D., McCreath, H. et al. (2000) 'Weight gain continues in the 1990s: 10-year trends in weight and overweight from the CARDIA study'. Am J Epidemiol., 51, 1172–81.

Lewis, S. (2017) How Images Shape Our Understanding of Justice. TEDxHarvardCollege. 7 Dec 2017. https://www.youtube.com/watch?v=rRjq17Q2XTQ

Li, L., Wang, Y.Y., Wang, S.B., Zhang, L. et al. (2018) 'Prevalence of sleep disturbances in Chinese university students: A comprehensive meta- analysis'. Journal of Sleep Research, 27, e12648. https://onlinelibrary.wiley.com/doi/full/10.1111/ jsr.12648.

Li, Y., Wei Bai, W., Duan, R. et al. (2020) 'Prevalence and correlates of poor sleep quality among college students: A cross-sectional survey'. Health and Quality of Life Outcomes, 18, Article number 210.

Liu, Y., Croft, J.B., Wheaton, A.G. et al. (2013) 'Clustering of Five Health-Related Behaviors for Chronic Disease Prevention among Adults'. United States. Prev Chronic Dis., 13, 160054. DOI: http://dx.doi.org/10.5888/pcd13.160054.

Lockwood, P. and Wohl, R. (2012) 'The Impact of a 15-Week Lifetime Wellness Course on Behavior Change and Self-Efficacy in College Students'. College Student Journal, 46, 3, 628–41.

Loftus, E.F. (1979) Eyewitness Testimony (Cambridge, MA: Harvard University Press).

Lowden, K., Hall, S., Elliot, D. and Lewin, J. (2011) Employers' Perceptions of the Employability Skills of New Graduates (London: Edge Foundation).

Lugosi, P. (2019) 'Campus foodservice experiences and student wellbeing: An integrative review for design and service interventions'. International Journal of Hospitality Management, 83, October, 229–35.

Lund, H.G., Reider, B.D., Whiting, A.B. and Prichard, J.R. (2010) 'Sleep patterns and predictors of disturbed sleep in a large population of college students'. J. Adolesc. Health, 46, 124–32.

Masiga, J. (2022) What is Critical Race Theory? https://www.weforum.org/agenda/2022/02/what-is-critical-race-theory/

Maybee, J.E. (2020) 'Hegel's Dialectics'. In Edward N. Zalta (ed.), The Stanford Encyclopedia of Philosophy (Stanford, CA: Stanford University). https://plato.stanford.edu/archives/win2020/entries/hegel-dialectics/

McMurray, L. (1981) George Washington Carver (New York: Oxford University Press).
McPeck, J.H. (1981) Critical Thinking and Education (New York: St Martin's Press).
Medeiros, A., Mendes, D., Lima, P.F. and Araujo, J.F. (2001) 'The relationship between sleep-wake cycle and academic performance in medical students'. Biol. Rhythm Res., 32, 263–70.
Medlicott, E., Phillips, A., Crane, C., Hinze, V. et al. (2021) 'The Mental Health and Wellbeing of University Students: Acceptability, Effectiveness, and Mechanisms of a Mindfulness-Based Course'. International Journal of Environmental Research and Public Health, 18(11), 6023. https://doi.org/10.3390/ijerph18116023
Melton, B., Langdon, J. and McDaniel, T. (2013) 'Sleep Trends and College Students: Does It Connect to Obesity?' College Student Journal, 47, 3, 429–36.
Miles, S. (1988) British Sign Language: A Beginner's Guide (London: BBC Books).
Morahan-Martin, J. and Schumacher, P. (2000) 'Incidence and correlates of pathological Internet use among college students'. Computers in Human Behavior, 16(1),13–29. https://doi.org/10.1016/S0747-5632(99)00049-7
Morris, J., Firkins, A., Millings, A., Mohr, C., Redford, P. and Rowe, A. (2016) 'Internet-delivered cognitive behavior therapy for anxiety and insomnia in a higher education context'. Anxiety, Stress and Coping, 29, 415–31.
Morris, S. (2004) Life's Solution: Inevitable Humans in a Lonely Universe (Cambridge: Cambridge University Press).
MSNBC (2021) Creator of Term 'Critical Race Theory' Kimberlé Crenshaw Explains What It Really Is. 22 June 2021. https://www.youtube.com/watch?v=n4TAQF6ocLU
Neves, J. and Hillman, N. (2017) Student Experience Report. https://www.upp-ltd.com/student-survey/UPP-Student-Experience-Report-2017 (YouthSight; UPP).
Neves, J. and Hillman (2019) Student Academic Experience Survey. HEPI number 117. HEPI and Advance HE. https://www.hepi.ac.uk/wp-content/uploads/2019/06/Student-Academic-Experience- Survey-2019.pdf
New Economics Foundation (2012) Measuring Wellbeing: A Guide for Practitioners. (London: New Economics Foundation).
Newsom, R. (2020) Diet and Exercise and Sleep.
https://www.sleepfoundation.org/physical-health/diet-exercise-sleep (updated 4 Dec. 2020).
Nunez, C. (2019) 'Causes and effects of climate change'. Nationalgeographic.com. 22 Jan. 2019.
Office for Students (England) (2019) 'Mental Health: Are All Students being Properly Supported?' https://www.officeforstudents.org.uk/publications/mental-health-are-all-students-being-properly-supported/ (updated Nov. 2019) (accessed 16/11/2021).
Orzech, K.M., Salafsky, D.B. and Hamilton, L.A. (2011) 'The state of sleep among college students at a large public university'. Journal of American College Health, 59(7), 612–19. https://doi.org/10.1080/07448481.2010.520051
Pagel, M. (2004) 'No Banana-eating Snakes or Flying Donkeys are to be Found Here'. Times Higher Educational Supplement, 16 July 2004.
Palmer, T. (2004) Perilous Planet Earth: Catastrophes and Catastrophism Through the Ages

(Cambridge: Cambridge University Press).

Peltzer, K. and Pengpid, S. (2014) 'Nocturnal sleep problems among university students from 26 countries'. Sleep and Breathing, 9, 10.1007/ s11325-014-1036-3.

Penkauskienė, D., Railienė, A. and Cruz, G. (2019) 'How is critical thinking valued by the labour market? Employer perspectives from different European countries'. Studies in Higher Education, 44(5), 804–15. https://doi.org/10.1080/03075079.2019.158632.

Peters, R.S. (1974) 'Moral Development: A Plea for Pluralism'. In R.S. Peters (ed.), Psychology and Ethical Development (London: Allen & Unwin).

Pew Research Centre (2019) 'Users say they regularly encounter false and misleading content on social media – but also new ideas'.
https://www.pewresearch.org/internet/2019/05/13/users-say-they-regularly-encounter-false-and-misleading-content-on-social-media-but-also- new-ideas/

PHILO-notes (2018) Hegel's Dialectic. https://www.youtube.com/watch?v=BaRUZ81K8bk

Piliavin, J.A., Dovidio, J.F., Gaertner, S.L. and Clark, R.D. (1981) Emergency Intervention (New York: Academic Press).

Platek, S.M., Critton, S.R., Myers, T.E. and Gallup, G.G. Jr (2003) 'Contagious Yawning: The Role of Self-awareness and Mental State Attribution'. Cognitive Brain Research, 17(2), 223–7.

Plato (2020) 'Hegel's Dialectics'. https://plato.stanford.edu/entries/hegel-dialectics/

Poortinga, W. (2007) 'The prevalence and clustering of four major lifestyle risk factors in an English adult population'. Preventive Medicine, 44(2), 124–8.

Postgate, J. (1994) The Outer Reaches of Life (Cambridge: Cambridge University Press).

Rao, S.P., Lozano, V. and Taani, M. (2014) 'Cues to Healthy Decision-Making among College Students: Results from a Pilot Study'. College Student Journal, 48, 4, Winter, 697–704.

Riley, T. (2017) 'Just 100 companies responsible for 71% of global emissions, study says'. The Guardian, 10 July 2017.
https://www.theguardian.com/sustainable-business/2017/jul/10/100-fossil-fuel-companies-investors-responsible-71-global-emissions-cdp-study-climate-change

Ritchie, H. and Roser, M. (2020) CO2 and Greenhouse Gas Emissions.
https://ourworldindata.org/

Rose, S. (2004) The New Brain Sciences: Perils and Prospects (Milton Keynes: Open University Press).

Rowbotham, M. (2000) Goodbye America! Globalisation, Debt and the Dollar Empire (New York: John Carpenter).

Sachs, O. (1985) The Man who Mistook his Wife for a Hat (London: Picador).

Sainsbury, R.M. (2009) Paradoxes, 3rd edn (Cambridge: Cambridge University Press).

Salzberger-Wittenberg, I., Williams, G. and Osborne, E. (1983) The Emotional Experience of Learning and Teaching (London: Karnac Books).

Sattin, A. (2004) The Gates of Africa: Death, Discovery and the Search for Timbuktu (London: HarperCollins).

Schlarb, A.A., Friedrich, A. and Claßen, M. (2017) 'Sleep problems in university students – an intervention'. Neuropsychiatric Disease and Treatment, 13, 1989–2001.

https://doi.org/10.2147/NDT.S142067

Schmid, L., Drake, C. and Price, A. (2021) 'Differences in health behaviors and outcomes for emerging adults in diverse post-secondary educational institutions: Lessons for targeting campus health promotion efforts'. College Student Journal, 55, 3, 267–80.

Secretariat of the Pacific Regional Environment Programme (SPREP) (2021) Marshall Islands tells COP26 'Now is the Time!' 11 Nov. 2021.

https://www.sprep.org/news/marshall-islands-tells-cop26-now-is-the-time

Seligman, M.E. (2011) Flourish: A Visionary New Understanding of Happiness and Well-Being (New York, NY: Free Press).

Shah, S.A.A., Shah, S.Q.A. and Tahir, M. (2022) 'Determinants of CO_2 emissions: Exploring the unexplored in low-income countries'. Environ Sci Pollut Res.

https://doi.org/10.1007/s11356-022-19319-3.

Shapiro, S.L., Brown, K.W. and Astin, J.A. (2008) Towards the Integration of Meditation into Higher Education: A Review of the Research. Paper prepared for the Center for Contemplative Mind in Society.

http://prsinstitute.org/downloads/related/spiritual- sciences/meditation/TowardtheIntegrationofMeditationintoHigherEducation.pdf (accessed 27/7/2017).

Shine, D., Britton, A., Dos Santos, W. et al. (2021) 'The Role of Mattering and Institutional Resources on College Student Well-Being'. College Student Journal, 55, 3, 1 September, 281–92.

Shulman, L. (1986) 'Those who Understand: Knowledge Growth in Teaching'. Educational Researcher, 15(2), 4–14.

Siegfried, T. (2013) 'Top 10 revolutionary scientific theories'. Science News, 13 November.

https://www.sciencenews.org/blog/context/top-10-revolutionary-scientific-theories

Singleton, R.A. Jr and Wolfson, A.R. (2009) 'Alcohol consumption, sleep, and academic performance among college students'. J Stud Alcohol Drugs, 70(3), 355–63.

DOI: 10.15288/jsad.2009.70.355. PMID: 19371486.

Smith, L. (1992) 'Ethical Issues in Interviewing'. Journal of Advanced Nursing, 17, 98–103.

Sprake, E.F., Russell, J.M., Cecil, J.E. et al. (2018) 'Dietary patterns of university students in the UK: A cross-sectional study'. Nutr J., 17, 90. https://doi.org/10.1186/s12937-018-0398-y

Stein, C. (1997) Lying: Achieving Emotional Literacy (London: Bloomsbury).

Suarta, I.M., Suwintana, I.K., Sudhana, I.F.P. and Hariyanti, N.K.D. (2017) 'Employability skills required by the 21st century workplace: A literature review of labor market demand'. Advances in Social Science, Education and Humanities Research 102, International Conference on Technology and Vocational Teachers (ICTVT 2017) (Dordrecht: Atlantis Press). https://doi.org/10.2991/ictvt-17.2017.58 markets.

Tajfel, H. (1981) Human Groups and Social Categories (Cambridge: Cambridge University Press).

Thomas, S.N. (1986) Practical Reasoning in Natural Language, 3rd edn (Lebanon, IN: Prentice Hall).

Thomas, S. N. (1997, 1973) Practical Reasoning in Natural Language, 4th edn (Upper Saddle River, NJ: Prentice Hall).

Thompson, M.A. (2017) Employment Outlook: China.

https://www.goinglobal.com/articles/1922 (accessed 4/7/2022).

Trevathan, W., McKenna, J. and Smith, E.O. (1999) Evolutionary Medicine (Oxford: Oxford University Press).

Trockel, M., Barnes, M.D. and Egget, D.L. (2000) 'Health-related variables and academic performance among first-year college students: Implications for sleep and other behaviors'. J. Am. Coll. Health, 49, 125–31.

United Nations Environment Programme (2021) Updated Climate Commitments Ahead of COP26 Fall Far Short.
https://www.unep.org/news-and-stories/press-release/updated-climate-commitments-ahead-cop26-summit-fall-far-short-net (downloaded 5/3/2022).

United Nations Independent Expert Group on Climate Finance (2021) Delivering on the $100 Billion Commitment and Transforming Climate Finance.
https://www.un.org/sites/un2.un.org/files/100_billion_climate_finance_report.pdf (downloaded 5/3/2022).

United Nations Treaty Collection (2015) The Paris Agreement.
https://treaties.un.org/pages/ViewDetails.aspx?src=TREATY&mtdsg_no=XXVII-7-d&chapter=27&lang=en (downloaded 5/3/2022).

UUK (2021) Stepchange: Mentally Healthy Universities.
https://www.universitiesuk.ac.uk/sites/default/files/field/downloads/2021-07/uuk-stepchange-mhu.pdf#page=12. (accessed 11/11/2021).

Vadeboncoeur, C., Foster, C. and Townsend, N. (2016) 'Freshman 15 in England: A longitudinal evaluation of first year university student's weight change'. BMC Obes., 3, 45.
https://research-information.bris.ac.uk/en/publications/freshman-15-in-england-a-longitudinal-evaluation-of-first-year-un (accessed 4/7/2022).

Vail-Smith, K., Felts, W. and Becker, C. (2009) 'Relationship between Sleep Quality and Health Risk Behaviors in Undergraduate College Students'. College Student Journal, 43, 924–30.

Wagner, M. and Rhee, Y. (2013) 'Stress, Sleep, Grief: Are College Students Receiving Information that Interests Them?' College Student Journal, 47(1), 24–33.

Waldinger, R. (2015) What makes a good life? Lessons from the longest study on happiness. TEDxBeaconStreet.
https://www.ted.com/talks/robert_waldinger_what_makes_a_good_life_lessons_from_the_longest_study_on_happiness

Wheebox (2021) The India Skills Report, 8th edn (Haryana: Wheebox).
https://indiaeducationforum.org/pdf/ISR-2021.pdf (accessed 4/7/2022).

Williams, G. (1997; 2019) Internal Landscapes and Foreign Bodies: Eating Disorders and Other Pathologies (Abingdon: Routledge).

Willis, S. (1994) 'Eruptions of Funk: Historicizing Toni Morrison'. In L. Gates Jr (ed.), Black Literature and Literary Theory (New York: Methuen).

Wilson, J.Q. and Hernstein, R.J. (1985) Crime and Human Nature (New York: Simon & Schuster).

Windhorst, D. (2013) Why you should never trust a TEDtalk. TEDxBreda. 18 November.

https://www.youtube.com/watch?v=g_bVaZ-oQhw (accessed 3/7/22).

Woolf, P. and Digby, J. (2021) Student Wellbeing: An Analysis of the Evidence (Oxford: Oxford Impact Press).

https://oxfordimpact.oup.com/wp-content/uploads/2021/02/Student-wellbeing-impact-study-white-paper.pdf

World Economic Forum (WEF) (2018) 10 Skills you Need to Survive the Rise of Automation.

https://www.weforum.org/agenda/2018/07/the-skills-needed-to-survive-the-robot-invasion-of-the- workplace (accessed 4/7/2022).

_____ , (2020) The Future of Jobs Report (Geneva: WEF).

https://www3.weforum.org/docs/WEF_Future_of_Jobs_2020.pdf

World Health Organization (2004) Promoting Mental Health: Concepts, Emerging Evidence, Practice. Summary Report. (Geneva: World Health Organization).

_____ , (2002) The World Health Report: Reducing Risks, Promoting Healthy Life (Geneva: World Health Organization).

www.who.int/whr/2002/en/ (accessed 27/6/2012).

Worwood, V.A. (1999) The Fragrant Heavens: The Spiritual Dimension of Fragrance and Aromatherapy (London: Bantam Books).

Zhai, K., Gao, X. and Wang, G. (2018) 'The Role of Sleep Quality in the Psychological Well-being of Final Year Undergraduate Students in China'. International Journal of Environmental Research and Public Health, 15, 2881. DOI: 10.3390/ ijerph15122881.

감사의 글

O 책을 완성하는 과정에 도움을 주신 많은 이들께 감사하는 마음을 전한다.

첫째, 수업과 워크숍은 물론 이메일을 통해 많은 학생들이 비판적 사고에 익숙해지는 과정에서 무엇이 어려운지, 또 무엇이 도움되는지 이야기해주었다. 특히 학습과정에서 경험한 어려움을 솔직하게 터놓는 것은, 자신에 대한 냉철한 평가가 선행되어야 하는 용기가 필요한 행동이다. 이러한 용기는 자신이 만들어낸 결과물에 대해 '좀더 비판적으로 분석해보라'는 피드백을 받고 어쩔 줄 몰라 하는 무수한 사람들에게 큰 도움을 줄 것이다.

둘째, 교육현장에서 학생들에게 비판적 사고를 키워주기 위해 지금도 노력하는 무수한 선생님들께 감사한다. 그들은 오늘날 학생들에게 비판적 분석 능력이 얼마나 중요한지, 또 어떤 방향으로 학습을 해야 하는지 길잡이 역할을 해주었다.

셋째, 지금까지 이 책을 읽어준 독자께 감사한다. 이 책은 2005년 처음 출간된 이후 벌써 네 번째 개정된 책이다. 20년 가까운 시간 동안 1판, 2판, 3판을 읽어준 수십만에 달하는 독자들에게 고마울 뿐이다. 기존 책들의 부족함이나 오류는 모두 나의 책임이다.

다양한 분야에서 활동하는 독자들에게 생생한 사례와 예문을 제공하기 위해 나는 다양한 학문분야에서 보편적인 수준의 자료들을 끌어 모았다. 이 책에 사용된 예문들은 뒤에 모두 출처를 표기해놓았다.

자신의 과제물을 사용할 수 있도록 허락해 준 학생들, 특히 Leeds대학의 학생 Charlotte French와 Sophie Kahn에게 감사한다. 이들이 작성한 학습일지, 프로젝트요약서, 프로젝트제안서에서 몇몇 부분을 이 책에 인용하였다. 또 Jacqui Ambler가 작성한 과제와 그녀의 의견은 많은 영감을 주었다.

이 책을 출간한 Bloomsbury의 훌륭한 직원들, Helen Caunce, Elizabeth Holmes, Emma Pritchard, 편집자 Jocelyn Stockley에게도 큰 감사를 표한다.

마지막으로, 오랜 세월 내게 깊은 영감과 의욕의 원천이 되어준 Suzannah Burywood와 Claire Dorer에게 특별한 감사를 전한다.

스텔라 코트렐

영국과 미국은 물론 여러 나라의 대학에서 이 책이 교재로 사용되면서 그동안 많은 교수님들로부터 의미있는 피드백을 받았다. 예컨대 **챕터11** 논증맵과 **챕터12** 비판적 성찰과 **챕터13** 취업준비에 관한 내용은 초판에는 없었던 내용이지만, 교수님들의 피드백을 받아 새롭게 추가한 내용이다. 또한 이 책을 사용하는 목적과 형태가 다양할 수 있다는 것을 깨달았다. 그 중 몇 가지 용도를 들자면 다음과 같다.

- 학부생들을 위한 주요 강의교재.
- 석박사 수준의 대학원생들을 위한 학습참고자료.
- 비판적 사고와 논증글 쓰기를 위한 세미나, 워크숍에서 사용하는 학습자료.
- 학업상담센터나 라이팅센터에서 학생들에게 추천하는 학습참고자료.
- 학생들의 과제를 평가하고 피드백을 할 때 참고하는 교재.
- 개별학생을 지도하기 위한 과외참고서.

이처럼 이 책을 다양한 용도로 사용하는 분들에게 조금이나마 도움을 드리고자 몇 가지 부가자료를 제작하여 온라인으로 제공하기로 하였다. 자신의 목적과 용도에 맞게 필요한 자료를 다운로드받아 활용하기 바란다. 그리고 이 책을 교재로 사용하고자 하는 교수님들에게 도움을 드리고자 튜터가이드를 제작하였다. 이 튜터가이드가 조금이나마 비판적 사고 수업에 영감을 주기를 바란다.

옮긴이의 글

2005년 영국에서 처음 발행된 이 책은, 비판적 사고 학습분야의 독보적인 작품으로 인정받고 있다. 지금까지 전세계 20여개국에 번역출판되어 수십 만부가 판매된, 세계적인 베스트셀러이기도 하다. 지금도 영국과 미국을 비롯하여 전세계의 명문대학에서 비판적 사고 학습교재로 많이 사용되고 있다.

이 책은 2023년 3월 출간된 최신개정판(4판)을 번역한 것이다. 2008년 함께읽는책이라는 출판사에서 이 책의 초판을 《비판적 글쓰기》라는 제목으로 번역출간한 적이 있다. 하지만 여러 이유로 그다지 빛을 보지 못하고 사라졌다. 물론 이 책을 기획하는 과정에서 2008년 번역서를 참고하기도 하였다.

이 책은 비판적 사고를 개발하고 훈련하기 위한 도구로 기능할 수 있도록 기획되었다. 비판적 사고라는 것은 어쨌든 언어를 매개로 작동하는 사고과정이기에, 언어가 걸림돌이 되어서는 안 된다고 판단하였다. 번역의 찌꺼기들이 비판적 사고를 훈련하는 데 방해가 되지 않도록 신경썼다. 언어적 생경함이나 삐걱거림으로 인해 주의가 산만해지거나 추론선을 따라가는 길이 흐트러지지 않도록 최대한 노력했다. 한국어화자들에게 가장 최적화된 텍스트를 만들어내기 위해 자국화^{domestication} 번역전략을 적극적으로 사용하였다. 언어적 차이, 문화적 차이로 인해 저자가 전달하고자 하는 비판적 사고의 메커니즘이 한국어번역문에서 드러나지 않을 때는 과감하게 자국화 전략을 사용하였다. 좀더 현실감을 더하기 위해 몇몇 예문은 한국적 상황을 연상할 수 있도록, 원문의 의도를 헤치지 않는 범위 내에서 각색을 하기도 하였다.

논증용어를 결정하는 과정에는 2008년 처음 번역출간한 조셉 윌리엄스의 《논증의 탄생》을 참고하였다. 라성일 선생과 함께 작업한 이 책은, 번역출간된 지 20년이 가까워지고 있음에도 여전히 많은 한국인독자들의 사랑을 받고 있다. 사실 이 두 책에서 사용하는 용어 사이에 약간의 차이가 있다. 예컨대 《논증의 탄생》에서는 주장을 claim, 전제를 warrant라고 하는데, 이 책에서는 position, premise/hidden assumption이라고 일컫는다. 하지만 번역과정에서 이 두 책을 비교·대조하며 최대한 용어와 술어를 일치시키기 위해 노력했다. 이 두 책을 교차하여 읽는데 전혀 무리가 없도록 신경썼다. 《비판적 사고의 힘》은 짧은 예문을 활용하여 배운 것을 바로 테스트해보는 재미를 주는 반면, 《논증의 탄생》은 논증을 세우고 이를 글로 작성하는 과정을 아주 친절하고 자세하고 체계적으로 설명해준다. 이 책을 읽고 나서 좀더 탁월한 논증글을 쓰고 싶은 분들은 《논증의 탄생》을 이어서 읽으면 상당한 도움이 될 것이다.

지난 11월말 이 책의 판권을 계약하고 번역작업을 시작했다. 12월 3일 난데없는 계엄령이 발표되었고, 일촉즉발 전쟁과 폭력이 세상을 뒤엎어버릴 수 있다는 공포가 스며들었다. 이 책의 번역과 교정과 편집작업은 그 암울한 시간 속에서 진행되었다. 끊임없이 고개를 처드는 내란세력의 음모를 떨쳐내며 6개월을 간신히 버텨 우리는 살아남았고, 이제 원래 평화롭던 세상으로 서서히 돌아가고 있다. 이 책도 이제 세상밖으로 나온다. 이성을 억압하고 건전한 비판을 막아버리고자 하는 권력자의 탐욕이 한 순간에 세상을 무간지옥으로 몰아넣을 수 있다는 것을 우리는 지난 6개월 동안 온몸으로 경험했다. 비판적 사고를 한시라도 소홀히 하는 순간, 우리가 사는 세상이 어떻게 나락으로 떨어지는지 절대 잊어서는 안 될 것이다.

윤영삼

베타테스터의
글

출간 전 본문을 읽고 연습문제를 꼼꼼하게 풀어보며 감수한 분들의 추천글입니다.

비판적 사고라고 하면 막연히 논리적이고 냉정하게 생각하는 것이라고만 여겼는데, 이 책을 통해 구체적으로 누구나 갈고닦을 수 있는 '생각하는 기술'이라는 사실을 깨달았다. 나 역시 나름 합리적으로 생각하는 사람이라고 믿고 살았지만, 이 책에 나오는 연습문제를 풀다보니 그 믿음이 여지없이 무너졌다. 정제되지 않은 정보들이 넘쳐나는 시대에 비판적 사고는 누구나 반드시 갖춰야 할 삶의 무기다.—**번역가 배수진**

책 전체가 하나의 '트레이닝 코스' 같다. 다양한 형식의 퀘스트를 풀어가면서, 내 자세가 어느 부분이 잘못되었는지, 어떤 근육이 약한지, 무슨 힘이 부족한지 깨닫는다. 이 코스를 진행하는 동안, 일상에서 접하는 뉴스, 댓글, 영상, 주변의 대화까지도 논리적으로 해부하는 습관이 나도 모르게 생겼다. 코스를 마치고 나서, 이제 생각하는 근육이 한층 단단해진 것 같아 뿌듯하다.—**번역가 최인**

글쓰기를 어렵게 느껴왔던 나에게 이 책은 단단한 초석이 되었다. 머릿속 생각을 정교한 문장으로 빚어내는 일은, 단순히 의욕만으로 되는 것이 아니라 '사고의 구조화'가 필요하다는 사실을 깨달았다. 단계별 연습문제도 좋았지만 특히 실제 글의 다양한 측면을 분석하고 평가하여 보여주는 샘플에세이들은, 글을 쓰는 동안 저자의 머릿속에서 일어나는 사고과정을 낱낱이 해부하여 보여주는 것 같다.—**번역가 강승용**

https://xcendo.net/cts/

- 이 책에 수록된 다양한 템플릿과 체크리스트, 연습문제 예문을 다운로드받을 수 있습니다.
- 이 책을 수업교재로 사용할 때 도움이 되는 튜터가이드와 프레젠테이션 자료를 다운로드받을 수 있습니다.
- 비판적 사고, 논증, 글쓰기, 읽기, 영어논문 쓰기, 인용출처 표기방법 등 비판적 사고와 논증에 관한 다양한 학습자료들도 다운로드받을 수 있습니다.